BAYI YEARBOOK 2019

巴宜年鉴

（2019）

巴宜区地方志编纂委员会办公室　编

方志出版社
Publishing House of Local Records

图书在版编目（CIP）数据

巴宜年鉴． 2019 / 巴宜区地方志编纂委员会办公室编．-- 北京：方志出版社，2020.8

ISBN 978-7-5144-4244-1

Ⅰ．①巴… Ⅱ．①巴… Ⅲ．①巴宜区—2019— 年鉴 Ⅳ．① Z527.54

中国版本图书馆 CIP 数据核字（2020）第 127666 号

巴宜年鉴（2019）

编　　者：	巴宜区地方志编纂委员会办公室
责任编辑：	高孟君
出 版 者：	方志出版社
	地址　北京市朝阳区潘家园东里 9 号（国家方志馆 4 层）
	邮编　100021
	网址　http://www.zgfzcb.cn
发　　行：	方志出版社图书经销中心
	电话　（010）67110500
经　　销：	各地新华书店
排　　版：	北京纺印图文设计制作有限公司
印　　刷：	北京中科印刷有限公司
开　　本：	889 × 1194　1/16
印　　张：	23.625
字　　数：	640 千字
版　　次：	2020 年 8 月第 1 版　2020 年 8 月第 1 次印刷

ISBN 978-7-5144-4244-1　　**定价**：282.00 元

序

贫困问题一直是困扰人类社会发展的重大问题。中国作为世界上最大的发展中国家，为解决贫困问题进行了长期不懈的努力。改革开放以来，特别是党的十八大以来，以习近平同志为核心的党中央把脱贫攻坚作为全面建成小康社会的底线任务和标志性指标，纳入“五位一体”总体布局和“四个全面”战略布局，以前所未有的力度推进精准扶贫、精准脱贫，扶贫开发成就举世瞩目，显著改善了贫困地区和贫困群众生产生活条件，具有重大的现实意义和深远的历史意义。身处中华民族几千年发展历史上将首次整体消除绝对贫困现象的伟大时代，如何更好地发挥地方志的存史、育人、资政的作用，是新时代全国地方志系统必须深入研究和着力解决的重大课题。

党的十八大以来，在党中央国务院的正确领导下，全国地方志系统深入学习贯彻习近平新时代中国特色社会主义思想，紧紧围绕党和国家事业发展需要，深入推进地方志改革创新发展，凝心聚力，稳扎稳打，勇于担当，主动作为，全国地方志形势和地方志工作者的精神面貌发生了深刻变化，取得了优异成绩。其中，为贯彻落实《全国地方志事业发展规划纲要（2015—2020年）》，经中国地方志指导小组领导批准，中国地方志指导小组办公室于2015年、2017年先后启动民族地区与贫困地区志书、年鉴出版资助工程（以下简称“志鉴出版资助工程”），对国家级贫困县（区、旗、县级市），中西部地区、少数民族边疆地区面临出版经费困难的志书和综合年鉴给予出版资助。实施志鉴出版资助工程是紧扣时代脉搏、坚持创新发展、传承弘扬中华优秀传统文化的一项创举，不仅有力推动了“两全目标”的实现，而且数十部资助出版的志书、年鉴及时记述了民族地区与贫困地区在全面建成小康社会伟大征程中取得的新成绩和新经验、出现的新情况和新问题、涌现的优秀人物和典型事迹，留住地方文化的“根”和“魂”，为这些地区的经济社会发展、地域文化传播、爱国主义教育、精神文明建设等提供了历史借鉴和智力支持，对全面提升民族地区与贫困地区文化建设水平、确保民族地区与贫困地区和全国其他地区同步全面建成小康社会具有重要意义。

尤为可喜的是，志鉴出版资助工程促成了一批扶贫志书的编纂出版，在文化脱贫攻坚中发挥了独特的作用。例如，《贵州省减贫志》全面系统客观记述了从1978

年至2015年贵州省扶贫、减贫工作的历程及取得的经验，为贵州省实施大扶贫战略提供了有力的资政辅治参考，集中体现了地方志工作因时而动、顺势而为的新作为。前不久，由福建省地方志编委会和人民网共同编纂的《闽宁扶贫协作图志》，是全国首部扶贫协作图志，图文并茂、直观立体、全方位地展现闽宁扶贫协作波澜壮阔的历程，弘扬“闽宁一家亲”“携手奔小康”的深厚情谊和滴水穿石、久久为功的精神，是贯彻落实习近平总书记扶贫工作重要论述精神，服务国家精准扶贫、精准脱贫战略的有力举措。希望各地以此为鉴，编纂出版更多、更好的扶贫志书、年鉴，助力国家精准扶贫、精准脱贫战略的实施，充分展现地方志的独特价值和作用。

当前，我国脱贫攻坚已进入全面决战决胜的关键时期，尚未脱贫的贫困地区集中分布在中西部深山区、极端干旱山区、高寒阴湿地区等，文化建设还比较薄弱，文化产品还不够丰富，文化精品更是少之甚少。同时，这些地区往往是民族文化、历史文化、红色文化、生态文化富集区，具有发展文化旅游、推进文化扶贫的巨大潜在优势，也是繁荣发展地方志事业的巨大文化宝库。要发挥好文化扶贫凝聚人心的优势，善于利用方志文化优势为贫困地区“赋能”，在脱贫攻坚中做出方志人应有的贡献。要发挥好中国名镇志文化工程、中国名村志文化工程的引领作用，大力加强乡镇村志编纂，让百姓记得起乡情、记得住乡愁，凝聚贫困乡镇村庄的强大民心，补齐贫困乡镇村庄的文化短板，以“扶智”的方式“扶志”，践行习近平总书记强调的“扶贫先扶志，扶贫必扶智”的重要理念。

求木之长者，必固其根本；欲流之远者，必浚其泉源。扶贫扶起的是志气骨气，传承的是家国情怀，守护的是绿水青山。扶贫既要富口袋，也要富脑袋。必须坚持文化脱贫和物质脱贫两手抓，筑牢贫困地区文化之基，补足信仰精神之钙，引领脱贫发展之舵。全国地方志系统要围绕中心、服务大局，坚决投入脱贫攻坚这场必须打赢的硬仗，积极参与脱贫攻坚战，发挥优势和特长，深入挖掘文化资源，着力补齐文化短板，努力帮助民族地区与贫困地区的文化建设实现较大的发展提升，在全面建成小康社会、实现中华民族伟大复兴中国梦的征程中贡献方志人的力量。

是为序。

中国社会科学院院长
中国地方志指导小组组长　谢伏瞻

民族地区与贫困地区年鉴出版资助工程领导小组

组　　　长：高　翔

常务副组长：冀祥德

副　组　长：高京斋　邱新立

民族地区与贫困地区年鉴出版资助工程领导小组办公室

主　　　任：冀祥德

副　主　任：邱新立

成　　　员：于伟平　刘永强　冷晓玲　李　静

《巴宜年鉴》编纂委员会

《巴宜年鉴》编辑部

主　　编：米　次

副 主 编：吴永帅

执行主编：尼玛次仁

编　　辑：杨小兰　尼玛伟色　张晓艳

图片编辑：宁新民

编 辑 说 明

一、《巴宜年鉴》从2016年开始编纂，每年出版1卷，2019年卷为第4卷。

二、《巴宜年鉴》以马克思列宁主义、毛泽东思想、邓小平理论、“三个代表”重要思想、科学发展观、习近平新时代中国特色社会主义思想为指导，坚持辩证唯物主义和历史唯物主义的立场、观点和方法，始终坚持“实事求是、质量第一、存史资政、服务大众”的办鉴宗旨，记述了巴宜区2018年度政治、经济、文化、社会等各项事业的基本情况，为社会各界与国内外人士了解和研究巴宜区提供资料。

三、《巴宜年鉴》正文采取分类编辑法，以类目、分目、条目为主要框架结构。全书设有特载、大事记、区情概况、中共巴宜区委员会、巴宜区人民代表大会常务委员会、巴宜区人民政府、中国人民政治协商会议巴宜区委员会、法治、军事、人民团体、经济管理、教育 体育 旅游 文化、社会生活、农业、城乡建设 环境保护、水利 供电、卫生、交通运输 商务、财政 税务 金融、邮政 通信、乡镇 街道、附录等内容。

四、《巴宜年鉴》的编辑宗旨在于求真务实，力求真实生动地反映巴宜区在改革开放和现代化建设中取得的崭新成就。本年鉴时限为2018年1月1日至2018年12月31日。

五、本书中农田土地面积的计量单位使用“亩”。

六、《巴宜年鉴》所提供的内容和数据分别来自于巴宜区各有关部门和乡（镇）人民政府。由于统计数据的来源、口径、方式、时间的不同可能有差异，请读者以统计局提供的统计资料为准。

西藏自治区测绘院编制

审图号：藏S（2018）022号

2018 数字巴宜

土地面积：85.58 万公顷

年末常住人口：63669 人

地区生产总值：72.93 亿元

第一产业：1.59 亿元

第二产业：29.01 亿元

第三产业：42.33 亿元

全社会固定资产投资总额：29.997 亿元

全社会消费品零售总额：29 亿元

地方公共财政预算收入：2.75 亿元

工业增加值：5.2 亿元

招商引资到位资金：15.31 亿元

农牧民人均可支配收入：17757 元

领导关怀

2018 年 7 月，全国人大常委会原副委员长、中共中央原委员热地（左三）在巴宜区鲁朗镇视察全域旅游发展情况，区人大常委会副主任多托（右一），区人大常委会副主任、林芝市委书记马升昌（左一），巴宜区委书记米次（右二）等陪同

2018年2月20日，区党委书记吴英杰（右三）到林芝市巴宜区百巴镇折巴村实地调研脱贫攻坚工作，与当地干部群众亲切交谈，了解农牧民生产生活情况。区人大常委会副主任、林芝市委书记马升昌（右二），巴宜区委书记米次（左三）等陪同

2018年7月20日，民政部党组书记、部长黄树贤（前排左二）一行在巴宜区社会福利院走访慰问。区党委常委、区政府常务副主席罗布顿珠（右六），区民政厅厅长嘎玛泽登（前排右二），巴宜区委副书记、区长严世钦（前排左一）等陪同

2018 年 6 月 4 日，区党委副书记、区政府主席齐扎拉（前排左二）一行在巴宜区银丰藏香猪养殖场调研。林芝市委副书记、市长旺堆（前排左一）等陪同

2018 年 3 月 28 日，区人大常委会副主任、林芝市委书记马升昌（前排右一），区政府副主席罗梅（前排右二），区政协副主席、林芝市政协主席桑杰扎巴（左二），林芝市委副书记、市长旺堆（左三）在巴宜区“3 · 28”西藏百万农奴解放纪念日宣传活动现场指导工作

2018 年 4 月 4 日，巴宜区委书记米次（左四）在百巴镇检查指导易地扶贫搬迁工作

2018 年 7 月 15 日，区政府副主席江白（前排右二）一行在巴宜区百巴镇折巴村安置点调研指导“三岩”搬迁工作。林芝市委副书记、市长旺堆（前排右三），巴宜区委副书记、区长严世钦（前排左一）等陪同

2018 年 6 月 1 日，广东省东莞市委书记、市人大常委会主任梁维东（左四）在巴宜区考察东莞市援建项目——鲁朗镇东巴才村手工艺品合作社进展情况。林芝市委常委、副市长张耕耘（左三），巴宜区委副书记、区长严世钦（左五），区委常务副书记、广东省第八批援藏工作队巴宜区工作组组长张立鹤（左二）等陪同

2018 年 7 月 26 日，“幸福巴宜 · 走进东莞”招商引资推介会在东莞市举行，林芝市委副书记、常务副市长许典辉（后排左三），巴宜区委副书记、常务副区长、广东省第八批援藏工作队巴宜区工作组副组长陈涛（主席台左五）等见证招商引资项目签约仪式

2018 年 1 月 11 日，巴宜区委书记米次（右），区委常委、区纪委书记、区监委主任米军（左）为新成立的巴宜区监察委员会揭牌

2018 年 1 月 8 日，政协第二届林芝市巴宜区委员会第二次会议召开，巴宜区四大班子领导出席会议

2018 年 1 月 9 日，林芝市巴宜区第二届人民代表大会第二次会议开幕

2018 年 6 月 29 日，巴宜区代表队在林芝市庆祝建党 97 周年活动上表演《祖国在我心》 李玉领 摄

2018 年 7 月 20 日，国家税务总局林芝市巴宜区税务局举行挂牌仪式，图为林芝市税务局副局长史洪全（左四）、副局长王彬林（左五）、副局长蒋庆利（左六）与巴宜区税务局全体工作人员合影留念

2018 年 8 月 22 日，巴宜区召开“遵行四条标准　争做先进僧尼”教育实践活动先进集体和先进个人表彰大会。图为出席会议领导为获奖僧尼颁奖并敬献哈达

2018 年 9 月 23 日，林芝市首届中国农民丰收节启动仪式在巴宜区嘎拉村举行　　刘向宙　摄

2018 年 11 月 16 日，由中宣部电影局、电影频道和西藏自治区党委宣传部联合创作打造，由导演张馨执导的电影《我的喜马拉雅》在巴宜区林芝镇开拍

2018年12月14日，巴宜区召开“四讲四爱”群众教育实践活动第四节点总结会

2018年12月17日，巴宜区召开2018年扶贫领域腐败和作风问题专项治理工作总结暨2019年工作部署会。区委常委、纪委书记、监委主任米军（左三）出席会议

2018年12月21日，巴宜区举行农村土地（耕地）承包经营权确权登记颁证仪式。区委副书记、人大常委会主任达瓦（后排左三），区委常委、副区长吴永帅（后排左二），副区长次欧（后排右一）出席仪式

2018年11月7日，区党委常务副书记、政协党组书记丁业现（右二）在巴宜区更章乡久巴村走访慰问困难群众。区人大常委会副主任、林芝市委书记马升昌（左二），巴宜区委书记米次（左一）陪同

2018年4月4日，区党委常委、区政府常务副主席、区脱贫攻坚指挥部总指挥长罗布顿珠（右一）一行在巴宜区百巴镇调研“三岩”片区易地扶贫搬迁工作

2018 年 4 月 17 日，巴宜区委书记米次（右一）在米瑞乡曲尼贡嘎村看望贫困户

2018 年 2 月 11 日，巴宜区委副书记、区长严世钦（右一）走访慰问贫困户

2018 年 8 月，巴宜区大学生就业创业示范街——巴宜区精准扶贫商住楼项目投入使用

2018 年 6 月 15 日，永久梦想小镇易地搬迁户办理入住手续

蔬菜种植大棚

巴宜区林芝镇苹果丰收

2018 年 8 月 5 日，鲁朗镇第二届工布牧歌旅游文化节响箭比赛活动现场

2018 年 2 月 7 日，巴宜区 2018 年文化科技卫生法律和爱国爱教宣传服务“五下乡”活动启动仪式在巴宜区更章乡久巴村举行

大柏树景区观景台

卡斯木春色

刘向宙　摄

目录

特载

大事记

区情概况

综　述

中共巴宜区委员会

综　述

巴宜区人民代表大会常务委员会

综 述

区人大办工作

巴宜区人民政府

综 述

区政府办工作

信 访

检 察

法 院

司法行政

军 事

人民武装

社会生活

人力资源和社会保障

民　政

农　业

林　业

农　牧

城乡建设　环境保护

住房和城乡建设

环境保护

综合执法

水利　供电

水　利

供　电

卫　生

卫生和计划生育

卫生服务

疾病预防控制

巴宜区藏医院

交通运输　商务

交通运输

商　务

财政　税务　金融

财　政

国家税务

米瑞乡

布久乡

更章门巴民族乡

白玛岗街道

觉木街道

附 录

特　载

以习近平新时代中国特色社会主义思想为引领不断开创巴宜区党建工作新局面

（2018 年 12 月）

巴宜区委书记　米　次

党的十九大报告明确指出:“中国特色社会主义最本质的特征是中国共产党领导，中国特色社会主义制度的最大优势是中国共产党领导，党是最高政治领导力量。”坚持党的领导和加强党的建设，是我们推进各项工作的根本和关键。党的十八大以来，巴宜区委始终紧密团结在以习近平同志为核心的党中央周围，在自治区党委和市委的坚强领导下，紧扣加强党组织先进性、执政能力建设和纯洁性建设这条主线，以作风整顿为契机，以党的群众路线教育实践活动、“三严三实”专题教育和“两学一做”学习教育为抓手，积极探索党组织发挥作用的方法和途径，努力破解发展改革稳定难题，把党的政治优势、组织优势转化为发展优势，把党建实实在在的融入全区中心工作，为巴宜区长足发展和长治久安提供了强大的思想、政治和组织保证。

区委书记米次

一、号准脉，深入细致“查病灶”

坚持问题导向，深入开展调查研究，特别是围绕群众路线教育实践活动和“三严三实”专题教育，深入到各乡（镇）、偏远村庄、区直单位、驻村工作队、寺管会和农牧民群众家中开展走访调研活动，采取调研座谈、实地考察、走访群众等方式，对党建工作开展情况进行深入摸底调查，详细了解基层党组织建设工作中存在的问题和瓶颈，号准“脉搏”、找准“病灶”。

（一）部分党组织书记落实基层党建责任制不到位，对基层党建工作重视程度仍然不够。一是党建主业失之于轻，个别党组织书记口头上重视、思想上轻视、实际上忽视，很少深入到基层一线了解基层党建工作的薄弱环节。二是落实责任失之于空，个别党组织书记当“甩手掌柜”，在工作中存在用会议落实会议、文件落实文件的情况，在抓落实和督促检查上下的功夫还不够；三是监督管理失之于软，个别党组织书记缺乏敢管敢严的勇气，甘当“老好人”，党的制度形同虚设，党员教育管理不严，组织生活不经常、不规范，存在着行政会、业务会与支部会兼顾开现象。

（二）基层党建工作与部门中心工作结合不紧密，存在业务工作与党建工作“两张皮”现象。部分党组织将基层党建工作与部门业务工作独立开来进行，就党建谈党建、就活动搞活动、就业务抓业务，基层党建工作与维护社会稳定、民族团结工作、生态文明建设、主题教育实践活动等结合不紧密，工作力量分散，事倍功半。

（三）党务工作者能力素质或工作热情偏低，与新时代基层党建工作不适应。一是部分党务工作者不愿意干基层党建工作，认为基层党建工作枯燥乏味、工作量大、检查多、任务重，开展工作为难情绪大。二是部分党务工作者对基层党建专业知识掌握不透彻，对“三会一课”、发展党员等一些基本制度的内容、程序和要求不熟悉、不了解，不知道党建工作抓什么、怎么抓。三是部分党务工作者党建工作措施创新不够，“主题党日”活动载体不多，仍局限于学学文件、念念报纸、扫扫卫生，党内生活庸俗化，不能引发党员兴趣，久而久之，党员心中形成了无所谓的态度，甚至产生了厌恶和反感情绪。城市、非公组织领域党建办法不多、措施老旧，建设效果不佳。

（四）基层党建工作经费不足，基层组织建设不平衡、不充分。基层党建工作经费不足，导致基层组织建设不平衡、不充分，偏远村建设力度相对较小，村（居）组织活动场所标准化建设程度低。目前，我区村（居）组织活动场所勉强达到标准化建设要求的仅11个，有2个村（居）因搬迁、土地问题等原因暂无固定活动场所，活动场所面积在200平方米以下的有7个，活动场所面积在200平方米以上但属于危房的28个，有84.5%的村（居）组织活动场所达不到标准化建设要求。

二、开好方，抽丝剥茧“找路子”

党的十九大报告提出的新时代党的建设总要求和重点任务，勾画了新时代党的建设的蓝图和途径，更是我们加强党建促发展的科学指引和基本遵循。

（一）把理论武装置于首位，坚持用习近平新时代特色社会主义思想武装头脑，为推进事业发展指引方向、凝聚力量。以理论中心组学习为平台，深入学习贯彻习近平新时代中国特色社会主义思想和党的十九大精神，通过“三会一课”集中学、邀请专家辅导学，充分运用大课堂、小册子、远程教育站点、微信公众号等载体和平台，有计划、分层次、分专题地推动深入系统学习，把学习成果转化为坚决维护习近平总书记党中央核心、坚定理想信念宗旨、推动工作的思想自觉和行动自觉。以意识形态工作为抓手，牢牢掌握工作的领导权和主动权，发挥党的思想引领作用，以宣传党的十九大精神为主线，加强对新闻舆论工作的领导，重视网络舆论，加快传统媒体和新兴媒体深度融合，坚守主阵地，发出好声音，凝聚正能量，为改革发展稳定营造积极向上的环境氛围。以领导率先垂范为核心，始终牢记全心全意为人民服务的根本宗旨，自觉践行党的群众路线，改进和创新联系群众方法，积极主动倾听群众呼声、关心群众疾苦、解决群众难题，以密切党群干群关系的实际行动践行十九大精神。以理论指导实践为目标，始终坚持把党的创新理论转化为破解难题的思想方法和推动发展的具体措施，深入开展“如何用老西藏精神、两路精神推动发展”大讨论活动，集全区之力、汇全区之智，发扬好红色传统、传承好红色基因，着力提升思想政治教育的针对性和实效性，引导广大党员干部把理想信念、宗旨意识体现到干事创业、为民谋利上，推动形成用心谋事、专心干事、一心成事的好风气。

（二）把能力提升作为关键，加强党对一切工作的领导，为推进事业发展熔铸坚强的领导核心。以党的政治建设为统领，切实增强政治意识、大局意识、核心意识、看齐意识，坚决维护习近平总书记作为党中央的核心、全党的核心的地位，自觉维护党中央权威和集中统一领导，自觉坚持以习近平新时代中国特色社会主义思想为行动指南，统一思想、凝聚力量，强化担当、指导实践。以全面加强党的领导为重点，发挥党委统揽全局、协调各方的领导核心作用，严格落实区委常委会听取人大政府政协和“两院”党组工作汇报制度，深入实施各方面党组织向党委报告重大工作和重大情况机制，确保了各方面党组织在党委统一领导下尽心尽力做好自身职责范围内的工作。以贯彻落实民主集中制为载体，严格执行“三重一大”事项会前个别酝酿、调研论证、会后抓决议落实等各个环节，在充分发挥各地方各部门的积极性、主动性、创造性的同时，坚决防止和杜绝自行其是、各自为政。

（三）把作风建设作为主线，保持全面从严治党永远在路上的坚韧和执着，为推进事业发展营造风清气正的政治生态。进入新时代、踏上新征程，我们始终保持全面从严治党永远在路上的政治定力和战略定力，深入推进党风廉政建设和反腐败斗争，强化不敢腐的震慑，扎牢不能腐的笼子，增强不想腐的自觉。严格落实“两个责任”，深入实施清单化管理，建立健全督促考核、履职报告、约谈提醒制度，层层传导压力、层层抓好落实。强化执行“党纪党规”，把纪律和规矩挺在前面，牢固树立党章党规党纪意识，全面实施“一案双查”，严格落实中央八项规定及其实施细则，自治区“约法十章”“九项要求”精神等，对违法违纪行为坚持无禁区、全覆盖、零容忍，真正使纪律成为带电的高压线。探索实施“体制改革”，落实监察体制改革要求，注重抓源治本，健全廉政风险防控、权力公开运行、防止利益冲突、遏制利益输送等制度规范，堵住滋生腐败制度漏洞。全面开展“基层巡察”，按照巡察工作要求，坚持标准不走样、突出重点不任性、抓住关键不松懈，坚决纠治基层不正之风，严肃惩处群众身边的腐败行为。创新打造“廉政阵地”，提高廉政教育的针对性、有效性，引导党员、干部自觉净化社交圈、生活圈、朋友圈，推动全区党风政风持续好转。

（四）把经济发展作为要务，深入贯彻落实新发展理念，努力探索巴宜区新时代生态优先、高质量绿色发展新路子。始终坚持把稳增长提质量作为工作重心，把调结构转方式作为主攻方向，推动经济增长保持中高速、产业迈向中高端，实现高质量绿色发展。稳步实施提质增效。把发展智能经济作为主攻方向，做强做优以旅游、农牧、现代服务为代表的优势产业，努力建设一批AAA级以上景区，形成具有巴宜特色的A级景区群，打响巴宜旅游品牌；走精细、高效、绿色、安全的农牧业发展路子，抓好农产品精深加工企业、休闲观光农业、农产品电子商务发展，创建一批品牌；加快文化创意、藏医藏药、现代物流等生产性服务业向专业化和价值链高端延伸，推动健康服务、休闲旅游、现代商贸等现代服务业向精细化和高品质转型。继续深化对外开放。主动融入孟中印缅经济走廊，积极参与西藏三小时经济圈，继续深化与央企、粤企、知名民企的交流合作，大力引进先进技术和人才，充分利用藏博会、广交会等平台，推动巴宜产业和产品走向全国、走向世界。深入推进创新发展。实施创新人才战略，切实把高水平人才引得进、留得住、用得好；发挥创新主体作用，加大对行业龙头企业和高新技术企业创新能力的政策性扶持力度，加速创新要素向企业集聚；推进创新成果转化，深化高校院所对巴宜企业的技术服务，积极促进各类创新成果在巴宜转移转化、实现产业化。

三、下猛药，创新思路“想法子”

为适应新形势、新任务的要求，我们不断创新观念、思路和方式方法，围绕中心、服务大局方面开展了许多形式多样、卓有成效的工作，增强了党建工作的吸引力和战斗力。

（一）明责任，顺机制，强基固本促规范。立足让同志们知道工作抓什么、怎么抓、抓的怎么样，按照“法无授权不可为”“法定职责必须为”的原则，在全区探索实施权力清单和责任清单制度。以“三定”方案明职责，编订我区各部门权力事项清单和责任清单，并制定清单管理试行办法，进一步厘清职责边界、依法全面正确履行职能，对各权利事项试行清单化、动态化管理，做到了职权数量增减、职权依据调整、职权名称更改“三精准”。以细化分工定岗责，积极推行岗位目标管理责任制，全区各单位在对本单位职能对应的具体工作任务进行梳理的基础上，逐个明确了岗位职责权限、政策依据、办理流程和工作标准，并将工作要点和任务逐一落到所有人员，实现了岗位权限明确、任务明确、上岗标准明确，实现了服务规范化、科学化、标准化水平。以监督考核提效能，坚持以细化、量化为手段，进一步加大事中事后监管、细化完善监管责任事项、健全责任追究机制，以日常监督和年终考评确定考核结果，并将考核结果与职务晋升和业绩挂钩，努力实现事事有章可循，人人按标准履职，用程序规范行为，用制度落实服务。

（二）强创新，重实效，问题导向增本领。积极推进“发现问题、分析问题、解决问题”能力建设，建立一套切实可行的体制机制，完善和强化台账式管理，引导广大党员干部树牢“发现问题是水平、揭露问题是党性、解决问题是政绩”的观念，在不断发现和解决问题中提高本领。勇于发现问题，拓宽渠道、广开言路，通过设置意见箱、开通信箱、开设热线电话等多种形式，方便群众反映意见，做到事事有回音、件件有着落，从群众的情况反映、来信来访中发现问题；深入群众、调查研究，变上访为下访，真正走下去、沉到底，倾听群众呼声，听到、看到真话实情；敢于揭短、不怕报忧，真心实意调动干群进谏言过，对各种意见虚怀若谷，洗耳恭听，对敢于直言的同志鼓励表扬。勤于分析问题，坚持以人为本，从群众的角度分析和研究问题，多学多思多谋，关心群众的安危冷暖、困苦烦忧、生活福祉、意愿诉求，不断增强政治鉴别力，以扎实的理论功底，从重点关注群众反映、社会关注的热点问题中，研究挖掘出潜在性的问题，真正做到权为民所用、情为民所系、利为民所谋。善于解决问题，抓苗头，立足早察觉、早发现，及时把握事态发展的情况，引导事态向有利的方向发展，避免事态的扩大和激化，把工作做在前面；抓处理，坚持因事施策、一抓到底，尊重客观规律，区分轻重缓急，讲究举重若轻，迎难而上，不推不拖，迅速处理，彻底处理。

（三）优服务，严管理，建强堡垒固根基。以村居活动场所标准化建设为契机，强化基层组织阵地建设，为党组织开展活动提供场地保障。全力“建”，突出场所建设标准化。按照“因地制宜、适度超前、功能完备、突出特色”的原则，将村级组织活动场所标准化建设规划与新农村建设、小康示范村、异地扶贫搬迁总体规划紧密结合起来，同农牧区教育、文化、卫生、扶贫基础设施建设项目结合起来，因村施策、统筹资金，预计2020年实现标准化村级活动场所全覆盖。突出“管”，实现日常管理制度化。着眼实现村级活动场所日常管理规范化，完善奖励办法、考核办法等制度，规范农村“三资”管理、村干部轮流坐班等制度，梳理、精简、规范村级组织和驻村工作队工作中形成的记录表册，制定出台议事规则和工作流程，让各项工作有章可循、有据可依。高效“用”，坚持作用发挥最大化。科学设置党员活动室等功能用房，使村级活动场所成为党员学习教育的主阵地；严格落实驻村服务、轮流值守、定期走访等制度机制，打通联系服务群众的“最后一公里”；积极整合卫生室、图书室、健身场所等资源，着力打造集党务、村务、医务、事务于一体的综合性服务平台。

（四）抓关键，抓重点，精准发力补短板。增强基层党组织政治功能。落实党的一切工作到支部的鲜明导向，优化基层组织设置，健全重大事项议事规则，扩大党内民主，实施党务公开，推进党支部建设标准化、规范化，把基层党组织建设成为“宣传党的主张、贯彻党的决定、领导基层治理、团结动员群众、推动改革发展的坚强战斗堡垒”。突出抓好基层党组织班子建设。大力开展“三帮一带”活动和“三个培养”工程，抓好村（居）“两委”班子的帮扶教育，提升基层党组织书记的思想政治素质和履职能力。加强党员教育监督管理。严把党员入口关，坚持“控制总量、优化结构、提高质量、发挥作用”的发展党员工作原则，成熟一个发展一个。积极探索实施各级党组织干部职工末位倒排10%接受批评教育和组织处理工作。织密单位、家庭、社会“三位一体”的党员干部监管网，实现日常监管向八小时以外延伸。做好“党建+旅游”“党建+特色农牧业”等结合文章，发挥党员致富带头作用。培育巴宜区党建品牌。探索打造19个特色鲜明、党员群众公认、示范带动能力强的基层党建示范点，着力推广唐地村“五星党员、十星农户”创建、尼池社区“爱心超市”、巴吉村“支部+”壮大村集体经济、扎西岗村家庭旅馆“党员示范岗”、色果拉村“支部+党员+家庭”、卡斯木村和康扎村“党代表工作室”等党建品牌，推进“党员干部进村入户、结对认亲交朋友”活动常态化，实施“一乡镇一品牌、一街道一亮点、一村（居）一精品”工程厚植巴宜党建特色。落实基层党建基本保障。推行党建工作年度考核末位倒排机制，对排名后3位的党组织负责人进行提醒谈话；健全以财政投入为主、党费支持为辅、援藏资金为补充的基层党组织经费保障机制；党建督查实行层级负责制，细化区、乡、村各层级各领域党建督查内容，着力解决基层党建工作重部署安排、表态多落实差的现象。

（五）树导向，把方向，奖优惩劣激活力。树立“实干”导向，提拔重用那些敢于冲锋、能打硬仗、能干成事的干部，坚决调整那些夸夸其谈、不会干事、干不成事的干部，使担当担责、有为有位成为巴宜区干部队伍的主旋律。树立“基层”导向，注重干部成长路径，提高领导干部专业化能力，积极探索从基层一线培养选拔干部的途径和方法，把选人用人的目光投向基层，把培养锻炼干部的阵地放在基层，推动形成干部愿下基层、愿长期扎根基层的良好局面。树立“培训”导向，大力开展精准化、针对性的理论培训和业务培训，继续选派干部到基层一线和区外发达地区挂职锻炼，推动各级干部转变发展理念、加快知识更新、提升专业素养，增强适应新形势新任务的信心和能力。树立“严管”导向，完善管理全面、标准严格、环节衔接、措施配套、责任分明的干部管理体系，在从严治吏上有更强担当。树立“容错”导向，健全容错纠错机制，真正重视、真情关怀、真心爱护乡镇基层干部，为真抓实干者鼓劲、为改革创新者撑腰、为敢于担当的干部担当、为敢于负责的干部负责。

林芝市巴宜区人民代表大会常务委员会工作报告

——在巴宜区第二届人民代表大会第三次会议上

（2019年1月23日）

巴宜区委副书记、人大常委会主任　达　瓦

2018年主要工作

2018年，在区委的正确领导和市人大常委会的悉心指导下，区人大常委会高举习近平新时代中国特色社会主义思想伟大旗帜，围绕中心、服务大局、突出重点、讲求实效，全年先后召开常委会13次，主任会议8次，听取和审议“一府一委两院”工作报告11项，做出决议决定10项，提出审议意见25条，补选出缺代表8人，依法接受辞去代表5人，开展调研、视察、执法检查15次，任免国家机关工作人员28人次，开展述职评议会1次，圆满完成了区二届人大二次会议确定的各项工作任务，为推动全区经济社会发展做出积极贡献。

一、突出党的领导，政治建设展现新气象

区人大常委会牢牢把握政治站位，坚定不移地把政治建设作为统领、摆在首位，树牢“四个意识”、坚定“四个自信”、恪守“四个服从”，践行“两个维护”，始终在政治立场、政治方向、政治原则、政治道路上同以习近平同志为核心的党中央保持高度一致。

加强理论学习，坚定正确的政治方向。把加强理论学习摆在首位，参加区委理论中心组集体学习16次、习近平谈治国理政专题学习15次，召开人大常委会党组理论中心组集体学习12次，认真开展加强政治纪律教育等一系列学习教育活动，切实做到了严守政治纪律和政治规矩。紧紧围绕党中央和自治区党委、林芝市委、区委决策部署科学谋划、集中研究、扎实推进常委会各项工作，充分发挥了党组在常委会工作中把方向、管大局、保落实的作用。

2018年1月9日，巴宜区委副书记、人大常委会主任达瓦听取工作报告

坚持党的领导，严格落实区委决策部署。牢固树立全区一盘棋思想，确保人大工作与区委保持高度一致。一是坚持人大常委会党组向区委请示汇报和报告制度，切实做到重大事情事先请示、重大问题事先报告、重要工作实时汇报、主要情况及时提供、疑难问题善于建议。二是坚定不移贯彻落实反分裂、保稳定的方针政策，坚决服从全区维护工作大局，按照区委决策部署，在敏感时间节点，人大常委会5名县级领导深入各自包片的乡镇、街道开展了维稳督导工作，确保了社会局势的和谐稳定。三是紧紧围绕全区工作大局，制定常委会党组工作要点和常委会工作要点及执法、监督、代表等工作计划，通过党组会议、常委会会议、主任会议，第一时间传达落实上级党委和人大有关精神，研究部署贯彻落实意见。

二、聚焦主责主业，依法用权实现新作为

人大常委会坚持提出科学发展这一主题，紧紧围绕依法履职这一主线，从人大法定职责出发，选准抓紧议题，增强履职实效。

围绕党委意图和人民意愿，依法行使好人事

任免权。坚持党管干部与依法任免相统一的原则，严格执行法律程序，加强对国家机关工作人员任前审查和任后监督，坚持拟任人员向宪法宣誓制度，不折不扣落实好区委各项人事意图。全年先后召开了13次常委会会议，任免“一府一委两院”干部28人次。区二届人大二次会议依法选举了巴宜区监察委员会主任。

围绕经济发展大局，依法行使好重大事项决定权。听取和审议“一府两院”工作报告，审查批准了《2018年巴宜区本级财政预算》，审议批准了《巴宜区农牧业发展专项资金管理暂行办法》《巴宜区国家现代农业产业园总体规划》《林芝镇特色小城镇规划》及控制性详细规划等事项和《巴宜区2018年财政预算调整方案》，做出决议决定10项，确保区委重大决策部署得到全面贯彻落实。

围绕重点工作，依法行使好监督权。今年来，以实地视察、听取专题报告、代表专题询问、满意度测评和督促整改等多种方式，围绕区政府落实全面巩固提升脱贫成果实施方案、昌都“三岩”片区扶贫搬迁、农牧民合作医疗大病统筹、中央环保督察组反馈问题整改等重点工作的开展情况和区监察委员会依法履职情况进行监督，并及时形成25条审议意见交区政府研究处理，确保“一府一委”履职到位。年终精心组织了对区国土局等3个政府职能部门和副区长扎西朗杰等8名干部开展的述职评议大会，详细了解上述部门和干部履职情况，收集常委会委员和代表所提建议37条，督促被评单位和个人以评促改、主动查纠，进一步规范了履职评议，强化了部门监督。组织区人大代表开展了“两院”全面深化司法改革情况专题调研和上半年工作开展情况调研，广泛联系群众，倾听群众呼声，反馈意见建议6条，切实促进了司法公正，强化了法律监督。

围绕社会热点，依法开展好立法调研和执法检查工作。积极配合上级人大，组织市区乡三级人大代表以实地考察、听取汇报和督促整改等方式，对《代表法》《妇女权益保障法》《残疾人保障法》等7部法律法规和中华环保世纪行—西藏行活动开展执法检查，总结我区实践经验形成意见提交市人大，为实现经济社会又快又好发展提供了法制保障。对《陆地国界法》、城乡居民社会养老保险工作、新型农牧区合作医疗资金管理使用情况、贯彻落实中发〔2015〕18号文件情况开展了立法专题调研，为国家立法进行了积极探索、积累了有益经验。

三、立足履职尽责，代表工作打开新局面

始终支持和保障代表依法履职，充分发挥代表在反映人民意志、服务科学发展中的积极作用，不断提高代表工作实效。

优化经费保障，激发代表履职热情。积极落实中发〔2015〕18号文件，建立代表履职补助制度，2018年共向43名农牧民区级人大代表兑现补助共计86000元，各级财政配套7个乡镇人大和1个街道人大工委各类工作经费共计65万元，为人大代表积极履职、基层人大工作有序开展提供了必要的经费保障。

完善学习制度，提高代表履职能力。举办讲座领着学。先后组织人大代表和人大干部共300人次开展了以《宪法》《组织法》和《选举法》等相关法规及调研、视察、执法检查等人大业务知识为主要内容的学习培训。组织交流互相学。区人大常委会多次组织人大干部和代表赴区内外开展考察活动，学习借鉴兄弟市县在基层人大工作方面的好经验、好做法。各乡镇人大主席团先后组织人大代表8批次100余人次赴墨脱县、波密县、察隅县和山南市、拉萨市等地学习交流考察履职经验。通过不断的学习和实践，代表们的履职水平逐步得到提高。

加大交办力度，重视代表建议督办。人代会后迅速将代表所提建议、意见和批评进行分类和梳理并转交区人民政府办理，要求6个月内予以答复。及时召开督办会听取了建议办理落实情况，督促办理单位高质量、高效率地把代表建议办成民心工程和德政工程。目前，我区二届人大二次会议上收集到19条建议，其中18条建议的办理情况已全部答复给代表、1条建议正在办理中，满意率达94%。

创造履职条件，丰富代表履职方式。扩大代表专题调研、视察调研和执法检查参与度，上半年组织区、乡两级人大代表参加专题调研、集中视察和执法检查15次，形成调研报告15份，供区委、区政府决策做参考。充分利用代表密切联系群众的优势，坚持邀请代表列席常委会会议和专题评议会议，拓宽代表知情知政的渠道，增强代表的参与议事能力。

四、注重勤政廉政，自身建设迈上新台阶

主动适应新形势、新任务的要求，坚持优化机构设置、加强作风建设和提高工作效能，自身建设得到了明显强化。

严格加强政治纪律教育，不断改进机关作风。严格按照"党要管党、从严治党"和建设学习型、服务型人大机关的要求，结合巴宜区委组织的政治纪律教育活动，切实抓好思想建设、组织建设、反腐倡廉建设和制度建设，扎实推进作风建设根本转变。

逐步壮大人大队伍，努力夯实人大根基。建立健全人大常委会内设工作机构，于2018年1月正式成立了财经农牧城建环保委员会，配备了专委会主任委员、副主任委员各1名，3月成立了2个人大街道工委，配备了主任和人大专干各1名，我区人大队伍进一步壮大。

积极探索工作机制，用心开创人大工作新局面。为进一步加强基层人大在民主法制建设中的作用，不断探索人大工作特点和规律，修订完善了委员联系代表、代表联系选民等10余项工作制度，督促落实代表向选区选民述职工作。从11月底至12月底，各乡镇人大和街道办人大工委先后组织74名人大代表向全区近1000名选民述职，人大工作迈入规范化履职新阶段。同时积极督促各乡镇遵循"规范动作做到位、因地制宜有特色"的原则，丰富人大工作内容，典型经验不断涌现。如：布久乡人大以每月15日为选民接待日，促进人大主席、专职副主席密切联系群众，切实解决群众难题。米瑞乡人大制定代表行为规范、优秀代表评选方法等4项工作措施，促进人大工作的透明度和公开化。鲁朗镇人大开展"巩固脱贫攻坚工作，人大在行动"活动，组织人大代表参与到扶贫领域的各项工作中，对扶贫各个项目进行全程监督，积极建言献策。

充分发挥传帮带作用，持续推进乡镇人大建设。注重上下级人大学习交流，强化对乡镇人大的工作指导，实现区乡人大良性互动、同步发展。全年先后派出区人大干部20余人次，深入各乡镇就例会召开程序、闭会期间开展活动、联系代表等方面进行帮带指导。召开乡镇人大工作现场交流会，组织7个乡镇和2个街道办的人大干部在布久乡实地观摩，学习交流开展人大工作的好做法、好经验，查找和总结工作开展中存在的问题和不足，规范"四本一表一册"，进一步提升了我区基层人大工作水平。

回顾2018年的工作，在看到成绩的同时，我们也清醒地认识到，对照宪法和法律的标准，对照党和人民的期盼，对照新形势、新任务的要求，人大工作还存在需要提高和改进的地方。主要表现在：履行人大职责水平有待进一步突破；监督工作的针对性和实效性有待进一步加强；人大代表的作用有待进一步发挥；人大自身建设有待进一步提高等等。在今后的工作中，针对存在的问题和不足，我们将自觉接受监督，虚心听取意见，积极探索方法，努力开创人大工作新局面。

2019年主要任务

2019年是新中国成立70周年，是西藏民主改革60周年，是林芝市打赢脱贫攻坚战、决胜全面建成小康社会的关键之年。区人大常委会工作的指导思想和总体要求是：在区委的领导下，以党的十九大精神为指引，深入学习贯彻习近平新时代中国特色社会主义思想，以政治建设为统领，解放思想，攻坚克难，锐意进取，主动作为，真抓实干，致力民生改善，增强监督实效，推动人大工作高质量发展，为建设“五个巴宜”做出积极贡献。

一、以政治建设为统领，把好党的领导“方向盘”

“坚持党对一切工作的领导，党政军民学，东西南北中，党是领导一切的。”我们要按照党的十九大对新时期人大工作提出的新要求，切实在思想上、行动上始终与党中央保持高度一致，要把深入学习宣传贯彻习近平新时代中国特色社会主义思想和党的十九大精神作为当前和今后一个时期的首要政治任务，抓好抓实抓长久。始终把坚持党的领导作为人大工作的根本保证，无论是监督、决定、任免，还是代表工作、自身建设，都紧紧围绕区委的决策部署来开展和推进。坚持重大事项、重要工作向区委请示报告制度，切实把党的思想领导、政治领导和组织领导贯穿于人大工作的全过程。

二、以助推发展为己任，念好监督工作“紧箍咒”

以全区经济社会发展中存在的突出矛盾和人民群众反映强烈的问题为重点，综合运用视察、调研、执法检查、工作评议、专题询问等方式，主动把人大的监督职能和服务中心工作、促进经济社会发展的职能相结合。不断加强和改进财政预决算的审查监督，推进科学理财、阳光财政。切实加强对政府重大决策、重大招商、重大资金的监督，做好金融风险防范工作。加强民主法制建设，加强对司法部门和监委工作监督，听取和审议法院执行工作、检察院民事行政和公益诉讼工作审议意见的办理落实情况汇报，加快法治政府建设。推动机构改革步伐，对3个被评议单位和8位被评议国家机关干部落实工作评议意见情况进行跟踪监督；做好规范性文件备案审查工作，把健全权力运行制约和监督体系结合起来，助推依法治区进程。

三、以促进履职为目的，筑牢工作机制“防火墙”

一是完善代表履职的服务和保障工作机制，进一步加强代表业务培训，增强代表依法履职能力，提升代表综合素质。二是完善代表履职评价机制，做好履职考核和管理，逐步推进代表向选民述职工作，增强代表依法履职和接受选民监督的自觉性。三是坚持和完善代表列席常委会会议、工作评议等制度，精心组织代表参加调研、视察和执法检查等活动，不断拓宽代表参与管理国家事务的渠道，进一步扩大代表在常委会活动中参与的广度和深度。四是继续深化常委会组成人员联系代表、代表联系选民等“双联”制度，支持和规范代表依法履行职责，保障代表的知情权、参与权、表达权和监督权，加强代表接待群众工作室的建设及运行管理，充分发挥代表桥梁纽带作用。五是不断完善代表议案、建议办理及督办机制，扎实做好代表议案、建议的办理工作，切实提高办理质量和水平。

四、以固本强基为抓手，打好自身建设“持久战”

进一步加强思想作风建设，做到忠诚、干净、担当，树立人大常委会组成人员为民务实清廉的良好形象，引领和带动人大代表和人大干部，始终保持积极进取、奋发有为的精神状态。进一步加强制度建设，不断修订完善工作制度，不断提升人大工作的规范化水平和工作质效进一步加强人大理论调研和新闻宣传工作。进一步加强对机关干部的教育管理，加强政治理论、法律法规和业务知识学习培训，不断提升综合素质和履职能力，致力打造一支政治可靠、务实担当、廉洁勤政的人大干部队伍。

各位代表！新时代赋予新使命，新要求需要新作为。让我们在区委的坚强领导下，以习近平新时代中国特色社会主义思想为指导，切实凝聚起巴宜区人民的磅礴力量，不忘初心、牢记使命，励精图治、砥砺奋进，为全面建成小康社会，谱写新时代中国特色社会主义的巴宜篇章而努力奋斗，以优异成绩迎接中华人民共和国成立70周年和西藏民主改革60周年！

林芝市巴宜区人民政府工作报告

——在巴宜区第二届人民代表大会第三次会议上

（2019年1月23日）

巴宜区委副书记、区长　严世钦

2018年工作回顾

刚刚过去的2018年，我们高举习近平新时代中国特色社会主义思想伟大旗帜，在自治区党委、政府和林芝市委、市政府的坚强领导下，坚持以人民为中心的发展思想，深入贯彻党的十九大和十九届二中、三中全会精神，贯彻落实自治区第九次党代会和历届全会精神，紧扣市委、市政府具体工作部署要求，紧紧围绕区委“2156”发展总思路，坚持党对经济工作的全面领导，坚持稳中求进、进中求好、补齐短板工作总基调，坚持新发展理念，以供给侧结构性改革为主线，坚定不移推进民生改善、产业发展、城乡融合、生态保护、和谐稳定、改革创新、自身建设“七大工程”，实现了经济总量稳步增长、社会事业全面进步、生态基础更加坚实、社会局势持续稳定的良好局面。2018年，全区实现地区生产总值72.93亿元，可比增长9.3%。其中第一产业增加值1.59亿元，可比增长4%；第二产业增加值29.01亿元，可比增长16.6%；第三产业增加值42.33亿元，可比增长5.1%，三次产业结构为2∶40∶58。2018年实现农林牧业总产值24121.02万元，同比增长8.07%；2018年，完成社会固定

2018年1月9日，巴宜区委副书记、区长严世钦在巴宜区二届人大二次会议上作工作报告

资产投资额299972万元，同比增长–11.6%；2018年实现社会消费品零售总额29.01亿元，同比增长15.02%；2018年，全区一般公共预算收入完成2.75亿元，同比增长10.05%；2018年农村居民人均可支配收入达17757元，同比增长10.4%。

2018年，全区实现地区生产总值72.93亿元，可比增长9.3%；全区一般公共预算收入完成2.75亿元，同比增长10.05%；完成社会固定资产投资额299972万元，同比增长–11.6%（主要受重大项目建设减少影响）；实现社会消费品零售总额29.01亿元，同比增长15.02%；农村居民人均可支配收入达17757元，同比增长10.4%；我们朝

着全面建成小康社会的目标又迈出坚实一步。

一、民生保障更加有力

全面巩固脱贫成效，总投资6.1亿余元的2017年28个产业扶贫项目，累计完成投资50%，签订利益链接机制15个。总投资8.77亿余元的67个2018年产业扶贫项目相继启动建设。累计完成578户1602人减贫任务，贫困发生率降至0.11%。昌都“三岩”片区易地扶贫搬迁安置工作进展顺利，八一镇、百巴镇、更章乡安置点建设工作基本完成，鲁朗镇安置点预计2019年6月达到入住条件。努力补齐教学短板，落实政府对教育投入资金5519.1万元，总投资3000万元的巴宜区中学综合提升项目全面启动，各中小学、幼儿园基础设施不断完善，中考成绩位居全市首位。稳步提升医疗卫生服务水平，总投资1.7亿元的人民医院建设项目主体完工，“二级乙等”医院创建工作有序开展，11个新增标准化村级卫生室建设完成。城乡居民“家庭医生签约服务”实现全覆盖，包虫病综合防治工作开展顺利，结核病、肝炎、骨关节病“三病”诊疗全面铺开，群众医疗保障能力不断提升。全国基层名老藏医专家传承工作室建成，藏医药服务能力稳步提升。持续加大食品药品安全管理力度，积极开展市场销售产品安全抽样检测，食品安全示范街、鲁朗食品安全示范镇和“明厨亮灶”示范镇打造完成，主城区“明厨亮灶”全面完成，“智慧食安”电子监管系统投入使用，国家食品安全示范城市创建工作稳步推进。5个“宽带下村”示范点全面建成。依托工布阿吉林合作社、卡斯木村氆氇加工坊等重点文化产业发展主体，开发创意文化旅游产品40余件。《八一镇志》作为自治区首部镇级志书，成功入选中国名镇志文化工程。玉荣增村、真巴村入选自治区级文明村镇候选名单。积极落实就业政策，实现农牧民转移就业6500余人次、城镇新增就业389人、高校毕业生就业451人，城镇登记失业率控制在2%以内。全民参保登记有效推进，各类社会保险参保率基本实现100%，有意愿特困人员集中供养率实现100%，城镇和农村低保标准分别提高到每人每月750元、每人每年4450元。“11·18”地震受损房屋重建和修复工作基本完成。

二、产业成效更加显著

以全域旅游为导向，统筹整合全区所有旅游景区资源，推动A级景区集群创建提升，措木及日景区、柏树王园林景区、工布原乡景区总体规划编制完成，柏树王园林景区升级改造项目、嘎拉农业综合体项目建设完成，柏树王获得“中国树龄最长巨柏”上海大世界基尼斯之最认证，鲁朗国际旅游小镇被评为“国家级旅游度假区”，旅游品牌影响力不断增强。圆满完成藏博会林芝分会场暨2018雅鲁藏布生态文化旅游节、第十六届林芝桃花旅游文化节配合工作。全年累计接待游客251.2万余人次，同比增长42.6%，实现旅游收入19.82亿元，同比增长27.1%。“一带一园六基地”产业格局逐步形成，水果种植规模达1.6万亩、蔬菜基地1万亩、生态苗木3300亩，藏猪养殖规模达8.4万头、商品鸡达24.5万羽，年度农牧业总产值预计实现2.43亿元，农牧业增加值预计实现1.68亿元。年内新增国家绿色食品认证2个、自治区无公害农产品基地认证1个、自治区无公害农产品认证14个。全市稳定的“五个供应基地”打造目标基本实现，巴宜区农村产业融合发展示范园获得国家发改委等七部委审批。现代商贸物流产业稳步发展，总投资2.72亿元的巴宜区建筑构件产业园、1.2亿元的更章现代农业产业园、2.37亿元的巴吉现代物流产业园建设进展顺利，市场主体入园组织工作同步启动。

三、城乡建设更加协调

城乡规划不断完善，重点乡镇、重点片区规划和67个村庄规划等多项规划编制工作全面完成。基础设施不断加强，全年共落实政府重点投资项目98个，完成投资约9.77亿元，八一镇新型城镇化综合试点取得重大成效，林芝镇特色小城镇建设稳步推进，布久乡新型城镇和小康示范镇、布久乡和更章乡棚户区改造项目顺利建成，3个城乡接合部环境综合提升工程、6个美丽乡村、7个援藏小康示范村、年内2501户民房屋顶改造任务全部完成，35个村级组织活动场所标准化建设基本完成。重点河段防洪工程、农牧区水毁修复工程、开朗沟河道治理工程、小集镇供排水工程等11个水利重点项目顺利建成，尼洋河干流治理二期工程、尼洋河重点河段治理工程、百巴镇百朗灌区工程等项目全面推进，水利基础稳步夯实。更章乡娘萨村公路硬化工程、鲁朗镇东巴才村公路硬化工程等4个交通重点项目顺利建成，加乃大桥新建工程、曲尼贡嘎至嘎萨公路硬化工程等项目稳步推进，行政村道路通畅率达94%以上。

四、改革合作更加深入

全面深化“放管服”改革，主动承接国家审批权限下放政策，修订了《政府投资建设项目报建规范流程》，政府投资项目审批建设各环节权限进一步下放。全面推行“互联网+政务服务”改革，网上可申请办理事项达509项，群众办事更加便捷。深化商事制度改革，全面推行“多证合一”登记制度改革和“证照分离”改革，企业开办时间全面压缩到5天以内。新增各类非公市场主体1666个，新增注册资本10.6亿元。不断优化投资环境，全年共签约招商引资项目45个，概算总投资约48.7亿元，到位资金约15.3亿元，超额完成年度任务。巴宜区城投公司、扶贫开发公司、旅游开发公司等国有企业资产总量不断扩大、发展实力稳步提升，国有林场改制工作扎实推进，农村集体土地、集体林地和耕地确权登记工作均通过自治区验收，农村集体产权改革整县推进试点工作全面启动。对口援藏项目全面建设完成，“组团式”教育医疗援藏事业开创新局面。

五、生态基石更加牢固

全面实施主体功能区战略，生态红线划定工作基本完成，申报生态红线面积7734.72平方公里、可发展区域面积823.29平方公里。全国第二次污染源普查工作全面启动，制定出台了《2018年环境质量监测方案》，对15处重点环境点进行环境质量监测，全区水、大气、土壤环境达标率均实现100%。落实国土绿化专项资金500万元，完成“两江四河”绿化4977.3亩、防沙治沙5400亩，“无树户”全面消除，国家森林城市创建工作进展顺利。河湖管理全面加强，河长制工作顺利通过自治区验收，湖长制工作机制体系基本建立，河湖环境得到有效保护。中央和自治区环保督察反馈问题整改工作稳步推进，群众对环境质量的满意度普遍提升。持续加大林区管护力度，制定了《林芝市巴宜区生态公益林管理暂行办法》，启动了智能化森防监测系统试点，严肃查处涉林案件14起。

六、社会局面更加和谐

坚持多措并举、综合施策，以人防为主，技防、物防为辅的乡村治安防控网有效形成，共建共治共享社会治理格局不断健全完善，年内排查矛盾纠纷及信访积案400起，妥善调处373起，化解率达93%。受理群众来信来访67件，妥善化解60件，化解率达91%。始终保持打击违法犯罪高压态势，扎实开展“扫黑除恶，打非治乱”等各类专项行动，侦破刑事案件138起，人民群众安全感不断增强。深入开展和谐模范寺庙、爱国守法先进僧尼、民族团结进步集体、“先进双联户”等系列创建评选活动，广大群众爱国爱家意识普遍增强。全面强化安全生产监管，“两站两员”道路安全监管作用发挥明显，林区景区、施工场地、人员密集场所、水电油气经营场所等重点领域监管力度不断增强，安全生产事故起数、死亡人数、受伤人数实现“三下降”。全面推进应急体系建设，完成了《突发公共事件应急总体预案》修订，应急机制逐步完善，应急能力稳步提升。

2018 年，我们切实加强政府自身建设，坚持全面从严治党，严格落实政府党组管党治党主体责任，全面加强政治纪律教育，坚决维护以习近平同志为核心的党中央权威和集中统一领导。切实加强政府系统党风廉政建设，明确党风廉政建设责任分工，严格执行中央八项规定及其实施细则，认真落实区党委“约法十章”“九项要求”和自治区、林芝市贯彻落实中央八项规定精神实施办法，廉政风险防控工作持续加强。全面推进法治政府建设，严格执行“三重一大”事项集体决策制度，坚持推行政府法律顾问制度，政府决策更加科学、民主、法治，文件备案审查、行政执法监督各项工作有序开展，自觉接受人大监督、监察监督、政协监督、司法监督，共承办协办市人大建议、政协提案 4 件，承办本级人大建议 19 件、政协提案 37 件，满意率均达到 100%。协助完成了监察体制改革工作，强化重点领域司法审查整改，积极配合检察机关依法开展行政公益诉讼，支持检察机关办理了自治区首例生态环保领域、食品安全领域刑事附带民事公益诉讼案件。

各位代表！过去的一年，我们积极应对各种风险挑战，保持了稳中有进的发展态势，荣获了“第四批全国民族团结进步创建活动示范单位”“自治区农产品质量安全县”等多项荣誉。这些成绩的取得，是以习近平同志为核心的党中央亲切关怀的结果，是自治区党委、政府和市委、市政府坚强领导以及区委直接领导的结果，是全国人民特别是广东人民无私援助的结果，是全区各族干部群众团结拼搏的结果。在此，我代表巴宜区人民政府，向奋战在各条战线上的广大干部群众，向关心支持巴宜发展的社会各界人士，向广大驻军部队指战员和政法干警，表示衷心感谢！

各位代表！成绩来之不易，问题更需重视。在总结成绩的同时，我们也清晰地认识到，我区在发展过程中依然存在一些亟待解决的困难和问题。主要表现为：经济总量较小，发展质量不高，内生动力不足，龙头企业、纳税大户等主体缺乏的问题依然存在；产业融合度低，产业链条较短，产业规模较小，产业效益较低，产业对经济发展支撑能力不足的问题依然存在；民生领域还存在诸多短板，教育、医疗服务能力与群众所需还有一定差距，偏远区域基础设施建设还相对滞后，区域发展不平衡不充分的问题依然存在；反分裂斗争、生态保护、安全生产、社会治安、自然灾害等方面严峻形势依然存在；法治建设水平还不高，依法治区力度还不够，群众法治意识较弱的问题依然存在；个别干部思想作风不实、责任意识不强、担当精神不足，与新时代干部队伍建设要求不相适应的问题依然存在。对此，我们必须高度重视，切实采取有力措施加以解决。

2019 年工作安排

各位代表！今年是新中国成立 70 周年，是西藏民主改革 60 周年，是全面建成小康社会的关键之年，做好政府工作责任重大、意义深远。我们将立足当前、着眼长远，迎难而上、担当有为，紧紧抓住新时代带来的新机遇，奋力谱写我区改革发展新篇章。

今年政府工作总体要求是：以习近平新时代中国特色社会主义思想为指导，坚持以人民为中心的发展思想，遵循新时代坚持和发展中国特色社会主义的基本方略，深入贯彻落实十九届二中、三中全会精神，深入贯彻习近平总书记关于治边稳藏的重要论述精神，贯彻落实自治区第九次党代会和区党委九届三次、四次、五次全会精神，紧跟市委、市政府系列决策部署，坚持和加强党的全面领导，坚持稳中求进、进中求好、补齐短板工作总基调，坚持新发展理念，坚持推进高质量发展，紧紧围绕区委“2156”发展总思路，立足新时代、展现新作为，推动乡村振兴、促进产业发展、提振民生指数、加强生态建设、深化改革合作、维护社会稳定、改进政府服务，坚定信心决战决胜全面建成小康社会。

今年经济社会发展主要预期目标是：全区地区生产总值增长10.5%以上，地方公共财政预算增长10%左右，全社会固定资产投资增长12%左右，社会消费品零售总额增长15%以上，农牧民人均可支配收入增长13%左右，经济发展继续保持全市前列，继续保持社会局势全面稳定、生态环境总体良好的局面。

围绕上述目标，我们将重点做好以下七个方面的工作：

一、全面实施乡村振兴战略，夯实发展新基础

我们将正确处理城乡关系，按照“产业兴旺、生态宜居、乡风文明、治理有效、生活富裕”总要求，稳步提升乡村内生发展动力。

（一）加快城乡基础建设。继续将城乡基础设施建设作为促进经济发展的保障性工程，充分发挥重点城镇的示范引领作用。全面启动布久乡小集镇片区规划建设，依托林芝火车站、永久物流园等平台优势，加快促进产业转型发展。坚持规划引领、基础先行、逐步完善，继续推动特色小城镇、新型城镇、小康示范村、美丽乡村建设，努力把城乡打造地更加美丽、更加富裕。持续推进农牧区水利交通基础设施建设，加快推进尼洋河重点河段治理工程、克拉曲流域拉格村段治理工程、“三岩”片区搬迁安置点水利配套工程、农村安全饮水巩固提升工程，不断织密水利网络。全力做好川藏铁路项目建设配合工作，重点实施农村公路硬化、产业配套道路、自然村通畅项目改建、牧场道路新建等，不断织密交通网络。

（二）统筹推动乡村发展。加快编制《乡村振兴战略实施规划》，注重当前和长远，坚持分类推进，突出地域特色，合理设定阶段性目标任务，努力补齐农村发展短板。加快推进农业标准化建设，加强农业发展用地综合整治，加大良种良品技术推广力度，增强优质农畜产品生产能力，让农牧业更强。积极发展农家乐、民宿经济、体验农业和电商农业等多功能的农业新业态，让绿色美丽经济成为农牧民创业增收的新增长点；积极支持农户发展具有乡愁和民俗特色的传统乡土产业和手工艺制作，努力成为带旺乡村旅游业的旅游产品；突出抓好农牧龙头企业、农牧民合作社和家庭小农场三类农牧业经营主体发展，有效搭建利益共享平台，发展适度规模经营，推动“资源变股权、资金变股金、农民变股民”；立足乡村发展实际，健全完善人才队伍培养激励机制，引导返乡农民工、大学生、退役军人回乡就业创业，培育新型职业农民，让农牧民更富裕。

（三）强化乡村综合治理。全面开展国土治理，下大力气推进城乡接合部、村镇周边、基本农田违建违搭违占清理整顿工作，分类制定化解措施，依法依规进行限期拆除恢复，逐步消除存量，坚决遏制新增。以推进农村人居环境整治三年计划为抓手，突出村容村貌治理和垃圾污水处理，加快村庄周边区域造林，加大农户庭院绿化力度，推进入户道路硬化、卫生厕所改造、污水管网建设。全面实现村级组织活动场所标准化全覆盖，广泛开展农牧民基层民主法治示范村镇、平安村镇、文明村镇创建活动；健全自治、法治、德治相结合的乡村治理体系，完善村规民约，推动移风易俗，树立文明乡风。

（四）深化推进农村领域改革。加快推动农村土地制度改革，落实土地“三权分置”制度，保持土地承包关系稳定，深化农村集体产权制度改革，完成农村“三资”清产核资，鼓励和支持农牧区集体经济组织与社会资金采取出让、租赁、作价入股、联营等方式，开发农牧区集体经营性建设用地，盘活农牧区集体资产，释放资源活力。加强和改进农业农村领域投融资机制，引导社会资本参与乡村发展，鼓励社会各界投身乡村建设，公共财政更大力度向“三农”倾斜。建立适合农业农村特点的农村金融体系，强化金融服务方式创新，提升金融服务乡村能力。

二、全面促进产业融合发展，激发发展新动能

我们将全面发挥产业优势，以生态旅游业为核心，大力培育具有地方优势的产业集群，全力推进产业融合发展。

（一）提升发展生态旅游业。以全市创建国际生态旅游区和全域旅游示范区为契机，强力推进生态旅游业发展，着力推动卡定沟景区、措木及日景区 AAAA 创建，加快推进苯日景区、多布湖景区规划编制，稳步推进工布原乡景区开发建设。充分发挥区旅游开发有限公司职能作用，强化旅游市场营销、文化创意产品研发、景区基础设施提升。稳步扩大旅游示范村、精品民宿、家庭旅馆、藏家乐打造范围，推动乡村旅游发展，引导农牧民群众积极参与旅游业，成为旅游发展的受益者。深入开展旅游市场清理整顿，强化旅游市场监管，规范旅游市场秩序，营造诚信旅游环境。加大旅游推介营销力度，深入开展和参与各类旅游节庆活动，继续挖掘推广四季旅游产品，积极开发内地城市游客市场，努力提升旅游美誉度和影响力。

（二）巩固发展特色农牧业。调整优化特色农牧业结构，充分发挥资金整合作用，着力在扩大藏猪、商品鸡、无公害蔬菜、生态苗木种养植规模和延伸农牧产业链条上下功夫，确保藏猪饲料加工厂年初运行投产，争取引进肉制品加工企业 1—2 家、冷链物流企业 1 家，推动农牧产业发展成规模上水平，促进农牧产业效益提升，力争“三品一标”认证品牌数量稳步增加，全力创建“三品一标”示范区。强化市场主体优势带动作用，继续加大对农牧龙头企业的资金扶持力度和信贷支持力度，扶助发展村集体农牧合作组织，建立完善利益联结机制，促进农牧特色产业规范化发展，畅通农产品市场销售渠道。加快更章现代农业观光园建设，推动农牧业和旅游业融合发展，积极引导发展田园采摘、藏家体验等生态休闲新业态，探索挖掘农业观光体验旅游市场，逐步拓宽农牧民群众增收路子。推进天然草场改良和畜种改良，扎实做好动物疫病防治，推动农牧风险防控体系建设，增强农牧业支撑。

（三）培育发展现代新产业。全力推进巴宜区建筑构件产业园、巴吉村现代物流产业园建设，加快完善园区道路交通、供水供电、污水管网、垃圾处理等基础设施，引导城市周边企业商户入园经营生产，发挥产业要素集聚效应，逐步打造集物流、仓储、销售于一体的专业化综合市场，促进商贸物流服务转型升级。加大林芝特色小城镇商业街、高原茶产业特色小镇等重点城市服务项目推进力度，鼓励引导社会资金向新产业聚集，逐步提升城镇商业服务能力。

三、全面提振民生保障能力，共享发展新成果

我们将坚持以人民为中心的发展思想，牢记为民初心，坚守为民情怀，在发展中保障和改善民生，努力为人民群众创造美好生活。

（一）持续巩固脱贫成果。坚决打好精准脱贫攻坚战，深入推进扶贫领域作风建设，紧盯薄弱环节和难点问题，结合中央扶贫巡视反馈意见，查漏补缺，补足短板。始终坚持“摘帽不摘责任、摘帽不摘政策、摘帽不摘帮扶、摘帽不摘监管”，多做雪中送炭的事，绝不搞锦上添花，在坚持做好生态、医疗、教育、社保扶贫的同时，坚决将产业发展作为推进脱贫攻坚的主抓手，强化涉农资金统筹整合力度，发挥财政资金杠杆作用，强化金融资金撬动，重点推进精准扶贫产业项目建设，持续强化脱贫巩固支撑。探索电商扶贫、资产收益扶贫等模式，拓宽群众增收渠道。全面完成昌都市“三岩”片区易地扶贫搬迁安置工作，同步推进公共服务设施、配套产业项目建设，促进群众团结互助发展，确保搬迁群众“搬得进、稳得住、能致富”。

（二）办好人民满意教育。严格落实15年免费教育和“三包”政策，继续推行教育奖励资助政策，全面优化教育资源配置，推动中小学标准化建设，全力推进巴宜区中学综合提升工程，加大财政资金向偏远乡镇的倾斜力度，努力补齐教育教学短板，推进义务教育和学前教育均衡发展。强化师资队伍建设，加大紧缺型教育人才培养和引进力度，全面提升教育教学水平，继续保持教育发展水平全市领先地位。认真实施全民健身计划，积极参与举办各类体育赛事活动，广泛开展阳光体育活动和群众体育活动，丰富群众体育活动内容。

（三）积极促进就业创业。全面落实就业优先和积极就业政策，建立完善培训提高、就业帮扶、创业带动“三位一体”的就业服务体系，持续强化创业就业服务扶持，加大政府购买岗位力度，积极组织市场主体招聘推介宣传，多渠道开发就业岗位，力争年内高校毕业生就业率实现90%以上。推进劳动就业社会保障公共服务平台建设，动态消除城镇家庭“零就业”，加大农牧民实用技术技能精准培训力度，力争全年组织技能培训700人次以上，为农牧民就近就便、不离乡不离土就业提供保障。

（四）努力打造健康巴宜。加强农牧区公共卫生服务体系建设，促进基本公共服务均等化，加快巴宜区人民医院配套设施建设，推动“二级乙等”医院创建工作。全力改善基层医疗卫生机构软硬件条件，强化乡村医疗人员培训力度，提升群众医疗服务水平。全面开展传染性和地方性疾病预防控制，持续加大包虫病防治力度，巩固提高计划免疫接种率，积极推进国家慢性病防治综合示范区创建。传承发展藏医药事业，积极将藏医药非物质文化遗产优势转化为藏医药诊疗服务优势。深化开展食品药品领域专项治理，全面巩固“明厨亮灶”建设成果，扩大“智慧食安”电子监管范围，加强食用农产品质量安全检测，争取顺利通过国家食品安全示范城市创建考核验收。

（五）繁荣发展文化事业。全面推进公共文化体系建设，不断提升区综合文化活动中心、乡镇文化站和农家书屋等文化阵地设施配备和管理开放水平。加大对文化市场主体的监管力度，加大文化产业和文化产品开发力度，加强物质与非物质文化遗产传承与保护，实现文化与旅游深度融合。筹备打造巴宜区首届文化旅游节，积极配合开展桃花文化旅游节、雅鲁藏布文化旅游节，加强文化对外交流，推广地域特色文化资源，全面展现独特文化内涵。

（六）健全社会保障体系。继续强化社会保险、社会救助、扶残助残服务体系建设，严格落实全民参保登记计划，巩固完善城乡低保和医疗救助制度，全力做好有意愿特困人员集中供养工作，全力做好残疾人、妇女儿童等弱势群体合法权益维护工作，全力做好退伍军人安置服务工作。加快推进城区应急避难场所、基层救灾物资储备库等基础项目建设。健全完善农民工工资治欠保支考核机制，加大劳动监察力度，完善劳动争议协调处理机制，切实保障劳动者合法权益。

民之所望，施政所向。今年我们将着力办好以下十件民生实事：一是设立高校毕业生就业创业专项资金150万元，实现更加充分就业。二是帮助每个乡镇打造1—2个具有持续带动性的亮点产业，促进基层发展能力提升。三是加强对贫困人口的帮扶力度，实现建档立卡贫困户动态清零。四是加大基层政权基础投入力度，全面完成剩余11个村级组织活动场所标准化建设任务。五是打造新时代新农村示范点，强化乡村振兴示范引领。六是推进老年人日间照料中心、喇嘛岭养老院项目建设，让老年人安享晚年。七是继续加大对百巴镇、米瑞乡等偏远乡镇道路交通、农田灌溉、安全饮水基础设施建设的倾斜投入力度。八是争取每个乡镇新增1个标准化村级卫生室，为群众治病就医提供便利。九是推进“五个一流”巴宜区中学打造，改善软硬件设施，强化管理保障，提升教育教学水平。十是加快推进城乡保障性住房、林芝镇特色小城镇和百巴镇、米瑞乡、布久乡小集镇污水处理设施建设，着力改善群众居住环境。

四、全面深化改革合作力度，增强发展新活力

我们将坚决破除顽瘴痼疾，围绕重点领域、紧扣关键环节，推动各项改革措施落地生效，有效释放发展动力活力。

（一）推进重点领域改革。继续深化“放管服”改革，全面推进“互联网+政务服务”，设立政务服务中心管理机构，不断优化运行流程，梳理简化审批流程，实现“一站式受理、一次性告知、一条龙服务”，大力推进政务服务便民化。坚决落实政府机构改革任务，全面准确把握政府机构改革总方向，立足机构设置精简高效、部门职能规范明晰、编制配备科学合理，不断优化运行机制，全面理顺部门职责，切实转变政府职能。全面推进鲁朗镇托管工作，强化衔接沟通，理顺管理体制机制。深化推进国有企业改革，破除国有企业发展制约瓶颈，盘活国有资源存量，促进资产保值增值。全面完成县域客运班线改革任务。

（二）加大资本引进力度。牢固树立全域招商理念，全面落实招商引资政策，配套建立招商引资奖励激励机制，在自治区和林芝市优惠政策全享受，以及不触碰法律法规红线原则的基础上，在职权范围内给予企业最大政策优惠和最优质服务，强化土地要素保障，切实提高服务效率。全面落实支持非公经济发展政策措施，鼓励支持非公经济发展，强化非公经济扶持力度，引导民间资本进入基础建设、产业发展、民生事业等领域，激发非公经济发展新活力，提高非公有制经济发展实力。用好用足用活国家特殊优惠金融政策，深化政府与金融机构合作，增加金融资金有效供给。同时，强化金融信贷风险和政府债务风险防控，强化风险监控，严禁违规举债。严厉打击非法集资等违法违规行为，切实保障金融稳健运行。

（三）深化对口援藏内涵。全面做好第八批援藏项目收尾工作，全面总结援藏工作经验和成效，加强与对口援助省市对接力度，建立紧密型对接合作机制，争取在援助方向和内容方面达成更大共识，获得更大支持，发挥对口援藏桥梁纽带作用，不断深化援藏内涵、精准援藏方式，协商建立技术、人才、资金、产业全方位立体化援助模式，全面推动人才队伍、特色产业、小康村镇、民生设施、基层政权等方面建设，为经济社会各项事业发展注入强劲动力。

五、全面推进生态巴宜建设，厚植发展新优势

我们将深入践行“两山”重要思想，统筹山水林田湖草综合治理，不断满足人民日益增长的优美生态环境需要。

（一）扎实推进污染防治。坚决打好污染防治攻坚战，持续开展大气、水、土壤污染防治行动，深化开展污染源普查工作，建立完善污染源动态监测体系，加大环境“双随机”执法力度，加强重大建设项目、重点污染源、重点监控企业执法监管，坚决依法加大环保违规行为打击，让违法违规企业付出代价。严格执行环境影响评价制度，严把企业落地关和项目审核关，坚决禁止“三高”“未批先建”企业和项目落地，从源头上遏制环境污染。全面加强河湖管理，加强河湖保护巡察、管理、考核力度，确保水生态质量持续稳定。坚决落实中央环保督察和自治区环保督察反馈问题整改，解决好环保领域重点突出问题。

（二）巩固生态建设成果。全面推进生态红线划定工作和第三次全国土地调查，厘清生态控制区域、国土利用空间与和可发展区域范围边界。全面做好自然保护区监督管理工作，深入开展保护区专项执法检查活动。扎实推进“两江四河”流域造林绿化、森林抚育、防沙治沙等重点工程建设，加快推进宜林荒地、村镇周边、景区景点、河流岸线、道路沿线等重点区域造林绿化工作，努力打造一批生态宜居示范户和示范村，全面推进国家森林城市创建工作。坚持生态效益与经济效益并重，大力发展生态苗木经济，引导群众走生态路、吃生态饭。依法加强林政资源管理，严厉打击各类破坏森林和野生动植物资源的违法犯罪行为。

（三）加快环保设施建设。全面提升乡镇已建成污水处理设施和垃圾处理设施的利用率。加大环保设施建设资金的争取投入力度，稳步扩大城乡污水管网、垃圾集中处理、农村卫生厕所改造等项目覆盖面，逐步补齐城乡环保基础设施短板。同时，加强对企业履行环保主体责任的督促检查，确保按照规定标准配备完善环保基础设施，推动实施生产废弃物无害化处理。

六、全面维护和谐稳定局势，营造发展新环境

我们将牢牢把握社会长治久安这个着力点，完善机制，多措并举，综合施策，全力为经济社会发展保驾护航。

（一）着力加强创新社会治理。严格贯彻落实各级各项维护稳定的决策部署，全面强化各项维稳措施，实现维稳工作常态化、科学化、法制化。健全矛盾纠纷预防和化解机制，加强社会稳定风险评估，推进信访法治化建设，依法依规有效解决群众合法诉求，切实维护群众合法权益。深入推进“七五”普法，增强全民法治观念，培育良好法治习惯。充分发挥驻村驻寺工作队、“双联户”、网格化管理员等基层组织的积极作用，不断增强联防联治、群防群治能力，筑牢维稳基础。实施“一片一警”“一村一警”“一景一警”警务模式，全面强化重要村、户、人和景区景点、重点部位防控。稳步实施“雪亮工程”，构建立体化、数字化社会综合治理防控网络。

（二）着力促进民族宗教和谐。全面贯彻党的民族和宗教政策，深入开展民族团结进步模范创建评选活动、和谐模范寺庙、爱国守法先进僧尼评选表彰活动、“遵行四条标准　争做先进僧尼”实践活动，积极引导广大干部群众牢固树立“三个离不开”思想，增强“五个认同”意识，把群众的精力引导到发展生产、勤劳致富、过好今生幸福生活上来。支持优秀民俗产业发展，保护和发展少数民族优秀传统文化，推进藏语言文字规范化建设。认真贯彻落实国家《宗教事务条例》，制定完善宗教事务管理制度，依法加强宗教事务管理，促进宗教和睦和谐。全面落实利寺惠僧政策，提升寺庙公共服务设施条件，改善僧尼生活环境。

（三）着力强化平安建设保障。健全完善应急预案体系，全面建立协同联动机制，稳步推动“八大工程”建设，加强突发事件预警、防范、管理、处置，不断提升应对地震、洪涝、泥石流等自然灾害的能力。落实安全生产主体责任和监管责任，实现基层安全生产网格化管理全覆盖，深化重点领域安全生产隐患治理，坚决防范和遏制重特大安全事故。加强食品药品安全监管，强化食品药品专项整治和综合治理，让群众吃得放心、用药安全。统筹推进消防安全、交通安全、网络安全能力建设，筑起防控安全风险的铜墙铁壁。

七、全面加强政府自身建设，强化时代新担当

我们将继续全面加强政府自身建设，全面坚持和加强党的领导，强化时代政治担当，努力建设人民满意的服务型政府。

（一）时刻坚守政治规矩。牢固树立“四个意识”，不断坚定“四个自信”，坚决做到“两个维护”，常态化制度化推进“两学一做”学习教育，用习近平新时代中国特色社会主义思想武装头脑、指导实践、推动工作。严格执行区委决策部署，履行政府党组全面从严治党主体责任，始终抓牢政府系统党的建设，严肃党内政治生活，严守政治纪律规矩，牢记“五个必须”，讲政治、敢担当、善作为，确保政府工作始终沿着正确的政治方向扎实推进。

（二）时刻牢记为民初心。坚持以人民为中心的发展思想，自觉把群众路线贯穿政府工作全过程，大兴调查研究之风，多下基层、广接地气、善听民意，优先保障民生资金，严格落实惠民政策，全心全意解决好群众关注的生态环境、安居保障、就医求学等热点问题，确保政府的每项工作更加贴近群众需求、符合群众愿望、代表群众利益，努力把人民群众的美好期盼变为现实。

（三）时刻秉承严实作风。持之以恒落实中央八项规定及实施细则，持久发力整治“四风”问题，提倡讲短话、开短会、行短文，建立完善政府系统工作责任制度，做到讲实话、办实事、求实效，促进服务和效率“双提升”、职能和作风“双转变”。坚决反对做表面文章、搞政绩工程的不良作风和行为，真正做到上级为下级担责、下级为上级负责。强化督查问效，不仅要问责“有过”，更要问责“无为”，坚决严肃查处不作为、乱作为和慢作为等行为。

（四）时刻恪守法纪底线。强化法治思维和依法履职意识，严格执行“三重一大”事项集体决策制度，提高政府依法决策水平。依法接受人大法律监督、工作监督，主动接受政协民主监督，自觉接受司法监督、舆论监督和社会监督，认真办理人大代表议案、建议和政协委员提案，全力支持监委、法院、检察院依法履行职能，让权力始终在法治约束下规范运行。强化财政资金使用、政府投资项目、国有资产管理、购买公共服务等重点领域和关键环节的监督管理，严肃查办各类违纪违法案件，坚决纠正损害群众利益的不正之风，做到干部清正、政府清廉、政治清明。

新时代要求新使命，新征程要求新作为，我们的信心无比坚定，我们的意志无比坚强。让我们更加紧密地团结在以习近平同志为核心的党中央周围，在自治区党委、政府和市委、市政府坚强领导及区委直接领导下，不忘初心、牢记使命，锐意进取、攻坚克难，决战决胜全面建成小康社会，以优异成绩向新中国成立70周年献礼！

名词解释

1.“2156”发展总思路：牢牢把握发展和稳定两大主题，以“建设经济强区、构建和谐巴宜”为目标，围绕“生态巴宜、旅游巴宜、文化巴宜、宜居巴宜、幸福巴宜”建设，全力以赴“强基础、惠民生、谋发展、促改革、抓生态、保稳定”。

2.一带一园六基地：“一带”指国道318和拉林高等级公路经济带。“一园”指更章现代农业观光园。“六基地”指百巴镇藏香猪养殖基地；章巴村、加乃村花卉苗木基地；八一镇物流电商基地和藏香猪繁育基地；林芝镇奶牛养殖基地；布久乡水果种植、加工基地；米瑞乡蔬菜种植基地。

3.五个供应基地：林芝市稳定的蔬菜、水果、花卉苗木、禽蛋肉、藏香猪种猪及猪仔供应基地。

4.乡村振兴战略：党的十九大提出要坚持农业农村优先发展的总方针，按照“产业兴旺、生态宜居、乡风文明、治理有效、生活富裕”总要求，建立健全城乡融合发展体制机制和政策体系，加快推进农业农村现代化。

5.放管服：简政放权、放管结合、优化服务。

6.多证合一：是指在已实施的营业执照、组织机构代码证、税务登记证、社保登记证、统计证“五证合一”的基础上，向申请者颁发载有统一社会信用代码和食品经营许可证号等一照两号或多号的“多证合一”的营业执照。

7.证照分离：将工商部门颁发的营业执照和各相关行业主管部门颁发的经营许可证分开，办理营业执照就可以开办一般经营活动，如需从事特殊的经营内容，就要到相关部门办理相应经营性许可证。

8.三重一大：重大事项决策、重要干部任免、重要项目安排、大额资金的使用。

9.三权分置：在坚持农村土地集体所有的前提下，促使承包权和经营权分离，形成所有权、承包权、经营权三权分置，经营权流转的格局。

10.三资：农牧区集体经济中的资产、资源、资金。

11.三品一标：无公害农产品、绿色食品、有机农产品和农产品地理标志。

12.五个一流：一流的教师队伍、一流的硬件设施、一流的管理、一流的后勤保障、一流的学生。

13.明厨亮灶：采取视频技术或透视明档的方式，对餐饮食品加工过程进行公示，从而将餐饮经营单位食品加工的关键环节亮出来接受社会监督。

14.智慧食安：运用“互联网+食品安全监管”信息化手段，转变食品安全监管方式，提高市场安全监管效能，实现食品安全共治共管、智能监管。

15.互联网+政务服务：运用互联网、大数据等技术手段，整合各类政务服务事项和业务办理等信息，实现部门间数据共享，让群众和企业少跑腿、好办事、不添堵。

16.“两山”思想：习近平总书记提出的“绿水青山就是金山银山，冰天雪地也是金山银山”的重要思想。

17.国土绿化行动：党的十九大提出开展国土绿化行动，推进荒漠化、石漠化、水土流失综合治理，强化湿地保护和恢复，加强地质灾害防治。完善天然林保护制度，扩大退耕还林还草。

18.河湖长制：由各级党政相关负责人担任“河长”“湖长”，负责组织领导相应河湖的管理和保护工作。

19.雪亮工程：以县、乡、村三级综治中心为指挥平台，以综治信息化为支撑，以网格化管理为基础，以公共安全视频监控联网应用为重点的群众性治安防控工程，通过三级综治中心建设，把治安防范措施延伸到群众身边，发动社会力量和广大群众共同监看视频监控，共同参与治安防范，从而实现治安防控全覆盖、无死角。因为“群众的眼睛是雪亮的”，所以称之为“雪亮工程”。

20.两站两员：乡镇交通安全管理站，乡镇交通安全劝导服务站；乡镇专职交通安全管理员，义务交通协管员。

21.八大工程：2018年10月24日，齐扎拉主席在前三季度全区经济运行分析暨第四季度调度会上提出，要重点实施灾害风险调查和重点隐患排查工程、重点生态功能区生态修复工程、地震易发区房屋设施加固工程、防汛抗旱水利提升工程、地质灾害综合治理和避险移民搬迁工程、应急救援中心建设工程、自然灾害监测预警信息化工程、自然灾害防治技术装备现代化工程等防灾减灾八大工程。

22.三个离不开：汉族离不开少数民族、少数民族离不开汉族、各少数民族之间也互相离不开。

23.五个认同：认同伟大祖国，认同中华民族，认同中华文化，认同中国共产党，认同中国特色社会主义。

24.四个意识：政治意识、大局意识、核心意识、看齐意识。

25.四个自信：中国特色社会主义道路自信、理论自信、制度自信、文化自信。

26.两个维护：坚决维护习近平总书记党中央的核心、全党的核心地位，坚决维护党中央权威和集中统一领导。

中国人民政治协商会议第二届林芝市巴宜区委员会常务委员会工作报告

——在政协第二届林芝市巴宜区委员会第三次会议上

（2019 年 1 月 22 日）

巴宜区政协主席 戴 平

2018 年工作回顾

2018 年，是贯彻十九大精神开局之年，是改革开放 40 周年，是决胜全面建成小康社会、实施“十三五”规划承上启下的关键一年。一年来，区政协常委会以习近平新时代中国特色社会主义思想为指导，认真贯彻落实中央和自治区党委、市委、区委各项重大决策部署，团结带领参加政协的各族各界人士，紧紧围绕区委“2156”工作总思路，认真履职，主动作为，充分发挥协调关系、汇聚力量、建言献策、服务大局的作用，为巴宜经济社会长足发展和长治久安做出了积极贡献。

2018 年 1 月 8 日，区政协主席戴平在政协林芝市巴宜区委员会第二次会议开幕式上做常委会工作报告

一、统一思想，凝聚共识，牢牢把握正确政治方向

常委会始终坚持把加强思想建设摆在各项工作的首位，以政治建设统领政协工作全局，坚决维护习近平总书记核心地位，坚决维护党中央权威和集中统一领导。

（一）旗帜鲜明讲政治。常委会始终坚持党对政协工作的全面领导，坚定不移贯彻执行中央和各级党委关于政协工作的方针政策，深刻领会精神实质，准确把握丰富内涵，坚决贯彻落实到位。在日常工作中，始终坚持与区委同心同向同行，凡重大决策、重大活动、重大调研视察都是先报告请示，经批准后开展，一切重要活动围绕区委重大决策部署来安排谋划，确保了党的领导贯穿于政协工作的全过程，确保了政协事业方向不偏、立场不移。

（二）学深悟透新思想。以习近平新时代中国特色社会主义思想和十九大精神为重点，依托“不忘初心 牢记使命”主题教育、“两学一做”学习教育和“政治教育”等载体，严格落实政协党组学习中心组、党支部学习制度，并通过举办专题辅导、组织界别小组活动以及会议、培训等，切实把委员纳入大学习活动之中，形成了分层次、多形式、全覆盖、常态化的学习格局，在广大政协委员中形成了树牢“四个意识”、增强“四个自信”、坚定“两个维护”的浓厚氛围。

（三）党建引领强核心。政协党组认真落实全面从严治党责任，带头落实“两个维护”根本政治责任，深入学习贯彻“两准则四条例”，严格遵守中央八项规定及其实施细则、区党委“约法十章”“九项要求”，不断提高拒腐防变的能力。同时，不折不扣贯彻民主集中制原则，认真执行政协党组会议、主席会议和常委会议议事规则，每月定期或根据需要不定期召开党组会议，研究部署政协重点工作，保证党的理论和路线方针政策在政协工作中的贯彻落实，做到了决策民主化、科学化。

二、积极探索，认真实践，创新民主监督方式方法

民主监督是人民政协的一项重要职能。在区委、区政府的重视、支持下，常委会积极探索、创新方式、勇于实践，民主监督力度不断加强。

（一）组织定向监督。常委会在党委政府的关心重视下，根据工作需要，成立了政协综合专委会，研究制定了《综合专委会工作职责》的规章制度，推动专委会围绕常委会的工作安排积极开展各项工作，专委会工作得到了进一步加强，履职活动不断创新，工作质量明显提高。

（二）强化提案监督。充分发挥提案办理协商在协商民主中的重要作用，制定了《政协林芝市巴宜区委员会提案工作细则（试行）》，围绕提案的办结率、回复率、落实率、回访率和满意率，采取跟踪督办、现场会办、视察催办、主席领衔督办等形式，促进提案的办理落实。2018年，委员们提出提案37件，涉及推进区域经济科学发展、社会事业和改善民生、精神文明建设和创新社会管理等方面，全年复审提案答复率100%，委员满意率100%。

（三）深化评议监督。组织政协委员参加区直各单位民主生活会、组织生活会和年终综合考评评议工作，并通过听取工作情况通报、召开座谈会、走访机关科室等形式，对区直各单位工作开展和干部作风建设情况进行深入调研，形成评议报告，并向被评议单位反馈意见。针对提出的意见，被评议单位十分重视，召开会议，对提出的问题逐一剖析，逐项分解落实。

三、注重特色，发挥优势，聚焦中心任务建言献策

区政协紧紧围绕全区工作中心，自觉把区委、区政府的各项决策和工作部署作为政协工作的切入点，充分开展政治协商，形成了全体会议、常委会议、主席会议多层次政治协商格局。

（一）多层面议政献策。及时召开全体委员会议、常委会议、主席会议，就众多事关全区大局的重要问题进行广泛协商讨论，充分体现了党政决策的民主化、科学化。组织20余人次各界别政协委员参加区委、区政府举办的宪法修订会、食品药品听证会等各类会议，积极发挥专业优势和界别优势，共同参与重大事项研究讨论。此外，区政协围绕提高教学质量、促进教育水平均衡发展、基层卫生医疗服务、食品卫生安全、农村合作医疗运行等工作开展视察，提出中肯的建议和意见，这些建议意见受到区委区政府领导及有关部门的高度重视，促成了有关问题的解决。

（二）多角度调研资政。一是围绕上级政协安排的课题开展调研。协助自治区政协完成实地调研任务2项；协助林芝市政协完成专题调研任务1项；与内蒙古、深圳、日喀则、那曲等22个考察团就扶贫、产业、旅游、生态、乡村振兴等内容进行深入交流和讨论；并多次受邀参加区、市政协组织的专题性议政活动，发表理论研究文章2篇，1篇获奖。二是围绕全区重点工作开展调研。就推进八一镇城乡接合部综合整治工作，组织6名委员深入八一镇、城市街道、社区等单位和重点区域开展调查研究，向区委、区政府提交调研报告1份。三是带着自身课题外出学习调研。围绕少数民族地区生态旅游发展、脱贫攻坚、社区综合管理、文化传承与开发以及加强和推进政协工作等内容，组织10名政协委员前往内蒙古呼和浩特、鄂尔多斯、包头3市7区（旗）开展考察学习，形成学习考察报告1篇，借鉴和启迪了新时期履行人民政协职能的新思路、新方法。

（三）多方位政治协商。区政协常委会努力为委员履行职能创造条件，每年全体会议期间，委员们列席人大会议，认真听取政府工作报告和其他重要报告，围绕我区政治、经济、文化和社会生活中的重大决策和人民群众关注的热点、难点问题开展协商讨论，为推动跨越发展、富民强区献智出力。在二次会议小组讨论会上，有70余位委员作了讨论发言，常委会汇总梳理建议30余条并上报区委。区委高度重视，将委员建议分解细化至各相关职能部门，逐一督办落实，切实使政治协商融入了全区经济社会发展的实践之中，促进了协商议政水平不断提高。

四、突出主题，加强合作，广泛开展联络联谊活动

常委会坚持团结民主两大主题，以实现大团结、大联合为目标，充分发挥政协联系广泛的优势，密切与各党派团体的团结合作，促进了全区爱国统一战线的巩固和发展。

（一）加强与各界联络联谊。在藏历新年等重大节庆、节日期间，常委会以密切沟通联系、拓展交流渠道、增进思想共识为着眼点，深入贯彻政协联系走访制度，积极采取座谈、访谈等方式，加强与政协参加单位、各界人士的联络联谊，了解委员生活情况、思想动态，广泛宣传我区经济社会发展取得的成绩，传达区委、区政府发展蓝图和宏伟目标。2018年，共慰问走访政协委员、退休老干部等各行各业人士80余人次，送去慰问金31000元，统一了思想、增进了友谊、汇聚了智慧，凝聚了力量。

（二）组织委员服务社会。在维护社会稳定方面，政协5名县级干部深入各乡（镇）蹲点，督导乡（镇）落实维稳措施，推进基层维稳工作开展；在促进大学生就业方面，发挥政协优势，积极联系经济界委员，向应届毕业生推介工作岗位20余个；在助推脱贫攻坚方面，广大政协委员和机关干部积极响应区委扶贫帮困号召，向章麦村癌症患者次仁捐助资金5800元；在“千千帮千人”“结对认亲”“一对一帮扶”“全国扶贫日”等活动中，政协工作者们尽己所能、全力以赴帮助群众排忧解难，全年向帮扶对象提供大米、食用油等生活用品及现金共计6120元。

（三）提升文史工作资政功能。区政协常委会充分发挥文史资料的“存史、资政、团结、育人”作用，立足巴宜实际，不断拓展文史资料征集编撰工作。圆满完成了2017年度巴宜《政协志》《地方志》《政协年鉴》编撰工作；系统完成了2000—2017年共计18年间具有保存价值的各种文字、图片等整理和归案工作，向巴宜区档案局移交档案资料2107件；顺利完成了政协一届二次会议至二届二次会议等重大会议期间的文件汇编工作；稳步推进了政协工作大事记、重大事件信息编辑等工作。此外，还邀请罗布次仁、边巴等委员与政协机关干部一道为党的生日创作了《幸福林芝》等歌舞作品。

五、内强素质，外树形象，政协自身建设再上新台阶

为适应新形势、新任务的要求，我们坚持以问题为导向，扎实推进政协履行职能的规范化、制度化和程序化建设，自身建设不断加强，政协工作科学化水平进一步提高。

（一）加强学习培训。不断创新培训方式，深入学习宣传《政协章程（修正案）》《深刻领会党的十九大精神大力实施乡村战略》等内容，让学习内容更加贴近党委、政府中心工作，确保委员建言献策有的放矢、切合实际。邀请资深政协工作者和市党校专家上门授课，围绕“懂政协、会协商、善议政”给全体委员作专题讲座，进行政协基础理论、提案撰写、调研视察等业务知识的辅导。通过培训，不断提升委员的综合素质和能力，增强委员围绕中心、服务大局、主动履职的意识。

（二）提升机关效能。建立“周五学习交流日”制度，使之成为传达重要文件精神、学习业务知识、汇报工作情况、总结经验教训的重要工作平台。健全完善机关保密工作制度，指定专人负责办公设备、文件传阅、台账管理等工作，定期检查、定期提醒，提升保密工作质量。健全完善《政协机关公章使用管理办法》《政协公文管理细则》以及机关文档处理等相关制度，规范办文办会、财务管理、请销假等工作流程，实现有制可依、有规可守。

（三）增强履职活力。畅通区政协机关、专委会、界别、委员、各界群众之间的联系渠道，完善了知情明政、民主监督、意见交流等平台，为委员履职、提交提案、及时反映社情民意信息提供更多途径。完善了《委员履职管理办法》，健全参政议政考勤制度，将委员出席会议、撰写提案、视察调研、反映社情民意、参加政协活动等履职情况进行登记考核，定期向全体委员通报，激发委员履职积极性、主动性、创造性。

各位委员、同志们，成绩来之不易，经验弥足珍贵。一年来，区政协工作成绩的取得，是区委坚强领导、重视关怀的结果，是区人大、区政府及社会各界热情帮助、鼎力支持的结果，是政协各参加单位和广大政协委员团结奋斗、积极协同的结果。在此，我代表二届区政协常委会向所有关心支持政协工作的领导和同志们、朋友们表示衷心的感谢，并致以崇高的敬意！

过去的一年，区政协工作虽然取得一些成效，但我们深知，对照各级党委的总体部署和形势发展要求，我们在履职尽责方面尚有不足，主要表现在：民主协商质量不高，提案质量有待提高，民主监督意识比较薄弱，政协机关联系服务委员的办法还不够多。这些，都需要在今后的实践中切实加以改进。

2019 年工作安排

2019 年是新中国成立 70 周年，也是人民政协成立 70 周年，是西藏民主改革 60 周年，更是巩固脱贫攻坚成果、全面建成小康社会的攻坚之年。区政协工作的总体思路是：高举习近平新时代中国特色社会主义思想伟大旗帜，深入贯彻落实党的十九大和十九届二中、三中全会精神，贯彻落实习近平总书记关于加强和改进人民政协工作的重要思想，贯彻落实习近平总书记关于治边稳藏重要论述和加强民族团结、建设美丽西藏的重要指示，突出团结民主两大主题，坚持以人民为中心的工作导向，坚持新发展理念，坚持把加强党对政协工作的全面领导、加强思想政治引领作为工作主轴，坚持把围绕巴宜区委“2156”工作总思路建言资政、广泛凝聚共识作为工作主线，认真履行政治协商、民主监督、参政议政职能，着力加强履职能力建设，着力提高议政建言质量，着力提升政协机关服务水平，充分地发挥人民政协协商民主重要渠道和专门协商机构的作用，为建设“五个巴宜”做出积极贡献。

一、持之以恒加强理论学习，以习近平新时代中国特色社会主义思想武装头脑

党的十九大作出了中国特色社会主义进入新时代、我国社会主要矛盾已经转化等重大政治论断，同时对人民政协的性质定位作出了新的表述，对统一战线和协商民主作出了全面部署。我们要按照党的十九大精神，开拓创新，大胆探索，不断开创政协工作的新局面。要深刻领会党的十九大报告的精神实质，深刻认识习近平新时代中国特色社会主义思想的丰富内涵，牢固树立“四个意识”，不断增强“四个自信”，坚决做到“两个维护”。要深刻理解党的十九大对人民政协作出的新表述，充分认识人民政协作为统一战线组织的重要地位，充分认识人民政协作为发展社会主义民主这一形式的重要作用，充分认识人民政协作为专门协商机构的重大使命，切实增强政协工作的责任感和使命感。要精心组织开展“不忘初心、牢记使命”主题教育，以学习会、研讨会、交流会等多种形式，以专家解读、集中授课、撰写心得、畅谈体会等多种途径，切实学懂弄通党的十九大精神。要坚持系统性思维和创造性工作，适应新时代新要求，以完善培训机制、加强微信平台宣传、做好委员联系群众为工作重点，在方法上、途

径上进行探索，在渠道上、特色上形成亮点，不断开辟政协工作的新境界。

二、毫不动摇坚持党的领导，把坚持党的领导贯穿政协工作始终

坚决贯彻落实《关于加强新时代人民政协党的建设工作若干意见》和全国、全区政协系统党的建设工作座谈会精神，全面实现政协党的建设和管理对所有党员委员全覆盖，对所有政协委员全覆盖，真正做到哪里有政协委员哪里就有党的工作的总要求。着力提升政协党组把方向、管大局、保落实的核心领导力，突出党要管党、从严治党的主体责任，加强理论武装和思想引领，落实定岗定责制度，加强作风和廉政建设，严格落实政协工作向区委定期汇报、重要事项专题汇报制度。积极探索政协党组织全覆盖教育管理的途径和方法，探索建立党组成员联系党员委员，党员委员联系党外委员制度，在全体会议、视察调研、提案办理、界别联系、业务培训等重大工作中探索建立党的临时领导机构，创新举措，形成制度。注重发挥党员委员优势，创新行业内“传帮带”等互帮互助机制，增强党员委员与党外委员的情感交流，以制度化促进党员委员主动作为，切实担当起新时代政协党建工作的使命任务。全力推动政协党内组织生活向党员委员延伸，逐步建立为党员委员上党课，开展谈心谈话，参与民主评议等活动体系，让党员委员与党组的联系更加紧密。

三、一以贯之聚焦主责主业，以工匠精神打造建言精品、凝聚各方智慧力量

坚持把增进共识、凝聚人心、汇聚力量作为政协服务改革发展的切入点，坚持大团结大联合，努力为改革发展寻求最大公约数、增进最大共识度、汇聚最大正能量。要着眼全局，深化政治协商。紧紧围绕区委“2156”工作总思路，聚焦区委区政府关于经济发展、城乡建设、乡村振兴、民生改善、生态建设、法治政府等重大决策部署和重要工作安排，主动加强有效衔接，充分运用好全体会议、常委会议、主席会议、政情通报等协商形式，积极开展协商议政，切实增强政治协商的广度与深度，提出具有前瞻性和建设性的意见和建议，为区委区政府科学决策提供有价值的参考。要突出重点，强化民主监督。进一步完善民主监督的实现途径，对涉及民生的重要决策、重大项目、重点建设，通过提案、社情民意、视察评议等方式，开展民主监督，如实提出建设性意见建议，使百姓关心的热点难点问题得到及时反映和有效处理；进一步组织委员参与社会监督活动，发挥行风监督作用，促进问题的解决和工作的落实，督促有关部门转变工作作风，提高工作效能。对重要提案落实不到位、提案办理重视不够的有关部门进行专项委员听证，以促进相关问题的解决。同时，注重弘扬正能量，对民主监督中发现的勇于担当、务实作为的部门和干部，区政协将及时向区委区政府报告。要深入实际，积极参政议政。紧跟区委区政府重点工作推进，紧扣产业转型升级任务，在打造巴宜经济发展新引擎等方面积极谋划；紧扣保障和改善民生任务，在让各族群众最大限度共享改革发展成果方面主动作为；紧扣脱贫攻坚任务，在推进更高标准扶贫、更高质量脱贫方面精准发声；紧扣生态环境保护任务，在探索巴宜区生态文明建设新模式方面履职尽责；紧扣维护稳定任务，在实现重点时段、重要节点实现“三不出”“三无”目标方面建言献策。

四、驰而不息提升自身水平，以新实力、新面貌担当新时代政协工作

要积极推进政协领域改革，落实自身建设创新，固本培元，夯实基础。强化界别地位和作用，充分发挥一个界别联系一个领域、一个方面，团结做一方人士、一片群众的优势，通过界别有效的组织各团体、各民族、各阶层、各界人士共商国是，让界别工作活起来、实起来、亮起来。积极发挥专委会优势，以全区党深化党政机构改革为契机，全面优化专委会设置，重点培养专委会组织委员开展民主监督、调研视察、学习座谈、业务培训、团结联谊、联系沟通、提案督办等各项活动的能力。全力做好协商建言成果转化运用，建立健全政协协商建言成果和社情民意信息转化、办理、反馈制度机制，将政协会议建言材料及时送呈区委、区政府领导批阅，党政领导对政协协商建言和社情民意的批示，及时纳入“两办”督查室督办事项，进行跟踪问效，并向政协组织和委员反馈。着力加强委员队伍建设，加强业务培训力度，规范委员履职纪律，完善管理量化机制，推进委员履职制度化、规范化、程序化水平，努力打造一支忠诚、担当、务实、敬业、懂政协、会协商、善议政的委员队伍。持续推进机关队伍建设，着重培养干部专业能力和专业精神，加强政协干部的培训和教育力度，通过能力塑造提升政协干部的自信心，通过荣誉机制增强政协干部的自豪感，真正建设一支忠诚干净担当的高素质专业化政协干部队伍。

各位委员，集众智可定良策，合众力必兴伟业。让我们更加紧密团结在以习近平同志为核心的党中央周围，在各级党委的坚强领导和上级政协精心指导下，不忘初心、牢记使命，团结拼搏、担当作为，努力开创我区政协事业新局面，为决胜全面建成小康社会、夺取新时代中国特色社会主义新胜利、谱写好中华民族伟大复兴中国梦巴宜篇章不懈奋斗！

坚持稳中求进　忠诚履职尽责
奋力谱写巴宜纪检监察工作高质量发展新篇章

——在中国共产党林芝市巴宜区第二届纪律检查委员会第三次全体会议上的工作报告

（2019 年 3 月 8 日）

巴宜区委常委、纪委书记、监委主任　米　军

2018 年工作回顾

2018 年，巴宜区纪检监察机关坚持以习近平新时代中国特色社会主义思想为指导，坚定贯彻党的十九大全面从严治党战略部署，在上级纪委和区委的坚强领导下，牢固树立“四个意识”，坚定“四个自信”，坚决做到“两个维护”，忠实履行党章和宪法赋予的职责，政治护航展现新担当、从严治党成为新常态、纪检监察踏上新征程、反腐倡廉开创新局面、社会风气呈现新气象、自身建设迈上新台阶，各项工作稳中有进、稳中提质，巴宜区党风廉政建设和反腐败工作稳步向纵深推进。

一、高位推进政治建设，坚定不移贯彻执行“两个维护”

抓牢思想政治教育。坚持把学习贯彻习近平新时代中国特色社会主义思想、党的十九大精神以及党章党规、宪法和监察法贯穿到日常工作中，不断推进“两学一做”学习教育常态化制度化。全年召开 40 余次集中学习会，其中班子成员领学 5 次和专题研讨 3 次，切实强化思想理论武装。严格执行请示报告制度，及时主动向市纪委、监委和区委请示报告重大事项、重要工作 68 次。去年底，区监委首次主动依法向区二届人大常委会作专项工作报告，在探索主动接受人大监督方面迈出重要一步。

坚决做到“两个维护”。进一步严明政治纪律和政治规矩，对“七个有之”等问题保持高度警觉，聚焦党的路线方针政策和重大决策部署落实情况，加强政治纪律学习教育和监督检查，确保政令畅通。统筹抓好政治纪律教育活动，实现党员全覆盖，各级党组织安排集中学习225场次，党组织书记带头讲党课150场次，180名党员领导干部在专题组织生活会上带头作对照检查，3622名党员进行了讨论交流、公示个人整改事项，各级党组织和纪检组织实地督导检查2660余人次。

持续净化政治生态。去年底，完成对各乡镇（街道）、区直部门的政治生态分析研判，总结提炼实践经验，形成了专题调研报告，作出了巴宜区始终做到管党治党不松劲、正风肃纪不停步，党内政治生态总体向好、持续向好的客观评价，分析归纳存在的主要问题和表现形式7条，提出意见建议6个方面，制定措施办法18条。同时，建立健全科级领导干部廉政档案552份，实现廉政档案动态化、规范化、常态化管理；严格落实“纪检监察机关意见必听”要求，全年回复廉政意见函110份。

二、深化监察体制改革，全面履行纪检监察两项职责

稳步推进深化国家监察体制改革试点工作。坚决落实党中央、区党委、市委和区委关于国家监察体制改革的决策部署，区委书记切实履行“施工队长”职责，区纪委全面发挥“施工队”作用，以全面深度融合为主线，按照“转隶开局、平稳过渡、逐步深化”的工作思路，注重执纪执法衔接贯通，突出党纪政务合力齐发，扎实、有序、平稳、圆满完成了监察体制改革试点任务，保证合署办公正常高效运转。

规范有序开展监察工作。探索构建并形成纪律监督、监察监督、派驻监督、巡察监督的“四位一体”监督体系，专门将纪检监察室一半力量设置为执纪监督；按照《国家监委管辖规定（试行）》要求，我区监察对象人数从改革前的620人增至2898人，实现公职人员监察全覆盖。区委2018年反腐败工作协调小组会议，就区纪委监委加强与司法机关、执法部门工作衔接进行重点研讨，促进谈话、查询、调取和鉴定等调查措施得到广泛运用。

不断提升执纪审理工作质效。去年7月，巴宜区顺利启动自治区首个县（区）审理试点工作，截至目前，共审理案件8件。在推进执纪审理工作中，不断加强审理队伍建设，完善案件审理工作机制和流程图，建立案件审核反馈制度，反馈、总结经验12条；不断强化沟通协调，积极主动向上级审理部门请示报告20余次，确保案件审理工作高质高效开展。

三、落实落细“两个责任”，扛牢全面从严治党政治责任

坚持完善责任体系。去年初，区委印发《党委（党组）落实党风廉政建设主体责任清单（试行）》和《纪委（纪检组）落实党风廉政建设监督责任清单（试行）》，进一步明确主体责任清单60项，监督责任清单38项；区纪委结合实际，制定年度《党风廉政建设监督责任工作任务清单》，细化具体任务56项，明确责任部门和领导，推动“两个责任”落实横向到边、纵向到底。

自觉当好参谋助手。协助区委与各级党组织签订党风廉政建设主体责任书106份，监督检查各乡镇（街道）、区直部门落实党风廉政建设责任制情况4次；主动向区委报告落实党风廉政建设监督责任情况2次，有力推动反腐倡廉各项工作落实。同时，统筹安排好178名拟提拔科级领导干部的任前廉政法规知识考试，协助区委执行好领导干部述职述廉、廉政谈话等制度，有效督促领导干部落实职责范围内的党风廉政建设。

持续加强廉政教育。2018年，“清风巴宜”

公众号上传区、乡两级纪检工作动态445条，发布反腐倡廉信息785条，阅读量达2.9万人次；统筹各级党组织征订《中国纪检监察》杂志64套，发放监察法及其（释义）70套，印发新《纪律处分条例》学习手册3000余本。同时，认真协助区委开展好第二十三个党风廉政宣传教育月活动，组织11家区直单位发放宣传资料2400余份，制作展板40个；创建更章乡廉政文化警示教育基地和八一镇章麦村“廉政文化花园”2个廉政文化品牌，有效地将廉政宣教覆盖到全区各个组织和角落。

四、坚定不移纠正“四风”，持续擦亮作风建设亮丽名片

不断深化作风建设。以“永远在路上”的清醒和“坚决抓到底”的韧劲，密切关注“四风”新动向，坚决防止“四风”问题反弹回潮。加强“三大节日”、中秋、国庆等重要节点监督检查，节前重提醒，印发廉洁过节通知4份；节中抓检查，制定监督检查方案4份，各级纪检监察机关累计开展监督检查50余次，发现问题线索3件，做到及时反馈、督促整改。

推进集中整治工作。及时成立工作办公室，下功夫整治不作为慢作为、文山会海等形式主义、官僚主义突出问题，开展专项明察暗访督导检查6次，发现突出问题16个，统筹整改完成市委反馈问题清单19条，自治区反馈问题清单5条，查处2起不作为慢作为突出问题，切实履行监督职责。同时，协助区委开展好庸政懒政怠政等作风专项整顿工作。

深入抓好专项治理。区纪委坚决担当监督责任，全力协助区委深入整治领导干部利用名贵特产类特殊资源谋取私利问题，专门下发自查自纠工作通知，督促全区上下坚持问题导向，解决党风问题。同时，从严开展纪检监察系统整治工作，建立“清单”、强化自查自纠，组织签订专题承诺书63份。

五、持续深化标本兼治，夺取反腐败斗争压倒性胜利

严格依纪依法办案。合署办公以来，接受信访举报和处置问题线索42件，同比增长23.5%；立案9件，党政纪处分10人。坚持集体研判，规范处置问题线索，全年召开纪委常委会（监委会会议）专题研究执纪监督工作23次，同比增长187.5%。持续深化集指导、交叉、独立为一体的乡镇纪委办案模式，消除乡镇（街道）执纪审查空白，全年乡镇（街道）纪（工）委独立处置问题线索10件，立案5件。同时，举办审查调查安全业务培训，完善相关制度，坚守安全底线。

精准运用监督执纪“四种形态”。区纪委监委精准把握各种形态的转化条件，做到用纪律管住大多数，用法律惩处极少数。2018年，综合运用监督执纪“四种形态”处理130人，其中第一种形态120人，同比增长208.2%；第二种形态9人，同比增长28.6%；第四种形态1人，同比下降85.7%。

严厉整治侵害群众利益的腐败问题。区纪委监委把精准护航脱贫攻坚作为重要的政治任务来抓，先后2次作为先进典型在自治区扶贫领域监督执纪问责工作座谈会上作交流发言。自扶贫领域腐败和作风问题专项治理工作全面铺开以来，巴宜区纪委先后召开6次工作部署会、推进会，研究制定“四个一”专项监督检查机制，深入乡村19次，督查重点项目49个，走村入户100余户，发现突出问题18个，督促23家职能部门进行整改。全年受理扶贫领域问题线索10件，立案4件；给予党纪处分4人，运用“四种形态”处理12人，其中第一种形态8人，追缴违纪资金13.9万元，4起违纪问题全部通报曝光，进一步传导压力。

六、巡察派驻“双轮驱动”，促进监督震慑作用持续发挥

深化巡察监督。全年召开书记专题会议2

次、巡察工作领导小组会议3次，修订《2017—2021年巴宜区委巡察工作规划》，进一步明确工作“路线图”和“任务书”。1—3月，第二轮扶贫领域专项巡察对全区7个乡镇、区脱贫攻坚指挥部办公室及其11个专项工作组进行了巡察，发现扶贫领域突出问题10类29个85项，向区直有关部门提出意见建议10条，向区纪委移交扶贫领域问题线索2件。第三轮常规巡察对3个乡镇党委、4个寺庙管理委员会党组进行了巡察，发现突出问题128个，向纪检部门移交问题线索1件，向组织部门移交问题线索4件。第四轮巡察已完成进驻，各项工作有条不紊推进中。

注重整改成效。首轮巡察55个反馈问题的整改任务已全部完成，其间，因落实巡察整改责任不力，区委通报批评党组织1个、约谈党员领导干部1名。第二、第三轮巡察后，督促被巡察单位党组织制定整改措施共计322条，9名党员领导干部因履行脱贫攻坚责任不到位问题作出了责任检讨，对10名党员领导干部进行约谈，对2名党员领导干部进行诫勉谈话；通过强化巡察整改督查，压实整改主体责任，督促整改见底到位。

强化派驻监督。各派驻纪检组充分发挥“探头”作用，全年开展监督检查33次，日常提醒176次，发现和限期整改问题35个。针对敏感节点、重要岗位和重点人员进行监督提醒，发放10类70份党风廉政提醒卡；开展加强政治纪律教育专项检查17次，发现和整改问题13个；专门制定16项清单，监督驻在单位“三重一大”制度落实情况；开展扶贫领域专项监督检查22次，发现问题32个；督促驻在单位领导干部开展谈心谈话98人次，切实推动对驻在单位的监督全覆盖。

七、全力加强自身建设，纪检监察铁军形象持续提升

聚焦思想教育，坚定理想信念。始终坚持把政治思想建设放在首位，持续深化“三转”，严格执行每周五下午理论学习制度。带头开展加强政治纪律教育活动，严格开展批评和自我批评，落实“三会一课”、民主评议党员等组织生活制度，坚持每月开展一次主题党日活动，充分发挥党支部抓班子、带队伍的主体作用。

聚焦素质拓展，提升履职水平。认真举办了巴宜区纪检监察干部综合培训会，统筹安排36名区乡纪检干部参加自治区纪委业务培训，进一步提升纪检监察干部队伍综合素质。牵头举办了巴宜区村务监督委员会主任培训会，进一步提高全区71个村（居）务监督委员会民主管理、民主监督水平。

聚焦中心任务，规范监督执纪。在区委、区政府的大力支持下，全面铺开纪检监察系统“四个规范化”建设行动，各级纪检监察机关的硬件设施不断完善、软件设备不断充实。在全市率先起草出台《巴宜区纪委贯彻〈中国共产党纪律检查机关监督执纪工作规则〉（试行）实施办法》，研究制定《中共巴宜区纪委常委会　巴宜区监委委务会工作规则（试行）》运行机制，修订完善各项工作制度及流程图32项，指导完善乡镇（街道）纪（工）委和村（居）务监督委员会规章制度25项。同时，在各乡镇（街道）党（工）委的支持下，组织了5期14人的纪检专干跟班学习，促进乡镇（街道）执纪审查调查工作进入规范化轨道。

一年来，巴宜区全面从严治党和反腐败斗争取得新成效，始终离不开习近平新时代中国特色社会主义思想的指引，离不开上级纪委和区委的坚强领导，离不开区人大常委会的鼎力支持，离不开全区各级各部门党组织的密切配合，离不开广大党员干部和人民群众的积极参与，离不开全体纪检监察干部的忠诚担当和不懈努力。在此，我代表区纪委常委会，向长期奋战在监督执纪一线的纪检监察干部和长期关心支持纪检监察工作的各位领导、同志们表示崇高的敬意和衷心的感谢！

但是，我们也要清醒地看到，反腐败斗争形势依然严峻复杂，全面从严治党依然任重道远。主要表现在：管党治党责任压力传导上，少数党组织和纪检监察机关“两个责任”落实还不够到位；少数干部“四个意识”树得不够牢，担当实干热情不高，贯彻落实上级决策部署还不够到位；“四风”问题反弹回潮的压力和隐患仍未消除，干部存在不作为、慢作为，甚至不收敛、不收手的问题没有杜绝；纪检监察工作还存在一些短板和薄弱环节，强化日常监督手段不多，适合区乡村三级的监督体制还未完全成型；纪法贯通、法法衔接还不够顺畅，推动监察工作向基层延伸上办法不多；有的纪检监察干部能力不足，工作效果欠佳。对这些问题，我们必须高度重视，采取有力措施加以解决。

工作体会

改革开放40年来，林芝地区恢复成立30多年来，巴宜区各级纪检监察机关和广大纪检监察干部主动适应全面从严治党新形势、新任务、新要求，始终坚持在习近平新时代中国特色社会主义思想的科学指导下，坚决贯彻党中央、区党委、市委和区委决策部署，忠诚履职尽责，积极担当作为，对开展党风廉政建设和反腐败斗争有了更加深刻的认识和把握，探索积累了一些工作体会，需要在推进新时代纪检监察工作实践中不断坚持和深化。

一是必须始终坚持“两个维护”根本政治责任，主动强化党的全面领导。要坚定不移以习近平新时代中国特色社会主义思想为指引，不断提升政治站位，坚守协助党委推进全面从严治党的政治定位，紧紧围绕“两个维护”开展监督检查、审查调查、问责追责等工作，确保党委总揽全局、协调各方的领导核心地位坚如磐石，确保纪检监察工作方向正确、行稳致远。

二是必须始终坚持创新纪检监察体制机制，切实统筹推进“四个监督”。要增强改革精神，敢当改革先锋，不断深化纪律监督、监察监督、派驻监督、巡察监督全覆盖的监督格局，紧扣巴宜区发展战略全局，强化责任担当，加强对政治生态建设、主体责任落实、八项规定精神化风成俗、重点建设项目推进完成情况的监督检查，切实推动全面从严治党工作上新水平、新台阶。

三是必须始终坚持“三不腐”一体推进、同向发力，保持惩治腐败高压态势。要清醒认识反腐败斗争永远在路上，与时俱进做好新时代纪检监察工作，既用好治标利器，继续减存量、遏增量，又夯实治本基础，着力强监督、促自觉，坚持纪法威慑、制度约束、思想教育相结合，强化不敢腐的震慑，扎牢不能腐的笼子，增强不想腐的自觉，巩固发展反腐败斗争压倒性胜利。

四是必须始终坚持从严从实加强自身建设，着力锻造纪检监察铁军。要坚持“打铁必须自身硬”的政治要求，聚焦“政治过硬、本领高强”，一以贯之强化自身建设，健全内控机制，在实践中不断提高政治站位、锤炼过硬作风、提升业务能力，坚决做到忠诚坚定、担当尽责、遵纪守法、清正廉洁，打造忠诚干净担当的纪检监察铁军，推动全面从严治党向纵深发展、向基层延伸。

2019年重点工作

2019年是中华人民共和国成立70周年，是西藏民主改革60周年，是全面建成小康社会、实现第一个百年奋斗目标的关键之年，纪检监察工作必须适应新形势、抓住新机遇、展现新作为。今年工作的总体要求是：坚持以习近平新时代中国特色社会主义思想为指导，深入学习贯彻习近平总书记关于西藏工作的重要指示批示和党的十九大精神，认真落实十九届中央纪委三次全会、自治区纪委九届四次全会、市委一届八次全会和市纪委一届五次全会部署，增强“四个意识”，坚定“四个自信”，一以贯之坚决维护习近平总书记核心地位、坚决维护党中央权威和集中统一领导，坚持稳中求进，大胆创新突破，忠实履行党章和宪法赋予的职责，以党的政治建设为统领，协助党委推进全面从严治党，一体推进不敢腐、不能腐、不想腐，巩固发展反腐败斗争压倒性胜利，着力加强政治生态建设，着力压紧压实“两个责任”，着力整改巡察反馈问题，着力深化监察体制改革，着力健全完善监督体系，着力整治形式主义、官僚主义，着力提高精准履职水平，着力打造忠诚干净担当纪检监察铁军，更进一步围绕区委“2156”发展思路和区纪委“1251”工作思路，努力实现新时代巴宜纪检监察工作高质量发展，为我区全面建成小康社会和“建设经济强区、构建和谐巴宜”提供坚强纪律保障。

一、以加强党的政治建设为统领，一以贯之践行“两个维护”

坚持学深悟透致用习近平新时代中国特色社会主义思想。把学习与实践紧密结合起来，不断深化对习近平新时代中国特色社会主义思想、党的十九大精神以及习近平总书记对西藏工作重要指示精神的理解和把握，真正做到内化于心、外化于行。扎实开展“不忘初心、牢记使命”主题教育，严格执行《关于新形势下党内政治生活的若干准则》，常态化开展批评和自我批评。严格请示报告制度，各级纪检监察机关的重要工作要及时向同级党委和上级纪委监委请示报告，做到步调一致、令行禁止。

始终严明政治纪律和政治规矩，坚决做到“两个维护”。强化对贯彻落实党的十九大精神、上级重大决策部署和遵守“五个必须”、严防“七个有之”等情况的政治监督，督促各级各部门打好“三大攻坚战”，全力维护稳定，从严落实减税降费等政策，着力纠正对政治纪律和政治规矩不敬畏、不在乎，落实政策搞变通、打折扣等问题，严肃反分裂斗争纪律，坚决治理党员信教问题，严惩机构改革中拖延改革、突击提拔等违反纪律的行为。

切实担负起管党治党政治责任，优化净化政治生态。严格贯彻执行《中国共产党问责条例》和区委印发的党风廉政建设主体责任清单和监督责任清单，促进管党治党主体责任和监督责任进一步贯通协同、形成合力。要协助党委加强政治生态建设，积极探索建立政治生态分析研判长效机制，从严督促各级党组织用好研判成果，动态掌握巴宜区“树木”和“森林”状况，做到靶向整治突出问题。要动态更新领导干部廉政档案，发展积极健康的党内文化，把好党风廉政意见回复关，切实维护和净化政治生态。

二、以深化监察体制改革为动力，全面持续释放治理效能

推进监察体制改革。以增强对公权力和公职人员的监察全覆盖、有效性为着力点，全要素、宽领域推进监察实践，整合、规范工作流程，健全统一决策、一体运行的执纪执法工作机制。加强法法衔接，进一步细化线索移交、案件移送、补充调查等规定，厘清履职边界，推动形成监察机关与审判机关、检察机关、执法部门互相配合、互相制约的体制机制。结合机构改革，探索向乡镇（街道）设立监察室，依法赋予相应监察职责，与乡镇（街道）纪（工）委合署办公；成立协作片区，开展交叉检查、交叉办案等方式，走区乡一体、分片管理、联动协作的发展道路。

推进派驻机构改革。进一步加强对派驻机构的领导、管理和指导，调整充实派驻机构调查措施使用权，建立健全措施使用的监督管理制度，尽快完成“派驻纪检监察组”更名，制定出台《巴宜区派驻纪检监察组业务工作管理办法》，切实提升“派”的权威、“驻”的优势，把“探头”对准被监督单位领导班子及其成员，提高精准发现问题的能力，着力推动主体责任的落实。

持续深化政治巡察。按照新修订的区委巡察五年工作规划，坚持常规巡察，深化专项巡察，强化机动巡察、落实交叉巡察；要统筹区乡两级监督力量，加大巡察整改督查力度，压紧压实整改主体责任和书记第一责任人责任，做到真整改、真负责。要坚持数量服从质量的原则，计划年内完成对22个区直单位党组织的常规巡察任务；要定期向上级巡视巡察机构和区委报告工作，确保与上级巡视巡察工作同频共振、步调一致。

三、以巩固作风建设成果为契机，实打实干坚决破除“四风”

持之以恒纠“四风”。不折不扣落实中央八项规定精神和实施细则规定，寸步不让执行区党委实施办法和市委、区委具体措施，把日常检查与紧盯重要节点结合起来，深挖细查“四风”隐形变异问题，坚持不懈、化风成俗，对违规收送红包礼金、滥发津补贴、违规公款吃喝、违反“禁酒令”、公车私用、私车公养等问题露头就打，督促各级领导干部以上率下，自觉反对特权思想、特权现象，持续巩固拓展作风建设成果。

以更大力度整治形式主义、官僚主义问题。重点纠正个别领导干部爱惜羽毛、回避问题，一些干部不作为、冷硬横推；贯彻落实上级重大决策部署“表态调门高、行动落实差”，联系服务群众消极应付、推诿扯皮等问题，以及检查考核项目繁多、“文山会海”反弹等现象，从严规范办文办会、检查考核、调查研究等活动。对问题突出、长期得不到有效治理的部门，严肃追究主体责任、监督责任和领导责任，对典型案例一律通报曝光。

突出重点刹歪风。严格执行自治区纪委、市纪委和区委关于整治领导干部利用名贵特产类特殊资源谋取私利问题的各项部署，全区领导干部要从知行合一的角度来要求自己，对亲属、身边工作人员以及其他特定人员要从严教育、从严管理，发现以自己名义收送名贵特产谋取私利的，必须坚决制止并及时报告；对发现问题不抵制、不报告，甚至擅自办理的，一律从严处理。

四、以做细做实监督首责为基础，保持惩治腐败高压态势

凝聚监督合力。立足“监督的再监督”职能定位，打好监督组合拳，深化纪律监督、监察监督、派驻监督、巡察监督的权力监督格局，健全完善权责清晰、协同高效的“四位一体”监督联动机制，推动党内监督同国家机关监督、民主监督、司法监督、群众监督、舆论监督有效贯通，把权力置于严密监督之下。

加强日常监督。必须盯住各级领导干部特别是“一把手”，聚焦重大风险点，重点监督重大工程、重点领域、关键岗位，权力集中、资金密集、资源富集部门和行业，切实规范权力行使；要建立干部从严管理体系，防止干部被“围猎”；各级领导干部要经常性开展谈心谈话，多做红脸出汗、咬耳扯袖的工作；要用好“四种形态”特别是第一种形态，当好“护林员”；要保障党员干部的监督权，依纪严肃处理干扰妨碍监督、打击报复监督者等问题；坚持严管与厚爱结合，优化干事创业的良好氛围。

继续加大力度。以一体推进“不敢腐、不能腐、不想腐”为路径，持续加大审查调查力度，巩固发展反腐败斗争压倒性态势。坚持重遏制、强高压、长震慑，聚焦党的十九大后仍然不知敬畏、胆大妄为者，严惩不贷；坚持受贿行贿一起查，净化优化政商环境；坚持协调机制建设，不断增强反腐败工作合力；坚持一案一总结，不断健全制度、堵塞漏洞。要深化党风廉政经常性教育和警示教育，强化党风廉政建设信息工作，优化网络、微信和廉政教育基地宣教作用，推动廉洁从政从业思想入脑入心。

五、以深入开展专项整治为重心，纵深推进基层正风反腐

持续推进扶贫领域腐败和作风问题专项治

理。认真实施扶贫领域腐败和作风问题专项治理三年工作方案，巩固拓展扶贫领域作风建设年活动成果，实现以作风攻坚促进脱贫攻坚。要加强对所辖地区党委政府脱贫攻坚主体责任、相关职能部门管理责任以及纪检监察机关监督责任的监督检查，推动责任落地落实。各级纪检监察机关要建立主动收集线索机制，深化明察暗访工作，针对生态扶贫、教育扶贫、易地扶贫搬迁、社会保障兜底等领域“定时间、定专题、定任务、定标准”开展专项治理，严肃查处贪污挪用、截留私分、虚报冒领等向扶贫资金财物“动奶酪”的行为，以及扶贫领域敷衍塞责、弄虚作假等形式主义、官僚主义问题。

向群众身边的腐败和作风问题坚决亮剑。各级党组织、纪检监察机关要把惩治基层腐败问题牢牢抓在手上，坚决查处教育医疗、环境保护、食品药品安全、危房改造、低保养老等民生领域的违纪违法行为，以及基层干部吃拿卡要、盘剥克扣、执法不公等问题。要立足职责定位，把扫黑除恶与反腐败斗争和基层“拍蝇”结合起来，严肃查处党员干部和公职人员向黑恶势力通风报信、干预案件调查处置等行为，坚决向“村霸”、宗族恶势力和黄赌毒等背后的腐败行为亮剑。

加大督办问责力度。加强对各级党委政府有关民生决策部署落实情况的督查督办，坚持以乡镇（街道）为基础、区直部门为关键，对工作推动不力、问题长期得不到解决的，严肃问责，对失职失责的党委和纪委进行“双问责”。

六、以深化“四个规范”行动为载体，从严从实加强队伍建设

一是把政治能力建设摆在首位。认真按照习近平总书记关于加强纪检监察干部队伍建设的一系列要求，全面加强机关党的建设，切实把“四个意识”“两个维护”铭记在心、贯穿到工作全过程，确保广大纪检监察干部经得起磨砺、顶得住压力、打得了硬仗。二是把依规依纪依法落到实处。尽快修订实施《巴宜区纪律检查机关贯彻〈中国共产党纪律检查机关监督执纪工作规则〉（试行）实施办法》，探索加强纪法贯通、法法衔接工作机制，用好监察措施、把好审理关口，落实安全责任，确保监督执纪问责和调查处置的全过程合规合纪合法。三是把接受监督变为行动自觉。要主动接受党内监督，自觉接受人大监督、民主监督、社会监督和舆论监督；要健全内部制约机制，坚持“刀刃向内”，以“零容忍”态度经常打扫庭院、纯洁队伍。

同志们，新时代的战鼓已经擂响，让我们更加紧密地团结在以习近平同志为核心的党中央周围，在上级纪委和区委的坚强领导下，不忘初心、牢记使命，奋发进取、砥砺前行，以高质量的纪检监察工作推动党风廉政建设和反腐败斗争向纵深发展，为建设“生态巴宜、旅游巴宜、文化巴宜、宜居巴宜、幸福巴宜”做出新的更大贡献！

林芝市巴宜区人民法院工作报告

——在巴宜区第二届人民代表大会第三次会议上

（2019 年 1 月 23 日）

巴宜区人民法院院长　周汉军

2018 年工作回顾

2018 年巴宜区人民法院在区委的正确领导下，在区人大和上级法院监督指导下，在区政府、政协和社会各界关心支持下，高举中国特色社会主义伟大旗帜，坚持以邓小平理论、“三个代表”重要思想、科学发展观为指导，深入贯彻落实党的十九大、十九届二中、三中全会和自治区党委九届三次、四次全会精神及习近平总书记系列重要讲话精神和治国理政新理念新思想新战略，紧紧围绕“努力让人民群众在每一个司法案件中感受到公平正义”为目标，牢牢把握司法为民、公正司法工作主线，忠实履行宪法法律赋予的职责，突出审判和执行主业，深化司法体制改革，加强政法干部队伍建设，全面推进审执信息化升级，积极服务和保障全区社会经济发展。一年来，共受理各类案件 1018 件（旧存 105 件），已结 899 件，结案率为 88.31%，同比分别上升 26.9%，案件标的达 302188011.35 元，上缴财政诉讼费及刑事罚没资金 3349994 元，为当事人减免缓诉讼费 85890.57 元，案件数量占林芝市两级法院案件总量的 65%。

一、坚定政治理念，确保政治方向

（一）认真学习党的十九大报告和习近平新时代中国特色社会主义思想。组织全院干警专题学习十九大、十九届二中、三中全会精神和习近平总书记系列重要讲话精神。广大干警不忘初心、牢记使命、继续前进，以高度的责任感和使命感，坚定不移以习近平新时代中国特色社会主义思想武装头脑指导工作，主动作为，不断推进法院工作创新发展。

2018 年 1 月 9 日，巴宜区人民法院院长周汉军在巴宜区二届人大二次会议上作工作报告

（二）严明政治纪律和政治规矩。把严明政治纪律和政治规矩作为最大的政治责任，始终在思想上、政治上、行动上同以习近平同志为核心的党中央保持高度一致，自觉维护党中央的权威。严格落实《关于新形势下党内政治生活的若干准则》、“三重一大”制度，全面落实党风廉政建设责任制。院党组年初与各部门、庭室之间层层签订党风廉政建设责任状，通过层层签订责任状，形成一级抓一级，层层传导压力，切实落实党风廉政建设责任制。

二、狠抓审判执行工作、维护社会公平正义

（一）依法打击刑事犯罪，增强群众安全感。充分发挥刑事审判职能，认真贯彻宽严相济刑事政策，坚持依法惩处犯罪与保障人权并重，受理刑事案件 77 件（旧存 9 件），审结 73 件，结案率 96.10%，其中涉案人员 123 人，被处刑罚的 120 人。严厉打击生态环境保护类案件，受理了林芝市第一起林业资源附带民事公益诉讼案件，邀请了巴宜区人大代表、政协委员旁听。受理了西藏自治区首例食品安全领域的附带民事公益诉

讼案件，邀请了巴宜区食药监局、部分餐饮业法人代表、群众代表和新闻媒体记者全程旁听庭审。两件刑事附带民事公益诉讼案件的审结，彰显了法律对生态环境的保护和人民群众食品安全的保护，惩罚了危害生态环境、危害食品安全的当事人，教育了广大人民群众。

（二）有效化解民商事纠纷，保障经济社会发展。随着经济的发展和群众法治意识的不断增强，民商事案件日趋增多，在审理民商事案件中，注重化解婚姻家庭矛盾纠纷，注重促进家庭和谐与社会稳定，保护未成年人、妇女、老年人的合法权益，成立了家事审判庭。注重依法维护农民工工资和劳动争议案件。受理民商事案件674件（旧存67件），已结610件，未结64件，结案率90.50%。调解结案279件，撤诉结案97件，案件调撤率达55.86%。

（三）妥善化解行政争议，促进依法行政。坚持依法保护行政相对人合法权益与监督支持行政机关依法行政并重，受理行政案件1件，审结1件。加强与区直有关职能部门沟通交流，建立健全司法与行政良性互动，为行政机关依法行政提供法律指导，促进法治政府建设。

（四）全力破解“执行难”，推动社会诚信建设。推进“执行决胜年”工作，先后部署开展了执行案件集中整理月活动和“百日攻坚”等专项活动。加强社会各界联动，合力编织失信惩戒天网，加大失信被执行人的曝光力度，依法向社会公布失信被执行人名单164例，着力构建“一处失信、处处受限”的信用监督和惩戒机制，为诚信建设注入法治力量。受理执行案件263件（旧存31件），已结211件，未结52件，执结率80.23%，为当事人实现债权5340.6598万元。

三、落实保障措施，建立司法责任，全面推进司法体制改革

准确把握改革政策，突出改革重点，以钉钉子精神坚定不移地推进司法体制改革工作，办案质效稳步提升。一是严格落实办案责任制。按照最高人民法院、自治区高院对司法人员责任制的要求，落实办案权利重心下移。二是加强案件质量把关。严格按照《全区法院专业法官会议规则（试行）》，成立本院专业法官会议制，明确各类案件召集人，对各类典型案件分析讨论；及时修订《林芝市巴宜区人民法院审判委员会工作规则》，对重大疑难、争议较大案件进行讨论并决定；通过定期案件评查，加强整体面对案件质量评估。三是建立了以办案质量和效率为基础的绩效考核制度，制定以随机分案为主，指定分案为辅的《林芝市巴宜区人民法院一审案件分案实施办法》，为年终绩效考核提供了公平依据。四是完善违法审判责任追究制度。按照《关于完善人民法院司法责任制的若干意见》等相关规定，建立健全违法审判责任追究制度。建立符合司法规律的案件倒查制度、科学的违法审判责任追究制度，明确法官职业豁免情形，提出法官惩戒建议。五是强化审判权监督制约机制。监督立案庭轮流分案制度，避免人情案、关系案、金钱案；建立法官执法办案档案，严格违法审判责任追究，加强对法官的监督制约和惩戒追责；完善办案流程监控，依托现代信息化手段，对审判活动全过程进行实时、动态监控，做到全程留痕；通过案件评查，提高审判工作质量；加大司法公开力度，全面推行办案工作全程同步录音录像、庭审网上直播、生效裁判文书上网公开、在线诉讼服务公布平台等工作，有效提高司法透明度，保障社会各界的知情权、参与权和监督权；通过保障律师执业权利、畅通律师监督渠道，加强司法活动的社会监督和法律监督。

四、重视基础设施建设，保障服务审判措施得力

（一）加大项目投入，增强硬件实力。今年，我院投入资金40余万元，对车库、家事审判庭、执行指挥中心进行改建，维修了审判业务用房。

“十三五”国家投资306万元的诉讼服务中心项目建设已开工，该项目建设完工后，较好地改善了办公条件，强化了安保措施。使法院整体面貌焕然一新，为大力推进法院审判事业和信息化建设奠定了基础。

（二）开展内网建设，服务审判工作。一是通过信息化建设大力提升工作效率。电子签章、审批流转、公文发布等具体应用逐渐实现了无纸化办公，科技信息化建设改善了以往繁杂的办公模式，使法院各项工作有了飞速的发展。二是通过信息化网络建设，积极宣传法院工作。自开通法院微博和微信公众号以来，通过广泛使用自媒体和新媒体，及时正面宣传报道人民法院各项工作开展情况，选派网络评论员积极正面引导社会舆论，营造良好舆论氛围；同时专门制作审判流程图、诉讼须知、各类诉讼文书样式等宣传材料，方便当事人了解、使用；设置电子显示屏，滚动显示案件开庭排期信息及诉讼服务指南，方便当事人查阅。

（三）推进法庭建设。我院现有八一、鲁朗、百巴3个法庭，均建设完成，鲁朗法庭于2018年7月投入使用，百巴法庭将于2019年投入使用。法庭工作的开展，能够在一定范围内给农牧民群众解决诉讼难的问题，给当事人带来便捷。

五、开展反分裂斗争，加强维稳工作，全力维护国家安全和社会稳定

始终把深入开展反分裂斗争、全力维护国家安全和社会稳定作为司法审判机关的神圣使命和第一责任。依法审判、严厉打击危害国家安全的刑事犯罪，始终保持高压态势，始终做到思想不松懈、行动不动摇、阵地不退让、阵势不削减。牢固树立整体意识、一线意识，转变单纯审判观念，积极探索建立与其他政法机关相互协作、密切配合、形成合力的司法维稳机制，扎实做好维护社会稳定的源头性、基础性工作，全力参与维稳巡逻、法制教育等各项工作。一是积极投入人力、物力到驻村工作、加油站驻点、维稳值班、110带班等区委、区政府中心工作中。全年，共出动干警82人次、车辆13台次，投入资金5万元。二是进一步完善了维稳值班制度，加强了常态化值班。切实按照上级维稳会议要求，合理安排值班人员，严格遵守领导带班、干警值班、零报告制度，安排干警值班712人次、领导带班198人次，安保巡逻300人次，保障了单位内部绝对安全。三是积极组织开展法制宣传工作，全年共开展法制宣传7次，发放普法知识手册892册，接受法律咨询350人次，受教育群众达2000余人次，进一步提高了人民群众学法、守法的自觉性。

六、加强驻村工作，落实帮扶政策，创先争优强基惠民活动有序开展

我院派驻林芝镇的5个工作队10名工作队队员紧紧围绕驻村工作“七项任务”，不断加大实施力度、完善措施办法，千方百计为农牧民群众谋福利，推动了驻村工作深入开展。截至目前，各驻村工作队组织农牧民群众学习贯彻党的路线方针政策56场次。在“千干扶千人一帮一交朋友”活动中，我院30名党员干部与23户农牧民群众结对认亲，送去慰问品。除此之外，各驻村工作队还通过开展扶贫济困送温暖活动，在春节、藏历新年期间为“五保”人员、贫困群众送去酥油、面粉、罐头等慰问品，让他们感受到党的温暖和组织的关怀。

一年来，我院全体干警高质量、高标准地完成了各项工作任务，确保了“努力让人民群众在每一个司法案件中感受到公平正义”。受表彰14人。案件执结率是历年来的最高水平。法院工作取得的成绩和进步，离不开区委的正确领导，离不开上级法院的悉心指导，离不开人大及其常委会的有力监督，离不开政府、政协的重视与支持，离不开各位代表、委员和广大人民群众的关心和帮助。在此，我代表巴宜区法院，向关心支持法院工作的领导和同志们致以崇高的敬意和衷心的感谢!

2018年，我院的各项工作取得了较好的成绩，得到了上级法院和社会各界的好评，但仍然存在不少困难和问题，主要表现在：一是司法辅助人员不足，案多人少的矛盾仍然十分突出，严重影响审判工作的可持续性开展。二是干警的司法能力和素质与司法责任制的要求仍有一定差距，导致少数案件审判质效还不够高。三是信息化投入还不够，依靠科技推进司法办案的成效还不够明显。面对这些问题和困难，我们将采取有效措施，努力加以解决。

2019年工作安排

巴宜区法院的总体工作思路是：坚持司法为民、公正司法工作主线，狠抓执法办案，积极推动深化司法体制改革，不断提高司法公信力，为巴宜区社会经济全面、和谐、快速发展和长治久安提供更加优质高效的司法保障。

一、围绕坚定法治理想信念，抓好学习宣传贯彻党的十九大精神

把学习宣传贯彻党的十九大精神作为当前和今后一个时期人民法院的首要政治任务来抓，坚定不移以习近平新时代中国特色社会主义思想武装头脑指导工作，将学习贯彻十九大精神转化到具体的执法办案行动中，落实到审判的每一件案件中，忠实履行法律赋予的神圣职责，公正司法，奋力开创新时代法院事业新局面。

二、时刻提高警惕，扎实做好维稳工作

严格按照区委的统一安排部署，认真做好单位内部值班工作，强化专项督促检查工作，有效预防脱岗、漏岗、随意换岗等违规行为发生，保障本单位安全。做好矛盾纠纷排查化解工作，适时组织开展矛盾纠纷排查，并及时、妥善予以处置。高度重视信访接待工作，严格落实信访责任，施行关口前移，切实做到“有访必接、有信必复，事事有回音、件件有落实”，切实将矛盾解决在一线，化解在基层，确保不扩散、不蔓延、不反弹。

三、依法惩治犯罪，推进平安巴宜建设

依法严惩抢劫、强奸、故意伤害等严重暴力犯罪和黑恶势力犯罪，惩治盗窃、抢夺、黄赌毒犯罪，维护社会安全。依法惩治非法集资、网络诈骗等涉众型经济犯罪以及危害食品药品安全、环境污染等新类型犯罪，维护经济安全。针对社会治安、公共安全、经济运行等领域的区域性治安稳定突出问题，认真落实平安综治措施。依法惩治国家工作人员贪污贿赂、失职渎职等犯罪，充分发挥公开审判和典型案例的警示教育作用，与纪检、检察机关共同推进惩治和预防腐败体系建设。

四、发挥司法职能，主动适应经济发展

进一步增强司法服务保障能力和工作实效，从案件动态和审判活动的末端总结分析经济社会发展中的有关问题，及时提出司法建议，为党委、政府决策提供有价值的参考。依法妥善审理民生领域各类案件并加大调解和执行力度，依法审理涉及重大项目和产业创新转型、重点领域改革等各类案件，平等保护市场主体合法权益。大力创新推进各项特色审判和司法工作，加强知识产权司法保护工作，加强生态环境审判工作，加强对非公有制经济发展的司法服务保障。

五、深化司法改革，完善司法管理体制

全面推进人民法院办案责任制改革，抓好主审法官、合议庭办案责任制改革工作，加大院长、庭长直接办案力度，建立健全审委会工作机制和司法过错责任追究机制。抓好立案登记制改革，推进以审判为中心的刑事诉讼制度改革，提出改革建议。按照“把握方向、立足国情、稳步推进、确保公正”的原则，紧紧抓住不符合、不适应司法审判工作科学发展、持续发展的突出问题和机制障碍，从单纯的条条框框中跳出来，从推进审判管理规范化入手，从人民群众意见最大、最不满意的地方着眼，在推进司法公开、司法民主方面见成效，在推进审判管理创新上求突破，实现审判管理规范化、科学化、系统化。

六、围绕“智慧法院”建设，抓好基础设施建设保障

加快推进智慧法院建设，着力在业务办理网络化、司法公开阳光化、司法服务智能化等方面实现更大提升。加强基础设施软、硬件建设，完善诉讼服务中心建设、语音识别系统等项目建设，深化审务公开，着力构建开放、动态、透明、便民的阳光司法机制，全力为群众提供优质服务。

七、要着力从严治院，提高队伍素质能力

牢固树立纪律和规矩意识，维护党中央权威，维护党的团结，遵循组织程序，服从组织决定，管好亲属和身边工作人员。大力弘扬社会主义核心价值观，深化法院文化建设，充分发挥教育、引导、激励功能。通过岗位练兵、案例教学、现场观摩、结对帮带等，提升法官的庭审驾驭能力、法律适用能力、裁判文书写作能力和释法说理取信能力。围绕人民群众反映强烈的突出问题，加强党的建设、队伍建设和作风建设，继续开展党风廉政建设教育，坚决防止“四风”问题反弹回潮，把党风廉政建设和反腐败斗争不断引向深入。

八、加强财务保障工作，提高诉讼服务能力

开展诉讼服务中心窗口工作，进一步加大服务力度，提高服务意识，减少当事人诉累。加大法庭工作开展力度，调处化解纷争，并搞好法制宣传，提高法庭工作效率。积极争取资金，进一步完善办公设施，协调相关部门解决司法辅助人员短缺问题。

各位代表，在新的一年里，我们将忠实履行宪法和法律赋予的职责，勇于担当，砥砺前行，努力开创法院工作新局面，为推动巴宜区社会经济跨越式发展和长治久安做出更大贡献！

名词解释

1. 员额法官：员额法官是司法体制改革下的产物，“员”指的是司法人员，“额”就是额度，意思就是法官数量得按照一定的比例额度配备。我院的员额法官占本院中央政法专项编制的39%，即21人。

2. 执行难：执行难是指法院的生效判决文书因种种原因难于执行。

3. 罚没资金：刑事犯罪和违反民事程序法以及执行的规定，对侵财案件被告人或者民事当事人、被执行的违法行为处以罚款。没收违法所得，上缴国库。

4. 科技法庭；科技法庭是信息化建设中一种利用电子设备通信技术实现法庭现场的图像声音，整体直播录播的多媒体电子设备。

5. 审委会工作机制：是中国各级人民法院内部的最高审判组织，它的主要任务是总结交流审判经验、讨论决定疑难、复杂案件以及研究与审判工作有关的问题。

林芝市巴宜区人民检察院工作报告

——在巴宜区第二届人民代表大会第三次会议上

（2019年1月23日）

巴宜区人民检察院检察长 次 仁

2018年工作回顾

2018年，是改革开放四十周年，也是检察机关恢复重建四十周年。一年来，在区委和上级检察院的坚强领导、人大的依法监督、政府的大力支持、政协的民主监督下，在第八批援藏工作队的无私援助下，我院以习近平新时代中国特色社会主义思想为指引，坚定信心深化检察机关转型发展，忠实全面履行法律监督职责，为推进巴宜区经济社会高质量发展提供了有力的司法保障。11月16日，自治区检察院检察长朱雅频来我院调研指导，对检察工作给予了有思路、有创新、有亮点、有作为的肯定。

一、坚持政治建检，确保新时代检察机关正确政治方向

把政治建设摆在首要位置，旗帜鲜明地坚持党对检察工作集中统一领导。继续推进“两学一做”学习教育常态化制度化，组织开展加强政治纪律教育活动和“全面加强政治建检、打造过硬检察队伍”专项教育实践活动，通过开展院领导带头讲党课、十九大知识竞赛、参观廉政教育基地等活动，抓好政治建检和从严治检，把牢正确政治方向，全年开展理论学习37次，支部学习42次，撰写心得体会80篇。扎实推进党建工作。在2018年6月第九期西藏和四省藏区检察人员专项业务培训班上，国家检察官学院专门安排课程，听取我院基层党建经验介绍，并组织学员147人到我院实地参观进行现场教学。

2019年1月23日，林芝市第二届人民代表大会第三次会议上区人民检察院党组书记、检察长次仁正在做报告

二、主动服务大局，凝心聚力护航经济社会发展

（一）树立大局意识，为服务人民安居乐业和保障我区经济高质量发展提供有力的司法保障。坚决打击各类经济犯罪和破坏环境资源犯罪，查办破坏环境资源犯罪案件4件8人，依法办理了拒不支付劳动报酬，隐匿会计凭证，非法经营等犯罪案件，运用法治思维和法治方式助推经济发展。强化服务举措，针对各类企业举办法制教育讲座4场次，为企业提供法律政策咨询等服务。强化生态环境司法保护，守护巴宜绿水青山。开展巴宜区旅游环境专项检察工作，针对景区景点存在的环境方面突出问题立案审查11起，发出检察建议11份。积极开展生态检察专项工作，前往各乡镇开展生态走访6次，开展生态检察宣传4次。结合我院办理破坏森林资源违法犯罪案件的工作实际，

在区政府的大力支持下，在百巴镇色贡村设立占地约10亩的补植复绿基地，提升群众环境保护意识。开展食品安全“护苗”专项检查活动，调查走访校园周边商店、小卖部、餐饮服务行业等30余家，针对“三无产品”、过期食品等问题，启动公益诉讼诉前程序1件，督促相关部门整改落实，获得人民群众纷纷点赞。

（二）深入推进扫黑除恶打非治乱专项斗争。办理涉恶案件1件3人，办理打非治乱专项案件9件16人，依法批准逮捕8件13人。提前介入引导侦查取证6件。2018年4月，我院办理强某某非法经营立案监督案件，本案三名涉案人员驾驶油罐车流动买卖柴油，将大批柴油储存在附近村庄院落内，存在极大的安全隐患。其违反国家规定，未经许可于2017年7—10月、2018年3月从事成品柴油买卖活动，严重扰乱市场秩序，社会影响恶劣，具有较大的社会危险性。我院通过履行监督职责，既不让黑恶势力漏网或降格处理，又不人为拔高案件，确保办理的每一起案件经得起历史检验。

（三）积极促进社会治理创新。紧贴人民群众法治需求，大力开展“法律七进”、“法治进校园”、“民族团结月”、“12·4”国家宪法日等普法宣传20余场次，发放资料3000余份，提供咨询400余人次。充分发挥廉政教育基地作用，50余家区、市、其他地市和四省藏区各单位党员干部到基地接受教育达4000余人次。基地被市委组织部、市委党校定为林芝市干部教育培训现场教学基地。积极预防矛盾化解。建成并投入使用全区范围内规范化水平较高的“12309”一站式检察服务大厅，提升“线上线下”服务水平，让检察数据多跑路、群众少跑腿，受到高检院等上级单位的充分肯定。全年受理群众来信来访8件次，受理咨询36件次。协调林芝市院办理我院司法救助2件，救助金额5万元。紧紧围绕区委工作大局，选派10名干警进驻5个行政村，对350户1426名群众进行面对面服务，多渠道解决为民办实事资金91.6万元，化解矛盾纠纷53起，开展法律宣传活动10次，开展防电信诈骗专题宣传4场次。用实实在在的举措服务群众。

三、突出主责主业，戮力同心维护司法公平正义

（一）严厉打击各类刑事犯罪。今年共受理提请批捕案件68件100人，受案数量同比上升26.7%，批准逮捕53件76人，不捕15件24人；受理移送审查起诉案件77件104人，同比下降1.6%，向法院起诉61件93人。成功办理了数额特别巨大、社会影响恶劣、涉案人数众多的阿某等19人盗窃案。认真贯彻宽严相济刑事司法政策，以无社会危险性不捕7人；对依法可不需要刑罚处罚的不起诉4人。今年我院办案量占全市检察机关办案总量的61.5%。高度重视未成年人司法保护，坚持“教育、挽救、感化”的方针，对珠某强奸案、李某抢劫案、次某故意伤害案的3名涉罪未成年人宽缓处理的同时进行不公开训诫，劝勉被训诫人改过自新，敦促家长加强监督教育。

（二）强化刑事诉讼监督。今年共办理立案监督6件7人，发出纠正违法通知书5份，提前介入重大案件引导侦查取证4次，与区公安局开展案件侦查经验交流活动3次，制发检察建议5份，向区法院发出量刑建议60件，法院均予采纳。

（三）强化民事行政监督。从观念上、力量上重视民行工作，切实提高监督效果。加大了诉前检察建议工作力度，我院今年公益诉讼立案14件，发出诉前检察建议12份，现已结案。办理全区首例涉生态环境资源保护刑事附带民事公益诉讼案1件，检察长以公益诉讼起诉人的身份出庭，有效警示了破坏生态环境违法犯罪行为，强化了社会公众生态环境保护意识。办理全区首例食品药品安全领域刑事附带民事公益诉讼案1件，较好地维护了公共利益，开启了全区检察机关对食品药品领域公益诉讼的新起点，切实维护了广大人民群众“舌尖上的安全”。

（四）强化刑事执行监督。全面开展社区矫正法律监督工作，对29名社区矫正人员进行社区矫正监督检查43次，并在区司法局设立社区矫正检察官办公室，推动社区矫正检察工作模式由定期专项检察向常态化检察转变，形成日常检察为主、专项检察为辅的工作格局。办理羁押必要性审查案件3件3人，提出变更强制措施建议3人，采纳3人。

四、全力改革攻坚，与时俱进完善检察运行机制

（一）深入推进司法责任制配套改革。我院按照区检院和市院部署要求，全面推开司法责任制配套改革，结合自身实际，积极克服困难，先后完成了第二批员额检察官遴选、41名人员分类定岗、11名员额检察官等级确定和3名员额检察官等级晋升、工资套改和绩效考核奖金兑现等工作。同时，积极推进入额办案责任制改革。严格执行检察官权力清单，员额检察官全部配置到一线办案部门，按照权责相统一的原则承担办案任务，真正做到“谁办案、谁负责，谁决定、谁负责”。今年，入额院领导带头承办案件59件63人，比去年增长93%。

（二）畅通监检衔接机制，形成打击职务犯罪工作合力。一是坚决拥护、坚定支持国家监察体制改革，全力支持、积极配合，做好案件线索清理、结案与移交，按照要求于1月在全市检察系统率先完成9名编制和3名人员转隶。二是同区监察委共同建立了《办理职务犯罪案件工作衔接制度》，努力做到职务犯罪调查与职务犯罪审查工作的无缝衔接。三是办理监委移送职务犯罪案件3件3人。其中，原林芝地区林业局调研员、西藏林升森工有限责任公司原党委书记、董事长次某挪用公款、受贿、巨额资产来源不明一案，涉案金额1000余万元，此案正在审查起诉中；另一起案件系我院在审查一起刑事案件过程中发现犯罪嫌疑人的行为涉嫌职务犯罪，遂将案件线索移送监委，我院依法向巴宜区人民法院提起公诉，现法院已对该案作出有罪判决。该案系全区监察体制改革以来首例有罪判决案件，案件的成功办理为进一步打击职务犯罪，探索监察机关与检察机关之间的办案协作，完善衔接机制积累了宝贵的经验。

（三）深入推进自身监督机制建设，深化检务公开。开展案件评查41件，发现各类问题70多个，并及时将这些问题反馈给承办检察官，以工匠精神打造司法精品。持续发挥自媒体对展示检察工作的窗口作用，及时宣传展示业务工作情况、工作动态和检察官风采。今年，共公开案件程序性信息118条，发布重要案件信息6条，公开法律文书46份。共通过案件信息自动告知系统向承办检察官及律师推送案件信息103条。通过微信公众号发布检察信息273条，新浪微博发布信息140条。在今年11月“走进一线检察官”微直播活动中，最高人民检察院向全国网友直播了我院“12309”检察服务中心日常工作，《检察日报》也同步进行报道，展示了我院检察工作的规范严谨，以及干警的良好风采。做好律师接待。今年共接待律师40余人次，安排律师阅卷20人次，提供电子卷宗32册。

五、强化从严治检，驰而不息抓好检察队伍建设

（一）着力推进业务能力建设。积极适应新时代检察工作专业化、精细化、智能化的要求，认真组织干警参加上级院举办的各类业务培训和业务竞赛30余次，每周二组织各部门开展“检察课堂”活动20次，参与人数340余人次。选派1名业务骨干赴广东挂职交流、实践锻炼；2名广东“双百计划”援藏干警到我院传经送宝，检察干警业务能力得到快速提升。

（二）常抓不懈纪律作风建设。深入贯彻自治区、市院党风廉政建设和反腐败工作会议精神，逐级签订党风廉政建设责任书，组织廉政知识测试一次，开展观看廉政教育专题片、集中学习等活动16次，认真学习贯彻党章和《准则》《条例》。引导全体干警心中有纪，切实维护党的纪律的严肃性和权威性。

（三）扎实推进智慧检务建设。我院通过积极争取、主动对接，在东莞市检察院对口援助下，完成总投资94万元，包含赃证物管理室、电子卷宗室、案件信息自动推送系统在内的“科技案管”项目建设，建成全区首家智能化的基层院赃证物管理室。按照要求对智能化案件研判室、高清视频会议系统进行更新升级，并着手实施数字化档案室建设和机房改造项目，为打造“智慧检务”、开展好信息化工作奠定了良好基础。

六、增强宪法意识，自觉全面接受人大监督

我院采取多种形式加强同人大代表的联系，走访全国人大代表2人。迎接自治区人大常委会司法改革专题调研1次。邀请人大代表、政协委员和社会各界视察检察工作8次，认真听取征求意见和建议。定期向巴宜区党委、人大、政府、政协、政法委汇报工作，主动向区人大常委会专题汇报司法体制改革、公益诉讼等重点工作4次，积极争取支持。

各位代表，2018年我院各项工作取得了较好的成绩。先后获得“最高人民检察院侦查监督工作联系点”、“全国检察文化建设示范院”、“最高人民检察院案管工作联系点”等荣誉。这些成绩的取得，得益于区委和上级检察院的正确领导，得益于区人大及其常委会的依法监督，得益于区政府的大力支持和区政协的民主监督，得益于第八批援藏工作队的无私援助，得益于各位代表、社会各界和人民群众的关心帮助。在此，我代表巴宜区检察院向长期关心支持检察工作的区委、人大、政府、政协及有关部门，向各级代表、政协委员和社会各界表示衷心的感谢和崇高的敬意！

在看到成绩的同时，我们清醒地认识到，与上级的要求和人民群众的期待相比，我们的工作还存在一定的差距，仍存在与新形势不相适应的突出问题。一是法律监督工作开展不平衡，民事、行政监督方面尚未打开局面；二是执法规范化建设仍需持之以恒，办案质量和效率有待进一步提高；三是应对司法体制改革中出现的新问题、新情况、新挑战的能力需进一步提高。这些问题我们将在下一步工作中采取有力措施加以改进和解决。

2019年主要任务

2019年，我院将以习近平新时代中国特色社会主义思想为引领，深入学习贯彻党的十九大精神，按照上级检察院总体部署，全面强化法律监督，纵深推进司法改革，深入实施智慧检务，着力建设过硬队伍，为巴宜区经济社会发展、和谐稳定提供坚强有力的司法保障。

一、在讲政治、守规矩上下功夫，深化政治建检新内涵

坚定不移坚持党对检察工作的领导，增强“四个意识”，坚定“四个自信”，践行“两个维护”，始终在思想上政治上行动上同以习近平同志为核心的党中央保持高度一致。深入推进“两学一做”学习教育常态化制度化，结合政治纪律教育、“全面加强政治建检、打造过硬检察队伍”专项教育整顿活动，推动习近平新时代中国特色社会主义思想和党的十九大精神贯彻落实。自觉把纪律和规矩挺在前面，推动全面从严治党、全面从严治检，让检察干警知敬畏、存戒惧、守底线。

二、在顾大局、保平安上下功夫，应对社会稳定新挑战

深入贯彻落实习近平总书记关于治边稳藏的重要论述，坚持把维护国家安全和社会稳定摆在首位，依法严厉打击各类刑事犯罪。积极作为，服务建国70周年大庆。妥善应对处置涉检舆情。持续开展“扫黑除恶打非治乱”专项斗争，依法惩处黑恶势力及其“保护伞”犯罪，不断提升公众安全感。

三、在抓重点、创特色上下功夫，服务我区经济发展

突出做好防范化解重大风险、精准脱贫、污染防治“三大攻坚战”，依法严惩侵犯经济秩序和财产权益的犯罪，平等保护非公有制经济发展，全力维护生态屏障和舌尖安全。继续开展“强基础惠民生”活动，做好群众工作。

四、在攻难点、补短板上下功夫，推动检察监督新突破

坚持问题导向，着力深化诉讼监督，加强民事、行政诉讼监督，努力让人民群众在每一个司法案件中都感受到公平正义。推进监察法与刑事诉讼法的衔接、完善认罪认罚从宽制度和速裁程序落地落实，实现检察工作转型发展。

五、在强业务、提素质上下功夫，展现检察队伍新形象

坚持严管厚爱相结合，不断加强队伍建设。继续与对口援助检察机关深度合作，大力推进“智慧检务”。进一步加强与人大代表、政协委员联络，拓宽沟通渠道，自觉将检察权置于人民监督之下。

各位代表！新的一年里，我院将在区委、上级院的坚强领导下，认真落实本次会议精神，牢牢把握检察工作新的时代坐标，坚定信念、把握机遇、凝聚力量、锐意进取，不断开创巴宜检察工作新局面，奋力谱写检察事业新篇章，为建设“五个巴宜”，实现巴宜区长足发展和长治久安做出新的更大贡献！

名词解释

1.“12309”检察服务中心：根据最高人民检察院要求，“12309”由过去的职务犯罪举报电话转型升级为“12309”检察服务热线，检察机关受理接待中心也相应变更为“12309”检察服务中心。该中心分为网络平台和实体大厅两部分，向社会公众提供控告、申诉、国家赔偿、法律咨询等综合检察服务。

2.公益诉讼制度：2017年6月28日，全国人大常委会正式通过修改《民事诉讼法》和《行政诉讼法》的决定，以立法的形式确立检察机关具有提起公益诉讼的职能，即检察机关根据法律规定，在生态环境和资源保护、食品药品安全、国有财产保护、国有土地使用权出让等四大领域，对造成国家和社会公共利益损害或有损害危险的违法行为，可以提起公益诉讼；针对行政机关在国家和社会公共利益遭受损害过程中的不当履职、怠于履职行为，检察机关通过制发检察建议履行诉前程序，督促行政机关依法履行保护公益职责，督促无效后检察机关可以向人民法院提起行政公益诉讼，确保国家利益和社会公共利益得到有效保护。

3.员额检察官：根据中央和最高人民检察院规定，从具有助理检察员以上法律职务的人员中，经过严格的标准和程序择优选任，依法行使检察权的人员。入额检察官必须在司法一线办案，按照“谁办案谁负责、谁决定谁负责”的原则，依法独立对案件提出处理意见或作出处理决定，并承担相应的办案责任，对案件质量终身负责。

4.羁押必要性审查：是《刑事诉讼法》赋予检察机关保障在押人员权利的一项新增职能，即人民检察院对被依法逮捕的犯罪嫌疑人、被告人，可依据自身职权或犯罪嫌疑人的申请，对其羁押的必要性进行审查。对不需要继续羁押的，检察机关建议办案机关予以释放或者变更强制措施。

5.社区矫正：是指针对被判处管制、宣告缓刑、裁定假释、暂予监外执行这四类犯罪行为较轻的对象所实施的非监禁性矫正刑罚。其目的是通过政府、社会的帮助，使矫正对象改正恶习，促进其顺利回归社会。

6. 补植复绿基地：使检察机关履行生态检察职能，创新生态恢复机制，守护绿水青山的重要举措之一。基地主要用于因滥伐盗伐林木、非法占用林地、失火等破坏森林资源的违法犯罪当事人，在依法承担刑事责任的同时，进行补植，开展生态修复。

7. 提前介入：是检察机关派员参加侦查机关对重大、疑难、复杂案件的侦查活动，并对证据调取、事实认定、法律适用和侦查行为的合法性提出意见和建议的一项制度。

注：与法院数据差异说明：检察院统计的数据为立案侦查、审查逮捕、审查起诉等检察机关审理阶段的案件；法院统计的是法院审判监督的案件，统计区间不同，故两者数据存在一定差异。

林芝市巴宜区 2018 年国民经济和社会发展执行情况与 2019 年国民经济和社会发展计划（草案）的报告

——在林芝市巴宜区第二届人民代表大会第三次会议上

（2019 年 1 月 23 日）

巴宜区发展和改革委员会（工信局、统计局）主任、局长　王　胜

一、2018 年国民经济和社会发展执行情况

2018 年，在上级党委和政府的坚强领导下，巴宜区高举习近平新时代中国特色社会主义思想伟大旗帜，以学习贯彻落实党的十九大精神为主线，坚持“五位一体”总体布局和“四个全面”战略布局，始终坚持以人民为中心的发展理念，坚持稳中求进、进中求好、补齐短板总基调，紧紧围绕区委“2156”发展总思路，坚定不移推进民生改善、产业发展、城乡融合、生态保护、和谐稳定、改革创新、自身建设“七大工程”建设，总体来看，全区经济社会持续稳步发展，主要经济指标完成情况较好。2018 年，地区生产总值完成 72.93 亿元，同比增长 9.3%；2018 年农村居民人均可支配收入达 17757 元，同比增长 10.4%；实现社会消费品零售总额 29 亿元，同比增长 15%；2018 年完成社会固定资产投资额 299972 万元，同比增长 -11.6%；2018 年，全区一般公共预算收入完成 2.7 亿元，同比增长 10.1%。

（一）重点项目扎实推进。在积极争取国家投资的基础上，认真落实援藏投资，大力吸引民间投资，充分赢得银行信贷支持，更好地发挥了重点项目支撑引领作用。巴宜区 2018 年政府投资重点建设项目共 98 个，总投资约 16.82 亿元，计划完成投资约 11.88 亿元，实际完成投资约 9.77 亿元。其中，续建项目 31 个，总投资约 4.89 亿元，计划完成投资约 4.89 亿元，已完工 31 个，实际完成投资 4.62 亿元；新建及计划开工项目 67 个，总投资约 11.93 亿元，计划完成投资约 6.94 亿元，已开工项目 52 个，实际完成投资约 5.15 亿元。

（二）优势产业稳步发展。瞄准产业发展优势，努力补齐经济短板，大力培育具有地方优势的产业集群，全力推进产业融合发展。农牧业基础日益稳固。2018 年全区总播种面积预计达到 6.45 万亩，各类牲畜预计存栏 12.14 万头，预计年出栏 2.4 万头；各类家禽预计存栏 8.4 万羽，预计年出栏 16 万羽；猪肉产量预计为 1183.64 吨，

奶产品产量预计为4621.48吨，禽蛋产量预计为4吨。同时，全区虫草产量预计为774.63公斤，直接为农牧民实现创收预计达896万元，同比增长3.8%。此外，采取政府引导、企业主导、辐射群众的方式，不断扩大农牧业发展规模，预计优质水果种植面积达1.6万亩、优质蔬菜种植面积达1万亩、生态苗木面积达3300亩。生态旅游产业持续向好。以建设世界旅游目的地和内地入藏“第一站”为目标，以全域发展为导向，按照“一核两轴四镇”旅游发展格局的总思路，统筹整合全区旅游景区资源，全力打造“国际生态旅游区”和“全域旅游示范区”。卡定沟、世界柏树王景区创AAAA级景区总体规划已提交自治区审批，措木及日AAAA级景区、工布原乡景区、多布湖景区项目总体规划编制完成，大柏树景区升级改造项目、嘎拉村农业综合体项目建设完成，柏树王获得“中国树龄最长柏树”上海大世界基尼斯之最认证，鲁朗国际旅游小镇被评为“国家旅游度假区”、“中国最美户外小镇”。全年接待游客251.2万人次，同比增长42.6%；实现旅游收入19.82亿元，同比增长32.05%。新兴产业起步建设。充分发挥独特区位优势，推进现代服务转型升级，总投资2.72亿元的巴宜区建筑构件产业园、1.2亿元的更章现代农业产业园、2.37亿元的巴吉现代物流产业园等重点园区建设项目有序实施。

（三）援藏工作再结硕果。坚持“输血”与“造血”相结合，立足资源优势，加强援藏项目建设和管理，扎实推进4类10个计划内项目建设，投资3500万元的7个小康示范村项目比预期提前半年完成建设；投资210万元的巴宜区社会福利院职工住房建设项目建成并通过竣工验收；投资4320万元的布久乡小康示范镇建设项目和援藏投资5000万元的巴宜区卫生服务中心易地新建项目均按计划有序实施。此外，争取援藏计划外项目21个，村级组织活动场所、村级卫生室标准化建设项目的实施，有效提升村内办公环境和村民生活的基础设施条件及就医条件，为巴宜区全面建成小康社会奠定了有力的基础。

（四）社会事业全面进步。按照统筹兼顾、协调发展的总体要求，巴宜区不断加大对社会事业的政策和资金支持，在推进经济发展的同时，促进社会全面进步。脱贫成果不断巩固。认真落实市委、市政府提出的“1693”脱贫工作思路，紧紧围绕脱贫“摘帽”目标，全力推进脱贫攻坚。累计完成578户1602人的减贫任务，退出贫困村67个，贫困发生率降低至0.11%。总投资6.1亿余元的2017年28个产业扶贫项目，累计完成投资50%，签订利益链接机制15个。总投资8.77亿余元的67个产业扶贫项目相继启动建设。昌都“三岩”片区易地扶贫搬迁安置工作进展顺利，八一镇、百巴镇、更章乡安置点建设完成并达到入住条件，鲁朗镇安置点预计于2019年6月达到入住条件。教育事业稳步发展。优化教育资源配置，努力补齐教学短板，乡镇教学基础设施不断完善，村级幼儿园覆盖率达98.5%，总投资3000万元的巴宜区中学综合提升项目全面启动，巴宜区小学运动场改造项目、布久乡小学绿化项目、永久村幼儿园项目均已建成并投入使用，小考（小升初考试）成绩优异，参考301人，参考率100%，内地班上线39人，上线率13%，录取24人，录取率8%；中考成绩喜人，参考303人，参考率100%，内地班上线36人，上线率11.88%，位居全市首位。卫生事业健康发展。总投资1.7亿元的巴宜区人民医院建设项目主体完工，“二级乙等”医院创建工作有序开展，各项医疗、护理指标按期超额完成，巴宜区卫生服务中心全年门诊人次9370人，住院人次757人，业务总收入599.96万元；巴宜区藏医院全年门诊人次11768人，住院人次294人，业务总收入298.62万元；农牧民总报销2313人，报销金额达1675.18万元，农牧区新型合作医疗筹资率实现100%。藏医文化室建成使用，展示历代手术器械182种，藏医药古籍文献200余卷，草药、矿物类标本200余种、四部医典系列挂图20余副，藏医文化内涵不断丰富。国家食品安全示范城市创建工作全面启动，4所学校食堂操作间标准化改造、食品安全示范街、鲁朗食品安全示范镇和“明厨亮灶”示范镇打造完成，“智慧食安”电子监管系统正式投入使用。文化事业扎实推进。乡镇文化站内部设施不断优化，农村文化交流渠道逐步拓宽，共建成5个“宽带下村”示范点、67个农家书屋、15个寺庙书屋。广泛开展群众文化活动，多次组织开展“送文艺”“五下乡文艺进基层”“送电影下乡”等系列活动，成功举办巴宜区首届“巴宜杯”干部职工工间操（广场舞）大赛。依托工布阿吉林合作社、卡斯木村氆氇加工坊等重点文化产业发展主体，开发创意文化旅游产品40余件，年销售额预计达到280万元。成功申报“工布扎念弹唱”自治区级非遗保护项目，由我区制定的“野外文物看管人员奖惩机制”在全区全面推广。社会保障能力不断增强。落实更加积极的就业政策，多渠道开发就业岗位，实现农牧民转移就业6500余人次，城镇新增就业人数389人，城镇登记失业率均控制在2%以内。全民参保登记有效推进，城乡居民社会养老保险、城镇居民基本医疗保险等各项社会保险参保率实现100%，有意愿五保户集中供养率实现100%，城镇低保标准人均提高至750元/月，农村低保标准人均提高至4450元/年。“11·18”地震严重受损房屋重建和修复工作基本完成。

（五）**重点改革进展顺利。**持续深化“放管服”改革，根据国家审批权限下放政策，修订完善了《巴宜区政府投资建设项目报建规范流程》，对政府投资项目立项、可研、初设、实施等环节权限进行全面调整。深化商事制度改革，稳步推进“多证合一”登记制度改革和“证照分离”改革，企业开办时间全面压缩至5天以内。新增各类非公市场主体1666个，新增注册资本10.6亿元。整合区内外优势资源，不断优化投资环境，以第十六届桃花旅游文化节、第四届藏博会和雅鲁藏布生态文化旅游节为契机，深入开展招商引资推介洽谈活动，其中，市委副书记、市政府常务副市长许典辉亲赴广东省东莞市召开了“幸福巴宜　走进东莞”招商引资推介洽谈会，大力推介我区优势资源、投资环境、优惠政策等，全年共签约招商引资项目45个，概算总投资约48.7亿元，到位资金15.3亿元，超额完成年度任务。国有林场改革工作扎实推进，农村集体土地、集体林地和耕地确权登记工作均通过自治区验收，农村集体产权改革整县推进试点工作全面启动。

（六）**生态建设不断加强。**严格落实生态保护各项政策，对不符合国家产业政策的“三高一低”（高投入、高能耗、高污染、低效益）项目坚决不予审批。全面实施主体功能区战略，以辖区内自然保护区红线图为基础，编制完成《西藏自治区林芝市巴宜区生态红线保护方案》，申报调整红线面积7734.72平方公里、可发展区域面积823.29平方公里。严把环境质量监测关，加强对我区重点水域、村居、饮用水源等地的环境质量监测，全区水、大气、土壤环境达标率均为100%。深入开展国土绿化行动，落实国土绿化资金500万元，完成“两江四河”绿化4977.3亩、防沙治沙5400亩、义务植树120亩，“无树户”全面消除，国家森林城市创建工作进展顺利。全面加强林政、河湖管理，查处各类涉林案件14起，河长制工作顺利通过自治区验收。

（七）**社会局面更加和谐。**牢牢把握社会稳定和长治久安这个着眼点和着力点，严格执行重大节日和敏感日期间维稳工作制度，加强社会治安综合治理，全面开展社会矛盾纠纷排查，确保敏感节点社会局势持续和谐稳定。保持打击违法犯罪高压态势，扎实开展“扫黑除恶”专项行动，共侦破刑事案件138起，人民群众安全感不断增强。主动适应安全生产工作新常态，强化隐患排查治理，全区安全生产事故、死亡人数、受伤人数实现“三下降”。全面推进应急体系建设，完成《林芝市巴宜区突发公共事件应急总体预案》修订，应急机制逐步完善，应急能力稳步提升。

二、2019年国民经济和社会发展计划

总体思路：高举习近平新时代中国特色社会主义思想伟大旗帜，坚持以人民为中心的发展理念，深入贯彻落实十九届二中、三中全会精神和中央第六次西藏工作座谈会精神，深入贯彻落实自治区第九次党代会和区党委九届三次、四次全会精神，紧跟市委、市政府系列决策部署，坚持稳中求进、进中求好、补齐短板的工作总基调，紧紧围绕区委“2156”发展总思路，积极化解人民日益增长的美好生活需要和不平衡不充分的发展之间的矛盾，着力抓好项目建设、产业发展、民生改善、乡村振兴、改革开放、维护稳定等重点工作，坚定信心决胜全面建成小康社会。

主要目标：地区生产总值增长10.5%以上，地方公共财政预算增长10%左右，全社会固定资产投资增长12%左右，社会消费品零售总额增长15%以上，农牧民人均可支配收入增长13%左右，经济发展继续保持全市前列，继续保持社会局势全面稳定、生态环境总体良好的局面。

2019年是中华人民共和国成立70周年，是决胜全面建成小康社会、实施“十三五”规划承上启下的关键之年，也是巴宜区经济发展和深化改革的重要一年，我们将贯彻新发展理念，推动社会经济持续健康发展，继续落实好“十三五”规划确定的各项任务，推动各项事业全面发展，重点抓好以下几方面工作：

（一）全力以赴抓好项目建设。对照“十三五”项目规划和2019年重点项目计划，进一步做深、做细项目前期工作。加强政策研究和项目谋划，特别是加大一些事关全局、带动力强的基础性、瓶颈性大项目的谋划力度。通过项目建设拉动经济发展，积极协调自治区、市相关部门，争取更多项目落地我区，把经济社会发展的主要精力放在谋项目、找项目、建项目和管理项目上来，改善基础设施条件，增强自身造血能力实现新突破，积极探索推广以公私合作为主的PPP模式，把项目开展作为经济发展的总纲，通过大型项目、优质项目促进社会经济跨越式发展。同时，将继续推行招商引资优惠政策，加大扶持引导力度，创造有利的发展投资环境，吸引更多的社会资金投入到农牧区现代化建设和改造项目中来。

（二）全面促进产业融合发展。以全市创建国际生态旅游区和全域旅游示范区的有利契机，强力推进生态旅游战略支柱产业发展，全面理顺政府和企业的关系，借助区旅游发展有限公司的平台优势，加强企业间合作力度，统筹推动旅游资源开发管理，通过市场运作方式加快景区交通、安全设施、卫生厕所、游客服务中心等公共服务设施建设，全面提升旅游接待服务能力。稳步扩大旅游示范村、精品民宿、家庭旅馆、藏家乐打造范围，推动乡村旅游标准化建设，引导农牧民群众积极参与旅游业，成为旅游发展的受益者。按照“一带一园六基地”农牧产业布局思路，充分发挥资金整合作用，继续围绕建设全市稳定的蔬菜、水果、花卉苗木、禽蛋肉、藏香猪种猪及猪仔“五个供应基地”这一目标，加大农牧业结构调整优化，着力在扩大藏猪养殖、无公害蔬菜和生态苗木种植规模和延伸农牧产业链条上下功夫，确保公众村藏猪饲料加工厂年内运行投产，争取引进肉制品加工企业1—2家、冷链物流企业1家，推动农牧产业发展成规模上水平，促进农牧产业效益提升。全力推进巴宜区建筑构件产业园、巴吉村现代物流产业园建设，加快建设完善园区道路交通、供水供电、污水管网、垃圾处理等基础设施，引导城市周边企业商户入园经营生产，发挥新产业要素集聚效应，逐步打造集物流、仓储、销售于一体的专业化综合市场，促进商贸物流服务转型升级。

（三）全面提升民生保障能力。深入推进扶贫领域作风建设，紧盯薄弱环节和难点问题，结合中央扶贫巡视反馈意见，查漏补缺，补足短板。全力推动昌都市“三岩”片区异地扶贫搬迁安置，全面完成166户1014人的集中搬迁安置任务，同步推进公共服务设施、配套产业项目建设，确保搬迁群众“进得来、留得住、能发展”。严格落实15年免费教育和“三包”政策，继续推行教育奖励资助政策，全面落实本级政府对教育20%投入要求，全面优化教育资源配置，补齐薄弱地区教育教学短板，推进义务教育和学前教育均衡发展。加强农牧区公共卫生服务体系建设，促进基本公共服务均等化，加快巴宜区人民医院配套设施建设，推动二级乙等医院创建工作。全力改善基层医疗卫生机构软硬件条件，规范基层藏医科室配备管理，强化乡村医疗人员培训力度，全面推广城乡居民家庭医生签约服务，提升群众医疗服务水平。深化开展食品药品领域专项治理，加强食用农产品质量安全检测，争取顺利通过国家食品安全城市创建考核验收。全面推进公共文化体系建设，不断提升区综合文化活动中心、乡镇文化站和农家书屋等文化阵地设施配备和管理开放水平。加大对文化类企业（合作社）的扶持力度，加大非遗文化产品开发力度，加强物质与非物质文化遗产传承与保护，实现文化与旅游深度融合。筹备打造巴宜区首届文化旅游节，积极配合开展林芝市桃花文化旅游节、雅鲁藏布文化旅游节，加强文化对外交流，推广地域特色文化资源，全面展现巴宜独特文化内涵。全面落实就业优先和积极就业政策，建立完善培训提高、就业帮扶、创业带动“三位一体”的就业服务体系，推进基层劳动就业社会保障公共服务平台标准化建设，动态消除城镇家庭“零就业”，加大农牧民群众就近就便、“不离乡不离土”的就业服务保障力度。继续强化社会保险、社会救助、扶残助残服务体系建设，严格落实全民参保登记计划，巩固完善城乡低保和医疗救助制度，全力做好有意愿五保集中供养工作，强化残疾人就业技能培训。全力做好退伍军人安置服务工作。全面建立落实农民工工资治欠保支考核机制，加大劳动监察力度，完善劳动争议协调处理机制，切实保障劳动者合法权益。

（四）全面实施乡村振兴战略。加快完善城乡基础建设，着力打造城乡融合发展示范区，充分发挥重点城镇的示范引领作用，全面启动布久乡小集镇片区规划建设，依托林芝火车站、永久物流园等平台优势，加快促进产业发展。坚持规划引领、基础先行、逐步完善，继续推动特色小城镇、新型城镇、小康示范村、美丽乡村建设，努力把城乡打造地更加美丽、更加富裕。按照“产业兴旺、生态宜居、乡风文明、治理有效、生活富裕”的总要求，加快编制《乡村振兴战略实施规划（2018—2022）》，注重当前和长远，坚持分类推进，突出地域体色，合理设定阶段性目标任务，并探索开展新时代新农村示范点创建工作，强化示范引领，以点带面推进。加快推进农业标准化建设，引导培育乡村旅游、观光农业、商贸物流、建筑建材等产业，培育发展农牧区发展新动能，稳步壮大村集体经济，力争实现农牧民人均可支配收入增长幅度达到10%以上，让农牧民富起来。

（五）全面深化改革合作力度。全面推进农村耕地、集体土地、集体林地颁证工作，稳步推进农村集体产权改革整县推进试点工作，完成县域客运班线改革任务，有序推进户籍制度改革，进一步放宽户口迁移政策，促进城乡统筹发展和人口合理有序流动。继续深化“放管服”改革，加快政务服务中心建设和入驻工作，实行“一站式受理、一次性告知、一条龙服务”，大力推进审批服务便民化。坚决推进政府机构改革，全面准确把握党中央关于机构改革的部署要求，立足机构设置精简高效、部门职能规范明晰、编制配备科学合理，不断优化政府部门权力清单，理顺部门职责，进一步转变政府职能。牢固树立全域招商理念，配套建立奖励激励机制，在全面落实自治区和林芝市招商引资优惠政策的基础上，依法为招商引资落地企业提供政策对接和专项服务，强化土地要素保障，全面简化审批手续，保障企业的各项合法权益。全面做好第八批援藏项目收尾工作，加强与对口援助省市对接力度，建立紧密型对接合作机制，争取在援助方向和内容方面达成更大共识，获得更大支持，发挥对口援藏桥梁纽带作用，协商建立资金、产业、技术、人才全方位立体化援助模式，全面推动城市功能、特色产业、小康村镇、民生设施、人才队伍、基层政权等方面建设，不断丰富对口援藏内涵，为推动我区经济社会各项事业发展注入强劲动力。

（六）全面加强生态巴宜建设。持续开展大气、水、土壤污染防治三项行动，全面推进第二次全国污染源普查工作，建立完善污染源动态监测体系，加强重大建设项目、重点污染源、重点监控企业执法监管，严格执行环境影响评价制度，严把企业落地关和项目审核关，坚决禁止“三高”“未批先建”企业和项目落地，从源头上遏制环境污染。全面加强河湖管理，加强河湖保护巡察、管理、考核力度，确保水生态质量持续稳定。坚决落实中央环保督察和自治区环保督察反馈问题整改，解决好环保领域重点突出问题。全面推进生态红线划定工作和第三次全国土地调查，厘清生态控制区域、国土利用空间与和可发展区域范围边界。切实推进比日山国家森林公园防火观测平台项目建设，扎实推进“两江四河”流域造林绿化、森林抚育、防沙治沙等重点工程建设，统筹林芝市城市建设储备用地征占用林地补偿资金，加快推进宜村镇周边、景区景点、河流岸线、道路沿线等重点区域造林绿化工作全面推进国家森林城市创建工作。加大环保设施建设资金的争取投入力度，稳步扩大城乡污水管网、垃圾集中处理、农村卫生厕所改造等项目覆盖面，逐步补齐乡镇环保基础设施短板。同时，加强对企业环保主体责任履行督促检查，确保按照规定标准建设完善环保基础设施。

（七）全力维护和谐稳定局面。严格贯彻落实各级各项维护稳定的决策部署，强化维稳措施，实现维稳工作常态化、科学化、法制化。健全矛盾纠纷预防和化解机制，加强社会稳定风险评估，推进信访法治化建设，依法依规及时有效解决群众合法诉求，切实维护群众合法权益。加强突发事件风险管理，提升政府应急管理水平，不断提升社会的防灾减灾救灾能力。落实安全生产主体责任和监管责任，实现基层安全生产网格化全覆盖，深化重点领域安全生产隐患治理，坚决防范和遏制重特大安全事故。进一步加强食品药品安全监管，强化食品药品专项整治和综合治理，让群众吃得放心、用药安全。加强薄弱环节监管制度和风险监测能力，坚决守住不发生系统性区域性金融风险的底线。统筹推进消防安全、交通安全、网络安全能力建设，筑起防控安全风险的铜墙铁壁。

各位代表，2019 年我区的各项任务繁重而艰巨，让我们在区委、区政府的坚强领导下，牢牢把握发展这个第一要务，同心同德，开拓奋进，扎扎实实做好各项工作，努力完成全区国民经济和社会发展的各项任务，确保各项社会经济指标的顺利实现，全力推动巴宜经济社会更好更快更大发展！

林芝市巴宜区2018年财政预算执行情况与2019年财政预算（草案）的报告

——在林芝市巴宜区第二届人民代表大会第三次会议上

（2019年1月23日）

巴宜区财政局局长　李菊霞

一、2018年财政预算执行情况

2018年以来，面对复杂严峻的国内外经济形势及全国减税效益明显的情况下，全区各级各部门在区委、区政府的坚强领导下，紧紧围绕区委“2156”工作总思路，依法组织财政收入，认真落实各项预算支出，坚持科学发展，积极保障和改善民生、统筹区域协调发展等重点工作，促进了我区经济社会平稳健康发展。2018年财政收入在高基数的基础上、实现继续增长，全年完成财政收入27500万元，同比增长2512万元，比增10.05%。完成全年预算的212.04%，为“十三五”规划的承上启下，打下了坚实基础，为我区经济发展提供了必要的财力支撑。

（一）2018年财政收入情况

1.2018年巴宜区公共财政预算收入27500万元，增长10.05%。其中：

（1）税收收入20935万元，增长17.28%。

（2）非税收入6565万元，降低8.03%。

2.2018年巴宜区基金预算收入12062万元，增长682.73%。其中：

（1）国有土地收益基金收入1220万元，增长423.61%。

（2）农业土地开发资金收入66万元，增长288.23%。

（3）国有土地使用权出让收入10776万元，增长734.7%。

2018年，区公共财政预算收入27500万元，上级税收返还收入9102万元、上级补助收入91415万元、动用预算稳定调节基金13889万元；政府性基金预算收入12062万元、政府性基金上级补助收入10281万元、政府性基金预算结余418万元，2018年可支配财力为164667万元。

（二）2018年财政支出情况

2018年，区公共财政预算收入27500万元，对比年初预算12969万元，实现超收14531万元，根据《预算法》要求，财政预算超收部分不安排当年支出，已全部调入补充预算稳定调节基金，用以次年预算安排支出。

1.2018年区财政支出124179万元。

（1）一般公共服务支出，预算数为26185万元，实际完成数为28805万元，完成预算数的110.01%。主要为区委、人大、政府、政协、纪检委、组织部、宣传部、统战部、乡镇人民政府等部门的人员工资、公用经费、专项经费等支出。

（2）公共安全支出，预算数为10711万元，实际完成数为8965万元，完成预算数的83.70%。主要为公检法司等部门的人员工资、公用经费、专项经费等各项支出以及消防、武装部、森警、区中队等单位的业务经费支出。

（3）教育支出，预算数为15404万元，实际完成数为16738万元，完成预算数的108.66%。主要为教育局及下辖9所学校的人员工资、公用经费、政府对教育投入、教育事业费（含营养改善计划、“三包”经费）等各项支出。

（4）科学技术支出，预算数为0万元，实际完成数为107万元。主要为相关科技经费投入。

（5）文化体育与传媒支出，预算数为930万元，实际完成数为1471万元，完成预算数的158.17%。主要为文化局及下辖事业单位的人员工资、公用经费、新闻出版广播影视、文化活动、文物保护等专项经费支出。

（6）社会保障和就业支出，预算数为2441万元，实际完成数为9944万元，完成预算数的407.37%。主要为民政局、人社局人员工资、公用经费、社保经费财政补贴部分、城乡低保、医疗救助、公益性岗位补贴等社会保障类资金支出。

（7）医疗卫生与计划生育支出，预算为4722万元，实际完成数为4667万元，完成预算数的98.84%。主要包括卫计委、食药局、人民医院、藏医院、疾控中心等部门人员工资、公用经费、医疗卫生各项支出等。

（8）节能环保支出，预算数为1208万元，实际完成数为3163万元，完成预算数的261.84%。主要包括环保局人员工资、公用经费、环境监测监察、自然生态保护等各类支出。

（9）城乡社区支出，预算数为2337万元，实际完成数为5664万元，完成预算数的242.36%。主要包括城建局、白玛岗街道办、觉木街道办人员工资、公用经费、民房屋顶改造、村级活动场所建设等经费支出。

（10）农林水支出，预算数为11181万元，实际完成数为34412万元，完成预算数的307.77%。主要包括农牧、林业、水利、扶贫等部门的人员工资、公用经费、农牧业专项、农牧防灾减灾、农机具购置补贴、草原生态保护奖励、森林生态效益补偿基金、“两江四河”流域造林绿化工程、水利工程运行维护、精准扶贫专项经费（含产业、基础建设、生态岗位工资、定向政策补助）、农村综合改革等各类支出。

（11）交通运输支出，预算数为259万元，实际完成数为198万元，完成预算数的76.45%。主要为交通局人员工资、公用经费、专项经费等各类支出。

（12）资源勘探信息等支出，预算数为278万元，实际完成数为3688万元，完成预算数的1326.62%。主要为安监局人员工资、公用经费、安全生产监管和扶持中小企业等各类支出。

（13）商业服务业等支出，预算数为439万元，实际完成数为927万元，完成预算数的211.16%。主要为旅发委人员工资、公用经费、旅游发展宣传等各类支出。

（14）国土海洋气象等支出，预算数为735万元，实际完成数为1051万元，完成预算数的142.99%。主要为国土局人员工资、公用经费、土地确权、违章土地治理等各类支出。

（15）住房保障支出，实际完成数为4050万元。主要为棚户区改造、农村危房改造、公共租赁住房、住房公积金、住房补贴等各类支出。

（16）预备费，预算数为783万元，实际完成数为0万元。

（17）其他支出，实际完成数为224万元。

（18）债务付息支出，实际完成数为105万元。主要2016—2017年政府转贷收入利息支出。

2.2018年基金预算支出18873万元。主要为征地拆迁补偿支出和上级下达的社会福利彩票支持社会福利、体育、残疾人等基金支出。

3.2018年一般公共预算可支配财力141906万元，2018年一般公共预算支出124179万元，收支相抵，一般公共预算结余3196万元。

4.2018年政府性基金预算可支配财力22761万元，2018年一般公共预算支出合计18873万元，收支相抵，政府性基金预算结余3888万元。

（三）2018年我区财政预算执行主要特点

1. 建立中期财政规划，加强财政预算管理

不断完善财政预算体系，按照一般公共预算、政府性基金预算收支范围，实行中期财政规划管理，建立跨年度预算平衡机制，规范财政预算标准，针对重大改革、重要政策和重大项目实际，在地方财力有限的情况下，合理安排资金预算使用，特别是针对乡镇层面尚无财政收入，全部依靠县级财力保障的实际，我们将财政预算资金大部分安排至乡镇建设领域，确保了地方各项

事务有序开展。切实加强结转结余资金管理，存量资金盘活率达90%以上，统筹用于精准扶贫、义务教育、医疗卫生、生态环保等重点领域。

2. 推进财政改革，提高财政管理水平

深入推进预决算公开。2018年，在巴宜区政府门户网站公开53家一级预算单位（除涉密信息外）2017年决算和2018年预算信息，全面接受社会公开监督。开展乡镇财务检查，强化财务风险防控意识。依照区委、区政府指示，我局于2018年2月赴各乡镇开展财政专项资金检查工作。根据检查情况，制定了乡镇为民办实事资金分配方案，促进乡镇财务规范化管理。开展涉农资金整合。为深入贯彻落实精准扶贫、精准脱贫基本方略，优化财政涉农资金供给机制，提高资金使用效益，编制了《2018年度统筹整合使用财政涉农资金实施方案》，更好地服务于脱贫攻坚工作。建立健全规章制度。我局先后制定了《巴宜区领导干部通讯费管理办法》《林芝市巴宜区党政机关工作用餐暂行管理规定》，旨在方便行政单位工作开展，厉行勤俭节约，反对铺张浪费。

3. 加强风险防控，建立现代财政制度

加强政府性债务管理。为全面规范地方政府性债务行为，有效控制债务规模，确保风险总体可控，我们先后制定出台了地方政府性债务管理暂行办法和地方政府性债务应急管理制度，严禁以虚假“PPP”合作项目和政府购买服务等方式变相融资，严禁违规使用债券资金，严禁违法违规担保、兜底和承诺行为，定时通报债务规模和风险情况，杜绝出现隐性债务。目前，我区地方政府性债务总额3000万元，主要为自治区层面转贷债务，债务规模和杠杆率较低，风险总体可控。国库集中支付改革推行良好。我区作为林芝市首个国库集中支付改革试点县（区），目前，已成功运行上线运营一年。在新的资金支付模式下，财政资金通过代理银行实行第三方支付，直达最终收款人，实现了财政资金支付从“逐级转”到“直通车”的重大突破，使预算单位“花钱不见钱”，有效提高了预算执行效率和透明度。进一步降税减负。全面完成了国务院取消、调整的部分政府性基金和行政事业性收费项目清理工作，并对地方性税收优惠政策进行梳理取消。

各位代表，过去一年，我们锐意改革，攻坚克难，较好地完成了各项财政工作任务。同时，我们也清醒地认识到，财政运行中还存在不少困难和问题：一是财政收入持续快速增长的基础还不够牢固，需要进一步培植财源；二是财政收支矛盾日益突出，2019年，国务院将陆续出台一系列降税减负政策，财政收入增长将面临巨大压力，同时养老金等社保刚性支出不断增大，需进一步精打细算，优化支出结构；三是区域发展不平衡的现象仍然突出，需要进一步完善转移支付制度，加大对欠发达乡镇村的扶持力度；四是部分财政专项资金的使用效益有待提升，需要进一步强化绩效意识，用好每一笔财政资金。对于这些困难和问题，我们将采取有效措施加以解决。

二、2019年财政预算草案

2019年是新中国成立70周年，是决胜全面建成小康社会的关键之年。2019年我区财政收支预算安排的指导思想是：全面贯彻落实党的十九大和十九届二中、三中全会精神及中央、自治区、市经济工作会议精神，继续以建设经济强区，构建和谐巴宜为总目标，坚持稳中求进，着力扶持实体经济发展，提高经济增长质量和效益；坚持改善民生，着力优化公共财政支出结构，不断提高公共服务保障水平；坚持统筹发展，着力完善转移支付制度，增强乡镇村发展后劲；坚持厉行节约，压一般，保重点，着力降低行政运行成本；坚持深化改革，进一步完善预算管理制度，提高财政资金使用绩效。

（一）2019年财政收入预算

1. 公共财政预算收入。根据我区经济社会发展计划，2019年来源于巴宜区的预计财政收入14266万元，比上年增收1297万元，增长10%，其中：

（1）税收收入13589万元，增长10%。

（2）非税收入677万元，增长10%。

2. 基金预算收入。2019年预计基金预算收入13000万元。

3. 可支配财力。2019年预计公共财政收入14266万元，上级补助收入28027万元、动用预算稳定调节基金10638万元，2019年预计基金预算收入13000万元，政府性基金结余3,888万元，2019年我区可支配财力为69819万元。

（二）2019年财政支出预算

2019年区财政支出预算52931万元。

（1）一般公共服务预算支出16929万元，比上年预算数减少35%。

（2）公共安全预算支出8156万元，比上年预算数减少24%。

（3）教育预算支出3274万元，比上年预算数减少79%。

（4）文化旅游体育与传媒预算支出755万元，比上年预算数减少19%。

（5）社会保障和就业预算支出9151万元，比上年预算数增加275%。

（6）卫生健康预算支出2089万元，比上年预算数减少56%。

（7）节能环保预算支出186万元，比上年预算数减少85%。

（8）城乡社区预算支出1315万元，比上年预算数减少44%。

（9）农林水预算支出6709万元，比上年预算数减少40%。

（10）交通运输预算支出198万元，比上年预算数减少24%。

（11）资源勘探信息等预算支出110万元，比上年预算数减少60%。

（12）自然资源海洋气象等预算支出292万元，比上年预算数减少60%。

（13）住房保障预算支出2614万元。

（14）灾害防治及应急管理预算支出193万元。

（15）预备费预算支出855万元，比上年预算数增加9%。

（16）债务付息预算支出105万元。

（三）2019年我区财政支出安排的主要情况

1. 狠抓收入，实现新突破

依法组织财政收入。适应经济发展新常态，实事求是，确定收入目标，牢固树立科学任务观。从年初开始，贯彻始终，认认真真抓收入。坚持依法提高收入质量，深化收入分析，重点做好景区门票等非税收入的征收工作。完善横向分工协作，纵向紧密联动分析制度。

2. 大力推进财政改革，提高财政管理水平

一是增强财政统筹能力。进一步清理财政支出项目库，加强预算执行管理，盘活用好财政存量资金，对2016年度部门存量资金收缴国库，并对财政专户2016年度及以前年度存量资金进行彻底清理，按要求收缴国库，由区委、区政府统一安排使用。继续抓好盘活2017—2018年财政存量资金使用工作。二是深入推进预决算公开。2019年，除涉密信息外，所有预算部门的预决算公开，将在人大批复后二十日内，通过政府门户网站向社会公开，广泛接受社会监督。三是加快预算执行进度。狠抓预算执行管理，加快预算执行进度，提高预算执行质量。重点抓好发展类项目预算执行进度。需政府采购的项目，提前论证，尽早开展前期工作，对重点项目资金，及早研究实施方案，确保预算执行达到支出进度要求，确保财政资金安全规范使用。四是加快建立现代财政制度。进一步推进财政改革，推动依法行政，提升基层财政管理水平，以达到简化流程，建设效率性机关的工作目标。五是建立健全绩效评价力度。把

资金投入到最急需的地方，并让这部分资金发挥最大效益，真正做到让上级部门放心、农牧民满意。树立投入产出理念，通过建立健全绩效评价指标体系、绩效评价制度、绩效评价运用机制，做实绩效管理。总的来说，财政财务的政策、项目、资金，最后都要落实到绩效上。

3. 厉行勤俭节约，严格控制一般性支出

坚决贯彻中央八项规定精神、区党委“九项规定”“约法十章”，认真落实《党政机关厉行节约反对浪费条例》，严格控制一般性支出，切实降低行政运行成本。一是严控“三公经费”。按照“三公经费”及会议费只减不增的原则，2019年安排的“三公经费”、会议费分别不得超过2018年相关预算规模。二是严控会议和培训费。严格执行会议、培训等经费先行审核机制，无预算或超预算的会议、培训等一律不得安排计划和实施。三是严控公务用车。加强公务用车运行和使用管理，严格按照规定用途使用公务用车，切实降低使用和维修保养成本。四是严控公务接待。严格执行《公务接待管理办法》，严格控制公务接待范围，加强对公务接待经费的预算管理，合理限定接待费预算总额。

4. 保驾护航，继续做好精准扶贫保障工作

为不断扩大脱贫攻坚成果，不断增强乡村经济发展的内生动力，使困难的群众真正断穷根、富长久，2019年，将继续加大精准扶贫工作的资金投入力度。

各位代表，当前我区正处在改革和发展的关键时期。新的形势、新的任务对财政工作提出了全新的要求。我们将在区委、区政府的坚强领导下，在人大、政协和社会各界的监督支持下，凝心聚力，锐意进取，努力完成全年预算收支任务，为我区经济又好又快发展做出新的更大的贡献！

大事记

1月

2日 副区长格桑明久带领区卫生局、国土局、住建局、八一镇、白玛岗街道办和食药监局相关人员组成检查小组，对巴宜区周边村庄进行卫生督导。

同日 区委常委、组织部部长陈绪全在米瑞乡调研指导党建、扶贫项目等工作情况，并深入“一对一”结对帮扶大学生就业对象、贫困户联系点家中实地走访，详细了解他们的就业、生活及收入等情况。

2—3日 区委常委、统战部部长益西江措带队先后深入布久乡简切村、珠曲登村和鲁朗镇拉月村、白姆村，对12户结对帮扶对象开展“三节”（元旦、春节、藏历新年）慰问活动。该次共发放牛奶、食用油等价值2400元的慰问品。

4日 区委常委、组织部部长陈绪全带领区委组织部干部，对八一镇加当嘎村、加丁嘎路便民警备站进行突击检查，并调研指导党建及作风整顿工作开展情况。

9日 中国人民政治协商会议第二届林芝市巴宜区委员会第二次会议历时3天圆满完成各项议程，胜利闭幕。闭幕会由区政协副主席吴建学主持。区政协主席戴平，区委常委、统战部部长益西江措，区政协副主席张潇文、白玛赤烈、次仁多吉参加会议。会议审议通过政协第二届林芝市巴宜区委员会常务委员会工作报告的决议（草案）、政协第二届林芝市巴宜区委员会第二次会议提案工作情况报告的决议（草案）、政协第二届林芝市巴宜区委员会第二次会议政治决议（草案）。次仁多吉向大会作政协第二届林芝市巴宜区委员会第二次会议提案审查情况报告。戴平代表区政协常委会作闭幕讲话。

同日 林芝市巴宜区第二届人民代表大会第二次会议开幕。政协林芝市巴宜区二届二次会议全体委员及非人大代表的区委、区政府领导、市级人大代表、各乡（镇）主要领导、区直各部门主要负责人列席会议。会议由区委副书记、人大常委会主任达瓦主持。区委副书记、区长严世钦代表区政府向大会作《巴宜区人民政府工作报告》。

10日 林芝市巴宜区第二届人民代表大会第二次会议圆满完成各项议程，胜利闭幕。区委副书记、人大常委会主任达瓦主持会议。会议听取议案审查委员会关于议案、建议和意见处理情况的报告；听取区委常委、副区长吴永帅关于区一届人大四次会议代表所提议案、建议和意见办理情况的报告；表决通过《巴宜区人民政府工作报告》《巴宜区2017年国民经济和社会发展计划执行情况与2018年国民经济和社会发展计划（草案）的报告》《巴宜区2017年财政预算执行情况与2018年财政预算（草案）的报告》《巴宜区人大常委会工作报告》《巴宜区人民法院工作报告》和《巴宜区人民检察院工作报告》的决议。

同日 巴宜区举办以“不忘初心跟党走·凝心聚力助脱贫·党的温暖记心间”为主题的脱贫攻坚总结表彰会暨“三大节日”送温暖文艺会演。会上，来自脱贫攻坚各领域的代表作交流发言。区委书记米次在大会上作重要讲话，区委副书记、区长严世钦为大会致辞，区委副书记、人大常委会主任达瓦宣读表彰决定。区四大班子在家领导、法检“两长”、人大代表、政协委员，各界代表，全区干部职工共400余人出席会议并观看演出。

11日 巴宜区委书记米次，区委常委、区纪委书记、区监委主任米军为新成立的巴宜区监察委员会揭牌。

同日 巴宜区委常委、常务副区长向军率教育代表团在东莞、韶关开展交流学习活动。

同日 巴宜区政法系统召开中共十九大精神宣讲活动。区委常委、政法委书记、公安局局长、督察长旺青，区人民检察院党组书记、检察长次仁，区人民法院党组书记、院长周汉军，区委宣传部中共十九大宣传工作领导小组成员代表及区委政法委、公安局、法院、检察院、司法局、林业公安局全体干警参加活动。

12日 巴宜区召开创先争优强基础惠民生活动第六批驻村工作总结表彰暨第七批驻村工作动员大会。区委书记米次出席大会并讲话，会议由区委副书记、区长严世钦主持。会上，全区8个先进驻村（居）工作队、31名先进驻村（居）工作队员、5名先进工作者、7个优秀组织单位分别受到表彰，共发放表彰金额5.3万元。

同日 自治区纪委第四纪检监察室主任加松一行在巴宜区调研检查深化国家监察体制改革试点工作情况并召开座谈会。林芝市纪委常委甘国均陪同。座谈会上，巴宜区委书记米次对巴宜区深化国家监察体制改革试点工作开展情况、存在困难和下步计划作了汇报。加松在充分肯定巴宜区取得阶段性成果的同时，指出深化国家监察体制改革试点工作仍需不停步、不松懈，继续前进。

13日 巴宜区召开高校毕业生就业创业工作座谈会。会上，区委书记米次，区委副书记、区长严世钦对高校毕业生就业创业工作作出专门部署。会议指出，通过就业示范街，预计解决50个以上的就业岗位；通过政府购买服务岗位，预计解决70个以上就业岗位；组织企业提供岗位解决一批就业。

14日 巴宜区在党政四楼会议室召开迎接国务院考核组汇报会。

15日 区委副书记、区长严世钦在巴宜区社会福利院看望慰问五保老人。

18日 区委常委、纪委书记、监委主任米军带队在百巴镇开展2017年度党风廉政建设责任制检查考核工作。考核组一行通过召开汇报会、民主测评、个别谈话和查阅资料的方式，对百巴镇贯彻落实党风廉政建设责任制情况进行全面考核。米军强调，镇党委书记要增强党风廉政建设和反腐斗争的责任感和紧迫感，以该次考核为契机，切实扛起主体责任，认真抓好各项工作；乡（镇）纪委书记在协助党委抓好党风廉政建设工作的同时，要积极履行好监督执纪问责工作，确保党风廉政建设“两个责任”落地生根。

19日 巴宜区召开2017年度区委班子民主生活会。会议由区委书记米次主持。区委班子全体成员参加会议，区人大、政协主要负责人，各乡（镇、街道）、各单位主要负责人，党代表、人大代表、政协委员、村级党员、农牧民群众代表共70余人列席会议。林芝市委组织部常务副部长扎西洛布、市纪委第一纪检监察室副科级纪检监察员次仁卓玛到会指导工作。

20日 国务院扶贫开发领导小组委派的第三方财政专项扶贫资金绩效评估组抵达巴宜区。通过2天的考核评估，巴宜区顺利通过2017年财政专项资金绩效评价第三方抽查评估。

22日 巴宜区71个驻村（居）工作队圆满完成第六、第七批驻村（居）工作轮换交接。该次派驻点覆盖全区71个村（居）、284名驻村干部。

同日 巴宜区民间艺术团在林芝市艺术团礼堂参加藏历新年文艺演出活动。

22—25日 区政协副主席、区创先争优强基础惠民生活动督导检查组常务副组长张潇文带领区委组织部、区人社局、区强基办工作人员深入4镇、3乡、1街道和25个驻村（居）工作队对巴宜区第六、七批驻村（居）工作队轮换交接、第七批驻村（居）工作队走村入户、驻在村（居）和谐稳定等重点工作开展情况进行专项督导检查。

26日 巴宜区圆满完成184个土地变更暨卫片执法认定工作。该次遥感卫星监测巴宜区184个图斑，涉及规划区的86个图斑，全部移交林芝市国土资源局。规划区外的98个图斑中，合法图斑21个，因地质灾害发生土地变化图斑3个，堆放类图斑2个，由其他地类变更为林地的图斑3个，实地伪变化图斑3个（包含拆除恢复），河道整治图斑2个，设施农用地图斑13个，临时用地图斑9个，违法用地41个。

同日 巴宜区文化执法大队执法人员在百巴镇对音像制品营业场所进行全面检查。主要检查音像制品的出版、制作、进口、批发、零售、出租等活动。该次检查共出动检查人员3人，检查音像制品经营单位4家。检查情况总体良好，音像市场也未发现违禁出版物。

同日 区人大常委会副主任乔德吉一行在百巴镇大坝村开展慰问活动，并代表区人大常委会领导班子为各自帮扶对象送去了糌粑、面粉、清油、砖茶等物品。

30日 区卫计委组织区卫生服务中心、藏医院开展以“把健康带回家”为主题的卫生计生关怀关爱专项行动。活动现场，工作人员向流动人口发放了计生药具、卫生计生政策宣传手册和健康知识宣传品，并在现场为流动人口义诊并发放药品，该次活动共发放宣传资料500余份、藏药20多种（价值3000元）、西药20多种（价值2000元）。

2月

1日 巴宜区经济工作会议暨2017年度民族团结进步模范集体和模范个人表彰大会召开。会议由区委常委、副区长向军主持，区委副书记、区长严世钦出席会议并讲话。会议的主要任务是总结2017年工作安排部署2018年工作，并对2017年度综合考评中取得优秀成绩的集体和个人以及民族团结进步模范集体和个人进行表彰。

同日 巴宜区宗教领域十九大精神巡回宣讲团在林芝镇达则寺开展十九大精神宣讲。该次宣讲由区委常委、统战部部长益西江措带队，参会的寺庙僧尼和干部共20余人。

5日 西藏自治区第九届纪律检查委员会第三次全体会议开幕，自治区党委书记吴英杰出席会议并讲话。巴宜区四大班子领导、法检两院及区直各单位、乡（镇）、街道负责人等在巴宜区会场收听收看会议。吴英杰指出，要坚持以习近平新时代中国特色社会主义思想为指导，深入贯彻落实中共十九大和习近平在十九届中央纪委二次会议上的重要讲话精神，一刻不停歇地推进党风廉政建设和反腐败斗争，以永远在路上的坚韧和执着把全面从严治党不断引向深入，为深入构建西藏和谐稳定的美好发展提供强有力的保证。

5—6日 林芝市人大常委会副主任旺扎多吉带队在巴宜区检查考核党风廉政建设责任制落实情况，并召开巴宜区2017年党风廉政建设述职述责汇报会。

7日　林芝市委常委、宣传部部长张海波在更章乡门仲村调研门巴特色民族村建设工作。

同日　巴宜区2018年文化科技卫生法律和爱国爱教宣传服务“五下乡”活动启动仪式在巴宜区更章乡久巴村举行。

同日　巴宜区色果拉村召开2017年度祥和农牧民种养殖专业合作社分红现场会，全村入股合作社成员参加该次会议。色果拉村祥和农牧民种养殖合作社在2017年实现稳步增收，养羊场2017年收益超过20万元，合作社33户农户每户分红达6000元，分红同比2016年增长12%。

同日　巴宜区2018年文化科技卫生法律和爱国爱教宣传服务“五下乡”活动启动仪式在巴宜区更章乡举行。区委常委、副区长吴永帅出席仪式，区委宣传部等相关部门和单位工作人员、文艺演出人员、久巴村及附近村民200余人参加。吴永帅指出，全区各级各部门要以该次活动为契机，积极主动适应新形势，不断创新“五下乡”活动的形式、内容、机制和方法，着力在“常下乡”“常在乡”上求突破，手把手地向农牧民群众传授科技知识，实打实地送文艺下基层，面对面地开展医疗义诊咨询服务，切实把党和政府的温暖送到群众心坎上，让“五下乡”活动惠及广大农牧民群众。

同日　林芝市纪委常委、监委委员洛追带队深入巴宜区布久乡、林芝镇开展扶贫领域监督检查。巴宜区委常委、纪委书记、监委主任米军陪同。该次检查，持续释放了扶贫领域违规违纪问题“零容忍”的信号，为打赢脱贫攻坚战提供坚强的纪律保障。

8日　巴宜区召开2017年度政府班子民主生活会。区政协、区纪委、区监察局和区委组织部相关人员，各乡（镇、街道）、各单位主要负责人，部分党代表、人大代表、政协委员、村级党员代表和农牧民群众代表共60余人列席会议。会议由区委副书记、区长严世钦主持。

11日　巴宜区召开2018年度党委（党组）意识形态工作会议。会上，区委副书记、人大常委会主任达瓦代表区委与林芝镇、公安局、教体局、民宗局负责人分别签订《巴宜区2018年度党委（党组）意识形态工作目标责任书》。

同日　区委副书记、区长严世钦在米瑞乡看望慰问驻村工作队队员、村“三委”班子和贫困户，并在通麦村调研蔬菜大棚种植基地发展情况。

18日　区委书记米次在喇嘛岭寺督导检查工作并向在节日期间值班人员进行慰问。区委常委、统战部部长益西江措陪同。米次要求，要切实提高安全生产意识和消防意识，充分认清当前安全工作形势，充分利用群防群治力量，强化值班巡逻力度和效率。

20日　区委常委、政法委书记、公安局局长、督察长旺青到各高速卡点，实地督导检查道路安全、值班备勤情况。旺青强调，春节期间道路交通管理任务重、责任重，相关部门一定要做好安保应对措施，加大巡逻监控力度，严格执行24小时响应要求，严密安全防范措施，特别是针对春节期间可能遇到的恶劣天气，加强分析研判，采取有针对性地措施，全力确保平安稳定，为全区人民过一个安静祥和的节日保驾护航。

28日　区委常委、副区长、“三岩”办主任扎西朗杰，区政协副主席、“三岩”办副主任次仁多吉带领“三岩”办配套产业专项组在百巴镇“三岩”片区易地扶贫搬迁点进行实地调研，并召开现场座谈会。会议强调，巴宜区作为“三岩”片区跨市易地扶贫搬迁点，应深入落实自治区党委、政府和林芝市委、市政府关于“三岩”片区易地扶贫搬迁工作的决策部署，顺应“三岩”片区群众意愿、结合巴宜区实际，加快贫困群众脱贫致富的步伐，坚决做到搬得进、留得住、能致富。

3月

4日　自治区副主席、自治区驻林芝市维稳督导组副组长罗梅一行先后在巴宜区白玛岗街道办事处、巴宜区八一镇卫生院、市疾病预防控制中心、厦门广场便民警务站、液化气站、滨河加油站督导检查工作。林芝市委常委、宣传部部长张海波，巴宜区委副书记、区长严世钦陪同。

5日　十三届全国人大一次会议在人民大会堂隆重开幕。巴宜区组织全区5000余名干部群众集中收看会议开幕盛况。

同日　林芝市旅游形象大使暨“桃花仙子”巴宜赛区选拔赛在巴宜区举行。经过2个小时的激烈角逐，最终评选出3名优秀选手作为巴宜区代表参加林芝市旅游形象大使暨第四届“桃花仙子”决赛。

同日　区委书记米次深入社区、加油站等调研指导工作。

5—7日　巴宜区辖区普降中到大雪，最低气温达-10℃，境内318国道路面积雪、结冰，严重影响道路正常通行。交警部门全警动员，持续奋战在抗冰雪保通一线，全力确保恶劣天气下辖区道路安全畅通。

6日　林芝市委副书记、常务副市长许典辉在巴宜区调研银丰藏猪养殖基地建设情况。巴宜区委副书记、区长严世钦陪同。

同日　中国共产党林芝市巴宜区第二届纪律检查委员会第二次全体会议召开。二届区纪委委员11人出席会议，67人列席。全会由区委副书记、人大常委会主任达瓦主持，区委常务副书记、广东省第八批援藏工作队巴宜区工作组组长张立鹤出席会议并讲话。会议传达了自治区纪委九届三次全会和市纪委一届四次全会精神，表彰了2017年度纪检监察系统先进集体和先进个人，区委常委、纪委书记、监委主任米军作了题为《坚持不松劲不停步再出发，纵深推进全面从严治党，为新时代巴宜全面振兴发展提供坚强政治保证》的工作报告，会议审议通过了全会工作报告和全会公报。

同日　在第108个国际妇女劳动节来临之际，区妇联组织巴宜区各单位妇委会主任、7个乡（镇）、2个街道办妇联负责人、农牧民妇女代表召开“三八”座谈会。区委常委、组织部部长陈绪全参加座谈会。

7日　林芝市委常委、纪委书记、监委主任、林芝市驻巴宜区督导组组长多布庆与巴宜区委书记米次在巴宜区街道办、林业局、信访局等区直单位调研指导工作。

同日　林芝市教体局副局长巴桑次仁带队2018年春季开学专项督导检查组在巴宜区百巴镇小学、更章乡小学和八一镇小学开展春节开学督导检查工作。

8日　林芝市委常委、纪委书记、监察委主任、林芝市驻巴宜区督导组组长多布庆，巴宜区委书记米次一行在巴宜区林芝镇调研指导工作。区委常委、政法委书记、公安局局长、督察长旺青，区委常委、副区长扎西朗杰，副区长格桑明久陪同。多布庆代表市委向林芝镇送上慰问金，向奋战在一线的广大基层干部职工和公安干警表达了感谢，鼓励大家再接再厉，做好当前重点工作。

9日　区司法局牵头，联合区检察院、林业局、妇联、国土局、环保局、乡（镇）派出所等综治成员单位，在林芝镇各行政村开展综治宣传月暨“以案释法”下乡活动。该次活动共向当地农牧民群众发放《中华人民共和国人民调解法》《中华人民共和国婚姻法》《农村集体土地确权登记》《认识高利贷拒绝诱惑》藏、汉文宣传单、挂历及购物袋等宣传资料1000余份，受教育群众达500余人。

同日　自治区人大常委会副主任、林芝市委书记马升昌在巴宜区调研指导安全生产工作。自治区司法厅党委委员、副厅长王学泽，林芝市委副书记谢英陪同。马升昌强调，油气站要坚持安全管理标准、细化防范措施，严防安全事故发生，各方面力量要继续保持快速反应状态，发扬未雨绸缪和连续作战的优良作风，确保有突发情况能够拉得出、冲得上、打得赢。

10日　由林芝市旅发委组织的2018年林芝市第十六届桃花旅游文化节新闻发布会暨花海林芝推介会在重庆举行，巴宜区旅发委组织人员参加。该次推介会由林芝市旅发委联合鲁朗景区管委会及巴宜、米林、波密、察隅、朗县、工布江达6县（区）旅游主管部门和涉旅企业共同举办。重庆市渝中区旅发委副主任李霞、重庆地区80余名旅游同行及16家知名新闻媒体代表参加推介会。推介会上，巴宜区旅发委作了以“圣洁宁静幸福巴宜”为主题的旅游推介，借助活动和媒体广泛宣传巴宜区旅游资源。

12日　巴宜区各单位干部职工、社会志愿者在八一镇杰布才村开展义务植树活动。各乡（镇）政府、街道办事处组织干部职工及群众同步进行义务植树。该次全区共种植树木44090余株，主要为林芝云杉、柳树、高山松、桃树。

13日　巴宜区召开农村工作会议。区委副书记、区长严世钦主持会议。区委书记米次部署实施巴宜区乡村振兴战略工作并讲话。米次强调，要深刻领会习近平关于“三农”工作的新理念新思想新战略，切实增强实施乡村振兴战略的使命感和紧迫感；要突出重点、抓住关键，以新举措推进“乡村振兴”战略取得新成效；要坚持“产业兴旺、生态宜居、乡风文明、治理有效、生活富裕”二十字方针，完善机制、强化保障，以新要求推进“乡村振兴”战略得到新落实。

14日　自治区强基工作巡视组组长、自治区妇联主席、党组成员张莉蓉一行在巴宜区白玛岗社区检查指导驻居工作。巴宜区委常委、组织部部长陈绪全等陪同。

同日　区委副书记、区长严世钦，区委常委、常务副区长向军一行在嘎拉村检查指导农业综合体建设项目进展情况。

16日　巴宜区召开2018年组织宣传统战工作会议。区委副书记、人大常委会主任达瓦主持会议并讲话，区四大班子在家领导出席会议。

同日　自治区副主席、自治区驻林芝市督导组副组长罗梅，自治区商务厅副厅长嘎松美郎一行在巴宜区农牧民专业合作社调研商贸流通工作。林芝市委常委、宣传部部长张海波，市商务局书记乔次仁，市商务局局长夏世红，巴宜区委副书记、区长严世钦陪同。罗梅充分肯定了巴宜区商贸流通工作，并指出，巴宜区党委、区政府要继续加大对合作社政策、技术等多方面的支持与协助，着重扶持贫困群众，进一步巩固脱贫成果，助力全面建成小康社会。

17日　受自治区人大常委会副主任、林芝市委书记马升昌的委托，林芝市委常委、纪委书记、监委主任、林芝市驻巴宜区督导组组长多布庆一行在巴吉建材市场交通检查卡点、工布商业城便民警务站、新城区派出所、尼池社区、滨河加油站等地，看望慰问坚守在一线的基层安保执勤民警和干部，并督导检查各项工作。

同日　自治区人大常委会副主任、林芝市委书记马升昌在巴宜区白玛岗街道办检查网格工作开展情况。

18日　区委书记米次在白玛岗街道办事处、巴宜区社会福利院检查各项工作措施落实情况，特别是对学习贯彻中共十九大精神和自治区党委九届三次全会精神情况进行督导检查。

20日　区综治办牵头，区纪委、区委组织部、宣传部、统战部等33个部门在厦门广场开展3月综治宣传月集中宣传活动。区委常委、政法委书记、公安局局长、督察长旺青到场进行指导。活动以“学习贯彻十九大精神共建共治共享平安林芝”为主题，以提高“四率”（重视率、知晓率、参与率、满意率）为目标，按照“四个贴近”（贴近基层、贴近群众、贴近生活、贴近实际）的要求，通过悬挂横幅、张贴标语、设立宣传点（法律咨询台）、发放宣传单（册）等方式广泛开展宣传。

同日 巴宜区召开基层党建工作座谈会，围绕如何抓好基层组织建设、上级精神的贯彻学习和村级干部建设等问题进行座谈。区委书记米次，区委常务副书记、广东省第八批援藏工作队巴宜区工作组组长张立鹤，区委常委、组织部部长陈绪全出席会议。

同日 巴宜区人民检察院党组书记、检察长次仁组织召开司法体制改革推进会。该次会议是司法体制改革推行以来区人民检察院召开的第一次工作会议。

21日 自治区副主席、自治区驻林芝市维稳督导组副组长罗梅在巴宜区米瑞乡调研优质水果种植基地和基层党建工作开展情况，调研指导维稳值班备勤工作及乡村两级卫生工作开展情况。自治区政府副秘书长刘萱、自治区卫生计生委副主任许培海、西藏公安消防总队副政委达瓦、林芝市副市长梅家奎陪同。

22日 巴宜区召开“西藏百万农奴解放纪念日”座谈会。人大代表、政协委员、党外人士、宗教界人士、青少年学生、离退休老干部、农牧民群众和干部职工代表等全区各族各界近30名代表汇聚一堂，共同庆祝西藏百万农奴解放59周年。区委副书记、人大常委会主任达瓦出席会议并讲话。会议由区委常委、副区长吴永帅主持。达瓦强调，全区各族各界人士要铭记历史、珍惜现在、开创未来，始终坚持正确的政治方向，坚持为经济发展服务，坚持反对分裂，坚持维护民族团结，在中国共产党的领导下，凝聚力量、同心同德，为推进巴宜区跨越式发展和长治久安，为全面建成小康社会做出新的更大的贡献。

24日 自治区文化厅党组成员、巡视员阿齐一行在巴宜区开展全区民间艺术团现状专题调研。林芝市文化局党组书记王晓松，市委宣传部调研员陈蓉，巴宜区委常委、副区长吴永帅陪同。

26日 林芝市委常委、纪委书记、监察委主任、林芝市驻巴宜区督导组组长多布庆，市委常委、政法委书记、公安局党组书记王纯丁一行在巴宜区林芝镇嘎拉村检查指导林芝市第十六届桃花旅游文化节主会场各项工作准备情况。巴宜区委书记米次，区政协主席戴平，区委常委、政法委书记、公安局局长、督察长旺青陪同。

27日 区委书记、区人武部党委第一书记米次在区人武部调研指导工作并召开座谈会。副区长、八一镇党委书记赵政权陪同。米次要求，要积极开展调研工作，明确职责任务，加强沟通与协调，健全体制机制，实现人武工作的科学化、规范化。

28日 自治区人大常委会副主任、林芝市委书记马升昌，自治区副主席罗梅，自治区政协副主席、林芝市政协主席桑杰扎巴，林芝市委副书记、市长旺堆在巴宜区“3·28”百万农奴解放日宣传活动现场指导工作。

同日 巴宜区举行升国旗、唱国歌仪式，隆重纪念西藏百万农奴解放59周年。全区共640余人参加活动。

29日 林芝市旅游形象大使暨“第四届桃花仙子”选拔赛结果揭晓，巴宜区选送的3名选手全部入围，其中杨婉和米玛分别夺得冠军和季军。

4月

2日 林芝市委副书记、市长旺堆带队就巴宜区藏香猪生态养殖项目推进情况进行调研。旺堆指出，藏猪产业既是林芝的传统产业，也是农牧业特色产业发展的重点，各级各部门要进一步深化思想认识，严格贯彻自治区指示精神，落实市委、市政府部署要求，切实履行工作职责，积极配合，主动作为，全力支持各项项目建设工作。

同日 巴宜区召开村级组织活动场所标准化建设推进会。区委书记、区村级组织活动场所标准化建设领导小组组长米次出席会议并讲话。区委常委、组织部部长陈绪全主持会议。米次强调，做好村级组织活动场所标准化建设工作是自治区党委、林芝市委的重要部署，是新时代加强西藏农牧区基层党建的重要举措，各级党组织、各成员单位一定要把握标准、结合实际，群策群力推动工作。

同日 2018年林芝镇第四届尼洋旅游文化艺术节在嘎拉村开幕。区委副书记、人大常委会主任达瓦，区政协主席戴平，区委常委、统战部部长益西江措，区委常委、副区长吴永帅，区人大常委会副主任吕宏，林芝市文化局党组成员、纪检组长张磊出席开幕式，参与群众达1000余人。

3日 区妇联举行贫困母亲“两癌”救助金发放仪式。副区长刘迎会出席仪式。该次活动向4名贫困母亲“两癌”患者每人分别发放1万元救助金。

4日 自治区党委常委、自治区常务副主席、区脱贫攻坚指挥部总指挥长罗布顿珠一行在巴宜区百巴镇调研“三岩”片区易地扶贫搬迁工作。

同日 西藏自治区文物安全第一检查组组长、自治区民宗委副主任张文庆一行在巴宜区督导文物大排查大检查工作。

8日 区委书记米次一行在百巴镇调研藏香猪养殖产业，副区长尼玛次仁陪同。米次一行到粤藏联合牧业公司和银丰农牧公司等地进行实地调研，详细了解项目进展情况、农牧民增收情况以及存在的问题等。

9日 巴宜区召开纪检监察干部综合培训动员会。区委书记米次出席会议并作动员讲话。区委常委、纪委书记、监察委主任米军主持会议。米次要求，纪检监察干部要重品行、善学习、精业务、强素质，做到内强素质、外树形象，攻坚克难，努力开展好各项工作。

同日 市、区两级爱卫办联合成员单位在厦门广场开展第30个全国爱国卫生月主题宣传活动。巴宜区14个爱卫成员单位参加活动。活动紧紧围绕“关注小环境　共享大健康”主题，采取成员单位协作、上下联动的方式，通过宣传展板、宣传页、条幅、现场咨询等多种行式宣传疾病预防、卫生保健、食药安全、网络安全、城市管理和环境等相关知识。

10日 东莞市工商局考察团一行在巴宜区考察慰问并召开座谈会，东莞市个体私营企业协会为巴宜区人民检察院捐赠廉政教育和检察文化建设经费10万元。

同日 巴宜区“智慧食安”电子监管系统全面建成并使用。“智慧食安”电子监管系统建成后，可通过电脑、手机下载“林芝食之卫”APP实现辖区食品安全方面的数据共享。巴宜区在大型餐饮企业、学校食堂、机关食堂操作间共安装20部监控系统，并在巴宜区食药监局办证大厅设立12块33寸电子显示器，方便适时监控各餐饮后厨情况。

11日 自治区司法厅党委副书记、厅长肖传江一行调研组在巴宜区调研指导司法行政工作开展情况。巴宜区委常委、副区长吴永帅陪同。肖传江强调，要多措并举强化社区矫正工作，不断深化法制宣传，不断强化人民调解，扎实推进公共法律服务体系建设，不断拓展创新，敢于担当，努力推进巴宜区司法行政工作迈上新台阶。

10—12日 区民政局协同乡（镇）分管民政负责人及驻村工作队，对7个乡（镇）、67户全区脱贫前的原农村低保户家庭开展入户调查工作，详细了解原农村低保户家庭享受精准扶贫户的相关政策及家庭年总收入、子女学费等情况，并对困难群众发放雨鞋67双、保温杯268个、手套2680双、太阳帽335顶。

13日 鲁朗第二届千人石锅宴举行。该次鲁朗第二届千人石锅宴共对外出售餐券200张，统一售价10元，游客可通过关注“鲁朗”公众号并转发活动微信优先购买。活动为鲁朗珠江国际酒店、林芝保利雅途酒店、西藏林芝恒大酒店等各企业和商户颁发鲁朗第二届千人石锅宴贡献奖牌。

同日 自治区妇联副巡视员邓晓红、自治区权益部副部长叶红梅、自治区妇儿工委办主任赵春华一行在更章乡久巴村调研妇女工作。林芝市妇联副主席罗玉萍、巴宜区妇联主席达娃卓玛陪同。调研组要求，村“两委”要更加坚定地支持妇女工作，要加强村妇女的职业技能培训工作，充分发挥村妇联组织的作用，进一步加强妇女的主人翁意识。

14日 区纪检监察干部综合培训工作组织参训人员参观学习预防犯罪教育警示基地。

15日 自治区残联党组书记、理事长徐非在巴宜区走访慰问自主创业残疾人。林芝市政府副秘书长卓玛，市残联理党组书记、理事长扎西次仁，巴宜区民政局局长尼玛仓陪同。其间，慰问组为每个走访对象发放就业扶持资金5000元，共发放10000元。

16日 巴宜区举行党员领导干部理论知识测试活动，全区40余人参加测试。该次测试通过“以考促学”的方式，有效地提高党员领导干部对十九大报告内容的深刻理解，为今后继续深化开展各项工作奠定扎实的理论基础。

19日 林芝市委副书记、市长旺堆一行在巴宜区觉木片区重点建设项目施工现场调研。副市长梅家奎陪同。旺堆要求，各相关部门要切实增强责任感和紧迫感，积极组织协调，全力保障项目建设。各施工单位要抓住当前施工的有利时机，加强施工人员力量，按照既定时间节点、任务要求，倒排工期、挂图作战，加快路面施工以及道路绿化、亮化、美化等配套设施建设。

20日 巴宜区卫生服务中心召开创建二级乙等综合医院动员会。区委常委、组织部部长陈绪全出席会议并讲话。

21日 在第128个“五一”国际劳动节和第69个“五四”青年节来临之际，巴宜区举办学习贯彻落实十九大精神系列活动——巴宜区第三届“健康杯”篮球赛暨工间操培训启动仪式。区政协主席戴平，区委常委、组织部部长陈绪全，副区长刘迎会参加仪式。各乡（镇）、街道办、区直机关干部共210余人参加活动。

22日 巴宜区召开第三轮巡察工作动员部署会。区委书记米次作动员讲话，并对区委第三轮巡察工作作出全面安排部署。区委常委、纪委书记、监察委主任、巴宜区委巡察工作领导小组组长米军主持会议。会议安排：第三轮巡察工作将安排3个巡察组，负责对3个乡（镇）党委和4个寺庙管理委员会开展常规巡察。突出政治巡察重点，聚焦全面从严治党，联系“四个意识”，紧扣“六项纪律”，紧盯“三大问题”，紧抓“三个重点”。

23日 区委宣传部举办“恩在何处、恩从何来、恩向谁报”主题演讲比赛，意在深入贯彻落实中共十九大、十九届三中全会和区党委九届三次全会精神，引领全区广大农牧民群众及干部职工思想同心、目标同向、行动同步，积极投身于“建设经济强区、构建和谐巴宜”实践中来。全区干部职工和农牧民群众共130余人参加，决赛共评出一等奖1名、二等奖2名、三等奖3名、优秀奖4名。

24日 那曲工商联主席、商会会长桑珠次仁带领考察团一行4人在巴宜区工商联考察交流工作。林芝市工商联相关领导、巴宜区工商联主席张七林陪同。

同日 巴宜区委书记米次率队巴宜区党政代

表团在东莞市考察交流。

25日 区食药监局组织召开巴宜区2018年“智慧食安”电子监管系统培训会暨创建国家食品安全城市宣传会。区人大代表、政协代表、20家安装“智慧食安”电子监管系统代表、30家新区餐饮代表、巴宜区食药监局全体干部职工参会。

26日 巴宜区中学举办第二十一届田径运动会暨五四文化艺术节。

28日 自治区人大常委会副主任、林芝市委书记马升昌在巴宜区百巴镇、更章乡实地调研产业发展工作。林芝市委副书记、常务副市长许典辉一同调研。马升昌强调，项目好不好，不仅要看规模，还要看群众参与度高不高，带动群众致富的能力强不强，各级各部门特别是村“两委”班子一定要大力宣传好党的各项利民惠民政策，让广大群众知道惠从何来、惠在何处，自觉摒弃陈规陋习，更加理性对待宗教，强化生态环保意识，追求健康文明生活方式、过好今生幸福生活。

同日 巴宜区在嘎拉村举行深入贯彻落实中共十九大精神暨中国电信“宽带下村”通信产品发放仪式。仪式上，巴宜区农牧民骨干宣讲员玉容多吉对中共十九大精神和“四讲四爱”进行宣讲，中国电信林芝分公司工作人员对电脑、宽带、高清、WiFi、电话等具体使用进行说明和讲解。发放平板电脑涉及农牧民群众303户1375人，价值达45万余元。

5月

1日 自治区旅发委副主任江华一行在巴宜区检查景区、宾馆安全生产工作。

2日 林芝市委宣传部副部长、调研员王长江带队督导组一行到巴宜区督导检查村级综合文化服务中心建设情况。巴宜区委常委、宣传部部长周必容陪同。

4日 东莞市人民检察院党组成员、副检察长向东一行5人在巴宜区人民检察院就“科技案管”援助项目开展对接帮扶工作。工作组对“科技案管”援助项目（赃证物管理室、电子卷宗高速扫描仪、案件信息自动告知系统）进行验收，并参观党员教育之家、检察文化走廊及警示教育基地。

同日 在广东省东莞市人民检察院的对口援助下，西藏首家县级赃证物管理系统——林芝市巴宜区人民检察院涉案赃证物管理室建成并正式投入使用。

同日 林芝市召开纪念五四运动99周年暨2017年度表彰大会。团委巴宜区委员会工作人员及代表共25人列席会议。表彰会中，巴宜区白玛岗街道办事处党工委书记格桑旺堆荣获2017年度“林芝市青年五四奖章先进个人”，巴宜区公安局办公室科员严洁、巴宜区中学学生会主席久美荣获2017年度“林芝市优秀共青团员”，巴宜区八一镇人民政府团委干事尼玛央珍荣获2017年度“林芝市优秀共青团干部”，巴宜区团委荣获2017年度“林芝市五四红旗团委”。

同日 米瑞乡举办第三届吉祥米瑞文化旅游节暨首届生态农副产品展销会。

8日 巴宜区召开“讲党恩爱核心、讲团结爱祖国、讲贡献爱家园、讲文明爱生活”群众教育实践活动动员大会。区委书记、“四讲四爱”群众教育实践活动领导小组组长米次出席大会并作动员讲话。区委副书记、常务副区长、广东省第八批援藏工作队巴宜区工作组副组长、“四讲四爱”群众教育实践活动领导小组副组长陈涛主持会议。米次指出，要充分认识开展“四讲四爱”群众教育实践活动的重大意义，明确任务，突出重点，加强领导，多方联动，高效有序推进活动开展。会议要求，巴宜区各级、各部门党委（党组）于5月10日前全面完成动员。

同日 巴宜区举行71个村（居）委员会特别法人信用代码首发仪式。区政协主席戴平出席仪式并讲话。颁发信用代码证书，标志着全区村（居）民委员会都可以有统一的、唯一的合法“身份证”，提供了各管理部门间的业务协同便利，村（居）民委员会可依法开展履行职能所需要的民事活动，能够更好、更顺畅地为群众办好公益事业、提供社区服务，确保村（居）民委员会规范化建设。

7—8日 林芝市体育教学工作观摩会在巴宜区举行。该次体育教学工作观摩由林芝市教体局主办，巴宜区教体局承办，举办地点设在巴宜区中学。主要内容包括观摩巴宜区中学体育教学情况、组团式援藏体育教师上课情况、校园足球开展情况、开展交流学习等。

10日 自治区人大常委会副主任、林芝市委书记马升昌在巴宜区实地检查指导砂石料采挖管理、易地扶贫搬迁、市政道路建设等工作。林芝市副市长丁勇辉一同调研。马升昌强调，要教育广大群众牢固树立“绿水青山、冰天雪地也是金山银山”理念，强化环保意识，主动参与整治工作，确保整治工作不反弹，生态环境不被破坏，切实巩固好环保督察整治成果；村“两委”班子要充分依托自然资源禀赋，用足用好各项优惠政策，以绿色发展为根本，以市场需求为导向，围绕产业发展，探索出一条生态环保、绿色发展之路，让群众的生活环境越来越美、致富路子越走越宽。

12日 自治区人大常委会副主任、林芝市委书记马升昌在巴宜区部分乡（镇）村调研指导基层党建、易地扶贫搬迁、产业发展等工作。林芝市委副书记、常务副市长许典辉一同调研。马升昌指出，一定要坚持以人民为中心的发展思想，不断创新完善基层治理，更好地为群众提供精准化精细化服务；要把抓基层、打基础作为长远之计和固本之举，以基层党组织标准化建设为抓手，围绕五型党组织建设，把基层党组织打造成遇事不糊涂、关键时刻起作用的坚强战斗堡垒，让广大党员成为群众的主心骨。

同日 为纪念第107个国际护士节，倡导、继承和弘扬南丁格尔精神，展示白衣天使关爱患者，关注健康的人道主义风采，激励全体护士爱岗敬业，巴宜区藏医院开展了庆祝“5·12”国际护士节系列活动。

13日 东莞市委常委、常务副市长白涛在巴宜区八一镇公众村实地调研村级组织活动场所援建情况。巴宜区委常务副书记、广东省第八批援藏工作队巴宜区工作组组长张立鹤陪同。

同日 广东省体育局副巡视员王卫东带领体育援藏工作调研小组在鲁朗镇开展体育援藏工作调研，重点研究如何发挥广东体育产业和人才队伍优势，通过协助当地举办有高原特色的体育活动，集聚人气，拉动旅游，促进小镇全面发展。

14日 自治区水利厅副厅长扎西平措带队检查巴宜区尼洋河干流二期治理工程、开朗沟治理工程和巴宜区汛前防汛工作准备情况。林芝市水利局副局长土登洛桑等陪同。

14—15日 林芝市委副书记、市长旺堆带领市住建局、发改委、农牧局等部门主要负责人先后在巴宜区米瑞乡色果拉蔬菜基地和通麦菜园、通麦优质苹果种植基地和布久乡就产业发展、边境小康示范村建设等情况进行实地调研。旺堆指出，发展现代农业是大势所趋，林芝区位比较优势明显、气候条件优越，具备发展现代农业的基础条件，县、乡、村都要把服务好企业作为应尽之责，有关部门要全力提高服务，帮助企业破解发展瓶颈制约，确保企业扎根发展，群众收入增加。

14—16日 自治区召开动物卫生、植物检疫、兽药饲料、畜禽屠宰工作会议。巴宜区就动植物监督执法工作办案经验作交流发言。巴宜区动植物检疫所获得自治区“动物卫生监督执法先进单位”称号。

15日 自治区副主席、尼洋河自治区级河长石谋军在巴宜区布久乡调研河长制工作情况。区委副书记、区长严世钦陪同。

17日 自治区人大常委会副主任、林芝市委书记马升昌在巴宜区调研指导特色小城镇建设、基层组织建设、驻村工作开展等情况。林芝市委副书记、常务副市长许典辉陪同。马升昌指出，特色小城镇的建设必将为全域旅游发展注入更加强劲动力，也将进一步加快全市新型城镇化推进步伐，党的基层组织是党在社会基层组织中的战斗堡垒，是党的全部工作和战斗力基础，加强基层党的建设，对于夯实党在农牧区的执政根基具有重大而深远的意义。

19日 林芝市委常委、宣传部部长张海波在巴宜区布久乡调研乡风文明建设。张海波要求，布久乡党委要围绕中共十九大提出的乡村振兴主题，紧扣环境、文化、产业等要素，以乡村设施建设、环境打造、文明风尚、文化底蕴、党建引领等特色做法为主要内容，大力实施乡村振兴战略，认真做好群众宣传引导工作，积极开展各类文艺宣传活动，营造良好的乡村文化氛围。

20日 自治区卫计委组织自治区疾控中心寄生虫病所专业人员一行在巴宜区米瑞乡、林芝镇督导包虫病综合防治工作。督导组主要督导了包括包虫病综合防治工作方案实施情况、犬只规范管理、患者治疗与随访管理、大众宣传教育、畜间防控、相关部门工作职责落实情况等。督导组要求各相关单位加强联防联控工作机制，保持信息互通，资源互享，狠抓犬只管理和犬驱虫工作，加大中间宿主的监管力度，确保到2020年达到基本控制包虫病流行的目的。

21日 林芝市副市长尼玛扎西，巴宜区委副书记、区长严世钦一行13人在巴宜区调研萨嘎沟藏香猪养殖建设项目工作。

23日 区委副书记、常务副区长、广东省第八批援藏工作队巴宜区工作组副组长陈涛在林芝镇就村级活动场所标准化建设工作进行调研。

23—24日 自治区党委网信办信息发展处处长陈辉亮带队11个部门共13人在巴宜区调研数字乡村建设情况。林芝市委宣传部调研员陈蓉、市网信办网络宣传科科长熊林飞随行，巴宜区委常委、宣传部部长周必容，区委网信办主任刘向宙陪同。调研组对巴宜区数字乡村推进脱贫攻坚和乡村振兴战略建设情况给予充分肯定。

23日至6月1日 巴宜区组织全区22名退休干部职工在北京开展参观疗养活动。

24日 林芝市委常委、纪委书记、监委主任多布庆，市纪委副书记、监委副主任边巴卓玛一行2人在巴宜区纪委检查办案谈话室建设及运行情况。巴宜区委常委、纪委书记、监委主任米军陪同。

同日 巴宜区委常务副书记、广东省第八批援藏工作队巴宜区工作组组长张立鹤组织召开会议，研究部署布久乡小康示范镇援建项目工作。区委副书记、常务副区长、广东省第八批援藏工作队巴宜区工作组副组长陈涛及巴宜区援藏工作组全体干部参会。

25日 自治区高级人民法院副院长郝银钟一行在巴宜区人民法院调研执行工作。

27日 自治区人大常委会副主任、林芝市委书记马升昌在巴宜区调研产业园区建设及藏猪养殖工作。林芝市副市长丁勇辉、强巴央宗一同调研。

6月

1日 东莞市委书记、市人大常委会主任梁维东在巴宜区考察东莞市援建项目——鲁朗镇东巴才村手工艺品合作社进展情况。林芝市委常委、副市长张耕耘，巴宜区委副书记、区长严世钦，区委常务副书记、广东省第八批援藏工作队巴宜区工作组组长张立鹤陪同。

同日　东莞市政协副主席、财政局局长罗军文代表东莞市委、市政府向巴宜区捐赠标准化村级活动场所建设经费1960万元。巴宜区委副书记、区长严世钦代表区委、区政府接收捐赠。

同日　中组部部务委员、组织一局局长李小新在鲁朗镇考察基层党建工作。

2日　全国供销合作总社党组成员、理事会副主任邹天敬一行在巴宜区阿吉林农牧民合作社调研合作社综合改革工作。

4日　自治区党委书记、自治区主席齐扎拉一行在巴宜区银丰藏香猪养殖场调研。林芝市委副书记、市长旺堆，巴宜区委副书记、区长严世钦等陪同。

同日　巴宜区工商登记全程电子化乡（镇）指导员培训会举办。工商登记全程电子化是以登记全程便捷、高效、利民为目标，为创业者铺设了一条登记“高速路”，它的实施，使创业者“坐在家中，办理执照”成为现实。该次培训围绕工商全程电子化注册操作手册从注册登记、变更、注销、年报等工商业务方面进行详细讲解。

同日　自治区宣讲团成员、区党委党校副教授靳海波一行在巴宜区开展宣讲活动。宣讲会由巴宜区“四讲四爱”群众教育实践活动领导小组副组长、区人大常委会副主任乔德吉主持。区宣讲团成员、自治区新华书店中级藏汉翻译老师洛桑旦典，区党委讲师团干部、老师次仁拉姆，市委宣传部副调研员吴青玲，巴宜区“四讲四爱”领导小组副组长、各宣讲组组长等共120余人参会。

4—11日　巴宜区举办包虫病、鼠疫、碘缺乏病等地方病综合防控知识培训会。乡（镇）干部、村“两委”干部、学校教师、驻村工作队，各村村医、兽医、乡（镇）卫生院医务人员等相关人员参加培训。

4—14日　2018年第九期西藏和四省藏区检察人员专项业务培训班在国家检察官学院西藏分院举办。11日，学院专门安排课程听取巴宜区检察院基层党建典型经验介绍，并组织培训班学员共140余人在巴宜区人民检察院进行现场教学。

5日　自治区信访局副局长米玛次仁、自治区信访局接访处处长央金一行在巴宜区检查指导信访工作。林芝市副调研员夏靖、巴宜区副区长格桑明久陪同。

同日　鲁朗镇荣获由中国林学会、光明日报社、中国光华科技基金联合颁发的2017年“森林文化小镇”国家级荣誉称号，国家林业和草原局副局长张永利出席颁奖仪式。

6日　林芝雅鲁藏布园林绿化有限责任公司董事长尼玛次仁为巴宜区足球队资助1万元。

8日　巴宜区召开“遵行四条标准　争做先进僧尼”教育实践活动动员会。区委常委、统战部部长益西江措出席会议并讲话。各乡（镇、街道）党（工）委书记、统战委员，区宗教工作领导小组成员单位负责人，各寺管会主任、寺庙僧尼代表、统战民宗全体在家领导干部等62人参会。

11日　四省藏区检察人员专项培训班学员在巴宜区人民检察院“党员教育之家”参观学习。

同日　巴宜区召开2018年区内西藏初中班招生考试考务会，研究部署2018年巴宜区内西藏初中班招生考试工作。区委常委、副区长吴永帅出席会议。

12日　区民政局核对中心对巴宜区集中供养农村特困人员65人、分散供养的困难人员105人、城镇特困人员2人等群体172名城乡特困人员开展生活自理能力评估，并与各乡（镇）紧密协作，积极向全区特困人员统一发放西藏自治区特困人员救助供养证，兑现上半年特困人员生活补助资金共700575元。

12—13日　区农牧局农业技术推广站全体执法人员深入市场，对辖区7家农药、种子经营店开展大清查行动。经清查，辖区内7家经营店均持证经营，但均存在销售过期农药及销售台账不规范等现象。工作人员共查出并没收各类过期杀虫、杀菌药类78种1111袋（包）。区农牧局将对没收的农药及时移送上级部门集中销毁。

13日　巴宜区召开2018年妇女儿童工作委员会全体会议。副区长、妇女儿童工作委员会主任刘迎会，妇女儿童工作委员会各成员单位负责人等共30余人参加会议。会议强调，妇女儿童工作是一项崇高的事业，巴宜区各成员单位要务必统一思想、提高认识、履行职能、开拓创新、真抓实干，为全面做好巴宜区妇女儿童工作发挥积极作用，不断开创妇女儿童工作新局面。

15日　自治区人大常委会副主任、林芝市委书记马升昌在鲁朗镇调研。林芝市委常委、副市长张耕耘陪同。马升昌指出，大力实施以“神圣国土守护者、幸福家园建设者”为主题的乡村振兴战略，产业兴旺是重点。巴宜区、鲁朗管委会和鲁朗镇，一定要紧扣国际旅游小镇这一定位，牢固树立大局意识、协作意识和共同发展意识，明确职责，密切配合、团结协作，最大限度发挥广东管理团队经验优势，综合运用大数据等现代化手段，有针对性明确未来发展的方向、路径和措施，不断提升景区管理服务水平。

同日　巴宜区总工会组织干部职工在海南省开展疗养活动。

23日　自治区人大常委会副主任李文汉带队调研组在巴宜区人民法院、区人民检察院开展全面深化司法体制改革情况专题调研工作。林芝市人大常委会党组成员、副主任张明，巴宜区法院党组书记、院长周汉军，区检察院党组书记、检察长次仁陪同。李文汉强调，要进一步提高思想站位，全面深化司法改革，加大对已经明确的改革政策、方案、措施的落实力度，查漏补缺，确保司法体制改革稳步推进。

23—25日　林芝镇真巴村开展“讲党恩爱核心”之“恩从何来、恩向谁报”新旧西藏对比主题活动。巴宜区委常委、宣传部部长周必容出席活动。

25日　区国土局联合市国土局在厦门广场开展“珍惜土地资源　建设美丽家园”主题宣传活动。活动通过LED显示屏滚动播放口号、设立宣传服务咨询台、现场播放宣传片、展示宣传展板等方式，发放宣传资料200余份，向群众宣传国家土地资源国情、国策及国土资源管理法制法规知识。

26日　巴宜区委副书记、区长严世钦在八一镇调研产业构建园项目进展情况。区委副书记、常务副区长、广东省第八批援藏工作队巴宜区工作组副组长陈涛陪同。

同日　区文化局举行农家书屋、寺庙书屋（2017年度）图书补充更新发放仪式。该次为农家书屋、寺庙书屋补充图书6800册、音像制品426盘，涵盖政治、经济、科技、生活、文化、少儿等内容。

同日　巴宜区举行“学习贯彻党的十九大精神　坚定不移谋发展保稳定”主题知识竞赛活动。区委副书记、人大常委会主任达瓦，区政协副主席张潇文，区委常委、组织部部长陈昌茂出席活动。比赛评选出一等奖1名、二等奖2名、三等奖3名、组织奖2名和“最佳选手”奖1名。

28日　巴宜区援藏工作组举行2018年巴宜区乡村医生培训活动。巴宜区委常务副书记、广东省第八批援藏工作队巴宜区工作组组长张立鹤出席活动。

同日　林芝市、巴宜区两级安监部门开展密集场所火灾生产安全事故应急救援实战演练。

30日　七一建党节前夕，林芝市委常委、组织部部长刘业强在巴宜区林芝镇慰问困难党员。

7月

1—5日　区委常委、宣传部部长周必容带队督导组在4个镇、3个乡、2个街道对“四讲四爱”群众教育实践活动开展、党委主体责任落实、社会面宣传工作等情况进行专项督导。

3日　区纪委组织召开村务监督委员会主任培训会。区委常委、纪委书记、监委主任米军出席并作动员讲话，会议由区委常委、宣传部部长周必容主持。部分乡（镇、街道）纪（工）委书记，各村务监督委员会主任等共80余人参加培训。

同日　区藏医院在厦门广场举行以宣传《中华人民共和国中医药法》为主题的送医送药义诊活动。活动期间共发放宣传册285份、藏药60余种，实施藏医诊治20余人次。

5日　区委常委、宣传部部长、更章曲区级河长周必容深入更章曲沿线开展巡河工作。

6日　巴宜区召开加强政治纪律教育活动动员大会。

同日　巴宜区人民检察院举行“12309”检察服务中心揭牌仪式。区委常委、政法委书记、公安局局长、督察长旺青，区人民检察院党组书记、检察长次仁共同揭牌。

10日　林芝市委副书记、市长旺堆带领市发改委、财政局、住建局、扶贫办等相关部门在巴宜区百巴镇、八一镇“三岩”片区易地扶贫搬迁安置点调研。林芝市副市长尼玛扎西、市政协副主席扎西达杰陪同。旺堆要求，各级各部门要深刻认识实施“三岩”片区易地扶贫搬迁的重要性、紧迫性和艰巨性，按照精准扶贫、精准脱贫的要求采取超常规举措，在确保工程质量和安全生产的前提下，按时完成搬迁任务。

同日　林芝市委副书记谢英在八一镇永久村调研村级活动场所标准化建设情况。巴宜区委副书记、区长严世钦等陪同。

同日　区纪委组织廉政文化“七进”活动牵头单位开展第五个党风廉政宣传日活动。区委常务副书记、广东省第八批援藏工作队巴宜区工作组组长张立鹤，区委常委、纪委书记、监委主任米军，区政协副主席吴建学到场指导。该次活动发放廉政宣传资料2400余份，制作展板5个，悬挂横幅1条，现场500余名群众参加活动。

11日　区人大常委会组织召开区二届人大二次会议代表建议办理督办会，对19件人大代表建议进行集中督办。区委副书记、区人大常委会主任达瓦，区人大常委会副主任乔德吉、苏晓峰，副区长尼玛次仁参加会议。

同日　318国道发生泥石流，区委常委、政法委书记、公安局局长、督察长旺青深入一线指挥，并要求全局各警种务必保持高度警惕，紧急行动，全力以赴做好抢险救灾和道路交通保通工作，确保广大人民群众生命财产安全。

12日　巴宜区召开2018年上半年全区和谐模范寺庙暨爱国守法先进僧尼、先进寺管会、优秀寺管会干部表彰大会。区委副书记、人大常委会主任达瓦出席会议并讲话。区委常委、统战部部长益西江措宣读《关于表彰2018年上半年和谐模范寺庙暨爱国守法先进僧尼和先进寺庙管理委员会暨优秀寺管会干部的决定》，对和谐模范寺庙暨爱国守法先进僧尼、先进寺管会、优秀寺管会干部进行表彰。受到表彰的爱国守法先进僧尼代表、优秀寺管会干部代表分别作表态发言。

同日　林芝市、巴宜区公安机关积极组织民警开展网络安全进校园宣教活动。活动目的是开辟青少年与网络警察的沟通途径，引导全市青少年健康、文明、安全上网。

13日　巴宜区委常务副书记、广东省第八批援藏工作队巴宜区工作组组长张立鹤主持召开粤藏同心抓党建促发展“一村一品”项目评审会。

同日　区人民法院刑事审判庭公开开庭审理起涉林公益诉讼案件。该案系林芝市第一起公益诉讼案件，由巴宜区人民检察院提起诉讼，区人民法院党组书记、院长周汉军担任审判长。邀请巴宜区人大代表和政协委员等旁听庭审。庭审全程同步录音录像、运用PPT展示证据等，充分体现法院的信息化建设成果。

同日　巴宜区召开推进国税地税征管体制改革座谈会。

同日　巴宜区召开“四讲四爱”群众教育实践活动第一节点总结暨推进会。

14日　自治区党委宣传部副部长、第五考核组组长张先群一行3人在巴宜区八一镇就学习《习近平谈治国理政》第一卷和第二卷、“四讲四爱”群众教育实践活动开展情况、村综合文化活动中心示范工程建设等工作进行督导检查。林芝市委宣传部常务副部长孟存军，巴宜区委常委、宣传部部长周必容陪同。张先群要求，要充分发挥村级活动场所的便利，让小舞台唱出大情怀，要加大典型及特色亮点挖掘工作，结合自身实际做好宣讲工作，确保教育实践活动接地气、入人心。

同日　自治区政协副主席、工商联主席阿沛·晋源在巴宜区检查指导非公领域工作。林芝市委统战部副部长、市工商联党组书记余水等陪同。

同日　区委副书记、区长严世钦一行在“巴宜区就业创业示范街”实地调研辖区高校毕业生就业创业以及示范街运行情况。严世钦强调，巴宜区创建就业创业示范街的目的，就是希望用政策帮助一批有创业精神、创业想法的未就业高校毕业生、退伍军人、残疾人进入示范街，充分发挥创业带动就业的倍增效应，为构建巴宜和谐社会发挥积极的促进作用。

15日　自治区副主席江白一行在巴宜区百巴镇折巴村安置点调研指导“三岩”搬迁工作。林芝市委副书记、市长旺堆，巴宜区委副书记、区长严世钦等陪同。

16日　由自治区旅发委指导，林芝市鲁朗景区管委会、自治区旅行社协会、林芝市旅发委主办的鲁朗景区拉萨推介会举行。推介会共有旅游业传统企业酒店、餐馆、当地农牧产品企业等30多家参与。推介会上，鲁朗管委会与西藏自治区旅游协会、林芝鲁朗恒大酒店与拉萨香格里拉酒店分别签署战略合作协议。

同日　巴宜区举办2018年第二期乡（镇）、街道组织委员“一季度、一汇报、一培训”业务培训班，全区各乡（镇）、街道副书记、组织委员及党建干事30余人参加培训。培训内容紧贴乡（镇）、街道党建工作实际，针对基层普遍关心的热点、疑点和难点问题，从基层党组织标准化建设、驻村工作队、第一书记以及党员干部队伍管理等工作进行全面深入细致地解读。

17日　林芝市和巴宜区食安办、食药监局联合举办创建国家食品安全示范城市工作培训会，市区餐饮服务单位，大型销售企业共400余人参加会议。会议由巴宜区副区长、食安委副主任刘迎会主持，市食品药品监督局副党组副书记、副局长杨德忠就创建食品安全示范城市作重要讲话。

20日　民政部党组书记、部长黄树贤一行在巴宜区社会福利院走访慰问。西藏自治区党委常委、区政府党组副书记、常务副主席罗布顿珠，自治区民政厅厅长嘎玛泽登，巴宜区委副书记、区长严世钦等陪同。

同日　国家税务总局林芝市巴宜区税务局举行挂牌仪式，林芝市税务局副局长史洪全、王彬林、蒋庆利参加仪式。

22日　区综合执法局联合市政局开展市容环境秩序综合整治行动。该次整治行动重点对318国道金牛加油站至巴吉村路段两侧跨门营业、乱占道、乱设摊、乱扔乱倒、乱吊乱挂、乱停乱放等违法行为进行整治。活动当天，共规范倚门出摊、占道经营商户10家，拆除违章建筑物3处、违规广告牌6个，清理各类垃圾、杂物等5车，整治行动成效显著。

24日　全国政协常委、经济委员会副主任孙思敬一行15人在巴宜区实地考察鲁朗国际旅游小镇开发建设、柏树王园林景区服务业开发及生态保护情况。巴宜区政协主席戴平陪同。

同日 林芝市委常委、副市长张耕耘率队一行在林芝华侨城国际汽车营地、尼洋之夜、巴宜区公众村调研生态旅游工作。

同日 林芝市食安委联合巴宜区食安委举办主题为"尚德守法、食品安全让社会更美好"的食品安全宣传周活动。各食安委成员单位、企业代表、人大代表等参加活动。宣传活动紧扣公众关切的热点问题，围绕新《中华人民共和国食品安全法》，重点针对林下产品野生食用菌类、农产品、肉及肉制品等与人民群众生活息息相关的内容，利用展板、条幅、宣传单、宣传册等多种形式进行宣传，宣传现场共发放宣传物品200余份、宣传资料600多份，设立展台、咨询台2个。

26日 "幸福巴宜走进东莞"招商引资推介会在东莞举行，林芝市委副书记、常务副市长许典辉，巴宜区委副书记、常务副区长、广东省第八批援藏工作队巴宜区工作组副组长陈涛等见证签约仪式。

27日 巴宜区召开2018年环境保护工作领导小组第一次会议。区委副书记、区长严世钦主持会议。严世钦要求，要提高思想认识，切实履行主体责任，严厉开展环保执法；各单位各部门要统一思想、密切配合，有机衔接；要坚持边督边改，坚持问题导向，进一步强化全区各级各部门推动绿色发展意识，进一步细化政府、企业的环保责任。

同日 巴宜区召开2018年秋季学前新开园招生协调推进会。会议要求，区教体局学前办、基教办和各小学提前谋划、周密部署，扎实做好2018年秋季新开园准备工作，同时，各乡（镇）政府要加强沟通协调，做好群众学前教育政策解释工作，详细准确地做好学前适龄儿童的摸底造册工作，努力办好学前教育。

28日 由中央网信办网络社会工作局、西藏自治区党委网信办共同主办的"美丽西藏·40年巨变——网络名人看西藏"活动在巴宜区鲁朗镇启动。中央网信办、国家网信办副主任高翔出席启动仪式暨网络名人座谈会。

同日 巴宜区综治办组织政法机关、各乡镇（街道）综治专干前往拉萨、山南、日喀则等地开展综治工作交流学习。

29日 "美丽西藏·40年巨变——网络名人看西藏"活动参观团将行程第一站选在鲁朗创客中心，让大家在感受生态旅游魅力的同时，也了解鲁朗"双创"制度体系与智慧旅游建设成果。

30日 市、区两级安全监管局联合对鑫华加油站、滨河加油站、阳光加油站、林芝珠峰加油站、金牛石油有限公司、林芝雪龙成品油运输有限公司、中石油八一油库、林芝市成遂制氧有限公司、林芝市立华烟花爆竹有限公司进行安全检查。重点检查汛期应急预案及巡查台账、隐患排查台账、安全生产费用提取等情况。

31日 林芝市人民检察院党组书记、检察长明马丹增一行在百巴镇色贡村调研巴宜区涉林案件异地补植复绿基地建设情况，巴宜区人民检察院党组书记、检察长次仁陪同。

31日至8月1日 区委副书记、区长严世钦，区委副书记、人大常委会主任达瓦，政协主席戴平分别带队对辖区驻地官兵进行走访慰问，为他们并送上慰问金和慰问品，并致以诚挚的问候和节日的祝福。

同月 全国人大常委会原副委员长、中央委员热地在巴宜区鲁朗镇视察全域旅游发展情况。

8月

1日 中残联就业服务指导中心副主任李强在巴宜区调研残疾人创业扶持工作。自治区残疾人联合会教就部主任荣卫红，市残联党组书记、理事长扎西次仁，巴宜区民政局局长尼玛仓和残联理事长边布迟陪同。李强强调，各级政府和残联要主动做好服务和帮扶工作，努力为自主创业的残疾人解决实际困难。

同日 巴宜区召开2018年巴宜区上半年经济运行情况分析暨重点项目推进会。区委副书记、区长严世钦出席会议并讲话，区委常委、副区长吴永帅主持会议，各单位、乡（镇）负责人参加会议。

2日 自治区统计局党组书记、副局长喻达瓦一行在巴宜区统计局调研指导工作。

同日 巴宜区“四讲四爱”驻村（居）工作队培训班正式开班。区委常委、宣传部部长周必容出席开班仪式。市委宣传部副部长、调研员王长江和市委党校讲师格桑次分别对参训学员们进行“讲党恩爱核心”“讲团结爱祖国”“讲贡献爱家园”专题辅导。

4日 为期3天的林芝市巴宜区第二届鲁朗工布牧歌民俗文化旅游节拉开帷幕。该届民俗文化旅游节以“聆听千年回音，寻根扎念文化”为主题，通过开展骑马射箭等趣味竞赛、百人切巴舞、望果节、篝火晚会、工布传统文化展等丰富多彩、形式多样的活动，全面展示鲁朗优美的生态环境和独特的民俗文化。

6日 巴宜区集中整治不作为慢作为、文山会海等形式主义、官僚主义突出问题工作推进会召开。区委常委、纪委书记、监委主任米军主持会议。

7日 区委常委、副区长吴永帅带队区旅发委、安监局等相关单位人员对百巴镇4家银器店、八一镇2家银器店开展综合检查。

6—7日 自治区人大常委会副主任王峻带队自治区人大执法检查组在巴宜区就《中华人民共和国全国人民代表大会和地方各级人民代表大会代表法》和《西藏自治区实施〈中华人民共和国全国人民代表大会和地方和地方各级人民代表大会代表法〉办法》开展执法检查。巴宜区委副书记、人大常委会主任达瓦陪同。王峻要求，区、乡人大要围绕区委、区政府和昌都“三岩”片区易地扶贫搬迁安置重点难点工作，充分发挥人大代表作用，协助做好昌都“三岩”片区搬迁户和本地群众工作，确保2020年前一道全面建成小康社会。

9日 原国家新闻出版广电总局综合业务司副司长丁以绣、西藏自治区出版物质量检测鉴定中心主任朱林英一行在巴宜区布久乡喇嘛岭寺庙书屋调研，调研组一行对巴宜区文化局开展寺庙书屋系列工作给予充分肯定。

11日 自治区人大常委会副主任、林芝市委书记马升昌在巴宜区调研“三岩”片区百巴搬迁点建设情况。

13日 藏博会林芝分会场暨2018西藏林芝雅鲁藏布生态文化旅游节第一场新闻发布会在林芝市召开。新闻发布会公布了该次藏博会林芝分会场暨雅江节举办时间、地点、规模和主题内容。市委常委、副市长、藏博会林芝分会场暨雅江节组委会副主任张耕耘出席发布会。

同日 巴宜区人大常委会在布久乡召开乡（镇）人大工作现场交流会。区委副书记、人大常委会主任达瓦，区人大常委会副主任吕宏、乔德吉出席会议。通过该次现场交流会，各乡（镇）人大及时查找和梳理开展基层人大工作中存在的问题和不足，学习交流开展人大工作的好做法和好经验，为进一步提升全区基层人大工作水平，整体推进全区基层人大工作起到促进作用。

15日 自治区党委统战部副部长刘莎在巴宜区检查指导宗教系统“四讲四爱”群众教育实践活动开展情况，市委统战部常务副部长周学武，巴宜区委常委、统战部部长益西江措陪同。

16日 林芝市人大常委会副主任张明带领残疾人保障“一法一办法”执法检查组在巴宜区开展执法检查。检查组先后实地视察了布久乡、福利院、市人民医院残疾人康复中心，就残疾人保障“一法一办法”宣传、全面实施残疾人“两项补贴”，扶残助残和残疾人办证、康复、教育、培训、就业等情况进行详细了解。

17日 尼泊尼联邦议会访华团秘书处联秘阿琼·库玛尔·卡德加一行在巴宜区鲁朗镇考察。林芝市人大常委会副主旺扎多吉、巴宜区委副书记、人大常委会主任达瓦等陪同。

18日 共青团西藏自治区第十次代表大会在拉萨开幕。巴宜区5名代表作为林芝代表团成员参加了共青团自治区第十次大会。

19日 司法部社区矫正管理局副局长刘烨在巴宜区司法局社区矫正心理咨询室调研指导工作。西藏自治区司法厅社区矫正管理局局长红兵等陪同。

同日 林芝市委副书记、市长旺堆带队先后在巴宜区米瑞乡通麦村蔬菜基地、色果拉村蔬菜基地、林芝镇曲古村养鸡场就农牧业发展情况进行实地调研。

20日 第十三届全国政协委员、原广东省委常委、纪委书记黄先耀带队一行在巴宜区布久调研小康示范镇援藏项目。

同日 巴宜区特困集中供养中心文化扫盲培训班正式开课。该次共有护理人员13人及有意愿老人3人参与培训。培训课程力争实现养老护理员能自行处理签名，简单书写各类收条、借条等简单事务。

同日 区委常委、副区长扎西朗杰，“三岩”办副主任索朗一行在鲁朗镇“三岩”片区易地扶贫搬迁点调研。

25日 由国家林业和草原局计财司（扶贫办）、国家林业草原局经研中心、人民日报社以及自治区林业厅等相关单位组成的联合调研组，在巴宜区米瑞乡开展生态扶贫调研。林芝市林业局副局长王卫东、巴宜区副区长格桑明久等陪同。

同日 林芝市委副书记、市长旺堆带队在鲁朗国际旅游小镇，督导调研藏博会林芝分会场暨雅鲁藏布生态文化旅游节筹备工作进展情况。旺堆强调，相关部门要结合活动期间林芝游客数量增多实际，认真排查各类风险隐患，扎实做好维护稳定和安全生产各项工作，做到万无一失，确保活动期间全市“三无”“三不出”“三稳定”。

同日 市、区两级残联联合林芝市人民医院召开“残疾预防、从我做起”为主题的座谈会。巴宜区卫计委、巴宜区卫生服务中心相关人员及正在林芝市人民医院接受康复救治的37名脑瘫儿童及家长参加座谈会。

27日 韶关学院第八批支教志愿者见面培训会在巴宜区教体局举行。

27—29日 区纪委监委组织区委主责办、组织部、宣传部相关人员组成督导检查组，对米瑞乡、更章乡、布久乡、白玛岗街道办、工商联、民宗局、农牧局、商务局、德木寺管委会9家单位开展加强政治纪律教育活动情况进行督导检查。

27日至9月1日 巴宜区开展为期6天的第二届乡（镇）藏药材辨认培训会，共25人参加培训。活动邀请了西藏藏医药材专家、教授嘎务多杰亲临现场指导，向学员讲解药材辨认等相关知识。培训期间，学员们到鲁朗镇、工布江达县等林区采集藏药材230余品种。

29日 林芝市委副书记、市长旺堆率相关部门负责人在巴宜区部分乡（镇）实地查看受灾情况，并安排部署防抗灾及生产自救相关工作。副市长尼玛扎西陪同。

同日 副区长次欧带领巴宜区民政局干部在布久乡实地督促受灾房屋恢复建设情况，详细了解房屋恢复建设进度。次欧强调，布久乡政府要积极做好群众思想工作，加大重建房屋建设督查力度，紧扣时间节点，完成各阶段各项重建任务。

同日 空军总医院医疗团队在巴宜区卫生中心门诊考察指导工作。

同日　林芝市人民医院与巴宜区卫生服务中心一体化医疗联合体建设揭牌仪式在区卫生中心举行。

30日　巴宜区组织召开“第四届藏博会暨雅鲁藏布生态文化旅游节”安保工作部署会议。会议由区委副书记、人大常委会主任达瓦主持，区委书记米次出席会议。

29—30日　因雅鲁藏布江上游大规模强降雨，巴宜区米瑞乡雅鲁藏布江沿线水位持续大幅度上涨，米瑞乡玉荣增村、通麦村千余头牲畜被困在三处江心岛。林芝军分区负责人亲自到场指挥抗洪救灾工作，经过近5个小时的抢险救灾，官兵和群众团结一心、互相帮助，将两处地势较为危险的江心岛上的牦牛成功转移到岸上安全地带。

31日　巴宜区召开粮食生产功能区动员部署会，区直相关部门负责人、各乡（镇）主要负责人参加会议。副区长尼玛次仁出席会议并讲话。尼玛次仁强调，各乡（镇）划定的粮食生产功能区地块要做到全部建档立卡，上图入库，实现信息化和精准化管理，对可能出现的用地矛盾，要提前做好处置预案。

9月

1日　自治区人大常委会副主任、林芝市委书记马升昌在巴宜区，实地调研蔬菜大棚受灾情况和重点项目建设工作。他强调，要坚持以人民为中心的发展思想，扎实做好防汛抗灾各项工作，扎实推进重大项目建设，保障和发展好各族人民切身利益，不断增强人民群众安全感和满意度。林芝市委常委、秘书长梅家奎陪同。

同日　林芝市安全监管局同巴宜区安全监管局组成检查组，对尼洋河巴宜区沿河区域的百巴镇、百巴镇服务区北站加油站、多布水电站进行督导检查，详细了解各相关单位的会议贯彻落实、值班备勤、汛期应急预案、应急物资储备、汛期应急措施、安全巡查台账等工作开展情况。

3日　自治区党委副书记、自治区常务副主席庄严在巴宜区部分民营企业实地考察调研民营经济发展情况和高校毕业生就业创业工作。庄严强调，要以习近平新时代中国特色社会主义思想为指引，坚持两个“毫不动摇”，以处理好“十三对关系”为根本方法，优化营商环境，推动民营经济快发展、大发展，进一步激发市场活力和就业潜力。

同日　林芝市委常委、副市长张耕耘带队在鲁朗国际旅游小镇，督导调研藏博会林芝分会场暨雅鲁藏布生态文化旅游节各项前期筹备工作进展情况。

4日　自治区党委常委、区政府党组副书记、常务副主席罗布顿珠一行在八一镇调研“三岩”搬迁安置点情况。林芝市委副书记、市长旺堆，巴宜区委书记米次等陪同。

5日　全国人大常委会委员、全国人大外事委员会副主任委员陈凤翔一行在巴宜区鲁朗镇调研。林芝市人大常委会主任多吉次仁，巴宜区委副书记、人大常委会主任达瓦陪同。

同日　自治区宣讲团成员、区党委党校党史党建教研部副教授万金鹏在巴宜区开展《习近平谈治国理政》专题宣讲。自治区宣讲团成员、区出版物质检中心副主任、副译审尼玛，区党委讲师团王鹏出席报告会。巴宜区在家四大班子领导，各乡（镇、街道）、区直各单位、机关企事业单位负责人，离退休干部代表共70余人参加活动。万金鹏从10个方面对《习近平谈治国理政》第一、二卷作全面系统地讲解，深化了大家对《习近平谈治国理政》的学习领会。

同日　区委常委、纪委书记、监委主任米军带队在百巴镇督导检查巡察反馈问题整改情况。

6日　巴宜区召开第34个教师节表彰大会。区委常委、副区长吴永帅主持会议。区委副书记、人大常委会主任达瓦，区政协副主席张潇文出席会议。达瓦代表区委、区政府向巴宜区广大教师表达节日问候，向受到表彰的集体和个人表示祝贺，并希望全区广大教师和教育工作者，不忘初心、牢记使命，奋力推进巴宜教育事业再上新台阶，为巴宜区长足发展和长治久安提供坚强的基础保障。

8日 巴宜区举行2018年新兵入伍欢送仪式，欢迎巴宜区热血青年光荣入伍。副区长次欧、区人武部部长杨镇闻出席欢送仪式。

8—11日 藏博会林芝分会场暨2018雅鲁藏布生态文化旅游节活动特色产品展销期间，巴宜区工布乳业、工布藏香、藏好食品等9家企业和合作社带来藏香、牛奶、酸奶、奶渣、酥油、药材等本地特色产品，吸引了众多前来参观的人们，销售情况良好。

9日 在第十四届林芝市投资贸易洽谈会上，巴宜区委副书记、常务副区长、广东省第八批援藏工作队巴宜区工作组副组长陈涛就巴宜区重点招商引资项目作推介。会上签约金额达3.05亿元。

同日 雅鲁藏布江文化旅游节在巴宜区举行。

10日 第四届藏博会林芝分会场分项活动——首届环喜马拉雅“一带一路”合作论坛在鲁朗国际旅游小镇开幕。自治区人大常委会副主任、外事侨务办公室党组书记巨建华，尼泊尔众议院议长马哈拉出席活动并致辞。林芝市委副书记、市长旺堆主持开幕仪式并作演讲。开幕式后，中尼双方举行《中华人民共和国西藏自治区人民对外友好协会与尼泊尔联邦共和国中国喜马拉雅友好协会建立友好关系备忘录》签订仪式。

同日 以“标准助推高质量发展，促进与南亚合作共赢”为主题的第四届藏博会环喜马拉雅国际经济合作论坛南亚标准化论坛在鲁朗镇举行。国家市场监督管理总局党组成员、副局长、国家标准化管理委员会主任田世宏对论坛的召开表示祝贺，自治区人大常委会副主任、林芝市委书记马升昌，自治区副主席甲热·洛桑丹增出席论坛。该次论坛旨在为中国和南亚国家开展标准化合作和交流提供平台，为进一步加强南亚标准化研究，提升中国标准国际化水平，带动中国产品、装备、技术和服务“走出去”，促进中国和南亚国家共同繁荣。

11日 中央军委后勤保障部卫生局副局长季建华在巴宜区卫生服务中心调研。巴宜区委书记米次陪同。

12日 巴宜区召开加强政治纪律教育节点总结部署会。区委书记米次出席会议并讲话。会议由区委常务副书记、广东省第八批援藏工作队巴宜区工作组组长张立鹤主持。米次强调，各级党组织要充分认识加强政治纪律教育的重大现实意义，进一步抓结合、务实效，坚持与开展“两学一做”学习教育、“四讲四爱”教育实践活动结合起来，与业务工作结合起来，高标准严要求，开好专题组织生活会，切实通过自查自纠达到刮骨疗伤、整改提高、效果明显的目的。

同日 巴宜区召开农村集体产权制度改革暨清产核资工作动员部署会。区委书记米次出席会议并讲话。会议由区委常务副书记、广东省第八批援藏工作队巴宜区工作组组长张立鹤主持。米次全面分析了巴宜区农村集体产权制度改革面临的形势和重大意义，并指出，农村集体产权制度改革是涉及农村基本经营制度和中国基本经济制度的一件大事，也是全面深化农村改革的重大任务，巴宜区作为全国农村集体产权制度改革整县推进试点县区，时间短、任务重，要按时保质、保量地完成此项改革任务。

13日 巴宜区联合林芝市妇联在八一镇巴果绕村举行“美丽女性·幸福家庭”藏、汉双语丛书发放仪式。活动共有70余名妇女参加。丛书是全国妇联特地为藏区妇女儿童量身定制的系列丛书，内容主要涉及女性健康、儿童安全自护、儿童养育、民族团结4部分。书籍编排精美，内容实用，针对性强，对社会稳定、家庭和睦、民族团结等工作起着积极的宣传和推动作用。

14日 林芝市委常委、市委政法委书记、市公安局党委书记朱江在巴宜区公安局110指挥中心检查指导藏博会暨雅江节安保工作。巴宜区委书记米次，区委副书记、常务副区长、广东省第八批援藏工作队巴宜区工作组副组长陈涛等陪同。

14—15日 布久乡仲萨巴村、麦巴村、孜热村组织群众开展“美丽乡村清洁行动”，对村内村外及306省道周边进行彻底的卫生清理，使村容村貌焕然一新。参加该次活动的有各村“双联户”户长、党员群众共130余人。

16日 国家体育总局体育科学研究所、中国科学院5个研究所、卫生部高原病研究重点实验室、中国人民解放军军事医学科学院以及北京大学、复旦大学、厦门大学、上海交通大学等共全国50多家国内知名科研机构、大学和医院的100多名低氧与健康领域专家和教授汇聚鲁朗镇，召开“低氧与健康科学大会”，深入探讨低氧与健康的科学问题。自治区体育局副局长张新主持开幕式，自治区体育局党组书记刘伯清致欢迎辞，中国体育科学学会副理事长祝莉致辞，国家体育总局科教司副司长曹晖致辞。自治区人大常委会原副主任阿登宣布大会开幕。“低氧与健康科学大会”此后每年举办一次。

同日 全国总工会劳模专项补助资金第十互检组组长、吉林省总工会副巡视员袁春阳在巴宜区公安局看望全国“五一劳动奖章”获得者旺青。

18日 广东省东莞市中堂镇镇委副书记、镇长姚铸涛一行在米瑞乡玉荣增村开展交流帮扶活动。

18—23日 巴宜区委副书记、人大常委会主任达瓦带领巴宜区人大考察团到内蒙古自治区呼伦贝尔市考察学习，参观世界反法西斯战争海拉尔纪念园和中共六大展览馆。

20日 自治区人大常委会副主任、林芝市委书记马升昌在巴宜区巴果绕村觉木种植养殖农牧民专业合作社，就藏猪保种、繁育、饲养、销售等工作进行调研。林芝市委副书记、常务副市长许典辉，市委常委、秘书长梅家奎，副市长强巴央宗陪同。

同日 区委宣传部（网信办）和区民宗局牵头，联合区委组织部、区委统战部、区委政法委、公安局、旅发委等35家区直单位和2个街道办，邀请林芝市委宣传部、市民宗局、市公安局等市（中、区）直13家单位，共同开展第28个民族团结月暨国家网络安全宣传周社区日、法制日活动。林芝市委常委、统战部部长达瓦，市委常委、宣传部部长张海波，副市长赵俊，市政协副主席布珠，巴宜区委书记米次等到场指导工作。该次活动完善了巴宜区“民族团结”“网络安全”宣传工作方式方法，带动了巴宜区干部职工群众在互帮互助、互相学习中，增进民族感情，紧密团结在一起。

同日 林芝市副市长强巴央宗在鲁朗镇白木村检查指导藏猪产业发展情况。

19—21日 巴宜区发改委联合林芝市物价局、巴宜区食药监局、兽防站、旅游监管执法大队开展市场价格巡查工作。价格巡查范围涵盖景区、农贸市场、大型超市、在售热销楼盘、房地产中介等多个方面。

23日 林芝市首届“中国农民丰收节”庆祝活动在巴宜区林芝镇嘎拉村举行，活动主要目的为传承弘扬农耕文明和优秀传统文化、展现新时代农牧区发展新成就和农牧民群众新风貌。副市长扎西达杰出席庆祝活动并致辞。

25日 百巴镇扎地村结合“四讲四爱”群众教育实践活动，以双联户为单位开办的夜校正式开班。培训班以集中学习与村“两委”班子及驻村工作队交流学习心得、撰写学习笔记的方式进行。夜校开班，不仅改变群众大会集中学习方式单一、收获少的问题，还提高了群众学习的积极性，增强群众对“四讲四爱”的认识，营造了积极的氛围。

27日 自治区政协副主席、林芝市政协主席桑杰扎巴一行在巴宜区调研民族团结工作。巴宜区委书记米次、区政协主席戴平陪同。

28日至10月7日 巴宜区文化市场综合执法大队对辖区内的网吧、音像制品店、歌舞娱乐场所、书店、寺庙文物、文化商品店、印刷厂等人员密集场所开展安全生产专项检查，全面排查治理辖区文化经营场所各类安全隐患，杜绝各类事故的发生。专项行动共检查宗教文化商店、摊点8家次，网吧12家次，打字复印店18家次，歌舞娱乐场所14家次，音像制品店4家次，书店2家次。

30日 巴宜区委书记米次在八一镇加乃村实地调研督导“三岩”片区易地扶贫搬迁住宅建设项目工作开展情况。

10月

1日 区委书记米次在吉日寺参加纪念中国共产党成立69周年庆祝活动，区委常委、统战部部长益西江措陪同。

2—3日 林芝市委副书记谢英在巴宜区部分乡（镇）、村（居）学校、加油站等重点部门，看望慰问节日期间坚守工作岗位的基层干部和公安民警，并就国庆期间值班备勤、驻村工作开展、零散成品油管理及安全监管员职责落实、应急处突力量配备、应急演练等情况进行督导检查。市委常委、政法委书记、市公安局党委书记朱江，副市长、市公安局局长任卫东陪同。

4日 区委书记米次一行在喇嘛岭寺督导检查工作，详细了解喇嘛岭寺国庆假期接待游客、消防安全、值班备勤等情况。米次强调，各级工作人员要认真做好游客接待工作，引导广大游客和群众，提升公民素质，增强环保意识；寺管会工作人员要提升消防意识，做好各类游客的服务工作；公安、交通等部门要做好交通疏导工作，确保道路交通安全。

8日 林芝市“四讲四爱”第二轮示范宣讲暨“新时代　新气象　新作为”百姓巡回宣讲团在百巴镇开展巡回宣讲活动。百巴镇各村“两委”、村务监督委员会、“双联户”户长、驻村工作队代表共120余人参加活动。

9日 巴宜区人武部召开2018年基干民兵军事训练开训动员大会。

12日 林芝市副市长、拉月曲市级河长赵俊，巴宜区副区长、区级河长格桑明久在拉月曲开展巡河工作。赵俊一行重点检查上季度巡河发现问题整改落实情况、详细了解河岸生活垃圾处理情况、河道建筑垃圾清运情况、拉月曲水质监测等工作进展情况。

13日 布久乡首届工布原乡旅游文化节开幕。

15日 巴宜区直机关党员政治教育培训班正式开班。开班仪式由区委常委、组织部部长陈昌茂主持。区委副书记、人大常委会主任达瓦出席仪式并讲话。巴宜区直机关全体党员、离退休干部党员、国有企业和“两新”组织党员共428人参加培训。该次培训为期10天，重点围绕马克思主义“五观”“两论”、党员政治信仰、党的纪律作风、反分裂斗争、民族宗教政策等方面内容，邀请区党委党校及市委党校骨干教师为党员授课，教育引导广大党员树牢“四个意识”、增强“四个自信”，始终做到“两个维护”，自觉做神圣国土守护者、幸福家园建设者。

16日 巴宜区召开2018年党委（党组）意识形态工作座谈会。会议由区委副书记、人大常委会主任达瓦主持。区委书记米次，区委常委、组织部部长陈昌茂出席会议并发言。米次强调，要提高认识，将意识形态工作摆在重要位置，各级党委（党组）特别是主要领导干部要主动担当，把工作抓在手上，全力推进意识形态工作的科学化和规范化。

16日至11月1日　区委组织部联合区强基惠民活动办公室、扶贫办、财政局开展驻村（居）期满第一书记、第七批驻村（居）工作队年终考核工作。该次考核覆盖辖区内驻村（居）期满第一书记57人，第七批驻村（居）工作队57个、工作队员224名和派驻单位46个，期满第一书记考核率达100%，第七批驻村工作队考核率达81%。

17日　自治区交通厅厅长永吉在米瑞公路调研“四好”农村公路建设情况。巴宜区委书记米次陪同。

同日　巴宜区委书记米次在五保户集中供养中心与五保老人共度重阳节。

同日　林芝市米林县派镇加拉村下游7公里处无人区发生山体滑坡，造成雅江断流，水位上涨，形成堰塞湖。巴宜区委、区政府高度重视，立即组织巴宜区民政局准备慰问物资。该次巴宜区共为受灾群众准备雨靴150双、方便面100箱、矿泉水100箱、大米100袋、面粉100袋、压缩干粮50箱、午餐肉罐头50箱、棉被60床、棉垫210床等总价值10万元的救灾物资。

19日　自治区人大常委会副主任、林芝市委书记马升昌在八一镇巴吉村宣讲中共十九大精神。

同日　林芝市政府副秘书长兼市发改委党组副书记、副主任李连声在巴宜区布久乡调研布久乡小康示范镇项目建设情况。巴宜区委副书记、常务副区长、广东省第八批援藏工作队巴宜区工作组副组长陈涛陪同。

21日　庆祝改革开放40周年暨首届“巴宜杯”干部职工工间操（广场舞）大赛举行，来自区直单位和基层各乡（镇）的14支代表队参加比赛。区委常委、组织部部长陈昌茂出席活动并讲话。林芝市工会主席夏世红，市文化局副局长多布杰，区委常委、副区长吴永帅等出席活动。

22日　自治区验收组在巴宜区召开农村土地（耕地）承包经营确权登记颁证工作自治区验收会。

同日　巴宜区组织党员干部开展为米林县灾区捐款活动。

23日　东莞市万江街道党委副书记、办事处主任谭全河率万江街道党政代表团在巴宜区百巴镇开展结对交流帮扶工作。代表团一行在百巴镇召开座谈会，并向百巴镇赠送5万元的推动产业和合作交流工作经费。

25日　加拉村9户群众在林芝市委、市政府的安排下，经过2个多小时的车程从派镇达林村统一搬迁到永久片区易地扶贫搬迁集中安置点。林芝市委副书记、市长旺堆，副市长尼玛扎西在临时村公房内与搬迁群众一一握手，详细询问群众身体状况，与受灾群众一同用餐，并到群众安置房内实地了解情况。

26日　自治区人大常委会副主任旺扎在巴宜区调研人民医院建设情况。

同日　巴宜区委副书记、常务副区长、广东省第八批援藏工作队巴宜区工作组副组长陈涛带队验收真巴小康示范村建设项目。

26—28日　中国南亚学会年会在鲁朗镇恒大酒店举行。该次年会以“中国南亚学的现状与趋势”为主题，由中国南亚学会主办，中国社会科学院亚太与全球战略研究院、林芝市鲁朗管委会承办。这是中国南亚学会首次在西藏自治区举行年会，也是社会科学全国性学术团体首次在林芝举行年会。年会期间，与会专家学者围绕“印太概念与南亚地区形势”“首脑外交与中印关系”“‘一带一路’倡议与中国周边战略在南亚的关联与协调”“南亚地区的宗教、历史与文化”4个主题进行分组论坛讨论，围绕相关主题进行热烈且富有学术性的讨论。

27日　“冬游西藏”林芝旅游推介会暨鲁朗小镇“中国最美户外小镇”授牌仪式在鲁朗镇举行。活动中，《中国国家地理》杂志社授予鲁朗镇“中国最美户外小镇”称号。

29日 “中华环保世纪行——西藏行”检查组副组长、西藏自治区人大常委会副主任其美仁增一行在八一镇巴吉村检查沙石厂生态恢复情况。

同日 巴宜区在成都非公企业学院举办“两新”组织党组织、社区党组织书记培训班。在为期9天的培训中，参训人员重点围绕如何加强“两新”组织党组织建设、党建工作实务等方面进行学习。培训旨在通过党建业务知识的学习，以达到增强理论高度、开拓思维、提升综合能力的目的，提高巴宜区基层党组织书记的综合能力，推进巴宜区党建工作再上新台阶。

30日 珠海市香洲区人民法院向巴宜区人民法院捐助援助资金40万元。

同日 巴宜区教体局组织举办2018年教育系统第五届“园丁杯”男子足球赛、第三届女子竞赛、拔河团体赛。

11月

2日 林芝市人社局对巴宜区残疾人家庭签约医生和康复协调员培训班137名学员进行考核，宣布巴宜区残疾人家庭签约医生和康复协调员培训班圆满结业。林芝市残联党组书记、理事长扎西次仁等出席结业仪式。

5日 区委常委、政法委书记、公安局局长、督察长旺青在巴宜区苯日拉、色季拉治安管理卡点督导检查工作。旺青对各类台账进行详细查看，对工作中存在的困难和工作难点进行详细询问和了解，并提出指导性意见。

6日 自治区交叉检查组在中石油林芝销售分公司八一油库检查指导工作。林芝市安监局局长杨波，巴宜区委常委、副区长吴永帅陪同。

7日 自治区党委常务副书记、区政协党组书记丁业现在巴宜区调研基层党组织建设及扶贫产业发展情况。自治区人大常委会副主任、林芝市委书记马升昌陪同。丁业现强调，要深入学习贯彻习近平新时代中国特色社会主义思想，进一步提高政治站位，着力加强党的建设，强化责任意识，坚持以脱贫攻坚为统领，培育特色产业精准扶贫，全面助推乡村振兴。

9日 由广东省第八批援藏工作组巴宜区工作组援建的巴宜区米瑞乡通麦村级组织活动场所竣工。

13日 昌都市人社局副局长李强带队自治区2018年保障农民工工资交叉考核工作组对巴宜区进行专项考核。林芝市人社局副局长李继承，巴宜区委常委、副区长吴永帅等陪同。考核组对巴宜区2018年度保障农民工工资支付工作给予充分肯定。

16日 自治区人民检察院党组书记、检察长朱雅频一行在巴宜区人民检察院参观廉政教育基地。林芝市委常委、政法委书记、公安局党委书记朱江，巴宜区委书记米次陪同。

同日 巴宜区2018年人口变动抽样调查工作全面启动。该次区点抽中布久乡麦巴村。经抽样调查，布久乡麦巴村全村户数为42户249人，无漏报、谎报、瞒报等情况。

17日 自然资源部党组成员、副部长凌月明一行在巴宜区布久乡珠曲登村泥石流点调研灾后恢复情况。西藏自治区党委常委、副主席姜杰，林芝市委副书记、市长旺堆等陪同。

18日 自治区人大常委会副主任、林芝市委书记马升昌在巴宜区喇嘛岭寺、珠曲登寺实地调研巴宜区加强和创新寺庙管理工作，并看望驻寺干部和寺庙僧人。市委常委、秘书长梅家奎陪同。

同日 电影《我的喜马拉雅》剧组转场到巴宜区进行拍摄。该电影是根据2017年“感动中国人物”藏族姐妹卓嘎和央宗的优秀事迹改编，讲述了她们继承父亲遗志，始终秉持“家是玉麦，国是中国，放牧守边是职责”的坚定信念，几十年如一日，坚守祖国边陲雪域高原的感人故事，是自治区庆祝中华人民共和国成立70周年、西藏民主改革60周年重点文艺创作项目。

19日 巴宜区政府与西藏勤昆实业有限公司举行中国高原国家茶产业特色小镇项目投资签约仪式。区委副书记、常务副区长、广东省第八批援藏工作队巴宜区工作组副组长陈涛出席仪式。副区长格桑明久，云南台商协会会长、云南云台集团董事长、西藏勤昆实业有限公司董事长勤彭蓁，云南云台集团副董事长严梦云，云南云台集团总裁刘建成，西藏勤昆实业有限公司总经理卓光祥出席签约仪式。会上，双方签订《巴宜区招商引资项目投资意向协议》，签约金额达50亿元。

同日 巴宜区食药监局向辖区9所学校配发食品快速检测仪器并进行现场培训，提升学校食堂食品安全风险预防能力。

19—20日 由林芝市旅发委和林芝市人社局联合举办，各县（区）旅发委、各县（区）人社局、市旅游协会协办的林芝市2018年旅游服务职业技能大赛开赛。来自全市旅游行业的130余名一线技能人才同台竞技，晒技能、秀绝活、亮风采、夺名次。巴宜区旅发委带队的巴宜区代表队共参加3个项目比赛，全部获奖，其中两项为第一名。

20日 巴宜区举行“县级文化产业示范基地”授牌仪式。区委常委、副区长吴永帅代表巴宜区人民政府将“县级文化产业示范基地”牌匾授予给八一镇阿吉林特色经济发展农牧民创业合作社。吴永帅强调，要珍惜荣誉，加强团结，开拓创新，深入挖掘巴宜特色文化，创新文化产业新的发展途径，把文化发展成果与市场经济有效结合起来，为推进巴宜区文化产业创新发展做出新的、更大的贡献。

同日 巴宜区委常委、副区长扎西朗杰带队实地调研学习拉萨市堆龙德庆区、曲水县才纳乡“三岩”片区易地扶贫搬迁点经验，并同各县区召开现场座谈会。充分了解各县区管理措施、脱贫措施、产业扶持计划等，借鉴经验继续完善巴宜区“三岩”搬迁实施方案。

21日 巴宜区组织召开第四轮巡察工作动员部署会。区委常委、纪委书记、监委主任、区委巡察工作领导小组组长米军主持会议，区委书记米次出席会议并作动员讲话。米次指出，全区上下要始终把“两个维护”作为政治巡察的根本任务，要把握政治内涵，用政治统领巡察各环节、全过程，要坚持问题导向，坚持与时俱进，持续深化巡察工作，整治群众身边的不正之风，着力发现和推动解决侵害群众利益的问题。

同日 区委书记米次、区政协主席戴平、区委常委、宣传部部长周必容一行探班电影《我的喜马拉雅》摄制组演职人员，并送去取暖器、牛奶、蛋糕、饮料等食品用品。米次向电影导演张馨详细了解电影的拍摄进程，以及演职人员在巴宜区拍摄期间的生活情况，并代表巴宜区委、区政府对电影开机表示祝贺，对剧组的辛勤工作表示感谢。

同日 巴宜区委副书记、常务副区长、广东省第八批援藏工作队巴宜区工作组副组长陈涛在2018西藏林芝·广东招商引资推介会（东莞站）上推荐巴宜区重点项目。

22日 巴宜区召开2018年“遵行四条标准 争做先进僧尼”群众教育实践活动先进集体和先进个人表彰大会。巴宜区四大班子在家领导出席会议，巴宜区政协主席戴平主持会议。会议表彰了40名优秀僧尼、10名先进寺管干部、3个优秀组织单位、3座模范寺庙。

同日 区委书记米次带队在百巴镇、更章乡、八一镇对意识形态工作、基层党组织建设、“四讲四爱”群众教育实践活动、政治纪律教育、村级活动场所标准化建设、“三岩”片区易地扶贫搬迁、安全生产、食品安全、藏香猪产业等重点工作进行督导检查。区委常委、组织部部长陈昌茂，区委常委、副区长扎西朗杰陪同。米次强调，各乡（镇）、各部门要加强工作协调，项目建设要统筹考虑，立足当前着眼长远，要强化安全生产，在保证工程质量的前提下，加快工程进度。

同日　巴宜区举行以“欢歌唱给新时代，奏响巴宜幸福曲”为主题的全民歌手大奖赛活动，庆祝改革开放40周年。区委常委、宣传部部长周必容，区人大常委会副主任苏晓峰出席活动。林芝市群艺馆馆长聪吉、国家二级舞蹈编导索朗卓玛、巴宜区人大办主任达娃次仁、巴宜区委宣传部副部长次仁旺久与巴宜区民间艺术团歌手宗吉担任活动评委。共有12名参赛选手进入决赛，并设一等奖1名、二等奖2名、三等奖3名、优秀奖3名。

23日　巴宜区文化局创建的第一个社区书屋——白玛岗社区书屋完成验收，并正式投入运营。书屋建设投入资金10万元，图书分政教、文学、科技、少儿、养生、杂志及综合7类，可充分满足社区群众的文化需求，使社区书屋成为传播社会主义先进文化、学习科技知识培养优秀创业人才的基地。

24日　区委常委、组织部部长、德木河区级河长陈昌茂带队在巴宜区米瑞乡德木河开展区、乡、村三级河长巡河工作。

26日　区委书记米次带队对区人民法院、信访局开展工作调研。区委常委、政法委书记、公安局局长、督察长旺青等陪同。米次要求，要加强与上级信访部门的沟通协调工作，对信访案件要做到及时上报、及时反馈；要结合实际，对法院招收书记员的工作认真开展前期调研工作，加强法院干部队伍建设，培养好运用好法律人才。

27日　巴宜区召开推进“三个专项斗争”工作部署会。会议传达学习自治区、市两级“三个专项斗争”会议精神，对“三个专项斗争”工作再安排再部署。区委书记米次主持会议并讲话。米次强调，要提高政治站位，充分认识开展“三个专项斗争”的重要意义，明确目标，深挖痛打，狠抓落实，确保“三个专项斗争”取得实效。

12月

2日　区纪委监委组织召开展扶贫领域腐败和作风问题专项治理工作推进会。

3日　区委副书记、常务副区长、广东省第八批援藏工作队巴宜区工作组副组长陈涛带队检查八及曲流域生态恢复工作。

4日　林芝市委宣传部、市司法局联合巴宜区委宣传部和区司法局举行以“践行‘两个维护’弘扬宪法精神，建设法治西藏”为主题的法制宣传活动。林芝市委常委、政法委书记、市公安局党委书记朱江，市副市长、公安局局长任卫东，巴宜区委常委、政法委书记、公安局局长、督察长旺青等出席活动。活动中，共出动车辆70辆，受教育群众达5200余人，发放法制宣传资料13600余册，发放宣传品5000份，接受咨询200人次。

5日　区委常委、政法委书记、公安局局长、督察长旺青在八一镇调研矛盾纠纷暨信访积案化解工作，并召开“八一镇2018年矛盾纠纷暨信访积案化解攻坚年”推进会议。

6日　在湖北省孝感市举行的第三批中国名镇暨第三批中国名镇志丛书发行会上，西藏自治区首部镇志《中国名镇志·八一镇志》名列全国28个名镇志之中，并成功入选中国名镇志文化工程。《中国名镇志·八一镇志》是西藏自治区第一部镇级志书，于2017年1月由林芝市巴宜区八一镇人民政府启动编纂。全书共44.6万字，其中彩图占全书的三分之一，可读性强，具有较高的欣赏价值。

13日　林芝市委副书记谢英在雅鲁藏布江米

瑞乡段开展巡河工作。

14日 林芝市副市长徐海龙带队考评组一行在巴宜区开展就业创业示范街调研工作。

同日 巴宜区、朗县联合召开新闻发布会。巴宜区副区长尼玛次仁介绍了巴宜区特色农牧业助推农牧民增收情况，朗县副县长周海涛介绍了朗县经济社会发展情况，并答记者问。西藏日报社驻林芝记者站、林芝报社、市广播电视台等媒体参加该次新闻发布会。

同日 巴宜区全面启动退役军人和其他优抚对象信息采集工作。采集对象包括：军队转业干部、退役士兵、军队离退休干部和退休士官、军队无军籍离退休退职职工、复员军人、退伍红军老战士（包括西路军红军老战士和红军失散人员）、残疾军人、享受国家抚恤的伤残民兵民工、烈士遗属、因公牺牲军人遗属、病故军人遗属、现役军人家属。采集内容包括：对各类对象的个人基本信息、生活状况、享受待遇、近期照片等主要信息，涵盖户籍、救助、社保、医保、住房、抚恤待遇、服役及安置情况、主要诉求等多项信息。

17日 巴宜区召开2018年扶贫领域腐败和作风问题专项治理工作总结暨2019年工作部署会议。区委常委、纪委书记、监委主任米军出席会议并讲话。会议通报了巴宜区纪委监委2018年第二轮扶贫领域专项监督检查情况，反馈了3个突出问题和3个回访问题；全面总结了2018年专项治理工作情况，安排部署了2019年具体工作任务；与会人员结合本单位工作情况，进行了充分地沟通和交流，提出意见建议共10条。

18日 庆祝改革开放40周年大会在北京人民大会堂举行。巴宜区委理论学习中心组在家成员及区直各单位主要负责人共70余人集中收听收看了大会实况。

同日 巴宜区举办庆祝改革开放40周年“美丽巴宜·幸福巴宜”书法绘画摄影作品展启动仪式。林芝市政协原副主席、市文联名誉主席普布多吉，市书法美术家协会主席次仁，市摄影家协会主席栾远春受邀出席并担任颁奖嘉宾。巴宜区政协主席戴平出席并致辞，区委常委、纪委书记、监委主任米军出席并宣读获奖名单。巴宜区直机关各单位负责人及书画摄影爱好者共400多人参加活动。参赛作品以“美丽巴宜·幸福巴宜”主题，力求展示巴宜区改革开放40周年来的新变化、新风貌、新景象，集中展示巴宜区的特色美景和独特的乡土风情，展示“五个巴宜”建设的丰硕成果，展示各族干部群众“感党恩、听党话、跟党走”的生动实践。

19—20日 区委副书记、区长严世钦借在北京学习之机，带领到北京进行援藏工作对接的巴宜区代表到解放军总医院第六医学中心，看望了援助巴宜区卫生服务中心专家，并参加医疗援藏工作对接座谈会。座谈会上，严世钦代表巴宜区委、区政府及6.3万名各族干部群众，感谢解放军总医院的无私援助。严世钦表示，援藏医生以“情系边疆人民”的博大情怀，始终“不忘初心、牢记使命”，做到了“真心、真情、真抓实干”，以出色的工作表现和高尚的道德情操，赢得了西藏各族人民的信赖和赞誉。

19日 巴宜区召开深化党政机构改革动员部署会，贯彻落实自治区九届四次全会和区市深化党政机构改革动员部署会精神，学习贯彻林芝市深化党政机构改革工作领导小组办公室第一次会议精神，对巴宜区深化党政机构改革工作进行全面动员部署。区委副书记、区人大常委会主任达瓦出席会议并讲话。区委常委、组织部部长陈昌茂主持会议。

20日 林芝市发改委物价局局长陈健康一行在巴宜区农贸市场开展非洲猪瘟市场调查工作。

24日 巴宜区召开创先争优强基础惠民生活动第七批驻村工作总结表彰暨第八批驻村工作动员大会。区委副书记、人大常委会主任达瓦出席并讲话，区委常委、政法委书记、公安局局长、督察长旺青，区委常委、组织部部长陈昌茂等出席会议。达瓦代表区委、区政府向受到表彰的先进集体和个人表示热烈祝贺。

同日 副区长次欧、格桑明久带领巴宜区环保督察整改领导小组办公室成员组织开展中央第六环保督察组反馈问题八及曲流域水电开发生态恢复工作核查。经核查，该次生态恢复严格按照生态恢复工作方案，以自然恢复为主、人为恢复为辅的方式，合计覆土7013立方米，种植云杉苗木2023株，生态恢复面积达4.9004公顷，完成4个探洞的生态恢复，并通过本级核查。

26日 巴宜区举行“弘扬爱国奋斗精神、建功立业新时代”专招生专场演讲比赛活动。区委常委、组织部部长陈昌茂，区委常委、宣传部部长周必容，副区长刘迎会出席活动。演讲比赛覆盖巴宜区7个乡（镇），13名专招生代表经过激烈地角逐，马亚楠最终摘得桂冠，黄海芬、邹济民获得二等奖，杨玉强、赖迟凤、么传法分获三等奖，其他表现优异的参赛选手分别获得最佳精神奖及优秀奖。

27日 巴宜区组织召开农村集体产权制度改革暨清产核资工作推进会。区委常委、副区长扎西朗杰主持会议。

29日 区委常委、政法委书记、公安局局长、督察长旺青，区委常委、组织部部长陈昌茂参加巴宜区委老干部局2019年“三大节日”慰问（离）退休干部座谈会。座谈会上，旺青和陈昌茂代表区四大班子领导为（离）退休干部献上洁白的哈达及节日慰问金。

区情概况

综　述

【位　置】 巴宜区地处青藏高原念青唐古拉山东南麓，雅鲁藏布与林芝母亲河尼洋河在该处相汇，东西长177.2公里，南北宽98.6公里，平均海拔3000米。川藏公路318国道和306省道横贯全区，距拉萨400公里，距西南中心城市成都1700公里，距林芝机场约50公里。区域面积10238平方公里，下辖4个镇、3个乡、2个街道、71个村（居）。总人口63669人，以藏族为主体，聚居着汉、藏、回、门巴等十多个民族和僜人。

2018年，全区国内生产总值完成72.93亿元，同比增长9.3%；财政收入2.7亿元，同比增长10.1%；社会消费品零售总额完成29.2亿元，同比增长15.8%；农牧民人均可支配收入17757元，同比增长10.4%。

2018年，巴宜区荣获"第四批全国民族团结进步创建活动示范单位""全国检察文化建设示范院""中国最美村镇"等国家级荣誉16项；荣获"全区劳动保障监察先进单位""自治区农产品质量安全县""西藏自治区毒品预防教育示范学校"等自治区级荣誉13项；荣获"先进基层党组织""食品安全考核优秀县""文物保护工作先进集体"等市级荣誉43项，并先后受到自治区党委书记吴英杰，广东省委副书记、省长马兴瑞等粤藏两省区领导的充分肯定和高度评价。

【党的建设】 2018年，巴宜区始终坚持党要管党、全面从严治党的方针，按照市委"135"基层党建工作思路，深入推进反腐败斗争，夯实党的执政基础。探索开展了以"鼓励激励、能上能下、容错纠错"为导向的制度建设，加大干部提拔力度，坚决调整不作为、慢作为干部。坚持"有案必查、有腐必惩"，严格落实"一案双查"制度，"零容忍"惩治腐败。

【城乡面貌】 2018年，巴宜区始终坚持把为群众提供优质公共基础设施服务为导向，城乡规划体系全面建立，"一个中心城区，三个重点城镇"总体布局、"多点支撑、城乡一体、全域发展"县域经济发展新格局基本形成。八一、林芝、布久小集镇建设初见成效，城市功能逐步增强，城乡面貌焕然一新。

【民生福祉】 2018年，巴宜区始终坚持把保障和改善民生作为一切工作的出发点和落脚点，村级饮用水水源地饮水达标率100%，适龄幼儿入学率100%，全区中小学入学率100%，全区中小学入学巩固率100%，村养老保险参保率达100%，城镇登记失业率均控制在2.2%以内，贫困发生率降至0.11%。昌都"三岩"搬迁稳步推进，一大批涉及群众切身利益的民生难题得到解决。

【民族宗教】 2018年，巴宜区始终坚持民族区域自治制度，不断加强"三个离不开"和"五个认同"教育，广泛开展民族团结进步创建活动，促进各民族交往交流交融，大力开展寺庙“六建”工作、“六个一”活动，深入实施“九有”工程和僧尼“两险一保”、免费体检等，民族团结进一步增强。

【生态建设】 2018年，巴宜区始终坚持践行“绿水青山就是金山银山”理念，实施《林芝市巴宜区生态文明建设规划》，扎实完成中央和自治区环保督查转办和反馈问题整改，稳步推进鲁朗国际旅游小镇、多布电站、林拉高等级公路等重点建设项目生态恢复工程等，全区生态文明建设再上新台阶。

【援藏工作】 2018年，巴宜区始终坚持“输血”与“造血”相结合，立足资源优势，建设打造打基础、谋全局、利长远的重点项目，投资7820万元的农牧民基础设施建设项目已完成94%，投资5000万元的社会事业项目及投资210万元的城乡居民住房项目已建设完成，援藏工作再结新硕果。

【社会稳定】 2018年，巴宜区始终坚持把维护稳定作为重大政治任务，勇于担当、主动治理，深入落实中共中央、国务院和自治区党委、政府扫黄打黑专项整治，确保了重要敏感节点平安和谐，社会大局保持总体稳定。

（李艳坪）

中共巴宜区委员会

综 述

【概 况】 2018年，巴宜区委深入贯彻中共十九大和历次中央全会精神，在自治区党委和林芝市委的坚强领导下，团结带领全区各族干部群众，凝心聚力谋发展、尽心竭力惠民生、齐心协力促和谐，谱写了党建引领、经济发展、民生改善、生态进步、改革进取、社会稳定的又一精彩篇章。

【特色产业】 提升特色农牧业基础性地位。2018年，巴宜区成立农牧民专业合作社265家，注册资金1.95亿元，合作社成员3557户14210人。建成水果基地1.6万亩、蔬菜9200亩、生态苗木3300亩。现存栏藏猪5.2万余头、商品鸡9万余只。初步形成以米瑞乡、布久乡为重点的果蔬种植、商品鸡养殖片区，百巴镇、八一镇为重点的藏香猪养殖、苗木种植片区，已成为林芝市蔬菜、水果、禽蛋肉、花卉苗木、藏香猪种猪及猪仔稳定的供应基地。

2018年6月4日，西藏自治区党委书记、自治区主席齐扎拉（前排左三）一行在巴宜区银丰藏香猪养殖场调研。林芝市委副书记、市长旺堆（前排左二），巴宜区委副书记、区长严世钦（前排左一）等陪同

推进生态旅游战略支柱产业。以建设世界旅游目的地和内地入藏“第一站”为目标，以全域旅游为导向，按照“一核两轴四镇”旅游发展格局的总体思路，统筹整合全区11个旅游资源，推动A级景区集群创建提升。措木及日景区、工布原乡景区、多布湖景区项目总体规划已编制完成，投资3361.71万元的大柏树景区升级改造进入收尾阶段，投资1300万元的嘎拉农业综合体项目已验收完成，鲁朗镇被评为“国家级旅游度假区”。2018年，全区累计接待游客249.8万余人次，同比增长41.85%，实现旅游收入20.6亿元，同比增长32.05%。

培育物流服务现代新兴产业。借助优越的区位优势和便利的交通条件，全面打造全市重要的商贸物流集散地，促进传统产业逐步向现代服务业转变，有力推进文化创意、水电能源、现代物流等生产性服务业向专业化和价值链高端延伸。截至年底，巴宜区建筑构件产业园（投资2.72亿元）、更章现代农业产业园（投资1.2亿元）、巴吉村物流园（投资2.37亿元）已开工建设。

【重点项目建设】 抓好招商引资。2018年，巴宜区招商引资项目共45个，项目投资总概算

48.7152亿元。截至年底，已落地建设项目43个（续建1个、新建42个），剩余2个未落地项目正在有序推进，已到位投资资金15.3126亿元，完成年度任务的102%。推进重点项目。巴宜区重点建设项目98个（续建项目31个、新建及计划开工项目67个），总投资16.8192亿元。抓好援藏项目。坚持“输血”与“造血”相结合，投资7820万元的农牧民基础设施建设项目已完成94%，投资5000万元的社会事业项目及投资210万元的城乡居民住房项目已建设完成。新型城镇化引领。坚持把为群众提供优质公共基础设施服务为导向，城乡规划体系全面建立，“一个中心城区，三个重点城镇”总体布局、“多点支撑、城乡一体、全域发展”县域经济发展新格局基本形成。八一镇国家级新型城镇综合试点成功，林芝镇特色小城镇、布久乡市级新型城镇二期工程和小康示范镇建设发挥作用，城乡接合部环境综合提升工程、桃花大道景观提升工程完成建设，布久乡棚户区改造项目、更章乡棚户区改造项目建设完成，城镇对产业发展的承载能力和群众就业的吸纳能力不断提高，城市功能逐步增强，城乡面貌焕然一新。突出乡村振兴带动。紧紧围绕“乡村振兴，产业兴旺是重点”战略思想，以“建设中心村、整治基层村、培植特色村、合并弱小村、保护历史文化村”为原则，完成67个行政村村庄规划编制。投资3500万元的7个援藏小康示范村中3个建设完成、4个进入收尾阶段，投资7893.28万元的6个“美丽乡村”项目已基本完成，投资8349.72万元的农牧民房屋屋面改造工作全面完成，投资3644.84万元的米瑞乡供排水、更章乡娘萨村段水毁工程、尼洋河干流治理工程等5个项目和投资18388.81万元的百朗灌区工程、尼洋河巴宜区重点河段治理等3个项目前期工作有序开展，投资8127.4万元的更章乡娘萨村公路硬化、鲁朗镇东巴才村公路硬化等7个项目全面启动。自治区党委常务副书记、区政协党组书记丁业现在久巴村调研时，对久巴村在基层党建、扶贫产业等方面取得的工作成绩给予充分肯定。

2018年8月11日，西藏自治区人大常委会副主任、林芝市委书记马升昌（右四）在巴宜区调研“三岩”片区百巴搬迁点建设情况

【民生福祉】 加快发展学前教育，推进“幼有所育”。2018年，巴宜区开园10所幼儿园（包括2个乡镇级、8个村级），全区幼儿学生996人，实现学生入学率100%。同时，稳步强化师资力量，共招聘大学毕业生社会实践人员27人为幼儿教师，10人为幼儿保育人员。

全面提升教育品质，推进“学有所教”。坚持教育优先，全年落实区级教育投入资金5519.1万元，各级各类学校的办学条件显著改善，全区中小学入学率、巩固率均达到100%。同时，积极做好“组团式”教育人才轮换对接工作，9名政治素质过硬、业务能力强的老师全部到位，39名韶关学院支教大学生分赴各校开展教学，全区办学水平和教育质量全面提升。区中学在中考中，参考303人，卷面平均分391分，居林芝市第1名、全自治区第12名。

深化实施双创工程，推进“劳有所得”。落实更加积极的就业政策，创新创建了巴宜区就业创业示范街和百巴镇农牧民就业创业服务街。对入驻就业创业示范街并在5年内保持正常经营的巴宜区籍高校毕业生，在落实自治区每年场地租

2018年3月12日，巴宜区委书记米次（中）在百巴镇“三岩”片区易地搬迁点调研

金和水电费补贴的基础上，本级财政再补贴剩余租金的50%，并对正常经营时间超过12个月能带动就业的大学生商户奖励10000元。截至年底，入驻创业个体和企业达55家。巴宜区待就业高校毕业生481人，已实现就业451人，就业率达93.8%。

全力改善医疗服务，推进“病有所医”。继续实施全区户籍农牧民在区乡两级医疗机构就医费用全免政策，为全区农牧民购买意外伤亡保险，新型农村养老保险参保率达100%，总投资1.7亿元的巴宜区人民医院建设项目主体已完工，二级乙等医院创建评审工作有序开展，10个标准化村级卫生室项目建设完成。

逐步加强养老服务，推进“老有颐养”。全民参保登记有效推进，共采集54056条，完成总目标任务的121.4%，71名有意愿五保户集中供养率实现100%，城市低保标准提高至每人每月750元、农村低保保障标准提高至每人每年4450元。在贯彻和深化集中供养政策基础上，投资500万元实施的老人日间照料中心项目，着力为有需要的老年人提供有偿生活照料。民政部党组书记、部长黄树贤在巴宜区调研时，高度赞扬和评价了巴宜区社会救助工作。

持续深化安居保障，推进“住有所居”。昌都“三岩”片区易地扶贫搬迁安置工作进展顺利，八一镇、百巴镇、更章乡安置点年底前已全部完成119户711人搬迁安置工作，鲁朗镇安置点规划配套的11个产业项目全部进入设计阶段。“11·18”地震严重受损房屋重建工作扎实推进，33户房屋重建已完成总工程量的85%，71户需加固修复房屋已完成68户，一般受损房屋1090户已完成1073户。

关注关爱弱势群体，推进“弱有所扶”。加强社会救助体系、扶残助残服务体系构建，逐步提高最低生活保障标准和社会供养能力，全年发放城镇低保金136.5万元、医疗救助金227.94万元、特困人员保障金及丧葬费150.55万元、残疾人两项补贴150余万元、临时救助金50万元。

加大扶贫开发投入，推进“脱贫巩固”。脱贫成果持续巩固，总投资6.1亿余元的2017年27个产业扶贫项目快速推进，9个到户项目稳步推进，18个信贷项目已放款项目12个，放款金额7151.03万元，完成投资的50%，签订利益链接机制15个。2018年，确定产业扶贫项目65个，总投资达8.77亿余元。贫困发生率降至0.37%。

【生态建设】 加强组织领导，明确目标责任。2018年，巴宜区成立环境保护工作领导小组，定期研究部署环保工作重点事项，切实推动环保目标责任落实。区委、区政府与各乡镇签订环境保护目标责任书，将工作任务分解下达到各责任单位，要求党政一把手对环保工作亲自抓、负总责。区委将生态创建、环境监管治理、森林保护等相关内容纳入各乡镇、各部门年度综合考评范围，考核结果作为年度综合排名的重要依据。

加大环境整治，务求治病除根。扎实做好反馈意见整改。针对中央和自治区反馈问题，明确责任分工，细化整改措施。截至年底，1月中央环保督查反馈涉及巴宜区40小项问题全部整改，7月自治区第六环境保护督查组转办4批7件案件全部办理，11月自治区第六环境保护督查组反馈的6大项17小项问题正抓紧整改；着力完善环

2018年11月21日，巴宜区委书记米次（左二），区委副书记、区人大常委会主任达瓦一行看走访慰问《我的喜马拉雅》剧组人员。图为与导演亲切交谈

境保护制度。先后研究制定《环境保护网格化监管方案》《突发环境事件应急预案》《治理“白色污染”实施方案》《各乡镇集中式饮用水水源地保护方案》等制度措施7项，为全面推进环保工作提供制度支撑；全力推进生态红线划定。全面实施主体功能区战略，编制完成《西藏自治区林芝市巴宜区生态红线保护方案》，申报调整红线面积7734.72平方公里、可发展区域面积823.29平方公里。

严格环保准入，强化源头管理。突出规划引领，强化“规划关”。完成了区“十三五”环保规划终期评估报告，编制了《巴宜区环境保护第十三个五年规划》，推动了环保规划融入国民经济和社会发展规划、城市总体规划，为今后5年的区环保工作提供指导；严格环评审批，把好“准入关”。按照建设项目环评审批“三个必须”要求，对所有受理项目进行实地勘查，从环保政策、选址等方面进行严格审查，全面公开所有建设项目审批事项，从源头上杜绝“十五小”“新五小”项目、“三高”企业和项目落地实施；增强环境监管，严格“执法关”。深入贯彻落实环境执法“双随机”制度，建立重点环境监管企业目录，规范环境执法，强化企业“三同时”制度落实。

坚持问题导向，着力补齐短板。加大生态安全屏障建设力度。以国家森林城市创建为载体，开工建设了比日神山国家森林公园防火观测平台，按照2017年度本级财政收入2%的比例预算安排国土绿化专项资金约500万元，完成“两江四河”绿化4977.3亩、防沙治沙5400亩，全面完成消除“无树户”工作；持续强化环境质量监测。制定《巴宜区环境质量监测方案》，实施包含空气、水及土壤的环境质量监测，数据显示环境质量保持稳定态势，水、大气、土壤环境达标率均为100%；全面推进河湖长制工作。本级财政预算安排河长制工作经费240万元建立区、乡镇、村三级河流管理机制，设立公示牌127个，河长制工作顺利通过自治区验收。

【推进重点改革】 推进依法行政。2018年，巴宜区委坚决落实“三重一大”事项集体决策制度，坚持推行政府法律顾问制度。自觉接受人大、政协和司法监督。全年承办市人大建议、政协提案4件，承办本级人大建议、政协提案62件；推进“放管服”改革。深化商事制度改革，优化行政审批环节，全面推行“多证合一、一照一码”登记制度改革，稳步推进“证照分离改革”工作，全面将企业开办时间压缩至5天以内，降低市场准入制度性成本，新增各类非公市场主体1460个，新增注册资本19.714亿元。推进监察改革。挂牌成立监察委员会，完成6名干部转隶。注重抓源治本，健全廉政风险防控、权力公开运行、防止利益冲突、遏制利益输送等制度规范，形成监察全覆盖；推进理清权责清单，根据法律、法规的立改废释、机构改革、部门职能调整、国务院取消下放行政审批事项等情况，及时调整权责清单，新增安全生产监督管理职责5项，取消行政职权41项。调整后，权责清单从3712项减少为3676项。推进政府财政预算体系改革。积极推进预决算公开，建立跨年度预算平衡机制，编制中期财政规划，使财政支出结构得到进一步的优化，加强转结余资金管理，盘活存量资金。规范政府债务管理，防范化解财政风险，规范理财行为，严肃财经纪律；推进农村土地改革。农村集体土地确权工作通过自治区验收，制定了农村集体产权改革整县推进试点工作方案制定，农村集体产权制度改革稳步推进。

【平安建设】 打好防御战。2018年，巴宜区重点在外部输入的风险和长期酝酿滋生的风险上，最大限度防范和减少重大案事件发生，尤其注重及时排查化解矛盾，用严密的制度和严格的执行来堵塞漏洞、防范风险。同时，稳步推进“两站两员”建设，7个乡镇交通安全管理站、67个村级交通安全劝导站全部建成，268名交通管理员和交通劝导员均已上岗。广泛开展民族团结进步创建活动，促进各民族交往交流交融，深入实施“九有”工程和僧尼“两险一保”、免费体检等，民族团结进一步增强。

打好歼灭战。重点解决涉法涉诉信访积案，以“事要解决”为核心、“案结事了”为标准，创新工作思路、举措和方法，真刀真枪破解难题，合力打赢信访积案化解歼灭战。截至年底，共受理群众来信来访66件，已化解60件，6件正在积极协调化解中，化解率达90.9%，全区未发生因信访问题而造成的负面影响。

打好攻坚战。突出打好防范化解重大风险攻坚战，开展严打专项整治。积极组织开展“扫黑除恶、打非治乱”专项整治工作，研究制定了专项斗争工作方案、宣传方案，鼓励群众积极参与。截至年底，开展宣传活动场次46次，发放宣传信件2.7万余份，接到群众举报线索10条，其中有价值线索7条。2018年，受理各类刑事案件309起，立案260件，破获138起。

打好持久战。做好矛盾纠纷排查。严格落实矛盾纠纷排查调处联席会议制度和月报表制度，2018年，巴宜区发生各类矛盾纠纷389起，已解决347起，正在调处42起。驻村驻寺工作。充分发挥工作队和管委会职能，组织开展反分裂专题教育、“四讲四爱”“争做神圣国土守护者 幸福家园建设者”“遵行四条准则 争做先进僧尼”等宣传教育活动。开展法制宣传。以“法律七进”为载体，开展法制宣传专题教育107次，受教育群众达17280人次，出动宣传车40辆，发放宣传资料2万余份，悬挂宣传标语103幅，设立法律法规咨询台50个。

【执政基础】 筑牢维护核心的思想根基。2018年，巴宜区委始终将思想建党摆在更加突出的位置，把学习贯彻习近平新时代中国特色社会主义思想作为首要政治任务，以中共十九大精神、自治区九届四次全会精神和市委一届七次全会精神指导实践；以学习贯彻十九大为抓手，依托“两学一做”学习教育常态化制度化、“不忘初心 牢记使命”主题教育和“四讲四爱”教育实践活动的有利契机，集中时间、集中人员、集中精力开展了3315场次宣讲活动，实现党员干部群众宣传教育覆盖率100%，增强了干部群众核心意识；以坚定“两个维护”为重点，把强化“四个意识”、防范“七个有之”，作为加强政治教育的主题主线，各基层党委先后开展《习近平谈治国理政》专题学习150余次，分级举办培训班30余期，参训党员达3700余人次；以理论中心学习组为平台，着重抓好领导干部这个“关键少数”，推进

2018年10月16日，巴宜区委书记米次（右三）在德木寺与僧尼交流座谈

领导班子建设，学习型党组织逐步构建。召开中心组学习会15次、《习近平谈治国理政》专题学习研讨15次，邀请专家、教授进行专题授课8次，全区党员干部政治觉悟和政治能力明显提升；以提升干部综合素质为目的，部署实施了政治纪律教育活动，全区150个党组织均召开动员大会，举办政治教育培训班21次，完成全区政治纪律专题组织生活会。

夯实攻坚克难的战斗堡垒。抓好组织覆盖。突出组织力提升，以党的组织体系全覆盖和严肃党建工作考核为抓手，全面促进集体经济、国有企业、非公经济发展，创新推进党建工作指导员、党代表工作室、407个“双联户”党小组等措施，使全区形成横向到边、纵向到底的基层党组织工作格局，覆盖率达100%。建强组织体系。新成立3个党组，配齐154个党组成员，新成立3个党支部，全面落实领导班子思想政治建设、民主生活会、领导班子成员岗位责任等制度，增强各级党组织的凝聚力、战斗力和号召力；强化责任监督。健全和完善组织领导和责任体系，层层签订党建工作目标责任书，落实挂点联系制度，立足发现和解决问题，组建10个党建督导组，开展全覆盖督查2轮，下发整改意见书13份，约谈党组织负责人12人。推进优化提升。扎实开展各领域基层党组织标准化建设，完成全区169个基层党组织标准化建设。统筹各方资金6364.56万元全力推进村级活动场所标准化建设，49个村（居）活动场所标准化建设稳步推进中，完成35个村级组织活动场所已基本完成。

持续营造良好的政治生态。严格落实“两个责任”。深入实施清单化管理，建立健全督促考核、履职报告、约谈提醒制度，层层传导压力、层层抓好落实，签订党风廉政建设主体责任书。强化执行“党纪党规”。把纪律和规矩挺在前面，充分发挥纪委监督执纪作用，聚焦扶贫领域，持续深化监督执纪问责，开展日常监督检查230次，通报4起查处的扶贫领域突出问题。不断强化“四种形态”的综合运用，全年接受信访举报问题线索40件，给予党纪政纪处分10人。全面开展“基层巡察”。按照巡察工作要求，坚决纠治基层不正之风，严肃惩处群众身边的腐败行为，已完成3轮巡察，发现突出问题216条，前两轮发现问题已整改完成，第三轮整改已完成90%，约谈9人，通报批评1个党组织，书面检讨20人。创新打造“廉政阵地”。推进廉政文化品牌创建工作，完成巴宜区人民检察院警示教育基地、更章乡人民政府廉政文化警示教育基地、八一镇章麦村“廉政文化花园”建设，打造区、乡、村三级廉政文化宣教阵地10个。

健全激励担当的制度保障。树立“实干”导向。认真落实“能上能下”有关规定，提拔重用敢于冲锋、能打硬仗、能干成事的干部，坚决调整夸夸其谈、不会干事、干不成事的干部，提拔任用干部55名，对2名不作为、慢作为的干部调整岗位，批评教育干部21名。树立“严管”导向。完善管理全面、标准严格、环节衔接、措施配套、责任分明的干部管理体系，将干部“严管”与作风建设常态化相结合，以作风长效机制抓好干部管理，自2017年作风建设工作开展以来，共开展作风督导检查30次。树立“容错”导向。健全容错纠错机制，真正重视、真情关怀、真心爱护乡镇基层干部，为真抓实干者鼓劲、为改革创新者撑腰、为敢于担当的干部担当、为敢于负责的干部负责。

（李艳坪）

区委办工作

【概　况】 2018年，在区委的坚强领导下，区委办公室立足服务全区改革发展稳定，坚决贯彻落实区委各项决策部署，努力做好“三服务”工作，充分发挥决策“参谋部”和协调“枢纽”作用，各项业务工作都取得了新的进步，圆满地完成了年初确定的各项工作任务目标。

【党建引领】 理论学习有深度。2018年，区委办公室坚持每周至少组织1次学习，内容和要求会前通知，确保学习有组织、讲程序，全年共开展集中学习25次，书记、副书记讲党课4次。廉政建设有高度。安排1名专职人员负责区委党风廉政建设主体责任落实工作，制定了全区党风廉政建设年度工作计划，协助区委签订党风廉政建设主体责任书135份；政治教育有实度。组织开展了政治纪律教育活动，营造了政治纪律教育良好氛围，并签订严守政治纪律和严明政治规矩承诺书；结对帮扶有力度。结合节庆假日，开展走访慰问结对帮扶活动，深化对口帮扶、结对共建等工作。全年开展各类慰问活动4次，送去慰问金4000余元。

2018年9月14日，巴宜区委书记米次参加区委办党支部集体学习，并以普通党员身份为支部成员上党课

【政研辅政】 2018年，区委办公室扎实做好文稿起草工作，坚持把抓好文稿起草，尤其是区委综合性重要文稿的研究起草，作为办公室以文辅政重要形式和主要渠道，做到起草前深入调查研究、起草中认真思谋修改、起草后严格审核把关，努力增强材料的思想性、政策性、针对性和实效性。全年牵头起草各类综合文稿和领导讲话220余篇，为区委研究解决重大问题提供理论参考。

【信息服务】 2018年，区委办公室结合贯彻落实市委、市政府重大决策部署实施情况和社会热点问题，不断强化信息收集、综合和反馈，为领导掌握情况、研判形势、科学决策、解决问题提供了全方位、多层次的信息服务。同时，积极研究加强和改进信息服务工作的方式方法，确保高质量、高标准为领导提供决策基础。全年累计上报各类信息1011条，其中中办采用3条、区党委采用12条、市委采用39条。

【督查考核】 2018年，区委办公室改变单纯奉命督查和事后督查的传统方法，增强督查主动性和实效性，科学运用“督查指挥棒”，实现了向决策督查、重点督查、专项督查转变，有力地推动了中心工作。全年累计完成市委、市政府交办事项111件，上报督查专报45期，制发督办通知45期。同时，还注重加强对全区重点工作、产业项目等进行跟踪督导检查，累计开展督查150余次，下发督查通报7期。

【精文简会】 2018年，区委办公室坚持认真细致负责的工作态度，努力追求工作“零”失误，全力做好区委各项重要会议的保障工作。进一步健全和落实文件报批、备案制度，从严控制文件数量，持续推行“开小会，开短会，开好会”，严肃会风会气，全年累计办理各类会议117个，印发各类文件173份，传阅各级各类文件803份。此外，还严格落实接待制度规定，接访各类调研考察30余批次。

【综合协调】 2018年，区委办公室本着减轻领导负担、推动整体工作的原则，统筹协调安排，使区委主要领导的日常工作和公务活动井然有序；充分发挥承上启下作用，加强与四大班子、区直部门等方面的协调联系，及时上情下达、下情上传，确保各方面都能紧紧围绕区委的决策部署尽职尽责地开展工作。加强与市委办沟通，保质保量完成市委交办的各项工作。

【机要保密】 2018年，区委办公室机要局紧紧围绕机要密码通信“精品年”工作大局，进一步明确保密工作第一责任人和保密管理目标责任，规范机要函件收发流转规程，层层落实保密责任制度。组织开展了机要秘书培训，全区85人参加培训。及时对涉密文件统一清退或销毁，确保失泄密事件零发生。做好党委系统信息化建设，圆满完成加密视频会议保障140余场。此外，还注重加大对电子政务网的管理维护，全年累计收发公文5092份。

【志书编修】 2018年，区委办公室地方志工作紧紧围绕“两全”目标，严格按照修志规划及实施步骤要求，高效推动方志工作开展。按时完成了巴宜区入编《西藏年鉴（2017）》及《林芝年鉴（2017）》的组稿任务，《巴宜年鉴（2018）》顺利通过初审、复审，即将公开出版发行。有序推进《林芝县志（2006—2015）》编修，已完成初审工作，复审各项工作落实有力。圆满完成《中国名镇志·八一镇志》编纂，于2018年12月6日在第三届中国名镇志论坛暨第三批中国名镇志丛书出版座谈会上，顺利完成公开出版发行。

【档案管理】 2018年，区委档案局对档案工作进行认真梳理，查漏补缺，着力加强档案库房和档案信息管理，更加注重档案管理人员培训，建立健全相关审批、保密制度，完善档案信息发布程序，顺利通过市档案局每年例行检查。积极组织开展档案培训，共集中开展9次。全力做好年度文件接收整理工作，共接收文件8223件，接待来人来电查阅档案143人次，利用档案资料487件（卷），复印摘抄1508页。

（李艳坪）

纪律检查

【概　况】 2018年，中共巴宜区纪律检查委员会（监察委员会）坚持以习近平新时代中国特色社会主义思想为指导，坚定贯彻中共十九大全面从严治党战略部署，在上级纪委和区委的坚强领导下，牢固树立“四个意识”，坚定“四个自信”，坚决做到“两个维护”，忠实履行党章和宪法赋予的职责，政治护航展现新担当、从严治党成为新常态、纪检监察踏上新征程、反腐倡廉开创新局面、社会风气呈现新气象、自身建设迈上新台阶，各项工作稳中有进、稳中提质，巴宜区党风廉政建设和反腐败工作稳步向纵深推进。

根据《中共中央办公厅印发〈关于在全国各地推开国家监察体制改革试点方案〉的通知》和《全国人民代表大会常务委员会关于在全国各地推开国家监察体制改革试点工作的决定》，按照中共中央、自治区党委、林芝市委和中央、自治区纪委的部署要求，在林芝市纪委的悉心指导下和巴宜区委的坚强领导下，扎实推进巴宜区深化国家监察体制改革试点各项工作。2018年1月，巴宜区监察委员会如期成立，实现区纪委与区监委合署办公，实行一套工作机构、两个机关名称，履行党的纪律检查委员会和国家监察两项职责，受区委和市纪委监委双重领导。除所属副科级全额拨款类事业单位纪检监察信息中心和2个派驻纪检组外，区纪委监委内设机构调整为5个，分别为综合办公室、党风政风监督室、监督检查室、审查调查室、案件审理室。

2018年，区纪委监委在职人员29名。其中纪委书记、监委主任1名，纪委副书记、监委副主任2名，主任科员2名，综合办公室、党风政风监督室、监督检查室各1名主任，副主任科员4名、科员12名、事业编2名，工勤2名、公益性岗位1名。

区委巡察机构在职人员9名。其中，巡察办主任1名，巡察办副主任1名，巡察组组长2名，巡察组副组长2名，科员3名。

【思想政治教育】 2018年，区纪委监委始终坚持把政治思想建设放在首位，持续深化“三转”，严格执行每周五下午理论学习制度。带头开展加强政治纪律教育活动，严格开展批评和自我批评，落实“三会一课”、民主评议党员等组织生活制度，坚持每月开展一次主题党日活动，充分发挥党支部抓班子、带队伍的主体作用。

坚持把学习贯彻习近平新时代中国特色社会主义思想、中共十九大精神以及党章党规、宪法和监察法贯穿到日常工作中，不断推进“两学一做”学习教育常态化制度化。全年召开40余次集中学习会，其中班子成员领学5次和专题研讨3次，切实强化思想理论武装。严格执行请示报告制度，及时主动向市纪委、监委和区委请示报告重大事项、重要工作68次。2018年年底，区监委首次主动依法向区二届人大常委会作专项工作报告，在探索主动接受人大监督方面迈出重要一步。

2018年4月9日，巴宜区召开纪检监察干部综合培训动员会。区委书记米次（右二）出席会议并作动员讲话，会议由区委常委、区纪委书记、监察委主任米军（右一）主持

2018年1月11日上午，巴宜区监察委员会成立大会召开。区委常委、组织部部长陈绪全（主席台右二）宣布巴宜区监察委员会组成人员名单，区委常委、区纪委书记、区监委主任米军（主席台右一）作表态发言，区委书记米次（主席台右四）出席会议并作重要讲话

进一步严明政治纪律和政治规矩，加强政治纪律学习教育和监督检查，确保政令畅通。统筹抓好政治纪律教育活动，实现党员全覆盖，各级党组织安排集中学习225场次，党组织书记带头讲党课150场次，180名党员领导干部在专题组织生活会上带头作对照检查，3622名党员进行讨论交流、公示个人整改事项，各级党组织和纪检组织实地督导检查2660余人次。

【净化政治生态】 2018年年底，区纪委监委完成对各乡镇（街道）、区直部门的政治生态分析研判，总结提炼实践经验，形成专题调研报告，作出了巴宜区始终做到管党治党不松劲、正风肃纪不停步，党内政治生态总体向好、持续向上的客观评价，分析归纳存在的主要问题和表现形式7条，提出意见建议6个方面，制定措施办法18条。同时，建立健全科级领导干部廉政档案552份，实现廉政档案动态化、规范化、常态化管理；严格落实“纪检监察机关意见必听”要求，全年回复廉政意见函110份。

【国家监察体制改革试点】 2018年，区纪委监委坚决落实中共中央、自治区党委、市委和区委关于国家监察体制改革的决策部署，区委书记切实履行“施工队长”职责，区纪委全面发挥“施工队”作用，以全面深度融合为主线，按照“转隶开局、平稳过渡、逐步深化”的工作思路，注重执纪执法衔接贯通，突出党纪政务合力齐发，扎实、有序、平稳、圆满完成了监察体制改革试点任务，保证合署办公正常高效运转。

【监察工作】 2018年，区纪委监委探索构建并形成纪律监督、监察监督、派驻监督、巡察监督的“四位一体”监督体系，专门将纪检监察室一半力量设置为执纪监督；按照《国家监委管辖规定（试行）》要求，全区监察对象人数从改革前的620人增至2898人，实现公职人员监察全覆盖。在区委2018年反腐败工作协调领导小组会议上，就区纪委监委加强与司法机关、执法部门工作衔接进行重点研讨，促进谈话、查询、调取和鉴定等调查措施得到广泛运用。

【执纪审理】 2018年7月，巴宜区顺利启动自治区首个县（区）审理试点工作，截至年底，审理案件8件。在推进执纪审理工作中，不断加强审理队伍建设，完善案件审理工作机制和流程图，建立案件审核反馈制度，反馈、总结经验12条；不断强化沟通协调，积极主动向上级审理部门请示报告20余次，确保案件审理工作高质高效开展。

【完善责任体系】 年初，区委印发《党委（党组）落实党风廉政建设主体责任清单（试行）》和《纪委（纪检组）落实党风廉政建设监督责任清单（试行）》，进一步明确主体责任清单60项，监督责任清单38项；区纪委监委结合实际，制定年度《党风廉政建设监督责任工作任务清单》，细化具体任务56项，明确责任部门和领导，推动“两个责任”落实横向到边、纵向到底。

【当好参谋助手】 2018年，区纪委监委协助区委与各级党组织签订党风廉政建设主体责任书106份，监督检查各乡镇（街道）、区直部门落实党风廉政建设责任制情况4次；主动向区委报告落实党风廉政建设监督责任情况2次，有力推动反腐倡廉各项工作落实。同时，统筹安排好178名拟提拔科级领导干部的任前廉政法规知识考试，协助区委执行好领导干部述职述廉、廉政谈话等制度，有效督促领导干部落实职责范围内的党风廉政建设。

【廉政教育】 2018年，“清风巴宜”微信公众号上传区、乡两级纪检工作动态445条，发布反腐倡廉信息785条，阅读量达2.9万人次；统筹各级党组织征订《中国纪检监察》杂志64套，发放《中国共产党监察法》及其释义70套，印发新《纪律处分条例》学习手册3000余本。同时，认真协助区委开展好第二十三个党风廉政宣传教育月活动，组织11家区直单位发放宣传资料2400余份，制作展板40个；创建更章乡廉政文化警示教育基地和八一镇章麦村“廉政文化花园”2个廉政文化品牌，有效地将廉政宣教覆盖到全区各个组织和角落。

【作风建设】 2018年，区纪委监委以“永远在路上”的清醒和“坚决抓到底”的韧劲，密切关注“四风”新动向，坚决防止“四风”问题反弹回潮。加强“三大节日”、中秋、国庆等重要节点监督检查，节前重提醒，印发廉洁过节通知4份；节中抓检查，制定监督检查方案4份，各级纪检监察机关累计开展监督检查50余次，发现问题线索3件，做到及时反馈、督促整改。

2018年3月6日，在巴宜区纪委二届二次全会上表彰2017年度巴宜区纪检监察系统先进集体和先进个人

【集中整治】 2018年，区纪委监委及时成立工作办公室，下功夫整治不作为、慢作为、文山会海等形式主义、官僚主义突出问题，开展专项明察暗访督导检查6次，发现突出问题16个，统筹整改完成市委反馈问题清单19条，自治区反馈问题清单5条，查处2起不作为、慢作为突出问题，切实履行监督职责。同时，协助区委开展好庸政懒政怠政等作风专项整顿工作。

【专项治理】 2018年，区纪委监委坚决担当监督责任，全力协助区委深入整治领导干部利用名贵特产特殊资源谋取私利问题，专门下发自查自纠工作通知，督促全区上下坚持问题导向，解决党风问题。同时，从严开展纪检监察系统整治工作，建立“清单”、强化自查自纠，组织签订专题承诺书63份。

【依纪依法办案】 2018年，区纪委监委合署办公以来，接受信访举报和处置问题线索42件，同比增长23.5%；立案9件，党政纪处分10人。坚持集体研判，规范处置问题线索，全年召开纪委常委会（监委委务会）专题研究执纪监督工作23次，同比增长187.5%。持续深化集指导、交叉、独立为一体的乡镇纪委办案模式，消除乡镇（街道）执纪审查空白，全年乡镇（街道）纪（工）委独立处置问题线索10件，立案5件。同时，举办审查调查安全业务培训，完善相关制度，坚守安全底线。

【监督执纪】 2018年，区纪委监委精准把握各种形态的转化条件，做到用纪律管住大多数，用法律惩处极少数。综合运用监督执纪“四种形态”处理130人，其中第一种形态120人，同比增长208.2%；第二种形态9人，同比增长28.6%；第四种形态1人，同比下降85.7%。

【整治腐败】 2018年，区纪委监委把精准护航脱贫攻坚作为重要的政治任务来抓，先后两次作为先进典型在自治区扶贫领域监督执纪问责工作座谈会上作交流发言。自扶贫领域腐败和作风问题专项治理工作全面铺开以来，巴宜区纪委先后召开6次工作部署会、推进会，研究制定“四个一”专项监督检查机制，深入乡村19次，督查重点项目49个，走村入户100余户，发现突出问题18个，督促23家职能部门进行整改。全年受理扶贫领域问题线索10件，立案4件；给予党纪处分4人，运用“四种形态”处理12人，其中第一种形态8人，追缴违纪资金13.9万元，4起违纪问题全部通报曝光，进一步传导压力。

2018年4月25日，巴宜区委常委、纪委书记、监委主任米军（左一）带队深入米瑞乡监督检查脱贫攻坚工作开展情况

【巡察监督】 2018年，区纪委监委召开书记专题会议2次、巡察工作领导小组会议3次，修订《2017—2021年巴宜区委巡察工作规划》，进一步明确工作“路线图”和“任务书”。1—3月，第二轮扶贫领域专项巡察对全区7个乡镇、区脱贫攻坚指挥部办公室及其11个专项工作组进行巡察，发现扶贫领域突出问题10类29个85项，向区直有关部门提出意见建议10条，向区纪委移交扶贫领域问题线索2件。第三轮常规巡察对3个乡镇党委、4个寺庙管理委员会党组进行巡察，发现突出问题128个，向纪检部门移交问题线索1件、向组织部门移交问题线索4件。第四轮巡察已完成进驻，各项工作有条不紊推进中。

【巡视整改工作】 2018年，巴宜区首轮巡察55个反馈问题的整改任务已全部完成。其间，因落实巡察整改责任不力，区委通报批评党组织1个、约谈党员领导干部1名。第二、第三轮巡察后，督促被巡察单位党组织制定整改措施322条，9名党员领导干部因履行脱贫攻坚责任不到位问题作出责任检讨，对10名党员领导干部进行约谈，对2名党员领导干部进行诫勉谈话；通过强化巡察整改督查，压实整改主体责任，督促整改见底到位。

【派驻监督】 2018年，各派驻纪检组充分发挥“探头”作用，开展监督检查33次，日常提醒176次，发现和限期整改问题35个。发放10类70份党风廉政提醒卡；开展加强政治纪律教育专项检查17次，发现和整改问题13个；专门制定

16项清单，监督驻在单位“三重一大”制度落实情况；开展扶贫领域专项监督检查22次，发现问题32个；督促驻在单位领导干部开展谈心谈话98人次，切实推动对驻在单位的监督全覆盖。

【聚焦素质拓展】 2018年，区纪委监委举办巴宜区纪检监察干部综合培训会，统筹安排36名区乡纪检干部参加自治区纪委业务培训，进一步提升纪检监察干部队伍综合素质。牵头举办巴宜区村务监督委员会主任培训会，进一步提高全区71个村（居）务监督委员会民主管理、民主监督水平。

【聚焦中心任务】 2018年，区纪委监委全面铺开纪检监察系统“四个规范化”建设行动，各级纪检监察机关的硬件设施不断完善、软件设备不断充实。在全市率先起草出台《巴宜区纪委贯彻〈中国共产党纪律检查机关监督执纪工作规则〉（试行）实施办法》，研究制定《中共巴宜区纪委常委会　巴宜区监委委务会工作规则（试行）》运行机制，修订完善各项工作制度及流程图32项，指导完善乡镇（街道）纪（工）委和村（居）务监督委员会规章制度25项。同时，在各乡镇（街道）党（工）委的支持下，组织了5期14人的纪检专干跟班学习，促进乡镇（街道）执纪审查调查工作进入规范化轨道。

（丁增桑姆）

2018年4月27日，二届区委第二轮专项巡察扶贫领域情况集中反馈会议召开，区脱贫攻坚指挥部各专项组负责人，八一镇、林芝镇、鲁朗镇、更章乡扶贫专班负责人参加会议

组　织

【概　况】 2018年，中共巴宜区委组织部（以下简称“区委组织部”）认真落实新时代党的建设总要求和新时代党的组织路线，按照全国、自治区、林芝市组织工作会议部署，紧紧围绕市委“135”基层党建工作思路，以党的政治建设为统领，以区委“2156”发展思路为引领，持续聚焦“创巴宜区一流工作部门、争全市组织编制老干部工作前列”奋斗目标，提高政治站位、履行政治责任、强化政治担当，不断提高组织编制老干部工作质量和水平，为决胜全面建成小康社会、推动巴宜区经济社会高质量绿色发展、促进巴宜区长治久安提供坚强组织保证。

【学习中共十九大精神】 2018年，区委组织部将学习贯彻习近平新时代中国特色社会主义思想放在首位，教育引导党员干部加强党性锻炼，牢固树立“四个意识”，不断提高政治觉悟和政治能力。发挥“三会一课”的思想教育功能，通过党组织书记带头讲党课等活动，推动各级党组织书记带头到基层宣讲辅导，带动班子成员、专家学者到农牧区、企业、机关、社区、学校巡回宣讲60余场，用习近平新时代中国特色社会主义思想凝聚党心民心，引导广大党员树牢“四个意识”、坚定“四个自信”。把政治纪律教育作为党员教育培训的重中之重、作为党委理论学习中心组的主要内容，区委、各（乡镇、街道）党工委先后开展政治纪律专题学习90次，党的建设、纪律作风建设专题学习140次，分级举办培训班30余期，参训党员3700余人次，开展“讲政治、守纪律、抓落实”大讨论160场。

2018年，区委组织部把落实“两个维护”作为最高政治原则，组织159个党组织学习新党章，教育广大党员牢记党员身份，推动形成全体党员自觉学习党章、模范贯彻党章、严格遵守党章、坚决维护党章的良好局面。先后组织实施无职党员设岗定责、党员承诺践诺、机关党员进社区、落实“三会一课”制度、党员结对帮扶救困、“亮明党员身份　争当合格党员”等活动，组织区直机关17名预备党员进行入党宣誓，组织159个机关、企事业单位、村（居）党组织3600余名党员集体重温入党誓词。督促指导31个机关党委（党组）、7个乡镇党委、2个街道党工委制定完善“三重一大”议事规则，明确议事程序、议事内容，不断加强对权力运行的监督和制约，有效防范决策失误、行为失范。

2018年，区委组织部建立干部负面舆情清单，先后组织开展3次干部职工在岗在位情况检查，对全区13个单位提出督办整改，对1个区直单位负责人进行约谈；实行“干部动态汇报”，采取每季度定期和不定期，书面汇报和直接汇报相结合的方式，实时掌握干部职工履职尽责、德才表现、思想动态、群众公认度等情况；大力提倡“马上就办”，弘扬“严细实”的工作作风，先后查处2起不作为、慢作为突出问题。

【党员政治教育培训】 扎实开展党员政治教育培训。2018年，由区委组织部牵头制定巴宜区2018年党员政治教育培训工作计划和印发《林芝市巴宜区2018年区直机关党员政治教育培训实施方案》，建立以区委书记为主要负责人，各党委（党组）书记为第一责任人，各党支部书记为直接责任人的责任体系。着眼师资队伍建设到位，建立以自治区党委党校、林芝市委党校优秀教师和专家学者6人为主，乡镇一级领导班子成员、老干部、老党员、“两代表一委员”、驻村工作队员、大学生村干部等为辅的“讲师团”。同时，创新培养一支本级师资队伍，从各单位、各乡镇抽调懂藏、汉双语，理论知识强、能说会讲的10名年轻干部，通过跟学跟讲、边学边讲的形式全程参与培训。着眼课程安排设计到位，精心设计培训内容，在全市统一培训内容的基础上，增设新时代宗教政策解读、增强“四个意识”和新时代中国特色社会主义道路自信等课程，同时加入理论研讨、互动交流等环节，使培训内容更加丰富，培训课程更加饱满，区直机关党员授课时间达到40个学时，各乡镇（街道）授课时间安排均在32个学时以上。

在党员政治教育培训中，区委组织部创新培训形式，突出分层分类教育。建立县、乡、村三级分层培训制度，在机关通过采取集中授课、观看警示片、分组专题讨论、知识测试等方式开展集中培训；在村（居）积极调动广大党员参与热情，充分利用农闲时间、休息日，举办红色夜校，运用现代化教学手段，突出“双语”授课，增强学习成效。加强纪律管理，突出纪律要求。培训期间，坚持严以治教、严以治学、严格落实实名签到、请（销）假制度，通过课前签到、课后点名等形式，严格人员管理，强化培训纪律监督，确保683名机关受训党员和133名村（居）党组织书记、主任达到规定学时。大力宣传造势，突出良好舆论氛围。大力弘扬学习之风，探索建立自上而下和自下而上相结合的宣传模式，各级逐级组织开班动员，下发统一学习宣传资料300余份，形成了区直机关、各乡镇（街道）、村（居）思想统一、步调一致的良好氛围。

在党员政治教育培训中，区委组织部合理安排学习时间，解决工学矛盾。针对村级党组织书

2018年10月19日，西藏自治区人大常委会副主任、林芝市委书记马升昌（主席台左二）在八一镇巴吉村宣讲中共十九大精神

记和村（居）委会主任，分两期采取封闭式集中培训方式，强化培训成效；针对区直机关党员，利用每个工作日下午时间，持续开展10天集中授课，确保工学两不误；针对乡镇一级，探索通过“工学分开”的形式，充分利用中午和晚上时间，集中进行培训，有效解决工学矛盾。突出成果转化，转变思想观念。全区159个党支部结合培训成效，全面开展“严守政治纪律、严明政治规矩”专题组织生活会，并将开展党员政治教育培训与落实“三会一课”、主题党日、谈心谈话相结合，引导广大党员进一步坚定理想信念，激发工作动力，助力工作开展。落实补课制度，充分保证学习效果。第二期区直机关党员政治教育培训累计参训党员2930人，为确保培训时间、人员、效果、内容的“四落实”，对休（请）假、出差等未完成学时要求的270名党员进行针对性补课，实现培训全覆盖、学时全达标，保证党员政治教育培训工作取得实效。

【“两学一做”学习教育】 2018年，区委组织部深入拓展“两学一做”学习教育。坚持在“学”上入脑入心，增强理想信念。坚持领导干部带头学理论、讲专题、上党课、抄党章，当好学习教育的组织者、参与者和示范者，先后组织区委中心组学习会、专题研讨会等24次，区委领导班子每人领学2—3次，发挥了较好的表率作用。结合工作实际，不断创新学习方式，丰富学习内容，通过召开专题研讨会、上党课、手抄《党章》、重温入党誓词等多种形式，推动党内教育从集中性教育向经常性教育延伸。2018年，全区各党支部开展集中学习讨论640余次，党员参与集中学习讨论16800余人次，发放学习教材4600余本、发放宣传资料2100余份。发挥好“互联网+”的优势，创新党员学习交流活动载体，通过支部微信群和“共产党员”“网信巴宜区”微信公众号，为党员干部交流学习搭建平台，拓展党员分享学习教育的特色和经验做法途径，提升

2018年6月30日，“七一”建党节前夕，林芝市委常委、组织部部长刘业强（右一）在巴宜区林芝镇慰问困难党员

学习成效，为“两学一做”学习教育常态化制度化营造了浓厚的学习氛围。

坚持在“做”上求实求效，树立先锋标杆。践行“做”这个关键，以“党员固定活动日”为抓手，开展创卫志愿服务、城市管理一线体验、结对认亲帮扶等活动，不断增强党员的党性意识，深入开展党建引领脱贫攻坚“千干扶千人　一对一交朋友”活动，组织机关864名党员领导干部与402户帮扶户建立联系，定点包村、包户、包人，送政策、送资金、送技术，巩固巴宜区脱贫成果。30名县级领导、190名正科级干部带头开展“党员干部进村入户、结对认亲交朋友”“党员服务日”等活动，先后组织890余名党员干部戴上党徽、亮明身份，上街头、进村（居）、入农户慰问帮扶困难党员、老党员360余人次，发放慰问金、慰问品13万元，开展惠民政策宣讲、法制宣传60余场，真正把“四讲四有”要求融入日常当中，将“两学一做”学习教育常态化制度化和“四讲四爱”群众教育实践活动相结合，以便民惠民服务温暖人心，提升党员干部形象。

坚持在“改”上真抓真严，强化责任意识。突出抓实问题导向，结合自治区纪委集中整治工作，抓好市委巡察反馈共性问题的整改，不断纠治“四风”和腐败问题，严惩各种违纪违法行

为，切实增强群众对党组织的信任度。把党的组织生活作为查找和解决问题的重要途径，重点查找理想信念是否坚定、对党是否忠诚老实、大是大非面前是否旗帜鲜明、是否做到在思想上政治上行动上同以习近平为核心的中共中央保持高度一致等问题，认真组织开展谈心谈话，发现问题，及时提醒，做到指出问题一针见血，批评教育触及灵魂，同时，建立查找和解决问题的长效机制，不断彰显学习教育新成效。

坚持在“抓”上常态常新，助力工作推进。抓在日常，紧紧抓住基层党支部这个关键，坚持从基础工作抓起、从基本制度严起，把“两学一做”作为“三会一课”的基本内容固定下来、坚持下去，把全面从严治党落实到每个支部、每名党员，以村级组织活动场所标准化建设为契机，不断强化基层组织各项功能，建强基层战斗堡垒，使其充分发挥作用。在抓好日常学习教育的同时，更加注重学习教育成果的检验，组织举办“学习贯彻中共十九大精神　坚定不移谋发展保稳定”主题知识竞赛，对全区党员领导干部进行理论知识测试，19名县处级党员领导干部和1100余名科级及以下机关事业单位党员干部参加理论测试。

2018年6月28日，巴宜区委副书记、区长严世钦（前排右三）率队在巴宜区永久村查看村级活动场所标准化建设情况。区委常委、组织部部长陈昌茂（右一）陪同

【组织力建设】 部抓统筹，重落实，进一步提升基层党建保障水平。2018年，区委组织统筹安排部署，分别召开2018年组织宣传统战工作会议和党建工作座谈会，就全区基层党建工作进行总结部署；30名县级党员领导干部分别挂点联系1个基层党组织，指导农村、社区、非公企业等领域的党建工作。健全责任体系，严格执行各级党组织书记抓党建工作责任清单，认真落实区委与各乡镇、街道、区直各单位党组织签订年度党建工作目标管理责任书制度，形成“一把手”为第一责任人，分管领导为直接责任人的一级抓一级、层层抓落实的责任体系。开展党建述职，认真落实乡镇（街道）、区直各单位党（工）委、党组书记履行基层党建工作责任述职制度，按照“现场述、广泛评、深入考”三位一体要求，进一步强化各级党组织书记管党治党主体责任。落实经费保障，落实关爱帮扶经费，由挂钩指导区级领导带队在各乡镇、街道召开座谈会，通过个别走访的方式，对254名“三老”人员、12名大学生村干部、8名青年志愿者、593名村（居）组织干部、100名困难党员、8名援藏干部、7名聘用及解聘干部开展慰问，为慰问对象986人发放慰问金508788元。落实中央划拨党费使用，经部务会研究，对无活动场所的觉木街道沿河社区、更章乡门仲村各补助30万元用于新建活动场所；严格按照标准，经过全面摸底和筛选，确定34名曾经担任村（社区）党组织书记、村民委员会（社区居民委员会）主任10年以上、现已离任的村（社区）老骨干，按照生活困难程度给予每人1000元一次性补助，共发放补助资金3.4万元；对因公牺牲党员、干部的家庭情况进行准确摸底，确定4户需要帮扶的困难家庭，按生活困难程度给予每户5000元一次性补助，共发放补助资金2万元；剩余资金19.6万元全部作为党内激励关怀帮扶资金。强化督导检查，采取现场看点、查阅资料、个别提问等方式，对6个乡镇、2个街道、14个村（社区）、3个寺管会、35个区直机关党建工作开展情况进行督导，督导针对乡镇、街道、机

关、村（居）不同领域党建工作实际，采取“一支部一方案”“一问题一对策”办法，及时发现问题，及时反馈整改，确保督导实效。

抓组织、强核心，不断健全基层党组织体系。坚持以组织建设为基础，着力发挥基层党组织在农牧区各项工作中的核心作用。进一步完善党的组织设置。在区直机关按照应建尽建要求，新成立巴宜区工商局党支部、巴宜区统计局党支部，成立巴宜区觉木街道机关党支部，实现全区所有机关、企事业单位党组织全覆盖；立足各领域实际和发展需求，对巴宜区宏鑫建材市场党支部，及时对领导班子调整的党支部进行改选，切实配齐配强党支部班子。并指导区直机关企事业单位党支部进行支部改选工作，从而进一步优化了班子结构，确保支部有人抓、常常抓。集中整顿后进组织，做到基础实组织强。在摸清7个软弱涣散村级组织和6个机关、企事业单位及1个非公领域软弱涣散党组织状况的基础上，分类形成整改方案。针对班子工作不在状态、影响整体战斗力的村，结合“两学一做”学习教育、“四讲四爱”群众教育实践活动进行思想教育、法制宣传，帮助村干部树立信心，提升服务意识；针对党组织服务能力弱、群众意见大的村，帮助完善“四议两公开”“三会一课”“村规民约”等制度，建立村（居）干部量化管理清单，不断增强村“两委”责任感、事业心。针对组织制度形同虚设、不开展党组织活动。帮助规范党支部七项组织生活制度，细化党支部班子成员的岗位职责，加强党员干部教育培训，做好发展党员工作。同时，采取组织部派党建指导员有针对性地给予指导。不断健全完善整顿软弱涣散基层党组织的长效机制，推动基层党组织不断提档升级，全面提升巴宜区基层党建工作水平。推进党组织标准化建设。将2018年定为基层党组织标准化建设年，制定印发《关于大力推进全区各领域基层党组织标准化建设的实施方案》，全区各级基层党组织对照标准，开展自我评估，建立问题清单和整改清单，从组织体系、领导班子、党员队伍、组织生活、工作载体、运行机制、活动场所、经费保障8个方面入手，分类施策，精准发力，推动全区159个党支部进行整改升级。

抓培训，提素质，提升党组织班子履职能力。进一步提升党务工作者履职能力。将党务干部工作能力提升作为党建工作的重中之重，先后举办组织委员“一季度、一汇报、一培训”、村（居）组织书记岗前任职培训、区直机关党务工作者业务培训，采取授课培训、座谈交流、现场教学、理论测试等多种方式，帮助党务干部开阔视野，理清思路，全年培训人员203人次。从严开展村干部量化管理。严格按照《巴宜区推行村（居）干部量化管理实施办法》及《巴宜区村（居）干部考核激励办法》，指导各乡镇（街道）建立村（居）“两委”年度目标任务清单，各村（居）实时公示目标任务、完成时限、责任人、进展情况、最终结果，进一步加强村级组织规范化建设，扎实推进村级各项事务顺利推进。进一步提升村（居）组织班子成员文化素质。认真落实“领头雁”工程，以实施“万名村（居）干部文化素质提升工程”“双语教育”培训为抓手，着重精准分类、精准备课、精准培训，通过区机关巡回宣讲，乡镇小学、驻村工作队每周举办

2018年1月5日，巴宜区委常委、组织部部长陈绪全（左四）组织乡镇党委书记、街道党工委书记在工布江达措高乡参观学习

2018 年 6 月 18—30 日，巴宜区委常委、组织部部长陈昌茂（右一）在米瑞乡调研

2—3 次夜校培训班，驻村工作队员、初中以上文化程度的党员定期不定期一对一帮教，建立完善学籍制度、考勤制度，从严从实确保实效。全年各乡镇、各村开展夜校 300 余场，培训人员达 500 余人次，熟悉掌握基础数学的运算方法，人均识别汉字 100 字以上。

抓教育，严管理，增强党员的先进性意识。严格程序做好发展党员工作，严把发展党员质量关、考察关、公示关，将时间节点、入党材料、入党动机作为重点审查内容，采取谈心谈话、征求意见、短期培训等方式发展对象进行审查，同步征求纪委、政法委、公安局、信访办意见，确保发展对象政治合格、思想合格。2018 年，全区共发展 111 名党员。进一步规范党员组织管理，通过全国党员信息管理系统，及时核查党员基本信息，更新、修改党员信息 124 条，力求党员党籍、转入或转出信息与党员信息库内容相一致。进一步严肃组织生活。从严抓实党支部政治生活，突出抓好组织生活会、民主生活会，纪委、组织部派员到各党支部进行现场指导，督促各党支部广泛征求意见、找准找实问题、诚恳开展批评。会后，各党支部列出整改清单 107 份，党员作出整改承诺 2300 余条。

抓服务，惠民生，提高基层党建工作的群众满意度。在构建亲民平台上下功夫。在巩固林芝镇党代表工作室试点工作成果基础上，选取林芝镇卡斯木村和康扎村进一步扎实推进党代表工作室建设。2018 年，林芝镇党代表工作接待群众党员 14 人次，收集意见和建议 14 条，当场解决和解答事项 12 件。在构建服务体系上下功夫。投资 100 万元先行打造巴吉村、久巴村、扎西岗村等 6 个党建示范点，配套设置便民服务超市、党员活动室、图书阅览室等功能服务区，打造村级便民服务全程代理平台，推行“窗口咨询→材料审核→集中办理→统一回复”四步工作法，初步实现村（居）组织活动场所服务功能。“爱心超市”创建从城区延伸到 7 个乡镇，将低保户、特困户和丧失劳动能力、无依无靠、无生活来源的“三无”孤老残幼弱势群体纳入爱心帮扶对象，使弱势群体能时刻得到组织关爱，搭建起服务群众的“连心桥”。在提升集体经济收入上下功夫。坚持支部引路、党员带富、产业铺路，久巴村、章巴村等 32 个村拥有集体经济实体，覆盖率达到 45.1%。推广“双星”创建评选，完善评星机制，将“双星”评选与文明新村建设、“双联户”管理等结合，党建保稳定能力不断提升，基层党组织服务功能不断增强。

抓载体，强推进，全力打造活动场所标准化建设。政府主导建设一批。多方筹集资金，为一批村级活动场所建设便民服务大厅、农家影院、农家书屋、村级卫生室、新旧西藏对比展厅等，使活动阵地功能进一步拓展。巴宜区财政预算安排资金 1000 万元，整合中央划拨补交党费 60 万元，党建经费 370 万元，强基惠民资金 710 万元，“美丽乡村”项目资金 310 万元，食药监局项目资金 300 万元，林芝市下拨村级组织活动场所标准化经费 1000 万元，争取援藏资金 654.56 万元，积极协调广东东莞市委捐赠计划外资金 1960 万元，共筹集到资金 6364.56 万元。党建示范点打造一批。区委投入专项资金 100 多万元重点打造巴吉村、扎西岗村、久巴村、唐地村等党建示范点，为唐地村安装大型 LED 显示屏和音响系统，对扎西岗村活动阵地进行亮化绿化，将“红色灯箱”“民族文化”“党建文化墙”融入地域特色和风土人情，让活动阵地上的党徽和国旗成为318国道一道亮丽风景线，使村级活动场所成为标志性醒目性建筑。为巴宜区“双星”创建、“党代表工作室”“爱心超市”等推广实施提供了有利条件。由市委组织牵头在巴宜区八一镇永久村召开林芝市召开村级组织活动场所标准化建设工作现场会，会议总结各县（区）在村级组织活动场所标准化建设过程中取得的成果，并对下一步工作提出具体要求。驻村工作队增效一批。驻村工作开展以来，各级驻村工作队不等不靠，主动争取派驻单位及上级部门的资金支持，对村级活动场所功能设置进一步优化，硬化路面、建设国旗台、文化活动广场、农机库、党员活动室、妇女之家等，添置办公桌椅及文件柜，改善了村级活动场所的办公条件。循序渐进对软件设施进行升级改造，安装投影仪、制作党建文化长廊、建设廉政文化通道等，让软件设施跟进现实需要。村集体经济完善一批。在政府主导投资建设的基础上，一些村级集体经济较好的村，主动克服“等、靠、要”思想，自筹资金对活动场所附属设施进行配套建设。如巴吉村投入96万元对办公场所进行内部装修，新建生活楼；扎西岗村投入20万元修建藏式镂空围墙；久巴村将补偿款90多万元全部投入村级活动场所建设，完善功能设置，做到了超前规划和建设，保证办公服务的基本需要。2018年,35个建设任务12月底全部完工。

抓平台，促成效，不断落实基层党代表年会制。始终把搭建工作平台作为党代表任期制工作的核心措施来落实，积极发挥代表作用。搭建议事决策平台。充分发挥党代表参谋助手作用，积极引导各级党代表通过参加党代表大会，听取和审议工作报告，讨论决定党内重大问题，参加选举和区委组织的活动等，广泛集中民智，积极参与议事决策，不断提高区委决策的民主化和科学化水平。搭建民主监督平台。充分发挥党代表监督保障作用，坚持重大决策党代表意见必听，重大会议党代表必参加，重大事项必向党代表通报，让党代表广泛参与巴宜区经济社会发展工作，成为实施民主监督的重要力量。上半年，邀请30余名基层一线党代表参加区委常委班子民主生活会、区委书记党建工作述职评议会，参与干部选拔任用推荐、干部考核评议、干部选拔任用“一报告两评议”等重要会议，进行民主测评，进一步强化党代表的监督评价职能。搭建联系服务平台。发挥党代表桥梁纽带作用，不断深化“党员干部进村入户、结对认亲交朋友”活动内涵，建立党代表联系服务基层党组织和党员制度，巴宜区233名党代表均联系3—5名困难群众，并通过走访、座谈等方式，加强与基层群众的联系，了解群众所思所想所盼，积极反映基层党员和群众的呼声，帮助他们解决实际困难。

抓基层，打基础，精准推进驻村工作。创新方式学习宣传贯彻中共十九大精神。巴宜区第七批驻村（居）工作队入驻以来，始终把学习宣传贯彻落实好中共十九大精神和习近平新时代中国特色社会主义思想作为驻村工作的首要政治任务，坚持学原文、读原著、悟原理，结合“四讲四爱”群众教育实践活动，深入开展习近平新时代中国特色社会主义思想和中共十九大精神进万

2018年3月6日，巴宜区委组织部组织召开庆祝“三八”国际妇女劳动节108周年座谈会。区委常委、组织部部长陈绪全（主席台左二）出席会议并讲话

家宣讲活动，深入学习宣传全国“两会”精神特别是习近平重要讲话精神，完整深刻准确掌握中共十九大提出的新方位、新论断、新目标、新任务、新要求。通过走村入户、召开宣讲会、座谈会、开展主题活动、张贴宣传标语、开辟宣传栏等多种形式向农牧民群众深入宣讲中共十九大精神。用藏、汉双语向群众宣讲习近平新时代中国特色社会主义思想和中共十九大精神等1500余场次，受教育群众4.6万余人次，举办专题讲座600余次，发放宣传材料2.8万余份，开辟专题宣传栏214期。扶贫扶志打赢脱贫攻坚战。各驻村（居）工作队深入宣传中央、自治区、市一系列强农惠农富农政策，教育引导贫困群众树立艰苦奋斗、自力更生意识，摒弃“等靠要”思想，激发自我发展、自我脱贫内生动力，向驻在村（居）群众宣传精准扶贫、精准脱贫政策1100余场次，受教育群众2.5万余人次，印发扶贫宣传资料5600份，开辟宣传栏112个。全区驻村（居）工作队员包户帮扶贫困户402户1456人，帮助贫困群众研究制定帮扶措施337条，梳理群众生产生活方面存在的困难和问题834个，收集整理群众意见和建议523条，帮助解决困难和问题712个。奋力推进乡村振兴战略。乡村振兴是新时代做好“三农”工作的总抓手，巴宜区第七批驻村（居）工作队聚焦产业兴旺、生态宜居、乡风文明、治理有效、生活富裕的总要求，一手抓好群众的教育引导，一手协助村（居）“两委”班子撸起袖子加油干。帮助所驻村（居）“两委”理清发展思路355条，制定、完善、实施经济发展规划236项；帮助所驻村兴办符合产业政策、市场前景好、就业带动强的集体经济实体6个，专业合作经济组织2个；协助开展全村植树种草、整治脏乱差、建设“美丽乡村”活动710余次，参与群众1.73万余人次；开展环境保护主题宣讲160余场次，受教育群众达7700余人次；帮助村级组织健全村规民约222个；协助村（居）“两委”制定维稳工作方案和应急预案200余个，建立健全农牧区维稳工作机制240余条，建护村队、护校队、护厂队187个；协助村（居）“两委”召开村情民意群众会400场次，走访所驻村（居）7599户；协助村（居）“两委”积极化解和妥善处理各类社会矛盾251件，排查调处与邻乡、近村之间草场、水源、矿产等矛盾纠纷102件。加强基层精神文明建设。巴宜区牢牢把握群众精神文明建设这条思想线，深入群众家中、田间地头，从点滴抓起，通过形式多样的宣传教育，引导群众内化于心、外化于行，积极引导村民移风易俗的同时丰富村民的精神文化生活，提高全村村民的凝聚力，为巴宜区和谐稳定、经济发展创造良好社会环境。第七批驻村（居）工作队协助村（居）“两委”组织召开抵制十四世达赖集团的分裂渗透破坏活动、与十四世达赖集团划清界限等专题会议170余场次，参会群众1万余人次；宣传党的民族宗教政策150余场次，受教育群众9500余人次；向农牧民群众宣讲弘扬“老西藏精神”“两路精神”，举办“争做神圣国土守护者、幸福家园建设者”专题讲座90余场次，参与群众6000余人次；向驻村（居）群众宣传电信防范网络诈骗、禁毒知识教育等260余场次，参与群众

2018年5月18日，巴宜区组织召开村级组织活动场所标准化建设工作领导小组第五次会议，会议由区委常务副书记、广东省第八批援藏工作队巴宜区工作组组长张立鹤主持，区委常委、组织部部长陈绪全，区人大常委会副主任德吉尼玛出席会议并讲话

1.3万余人次，发放宣传资料8000余份，开展宣传栏68期；宣传“厕所革命”“两降一升”和包虫病、结核病、肝炎、风湿病、大骨节病等地方病综合防治工作140余场次，覆盖群众1.3万余人次；针对农牧民群众中存在的不良习惯和陈规陋习行为开展教育活动160余场次，受教育群众8000余人次；驻村（居）工作队在“3·28”西藏百万农奴解放纪念日、中华民族传统节庆、重要节庆日等组织群众开展“三送”活动290余场次，覆盖群众1.7万余人次；协助村（居）“两委”深入开展普法工作特别是学习宣传宪法，组织群众学习、宣讲法律常识等活动140余场次，受教育群众8700余人次。持续激发村级班子活力。2018年，巴宜区各驻村（居）工作队积极协助所驻村（居）深入推进“五型”基层党组织创建活动，坚持指导不领导、到位不越位、帮办不包办原则，以帮助基层党组织提升群众工作能力为目标，加大对新任村（居）“两委”班子的指导帮扶力度，把“两委”班子推到前面，工作队在后面给予指导支持，树立起“两委”班子威信。截至年底，各驻村（居）工作队帮助驻在村（居）健全组织生活会、民主评议党员、主题党日活动规章制度168个，党务村务财务公开制度61个，党风廉政建设等方面规章制度57个；为村（居）“两委”班子成员上文化课1357学时，上党课779学时；协助村（居）“两委”开展活动456场次，召开支部党员大会318次、党支部委员会357次、党小组会323次、党课232次，使用村级组织活动场所1135次。不断巩固驻村工作成效。在经费管理上，2018年，结合巴宜区实际，对强基惠民工作经费1420万元进行整合使用。其中，710万元整合到巴宜区村级组织活动场所标准化建设项目中；71万元用于慰问；142万元用于各村（居）办公、培训等；497万元由乡（街道）根据相关要求统筹使用，重点用于提升基层组织建设和增强社会内生动力等方面。区

2018年11月20日，巴宜区召开2018年度干部考核大会

委、区政府继续为第七批驻村（居）工作配套资金298.05万元。在关心关爱上，巴宜区46个派驻单位认真落实主体责任，经常性了解派驻点情况，关心关爱驻村干部，发挥各自优势为驻村干部提供支持保障，各派驻单位主动前往驻村点开展调研、指导、慰问等工作1000余次。在监督管理上，巴宜区强基办实现每季度7个乡镇、2个街道、71个村（居）督导检查全覆盖，全年开展督导检查40余次，对7名违反驻村纪律的干部进行通报，解决乡镇反映驻村干部履职不力有关情况2件。各乡镇（街道）党（工）委和强基办开展督导检查、工作指导150余次。在宣传报道上，巴宜区各级强基办、各驻村（居）工作队报送工作简报6000余期，其中自治区采用5期、地（市）采用12期、县区采用（78）期。报送“驻村故事”332个。其中，中央媒体宣传报道1个，自治区媒体宣传报道6个，地（市）、县（区）媒体宣传报道13个。

【干部队伍建设】 2018年，区委组织部落实市委组织部“精准育好”“精准用好”“精准管好”干部要求，着力打造忠诚、干净、担当的干部队伍。注重教育培训与实践锻炼相结合，提升干部素质。开设党政领导干部、紧缺专业技术人员、第一书记、大学生村干部等各类培训班40余期，培训党政干部279人次、专业技术人员670余人次、第一书记及大学生村干部13人次。着力加

强乡镇领导班子建设，积极选派乡镇党委书记、乡镇长、街道党工委书记、街道办主任参加自治区、市举办的乡镇主要领导进修班，实现培训全覆盖。选派党务工作者30人赴延安开展党性教育学习，有效提升乡镇干部工作能力。加大区直单位、乡镇（街道）、寺管会干部交流力度，有意识将干部进行多岗位实践锻炼，在2018年干部调整中，有12名工作实绩突出的寺管会、乡镇干部提拔或交流到区直单位任职，有8名优秀机关干部提拔充实到乡镇（街道）领导班子，丰富了干部的工作经验，提升了工作能力。2018年提拔的38名科级干部中，有基层工作经历或驻村、驻寺经历的干部35名，占92.1%；具有环保、扶贫等领域工作经历的干部9名。

2018年，区委组织部注重日常监督与专项整治相结合，强化干部约束。坚持抓早抓小、重在日常，制定干部定期汇报等制度，动态掌握干部遵守政治纪律和政治规矩、执行民主集中制、重大问题请示报告、参加民主生活会、组织生活会、家庭家教家风等情况。严格落实部务委员“1+N”联系服务单位制度，大力开展谈心谈话活动，严格执行《巴宜区组工干部谈心谈话制度（试行）》，成立6个小组，联系全区各乡镇（街道）、区直各单位，坚持“指定谈”和“申请谈”相结合，“请上来”和“走下去”相结合，“定时谈”和“随机谈”相结合，深入干部职工中，准确了解干部基本情况，掌握干部思想动态，在选人用人中尽量做到人尽其能、人岗相适。2018年，与各单位干部职工谈心谈话280余人次，收集整理涉及领导班子和干部队伍建设、人才工作等方面的意见建议7条，解决岗位交流调整、干部教育培训等方面的个人诉求20条。将领导干部报告个人有关事项范围推广到单位“一把手”，通过专题培训、政策解疑等方式，全区220名正科级以上干部均按程序按规范填写了个人有关事项报告表。扎实抓好干部档案专项审核工作，完成1342份档案审核清查，制作打印档案目录1517册，校对签字1117份，对383名干部人事档案有关情况进行确认，补办资料687份。

2018年，区委组织部注重正向激励与负向惩戒相结合，督促干部作为。关心支持长期奋战一线、扎根基层、勤勉敬业的干部，调动和保护好干部干事创业的积极性。各乡镇均新建了职工食堂、澡堂、文化活动场所，极大改善了干部特别是乡镇干部住房和生活条件。树立正确选人用人导向，为敢于担当的干部担当，为敢于负责的干部负责，鼓励干部大胆改革创新。突出政治标准，破除论资排辈观念，不拘一格选贤任能，对在维稳一线、驻村驻寺、脱贫攻坚中实绩突出，工作目标完成出色的12名优秀干部进行提拔或调整，对未达到驻村经历的10名干部函告要求“回炉补课”。准确掌握干部职工思想动态，对发现的苗头、倾向性问题建立干部负面舆情清单，加大提醒谈话、函询、诫勉力度。2018年，提醒谈话9人，及时批评教育，防止小病拖成大病。

【人才队伍建设】 2018年，区委组织部围绕巴宜区委确立的“培养、引进、调整、稳定、用好”人才的工作方针，加强人才队伍建设。健全工作机制。深入实施市委《关于进一步加强人才工作的意见》和《柔性引进短期服务人才管理办法》，完善投入保障，将人才工作资金纳入本级财政预

2018年4月12日，区委组织部组织召开公务员考核连续三年优秀人员与青年人才座谈会。图为区委常委、组织部部长陈绪全（左二）与获奖人员合影留念

算，每年划拨人才专项经费 40 万元。建立与对口支援省、市人才交流机制，分批选派干部人才到广东省发达市、镇挂职锻炼和交流学习，不断提升各类人才专业素质。大力引进人才。积极做好教育人才“组团式”援藏、非西藏生源定向生分配、西部志愿者接收等工作。全年专项招录非西藏生源大学毕业生 8 人，接收基层政法“定向生”10 人、“组团式”教育援藏教师 38 人、西部志愿者 3 人，本地人才队伍结构得到有效改善。抓住三级医院对口帮扶县（区）卫生服务中心大好机遇，与东莞市人民医院、北京海军总医院签订合作协议，选派 5 名麻醉科、药剂科、外科、妇产科等方面医疗专家，以一科包一科的方式对口帮扶巴宜区卫生服务中心建设，巴宜区卫生服务中心的专科能力明显提升。坚持柔性引才，不求所有、但求所用，加大农村实用技术人才引进力度，引进农牧业种养大户 7 人，有力促进了巴宜区乡村农牧产业发展。加强服务管理。落实保障政策，开展岗前培训，拓展专招大学生导师制度内容，建立组织部部务委员、乡（镇）领导班子成员和工作经验丰富的乡（镇）机关干部“3+1”传帮带机制，确保“专招生”扎根基层、发挥作用。将 38 名“组团式”教育援藏教师与 64 名本地教师建立结对帮带关系，签订帮带责任书，实行双向考评，既加强了援藏人才的服务，又提升了本地教师的专业能力。

【机构编制】 2018 年，巴宜区委组织部坚持围绕中心、服务大局，全力推进体制机制改革。深入贯彻落实中共十九大关于深化国家监察体制改革的重大决策部署，完善监察委员会“三定方案”，科学设置机构编制，按 22% 的比例从检察院划转政法专项编制 9 名；合理制定工作职责，将检察院反贪污贿赂、反渎职侵权、职务犯罪预防等职能划入监察委员会，加强对行使公权力的公职人员开展监察工作的职责。将检察院反贪污贿赂、反渎职侵权、职务犯罪预防涉改 3 个部门 3 名工作人员转录到监察委员会，实现机构、职能、人员上的全面融合，审慎稳妥推进监察体制改革。聚焦政治性、先进性、群众性、广泛性等要求，着力抓好群团机构改革，单设正科级群团工作部门工会、团委、妇联，妥善做好人员分流工作。增强机构编制工作服务大局的能力，设立河长制办公室、社会经济调查队等，不断完善体制机制。提高政治站位，坚决扛起机构改革的政治责任，稳妥、有序、精准推进各项改革工作。扎实做好前期准备工作。开展机构改革专项调研工作，认真梳理机构设置和职能配置情况，收集整理当前党政群机构设置、职能配置、职责履行及工作实际等方面存在的突出问题，为制定巴宜区党政机构改革方案做好充分准备。切实建立领导协调机制。组建机构改革工作领导小组及办公室和各专项组，明确了责任主体，规范了决策程序。建立了工作运行规范，制定规章制度，严格工作标准，做到在机构改革组织实施中有统一的工作遵循和政策标准；建立改革任务总台账，定点、定时、定期跟踪问效；建立机构改革信息报送制度，通报机构改革任务的推进落实情况；建立督察评估制度，抓好机构改革决策部署落实情况日常督察和机构改革成果评估，精准务实、优质高效完成党政机构改革任务。研究制定改革工作方案。按照中央、自治区党委关于机构改革的决策部署要求，紧密结合巴宜区实际，认真研究制定《关于深化巴宜区党政机构改革的工作方案》，明确机构改革的总体要求、工作原则、实施步骤、工作要求，细化 4 个阶段、13 个环节工作任务，牢牢掌握工作主动权。在 35 个党政机构限额内，制定《巴宜区机构改革方案（初稿）》，初步提出党委、政府机构设置意见建议。

2018 年，区委组织部减证便民、优化服务，深化行政审批制度改革。更加注重事中事后监管，持续精简优化行政许可事项，简化审批环节。严格执行《西藏自治区行政权力和责任清单管理办法》，对照中央取消的指定地方实施行政审批事项和自治区取消调整的行政职权事项，及时动态调整巴宜区行政权力和责任清单事项。截至年底，巴宜区行政权力和责任清单共有3676项，其中行政许可208项、行政处罚2648项、行政强制179项、行政征收17项、行政给付19项、行政检查236项、行政确认47项、行政奖励72项、行政裁决5项、其他类245项。加强清单执行情况的督导和问责，规范办理依据、程序、时限和自由裁量权，坚持用好“四书两账一指南”（受理通知书、不受理通知书、补正材料通知书、一次性告知书，办事台账、群众意见反映台账，服务指南），发挥权责清单规范政府部门依法行政的作用。按照“凡是没有法律法规依据的，凡是能通过个人现有证照来证明的，凡是能采取申请人书面承诺方式解决的，凡是能通过网络核验的，凡是能够通过相关部门制发的批文来证明的，凡是能通过实地走访、调查了解等方式获取有关信息的，一律取消证明材料”的原则，深入实施减证工作，共减少婚姻状况证明、低保户证明等证明7项，群众办事效率进一步提高。积极做好政务服务大厅建设调研工作，清理拟进驻便民服务大厅服务事项169项，为今后建设政务服务大厅奠定基础。

2018年，区委组织部增强意识、强化责任，严肃机构编制工作纪律。建立编制、组织、人事、财政相互配套协调的约束机制，管好编制这个“龙头”，只有编制部门核定了编制，组织人事部门才能调配人员、财政部门才能核拨人员经费。严格机构编制管理，增强控编减编效果。严格遵循自治区、市编办核定的机构数额和编制总额，严控机构限额和人员编制总量，从严机构编制审批，严格执行机构改革方案和“三定”规定，从源头上控制和杜绝机构编制膨胀。完善工作机制，着力抓好实名制系统更新和维护，采取专兼职相结合的方式，在各单位配备1名工作认真的干部，负责实名制信息系统数据统计、上报及更新管理工作。遇有人员调整（调进、调出、退休、提拔），及时到编办更新实名制卡片。2018年，共上下编291人，实现了国家工作人员的规范化、动态化管理。加强机关事业单位履职情况的督查，重点督查各单位是否存在权责不清、推诿扯皮、执行政策“缩水走样”等问题，不断提升行政效能。加强机构编制法律法规宣传教育，将机构编制监督管理纳入干部教育培训重要内容，增强干部职工特别是领导干部机构编制法律意识。联合区纪委，加强对机构编制规范管理的监督检查，机构乱挂牌现象得到极大改善。

【离退休干部工作】 2018年，区委组织部坚持党建引领，推动老干部工作再上新台阶。不断完善离退休干部党支部的建设。结合巴宜区退休一、二支部现有党员的实际情况，报经巴宜区直机关工委批准，年初分别对巴宜区离退休党支部进行换届选举。巴宜区离退休一支部除设书记1名外，增设支部委员2名，巴宜区离退休二支部除设书记1名、副书记1名、委员1名外，增设支部委员2名，有效加强了党支部的建设。健全党组织工作经费保障机制。落实好运转经费、活动场所、工作补贴等经费保障政策，经部务会研究，核定退休一支部书记及班子成员工作补贴为每人每年4440元，退休二支部书记及班子成员工作补贴为每人每年6840元，工作补贴包括电话费、交通费、业绩补助，对两个离退休党支部8名党支部书记及班子成员一年补贴47520元，补贴分半年形式发放。2018年，兑现8名离退休支部党组织书记及班子成员半年工作补贴23760元。进一步强化支部成员培训。积极组织退休支部书记及班子成员参加巴宜区新一届村级组织书记岗前任职培训、区直机关党务工作者培训、巴宜区党员政治教育培训等，累计培训班子成员24人次，培训党员162人次，系统学习党务工作知识，培养党建思维，为开展党支部各项工作打好坚实基础。积极争取资金实施活动场所建设。争取协调财政资金36.5262万元，对退休二支部活动场所进行改造，改造面积255平方米，建成了办公室、会议室、休闲娱乐室、茶水间、公用厕所等，为离退休党员干部提供了集学习、休闲、娱乐为一体的多功能服务，进一步充实了离退休党员的文化生活。

制度保障，老干部工作建出新长效。完善学习教育制度。制定和完善离退休党员政治理论学习计划，结合老干部工作实际，坚持每月10日老干部集中活动制度，有针对性地开展各类主题教育和集中学习，组织老干部交流心得，进行讨论，确保学习教育制度化常态化，不断提升学习效果；建立完善了区委老干部局“六项”工作制度。区委老干局以离（退）休人员党支部为单位，在老干部中建立了联系卡制度、联络员制度、记民情日记制度、民情台账制度、“四个必访”制度及帮扶制度等。通过送联系卡到老干部手中，变“离退休老干部找上门”为“老干部局进家门”，加强了与老干部的主动联系，联络员承担起了居住分散、管理不便的老干部之间的沟通，便于及时了解老干部思想动态，解决困难问题。区委老干部局在工作中做到重大节日必访、生病住院必访、有困难必访、人去世必访。2018年，慰问去世人员8人，发放慰问金8000元，慰问病重退休干部11人，发放慰问金5500元；分别组织拉萨、成都（离）退休干部职工召开座谈会进行座谈、慰问，共慰问（离）退休干部职工529名，发放慰问金529000元，发放慰问品502件，折合人民币30120元；进一步完善困难帮扶机制。认真落实《巴宜区特困离退休人员帮扶资金管理使用实施办法（试行）》，对身患重病、失能、高领等有特殊困难的离退休干部进行认真排查，确定特困帮扶人员。2018年，初步审核确定了19名特困帮扶人员；积极落实老干部外出疗养待遇，丰富（离）退休老干部精神文化生活。积

10月7日上午，巴宜区退休干部举行欢度“重阳节”暨趣味运动会活动

极争取资金，加大离退休干部参观、疗养经费的投入力度，2018年，累计带出老干部60人，分别前往北京、海南等地进行疗养，并逐年增加疗养人数，力求做到老干部疗养全覆盖。

思路创新，老干部工作充满新活力。加强党员政治教育。组织老干部深入学习贯彻中共十九大精神，教育引导离退休干部坚决做到“两个维护”，牢固树立“四个意识”，不断增强“四个自信”。结合“两学一做”学习教育、“四讲四爱”专题教育实践活动，组织离退休干部原原本本学习中共十九大精神和自治区第九届三次全会精神，深入学习习近平新时代中国特色社会主义思想，2个离退休干部党支部开展宣讲中共十九大精神7次，566名离退休干部职工学习全覆盖。加强党员服务管理。针对个别退休党员不主动参加组织活动，各退休党支部通过微信、电话、短信、家访、个别交谈等方式，主动加强与支部党员联系，动员其积极参加组织活动，对因身体或其他原因不能参加组织活动的，建立完善请假制度。针对因年迈、疾病等原因行动不便的党员，由党支部通过电话、网络、探望等方式联系，及时向他们传达和通报组织生活有关情况，听取他们的意见建议。同时，加强退休干部管理，严格执行各项组织纪律，对老干部长期不参加组织生活的严肃批评教育，先后帮助4个单位与9名离退休党员取得联系，积极为16名退休党员办理

组织关系转出手续，对排查出的3名取得联系的“失联”党员进行批评教育，做出妥善处理，并报区委组织部备案，解决处理各类问题48件次，全面扭转个别老干部党性观念淡薄，大局意识不强的局面。加强党员思想引导。不断完善离退休党支部“三会一课”制度，累计开展支部书记讲党课活动6次，邀请机关工委书记讲党课1次，退休一、二支部先后召开2017年度离退休干部党组织生活会，加强政治纪律教育专题组织生活会，进一步统一了思想，提高了认识，凝聚了离退休支部的坚强战斗堡垒作用。举办离退休干部与青年干部座谈会、巴宜区“2156”发展思路研讨会等3期，并召开座谈会专题通报巴宜区经济社会发展情况，在重大项目推进方面积极征求老干部意见，邀请老干部出席重要会议17场，老干部正能量作用进一步得到发挥。

【自身建设】 2018年，区委组织部紧紧围绕市委组织部提出的“创一流、争前列”要求，结合实际制定《林芝市巴宜区“创一流、争前列”工作实施方案》，以“深化思想教育、带头强意识，深化班子建设、带头做表率，深化队伍培养、带头提能力，深化履职尽责、带头增效能，深化责任担当、带头创业绩，深化文化营造、带头转作风，深化工作创新、带头树品牌”的“七深化、七带头”目标为牵引，细化37项具体工作任务，着力提升组工干部执行力。狠抓学风建设，树立“学习先行”的理念，使《周工作例会制度》常态化，上半年累计召开35次，内容涵盖学习文件精神、观看业务讲座、交流探讨工作等，人均印发学习资料400余份，个人形成工作和学习笔记5000字以上。着力转变工作作风，严格执行首办责任制，确保工作高效率完成。加强和改进调查研究，结合党建一季度一督查、村（居）组织换届检查、抓党建促脱贫攻坚督促检查、作风整顿督查等工作，实行1名部务会成员带多名普通干部联系服务乡镇（街道）、单位制度，深入基层一线掌握了解情况，人均下乡调研督查20次以上，并按规定形成各类专题调研报告4篇以上。密切联系服务群众，持续开展“进村入户结对认亲交朋友”活动，部机关20名党员干部与驻村点更章村10户37名农牧民结成帮扶对子，定期入户宣讲政策、慰问救助，帮助他们理思路、找门路，为群众办实事好事。将部机关党支部与更章村党支部联合共建，在“3·28”百万农奴解放纪念日、“五一”劳动节、“五四”青年节、“七一”建党节等重要节点，开展形式多样、内容丰富的联谊活动5次，不断增进党群干群关系。

（王万财）

宣　传

【概　况】 2018年，中共巴宜区委宣传部（以下简称“区委宣传部”）在区委的正确领导下，在林芝市委宣传部的关心指导下，全面贯彻落实中共十九大精神和党的民族政策和中央第六次西藏工作座谈会精神、习近平新时代中国特色社会主义思想，特别是紧密结合当下开展的“四讲四爱”群众教育实践活动和民族团结进步示范市创建活动，紧紧围绕区委、区政府中心工作，以主题活动提升宣传效果，以创新实践促进宣传与时俱进，各项工作取得长足进步。区委宣传部加挂巴宜区互联网信息办公室，归口管理的所属事业单位1个（互联网信息网评中心）；管理参公单位1个（巴宜区文化市场综合执法大队），属副科级建制。2018年，区委宣传部（网信办）有干部职工16名，其中宣传部6名、网信办4名、网评员2名、文化执法大队4名。

【理论学习】 突出区委理论学习中心组龙头带动作用。2018年，区委宣传部精心制定学习计划，形成主要领导带头学、区四套班子重点学、各级班子广泛学的良好局面。全年开展专题讲座4次，观看专题片6次，专题研讨7次，研讨发言达30人次；同时将《习近平谈治国理政》第一卷、第二卷35个专题、178篇文章归纳划分为15个专题，组织区委中心组开展专题学习15次，专题讲座和观看专题片9次，研讨交流发言37人次。

组织各级党委（党组）深化理论学习。征订《习近平谈治国理政》第二卷1200多册，发放《党的十九大报告学习辅导百问》《习近平的七年知青岁月》等学习辅导材料1300余份。各级党委（党组）开展专题学习300余次，参加人数达2000余人。

集中宣讲党的最新理论创新成果。组织区、乡、村三级宣讲团（组、队）深入基层开展"面对面宣讲点对点落实中共十九大精神进万家"活动，开展集中宣讲活动337场次，受教育群众达6万余人次。

用新媒体推送相关精神。通过巴宜区政府新闻网、"网信巴宜区"微信公众平台及时编辑推送图文信息，向全区宣传思想网信队伍微信工作群推送有关会议精神报道，组织各乡镇（街道）、区直机关企事业单位和行业部门党员领导干部收看收听重要视频节目。全区广大干部群众进一步增强"四个意识"、坚定"四个自信"、提高政治站位，对以习近平为核心的中共中央在思想上深刻认同、政治上坚决维护、组织上自觉服从、感情上忠心拥戴、行动上坚定紧跟，切实铸牢了"核心"烙印。

【意识形态】 2018年，区委严格按照守土有责、守土负责、守土尽责的要求，以高度的政治自觉始终把意识形态责任扛在肩上，以有力的工作措施推动落实意识形态工作各项任务。把意识形态工作列入区委常委会重要议程，先后组织召开了巴宜区党委（党组）意识形态工作专题会、全区组织宣传统战工作会议、宣传思想文化工作座谈会和巴宜区党委（党组）意识形态工作座谈会，统筹安排部署巴宜区意识形态领域各项工作。及

2018年8月26日，中央纪委国家监委驻人民日报社纪检监察组组长、人民日报社编辑委员会委员李熙（左三）深入鲁朗镇扎西岗村调研

时与全区各级党委（党组）签订意识形态工作目标责任书，及时总结提高、部署落实意识形态工作目标、任务和责任。区委书记米次作为第一责任人，旗帜鲜明地站在意识形态工作第一线，主动担责履责尽责，多次听取意识形态工作汇报，对具体事务及时作出具有针对性的指导指示。全区各级党委（党组）全面落实意识形态工作责任制，把意识形态工作纳入重要议事日程，同日常业务工作同安排同部署同落实，进一步扭转只抓业务工作而忽视意识形态工作的局面，形成各方合力抱拳共同打好意识形态主动仗的综合治理大格局。

【媒体宣传】 2018年，区委宣传部大力开展主题新闻宣传，不断加强新闻舆论传播力。统筹推进网上网下系列宣传，充分借助大报大刊知名网络媒体大平台的"眼球"效应，以平台为介，精心策划，主动出击，开展全方位、多角度、立体式宣传报道，持续形成规模、形成声势。2018年，先后接待区内外、国内外媒体50余批、200余人次。巴宜区嘎拉村扎实推进乡村振兴战略新闻登上央视新闻联播，巴宜区宣传片在西藏电视台播放，旅游卫视《文明中华行》播出了《巴宜印象》4集专题片，新华社《西藏一个生态移民家庭的二次创业》报道了多布村阿佐搬得进、留得住、能致富的典型事迹，《西藏日报》刊登《放

2018年11月5日，区委常委、宣传部部长周必容深入八一镇文艺演出现场，看望慰问小演员并合影留念

养藏香猪　敲开致富门—记林芝市巴宜区青岗林藏香猪养殖合作社》《“大党建”引领大发展——记林芝市巴宜区党建工作综述》《巴宜区更章乡：小舞台唱响脱贫大梦想》，“快搜西藏”平台发布《专访巴宜区委书记米次：精准发力，全面决胜脱贫攻坚》，《西藏商报》刊登《鲁朗小镇入选国家级旅游度假区》《林芝市八一镇获评国家新型城镇化试点镇》，《南方日报》刊登《广东创新援藏扶贫机制　引进实施10多项产业项目投资总额逾百亿特色产业托起“藏地江南”致富梦》，在人民网、新华网、西藏新闻网、西藏林芝网分别刊登《一位藏族耄耋老人亲历的藏历新年变迁》《佳节感受“幸福乡村”》《巴宜区多措并举关心关爱离退休老干部》等新闻报道文章。

主动发声引导舆论，传播网上网下正能量。在政府门户网站和“网信巴宜区”微信公众平台重点推出“学习十九大　奋进新时代”“学习进行时”“四讲四爱”等栏目，增设“党风廉政”“基层党建”“脱贫攻坚我们在行动”“生态文明建设”和“身边的典型”“媒体看巴宜”等专题专栏。截至10月底，巴宜区政府新闻网供稿量1760条，采用量1756条；“网信巴宜区”微信公众平台发布2375条，关注用户2454人，总阅读量达19万余人次。区记者站采编各类新闻200余条，上送市台新闻素材95条，采用61条，制作专题2部，制作宣传片1部。同时，组织网评员转发、跟帖、点赞和进行网络评论，宣传各类正能量信息4000余条。

初步建立区网信、网警、文化执法等多部门协同联动机制，检查辖区网吧、娱乐场所等文化经营场所340家次，监测网站98家次、微信公众平台54家次。查删清除涉巴宜区地名的涉黄微博、论坛网页3起，上报处理伪政府网站1起，移交公安机关涉嫌网络非法集资线索1起，有效处置“青年公寓某司机打女保安”事件；办理涉网案件9起，行政拘留8人，落地核查30余次，训诫教育30人；行政处罚违规网吧1家。

建立健全巴宜区突发公共事件新闻宣传应急机制。出台印发《巴宜区突发公共事件新闻发布与宣传应急预案》《应急响应分级流程图》和《应急处置程序流程图》，开展新闻宣传全流程应急处置实战演练，进一步检验提高巴宜区处置突发公共事件应对能力。

持续加强“两微一端”和网站监管审核关。对辖区政务新媒体“两微一端”和网站进行集中信息化重新核实登录登记。对辖区8家长期不更新、更新缓慢、违规转载及执行“三审”制度不严格的政务新媒体负责人进行约谈，并持续追踪整改效果，确保了政务类新媒体管理工作规范、持续、高效推进。

【感恩教育】“四讲四爱”群众教育实践活动。2018年，巴宜区成立以区、乡、村三级党委（党组）书记为组长的领导小组，形成“纵向到边、横向到底”的工作机制。及时召开动员部署会，制定印发活动实施、宣讲等方案，多层次培训基层宣讲员104人。督促检查到位。成立由县级领导带队的6个督导组，定期、不定期开展督导123次，专项督查60余次，发现问题7类82个，下发情况通报3期，整改率达97%。

结合“三大节日”“3·28”“七一”等各节

庆日，开展歌咏比赛、演讲比赛、知识竞赛、文艺巡（会）演，深入开展“习近平新时代中国特色社会主义思想”大学习活动、“加强民族团结·构建和谐巴宜”主题大讨论、“宗教与社会主义社会相适应”征文评比、“民族团结在身边”讲述、民族团结进步宣传教育月活动、国家网络安全宣传周，举行“全国文明单位”“全国文明村镇”“爱国主义（民族团结）教育基地”揭牌仪式等主题活动。推广传唱巴宜区原创主旋律歌曲《党的恩情记心间》《祖国在我心》。2018年，基层干部新创作了《党旗下幸福生活》《幸福巴吉》两首新歌和小品《在致富路上》等文艺作品。宣传平台造势，更新10多面公路沿线大型户外广告牌，制作各类宣传展板147块，及时发布审定各类主题宣传标语并组织张贴悬挂横幅1300余条、LED显示屏滚动播放标语累计4500多小时。不断强化重大节日、会议、工作、活动的宣传和营造氛围工作。

成立9个区级巡回宣讲组，各有关单位成立宣讲小组，实现了宣讲工作一对一、点对点、面对面、心贴心、全覆盖。拓宽宣讲形式。利用乡村夜校、微信群、小广播、大喇叭等小载体广泛进行宣讲1345次。丰富宣讲内容。以自治区《宣讲提纲》为主，融合宣讲各类政策法规，各级各单位共开展集中宣讲1417场次，受众达96900余人次。注重增强活力。立足“25项规定动作”，大力开展各项实践活动，开展红色电影放映125场次，送文艺下乡28场次。注重创新特色。各乡镇各部门结合实际，创造性开展知识竞赛、送医送药、参观军史馆、书法比赛等特色活动70余场次。注重选树典型。广泛开展“文明村镇”“文明单位”“文明家庭”“最美人物”“道德模范”等创评活动。巴宜区现有全国文明村镇4个、文明单位1个，自治区级文明村镇4个、文明单位2个，市级文明村镇7个、文明单位2个，自治区级文明社区3个，自治区级文明户25个，市级最美人物2个。“网信巴宜区”微信公众平台开辟“身边的典型”专栏，先后挖掘出援藏干部温怀清、更章乡久巴村迈向小康的“领路人”多布杰、鲁朗镇东久村竹编艺人多杰扎巴、百巴镇拉格村退伍军人布乔、增巴村16年不离不弃照顾瘫痪母亲的普巴次仁等15个先进典型。点击量最多的达2200人次，累计点击量14000余人次，被市级以上媒体采用转发20次，受到广泛关注和强烈反响。注重惠及民生。各单位深入驻村点组织开展慰问210余次，慰问帮扶对象215户687人，送去慰问金和慰问品价值达16.7万元。基层党员群众自发捐款4.6万余元，为困难群众排忧解难、

2018年7月13日，巴宜区召开“四讲四爱”群众教育实践活动第一节点总结暨推进会

2018年10月16日，2018年巴宜区党委（党组）意识形态工作座谈会召开，区委书记米次（右二），区委副书记、人大常委会主任达瓦（右一），区委常委、组织部部长陈昌茂（右三）出席会议

看望慰问市福利院儿童。截至年底，开展实践活动636场次，受众60300余人次。切实把民族团结、新旧对比、感恩教育融入生活、融入工作、融入学习中，大力宣传党的惠农富民政策，使广大党员干部及群众更加明白惠在何处、惠从何来，进一步增强感党恩、听党话、跟党走的信心和决心。

（刘向宙　李玉领）

统　战

【概　况】 2018年，中共巴宜区委统战部（以下简称“区委统战部”）在区委的坚强领导下，在市委统战部、市宗教办公室的具体指导下，坚持大团结大联合主题，紧紧围绕推进巴宜区长足发展和长治久安目标，牵头抓总、统筹协调，突出加强和巩固民族团结、加强和创新寺庙管理，深入推进中央关于统一战线工作方针和自治区党委、市委和区委决策部署落实，大胆探索、锐意创新，扎实推进民族团结进步各项事业，全力维护宗教领域和谐稳定，为服务中心，服务大局做出重要贡献，开创了巴宜区统战工作新局面。2018年，区委统战部在编人员12名，中共党员10名，领导职位5名。有5个寺管会、15座寺庙（拉康）。

【巩固思想基础】 2018年，区委统战部以学习贯彻习近平系列重要讲话精神和《中国共产党统一战线工作条例（试行）》为核心，始终把树牢“四个意识”、坚定“四个自信”、坚决做到“两个维护”作为最大的政治，以深入开展“四讲四爱”“遵行四条标准、争做先进僧尼”等教育实践活动为载体，在民族宗教界人士和寺庙僧尼中先后开展了各类宣讲活动112场次，受众超过770人次，统一战线全体成员心中有核心、绝对忠诚核心的思想基础愈加牢固。

【民族团结创建】 2018年，区委统战部坚持把做好民族团结工作作为维护稳定的基石，不断深化民族团结宣传教育“七进”和民族团结进步创建活动。2017年，共表彰民族团结模范集体10个、模范个人15人。同时，坚持以开放包容欢迎理念，教育引导广大群众与前来务工、经商、旅游的外来人员打成一片，与外来企业和产业能手、致富能人结成对子，在抱团发展、共同致富中亲如兄弟，各族群众共居共学共事共乐的氛围日益浓厚，“三个离不开”“五个认同”思想更加深入人心。

【宗教事务管理】 2018年，区委统战部全面贯彻落实党的宗教工作方针，依法管理宗教事务，积极促进藏传佛教与社会主义社会相适应。深入贯彻落实新修订《宗教事务条例》，研究制定了《巴宜区关于加强和改进新形势下宗教工作的实施意见》。

【党外人士队伍建设】 2018年，建立区委统一领导、统战部牵头负责、各有关部门和社会团体密切配合的党外干部培养选拔机制。组织专人到各单位全面统计巴宜区党外干部情况，做到了底数清、数据实。截至年底，巴宜区有党外干部381人，占全区干部总数的21.83%，党外干部中，区直机关303人、乡镇78人；其中30岁及以下273人、31—35岁45人、36—40岁25人、41岁及以上38人。

【境外藏胞回国审批接待】 2018年，区委统战部坚持“爱国一家、爱国不分先后”，进一步规范巴宜区藏胞回国审批接待管理和宣传教育工作。热情接待来访藏胞，团结更多友好力量，心向祖国。关心回国定居藏胞生产生活，广泛争取人心，不断壮大爱国友好力量。

【非公有制经济发展】 2018年，区委统战部充分发挥工商联的桥梁助手作用，全面落实“五放”“六支持”等优惠政策，做好中小非公有制经济扶持资金申报工作，为促进非公有制经济发展提供实实在在的经济支持，努力营造有利于非公有制经济发展的良好氛围。进一步巩固和扩大非公有制组织党建成果，自觉维护社会稳定，鼓励他们奉献社会，为精准扶贫、精准脱贫贡献力量。

【干部队伍建设】2018年，区委统战部坚持求真务实，及时调查研究党的统一战线工作面临的新问题、新情况，发挥好参谋助手作用。加强与新闻媒体的联系，进一步挖掘党的统一战线工作亮点，不断发现统战风采。围绕党的统战工作的重点、热点和难点问题，通过理论教学、开展培训、实际参与锻炼等方式方法，不断提高党的统一战线、民族宗教干部解决实际问题的能力。加强对基层党委统战委员的培训力度，提高其履职能力和业务水平，推动统一战线工作向基层拓展延伸。

（蒋金佐）

2018年8月3日，巴宜区委常委、统战部部长益西江措（右三）在喇嘛岭寺督导僧尼养老院施工情况

2018年8月22日，巴宜区召开"遵行四条标准，争做先进僧尼"教育实践活动先进集体和先进个人表彰大会

创先争优强基础惠民生活动领导小组工作

【概　况】巴宜区创先争优强基础惠民生活动第七批驻村工作覆盖4个镇、3个乡、71个村（居）。2018年，驻村（居）工作队员有284名，其中巴宜区直单位派驻6个驻村点，区乡联合派驻54个驻村点，乡镇（街道）派驻11个驻村（居）点。自创先争优强基础惠民生活动第七批干部驻村工作开展以来，巴宜区各驻村（居）工作队认真按照自治区党委、市委、区委的决策部署，按照"四个全面"战略布局，以区委"2156"发展思路为总目标，紧紧围绕新时代干部驻村"七项重点任务"，高度重视、精心组织，统筹兼顾、整体推进，不断巩固和扩大创先争优强基础惠民生活动成果，为推进巴宜区经济长足发展和社会长治久安做出重要贡献。

【组织领导】2018年，区委始终把创先争优强基惠民活动作为一项重要政治任务，抓早、抓实、抓细。区委成立了由区委书记任组长、常务副书记任常务副组长的强基惠民活动领导小组，抽调精干力量组成办公室，各乡镇（街道）也组建了党委书记亲自抓、党委副书记具体负责的工作机构，结合实际制定了切实可行的方案和措施，保证了组织领导、人员分工、工作措施"三到位"。

【资金保障】2018年，区委、区政府大力支持活动深入开展，继续为第七批驻村（居）工作配套资金298.05万元。其中，区强基办工作经费26.5万元，强基惠民驻村（居）工作人员补助经费223.65万元，先进集体和个人表彰经费5万元，乡镇（街道）强基办工作经费18万元，油料费2

万元，驻村（居）工作队办公经费 7.1 万元，驻村（居）工作队交通油料费 15.8 万元。

巴宜区 46 个派驻单位认真落实主体责任，主要负责人落实第一责任人责任，年度看望慰问驻村干部均不少于 4 次，经常性了解派驻点情况，关心关爱驻村干部，发挥各自优势为驻村干部提供支持保障，大部分派驻单位也专门拿出一定经费，切实保障驻村（居）工作队办公、生活所需。2018 年，各派驻单位主要领导主动前往驻村（居）点开展调研、指导、慰问等工作 1000 余次。

【履职尽责】 做好服务保障。2018 年，区强基办为部分驻村工作队解决了办公设备、生活用品，为全区 71 个驻村（居）工作队及 9 个乡镇（街道）强基办征订了学习书目 400 本。开展了 5 次驻村干部专项培训，涵盖扶贫、驻村工作、“四讲四爱”群众教育实践活动等方面，有效增强了广大驻村干部做好驻村工作的本领和信心。为确保驻村干部健康驻村，区直各派驻单位为驻点村（居）配齐配全医药箱，区卫计委充分调动医疗资源为驻村干部进行义诊等。

做好监督管理。区强基办实现每季度 7 个乡镇、2 个街道、71 个村（居）督导检查全覆盖，全年开展督导检查 40 余次，着重督导了人员在岗情况、驻村干部学习情况、“七项重点任务”工作开展情况等，发现问题皆要求立即整改，并于下月进行“回头看”。截至年底，对 7 名违反驻村纪律的干部进行通报，严格按照《西藏自治区驻村（居）工作队员召回工作办法（试行）》解决乡镇反映驻村干部履职不力有关情况 2 件。各乡镇（街道）党（工）委和强基办开展督导检查、工作指导 150 余次。巴宜区各级强基办严格落实《西藏自治区干部驻村工作精准考核暂行办法（试行）》，按照要求成立考核组，并通过查阅资料、实地走访、个别访谈、民主评议等方式，落实月度考核、季度考核、年度考核工作，做到

2018 年 4 月 13 日，巴宜区强基办组织参训人员认真观看影片《榜样——第一书记尼玛江村》

2018 年 12 月 24 日，巴宜区召开创先争优强基础惠民生活动第七批驻村工作总结表彰暨第八批驻村工作动员大会

考核工作公平公正。

做好宣传工作。区强基办、各驻村（居）工作队，各乡镇（街道）强基办、各派驻单位积极做好宣传报道工作，配合各类采访报道，积极上报信息简报。巴宜区各派驻单位微信公众号及区委“网信巴宜区”微信公众平台积极推送有关工作动态、先进人物、典型事迹，全年报送工作简报 6000 余期，其中自治区采用 5 期、地（市）采用 12 期、县区采用 78 期。报送“驻村故事”332 个。其中，中央媒体宣传报道 1 个，自治区媒体宣传报道 2 个，地（市）、县（区）媒体宣传报道 8 个。

【学习贯彻中共十九大精神】 第七批驻村（居）

工作队入驻以来，始终把学习宣传贯彻落实习近平新时代中国特色社会主义思想和中共十九大精神作为驻村工作的首要政治任务，坚持学原文、读原著、悟原理，深入开展习近平新时代中国特色社会主义思想和中共十九大精神进万家宣讲活动，深入学习宣传全国“两会”精神特别是习近平重要讲话精神，完整深刻准确掌握中共十九大提出的新方位、新论断、新目标、新任务、新要求。通过走村入户、召开宣讲会、座谈会、开展主题活动、张贴宣传标语、开辟宣传栏等多种形式向农牧民群众深入宣讲十九大精神。用藏、汉双语向群众宣讲习近平新时代中国特色社会主义思想和中共十九大精神等1500余场次，受教育群众4.6万余人次，举办专题讲座600余次，发放宣传材料2.8万余份，开辟专题宣传栏214期。

【脱贫攻坚】 2018年，各驻村（居）工作队深入宣传中央、自治区、市一系列强农惠农富农政策，教育引导贫困群众树立艰苦奋斗、自力更生意识，摒弃“等靠要”思想，激发自我发展、自我脱贫内生动力，向驻在村（居）群众宣传精准扶贫、精准脱贫政策1100余场次，受教育群众2.5万余人次，印发扶贫宣传资料5600份，开辟宣传栏112个。全区驻村（居）工作队员包户帮扶贫困户402户1456人，帮助贫困群众研究制定帮扶措施337条，梳理群众生产生活方面存在的困难和问题834个，收集整理群众意见和建议523条，帮助解决困难和问题712个。

【乡村振兴】 2018年，各驻村（居）工作队聚焦产业兴旺、生态宜居、乡风文明、治理有效、生活富裕的总要求，一手抓好群众的教育引导，经常性开展主题教育活动，积极转变群众思想观念。一手协助村（居）“两委”班子撸起袖子加油干，帮助所驻村（居）“两委”理清发展思路355条，制定、完善、实施经济发展规划236项、健全村规民约222个，协助做好驻点村（居）各项事务。

【维护社会稳定】 2018年，各驻村（居）工作队牢固树立稳定压倒一切的思想，坚持把维护社会稳定作为第一责任，协助村（居）“两委”严格落实维稳措施、创新乡村治理机制、强化值班巡逻、消除安全隐患、化解矛盾纠纷，实现了安全隐患在一线消除、矛盾纠纷在一线化解、各类问题在一线解决，有力促进了城乡基层和谐稳定。

【基层精神文明建设】 2018年，各驻村（居）工作队牢牢把握群众精神文明建设这条思想线，结合“四讲四爱”群众教育实践活动，深入群众家中、田间地头，从点滴抓起，通过形式多样的宣传教育，积极引导村民移风易俗的同时丰富了村民的精神文化生活，提高了全村村民的凝聚力，为巴宜区和谐稳定、经济发展创造了良好社会环境。各驻村（居）工作队积极协助村（居）“两委”组织召开抵制十四世达赖集团的分裂渗透破坏活动、宣传党的民族宗教政策、举办“争做神圣国土守护者、幸福家园建设者”等主题活动；在“3·28”西藏百万农奴解放纪念日、中华民族传统节庆、重要节庆日等组织群众开展“三送”活动；向驻在村（居）群众宣传法律知识、网络安全知识、禁毒知识，宣传“厕所革命”“两降一升”和包虫病、结核病、肝炎、风湿病、大骨节病等地方病综合防治知识。

【经费使用管理】 2018年，区强基办制定了《林芝市巴宜区强基惠民工作经费管理办法（试行）》和《林芝市巴宜区强基惠民工作经费绩效管理及绩效评价办法（试行）》，规范经费审批、使用和监督管理工作。巴宜区2018强基惠民工作经费1420万元，结合巴宜区实际，严格按照自治区有关经费使用规定整合使用。其中710万元整合到巴宜区村级组织活动场所标准化建设项目中；71万元中，每个村（居）1万元用于慰问“三老人员”、五保户、贫困户；142万元中，每个村（居）2万元用于各村（居）建章立制、制作宣传栏、培训村（居）“两委”、党员、团员、妇女组织等；497万元中，每个村（居）7万元由乡（街道）根据自治区关于强基惠民工作经费的相关要求统筹使用，重点用于提升基层组织建设和增强社会内生动力等方面。

（蔡　福）

巴宜区人民代表大会常务委员会

综　述

【概　况】2018年，在区委的正确领导和市人大常委会的悉心指导下，区人大常委会高举习近平新时代中国特色社会主义思想伟大旗帜，围绕中心、服务大局、突出重点、讲求实效，全年先后召开常委会13次，主任会议8次，听取和审议“一府一委两院”工作报告11项，做出决议决定10项，提出审议意见25条，补选出缺代表8人，依法接受辞去代表5人，开展调研、视察、执法检查15次，任免国家机关工作人员28人次，开展述职评议会1次，圆满完成区二届人大二次会议确定的各项工作任务，为推动全区经济社会发展做出积极贡献。

2018年，区人大常委会有常委会主任1名、副主任4名、常委会委员20名（1—12月先后辞去3名常委会委员，截至年底，实有委员17名）；办公室主任1名、主任科员1名、副主任2名、副主任科员1名；人大财经农牧城建环保委员会主任委员人选1名，副主任委员人选1名。截至年底，实有区级人大代表103名。

2018年3月7日，巴宜区委副书记、人大常委会主任达瓦（左二）在沿河路中国石油加油站视察安全工作

【重要会议】2018年1月8日，巴宜区第二届人民代表大会第二次会议召开，该次会议应到代表100名，实到代表76名，会议听取和审议了“一府两院”及区人大常委会工作报告，并作出审议决议。会议依法选举了巴宜区监察委员会主任1名。

【干部任免】2018年，区人大常委会坚持党管干部与依法任免相统一的原则，严格执行法律程序，加强对国家机关工作人员任前审查和任后监督，坚持拟任人员向宪法宣誓制度，不折不扣落实好区委各项人事意图。全年先后召开13次常委会会议，任免“一府一委两院”干部28人次。

【监督工作】2018年，区人大常委会以实地视察、听取专项报告、代表专题询问、满意度测评和督促整改等多种方式，围绕区政府落实全面巩固提升脱贫成果实施方案、昌都“三岩”片区扶贫搬迁、农牧民合作医疗大病统筹、中央环保督察组反馈问题整改等重点工作的开展情况和区监察委员会依法履职情况进行监督，并及时形成25条审议意见交区政府研究处理，确保“一府一委”履职到位。12月，精心组织了对区国土局等3个政府职能部门和副区长扎西朗杰等8名干

2018年9月18日，巴宜区委副书记、人大常委会主任达瓦（左三），区人大常委会副主任乔德吉（右二）在内蒙古自治区呼伦贝尔市海拉尔区考察学习

部开展的述职评议大会，详细了解上述部门和干部履职情况，收集常委会委员和代表所提建议37条，督促被评单位和个人以评促改、主动查纠，进一步规范了履职评议，强化了部门监督。组织区人大代表开展“两院”全面深化司法改革情况专题调研和上半年工作开展情况调研，广泛联系群众，倾听群众呼声，反馈意见建议6条，切实促进了司法公正，强化了法律监督。

【执法检查】 2018年，区人大常委会积极配合上级人大，组织市、区、乡三级人大代表以实地考察、听取汇报和督促整改等方式，对《中华人民共和国代表法》《中华人民共和国妇女权益保障法》《中华人民共和国残疾人保障法》等7部法律法规和中华环保世纪行——西藏行活动开展执法检查，总结巴宜区实践经验形成意见提交市人大，为实现经济社会又快又好发展提供法制保障。对《中华人民共和国陆地国界法》、城乡居民社会养老保险工作、新型农牧区合作医疗资金管理使用情况、贯彻落实中央文件精神开展立法专题调研，为国家立法进行了积极探索、积累了有益经验。

【决定重大事项】 2018年，区人大常委会听取和审议“一府两院”工作报告，审查批准了《2018年巴宜区本级财政预算》，审议批准了《巴宜区农牧业发展专项资金管理暂行办法》《巴宜区国家现代农业产业园总体规划》《林芝镇特色小城镇规划》及控制性详细规划等事项和《巴宜区2018年财政预算调整方案》，作出决议决定10项，确保区委重大决策部署得到全面贯彻落实。

【代表工作】 优化经费保障，激发代表履职热情。2018年，区人大常委会积极落实中央文件精神，建立代表履职补助制度，向43名农牧民区级人大代表兑现补助86000元，各级财政配套7个乡镇人大和1个街道人大工委各类工作经费65万元，为人大代表积极履职、基层人大工作有序开展提供必要的经费保障。

举办讲座领着学。先后组织人大代表和人大干部共300人次开展了以《中华人民共和国宪法》《中华人民共和国组织法》和《中华人民共和国选举法》等相关法规及调研、视察、执法检查等人大业务知识为主要内容的学习培训。

组织交流互相学。区人大常委会多次组织人大干部和代表到区内外开展考察活动，学习借鉴兄弟市县在基层人大工作方面的好经验、好做法。各乡镇人大主席团先后组织人大代表8批次100余人次到墨脱县、波密县、察隅县和山南市、拉萨市等地学习交流考察履职经验。通过不断的学习和实践，代表们的履职水平逐步得到提高。

加大交办力度，重视代表建议督办。人代会后，迅速将代表所提建议、意见和批评进行分类和梳理并转交区人民政府办理，要求6个月内予以答复。及时召开督办会，听取了建议办理落实情况，督促办理单位高质量、高效率地把代表建议办成民心工程和德政工程。截至年底，巴宜区二届人大二次会议上收集到19条建议，其中18条建议的办理情况已全部答复给代表、1条建议正在办理中，满意率达94%。

创造履职条件，丰富代表履职方式。扩大代表专题调研、视察调研和执法检查参与度，上半年组织区、乡两级人大代表参加专题调研，集中视察和执法检查15次，形成调研报告15份，供区委、区政府决策做参考。充分利用代表密切联系群众的优势，坚持邀请代表列席常委会会议和专题评议会议，拓宽代表知情知政的渠道，增强代表的参与议事能力。

【自身建设】 严格加强政治纪律教育，不断改进机关作风。2018年，区人大常委会严格按照“党要管党、从严治党”和建设学习型、服务型人大机关的要求，结合区委组织的政治纪律教育活动，切实抓好思想建设、组织建设、反腐倡廉建设和制度建设，扎实推进作风建设根本转变。

逐步壮大人大队伍，努力夯实人大根基。建立健全人大常委会内设工作机构，于2018年1月正式成立财经农牧城建环保委员会，配备了专委会主任委员、副主任委员各1名。3月，成立2个人大街道工委，配备主任和人大专干各1名，巴宜区人大队伍进一步壮大。

积极探索工作机制，用心开创人大工作新局面。为进一步加强基层人大在民主法制建设中的作用，不断探索人大工作特点和规律，修订完善了委员联系代表、代表联系选民等10余项工作制度，督促落实代表向选区选民述职工作。从11月底至12月底，各乡镇人大和街道办人大工委先后组织74名人大代表向全区近1000名选民述职，人大工作迈入规范化履职新阶段。同时，积极督促各乡镇遵循“规范动作做到位、因地制宜有特色”的原则，丰富人大工作内容，典型经验不断涌现。如：布久乡人大以每月15日为选民接待日，促进人大主席、专职副主席密切联系群众，切实解决群众难题；米瑞乡人大制定代表行为规范、优秀代表评选方法等4项工作措施，促进人大工作的透明度和公开化；鲁朗镇人大开展“巩固脱贫攻坚工作，人大在行动”活动，组织人大代表参与到扶贫领域的各项工作中，对扶贫各个项目进行全程监督，积极建言献策。

充分发挥传帮带作用，持续推进乡镇人大建设。注重上下级人大学习交流，强化对乡镇人大的工作指导，实现区乡人大良性互动、同步发展。全年先后派出区人大干部20余人次，深入各乡镇就例会召开程序、闭会期间开展活动、联系代表等方面进行帮带指导。召开乡镇人大工作现场交流会，组织7个乡镇和2个街道办的人大干部在布久乡实地观摩，学习交流开展人大工作的好做法、好经验，查找和总结工作开展中存在的问题和不足，规范“四本一表一册”，进一步提升巴宜区基层人大工作水平。

2018年1月9日，巴宜区二届人大二次会议开幕

（刘远久）

区人大办工作

【概　况】 2018年，巴宜区人大常委会办公室（以下简称“区人大办”）在区委、区人大常委会的正确领导下，认真贯彻落实中共十九大精神，带领全体干部职工紧紧围绕区委中心工作和人大常委会工作任务，认真履职尽责，抓好协调、搞好服务，团结拼搏、开拓创新、扎实工作，圆满完成了各项任务，为区人大及其常务委员会依法履职和有序高效运转提供了良好的服务保障。区人大办是巴宜区人大常委会下设的工作机构，有办公室主任1名、主任科员1名、副主任2名、副主任科员1名、工作人员4名。

【政治建设】 2018年，区人大办严格按照“党要管党、从严治党”和建设学习型、服务型人大机关的要求，充分利用党内政治生活、“三会一课”

和每周一“固定学习日”平台，以推进“两学一做”学习教育常态化制度化为契机，切实抓好思想建设、组织建设、反腐倡廉建设和制度建设，扎实推进作风建设根本转变。2018年是深入学习全面贯彻中共十九大精神的开局之年，区人大办党支部组织全体党员干部学习十九大精神、《习近平谈治国理政》、习近平重要讲话精神等一系列党的基本理论知识31次，有效提升了全办党员干部的政治理论水平。10月25日，区人大办围绕“严守政治纪律、严明政治规矩”专题组织生活会主题，着力查找人大办党支部党员在学习贯彻习近平新时代中国特色社会主义思想、带头遵守《党章》《准则》《条例》、执行党的政治纪律和政治规矩等方面存在突出问题和薄弱环节，深入分析问题根源，制定整改措施，进一步增强党员教育管理的针对性和实效性。

【会务工作】 2018年1月2日，巴宜区第二届人大常委会召开第三次会议，研究通过了巴宜区第二届人民代表大会第二次会议的召开时间、议程、日程，经报请市人大同意、区委批准，决定于2018年1月8—10日召开巴宜区第二届人民代表大会第二次会议。会后，区人大办按照中央八项规定和自治区约法十章的有关要求，制定下发了《巴宜区第二届人民代表大会第二次会议筹备工作方案》，成立了大会筹备工作领导小组，下设秘书小组、组织小组、宣传报道小组、后勤保障小组和安全保卫小组5个工作小组，各工作小组在领导小组的指导下，及时召开各组负责人会议，部署相关材料的起草、翻译、印刷和后勤保障、安全保卫等工作。各小组按照职责分工，制定工作方案，落实工作人员，全面展开筹备工作。会议期间，着重加强对会议出勤情况的统计、通报和联络，确保到会率，做好后勤保障等工作，加强统筹协调，确保大会顺利召开，圆满完成了各项任务。

认真做好常委会各种重要会议、重大活动的

2018年7月2日，巴宜区委副书记、人大常委会主任达瓦（右二）在巴宜区人大办驻村派驻点更章乡白玛店村看望慰问困难党员

文稿起草工作，在常委会会议的组织上，严格执行地方组织法、监督法和人大常委会议事规则的有关规定，不断规范会议程序，加强会议服务保障，努力提高会议实效。2018年，按照区人大常委会的要求，全年顺利组织完成13次常委会会务工作，任免“一府一委两院”干部28人次；8月13日，巴宜区人大召开乡镇人大工作现场交流会，各乡镇人大及时查找和梳理了开展基层人大工作中存在的问题和不足，规范了“四本一表一册”，学习交流了开展人大工作的好做法和好经验，为进一步提升巴宜区基层人大工作水平，整体推进巴宜区基层人大工作起到促进作用。

【建议督办】 区人大办坚持做好代表依法履职保障工作。1月23日，将区二届人大二次会议上代表所提的19条建议进行分类和梳理并转交区人民政府办理，要求6个月内予以答复。7月11日，为此专门邀请人大代表和办理单位召开督办会，听取建议的办理落实情况，督促办理单位高质量、高效率地把代表建议办成民心工程和德政工程。

【群众服务】 2018年，按照区委、区政府的总体部署，区人大办认真做好脱贫攻坚工作，切实巩固脱贫成效。认真办理群众来信来访工作，坚持把人民群众的事情当大事来抓，把人民群众的事情当急事来办，妥善化解各种纠纷和矛盾，促进了社会和谐稳定。

（刘远久）

巴宜区人民政府

综　述

【概　况】 2018年，巴宜区人民政府高举习近平新时代中国特色社会主义思想伟大旗帜，在自治区党委、政府和林芝市委、市政府的坚强领导下，坚持以人民为中心的发展思想，深入贯彻中共十九大和十九届二中、三中全会精神，贯彻落实自治区第九次党代会和历届全会精神，紧扣市委、市政府具体工作部署要求，紧紧围绕区委“2156”发展总思路，坚持党对经济工作的全面领导，坚持稳中求进、进中求好、补齐短板工作总基调，坚持新发展理念，以供给侧结构性改革为主线，坚定不移推进民生改善、产业发展、城乡融合、生态保护、和谐稳定、改革创新、自身建设“七大工程”，实现了经济总量稳步增长、社会事业全面进步、生态基础更加坚实、社会局势持续稳定的良好局面。2018年，巴宜区生产总值完成72.93亿元，同比增长9.3%；全区一般公共预算收入完成2.75亿元，同比增长10.05%；全社会固定资产投资同比减少11.6%（主要受重大项目建设减少影响）；社会消费品零售总额29.01亿元，同比增长15.02%；农牧民人均可支配收入完成17757元，同比增长10.4%。

【社会综合治理】 2018年，巴宜区坚持多措并举、综合施策，以人防为主，技防、物防为辅的乡村治安防控网有效形成，共建共治共享社会治理格局不断健全完善，实现了“三无”“三不出”“三稳定”的目标，确保全区社会局势持续和谐稳定的良好态势。全年排查矛盾纠纷及信访积案400起，妥善调处373起，化解率达93%。受理群众来信来访67件，妥善化解60件，化解率达91%。扎实开展“扫黑除恶，打非治乱”等各类专项行动，侦破刑事案件138起，人民群众安全感不断增强。深入开展和谐模范寺庙、爱国守法先进僧尼、民族团结进步集体，“先进‘双联户’”等系列创建评选活动，广大群众爱国爱家意识普遍增强。全面强化安全生产监管，“两站两员”道路安全监管作用发挥明显，林区景区、施工场地、人员密集场所、水电油气经营场所等重点领域监管力度不断增强，安全生产事故起数、死亡人数、受伤人数实现“三下降”。全面推进应急体系建

2018年6月4日，西藏自治区党委副书记、自治区主席齐扎拉（右二）一行在巴宜区银丰藏香猪养殖场调研。图为巴宜区委副书记、区长严世钦（前排右三）汇报养殖场建设情况

设，完成了《突发公共事件应急总体预案》的修订，应急机制逐步完善，应急能力稳步提升。

【民族团结创建】 2018 年，巴宜区深入贯彻落实习近平“加强民族团结、建设美丽西藏”“把西藏建设成为促进民族团结的典范”的重要指示精神，贯彻落实俞正声“依法治藏、长期建藏、争取人心、夯实基础”和“加强各族人民之间交往交流交融”的指示精神，牢牢把握各民族共同团结奋斗、共同繁荣发展主题，不断巩固和发展平等团结互助和谐的社会主义民族关系，紧紧围绕巴宜区“2156”发展思路，积极推动全区民族团结工作，扎实做好体察民情、解民难事和帮扶脱贫工作。积极引导藏传佛教与社会主义社会相适应，以潜移默化、春风化雨方式，深入开展反分裂斗争，结合“四讲四爱”“遵行四条标准争当优秀僧尼”等教育活动，积极开展普法宣传、送医送药、文艺演出等“五下乡”活动。大力宣传和倡导科学文明生活方式，教育引导僧尼和信教群众崇尚科学，积极融入现代文明生活。进一步改善寺庙公共设施，全面落实“九有”“一覆盖”等利寺惠僧政策，创造性实施“九＋六＋三”工程，坚持每年开展 2 次“和谐模范寺庙暨爱国守法先进僧尼”创建评选表彰活动，极大改善僧尼修行和生活环境，受到广大僧尼和社会各界衷心拥护。

2018 年 3 月 16 日，西藏自治区副主席罗梅（右五）一行在巴宜区巴村草莓基地考察指导工作。林芝市委常委、宣传部部长张海波（右二），巴宜区委副书记、区长严世钦（左三）陪同。图为考察后，罗梅、张海波、严世钦与种植户合影留念

【安全生产监管】 2018 年，巴宜区全面强化企业主体责任，落实部门监管责任，切实加强成品油监管，严格落实加油站 24 小时值班监督和道路“两限一警”制度，稳步推进“两站两员”建设，依法查处严重危害道路安全的违法行为；积极开展森林防火、消防安全、食品药品等领域隐患排查整治行动，有效强化林区、景区景点、水电油气设施等安全监管，开展安全生产大检查 821 次，处以罚款 10.685 万元。2018 年，发生各类生产安全事故 4 起，死亡 2 人、受伤 2 人，与 2017 年同期相比，事故起数减少 1 起、下降 20%。死亡人数减少 2 人、下降 50%，受伤人数减少 5 人、下降 71.4%，实现了“两下降”目标。

【项目投资拉动】 2018 年，巴宜区申报“十三五”规划中央预算内投资项目 88 个，总投资 22 亿元（申报重点围绕乡村振兴、脱贫攻坚、综合交通、重点水利、农业农村、生态社保、社会民生、基础设施等领域）。开复工国家投资新建、续建项目 98 个（总投资 17 亿元），娘萨公路、东巴才公路、曲尼贡嘎至嘎萨公路硬化工程全面建成，八一镇加乃村大桥、八一镇多布恰巴自然村至牧场公路正稳步推进，行政村公路通达率和畅通率稳步提高，农牧区安全饮水工程和农田灌溉工程稳步实施。尼洋河百朗灌渠建设项目、尼洋河干流治理（折巴等 6 个村庄护岸）顺利开工，农牧区水利系统建设进入巩固提升阶段。

【优化产业结构】 2018 年，巴宜区相继编制完成《林芝市巴宜区关于推进特色优势产业加快发展的实施意见》《林芝市巴宜区推进特色优势产业加快发展重点工作任务分解方案》《林芝市巴宜区产业强化年发展目标管理考核办法》《林芝市巴宜区农牧业发展专项资金管理办法（试行）》等加快特色优势产业快速发展的指导性意见，为

2018年4月28日，西藏自治区人大常委会副主任、林芝市委书记马升昌（左二）一行在巴宜区银丰藏香猪养殖场调研。巴宜区委副书记、区长严世钦（左一）陪同

推进特色优势产业快速发展提供政策支撑和正确引导。区内“一带一园六基地”产业格局逐步形成，水果种植规模达1.6万亩、蔬菜基地1万亩、生态苗木3300亩，藏猪养殖规模达8.4万头、商品鸡达24.5万羽，全年农牧业总产值实现2.43亿余元，农牧业增加值实现1.68亿余元。新增国家绿色食品认证2个、自治区无公害农产品基地认证1个、自治区无公害农产品认证14个。力造全市稳定的“五个供应基地”目标基本实现，巴宜区农村产业融合发展示范园获得国家发改委等7部委审批。

【生态旅游业】 2018年，巴宜区以全域旅游为导向，统筹整合辖区所有旅游景区资源，推动A级景区集群创建提升，措木及日景区、柏树王园林景区、工布原乡景区总体规划编制完成，柏树王园林景区升级改造项目、嘎拉农业综合体项目建设完成，柏树王获得“中国树龄最长巨柏”上海大世界基尼斯之最认证，鲁朗国际旅游小镇被评为“国家级旅游度假区”，旅游品牌影响力不断增强。全面推进“厕所革命”，完成7座生态卫生厕所的建设。圆满完成藏博会林芝分会场暨2018雅鲁藏布生态文化旅游节、第十六届林芝桃花旅游文化节配合工作。全年接待游客251.2万余人次，同比增长42.6%，实现旅游收入19.82亿元，同比增长27.1%。

【特色农牧业】 截至2018年10月，巴宜区成立农牧民专业合作社265家，其中登记备案的189家。全年合作社总收入达13255万余元，销售收入达9000万元，利润达5500万元，带动合作社成员户均增收1.38万元，人均增收达3550元。农牧民入社群众比例为81%。基本形成“一村一社”或“一村多社”的发展格局。同时投资千万元以上的企业7家，主要涉及畜禽养殖、水果种植、食品加工等行业。西藏圣域农牧综合有限公司“藏果”系列苹果产品获得“国家生态原产地保护认证”，并被授予“自治区出口食品农产品（苹果）质量安全示范区”；嘎玛农场诚信蔬菜种植合作社的部分蔬菜产品荣获“国家级无公害农产品认证”；盛世农牧公司种植的蔬菜荣获“西藏自治区无公害产品认证”。

【藏医藏药业】 2018年，巴宜区依托资源和气候优势，积极推进藏医药业发展，全区有藏医藏药企业2家。完成藏医浴室改扩建并开展放血、姜疗、盐疗、蜡疗等诊疗技术。自筹资金15.2万余元建立藏医文化室，展示历代手术器械182种，藏医药古籍文献200余卷，草药、矿物类标本200余种、《四部医典》系列挂图20余幅，并通过走村入户、采访及实地调研的形式整理藏医药方面的文字材料以备后人查阅，丰富藏医文化内涵建设。

【水电能源业】 2018年，巴宜区牢固树立绿色发展理念，积极推动清洁能源发展及水电能源产业开发，全区共有水电企业5家，多布水电站累计发电量7.69亿千瓦时、冰湖五级水电站累计发电量2.6亿千瓦时。

【文化产业】 2018年，巴宜区多渠道、多方式开展文化产业发展，现有以民族手工艺品制作为主的工布阿吉林合作社，以泥塑品制作为主的林芝镇卡斯木农牧民团结合作社，以藏香加工为主的八一镇工布圣香专业合作社，以制作特色传统服饰为主的林芝工布藏族服饰传习所等合作社4家。

充分带动八一镇色定村24户农牧民，鲁朗镇、林芝镇康扎村12户加入阿吉林合作社合作，制作和销售具有工布特色文化旅游产品，积极参与巴宜区文化创意产品的开发，共开发创意文化旅游产品40余件，年销售额达280万余元；总投资700万元（国家投资）的巴宜区林芝工布藏族服饰保护利用传习所建设项目正式开工；国家级非物质文化遗传代表性项目米纳羌姆补助费申报书已经完成，申报金额38.3万元；非遗专项资金累计投入34.1万元。

【商贸服务业】 2018年，巴宜区高度重视商贸服务业发展，把商贸服务业与旅游经济、城市建设、招商引资等紧密集合起来，互相促进、做大做强。加快城市建设，打造良好的投资硬环境，早规划、早部署，明确产业发展重点，抓好产业布局；提供一对一、多对一的全程跟踪优质服务，优化投资软环境，吸引企业投资；多次组织农牧民合作社通过桃花节、雅江节、藏博会等展销会和物资交流会为平台，为农牧民合作社拓展销售渠道，提升产品牌知名度，促进农牧民增收。

【商贸物流业】 2018年，巴宜区充分发挥独特的地理优势，积极推进商贸、物流等新兴产业发展，总投资2.72亿元的巴宜区建筑构件产业园、1.2亿元的更章现代农业产业园、2.37亿元的巴吉现代物流产业园建设进展顺利，市场主体入园组织工作同步启动。已引进西藏高争建材股份有限公司（注册资金8000万元）、巴宜区城市建设投资开发有限责任公司（注册资金1亿元）、西藏昊林建筑装饰工程有限公司（注册资金9999万元）及林芝市豫堂废旧再生利用有限公司、西藏思润钢结构工程有限公司、西藏正杨工程建设有限公司、林芝川渝商贸有限公司等多家公司入园。

【城乡建设】 2018年，巴宜区城乡规划不断完善，重点乡镇、重点片区规划和67个村庄规划等多项规划编制工作全面完成。基础设施不断加强，全年落实政府重点投资项目98个，完成投

2018年6月26日，巴宜区委副书记、区长严世钦（前排右二）带队区政府各部门检查306省道项目建设情况

资9.77亿余元，八一镇新型城镇化综合试点取得重大成效，林芝镇特色小城镇建设稳步推进，布久乡新型城镇和小康示范镇、布久乡和更章乡棚户区改造项目顺利建成，3个城乡接合部环境综合提升工程、6个“美丽乡村”、7个援藏小康示范村、2501户民房屋顶改造任务全部完成，35个村级组织活动场所标准化建设基本完成。重点河段防洪工程、农牧区水毁修复工程、开朗沟河道治理工程、小集镇供排水工程等11个水利重点项目顺利建成，尼洋河干流治理二期工程、尼洋河重点河段治理工程、百巴镇百朗灌区工程等项目全面推进，水利基础稳步夯实。更章乡娘萨村公路硬化工程、鲁朗镇东巴才村公路硬化工程等4个交通重点项目顺利建成，加乃大桥新建工程、曲尼贡嘎至嘎萨公路硬化工程等项目稳步推进，行政村道路通畅率达94%以上。

【深化改革】 2018年，巴宜区全面深化“放管服”改革，主动承接国家审批权限下放政策，修订了《政府投资建设项目报建规范流程》，政府投资项目审批建设各环节权限进一步下放。全面推行“互联网+政务服务”改革，网上可申请办理事项达509项，群众办事更加便捷。深化商事制度改革，全面推行“多证合一”登记制度改革和“证照分离”改革，企业开办时间全面压缩到

5天以内。新增各类非公市场主体1666个，新增注册资本10.6亿元。国有林场改制工作扎实推进，农村集体土地、集体林地和耕地确权登记工作均通过自治区验收，农村集体产权改革整县推进试点工作全面启动。

【招商引资】 2018年，巴宜区切实增强开放意识，树立“争外资就是增活力”的观念，不断优化投资环境，不断完善组织服务，积极开展招商引资活动，利用第十六届桃花旅游文化节、广东招商引资推介会（东莞站）、第四节藏博会林芝分会场活动，举办了巴宜区特色展销活动暨招商引资宣传活动，大力推介巴宜区优势资源、投资环境、优惠政策等，吸引300余企业家对林芝的关注，会上签约意向投资项目25个，投资概算资金达25.74亿元。全年签约招商引资项目45个，概算总投资约48.7亿元，到位资金约15.3亿元，完成年度计划的102.08%。

【脱贫攻坚】 2018年，巴宜区脱贫攻坚全面进入巩固阶段。总投资6.1亿余元的2017年28个产业扶贫项目，累计完成投资的50%，搭建利益链接机制15个。总投资8.77亿余元的67个2018年产业扶贫项目相继启动建设。累计完成578户1602人减贫任务，贫困发生率降至0.11%。昌都“三岩”片区易地扶贫搬迁安置工作进展顺利，八一镇、百巴镇、更章乡安置点建设工作基本完成。

【教育工作】 2018年，巴宜区努力补齐教育短板，落实政府对教育投入资金5519.1万元；总投资3000万元的巴宜区中学综合提升项目全面启动；各中小学、幼儿园基础设施不断完善，学前儿童入园率达93.9%，中小学入学率均达到100%；教育奖励资助大学生985人392.4万元，奖励资助作用发挥明显，贫困群众子女就学得到有效保障；通过组团式援藏、高校合作、支教实习等方式引进教育人才129人次，教育援助效果显著，教育教学质量稳步提升，人民满意教育事业不断推进。

2018年2月8日，巴宜区委常委、常务副区长向军（左二）在布久乡对村干部、大学生村干部、“三老”人员和离退休干部开展慰问

【卫生工作】 2018年，巴宜区以深化医药卫生体制改革为主线，着力落实卫生惠民政策，改善基础设施条件，加强人才队伍建设，提高医疗服务质量，较好地完成各项工作任务。2018年，巴宜区卫生服务中心门诊9370人次，急诊484人次，住院757人次，业务总收入851.3万元；农牧民大病统筹总报销758人次，报销金额595.7万元，合作医疗集资率达到100%；依法展开卫生和医疗行政许可，全年受理公共场所卫生许可27件和医疗机构执业许可8家，受理率、告知率达100%；依法对辖区内卫生公共场所实行全覆盖的监督检查。总投资17000.17万元的巴宜区人民医院建设项目已完成总工程量的85%；11个标准化村级卫生室新建项目顺利完成。

【社会保障】 2018年，巴宜区顺利完成全民参保信息采集工作，采集信息23895人，其中全区城镇户籍人口6134人、农业户籍人口17761人；全民参保登记有效推进，各类社会保险参保率基本实现100%，有意愿特困人员集中供养率实现100%，城镇和农村低保标准分别提高到每人每月750元、每人每年4450元，社会保障力度不断加大。积极落实就业政策，实现农牧民转移就业6500余人次、城镇新增就业389人、高校毕业生就业451人，城镇登记失业率控制在2%以内。

【生态环境保护】2018年，巴宜区牢固树立“绿水青山就是金山银山”的发展理念，始终把绿色发展理念贯穿到经济社会发展全过程，不断深化完善生态环境保护能力建设。全面实施主体功能区战略，生态红线划定工作基本完成，申报生态红线面积7734.72平方公里、可发展区域面积823.29平方公里。全国第二次污染源普查工作全面启动，制定出台《2018年环境质量监测方案》，对15处重点环境点进行环境质量监测，全区水、大气、土壤环境达标率均实现100%。落实国土绿化专项资金500万元完成“两江四河”绿化4977.3亩、防沙治沙5400亩，“无树户”全面消除，国家森林城市创建工作进展顺利。河湖管理全面加强，河长制工作顺利通过自治区验收。中央和自治区环保督察反馈问题整改工作稳步推进，群众对环境质量的满意度普遍提升。持续加大林区管护力度，制定《林芝市巴宜区生态公益林管理暂行办法》，启动智能化森防监测系统试点，严肃查处涉林案件14起。创新开展生态环境保护宣传，结合“美丽中国，我是行动者”2018环境日宣传主题，制定《环保相关法律法规资料汇编》《习近平生态文明思想应知应会精神》藏、汉双语宣传册。对饮用水源地、大中型餐饮经营场所、“绿盾2018”、重点路段及景区景点开展专项环境综合整治行动。完成主城区71家300平方米以上中、大型餐饮经营服务场所油烟净化设施改造；完成辖区内5家私人加油站地下双层罐和油气回收设备改造；完成禁燃区内52家燃煤（薪）锅炉的清洁能源改造。

2018年9月23日，林芝市首届中国农民丰收节启动仪式在巴宜区嘎拉村举行。图为文艺演出活动现场

【行政体制改革】2018年，巴宜区全面推进行政体制改革，加快推进法治政府建设，严格执行“三重一大”事项集体决策制度，坚持推行政府法律顾问制度，政府决策更加科学、民主、法治，文件备案审查、行政执法监督各项工作有序开展，自觉接受人大监督、监察监督、政协监督、司法监督，共承办协办市人大建议、政协提案4件，承办本级人大建议19件、政协提案37件，满意率均达到100%。协助完成监察体制改革工作，强化重点领域司法审查整改，积极配合检察机关依法开展行政公益诉讼，支持检察机关办理自治区首例生态环保领域、食品安全领域刑事附带民事公益诉讼案件。

【党的思想建设】2018年，巴宜区始终按照全国宣传思想工作会议“举旗帜、聚民心、育新人、兴文化、展形象”15字使命任务，紧紧围绕中心服务大局，深入贯彻落实中央、区党委、市委、区委的决策部署，聚焦发展主线，发挥思想引领、舆论推动、精神激励、文化支撑的“四个作用”，着力在统一思想、凝聚力量、鼓舞干劲、增强实效上下功夫，努力在理论武装、舆论引导、文明创建和文化发展上取得新进展，讲好林芝故事，传播好党的声音，提振起巴宜区各族干部群众干事创业的精气神，为“建设经济强区，构建和谐巴宜”汇聚强大正能量，全面展现新担当新作为，切实打牢各族人民共同团结奋斗、共同繁荣发展的思想基础。全年召开中心理论组集中学习会17次，开展《习近平谈治国理政》专题学习15次。各级党委（党组）开展专题学习300余次，参加人数达2000余人。组织区、乡、村三级宣讲团（组、队）深入基层开展“面对面宣讲点对点落实，党的十九大精神进万家”活动，全区开展集中宣讲活动337场次，受教育群众达6万余人次。扎实开展“四讲四爱”群众教育实践活动，全年开展宣讲教育1954场次，受众达138880人次，开展实践活动767场次，受众人数达69030人次。在政府门户网站和“网信巴宜区”微信公众平台重点推出“学习十九大，奋进新时代”“学习进行时”“四讲四爱”等栏目，增设“党风廉政”“脱贫攻坚我们在行动”“生态文明建设”和“媒体看巴宜”等专题专栏。巴宜区政府新闻网供稿2214条，“网信巴宜区”微信公众平台发布2642条，阅读量达20万人次。

【党的组织建设】 2018年，巴宜区切实加强党的组织建设，不断完善干部考核激励机制，坚持正确选人用人导向。全面推进软弱涣散党组织整改工作，对7个软弱涣散村级组织和6个机关、企事业单位及1个非公领域软弱涣散党组织进行整改。全面推进党组织标准化建设，对全区159个党支部进行整改升级。大力开展党员政治教育培训，先后开展《习近平谈治国理政》专题学习150余次，党的建设、纪律作风建设专题学习50余次。分级举办培训班30余期，参训党员3700余人次。大力实施万名村（居）干部素质提升工程，共培训人员200余人次。以“领头雁”和“双语教育”等活动为抓手，开办夜校300余场，培训人员达到500余人次。继续落实帮扶关怀机制，对254名“三老”人员、12名大学生村干部、8名青年志愿者、593名村居组织干部、100名困难党员、8名援藏干部、7名聘用及解聘干部共986人进行慰问，发放慰问金508788元。严格按照程序做好发展党员工作，全年发展党员111名。严格执行“三会一课”党内制度，大力推进党的组织建设。

【党风廉政建设】 2018年，巴宜区切实加强政府自身建设，坚持全面从严治党，严格落实政府党组管党治党主体责任，全面加强政治纪律教育，坚决维护以习近平为核心的中共中央权威和集中统一领导。切实加强政府系统党风廉政建设，明确党风廉政建设责任分工，严格执行中央八项规定及其实施细则，认真落实区党委“约法十章”“九项要求”和自治区、林芝市贯彻落实中央八项规定精神实施办法，廉政风险防控工作持续加强。

（彭春芳　次仁卓嘎）

区政府办工作

【概　况】 2018年，区政府办公室在区委、区政府的正确领导下，深入贯彻中共十九大和十九届二中、三中全会精神，贯彻落实自治区第九次党代会和历届全会精神，紧扣区委、区政府具体工作部署要求，紧紧围绕区委“2156”发展总思路，坚持党的全面领导，坚持改进工作作风，创新开展工作，充分发挥参谋助手、督促检查、后勤保障、综合协调等职能，确保政府系统的高效协调动转，为推动全区经济社会的全面发展做出应有贡献。

【研究室工作】 2018年，区政府办公室紧紧围绕全区总体工作部署和重点工作，组织力量对全区产业结构调整、特色产业培育、难点问题等进行调研，探究问题症结，提出对策建议，为领导提供充分的决策依据，努力做到调研到关键处，参谋到点子处，服务到决策中。同时，区政府办公室高质量、高标准起草完成各类文字材料。全年起草重要会议讲话15个、工作汇报材料38个、典型经验材料10个、调研报告13个等各类材料共76篇。

【督查工作】 突出决策性和导向性督查。2018年，区政府办公室督查工作围绕市、区人民政府经济工作会任务分解，为民办实事及区领导安排的重点工作等方面为督查重点，采取实地查看、电话催办等方式进行督查，对督查结果及时通报，并不定时开展“回头看”全程跟踪的方式狠抓落实；重视领导批示件的督查。对各级领导批示件进行逐件分析，重点督查，确保领导决策的贯彻执行，全年督办事项136件。

【信息工作】 2018年，区政府办公室按照“服务大局、及时高效、全面准确、统筹协调、开拓创新”原则，及时把握第一手信息，认真做好经济发展、改善民生及工作亮点等方面的信息报送工作，两办向市人民政府办公室报送政务信息1847条，政府办报送信息975条，圆满完成政务信息报送任务，其中自治区采用7条、市采用183条。

【办文办会】 2018年，区政府办公室严格落实精文减会要求，以“压缩数量，提高质量”为原则，严把政策关、程序关、文字关，严格审签程序，认真执行审批卡制度，杜绝公文倒流现象的发生，使公文格式更趋于规范化。全年共发政府文件111期、办公室文件107期；做好各种文件材料的收集、整理和归档及机要、保密工作，杜绝文件的丢失和泄密。对每次会议都高度重视，精心组织、合理安排、保证效果，圆满完成各类会议的筹备组织任务。

【编译工作】 2018年，区政府办公室编译局认真落实工作职责，积极开展藏语言文字工作的理论研究和推广应用，全年翻译各类大型会议材料、领导讲话、群众来信来访、广告门牌社会用字等材料共3000余页、120余份文件；圆满完成县（区）领导下基层、外出调查时的口头翻译工作；成立督导组定期对辖区内社会用字进行督导检查，全年对辖区内9426处广告牌及商铺门牌、路灯、横幅以及各乡镇社会用字进行5次督导检查，发现问题248处，整改245处，整改率达到98.8%，进一步提高了藏语言文字工作的普及率及使用率，进一步规范了藏汉文社会用字管理工作。

【综合协调工作】 2018年，区政府办公室始终把综合协调工作渗透到政务服务的各个环节，对重大工作部署、重要会议、重大活动，认真组织，多方协调，抓好落实，使各方面工作相互衔接，形成合力。对全区重点建设项目和阶段性中心工作，加强调度，及时掌握各方面工作进展情况，主动向区委、区政府领导汇报，提出合理建议，研究制定切实可行的工作措施，有力促进各项工作顺利开展。

【组织建设】 2018年，区政府办公室按照“控制总量、优化结构、提高质量、发挥作用”的原则，积极引导非党员干部向党组织靠拢，3名预备党员转为正式党员。严格落实党员干部学习教育和党风廉政建设责任制，大力开展党员政治教育培训，先后集中开展《习近平谈治国理政》专题学习、党风党纪、廉洁自律和艰苦奋斗教育学习24次，严格执行“三会一课”党内制度，大力推进支部建设。全年区政府办公室干部职工未发生违反党风廉政建设的案件和社会治安综合治理等违法违规事件。

【后勤管理】 2018年，区政府办公室后勤中心以“保运转，促工作”为目标，合理分配办公用房、妥善配备办公室配套设施，进一步优化办公环境；日常开支求压缩，以厉行节俭、减少开支为原则，保证办公室工作的正常运转；财务管理求严格，严格报账审核流程，严控财务支出关，严把财务管理纪律关，坚持小额请示、大额讨论，事前请示、事后审核的财务审批制度，勤俭持“家”，杜绝浪费；车辆使用求安全，加强对车辆驾驶人员的安全教育和知识培训，不断强化驾驶人员的安全意识和责任意识，合理车辆调度、严格车辆保修，确保车况良好和安全行车，保障公务人员的出行安全。

（彭春芳　次仁卓嘎）

信　访

【概　况】 2018年，巴宜区信访局按照中央、自治区、林芝市三级信访工作的总体要求，在区委、区政府的正确领导下，在上级部门的精心指导下，在全区各级各部门的共同努力下，围绕“四个重点”解决群众实际问题，狠抓工作落实，实行督查责任制，完善长效机制，为构建和谐稳定的社会环境，实现巴宜区经济跨越式发展提供重要保障。

【信访工作】 2018年，巴宜区接待群众来信来访95起，其中劳资纠纷类67起、经济纠纷类18起、土地纠纷类3起、涉法涉诉类2起；其他类5起；截至年底，已化解82起，兑现工程款、机械租赁费、民工工资900余万元；待化解13起，其中劳资纠纷类9起、经济纠纷类2起、涉法涉诉类1起、其他类1起。

2018年，区委政法委、公安局、信访局等部门排查矛盾纠纷407起，涉及劳资纠纷、土地纠纷、经济纠纷、涉法涉诉类等问题，涉及资金4000余万元。截至年底，已化解384起，涉及资金3000余万元；待化解矛盾纠纷23起，涉及资金1000余万元，截至年底，仍在协调解决中。

群众反映的问题主要涉及农民工工资；非法买卖土地；城市乱搭乱建、违章建筑拆除问题；修建拉林高等级公路、拉林铁路过程中引起的房屋震裂后补偿标准不合理；在项目建设过程中部分工程超出合同范围劳务费用支付问题；市场管理等问题。历史遗留问题，部分信访事件长达10年左右，仍未能化解。

【工作措施】 加强领导，为信访工作创新发展提供坚强的组织保障。2018年，全区各级各部门主要领导担负起了信访工作主要责任人的责任，对信访工作亲自抓、负总责，对重要信访事项亲自过问、亲自处理、亲自督办。分管领导具体负责，加强了对信访工作的直接领导，及时安排部署、组织实施，牵头协调解决信访工作难题和突出问题。其他领导班子成员坚持“一岗双责”地抓好分管范围内的信访工作，形成了一级抓一级、一级对一级负责、层层抓落实的信访工作领导责任体系。

2018年6月5日，西藏自治区信访局副局长米玛次仁（右四）、自治区信访局接访处处长央金（右五）一行在巴宜区检查指导信访工作。林芝市副调研员夏靖（右三）、巴宜区副区长格桑明久（左二）陪同

提高信访工作整体合力，建立健全信息分析机制。2018年，区信访局健全和完善区、乡（镇）、村三级信息报送员管理机制，确保信息传递渠道畅通，及时、准确、全面、有效地报送信访信息。建立健全综合协调机制。充分发挥各级党委、政府的主导作用，充分发挥信访联席会议和信访部门的综合协调作用，充分发挥各相关部门的职能作用，进一步健全上下联动、左右协调、运转高效、综合整治的工作机制。建立健全督查工作机制。切实加强对信访工作的督促检查和工作指导，把督查督办工作贯穿于转办交办、责任落实、问题解决、结案反馈的全过程。

【排查矛盾纠纷】 2018年，为区委、区政府确定的矛盾纠纷化解暨信访积案化解攻坚年，巴宜区召开24次矛盾攻坚专题会议，并成立了以区委常委、政法委书记、公安局局长旺青为组长，副区长格桑明久为副组长，区信访联席会议成员单位为成员的矛盾攻坚工作领导小组，针对疑难复杂的信访案件，及时召开专题协调会，明确责任，细化措施，每一起案件明确专人专班负责调处化解工作，3起信访事项正在积极努力化解。区信访局坚持把工作重点从事后处理转移到事前排查化解上来，坚持经常排查与集中排查、普遍排查与重点排查相结合，对群众反映强烈的热点、难点问题，认真查找原因，严格落实责任，明确负责领导、责任单位和责任人员，限期妥善解决，工作开展有力、有序、有效。基本做到小事不出村、大事不出乡、难事不出区，为群众解决实际问题。

【办结效率】 2018年，巴宜区坚持执行党政领导干部阅批群众来信、定期接待群众来访等制度，大力推行责任督办、带案下访、按时回访等制度。

【解决信访突出问题】 2018年，巴宜区坚持"属地管理、分级负责""谁主管、谁负责""依法、及时、就地解决问题与疏导教育相结合"的信访工作原则，切实落实领导"五个一"（一个积案、一名领导、一套班子、一个方案、一抓到底）和"五包"责任制（包掌握情况、包稳控管理、包教育转化、包依法处理、包解决困难），有8件领导包案件正在积极办理中。2018年，巴宜区把问题妥善处理在本地区本部门、解决在基层，信访积案化解工作进展顺利，解决了百巴镇色贡村白玛旺扎信访案件、百巴镇大坝村阿娘信访案件。截至年底，正在着力解决涉及巴宜区劳资纠纷、土地纠纷等方面群众反映强烈的问题。

（白玛拉姆）

2018年11月26日，巴宜区委书记米次（左二），区委常委、政法委书记、公安局局长、督察长旺青（左一）一行在区信访局调研指导信访工作

民族宗教事务

【概　况】 2018年，在区委、区政府的坚强领导下，在市委统战部、市民宗局的具体指导下，在区直各单位的协助配合下，巴宜区民宗局以中共十九大精神为指引，以新修订《宗教事务条例》的实施为契机，严格按照年初的安排部署，围绕本部门的工作任务努力开展各项工作，确保全区宗教领域和谐稳定、民族关系不断巩固。区民宗局是负责巴宜区民族宗教工作的区政府组成部门，为正科单位。截至年底，区民宗局有编制10名，工人1名、公益性岗位1名。

【党风廉政建设】 落实党风廉政建设责任制。2018年，区民宗局着力抓好领导干部的教育、监督和廉洁自律，从源头上抓好党风廉政和反腐倡廉各项工作任务的落实。制定印发《2018年巴宜区民宗局廉政风险防控机制建设实施方案》《巴宜区民宗局岗位廉政风险点及防控措施细则》和《巴宜区民宗局2018年党风廉政建设和反腐败工作计划》，并与党员干部签订不信仰宗教承诺书和2018年党风廉政责任书。

加强廉政教育，提高党员干部拒腐防变能力。结合每周固定学习日，党支部召开专题理论学习时，做到逢会必讲廉政，让廉政教育入心、入脑，切实提高党员干部的廉政意识，筑牢思想防线；高度重视不作为、慢作为整治和文风会风的改进，并从精简会议、文件数量，提高会议、文件质量入手，下大气力转变不作为、慢作为现象和文风会风，不作为、慢作为以及文山会海治理取得了明显的成效；落实干部考勤、党员干部述廉述职制度，强化责任管理，注重干部自身工作能力的提升和服务态度的转变，有效改进工作作风。

【宣传教育活动】 为开展好宗教领域“四讲四爱”“遵行四条标准 争做先进僧尼”教育实践活动和中共十九大精神、《宗教事务条例》巡回宣讲工作。2018年，区民宗局结合实际制定宣讲方案，成立以区委常委益西江措为团长，统战、民宗、各寺管会、寺庙负责人为成员的宣讲团。宣讲团成员严格按照“精通藏汉双语、知识基础扎实、宣讲经验丰富”的原则，从统战民宗系统的干部、僧尼中择优选配进行宣讲培训，并按照区委宣传部统一安排，指派专人参加“四讲四爱”教育实践活动宣讲培训。截至年底，累计开展宣讲活动60余场次，聆听宣讲的僧尼、驻寺干部达1000余人次。

3月28日，为纪念西藏百万农奴解放59周年，区民宗局组织各寺管会干部、各寺庙僧尼代表在吉日寺开展升国旗、唱国歌、“畅谈美好新生活·旗帜鲜明反分裂”座谈会、政策知识系列宣讲等主题活动。“七一”期间，组织宗教领域开展感党恩跟党走系列座谈会。国庆期间，邀请区委书记米次、区委统战部部长益西江措等到吉日寺与僧尼一起进行庄严的升国旗仪式，并与寺庙僧尼亲切座谈，畅谈中国改革开放40年来的伟大变化。

6月29日，区委统战部、工商联党支部和区民宗局党支部联合各寺庙组织开展巴宜区宗教领域第二届庆“七一”纪念建党97周年系列活动，现场开展了“国旗飘起来、国歌唱起来”、“恩从何来、恩向谁报”新旧西藏对比座谈会、“神圣国土守护者、幸福家园建设者”主题书法比赛、迎“七一”党的十九大精神知识竞答活动、“手携手·心向心”拔河比赛活动。

2018年8月11日，巴宜区民宗局组织举办“民族团结在身边”讲述活动，副区长格桑明久（中间）参加活动并作重要讲话

联合区委统战部、宗教办、司法局等单位，到各寺庙开展了“学习《宪法》、遵循《宪法》、做遵规守法好僧尼”活动，发放各类法制宣传手册800余本、组织专题学习5次，参与人员300余人次。开展寺庙僧尼和驻寺干部法律法规测试，以考代学，强化僧尼法律意识，促使驻寺干部依法管理宗教事务。

【落实利寺惠僧政策】 2018年，区民宗局认真落实上级的指示要求，在宗教领域积极开展各类服务工作。全区所有在编僧尼落实了“两险一保”全覆盖，每年都能进行1次免费体检，并为每名僧尼建立健康档案。各寺庙生活环境、功能设施进一步改善，有力地保障了僧尼的学习和修行活动。协调区妇联在有条件的寺庙设立妇女之家活动室，妇女权益进一步得到保障。积极协调区卫生服务中心开展在编僧尼包虫病防治工作，深入各寺庙积极向僧人宣传包虫病综合防治知识20余次，教育引导僧人养成良好的卫生习惯，努力营造包虫病防治人人有责、人人参与的社会氛围。在检查中确诊的2名僧尼，区民宗局已积极协调区疾控中心，跟进后续手术治疗工作。

积极开展慰问活动。“三大节日”期间，组织单位党员干部为困难僧尼购买价值5000余元的大米、清油、面粉、砖茶等生活物资。

唐拉拉康主殿维修项目为“十三五”重点寺庙维修项目之一，中央财政投入50万元。截至年底，完成主体建设的85%。布久拉康僧舍改造工程由巴宜区本级财政投资55.01万元，截至年底，基本完成项目建设内容等待验收。寺庙基建项目的实施进一步改善了僧尼的生活修行条件，为僧尼营造了潜心修佛、提高佛学造诣的良好环境。

【寺庙管理】 2018年，区民宗局多次前往各乡镇开展宣传工作，引导信教群众合理规范悬挂经幡，既保护环境，又保障信教群众的宗教信仰需求。面向僧尼和信教群众开展宣传政策法规活动19场次，出动干部宣讲员20余人次，出动宗教界宣讲员16人次，受教僧尼219人次，信教群众2700人次，使更多的农牧民群众追求现代文明生活。

为进一步做好安全生产工作，区民宗局成立以局长为组长，各寺管会主任、单位分管安全生产的副局长为副组长，办公室工作人员、各寺管会的工作人员和各寺庙主持为成员的安全生产工作领导小组。为保障僧尼及寺庙（拉康）的人身财产安全、提高僧尼们的安全生产意识，区民宗局与各管委会开展消防演练进寺庙活动10余次，消防培训6次，参与人数500余人次，覆盖率达100%。投入8.7万元为各寺庙购置消防设备，投入19万余元为寺庙新修和维修消防水池。

2018年5月9日，巴宜区民宗局组织宗教界代表人士召开座谈会

【少数民族民生问题】 为确保少数民族发展资金项目落实到实处，通过摸底排查及项目评审后，从2015年起，区民宗局就将少数民族发展资金主要投入到更章门巴民族乡基建、民生等项目。2017年，投入300万元资金修建的门仲村特色文化村寨项目，已完工待验收，后续计划投入15万元用于文化村寨设备购置（项目已上报，待批复）。在2015年的基础上，2018年投入40余万元扩大更章乡门仲村木耳种植项目规模。为带动门仲村脱贫致富，在充分调研的基础上，向自治区民宗委申报了66万元的牦牛养殖项目（待批复）。

【民族团结】 广泛开展“民族团结在身边”讲述活动。年初，区民宗局与区委宣传部沟通协调，在全区上下开展“民族团结在身边”讲述活动，机关各部门、各乡镇（社区）通过多种形式，开展了丰富多彩的讲述活动，有力地巩固了全区平等团结互助和谐的社会主义民族关系和“三个离不开”的意识进一步加强。在宗教领域与区委统战部联合组织开展“民族团结在身边”讲述暨“爱国爱教比贡献”僧尼演讲活动。僧尼们紧扣“民族团结在身边、爱国爱教比贡献”这一主题，结合新时代中国特色社会主义思想、党和政府一系列利寺惠僧政策措施落实、“四讲四爱”好僧尼等方面进行真情讲述和生动演讲。

民族团结创建评选工作。健全和完善目标管理责任。区民宗局结合区委宣传部《巴宜区2018年进一步加强新形势下民族团结工作实施方案》，出台了《巴宜区2018年民族团结进步创建活动评选方案》，与各乡镇、部门签订了巴宜区2018年民族团结进步工作目标管理责任书。

2018年9月20日，巴宜区开展第28个民族团结宣传月活动

做好民族团结宣传教育和“七进”工作。认真开展民族团结宣传教育活动。在“3·28”西藏百万农奴解放纪念日、“五下乡”、综治宣传和9月民族团结宣传月等时间节点，协同民族团结领导小组成员单位，采取设立展板、悬挂横幅、文艺表演、知识问答等形式集中开展宣传日活动，制作《宗教事务条例》1000册、民族团结宣传横幅50余条，发放《宗教事务条例》《民族团结宣传手册》等15000余册以及印有“民族团结”logo的手提布袋、雨伞和围裙3000多个，受教育群众19000余人次。指导各乡镇结合自身实际广泛开展民族团结宣传教育；积极推进民族团结教育进机关、进乡村、进社区、进学校、进企业、进军营、进寺庙活动。进一步将民族团结进步创建活动向下延伸，积极开展民族团结进步创建示范村居、示范乡镇、示范家庭活动，重点加大对民族团结示范村的建设力度。推荐八一镇、林芝镇为林芝市民族团结创建示范乡镇，推荐喇嘛岭寺为林芝市民族团结创建示范寺庙，八一镇被评为首批“林芝市民族团结进步示范点”。

（益西拉珍）

扶贫开发

【概　况】 2018年，巴宜区扶贫开发办公室（以下简称“区扶贫办”）严格落实各级党委、政府关于脱贫攻坚系列决策部署和工作安排，将打赢脱贫攻坚战作为经济社会发展的头等大事和第一要务，坚决贯彻习近平关于全面推进脱贫攻坚的重要指示精神和国家、自治区关于脱贫攻坚的部署精神。认真落实市委、市政府提出的“1693”脱贫工作思路，紧紧围绕脱贫“摘帽”目标，坚持强化责任落实力度、深化脱贫举措精度、提高合力攻坚强度，全力推进脱贫攻坚。精准扶贫工作开展以来，巴宜区识别建档立卡583户1621人，完成578户1602人的减贫任务（2018年年底，未脱贫建档立卡贫困户5户19人），减贫人口占建档立卡人口的98.8%，退出贫困村67个，贫困发生率降至0.11%。2018年，区扶贫办有干部职工14名，其中正科2名、副科3名、科员7名、工人1名、公益性岗位1名。

【巩固脱贫攻坚成果】 2018年，区扶贫办最大限度地防止返贫，参照《西藏自治区引进区外企业参与产业精准扶贫管理办法（试行）》精神，结合巴宜区实际，先后制定出台《巴宜区推进特色优势产业加快发展的实施意见》《巴宜区异地扶贫开发产业项目收益资金使用管理办法》《巴宜区农牧业发展专项资金管理暂行办法》。

【产业脱贫】 2018年，区扶贫办为进一步整合优质特色优势农畜产品项目，结合实际，突出“一带一园六基地”建设，以打造全市稳定的“五个供应基地”为目标，因地制宜发展精准扶贫产业，以产业发展巩固脱贫成效。2018年，安排产业项目67个，第一批立项38个，计划总投资69648万元，政策资金投入6943.2万元，社会资本29653万元，金融资金33051.8万元；第二批立项21个（中期调整增加项目），总投资17574万元，政策性资金6084万元，银行贷款3200万元，项目单位自筹8290万元；“4+1”模式产业项

2018年4月4日，西藏自治区党委常委、自治区政府党组副书记、常务副主席罗布顿珠（右一）在百巴镇调研“三岩”搬迁安置点情况。巴宜区委书记米次（右三），区委副书记、区长严世钦（左二），区长格桑明久（右四）等陪同

目8个，总投资478.5万元，政策资金投入300万元，项目单位自筹178.5万元。项目涉及种植、养殖、加工、文化旅游、商贸流通、资源开发共6大类38子类。

【资金保障】 2018年，巴宜区紧紧围绕精准扶贫总要求，坚持“多个龙头进水，一个龙头放水”模式，进一步巩固政府、金融、援藏、社会等多元化投入体系，不断加大资金投入力度，大力推进精准扶贫工作，保障脱贫攻坚资金投入。截至年底，巴宜区统筹整合使用财政涉农资金10748.65万元。

【建档立卡】 2018年，区扶贫办将农牧民人均可支配收入作为识别标准红线，使扶贫对象识别工作有据可依，全区识别建档立卡贫困户583户1621人，做到户有卡、村有册、乡镇有簿、县（区）有电子档案；针对巴宜区5户19人未脱贫户制定了医疗救、产业扶持、助学扶持、生态岗位扶持、生产生活扶持，低保兜底为主的帮扶措施。

【监督问责】 2018年，巴宜区成立脱贫攻坚工作督导考核领导小组，设立专项治理办公室，完善工作机制，明确工作职责。定期、不定期进行专项检查，督促整改，开展扶贫领域专项巡察，严格执行扶贫项目资金审核制度，研究制订《关于2018年至2020年扶贫领域腐败和作风问题专项治理的实施方案》。针对各级巡察组、督导检查组针对扶贫领域提出的反馈意见，巴宜区各部门均能够按照规定要求，坚持把解决具体问题与普遍问题、显性问题与隐性问题、当前问题与长远问题紧密结合起来，作为整改工作的重点，以重点突破带动整改工作全面落实，逐一对号入座，建立工作台账、明确整改时限，做到整改一件销号一件，问题不解决决不收兵，全面落实整改责任，确保各项工作有效落实。

【教育扶贫】 2018年，巴宜区大力实施“教育强区”战略，持续推进义务教育标准化建设和均衡

2018年11月20日，巴宜区委常委、副区长扎西朗杰带队实地调研学习拉萨市堆龙德庆区、曲水县才纳乡“三岩”片区易地扶贫搬迁点经验，并同各县区召开现场座谈会。充分了解各县区管理措施、脱贫措施、产业扶持计划等，借鉴经验继续完善巴宜区“三岩”搬迁实施方案

发展，扎实做好学生资助、控辍保学等各项教育扶贫工作。全年巴宜区建档立卡户贫困户子女教育扶持学生425人，扶持总资金98.85万元已全部兑现，最大限度地阻断贫困代际传递。

【健康扶贫】 2018年，巴宜区完善脱贫群众医疗救助动态管理机制，对需要医疗救助的脱贫户，落实好精准扶贫医疗救助兜底、医疗保险和大病救助等支付政策。为防止因病返贫或致贫，制定《巴宜区医疗卫生精准扶贫工作实施方案》《精准扶贫大病医疗救助专项工作方案》和《巴宜区精准扶贫对象就医绿色通道方案》等相关文件。

【生态扶贫】 2018年，巴宜区全面加强生态岗位人员动态管理，严格落实上岗台账制度，确保记录完整和信息准确，同时建立生态岗位人员年度考核制度，对不合格生态岗位人员进行全面清理；按照生态岗位定岗、定员、定责、定酬“四定”原则，积极安排新出现的贫困劳动力和边缘低收入人口上岗生态岗位。2018年，巴宜区第一批新增184个生态岗位。截至年底，巴宜区有生态岗位3089个。通过财政一卡通形式，兑现2018年度生态岗位补助岗位资金1081.15万元。

【保障兜底】 2018年，巴宜区不断加强兜底政策动态管理，积极落实医疗帮扶措施，切实做到应保尽保。通过对建档立卡贫困户和新申请低保人

员进行入户调查核对，截至年底，全区有农村低保户 16 户 56 人，全年发放农村低保资金 4.52 万元；为农村特困人员 171（集中供养 66 人）发放供养金 150.55 万元。

【“三岩”搬迁】 2018 年，巴宜区按照“先易后难、分步实施、逐年搬迁”的工作思路，研究制定《西藏昌都市“三岩”片区易地扶贫搬迁巴宜区实施方案》，确定百巴镇折巴村、鲁朗镇罗布村、八一镇加乃村、更章乡娘萨村 4 个集中安置点，计划分两年完成 1014 人的集中搬迁安置任务。截至年底，4 个安置点的配套基础设施、产业规划正在实施，产业项目正按照程序有序推进。

【党建工作】 提高政治站位，切实履行党建主体责任。2018 年，区扶贫办支部牢固树立“抓党建是本职、不抓党建是失职、抓不好党建是不称职”的理念，始终把党的政治建设摆在首位，切实增强“四个意识”严守政治纪律和政治规矩；规范党内组织生活。严格按照工作部署，认真规范党内组织生活，严格落实“三会一课”制度；强化组织纪律。组织党员干部认真学习贯彻落实《党内政治生活若干准则》《中国共产党廉洁自律准则》等党内法规，引导党员自觉养成在被监督下开展工作的良好习惯；加强党员学习教育，规范党员管理。组织党员认真学习党章、党规、习近平重要讲话精神。建立党员工作制度，摸清党员干部思想动态。

【队伍建设】 充实本办干部队伍建设。2018 年，区扶贫办落实主要领导负责扶贫开发工作，配齐扶贫办工作人员。壮大基层扶贫队伍建设。巴宜区下辖 4 个镇、3 个乡，各乡镇均成立脱贫专班领导小组，党政主要负责人任组长，安排具体分管扶贫领导 1 名、扶贫专干 1 名，具体负责脱贫攻坚工作，保障脱贫攻坚各项工作的有效落实。选优派强第一支部书记。2018 年，全区选派 67 名政治素质高、业务能力强的干部到贫困村任第一支部书记负责脱贫攻坚工作。

（郑小明）

2018 年 8 月 16 日，百巴镇增巴村易地扶贫搬迁户西热搬迁后住房新址

中国人民政治协商会议巴宜区委员会

综　述

【概　况】 2018年是贯彻中共十九大精神的开局之年，是改革开放40周年，是决胜全面建成小康社会、实施“十三五”规划承上启下的关键一年。区政协常委会以习近平新时代中国特色社会主义思想为指导，认真贯彻落实中央和自治区党委、市委、区委各项重大决策部署，团结带领参加政协的各族各界人士，紧紧围绕区委“2156”工作总思路，认真履职，主动作为，充分发挥协调关系、汇聚力量、建言献策、服务大局的作用，为巴宜区经济社会长足发展和长治久安做出积极贡献。截至年底，政协第二届林芝市巴宜区委员会有主席1名、副主席4名、政协常务委员13名、政协委员86名（政协第二届林芝市巴宜区委员会第三次会议增补扎西罗布为巴宜区第二届政协委员），13个界别。内设政协办公室、政协综合专委会。政协办公室干部职工9名，其中正科级干部2名、副科级干部3名、科员3名、工人1名。政协综合专委会有干部2名，其中正科级干部1名、副科级干部1名。

【主要会议】 2018年1月4日，政协第二届林芝市巴宜区委员会第二次常务委员会议在政协机关407会议室召开。会议研究决定于2018年1月7—9日在巴宜区召开政协第二届林芝市巴宜区委员会第二次会议。会议审议通过政协第二届林芝市巴宜区委员会第二次会议议程和日程、政协第二届林芝市巴宜区委员会第二次会议秘书长和提案委员会组成名单（草案）、政协第二届林芝市巴宜区委员会常务委员会工作报告和政协第二届林芝市巴宜区委员会常务委员会关于提案工作情况的报告。

2018年7月24日，全国政协常委、经济委员会副主任孙思敬（左二）一行15人在巴宜区实地考察鲁朗国际旅游小镇开发建设、柏树王园林景区服务业开发及生态保护情况。巴宜区政协主席戴平（右二）陪同

2018年1月7—9日，政协第二届林芝市巴宜区委员会第二次会议在巴宜区召开，会议审议通过政协第二届林芝市巴宜区委员会常务委员会工作报告和政协第二届林芝市巴宜区委员会常务委员会关于提案工作情况的报告。

2018年1月9日，政协第二届林芝市巴宜区委员会第三次常务委员会议在政协机关407会议室召开。会议听取审议政协二届二次会议小组讨论会相关情况；审议通过政协二届二次会议期间提案审查情况报告、政协第二届林芝市巴宜区委员会常务委员会工作报告的决议（草案）、政协第二届林芝市巴宜区委员会提案工作情况报告的决议（草案）、政协第二届林芝市巴宜区委员会第二次会议政治决议（草案）；会议表决通过其列任政协林芝市巴宜区委员会综合专委会主任。

2018 年 2 月 27 日，政协党组召开 2017 年度民主生活会。会上，政协党组成员围绕学习贯彻新时代中国特色社会主义思想、认真执行中共中央决策部署和上级党委决议决定、对党忠诚老实、担当责任、纠正“四风”顽症、严格执行廉洁自律方面存在的问题进行自我剖析，成员之间进行批评与自我批评。会议邀请区纪委、组织部点评指导。“两代表一委员”列席会议。

2018 年 4 月 2 日，政协第二届林芝市巴宜区委员会第二次主席会议在政协机关 407 会议室召开。会议审议通过区政协第二届二次会议及闭会期间委员提案、政协林芝市巴宜区委员会领导班子成员工作分工、巴宜区政协办公室工作人员及综合专委会工作人员分工、政协林芝市巴宜区委员会常委会 2018 年度协商计划及重点工作计划、公文处理细则和文件收发等。

2018 年 4 月 12 日，政协林芝市巴宜区委员会 2018 年提案交办会在巴宜区人大机关 504 会议室召开。会议就政协林芝市巴宜区委员会二届二次会议期间收到的 37 件提案和意见建议进行交办。

2018 年 9 月 27 日，西藏自治区政协副主席、林芝市政协主席桑杰扎巴（前排左一）一行在巴宜区民政局考察指导工作。巴宜区委书记米次（前排右二）等陪同

2018 年 7 月 23 日，政协第二届林芝市巴宜区委员会第三次主席会议在政协机关 407 会议室召开。会议审议通过关于推荐扎西罗布为巴宜区二届政协委员的报告、政协第二届林芝市巴宜区委员会第二次会议提案办理及答复情况、政协办公室有关财务报销规定、2018 年度委员外出考察方案及经费预算、2018 年度委员培训方案及经费预算。

2018 年 10 月 29 日，区政协“严守政治纪律、严明政治规矩”专题组织生活会在政协机关 407 会议室召开，政协党组成员以普通党员身份参加双重组织生活会，与支部党员一起开展批评与自我批评。会议邀请区纪委、组织部点评指导。“两代表一委员”列席会议。

【政治理论武装】 统一思想，凝聚共识，牢牢把握正确政治方向。2018 年，政协党组及其常委会始终坚持把加强政治思想建设摆在各项工作的首位，以政治建设统领政协工作全局，坚决维护习近平核心地位，坚决维护中共中央权威和集中统一领导。始终坚持党对政协工作的全面领导，坚定不移贯彻执行中央和各级党委关于政协工作的方针政策，深刻领会精神实质，准确把握丰富内涵，坚决贯彻落实到位。在日常工作中，始终坚持与区委同心同向同行，凡重大决策、重大活动、重大调研视察都是先报告请示，经批准后开展，一切重要活动围绕区委重大决策部署来安排谋划，确保党的领导贯穿于政协工作的全过程，确保政协事业方向不偏、立场不移。始终坚持以习近平新时代中国特色社会主义思想和中共十九大精神为重点，依托“两学一做”学习教育常态化制度化建设和政治纪律主题教育等载体，严格落实政协党组学习中心组、党支部学习制度，并通过举办专题辅导、组织界别小组活动以及会议、培训等，切实把委员纳入大学习活动之中，形成了分层次、多形式、全覆盖、常态化的学习格局，在广大政协委员中形成了树牢“四个意识”、增强“四个自信”、坚定“两个维护”的浓厚氛围。政协党组认真落实全面从严治党责任，带头落实“两个维护”根本政治责任，深入学习贯彻“两准则四条例”，严格遵守中央八项规定及其实施细则、区党委“约法十章”“九项要求”，不断提高拒腐防变的能力。同时，不折不扣贯彻民主集中制原则，认真执行政协党组会议、主席会议和常委会议议事规则，每月定期或根据需要不定期召开党组会议，研究部署政协重点工作，保证党的理论和路线方针政策在政协工作中的贯彻落实，做到了决策民主化、科学化。

【强化委员履职平台】 2018年，区政协常委会在党委、政府的关心和支持下，根据工作需要，成立政协综合专委会，研究制定《综合专委会工作职责》等规章制度，推动专委会围绕常委会的工作安排积极开展各项工作，专委会工作得到进一步加强，履职活动不断创新，工作质量明显提高。充分发挥提案办理协商在协商民主中的重要作用，制定《政协林芝市巴宜区委员会提案工作细则（试行）》，围绕提案的办结率、回复率、落实率、回访率和满意率，采取跟踪督办、现场会办、视察催办、主席领衔督办等形式，促进提案的办理落实。2018年，委员们提出提案37件，涉及推进区域经济科学发展、社会事业和改善民生、精神文明建设和创新社会管理等方面，全年复审提案答复率100%，委员满意率100%。积极组织政协委员参加区直各单位民主生活会、组织生活会和年终综合考评评议工作，并通过听取工作情况通报、召开座谈会等形式，对区直各单位工作开展和干部作风建设情况进行深入调研，形成评议报告，并向被评议单位反馈意见。针对提出的意见，被评议单位十分重视，召开会议，对提出的问题逐一剖析，逐项分解落实。

【深化政协职能基础】 2018年，区政协紧紧围绕全区工作中心，自觉把区委、区政府的各项决策和工作部署作为政协工作的切入点，充分开展政治协商，形成了全体会议、常委会议、主席会议多层次政治协商格局。

多层面议政献策。及时召开全体委员会议、常委会议、主席会议，就众多事关全区大局的重要问题进行广泛协商讨论，充分体现了党政决策的民主化、科学化。组织20余人次各界别政协委员参加区委、区政府举办的宪法修订会、食品药品听证会等各类会议，积极发挥专业优势和界别优势，共同参与重大事项研究讨论。此外，区政协围绕提高教学质量、促进教育水平均衡发展、基层卫生医疗服务、食品卫生安全、农村合作医疗运行等工作开展视察，提出中肯的建议和意见，这些建议意见受到区委、区政府领导及有关部门的高度重视，促成了有关问题的解决。

多角度调研资政。围绕上级政协安排的课题开展调研。协助自治区政协完成实地调研任务2项，协助林芝市政协完成专题调研任务1项，与内蒙古、深圳、日喀则、那曲等22个考察团就扶贫、产业、旅游、生态、乡村振兴等内容进行深入交流和讨论，并多次受邀参加区、市政协组织的专题性议政活动，发表理论研究文章2篇，1篇获奖。围绕全区重点工作开展调研。就推进八一镇城乡接合部综合整治工作，组织6名委员深入八一镇、城市街道、社区等单位和重点区域开展调查研究，向区委、区政府提交调研报告1份。带着自身课题外出学习调研。围绕少数民族地区生态旅游发展、脱贫攻坚、社区综合管理、文化传承与开发以及加强和推进政协工作等内容，组织10名政协委员前往内蒙古呼和浩特、鄂尔多斯、包头3市7区（旗）开展考察学习，形成学习考察报告1篇，借鉴和启迪了新时期履行人民政协职能的新思路、新方法。

多方位政治协商。区政协常委会努力为委员

2018年10月10日，巴宜区政协主席戴平（右三）在八一镇调研

履行职能创造条件，每年全体会议期间，委员们列席人大会议，认真听取政府工作报告和其他重要报告，围绕巴宜区政治、经济、文化和社会生活中的重大决策和人民群众关注的热点、难点问题开展协商讨论，为推动跨越发展、富民强区献智出力。在二次会议小组讨论会上，70余名委员作了讨论发言，常委会汇总梳理建议30余条并上报区委。区委高度重视，将委员建议分解细化至各相关职能部门，逐一督办落实，切实使政治协商融入全区经济社会发展的实践之中，促进了协商议政水平不断提高。

【联谊活动】 2018年，常委会坚持团结、民主两大主题，以实现大团结、大联合为目标，充分发挥政协联系广泛的优势，密切与各党派团体的团结合作，促进了全区爱国统一战线的巩固和发展。在藏历新年等重大节庆、节日期间，常委会以密切沟通联系、拓展交流渠道、增进思想共识为着眼点，深入贯彻政协联系走访制度，积极采取座谈、访谈等方式，加强与政协参加单位、各界人士的联络联谊，了解委员生活情况、思想动态，广泛宣传巴宜区经济社会发展取得的成绩，传达区委、区政府发展蓝图和宏伟目标。2018年，慰问走访政协委员、退休老干部等各行各业人士80余人次，送去慰问金31000元，统一了思想、增进了友谊、汇聚了智慧、凝聚了力量。充分发挥文史资料的“存史、资政、育人”作用，立足巴宜区实际，不断拓展文史资料征集编撰工作。圆满完成了2017年度巴宜《政协志》《政协年鉴》编撰工作；系统完成了2000—2017年具有保存价值的各种文字、图片等整理和归案工作，向巴宜区档案局移交档案资料2107件；顺利完成了政协一届二次会议至二届二次会议等重大会议期间的文件汇编工作；稳步推进了政协工作大事记、重大事件信息编辑等工作。同时，还邀请罗布次仁、边巴等委员与政协机关干部一道为党的生日创作了《幸福林芝》等歌舞作品。

在促进大学生就业方面发挥政协优势，积极联系经济界委员，向应届毕业生推介工作岗位20余个；在助推脱贫攻坚方面，广大政协委员和机关干部积极响应区委扶贫帮困号召，向章麦村癌症患者捐助资金5800元；在“千干帮千人”“结对认亲”“一对一帮扶”“全国扶贫日”等活动中，政协工作者们尽己所能、全力以赴帮助群众排忧解难，全年向帮扶对象提供大米、食用油等生活用品及现金共6120元。

【队伍素质建设】 内强素质，外树形象，政协自身建设再上新台阶。2018年，区政协为适应新形势、新任务新要求，坚持以问题为导向，扎实推进政协履行职能的规范化、制度化和程序化建设，自身建设不断加强，政协工作科学化水平进一步提高。不断创新培训方式，深入学习宣传《政协章程（修正案）》《深刻领会党的十九大精神大力实施乡村战略》等内容，让学习内容更加贴近党委、政府中心工作，确保委员建言献策有的放矢、切合实际。邀请资深政协工作者和市党校专家上门授课，围绕“懂政协、会协商、善议政”为全体委员作专题讲座，进行政协基础理论、提案撰写、调研视察等业务知识的辅导。通过培训，不断提升委员的综合素质和能力，增强委员围绕中心、服务大局、主动履职的意识。建立“周五学习交流日”制度，使之成为传达重要文件精神、学习业务知识、汇报工作情况、总结经验教训的

2018年1月29日，巴宜区政协主席戴平（前排右一）在“三大节日”期间慰问驻地某旅军官

重要工作平台。健全完善机关保密工作制度，指定专人负责办公设备、文件传阅、台账管理等工作，定期检查、定期提醒，提升保密工作质量。健全完善《政协机关公章使用管理办法》《政协公文管理细则》以及机关文档处理等相关制度，规范办文办会、财务管理、请销假等工作流程，实现有制可依、有规可守。畅通区政协机关、专委会、界别、委员、各界群众之间的联系渠道，完善了知情明政、民主监督、意见交流等平台，为委员履职、提交提案、及时反映社情民意信息提供更多途径。完善《委员履职管理办法》，健全参政议政考勤制度，将委员出席会议、撰写提案、视察调研、反映社情民意、参加政协活动等履职情况进行登记考核，定期向全体委员通报，激发委员履职积极性、主动性、创造性。

【学习活动】 2018年7月13日，政协委员多木登、次旦、次仁旺姆在巴宜区法院参加警示教育。2018年8月13日，巴宜区政协举办林芝市巴宜区委员会2018年度政协委员专题教育培训班。邀请市党校讲师讲解《当前西藏反分裂斗争的形势与任务》《深刻领会党的十九大精神、大力实施乡村振兴战略》重点意义和内涵。2018年9月14—23日，政协第二届林芝市巴宜区委员会组织区部分政协委员到内蒙古呼和浩特市、包头市、鄂尔多斯市进行了为期11天的学习考察活动。

【政协机关友好交往】 2018年5月23日，日喀则亚东县政协主席次仁普确一行15人在巴宜区鲁朗镇创客、扎西岗村考察调研生态旅游情况。巴宜区政协主席戴平、巴宜区政协综合专委会主任其列陪同。

2018年5月30日，阿里地区政协副主席尼玛平措一行15人在巴宜区实地考察鲁朗国际旅游小镇建设情况。巴宜区政协主席戴平陪同。

2018年6月11日，山西省政协原主席朱先奇一行22人在巴宜区喇嘛岭寺庙开展“以社会主义核心价值观为引领，坚持我国宗教中国化方向，积极引导宗教与社会主义社会相适应”专题调研工作。巴宜区政协综合专委会主任其列陪同。

2018年6月16日，那曲市班戈县政协副主席扎西一行16人在巴宜区鲁朗镇考察调研党建工作开展情况。巴宜区政协副主席张潇文陪同。

2018年6月18日，日喀则市政协主席普布一行23人在巴宜区鲁朗镇考察调研扎西岗村生态旅游发展情况。巴宜区政协主席戴平、巴宜区政协综合专委会主任其列陪同。

2018年6月19日，日喀则市政协副主席普布一行18人在巴宜区实地考察鲁朗国际旅游小镇建设情况。巴宜区政协综合专委会主任其列陪同。

2018年7月6日，自治区政协副主席扎西达娃一行15人在巴宜区鲁朗镇考察调研基层文化工

2018年2月13日，巴宜区政协党组书记、政协主席戴平（右一）走访慰问区政协委员

作。巴宜区政协副主席吴建学陪同。

2018年7月7日，那曲市申扎县政协副主席扎西一行23人在巴宜区鲁朗镇扎西岗村考察政协党建工作及喇嘛岭寺庙考察寺庙管理情况。巴宜区政协综合专委会主任其列陪同。

2018年7月18日，日喀则市江孜县政协副主席多吉次仁一行15人在巴宜区鲁朗镇开展“政治协商、民主监督、参政议政”情况调研。巴宜区政协综合专委会主任其列陪同。

2018年7月17日，广西壮族自治区河池市政协副主席徐钦恒一行8人在巴宜区鲁朗调研考察民族医药与健康养生产业情况。巴宜区政协副主席次仁多吉、巴宜区政协综合专委会主任其列陪同。

2018年7月24日，广东省深圳市福田区政协主席李生伟一行9人在巴宜区鲁朗镇考察委员联络联系等经验做法。巴宜区政协副主席次仁多吉、巴宜区政协综合专委会主任其列陪同。

2018年7月24日，广东省深圳市福田区政协主席李生伟一行9人在巴宜区考察鲁朗国际旅游小镇开发建设情况。巴宜区政协副主席次仁多吉陪同。

2018年7月25日，全国政协常委、经济委员会副主任、武警部队原政治委员孙思敬一行14人在巴宜区实地考察鲁朗国际旅游小镇开发建设情况，柏树王园林考察景区服务业开发及生态保护情况。巴宜区政协主席戴平陪同。

2018年7月25日，广西壮族自治区梧州市政协副主席莫永东一行7人在巴宜区考察林芝市民族特色小镇（东巴才村）建设情况、林芝市民族团结进步创建活动情况（喇嘛岭寺）。巴宜区政协副主席次仁多吉陪同。

2018年7月27日，湖北省宜昌市民族宗教社会法制委员会主任陈宏彦一行6人在巴宜区考察援藏博物馆、西藏大学生创客空间建设情况。巴宜区政协综合专委会主任其列陪同。

2018年7月1日，巴宜区政协机关党支部开展入党宣誓。区政协党组书记、政协主席戴平（左一），政协副主席（左二）次仁多吉以普通党员身份参加宣誓

2018年8月1日，四川省阿坝州政协副主席、党组副书记王斌一行7人在巴宜区鲁朗镇考察调研提案办理协商工作。巴宜区政协副主席次仁多吉、巴宜区政协综合专委会主任其列陪同调研。

2018年8月7日，内蒙古自治区鄂尔多斯市鄂托克旗政协副主席腾巴雅尔一行8人在巴宜区鲁朗镇考察少数民族群众致富达小康情况及喇嘛岭寺庙考察调研宗教场所规范化管理和自身建设情况。巴宜区政协副主席次仁多吉、巴宜区政协综合专委会主任其列陪同。

2018年8月11日，昌都市政协副主席多嘉一行24人在巴宜区鲁朗镇开发建设情况及柏树王园林考察景区建设及生态保护情况。巴宜区政协综合专委会主任其列陪同。

2018年8月11日，昌都市政协副主席多嘉一行18人在巴宜区实地考察鲁朗国际旅游小镇开发建设情况及柏树王园林考察景区建设及生态保护情况，鲁朗林海生态保护情况。巴宜区政协副主席次仁多吉陪同。

2018年9月1日，甘肃省兰州市政协副主席田明4人在巴宜区实地考察鲁朗国际旅游小镇建设情况。巴宜区政协综合专委会主任其列陪同。

2018年9月6日，日喀则仁布县政协副主席尼春一行24人在巴宜区实地考察鲁朗国际旅游小镇建设情况。巴宜区政协综合专委会主任其列陪同。

2018年9月10日，广东省湛江市政协副主席钟胜保一行10人在巴宜区鲁朗镇视察调研鲁朗国际旅游小镇建设情况。巴宜区政协主席戴平、巴宜区政协综合专委会主任其列陪同调研。

2018年9月16日，阿里地区措勤县政协副主席周海斌一行15人在巴宜区鲁朗镇围绕精准扶贫和精准脱贫考察鲁朗镇特色产业情况及喇嘛岭寺庙调研创新寺庙管理工作开展情况。巴宜区政协综合专委会主任其列陪同。

2018年9月16日，措勤县政协副主席周海斌一行15人在巴宜区实地考察鲁朗国际旅游小镇建设情况及喇嘛岭民族团结进步创建情况。巴宜区政协办公室主任苏廉程陪同。

2018年9月17日，全国政协常委、民建中央副主席，上海市政协副主席周汉民一行12人在巴宜区实地考察千年柏树王园林生态保护情况及喇嘛岭寺宗教活动开展情况。巴宜区政协综合专委会主任其列陪同。

2018年9月17日，自治区政协民族和宗教委员会主任黄建国一行4人在巴宜区更章门巴民族乡考察调研人口较少民族经济社会发展情况。巴宜区政协副主席张潇文陪同。

2018年9月19日，海南省政协委员、民族和宗教委员会副主任高泽强一行9人在喇嘛岭寺庙考察调研宗教活动开展情况。巴宜区政协综合专委会主任其列陪同。

2018年9月27日，自治区政协副主席、林芝市政协主席桑杰扎巴一行10人在巴宜区米瑞乡通麦村开展关于全国民族团结进步示范视察调研工作。巴宜区政协主席戴平、巴宜区政协综合专委会主任其列陪同。

2018年9月29日，山南市加查县政协副主席琼达一行12人在巴宜区鲁朗镇考察旅游产业开发情况及生态环境保护等情况。巴宜区政协主席戴平、巴宜区政协综合专委会主任其列陪同。

2018年10月15日，山南市政协主席巴珠一行9人在巴宜区鲁朗镇视察鲁朗国际旅游小镇建设情况。巴宜区政协主席戴平、巴宜区政协综合专委会主任其列陪同。

2018年10月16日，广东省广州市政协党组成员、副主席庾建设一行8人在巴宜区鲁朗镇开展“提高精准扶贫持续有效性”的专题调研工作。巴宜区政协综合专委会主任其列陪同调研。巴宜区政协主席戴平、巴宜区政协综合专委会主任其列陪同。

2018年10月17日，日喀则市谢通门县政协党组书记、主席拉巴次仁一行19人在巴宜区鲁朗镇视察鲁朗国际旅游小镇民族文化建设情况及世界柏树王园林景区调研开发建设情况。巴宜区政协副主席次仁多吉、巴宜区政协综合专委会主任其列陪同。

2018年10月24日，内蒙古乌兰察布市政协主席云淮一行22人在巴宜区鲁朗镇视察鲁朗国际旅游小镇建设情况。巴宜区政协综合专委会主任其列陪同。

2018年10月25日，重庆市彭水苗族土家族自治县政协主席谢胜一行9人在巴宜区实地考察千年柏树王园林生态保护情况。巴宜区政协综合专委会主任其列陪同。

2018年11月2日，山南市贡嘎县政协副主

2018年7月1日，巴宜区政协开展“庆‘七一’重温入党誓词　讲党课活动”。区政协党组书记、政协主席戴平（左二），区政协副主席张潇文（右一）、吴建学（左一）出席会议

席边巴桑珠一行14人在巴宜区鲁朗镇考察调研小城镇建设及家庭旅馆创收情况。巴宜区政协主席戴平、巴宜区政协副主席次仁多吉陪同。

2018年11月23日，日喀则市定结县政协主席中扎西一行9人在巴宜区实地考察鲁朗国际旅游小镇建设情况。巴宜区政协主席戴平陪同。

2018年11月23日，山南市康马县政协主席扎西多吉一行21人在巴宜区实地考察鲁朗国际旅游小镇建设情况。巴宜区政协副主席次仁多吉陪同。

2018年11月25日，那曲市色尼区政协主席陈闯一行11人在巴宜区实地考察鲁朗国际旅游小镇建设情况。巴宜区政协副主席次仁多吉陪同。

【专题调研和监督评议】 2018年4月24日，政协委员次仁旺堆在巴宜区党政五楼参加巴宜区食品药品听证会。2018年5月3日，巴宜区政协协助自治区政协社会法制外事委员会围绕“做好新形势下人民调解工作，为西藏长治久安夯实基础”开展视察调研工作。2018年6月1日，巴宜区政协协助林芝市政协办公室围绕“加强新形势下民族团结进步创建工作情况”开展视察调研工作，形成调研报告1篇。2018年6月11—12日，巴宜区政协协助林芝市政协围绕“推进林芝市农牧业供给侧结构性改革”开展视察调研工作。2018年7月30日，巴宜区政协协助林芝市政协办公室围绕“‘七五’普法工作情况”“依法行政工作情况”“少数民族非物质文化遗产传承和发展情况”开展调研工作，形成调研报告1篇。

2018年7月6日，政协委员顿珠江村、索朗玉珍、白秀英在巴宜区检察院参加巴宜区检察院“1230”揭牌仪式。2018年7月8日，政协委员罗布次仁、桑杰卓玛、文不凤在巴宜区党政五楼会议室参加市督导组关于整治不作为、慢作为、文山会海等形式主义、官僚主义突出问题汇报会。2018年7月12日，政协委员次旦多吉、达娃、杨建、王会斌、张力在政协机关407会议室参加政协办党支部加强政治纪律教育活动动员大会。2018年8月10日，巴宜区开展政协机关公务员基本情况调研统计工作，并形成1篇调研报告。巴宜区政协副主席白玛赤烈，巴宜区政协党组成员、副主席吴建学陪同。2018年10月24日，政协委员桑杰卓玛、顿珠江村、李莉在巴宜区公安局四楼参加政法委综合考评总结会。2018年10月中旬至12月中旬，根据区委关于调研巴宜区八一镇城乡接合部综合整治工作的指示精神，区政协组织经济、教育、社会保障等界别委员成立专题调研小组对八一镇城区以走访实地与村委班子、群众代表座谈等方式深入调查研究。形成巴宜区八一镇城乡接合部综合整治工作调研报告一篇。巴宜区政协主席戴平带队。2018年11月19—20日，巴宜区政协协助林芝市政协围绕藏猪产业发展、民族团结、“三岩”搬迁工作开展调研工作，巴宜区政协综合专委会主任其列陪同。2018年12月1日，政协委员巴桑、土登、王会斌、普布卓玛、达娃在林芝市政法委参加综合考评座谈会。

2018年10月29日，政协林芝市巴宜区委员会“严守政治纪律、严明政治规矩”专题组织生活会在政协机关407会议室召开。区政协党组书记、政协主席戴平（左三），区政协副主席张潇文（左一）、白玛赤烈（右二）、次仁多吉（左二）出席会议

【提案办理】 区政协二届二次会议以来，广大政协委员紧紧围绕区委、区政府中心工作和人民群众普遍关心的热点、难点问题，深入开展调研，积极建言献策，共提出提案47件，经提案审查委

员会审查，立案及合并立案37件，转为意见案10件，立案率为78.7%。农牧林、水利、生态环境、扶贫、国土类16件，交通、安全生产、城乡建设类11件，发改、财税、工商、旅游、物价类8件，科教文卫、广播影视、新闻出版类7件，政法、民政类2件，组织、人事、劳动保障类2件，其他方面1件，由23家承办单位办理。截至11月，收到立案及合并立案答复37件，答复率100%，已解决落实完成的25件，占立案总数的67.7%，列入计划正在解决的3件，占立案总数的8.1%，逐步解决的6件，占立案总数的16.16%，因条件限制暂时难以解决的3件，占立案总数的8.1%，政协二届二次会议闭幕以后，区政府、区政协积极联合召开提案交办会，将立案的提案分别送交区党政机关、有关部门办理。2018年，复审提案答复率100%，委员满意率100%。

（周　整）

区政协办工作

【概　况】 2018年，区政协办公室在区政协党组和常委会的正确领导下，在全区各委、办和区政协综合专委会的大力支持和配合下，求真务实，团结奋进，主动履行职责，努力提高服务水平，充分发挥了办公室枢纽和参谋助手作用，圆满地完成了年度各项工作任务，为区政协更好地推动政协发挥政治协商、民主监督、参政议政职能发挥了积极作用。截至年底，区政协办公室干部职工9名，其中正科级干部2名、副科级干部3名、科员3名、工人1名。

【办文办会质量】 公文办理更加规范。2018年，区政协办及时传阅文件材料，严把文字材料关，在格式上力求规范，在内容上力求可行，在程序上力求合理，在时效上力求及时。全年共起草印发文件20个、信息简报30期，办理各类文件600余件，未出现错漏，档案齐备、安全，确保了办文工作准确、规范、安全、高效。

会务组织更加严谨。大型会议设立专门组织筹备机构，中、小型会议严格按程序实施，每个会议都制定方案、明确分工、责任到人。做到会议流程清晰、组织规范、程序严谨、成果转化及时。全年，成功组织1次全委会、3次常委会、2次主席会、2次组织生活会等会议。同时，办会期间严格执行中央八项规定及其实施细则精神，做到会场布置整洁庄严不排场，伙食安排从简不奢侈，会场服务细致不马虎，会议材料齐备无错漏。

后勤保障更加有力。严格按照“三服务”工作要求，认真做好政协领导、政协委员以及群众参加各类会议和活动联络的服务工作，认真听取群众所需、委员建议、领导要求等方面意见，切实改进工作方式方法，进一步提高工作服务质量。同时严格按照巴宜区接待标准和程序做好上级政协和兄弟政协到巴宜区调研、视察、考察、联谊等活动。

【综合协调能力】 全面参与协调开展好调研视察。2018年，区政协办先后参与新形势下人民调解工作、加强新形势下民族团结进步创建工作、推进林芝市农牧业供给侧结构性改革、“七五”普法工作情况、八一镇城乡接合部综合整治工作等专题调研工作。组织好各项重大活动。发挥重大活动组织工作程序规范、协调功能突出的特点，围绕活动的目标要求，早谋划、强统筹、细安排，抓住方案制定、后勤保障、信息传达、文稿拟定等重要环节，统一指挥协调，加强联系衔接，同心协力把工作做细做实。2018年，认真筹备开展了党员干部开展“戴党徽、亮身份、树形象活动”联合区政协委员开展喜迎“七一”系列活动，委员圆满完成前往内蒙古相关地市区考查服务保障工作活动。坚持原则性与灵活性相结合，及时向主席汇报情况，统筹安排主席业务活动，使各主席之间的工作联结成一个有机整体。

加强与区委办、人大办、政府办之间的协调。主动加强联系，及时进行沟通，取得理解与支持。搞好部门之间的协调。经常以调研报告、专题座谈会等形式与机关各部门开展交流工作，妥善处理好与各部门间的关系；落实好日常工作高效开展。正确对待区委、区政府以及各机关部门下发的常规工作任务，高质量、高效率的进行办理和答复。

【素质能力建设】 深化思想政治建设。2018 年，政协机关全面创新了学习方式，结合政协周学习制度，不断强化“两学一做”学习教育制度化、科学化、规范化的长效机制建设，以深入学习贯彻中共十九大精神和习近平新时代中国特色社会主义思想为机关党建工作主线，以政治建设为统领，深入开展政治纪律教育活动，全面提升党员干部政治意识和纪律规矩意识。进一步坚定机关党员干部理想信念和政治立场，树牢“四个意识”，坚定“四个自信”。加强机关作风转变。扎实开展党风廉政宣传月活动和政治纪律教育活动，坚持把理论学习作为增强自身拒腐防变能力的主要环节，认真组织党员干部深入学习习近平关于严明党的政治纪律、政治规矩的重要论述，签订了相应责任书履行党风廉政建设责任。2018 年，区政协办党员干部没有任何违规违纪现象发生。抓好建章立制。明确了办公室工作人员的职责分工，对全年重点工作进行分解，做到平时分工明确，各负其责，忙时有人牵头，相互协作，使办公室工作始终保持高效快速有序运转，先后对工作、学习、纪律等制度及各工作人员职责进行修订完善，并严格按制度管理，使各项工作效率明显加快，服务质量明显提高。

【其他工作】 开展驻村工作。2018 年，区政协办认真落实“5+2+3”工作任务，选派 2 名优秀干部入驻章麦村全面协助村“两委”圆满完成了村级环境整治、土地（宅基地）确权、扶贫攻坚、各敏感时段维护稳定、基层党组织阵地建设等工作目标；助力精准扶贫工作。以区委、区政府提出的脱贫摘帽工作任务为标准，借助“七一”、扶贫日等特殊节日深入联系帮扶户，了解思想动态情况、宣讲惠民政策，解决实际困难，使群众切身感受到党和政府的温暖。

（周　整）

法　治

政法委及综治

【概　况】2018年，中共巴宜区委政法委（以下简称“区委政法委”）各项工作在巴宜区委、区政府的坚强领导和市综治委的具体指导下，紧紧围绕习近平提出的“治国必治边、治边先稳藏”重要思想及“依法治藏、富民兴藏、长期建藏、凝聚人心、夯实基层”的重要指示，切实贯彻落实中央、自治区、林芝市三级政法综治维稳工作会议精神，按照“稳定压倒一切”的思想，以“平安巴宜”建设为主线，不断完善“党委领导、政府负责、社会协同、公众参与”的社会治理新格局，在加强组织领导、创新社会治理、拓宽工作领域、完善工作机制、落实维稳举措、搞好宣传教育等方面做了大量工作，保持和发展巴宜区政治稳定、经济繁荣、民族团结和人民群众安居乐业的良好态势。

2018年3月3日，西藏自治区副主席罗梅（左五）在巴宜区对维稳工作进行督导。巴宜区委常委、政法委书记、公安局局长旺青（前排左一）陪同

【党建工作】2018年，区委政法委强化党建思想引领，用党的指导思想助推政法工作提升，坚持把党员队伍教育管理作为夯实党的执政基础的根本之策和抓基层打基础的核心任务，突出问题导向，破解党员队伍建设中的难题，推动党员教育管理经常化、系统化和长效化。发挥好党支部主体作用，关键在党支部全体党员都“动起来”。书记、支委一班人以身作则，带头“做起来”，带头组织学习《党章》、党规党纪，学习贯彻习近平新时代中国特色社会主义思想。同时，注重切实调动支部普通党员的积极性，增强党员教育管理针对性和有效性，在教育内容上紧贴实际、务求实效，在教育方法上突出主题、形式多样，在教育形式上灵活多样、注重实效。

【党风廉政】2018年，区委政法委高度重视党性修养，坚持支部学习制度，健全学习考勤机制，妥善处理工学矛盾，深入学习中共十九大精神、习近平新时代中国特色社会主义思想和十九届中纪委一次全会精神和习近平系列重要讲话精神，认真学习贯彻《廉政准则》，全面领会《廉政准则》的指导思想、基本精神和主要内容，加强党性修养和作风养成，坚定理想信念，树立起正确的权力观、利益观、地位观。

遵纪守法，坚持严于律己。班子成员自觉遵守和维护党的纪律，坚持从自身做起，从班子抓起，严格约束自己，要求别人做到的，自己首先做到，要求别人不做的，自己首先不做，时时处处当表率、树标杆。班子成员认真落实党风廉政建设责任制，按照“一岗双责”的要求，加强对分管部门、分管领域干部的教育管理和监督，特别是注意发现苗头性问题，做到早提醒、早制止、早纠正，既不顾及情面、听之任之，更不包庇纵容、任其发展。班子成员坚持抓业务不忘抓廉政，认真研究分管工作、分管领域权力运行环节上的廉政风险点，带头加强整改，促进广大党员干部廉洁自律。

接受监督，坚持秉公用权。自觉接受监督是正确行使权力，落实主体责任的重要保证。注重强化在思想上正确认识监督，在感情上真诚欢迎监督，在行动上主动接受监督，增强廉洁自律意识、提高廉洁自律能力。带头接受党内监督，严肃党内政治生活，积极参加支部活动，虚听取党员干部意见，广泛征求意见建议，诚恳接受监督，促进了支部班子廉洁勤政，秉公用权。

【政法工作】 2018年，巴宜区公安机关立刑事案件291件，立案236件，占全市312件的75.6%，破案130件，破案率55.1%，占全市的68.8%，抓获犯罪嫌疑人100人；受理行政案件288起，查处192起，查处率66.67%；发生道路交通事故239起，查处违法行为3127起。区人民法院受理各类案件826件，审结557件，审结率67.43%，占全市的53%。区人民检察院受理提请批捕案件57件86人，占全市的52%；批准逮捕案件43件59人；受理公安机关移送审查起诉案件63件84人，占全市的51.2%；向法院提起公诉47件78人，占全市的50%，与2017年同比下降21.7%。司法机关进一步完善人民监督员工作机制，严格落实刑释人员安置帮教、社区矫正工作措施。全年开展法制宣传教育活动79场次，受教育群众1.4万人次，发放宣传资料1.8万余份。

2018年10月8日，巴宜区委政法委召开2018年年终综治迎评推进会，区委常委、政法委书记、公安局局长旺青（中）主持会议

区司法体制改革稳步推进。全区政法机关严格按照要求，坚定不移推进司法体制改革。2018年，区法院22名（1名已病退）首批入额法官顺利产生，含第二批自治区法官遴选委员会审批的3人。积极推进新型审判模式，组建审判团队7个。区检察院按照司法体制改革的时间表和路线图，全面运行新的办案机制，组建独任检察官11个、启动办案组2个，成立10个办案单元，办理审查逮捕案件73件105人，审查起诉案件82件114人。区公安局通过深化“情指一体化”改革、公安体制改革、交管工作改革、受立案中心改革，不断推出更多服务发展、便民利民新举措，不断提升服务水平。

【维稳工作】 2018年，区委高度重视维稳工作，主要领导亲自部署、亲自督导，确保维稳工作责任落实、任务明确、无缝对接。健全完善了区、乡镇（街道）、村（居）一级抓一级、层层抓落实的责任体系，确保维稳责任层层压实、政法部门狠抓各时段维稳机制。

【社会治安综合治理】 深入推进“双联户”服务管理工作。2018年，区综治办科学划分全区“双联户”联户单位1638个，覆盖16537户。严格按照《巴宜区“双联户”户长及联户单位绩效考核奖励实施办法》，按时完成全区“双联户”户长、

2018 年 2 月 2 日，巴宜区委政法委副书记扎西泽仁（左一）慰问见义勇为称号获得者程浩

联户单位季度考核及年终考核，积极开展“先进双联户”评选工作。2018 年，评选出“先进双联户”创建评选工作先进乡镇（街道）2 个、“先进双联户”创建评选工作先进村（居）8 个、“先进双联户”18 个。全区各“双联户”联户单位按照双联户“12+1”工作职责全面开展各项工作，在基层“联户平安、联户增收、联户党建、联户扶贫”等方面发挥了积极作用；全面深化平安创建工作。进一步科学谋划、创新方法，深入推进各项平安建设工作，全区综合平安创建率达 98% 以上。稳步推进“雪亮工程”建设。根据市政法委工作安排，完成前期监控点位统计及机房选址等工作。有效落实铁路护路联防前期工作。按照自治区护路联防基础建设工作要求，通过细致调研，确定了拉林铁路沿线护路联防机构设置、人员配备、营房及守护点建设选址工作，各项工作正在有序推进中。

【矛盾纠纷排查调处】 2018 年为区委、区政府确定的矛盾纠纷暨信访积案排查化解攻坚年，根据工作实际情况，区委政法委于 2018 年年初制定下发《巴宜区矛盾纠纷排查调处工作机制》《巴宜区构建矛盾纠纷“大调解”工作体系实施意见》《巴宜区矛盾纠纷（经济领域、涉法涉诉、信访、双拖欠）大排查、大化解专项工作方案》《巴宜区矛盾纠纷排查调处工作实施方案》，下发至各乡镇、街道、区直各部门，切实落实“一个案件、一名领导、一套班子、一个方案、一抓到底”的“五个一”机制，确保矛盾纠纷排查化解工作有章可循。同时，动员“双联户”户长、城区网格员、群防群治组织、村“两委”班子、驻村工作队等各方力量，要求各乡镇、街道、相关部门每周五上报矛盾纠纷及信访积案化解情况登记表，及时掌握矛盾纠纷及信访积案排查化解情况，确保不漏一事、不漏一人。在矛盾纠纷及信访积案的化解过程中，对影响较大、可能存在上访隐患的矛盾纠纷、信访积案按照“一人一事一方案”的原则分别制定化解方案，每起案件均明确 1 名区级领导、1 名科级领导、1 名区委政法委干部、1 名区公安局干警、1 名区信访局干部随时进行跟进。区综治办、维稳办定期对各乡镇、街道、部门的矛盾纠纷排查化解工作进行督导与指导，要求各乡镇、街道、部门每月、每季度上报工作小结，每半年上报工作总结，确保各项制度、机制落到实处。2018 年，巴宜区各乡镇（街道）、各相关部门排查各类矛盾纠纷 405 起，化解 382 起，调处化解率达 94.3%。2018 年，巴宜区矛盾纠纷排查数量比 2017 年增长 196%，化解矛盾纠纷数量比 2017 年增长 215%。

【宣传教育】 2018 年，巴宜区综治办以 3 月综治宣传月、“4 · 15”国家安全日、6 月综治宣传周、“9 · 18”综治宣传日活动为契机，深入开展综治平安、“先进双联户”创建、网格化管理为内容的集中宣传活动，广泛利用广播电视、便民警务站 LED 显示屏、微信公众号等多种形式，全面提高广大干部群众的对综治（平安建设）工作的知晓率和参与率。截至年底，开展城区集中宣传活动 15 次，下乡、村宣传 6 次，悬挂横幅 72 条，设立咨询台 58 个，发放各类宣传资料 10000 余份，发放“双联户”宣传手提袋 500 个、宣传围裙 500 条、宣传雨伞 500 把，累计出动车辆 30 台

（次）、人员300余人次，充分调动广大干部群众参与综治平安建设的积极性，使得综治（平安建设）工作家喻户晓，深入人心。

【业务培训】 2018年，区委政法委为进一步提高巴宜区综治干部的业务素质和工作能力，努力做好新形势下社会治安综合治理各项工作，于3月、7月、9月，分别举办“双联户”工作培训会、综治工作业务培训会、网格员培训会，各乡镇、街道综治分管领导及综治专干、城区社区负责人、网格员以及巴宜区综治分管领导近百人参加培训，培训会从区综治办、区公安局、区信访局等部门指派业务骨干及优秀“双联户”户长结合自身工作实际进行培训授课，授课内容涵盖矛盾纠纷排查调处、重点地区排查整治、社会稳定风险评估、“先进双联户”创建评选工作、网格化工作、综治信息平台使用及国家安全人民防线工作方面的内容，有效提高全区的综治工作水平。2018年，完成区、乡镇两级户长培训8次。同时，区综治办组织全区40名综治专干，就维护社会稳定、加强社会治安综合治理、平安建设和“先进双联户”创建活动等业务知识进行专题授课，增强理论实践经验；组织政法机关、乡镇（街道）综治专干13人前往山南、拉萨、日喀则3市和米林、朗县等25个点实地考察学习，着力提高综治工作人员业务能力。

（刘　婷）

2018年7月16日，巴宜区委政法委举办2018年上半年政法工作总结暨学习贯彻习近平新时代中国特色社会主义政法思想会议

公　安

【公安概况】 2018年，巴宜区公安局下设办公室（政工人事科）、110指挥中心（情报研判室）、国内安全保卫大队、刑事侦查大队（经济犯罪侦查大队、禁毒大队）、交通管理大队、治安管理大队（爆炸物品监管大队）、出入境管理大队、特警大队、法制室（警务督察大队）、警务保障室、网络安全保卫大队、看守所（拘留所）12个正科级内设部门，其中看守所（拘留所）与林芝市看守所（拘留所）合署办公。下辖八一派出所、纺织路派出所、新城区派出所、学院路派出所、林芝镇派出所、百巴镇派出所、鲁朗镇派出所、布久乡派出所、米瑞乡派出所、更章门巴民族乡派出所10个正科级派出所和21个正科级便民警务站，另有派出机构2个，分别为真巴公安二级检查站（正科级）和喇嘛岭寺庙警务室（副科级），核定正科级领导职数49名，核定副科级领导职数68名，核定人员编制数138名。截至年底，全局实有民警321名、工人14名、辅警191名、公益性岗位人员21名。

【党建工作】 2018年，根据巴宜区委组织部《关于调整优化公安局机关、乡镇派出所党组织设置》的文件要求，区公安局先后完成机关党总支和机关一、二、三支部的改选和各支部委员的选举工作，同步完成10个派出所党支部及派出所党员的划归、转接工作，同时在充分酝酿考察的基础上增补4名政治立场坚定、党性觉悟高、业务能力强的党员领导干部进入局党委班子，不断理顺和夯实基层党组织及班子建设。2018年，区公安局成立以党委书记为组长、其他党委班子成员为副组长的党建、党风廉政建设和反腐败工作领导小组，重新修订完善党委会议、党务公开、党员诫勉谈话等15项涉及党建、党风廉政建设工作的制度，同时以党委理论中心组和党员政治理论学习制度为着力点，以“不作为、慢作为、乱

2018年9月16日，全国总工会劳模专项补助资金第十互检组组长、吉林省总工会副巡视员袁春阳（右三）在巴宜区公安局看望全国“五一劳动奖章”获得者旺青

作为”集中教育整顿、“忠诚教育月”、加强政治纪律教育、“全面加强政治建警、锻造过硬公安队伍”等系列主题学习教育为契机，以五星党员模范岗、党员活动室党建墙等创新手段为抓手，全面严格落实党委议事“三重一大”、党风廉政“两个责任”、领导干部“一岗双责”和双重组织生活、党支部书记带头讲党课等系列责任。全年召开党委会12次，召开党委理论中心组学习会13次，召开公安局民主生活会2次，党委班子成员讲授专题党课4次，党委班子听取各党支部专题工作汇报14次，组织签订2018年党建目标责任书8份，签订2018年党风廉政建设责任书21份，确保党建规定动作不走样、自选动作有特色，不断深化党建各项工作。

【重点业务】 2018年，区公安局牢牢把握“稳定压倒一切”方针不动摇，不断强化公安“打、防、查、控”主责，以扫黑除恶、打非治乱、扫黄打非“三个专项斗争”为主要攻坚点，以维护社会稳定、保一方平安为防守着力点，坚持打防一体、攻守并行，有效确保辖区治安大局持续健康稳定。

专项斗争工作。深挖研判各类案件线索，严厉打击辖区各类黑恶势力团伙，全年立案侦查涉黑涉恶类案件16起，侦破15起，破案率为93.8%，打掉1个黑恶势力团伙，抓获涉黑涉恶犯罪嫌疑人40人。

打击刑事犯罪。着力提升打击刑事犯罪的能力水平，增强公安机关核心战斗力，全年立刑事案件279起，破案153起，破案率为54.8%，抓获各类犯罪嫌疑人120人。

查处行政案件。抓住人民群众深恶痛绝的“黄赌毒”等社会丑陋现象不放手，严管严治，不断肃清辖区治安环境，全年受理各类治安案件655起，查处578起，移交2起，查处率为88.2%，查处行政违法人员1215人。

交通安全管理。以深入开展道路交通安全百日专项整治行动为契机，加大路巡、路检、路查力度，严厉打击各类交通违法行为，确保道路交通秩序的平安畅通，全年检查车辆19.9万辆，查纠交通违法行为5707起，组织开展各类交通宣传活动30余次，发放宣传资料近3万份。

网络安全管理。全年上报违规违法网站930个，发布引导性贴文53条，侦办涉网类案件13起，落地核查37人。

案件审核把关。以季度案件评审工作为手段，对每起受卷案件逐一进行审查核对，全年召开案件点评会4次，审核行政案件371起，审核刑事案件282起，报捕66起，批捕51起，移送起诉68起。

行业清理清查。以人口、房屋、行业、场所、物品管控为基础，全面加强治安隐患大清查、风险隐患大整治工作，全年检查出租房屋4.4万间，检查各类人员44.8万人次，检查各类行业、场所3.08万家次。

安保工作。以日常巡逻防控为基础，以应对敏感节点和突发事件安保工作为重点，强化实战磨炼，突出重点守护，确保辖区大小活动安全平稳。全年召开各类专题维稳会议64次，开展大规模处突演练3次，开展大小安保100余次。

办证服务工作。开展无户口人员摸底调查工作，开通居住卡办理、身份证异地补办等业务，开辟办证、政审绿色通道，切实提高办证效率和服务效能，全年登记暂住人口2.45万人，办理居住证4804份，新办和延期办理特种行业许可证369份。

【亮点工作】 加强思路体系创新。2018年，区公安局在日常工作、专项打击、重大安保活动中逐步形成以区域细化定位，以阶段逐步推动，以体系精准发力，以各项具体措施和职能小组统筹推进维稳安保工作的新思路，全年圆满完成三月敏感期、全国“两会”、桃花旅游文化节、藏博会暨雅江节、“7·25”首长视察等系列活动的维稳安保任务。夯实基层基础建设。先后获批资金750.75万元用于公安局老机房改造，人脸识别系统建设，纺织路派出所、学院路派出所、新城区派出所、百巴派出所、更章派出所办案场所改造，“两站两员”建设采购，案管中心改造，118检查站停车场新修等项目。提升便民服务质量。2018年，区公安局交警“12123”平台已取得自治区公安厅和林芝市公安局授权，待互联网数字证书密匙取得后便可开放APP平台，同时申请开通交通违章罚款微信和支付宝缴纳账号，可实现简易交通事故网上受理和一站式理赔功能。开通户政业务公众号。群众可通过户政公众号咨询户籍业务、了解法律常识、查询到证进度，协调市公安局开通临时身份证、居住证加急办理业务。截至年底，户政公众号关注人员达600余人。强化矛盾纠纷化解。实行“领导包干、责任到人”的矛盾纠纷排查、化解机制，成立涵盖政法委、公检法司、信访、人社、民政等部门的矛盾纠纷大排查、大化解工作专班，全年召开矛盾纠纷专题会议12次，排查各类矛盾纠纷603起，排查化解589起，排查化解率为97.7%。

【公安政治教育】 2018年，区公安局紧密围绕学习贯彻中共十九大精神和习近平新时代中国特色社会主义思想主线，以“不作为、慢作为、乱作为”集中教育整顿、“忠诚教育月”、加强政治纪律教育、“全面加强政治建警、锻造过硬公安队伍”等系列主题学习教育为契机，以党委中心理论组学习、支部学习会、年度学习计划为抓手，深入开展各类主题教育学习，全年征订下发各类党建辅导资料1700余套，定制下发中共十九大、忠诚教育月笔记本各550套，全局民辅警平均撰写个人学习笔记2万字以上，撰写心得体会3篇以上，进一步加强队伍思想政治建设。

2018年9月14日，林芝市委常委、市委政法委书记、市公安局党委书记朱江（左二）在巴宜区公安局110指挥中心检查指导藏博会暨雅江节安保工作。巴宜区委书记米次（左一），区委副书记、常务副区长、广东省第八批援藏工作队巴宜区工作组副组长陈涛（右二）等陪同

【干部队伍】 加强领导班子建设。2018年，区公安局结合工作实际，强化局领导班子建设，先后增加党委委员名额4个，调整局党委委员5名，将公安局党委班子充实到9名，全面加强党委对公安队伍的领导。强化部门警种建设。积极落实从优待警各项措施，在政治上关心关爱民警的成长进步，2018年，提拔任用49名优质干部，为广大民警创造良好的职业发展空间；着力打破部门壁垒，通过开展民警执法能力素质考试、机关民警协助一线部门开展勤务，基层民警到机关部门跟班学习等措施，深化部门间、警种间交流工作，全年轮岗交流52人。深推警务序列改革。在与上级公安机关和组织、人社、财政等部门充分

2018 年 1 月 1 日，巴宜区公安局民警联合消防官兵勇救跳河轻生男子

沟通协调的基础上，进一步熟练把握各项改革政策原则，用活用准套改标准，全年参加职务序列改革工作培训 4 次，初步完成职务序列改革 308 人。强化队伍执纪问责。坚持从严治警不手软，不断将全面从严治党关口前移，全年开展各类督察 791 次、网上督察 297 次，发现并督促整改各类问题 98 件，拟发督察通报 24 篇，研究处理违纪民警 27 人、辅警 8 人。建强应急机动力量。2018 年 7 月 19 日，从基层选拔 13 名体能好、素质强、业务精的民辅警充实到巴宜区公安局特警大队，承担重点要害部位守护、突发事件处置、警务实战技能培训等职责。强化辅警队伍管理。进一步整合、理顺辅警队伍管理工作，将辅警队伍统一移交治安大队管理，率先在全市范围内提出辅警队长层级管理制度，设立 1 个辅警大队、5 个辅警中队。

（罗　拯）

【消防大队概况】 2018 年，巴宜区消防大队在区委、区政府和区公安局的坚强领导下，在消防救援局党委、总队党委和支队党委的正确带领下，以维护社会稳定和服务经济发展大局为出发点，以消防体制改革教育和集中教育整训为落脚点，深入贯彻习近平“对党忠诚、纪律严明、赴汤蹈火、竭诚为民”四句话总要求，牢固树立“四个意识”，始终坚定“四个自信”，坚决做到“两个维护”，全力维护火灾形势、社会局势和队伍内部的安全稳定，圆满完成了火灾处置、维稳安保、社会救助、应急救援、火灾防控等急、难、险、重工作任务。2018 年，巴宜区消防大队获得“民族团结先进集体”“保护和发展森林资源工作先进集体”“安全生产先进单位”等荣誉，1 人被林芝市委评为“爱国守法模范”。

【消防政治教育】 2018 年，在消防队伍改革关键时期，巴宜区消防大队党委开拓创新，真抓实干，锐意进取，带头学习《深化党和国家机构改革方案》《十九届三中全会作出的深化党和国家机构改革的决定》《组建国家综合性消防救援队伍框架方案》等文件，深入贯彻习近平关于机构改革重要精神、习近平训词精神，不折不扣地抓好改革期间教育管理工作。大队充分发挥党委班子核心领导作用，严格落实议管、议训、议教、议廉等制度，研究解决重大事宜 85 项，提出具体工作措施 120 个，党委班子抓大事、议大事能力不断提升。同时，大队扎实开展改革教育和集中教育整训工作，落实党委中心组学习 6 次，开展党课教育 12 次、政治学习 96 次、交心谈心 84 次；为困难战士捐款 1 万元，大队全体指战员思想稳定。

【队伍管理】 2018 年，巴宜区消防大队认真学习《应急管理部党组成员“八个带头”规定》《应急管理部工作人员“八个必须”行为规范》，严格执行条令条例和管理制度，坚决落实“两个经常性”工作，定期分析研判队伍管理新形式、新变化，不断改进改革期间部队管理教育工作。同时，大队坚决执行条令条例、“两个经常性”工作、外出请销假制度、“八小时”内外管理等工作，严格落实“人、车、酒、黄、赌、毒、网、电、密”等措施，扎实开展禁酒、禁赌、风气监察等工作，学习条令条例 126 次，开展安全教育 98 次，观看警示影片 4 次，未发生一起违规违纪问题。大队主动面向社会开展述职述廉活动，发

2018 年 10 月 11 日，巴宜区消防中队成功处置一起车辆自燃事故

放收回征求意见表 26 份、评议表 156 份、回访卡 6 份，得到辖区群众的充分肯定。

【执勤训练】 2018 年，巴宜区消防大队按照“谋打仗、能打仗、打胜仗”的核心要求，开展业务训练 190 课时、体能训练 380 课时，熟悉演练 92 次，修订预案 30 份，圆满完成了“5・29”客栈火灾事故、“6・6”森林火灾事故等急、难、险、重任务，以及全国“两会”、三月敏感期、“6・03”活动、藏博会、高考、中考等消防安保任务，受到了巴宜区政府及社会各界的一致好评。同时，不断向国家综合性应急救援主力军、国家队靠拢，扎实提升“灭大火、抢大险、救大灾”的业务能力，紧密结合辖区特点开展集中教育整训训练、石油化工企业演练、文物古建筑演练等工作，全年成功处置各类事故 12 次，抢救被困人员 6 人，抢救财产价值 25.7 万元，辖区人民群众安全感不断提升。

【火灾防控】 2018 年，巴宜区消防大队深入推进春夏火灾防控工作，定期向巴宜区人民政府请示汇报消防工作，积极联合公安、安监、文物、旅游等部门开展防火工作，有效形成了协同治理巴宜区消防安全环境的有力机制。11 月，巴宜区政府斥资 270 余万元落实 14 座寺庙电器线路改造工作。同时，巴宜区消防大队严格落实“双随机一公开”“每日每人一查”等工作措施，扎实开展“电动车火灾防范”、“消防常识进寺庙”、消防安全“七个一”、“安全生产大检查”、“文物古建筑消防安全检查”等专项行动。全年检查各类单位 937 家，发现火灾隐患或违法行 570 处，督促整改火灾隐患或违法行为 571 处，罚款 8700 元，临时查封 1 家。大队认真落实消防安全宣传“八进”工作，深入农牧区、学校、寺庙、宾馆、加油加气站等场所开展消防宣传教育 48 次，发放宣传资料 20000 余份。

（赵广飞）

【森林消防概况】 2018 年，林芝市森林消防支队林芝中队（以下简称“森林消防中队”）严格按照支队党委的统一部署，牢牢把住“稳中求进”工作总基调，清醒认识“五个年融一起”的特殊实际，带领指战员以昂扬向上的精神聚力迎接各项大考。2018 年 9 月 30 日，森林部队集体退出现役，划归应急管理部。

【训练战备】 2018 年，森林消防中队在“5・21”灭火作战和雅鲁藏布江抢险救援行动中，作为主战分队任务完成圆满。森林消防中队党支部始终坚持全面从严治党，狠抓风气建设不放松，常态开展纪律警示教育，支部一班人严格自身管理，始终把纪律和规矩立在心里、落实到行动中。充分发挥纪检委员和风气监督员作用，畅通民主渠道，公平、公正、公开处理敏感问题，队员满意率为 100%。作为支队的“尖刀”分队，始终保持反应出动迅速，编携配装齐全正规。森林消防中队高度重视队伍人员思想情况，时时刻刻抓养成，确保了全年安全无事故。

【森林消防思想政治教育】 2018 年，森林消防中队为使指战员切实认清“五个年”的特殊性，收集整理习近平近年来的重要讲话，及时组织学习讨论，切实从思想深处引发指战员共鸣。自转制改革以来中队坚持按照“对党忠诚、纪律严明、赴汤蹈火、竭诚为民”的思路抓建队伍，严密开展“读好书、评好书”活动，掀起主动学习“基

2018 年 7 月 13 日，巴宜区林业公安局政委谢亨田一行在森林消防中队走访慰问

2018 年 9 月 17 日，森林消防中队消防员秋季防火野外拉练暨进行火线入党仪式

层读本”、认真摹写“重要讲话”的热潮，进一步坚定了指战员维护核心、听从指挥的政治信念。坚持“思想一起抓、教育一起统”的原则，通过视频会议系统，实时推进“两项重大教育”落地见效，坚定理想信念，卯足工作劲头，确保了“一个中队、两班人马”齐头并进。

【后勤保障】 2018 年，森林消防中队按照现代后勤“三大建设任务”的总体要求，主动扭转“后勤变前勤”的观念，认真总结经验，努力提高精细化保障水平。每日饭菜坚决落实“1126”和“6211”规定及食物留验制度，每周日晚召开经济民主组会，认真听取指战员对伙食的意见和建议，及时修订食谱，调整改善伙食，满意度达 98%。针对气候特性，坚持每半月巡诊消毒，定期发放相关药品，有效防止了季节性流行疾病的传播。为及时解决困难指战员的现实问题，积极协调支队送诊 2 名病人到成都医治。经费物资管理坚持法规先行、阳光理财，党支部每月检查审核开支情况，集体研究编制预算，严格落实财经制度，确保每一分钱都花在“刀刃上”。中队坚持一手抓教育训练，一手抓农副业生产，2018 年，自产收益达 15700 余元，每月组织 1 次集体生日，每逢重大节日组织会餐，让指战员切实感受到了部队大家庭的温暖。

【作风建设】 2018 年，森林消防中队党支部严格落实“七项组织制度”，及时建立健全各类组织机构，并积极发挥团支部和消防员委员会的助手作用，在支队党委的领导下，组织领导力和良好风气得到进一步加强。中队党支部始终高度重视涉及消防员切身利益的每一个问题，坚持公平公正的原则落实“四公开”，选拔确定了 13 名技术学兵对象，新晋 5 名消防员，吸收 8 名入党积极分子，发展 2 名预备党员，并按期转正 3 名党员，相关选调过程自始至终都没有发生“打招呼、递条子、走后门”的现象，指战员上下服气，均无异议。认真组织指战员对照“70 个问题清单”检查整改，拟写承诺书、创办廉洁小周报、发送助廉寄语，在总队风气专项检查中得到上级的肯定。

【安全工作】 2018 年，森林消防中队始终把安全工作当成幸福工程来建设，结合安全工作大检查和暑期百日安全竞赛活动，严格落实安全工作“八个规范”，以安全工作“七个一”为抓手，突出抓好季节性事故“六防”，坚持每天“日碰头、零报告”、每日“四个必查”“八个转一转”和每周“六个一”等规定要求，按照“人人安全保全队、天天安全保全年”的安全工作思路自主抓建，每周设置安全工作台账，限时整改落实、总结讲评，进一步规范了抓安创安行为。不断增强指战员“四种意识”，树牢“四个理念”，真正实现“大事不出、小事也不出”的目标。

（李国涛）

检 察

【概 况】 2018年是改革开放40周年，也是检察机关恢复重建40周年。在区委和上级检察院的坚强领导、人大的依法监督、政府的大力支持、政协的民主监督下，在第八批援藏工作队的无私援助下，巴宜区人民检察院（以下简称“区检察院”）以习近平新时代中国特色社会主义思想为指引，坚定信心深化检察机关转型发展，忠实全面履行法律监督职责，为推进巴宜区经济社会高质量发展提供有力的司法保障。11月16日，自治区检察院检察长朱雅频在区检察院调研指导时，对检察工作给予充分肯定。

2018年，区检察院内设办公室（检察委员会办公室、人民监督员办公室、计划财务装备科）、公诉科、侦查监督科、刑事执行检察局、林业检察科、民事行政检察科、司法警察大队、派驻检察室、案件管理科共9个科（室、局）。区检察院有检察编制32名，实有43名（包括工勤人员3名）。其中党组书记、检察长1名，党组副书记、副检察长1名，党组成员、副检察长1名，其他党组成员3名。设有党支部1个，书记1名、副书记1名、委员3名，正式党员36人，其中5名因驻村组织关系转到所驻村党支部。预备党员1名，占总人数的88%。检察委员会委员7名，其中专职检察委员会委员1名。具有法律职称的人员22名，通过司法考试的人员24名。

2018年7月6日，巴宜区人民检察院举行“12309”检察服务中心揭牌仪式。区委常委、政法委书记、公安局局长、督察长旺青（右一），区人民检察院党组书记、检察长次仁（左一）共同揭牌

【维稳工作】 2018年，区检察院始终牢固树立稳定压倒一切的思想，切实把反分裂斗争和维护稳定工作作为首要政治任务，并结合区检察院实际，在每年“双节”、三月敏感节点认真制定落实各项维稳处突措施，层层细化责任，确保“三不出”；始终坚持全心全意为人民服务是党的根本宗旨，为群众办实事是基层党组织的应尽职责这一总目标，抓好科学决策这个重中之重，抓好群众路线这个重要法宝，抓好例行法治这个有力保障，抓好干部队伍这个骨干力量，切实做到分工明确，责任落实，措施有力；不断夯实维稳责任制和联系点制度，每到重要节点、重大活动期间，区检察院党组书记、检察长到联系点更章乡开展维稳带班制度。通过深入调研，了解民情民意，增强工作针对性，及早发现存在的问题，并及时予以沟通解决。

【接受社会监督和化解社会矛盾】 做好“检察长接待日”工作，接受社会监督。检察长接待日是区检察院密切联系群众的主要举措，是广大人民群众认识和了解检察机关的窗口，是检察机关依靠人民群众实施法律监督检察业务的途径之一。通过检察长接待日、接待窗口等接待群众来访5件6人，全部做到热情接待、耐心解答、妥善处理，坚持把解决当事人的合理诉求和实际困难有机结合起来，群众满意率达100%。同时，进一步加强检察为民职能，结合驻村工作，开展法制宣传、了解社情民意、化解矛盾纠纷。

【打击和预防涉林犯罪】 2018年，区检察院紧紧围绕“打击是手段，预防是根本，重在维护生态建设”这根主线，严厉打击林业刑事犯罪，积极参与林区社会治安综合治理工作，维护林区的社会稳定。区检察院受理的所有林业案件均在侦查阶段提前介入，协助固定证据。在严厉打击犯罪的同时，加强法制宣传和森林防火宣传，开展林业犯罪预防和警示教育，全年深入各风景区、木材检查站开展法律宣传20余次，接受法制咨询20余件次，发放林业法制宣传材料200余张。通过打击和预防手段并举的方式，广大群众的法制观念和生态保护意识不断增强，依法开发、依法治林的自觉性，森林资源的保护程度不断提高，有效促进了林业经济的稳定、健康、可持续发展。

【案件管理】 2018年，区检察院案管部门围绕提升案件质量，加大对执法活动的监督制约三方面重点工作，强化对检察业务的统筹管理，完善案件管理各项措施，努力把案件管理工作提高到一个新的水平。

打造“一站式”检察服务平台，建立服务群众优质窗口。2018年7月，区检察院按照最高检要求成立“12309”检察服务中心，通过服务大厅和功能区两部分，将代表委员联络、人民监督、控告申诉、国家赔偿、法律咨询、案件信息公开、辩护与代理网上预约等多个事项纳入服务中心。服务大厅设立了案件受理、控告申诉窗口，功能区则包括电子卷宗室、律师接待室、赃证物管理室、案件管理办公室部分，并配置高速扫描仪、全自动案卷扫描机器人、高拍仪等设备。通过“12309”检察服务中心，打造一个“一站式、综合式”检察为民服务平台。推进多元化律师预约方式，做好律师的辩护与接待工作，尽可能多方面全方位服务律师；提高阅卷科技水平，配备律师阅卷专用电脑，充分利用电子卷宗系统的上线运行保障律师的阅卷权。2018年，受理案件99件133人，接收卷宗323册，审查结案88件137人。安排律师阅卷6人次，提供电子卷宗27册，刻录光盘5张。

2018年5月23日，巴宜区人民检察院开展“为祖国点赞同宪法合影”活动

用心打造电子卷宗平台，全力辅助司法办案。2018年4月，在东莞市检察院对口援助下，区检察院的“科技案管”项目正式启动，并在短短2个月内完成项目沟通对接、设备采购运输、安装调试等一系列工作，截至年底，已正式投入使用。该项目包含赃证物管理室、电子卷宗高速扫描仪、案件信息自动告知系统3项内容，总投资94万元。其中援助区检察院的电子卷宗高速扫描仪价值约49万余元，案件卷宗能在短短半小时内实现扫描、装订并上传至统一业务应用系统，节省案件承办人的办案时间，加快案件流转速度；辩护人、诉讼代理人查阅、复制案卷材料时，也不再需要复印，节约了资源成本，提高了阅卷效率。自项目投入开展以来，制作电子卷宗96宗226册，公开案件程序性信息91条，发布重要案件信息1条，公开法律文书28份，编发统计分析1份、案件信息公开通报8份。通过案件信息自动告知系统向14名承办人及1名律师推送案件信息103条，涉及33起案件。

涉案财物管理智能化，流程监控信息化。“科技案管”援助项目内的赃证物管理室，投资30余万元，是全区首个基层院信息化赃证物管理室，对公安机关移送的涉案财物能够在系统中直接进行登记入库、存放于赃证物室内，进行实时、动态、信息化管理，确保财物安全。截至年底，涉案款入库3万元、出库50元，涉案物品入库84件、出库35件。

案管部门借助统一业务应用系统中个案监控与办案期限预警功能，每日对案件的网上流转进行全程动态监督，对案件办理期限进行跟踪预警，及时告知案件承办人，实现了静态与动态监督相结合。2018年，案管中心发现13宗案件在办理过程中存在填录不完整或填录错误等问题，并及时与相关业务部门沟通，上述问题均已纠正。

多措并举全方位做好案件评查工作。案管中心严格执行案件质量评查和业务考评机制，坚持"一案一评"。主要以案件卷宗及相关法律文书为依据，逐案逐卷审查，对案件的事实认定、证据采信、法律适用、文书制作、卷宗装订、案件办理的法律效果和社会效果等进行全面的评查评判。对发现问题的，由评查人提出纠正意见和整改建议。全年评查各类案件22件，发现各类问题40多个，并及时将这些问题反馈给承办检察官。通过案件评查，严格了办案流程管理，进一步促进了规范办案、文明办案、廉洁办案意识的养成。

自从被确定为高检院案件管理工作联系点以来，案管科认真按照高检院案件管理工作联系点管理规定做好各项工作，积极向上级院报送本地工作动态、工作总结和经验做法，积极派员参加上级院组织的业务培训，并认真提出意见建议，发挥联系点参与和协助高检院案管工作的作用。

【廉政教育】 2018年，区检察院继续发挥廉政教育基地作用，将廉政教育基地建设列为区检察院打造特色品牌之一。截至年底，接待各级单位66个，各级领导干部、党员2000余人次在区检察院接受警示教育。

【扫黑除恶、打非治乱】 2018年，区检察院办理涉恶案件1件3人，办理打非治乱专项案件9件16人，依法批准逮捕8件13人。提前介入引导侦查取证6件。2018年4月，区检察院办理强某某非法经营立案监督案件，该案3名涉案人员驾驶油罐车流动买卖柴油，将大批柴油储存在附近村庄院落内，存在极大的安全隐患。其违反国家规定，未经许可于2017年7—10月、2018年3月从事成品柴油买卖活动，严重扰乱市场秩序，社会影响恶劣，具有较大的社会危险性。区检察院通过履行监督职责，既不让黑恶势力漏网或降格处理，又不人为拔高案件，确保办理的每一起案件经得起历史检验。

【强化诉讼监督】 2018年，区检察院始终把"加强法律监督、维护公平正义"作为检察工作的主题，狠抓业务建设，完善工作机制，为和谐社会建设提供保障。全年受理提请批捕案件68件100人，受案数量同比上升26.7%，批准逮捕53件76人，不捕15件24人；受理移送审查起诉案件77件104人，同比下降1.6%，向法院起诉61件93人。成功办理了数额特别巨大、社会影响恶劣、涉案人数众多的阿某等19人盗窃案。认真贯彻宽严相济刑事司法政策，以无社会危险性不捕7人；对依法可不需要刑罚处罚的不起诉4人。2018年，区检察院办案量占全市检察机关办案总量的61.5%。高度重视未成年人司法保护，坚持"教育、挽救、感化"的方针，对珠某强奸案、

2018年6月11日，四省藏区检察人员专项培训班在巴宜区人民检察院"党员教育之家"参观学习

2018 年 12 月 20 日，巴宜区人民检察院提起西藏自治区首例食品安全领域刑事附带民事公益诉讼案开庭。图为庭审现场

李某抢劫案、次某故意伤害案的 3 名涉罪未成年人宽缓处理的同时进行不公开训诫，劝勉被训诫人改过自新，敦促家长加强监督教育。

2018 年，办理立案监督 6 件 7 人，发出纠正违法通知书 5 份，提前介入重大案件引导侦查取证 4 次，与区公安局开展案件侦查经验交流活动 3 次，制发检察建议 5 份，向区法院发出量刑建议 60 件，法院均予采纳。

全面开展社区矫正法律监督工作，对 29 名社区矫正人员进行社区矫正监督检查 43 次，并在区司法局设立社区矫正检察官办公室，推动社区矫正检察工作模式由定期专项检察向常态化检察转变，形成日常检察为主、专项检察为辅的工作格局。办理羁押必要性审查案件 3 件 3 人，提出变更强制措施建议 3 人，采纳 3 人。

【公益诉讼】 民事和行政诉讼监督继续加强。2018 年，区检察院从观念上、力量上重视民行工作，切实提高监督效果。加大诉前检察建议工作力度。2018 年，公益诉讼立案 14 件，发出诉前检察建议 12 份，截至年底，已结案。办理全区首例涉生态环境资源保护刑事附带民事公益诉讼案 1 件，检察长以公益诉讼起诉人的身份出庭，有效警示了破坏生态环境违法犯罪行为，强化了社会公众生态环境保护意识。办理全区首例食品药品安全领域刑事附带民事公益诉讼案 1 件，较好地维护了公共利益，开启了全区检察机关对食品药品领域公益诉讼的新起点，切实维护了广大人民群众“舌尖上的安全”。

【刑事执行检察】 2018 年，区检察院加强社区矫正法律监督工作，对 29 名社区矫正人员进行社区矫正监督检查 43 次，并在区司法局设立社区矫正检察官办公室，推动社区矫正检察工作模式由定期专项检察向常态化检察转变，形成日常检察为主、专项检察为辅的工作格局。全年办理羁押必要性审查案件 3 件 3 人，提出变更强制措施建议 3 人，采纳 3 人。

【司法改革】 2018 年，按照区检院和市院部署要求，区检察院全面推开司法责任制配套改革，结合自身实际，积极克服困难，先后完成第二批员额检察官遴选、41 名人员分类定岗、11 名员额检察官等级确定和 3 名员额检察官等级晋升、工资套改和绩效考核奖金兑现等工作。同时，积极推进入额办案责任制改革。严格执行检察官权力清单，员额检察官全部配置到一线办案部门，按照权责相统一的原则承担办案任务，真正做到“谁办案、谁负责，谁决定、谁负责”。2018 年，入额院领导带头承办案件 59 件 63 人，比 2017 年增长 93%。

【社会治理创新】 2018 年，区检察院开展“法律七进”、“法治进校园”、“民族团结月”、“12・4”国家宪法日等普法宣传活动 20 余场次，发放资料 3000 余份，为 400 余人次提供咨询。充分发挥廉政教育基地作用，50 余家区、市、其他地市和四省藏区各单位党员干部到基地接受教育达 4000 余人次。基地被市委组织部、市委党校定为林芝市干部教育培训现场教学基地。积极预防矛盾化解。建成并投入使用全区范围内规范化水平较高的“12309”一站式检察服务大厅，提升“线上线下”服务水平，让检察数据多跑路、群众少跑腿，受到高检院等上级单位的充分肯定。全年受理群众来信来访 8 件次，受理咨询 36 件次。协调林芝市院办理区检察院司法救助2件，救助金额5万元。紧紧围绕区委工作大局，选派10名干警进驻5个行政村，对350户1426名群众进行面对面服务，多渠道解决为民办实事资金91.6万元，化解矛盾纠纷53起，开展法律宣传活动10次，开展防电信诈骗专题宣传4场次。

【检务保障】 深入推进自身监督机制建设，深化检务公开。2018年，区检察院开展案件评查41件，发现各类问题70多个，并及时将这些问题反馈给承办检察官，以工匠精神打造司法精品。持续发挥自媒体对展示检察工作的窗口作用，及时宣传展示业务工作情况、工作动态和检察官风采。2018年，公开案件程序性信息118条，发布重要案件信息6条，公开法律文书46份。共通过案件信息自动告知系统向承办检察官及律师推送案件信息103条。2018年11月“走进一线检察官”微直播活动中，最高人民检察院向全国网友直播了区检察院“12309”检察服务中心日常工作，《检察日报》也同步进行报道，展示了区检察院检察工作的规范严谨，以及干警的良好风采。做好律师接待。2018年，接待律师40余人次，安排律师阅卷20人次，提供电子卷宗32册。

活用信息化手段加大宣传力度。除了积极推进区检察院内网网站更新外，自开通“两微一端”以来，区检察院始终将该项工作作为区检察院展示检察工作的“窗口”，及时宣传展示检察机关的重大部署、实时工作动态和检察官风采，传播检察正能量。截至年底，共通过微信公众号发布检察信息260条、新浪微博发布信息180条。

【思想政治和业务能力建设】 2018年，区检察院始终坚持正确思想导向，组织全院干警深入学习贯彻中共十九大精神和习近平系列重要讲话精神，有针对性地组织开展党性修养教育、执法为民教育、公正执法教育、廉洁从检教育。积极开展检察业务培训和岗位练兵活动。区检察院由于处在市政府驻地，承接案件占全市总案件的50%以上，区检察院培训主要以每周集中学习为主。区检察院党组对培训工作高度重视，要求区检察院干警积极参加上级院举办的各项培训工作，以提高干警各项业务水平。2018年，区检察院选派10名干警前往内地及区检院等部门举办的各类培训15次。使一批年纪轻、有能力、懂业务的干警得到了锻炼、成长和进步。认真落实区检院开展的“双百”援藏活动，下半年，引进2名广东干警对区检察院办案进行技术指导；派出1名干警前往广东检察机关进行为期半年的岗位锻炼，学习先进的办案经验和理念。

【纪律作风建设】 2018年，区检察院把加强队伍纪律作风建设放在更加突出的位置，加强队伍管

2018年6月26日，巴宜区人民检察院荣获“学习贯彻党的十九大精神 坚定不移谋发展保稳定”主题知识竞赛一等奖

2018年12月24日，巴宜区强基惠民活动第七批驻村工作总结表彰暨第八批驻村工作动员大会召开。区人民检察院荣获优秀组织单位奖。图为区委常委、组织部部长陈昌茂（前排左一）为区人民检察院颁奖

理和教育，通过加强检察队伍建设推动检察工作进位争先。落实廉政风险防控相关措施，全院逐级签订党风廉政建设责任状，建立完善监督、考核、纠错、整改和责任追究等机制，将预防关口前移，促进了干警严格、规范、廉洁执法；深化阳光检务，自觉接受人民监督。着力构建开放、动态、透明、便民的阳光司法机制。组织召开律师代表座谈会，面对面听取意见、建议。

【对口援助】 全国检察机关援藏工作会议后，广东省各级检察机关从增进民族团结、巩固边疆、维护稳定的大局出发，从业务、人才、培训、资金、科技、文化等方面给予林芝检察系统最无私的支援和帮助，有效改善林芝两级院的办公办案条件，夯实了基层基础建设，促进了信息化水平的不断提升。根据高检院精神，2018年6月，广东省检察系统派出彭静、高旭东到区检察院开展业务援藏，把广东检察工作先进的思想观念和法治思维带进雪域高原，很好地发挥传、帮、带作用，为区检察院检察事业发展增光添彩。

加强和改进检察工作，离不开中央的关心和高检院及兄弟省市检察机关的支持，但根本上还要依靠自身努力和自我发展完善。因此，区检察院要继续发扬自力更生、艰苦奋斗的精神，充分发挥自身积极性、主动性和创造性，把国家支持、兄弟检察机关支援与自身努力紧密结合起来，把用好外援与自我建设、自我发展紧密结合起来，把借鉴先进经验与发挥自身优势紧密结合起来，继续认真贯彻中央西藏工作座谈会和援藏工作座谈会精神，紧紧围绕中央关于推进西藏跨越式发展的各项决策部署，坚持把反分裂斗争作为首要任务，充分发挥检察职能，全力维护社会稳定、维护人民群众根本利益、维护祖国统一和民族团结。同时，要教育和引导全院干警在特殊环境、艰苦条件下，忠诚事业，恪尽职守，为推进西藏发展稳定贡献力量。

（刘荣芳）

法　院

【概　况】 2018年，区法院在区委的坚强领导、上级业务部门的精心指导、人大的正确监督、区政府、政协和社会各界的大力支持下，奋力拼搏，全面贯彻落实各级各类会议文件精神，努力让人民群众在每一起司法案件中都感受到公平正义，圆满完成了以审判为中心的法院各项工作任务。2018年，区法院有干警53名，其中汉族28名、藏族24名、珞巴族1名；具有研究生学历3名、本科学历43名、大专学历7名；具有法官等级证书23名、法警6名、公益性岗位6名。全院设10个部门，分别为立案庭、执行局、民事审判一庭、民事审判二庭、刑事审判庭（少年法庭）、行政审判庭、审判监督庭、司法警察大队、办公室（审判管理办公室）、司法行政装备管理科。

【业务工作】 2018年，区法院受理各类案件1018件，已结899件，结案率88.31%。其中受理刑事案件77件，已结74件，结案率96.1%；受理民商事案件674件，已结610件，结案率90.5%；受理行政案件1件，已结1件，结案100%；受理执行案件263件，已结211件，结案率80.23%，立案庭在受理过程中结案2件。非诉保全审查2件，已结案25件，结案率100%，国家赔偿与司法救助1件，结案1件，结案率100%。

【立案信访】 2018年，区法院立案1018件（旧存105件、新收913件），在立案登记中无不予立案的情况，材料齐全当场登记立案913件，占新收案件总数的100%，网上立案0件。立案庭结案2件，减免缓诉讼费案件16件，缓交诉讼费金额7.01万元，减免缓案件金额占比4.97%，诉讼服务大厅接待当事人咨询333件512人。

【刑事审判】 2018年，区法院受理刑事案件77件（旧存9件、新收68件），案件审结74件，其中0件以撤诉方式结案，审结率达96.05%。做到了审限内结案100%、依法开庭率100%，

2018 年 5 月 25 日，西藏自治区高级人民法院副院长郝银钟（右二）一行在巴宜区人民法院调研执行工作

无发回重审的案件、无改判案件，无超审限案件。与 2017 年同期相比上升 4%，其中涉案人员 112 人，被处刑的 109 人。已结案件类型主要有盗窃罪 29 件、故意伤害罪 10 件、诈骗罪 6 件、交通肇事罪 5 件。

【民商事审判】 2018 年，区法院受理民商事案件 674 件（旧存 67 件、新收 607 件），与 2017 年同期相比上升 26.56%，审结 610 件，结案率 90.5%。已结 610 件，调解结案 279 件，撤诉案件 0 件，案件调撤率 100%。案件依法开庭率达 100%，判后答疑率达 100%，电子卷宗录入率达 100%。已结案件类型主要有买卖合同纠纷 141 件、民间借贷纠纷 98 件、商品房销售合同纠纷 10 件、租赁合同纠纷 70 件、侵权责任纠纷 25 件、承揽合同纠纷 41 件、建设工程施工合同纠纷 6 件、建筑设备租赁合同纠纷 21 件、车辆租赁合同纠纷 3 件、离婚纠纷 19 件、追索劳动报酬纠纷 1 件、申请支付令 9 件、运输合同纠纷 4 件。

【行政审判】 2018 年，区法院受理行政案件 1 件（旧存 0 件、新收 1 件），审结 1 件，结案率 100%。

【执行工作】 2018 年，区法院受理执行案件 263 件（旧存 31 件、新收 232 件），申请执行标的 14380.51 万元，与 2017 年同期相比上升 10.7%，已结 211 件，执结率达 80.23%，终本 31 件，执行和解 41 件，司法救助 3 件，实际到位金额 5635.26 万元，到位率 58.81%。被执行人公开 872 人次，公布失信被执行人 59 人次，限制高消费 95 人次，联动机关协助 175 次，赢得当事人好评。

【审监工作】 2018 年，区法院未受理申诉案件，受理再审案件 1 件，开展“三评查”3 次，评查案件 412 件，无不合格卷宗。

【法制宣传】 2018 年，区法院组织开展综治维稳法制宣传工作 6 次，出动宣传车 33 台次，解答群众咨询 350 人次，发放普法知识手册 2665 册，接受法律咨询 612 人次，受教育群众达 5000 余人次。通过广泛开展法制宣传活动，进一步提高人民群众学法、守法的自觉性。

【车载流动法庭】 2018 年，车载流动法庭行驶里程 18000 公里，巡回审理案件 27 件，开展法制宣传 23 场次，发放宣传资料 2500 份，受教育群众 1350 人次。

【送法进校园】 年初，区法院主动与西藏农牧学院取得联系，沟通探讨共建大学生法制宣传教育基地事宜，经过双方充分论证和共同努力，于 2018 年 6 月正式挂牌成立了巴宜区人民法院、西藏农牧学院德法教育共建单位和西藏农牧学院思想政治理论课教学实践基地。该基地的成立，为推进大学生法制宣传教育、不断提高大学生的法律意识和法律素质奠定了基础，同时也为今后区法院的送法宣传工作探索出经验。2018 年 9 月，区法院与西藏农牧学院首次开展德法教育实践互动，组织农牧学院师生 1 批次 150 余人到区法院模拟体验庭审现场，了解法院审判流程和法官办案程序。

【人员分类管理】 2018 年，区法院 19 名（1 名已病退）首批入额法官顺利产生。区法院立足现有人员结构和审判工作需要，按照不少于 85% 的司法人力资源直接投入办案，司法行政人员控制在 15% 以内的人员比例要求，有序推进入额法官定岗、审判辅助人员和司法行政人员分类选任定岗工作。组建审判团队。一线审判力量普遍得到充实，法官办案的责任心进一步增强，改革效应逐步显现。

【司法责任制】 2018年，区法院认真贯彻《最高人民法院关于完善人民法院司法责任制的若干意见》和自治区高院司法责任制配套实施文件，建立权责明晰、权责统一、管理有序的审判权运行机制，落实“让审理者裁判，由裁判者负责”。明确相关办案主体的司法权力清单，限缩审判委员会讨论案件范围，从制度层面促进入额法官和合议庭强化办案主体责任。严格落实对干预案件进行记录问责的“两个规定”，保证法官依法公正审案。推行院庭长办案常态化，发挥好关键少数对司法改革的牵引导向作用，2018年，区法院院庭长审结案件432件，占审结案件数的42.43%，其中院长、副院长审结案件22件。坚持放权与监督相结合，探索建立法官联席会议、判前案例检索、判后“三评查”等机制，减少和避免改革负效应，做到放权不放任。

【繁简分流审判模式】 2018年10月以来，区法院正式实施繁简分流审判模式，将各业务庭室法官资源进行整合，各庭均办民事、刑事、行政案件，锻炼法官综合素质，培养全能型法官。对部分案情简单、争议不大的案件适用简易程序，快速审理，快速结案。截至年底，已有158件民商事案件、35件刑事案件依法适用简易程序审理，有效节约审判资源，提高结案率和审判质效。

2018年10月30日，珠海市香洲区人民法院院长徐素平（左四）带队考察工作组一行在巴宜区人民法院交流学习

【立案信访机制】 2018年，区法院规范登记立案程序，明确登记立案范围，破除限制立案的“土政策”，全面落实立案登记制，做到有案必立、有诉必理。自推行立案登记制改革以来，区法院登记立案率100%，其中当场立案率98.99%，有效保障了当事人诉权。坚持把接处信访作为联系群众、倾听民意、为民解忧的重要途径，深入开展“大排查、大化解、大接访、大稳控”活动。推进诉访分离、责任通报、多元化解、律师接访等制度，把涉诉信访纳入法治化解决轨道。

【人民陪审员制度改革】 2018年，根据高院“人民陪审员倍增计划”的要求，区法院提请任命了28名涉及农牧民、普通居民、街道、人社、教育、卫生领域的人民陪审员。组织参加由自治区高院统一组织的人民陪审员培训1次，参训人数3人。19名人民陪审员参与审理18件案件，发放务工费、交通费和生活补助9050元。

【思想政治建设】 2018年，区法院把思想政治建设作为法院队伍建设的首要任务抓紧抓好，教育广大干警坚定对中国特色社会主义的道路自信、理论自信、制度自信、文化自信。坚持思想理念先行，深入开展党的群众路线教育实践、“三严三实”“两学一做”学习教育，牢固树立“四个意识”，自觉在思想上政治上行动上同以习近平为核心的中共中央保持高度一致。把学习教育与人民法院中心工作有机结合，以学习教育促进执法办案、助推司法改革、强化作风建设。

【司法能力建设】 2018年，区法院加强政治理论培训，不断增强广大干警政治敏锐性，强化政治责任感。选送22名干警参加国家法官学院、西藏法官学院和内地省市法官学院组织的业务培训，开展裁判文书制作、执行业务、速录技术、新法实施等业务评比活动以及法律远程视频教育、法官讲堂，全年培训干警453人次。

【党风廉政建设】 2018年，区法院全面落实“两个责任”，对领导班子成员主体责任实行清单化管理，出台《中共区法院党组落实党风廉政建设主体责任工作要点》。认真贯彻《中国共产党廉洁自律准则》《中国共产党纪律处分条例》等党内法规。深入开展纪律作风教育整顿、廉洁司法教育、党风廉政建设宣传教育月活动。严格执行法官法和法官职业道德基本准则，继续落实“八项规定”和区党委“约法十章”、“九项要求”、司法巡查、审务督查等铁规禁令和工作制度。坚持以零容忍态度坚决惩治司法腐败，全年区法院无违纪违法干警。

【体制机制建设】 2018 年，区法院进一步加强制度建设，组织专人对现有的制度进行清理，制定和完善了《党风廉政建设责任追究制度》《错案责任追究制度》《车辆管理制度》《接待制度》《考勤制度》《审限警示制度》《超审限通报及处理办法》《庭前证据交换规则》《举证时限规定》《法律文书制作规范》《裁判文书上网公示制度》11 项制度。通过加强制度建设，进一步规范了管理，取得了良好的效果。党员领导干部率先垂范，模范遵守各项规定，努力营造了良好氛围。

【驻村工作】 2018 年，区法院继续派出 10 名干警分别进驻林芝镇 5 个行政村开展驻村工作，各工作队紧紧围绕驻村工作“七项任务”，不断加大实施力度、完善措施办法，千方百计为农牧民群众谋福利，推动了驻村工作深入开展。全年各驻村工作队组织农牧民群众学习贯彻党的路线方针政策 80 余场次。发展党员 5 人，培养积极分子 4 人，化解矛盾纠纷 37 件。在 2018 年的“千干扶千人”帮扶活动中，区法院 26 名副科以上党员干部与 26 户农牧民群众结对认亲，捐助帮扶金 7800 元。此外，还通过开展扶贫济困送温暖活动，在每年的藏历新年、春节、国庆等重大节日期间为五保人员、贫困群众送去酥油、面粉、罐头等慰问品，让他们感受到党的温暖和组织的关怀。

2018 年 11 月 26 日，巴宜区委书记米次（左三），区委常委、政法委书记、公安局局长、督察长旺青（左二）一行在巴宜区人民法院调研

【“两学一做”、中共十九大学习活动】 2018 年，通过活动的开展，区法院干警进一步认清自身存在的问题与不足，以自学和集中学习方式，每个月组织 1 次理论中心组学习、1 次党支部学习，学习笔记达 5000 字以上，从而增强干警学习的自觉性和主动性，营造了良好的学习氛围；工作作风进一步改善，在作风整顿活动中通过深入学习党章和习近平重要讲话，让大家彻底明白“权从何来，为谁掌权，为谁司法，为谁服务，如何服务”的道理，并将“全心全意为人民服务”思想外化为实实在在的行动。截至年底，“门难进、脸难看、话难听、事难办”和“冷、横、硬、推”现象已经彻底消除。工作质效进一步提升。通过扎实有效开展两项活动，进一步规范干警的

2018 年 7 月 13 日，巴宜区人民法院刑事审判庭公开开庭审理公益诉讼案件

司法行为，激发干警工作的积极性。

【监督联络】 2018年，区法院区法院始终坚持把加强联络工作作为一项常规性、全局性工作来抓，着重在联络工作规范化、信息化上下功夫，坚持问题导向，强化工作措施，构建长效机制，增强联络工作实效，不断提高人民群众对法院工作的信任度、满意度。切实把贯彻落实党的方针、决策和严格执法统一起来，确保法律的正确实施。严格执行《重大工作事项向党委请示汇报制度》，坚持重大部署、重点工作、重要问题和大案要案及时向党委汇报，确保党委重大决策部署在区法院贯彻执行。认真贯彻《中华人民共和国监督法》和自治区高院《关于全区各级人民法院接受人大及其常委会监督工作的意见》，切实增强接受监督的自觉性和主动性。全年向区人大常委会专题报告民事执行工作2次，积极配合各级人大常委会开展执法检查、视察和专项调研4次。主动接受政协民主监督，邀请1次5名人大代表、政协委员到区法院进行视察、旁听案件，并积极邀请部队官兵、学校师生及其他社会各界人士到区法院参加4次庭审观摩活动，得到一致好评。

【基础设施建设】 2018年，区法院高度重视"十三五"项目的组织实施，积极主动沟通、协调市法院、区发改委，认真开展项目的前期工作，确保项目及时争取、规范实施、发挥效益。根据项目规划，区法院设百巴人民法庭、鲁朗人民法庭2个法庭，2个法庭规划总建筑面积1200平方米，其中百巴法庭投资309万元，鲁朗法庭因被纳入鲁朗国际小镇建设规划之中，其具体投资情况不详。2017年年底，2个法庭已建成并投入使用。全年新增科技法庭1个、自建信息化项目3个，分别为：鲁朗派出法庭综合布线项目，投入资金6.07万元；本院2号科技法庭互联网庭审直播专网，投入资金1.8万元；3号科技法庭、八一法庭改造维修，投入资金20.2万元。

【信息化建设】 通过信息化建设大力提升工作效率。根据最高院的统一安排部署，在区委、区政府的大力支持下，截至年底，区法院集数字业务应用系统、自动化办公业务应用系统、COCALL即时消息协作系统、文书智能校对、法律法规、数字图书查阅系统为一体的"三级网"已投入使用4年，效果明显，极大地提高了办公效率。全年录入电子卷宗的案件635件，应用自动化办公系统发送各类信息3800多条，使用"12368"短信通知各类消息800余条。通过广泛应用COCALL即时消息协作系统，加强了系统内干警沟通交流，信息共享更加快捷、安全。同时，电子签章、审批流转、公文发布等具体应用逐渐实现无纸化办公，科技信息化建设改善了以往繁杂的办公模式；通过信息化建设大力开展司法公开。截至年底，区法院3个科技法庭已正式投入使用，利用科技法庭进行庭审，能够实现远端同步观看、网络庭审直播，进一步规范庭审程序，不断实现司法公开、透明。按照"以公开为原则、不公开为例外"的要求，在立案登记方面，实现网上立案，通过网络，当事人可以查询到案件进展情况。在执行方面，已初步建立与各银行的对接平台，使当事人能够随时查询、了解执行案件进展情况，将更好地为群众提供便捷高效的司法服务。通过信息化网络建设，积极宣传法院工作。2018年，在上级法院新闻宣传部门大力支持下，区法院通过广泛使用自媒体和新媒体，及时正面宣传报道人民法院各项工作开展情况，选派网络评论员积极正面引导社会舆论，营造良好舆论氛围。同时，进一步完善审判流程图、诉讼须知、各类诉讼文书样式等宣传材料，方便当事人了解、使用。设置电子显示屏，滚动显示案件开庭排期信息及诉讼服务指南，方便当事人查阅。

【受援工作】 区法院始终不断创造条件让更多干警走出去，到上级人民法院及内地兄弟法院学

2018年10月30日，珠海市香洲区人民法院在巴宜区人民法院开展援藏捐助活动

习审判、管理和信息化建设先进经验。2018年，有7名干警赴国家法官学院培训（其中2名参加“两援”培训），4名干警赴内地省市法官学院培训、交流。借助援藏平台，通过“请进来”“走出去”，全面提升区法院干警的能力素质，构建以外力促内力、以“输血”助“造血”的体制机制，增强内生动力。

（刘重阳）

司法行政

【概　况】 2018年，巴宜区司法局按照上级要求及年初确定的目标、任务，紧紧围绕中共十九大、十九届二中、三中全会、区党委九届三次全会、林芝市委一届六次全会和习近平对政法工作重要指示精神，紧紧围绕巴宜区“2156”发展思路，切实加强社区服刑人员的监督管理，充分发挥人民调解工作优势，大力加强安置帮教工作，积极适应经济发展新常态，拓展法律服务领域，全面推动依法行政建设法治政府工作深入落实。2018年，全局在职干部职工11名，其中女性干部职工8名、男性干部职工3名，局班子成员5名，局支部党员8名，退休干部4名，工人1名，公益性岗位1名。区司法局在巴宜区政府院内三号楼二楼、三楼。二楼为区司法局社区矫正管理中心，内设报到登记、宣告、训诫、教育培训、心理宣泄、档案管理6个功能室；三楼为区司法局，内设局长办公室、支部办公室、副局长办公室、普法办公室、综合办公室、平安创建办公室。区司法局在八一镇新建司法所1个，配备司法所所长1名、司法助理员1名，其余6个乡镇有6名兼职的司法助理员，负责各乡镇人民调解、社区矫正、法律援助、法制宣传和安置帮教的工作。

【法制宣传】 2018年，区司法局为做好“七五”普法宣传工作，联合区直单位开展法制宣传专题教育79次，受教育群众达13680余人，发放宣传手册、宣传袋、宣传单18416份，出动宣传车33辆，悬挂宣传标语75幅，设立法律法规咨询台30个。

3月，区司法局组织实施对辖区内15个宗教场所的宗教教职人员进行法律知识考试。考试采取藏文开卷笔试和口试两种方式进行。其中应考85人，实考85人（其中笔试82人、口试3人），平均分85.8分。为深入开展巴宜区“三月综治宣传月”暨“以案释法”下乡村活动，区司法局组织牵头联合区直单位开展综治宣传17次，受教育群众达2180余人，发放宣传手册、宣传袋、宣传单3300余份，出动宣传车11辆，悬挂宣传标语9幅，设立法律法规咨询台5个。通过该次宣传，涉农法律法规得到有效普及，极大地增强了基层干部和农牧民群众的法律意识，为社会稳定和谐营造良好的舆论氛围。

6月，区司法局按照西藏自治区和林芝市“学习宪法、尊崇宪法、遵守宪法、维护宪法、运用宪法”主题宣传教育活动的部署要求，结合“七五”普法规划，以“法律七进”为载体，组织全区国家机关公职人员、学校师生、寺庙宗教教职人员、乡村农牧民群众及社区居民开展宪法宣讲暨“为祖国点赞　同宪法合影”专题活动。

9月，区司法局组织召开巴宜区领导干部学

2018年8月19日，司法部社区矫正管理局副局长刘烨（左二）在巴宜区司法局社区矫正心理咨询室调研指导工作。西藏自治区司法厅社区矫正管理局局长红兵（左一）等陪同

习宪法基本知识与宪法修正案专题辅导讲座。区委常委、副区长吴永帅出席讲座，并发表重要讲话。1+1法律援助律师姚丽波从时代背景、重大意义、修宪程序、主要内容等方面对新时代首次修改宪法进行系统解读，还围绕宪法实施和监督，就如何维护宪法权威、增强宪法自信、加强宪法实施、树立宪法意识等方面对领导干部全面生动地讲解。讲座深入浅出、旁征博引，实用性、指导性于一体，对于广大干部充分认识宪法修改的重大意义、全面准确领会和把握宪法修正案的核心要义，深入推进宪法宣传和贯彻实施具有很强的指导意义。区直单位、街道办负责人共50余人参加该次学习。

11月，为深入推进巴宜区宪法学习宣传和贯彻实施工作，大力普及宪法知识，弘扬宪法精神，区司法局组织区直各单位、各人民团体、各企业事业工作人员、村（居）“两委”班子、驻村干部和驻寺干部完成宪法考试，共2110人参加在线宪法考试。

【人民调解】 巴宜区7个乡镇、2个街道办、67个行政村、4个社区，共有80个调委会、443名调解员。其中，乡镇调委会7个，村委会调委会67个，街道办调委会2个，社区调委会4个。全区各级人民调解组织得到充实优化后，借鉴“枫桥经验”，创新人民调解工作。区司法局认真贯彻《中华人民共和国人民调解法》，坚持依法、规范、有效调解矛盾纠纷，确保调解达成的协议合理合法有效。严格落实“月排查”“周报送”制度，截至年底，开展排查矛盾纠纷次数395次，成功调处351起，充分显示人民调解工作在维护辖区和谐稳定中的重要作用。

2月，区司法局组织白玛岗小区居民参加法律知识讲座，宣讲员通过讲解《中华人民共和国人民调解法》的立法背景、立法经过、立法宗旨及《中华人民共和国人民调解法》的主要内容，同时结合工作实际，对人民调解程序、人民调解方法与技巧和人民调解协议书的规范化制作等主要内容做重点讲解，并向前来参加活动的群众发放了人民调解法律法规资料。

3月，联合区检察院、国土局、林业局、食药局、乡镇派出所等6个综治成员单位、共10余人宣讲组深入米瑞乡通麦村、米瑞村、增巴村、曲尼贡嘎村开展“三月综治宣传月”暨“以案释法”下乡村活动，并对各行政村开展人民调解和矛盾纠纷工作进行专项督导检查。

【社区矫正】 2018年，巴宜区累计接管社区服刑人员83人（其中缓刑81人、暂予监外执行2人），累计解除44人，累计变更居住地11人。截至年底，在册28人均为缓刑（其中27名男性、女性1名）。

3月初，区司法局开始逐步对巴宜区服刑人员进行家访。截至3月底，对24名社区服刑人员进行家访，工作人员认真耐心讲解三月维稳期的各项注意事项，并为社区服刑人员和监护人宣讲党和国家的政策法规，要求监护人支持配合好社区矫正工作，多与社区矫正人员进行沟通交流，使其能正确重塑自我，重拾自信。

4月，社区矫正工作人员通过带领社区服刑人员前往巴宜区检察院参观警示教育基地，向社

2018年11月2日，巴宜区司法局开展“双语普法下乡村　弘扬宪法走基层”普法宣讲活动

2018年6月5日，巴宜区司法局开展“为祖国点赞同宪法合影”活动

区服刑人员讲解电信诈骗防范常识、讲解十九大精神，组织观看警示教育片的方式，让社区服刑人员深刻领会社区矫正的重要意义与不服从监管的后果。

5月，为规范社区服刑人员的监督管理，有效预防和减少重新犯罪，区司法局社区矫正工作人员陪同保外就医服刑人员巴某前往中国人民解放军第一一五医院进行病情复查。通过陪同复查，社区矫正工作人员既掌握保外就医人员的病情，也确保保外就医复查程序合法，为是否符合续保提供准确依据。该次活动不仅进一步规范社区矫正工作，彰显社区矫正的法律严肃，还避免了信息不通畅、人员管理不到位等现象的发生，保障社区矫正工规范、有序地开展。

6月，为加强对社区服刑人员的教育管理，帮助社区服刑人员强化集体观念、纪律意识和社会责任感，区司法局社区矫正工作大队在市司法局和区林业局、区民政局的大力支持与指导下，分别在苗圃基地和巴宜区特困人员集中供养服务中心建立“巴宜区社区矫正公益劳动基地”，希望社区服刑人员通过劳动增加社会责任感。

9月，区司法局社区矫正工作大队组织社区服刑人员在儿童福利院开展集中公益劳动，为儿童福利院清扫生活垃圾、清除绿化带内的杂草、乱石。社区服刑人员把参加公益劳动当作回报社会、悔过自新的一种方式。通过该次公益劳动，培养了社区服刑人员的社会公德意识和社会责任感，矫正其犯罪心理和行为恶习，发扬了老西藏不怕苦不怕累的精神。

10月，区司法局主导召开巴宜区2018年社区矫正工作联席会议，区政法委副书记扎西泽仁、区人民检察院副检察长次仁扎西、百巴法庭庭长单增桑珠、区综治办、区财政局、区人社局、区民政局、区教育局、区卫生局、区工青妇、区公安局治安大队负责人和辖区各派出所（警务站）、各乡镇分管司法负责人及司法助理员参加会议。各相关单位通过联席会议不断加强各成员单位之间的沟通交流，提高社区矫正工作质量，加强创新社区矫正工作的管理方法和机制，共同协调解决社区矫正工作遇到的问题和困难。

【法律援助】 2018年，区司法局认真落实法律援助“零门槛”制度，继续深化法律援助便民服务，成立巴宜区法律援助中心驻人民法院工作站、巴宜区法律援助中心驻民政局残疾人法律援助工作站、巴宜区法律援助中心驻武装部军人军属法律援助工作站，以便更好地服务群众，为群众办事。截至年底，累计咨询人数198人，代写文书80次，办理案件1件（其中涉及盗窃古文物遗址案件1件）。收到了较好的社会效果，树立了法律援助的良好形象。

1月，巴宜区1+1法律援助律师姚丽波从6

个方面结合自身工作实际和学习体会，在巴宜区公安局5楼会议室为区政法干警进行中共十九大精神专题讲座。专题深入解读中共十九大精神特别是习近平新时代中国特色社会主义思想的深刻内涵和精神实质，帮助政法干警深刻理解新时代中国共产党的历史使命、我国发展新的历史方位和时代坐标，准确把握习近平新时代中国特色社会主义思想的时代背景、历史地位、科学体系和实践要求，准确把握“八个明确”的基本内涵和“十四个坚持”的基本方略，准确把握社会主要矛盾变化带来的新挑战和新时代司法部门的职责定位，精心谋划新时代司法工作的创新发展思路，努力开创工作新局面，“不忘初心，牢记使命”做公平正义的守护者。

【安置帮教】 2018年，区司法局为使帮教对象不重新犯罪，注重提高安置帮教质量，采取抓住重点对象，实施分类帮教措施，认真做好刑满释放5年内、解除矫正3年内人员的帮教工作，及时建立档案及电子档案，形成组织帮、社会帮、家庭帮的良好工作格局。同时，为全面掌握刑满释放人员的生产生活状况，切实加强对特殊人群的安置帮教工作，有效预防和减少刑满释放人员重新违法犯罪，区司法局采取定期对辖区内的刑满释放人员进行入户走访，实地了解他们的生活、工作和思想状况。截至年底，在册的刑满释放人员90人，实地走访刑满释放人员180人次。

2月，春节、藏历新年到来之际，为最大限度减少刑满释放人员重新违法犯罪，确保社会和谐稳定，对刑满释放人员进行调查，翔实掌握当前刑满释放人员的相关情况，对刑满释放人员要做到人数清、情况明、动态知，区司法局前往各乡镇实地走访刑满释放安置帮教人员，竭力做好刑满释放人员的安置帮教工作。区司法局工作人员向各乡镇派出所民警和各驻村工作队了解辖区内的安置帮教人员具体情况及表现，是否按时前往派出所报到、是否有不稳定因素、是否存在安全隐患，并就以后安置帮教人员如何更好地衔接、如何更好地开展帮教工作协商讨论，并达成一致意见。

三月敏感月、萨嘎达瓦节、国庆节期间，为防止刑满释放人员出现脱管漏管现象，区司法局积极与曲水监狱、拉萨监狱、波密监狱以及林芝市看守所互通信息，及时掌握刑满释放人员出狱信息。根据市司法局采取“必接必送必控必教”的原则，区司法局在重要节点派工作人员前往各监所接回刑满释放人员，并对其进行谈话、思想教育和建立档案。积极掌握信息动态，严格执行“零报告”制度，定期向市司法局报告工作开展情况，区司法局按照文件要求，每天定时定点向市司法局基层科报平安。

【党风廉政建设】 2018年，区司法局按照党风廉政建设工作目标责任书要求，结合司法行政工作实际，进一步完善内部管理制度，党务、财务公开制度，会计制度，加大对单位预算外资金管理力度。严格执行领导干部重大事项报告、收入申报、礼品登记等制度，严格落实中央八项规定和实施细则，区党委“九项要求”“约法十章”，落实“三转”工作要求，推进作风建设长效化常态化，推动工作作风由“漂浮虚”向“实打实”转变。并于年初召开2017年度党员领导干部民主生活会和党员组织生活会。

2018年12月4日，巴宜区司法局在厦门广场开展“践行两个维护　弘扬宪法精神　建设法治西藏”法制宣传活动

开展党员与农牧民共创、树立党员新形象活动。积极参与扶贫帮困、结对帮扶等活动，结对帮扶12对贫困户；科局级以上领导干部个人结对7对，其他党员干部个人结对5对；走访慰问困难户1户，发放慰问金和慰问品1000元；走访慰问老党员、老干部4人次，发放慰问金2400元；走访慰问驻村工作队，发放慰问金和慰问品3000元。

（彭佑华）

军　事

人民武装

【概　况】 2018年，在林芝军分区及巴宜区委、区政府的双重领导和指导帮带下，在各业务部门具体指导下，巴宜区人武部深入贯彻习近平新时代中国特色社会主义思想和强军思想，以“举旗固魂、谋战备战”抓建思路开篇布局，突出走深走实十九大成果转化，矢志践行改革强军，靶向聚焦练兵备战，重力纠治和平积弊；彻纠深挖郭徐流毒，强力推进整纲肃纪。坚持党指挥枪的政魄军魂，深入贯彻军委主席负责制；突出强军兴军时代主题，扎实开展“传承红色基因、担当强军重任”主题教育；强化党纪军规就是天条铁律，扎实落实军委党的建设会议精神。

【思想政治建设】 坚持教育治心。2018年，区人武部一班人以上率下、自身先行，雷打不动每天自学1小时，每周为官兵辅导1课，人均抄写读书笔记3万余字，撰写心得体会10余篇，并在军人大会上公开承诺。持续开展岗位实践践诺活动，引导官兵用工作效果兑诺，认真开展“传承红色基因、担当强军重任”主题教育，深化专题学习效果，配合开展红色现地教学，通过参观军分区军史馆，穿越时空感悟先辈英勇献身、无私奉献的革命精神，每月开展1次“寻红色足迹、做红色传人”党日活动，升华对红色基因的理解认知；抓实实践活动，学习梳理伟人红色故事，从其成长历程中寻根溯源，7月，举办1次“红色基因砺我前行”小型故事会，引导官兵从中悟初心、守初心、践初心；8—9月，组织观看《平语近人》等经典影视，让官兵在感悟经典中坚定理想信念，陶冶思想情操；每月开展1次品读经典畅谈会，在点滴灌注中植入强军基因。强力推动“和平积弊大起底大扫除”，结合实际，对表习近平“胜战之问、本领考问”，紧盯“学、查、辨、破、立”5个环节，组织开展5次和平积弊群众性大讨论，有力促进民兵军事训练向“保障战争、能打战争”转进。

强化正纲肃纪。坚持把政治纪律、政治规矩挺在前；以张房案为反面教材扎实开展党的纪

2018年10月15日，巴宜区委书记米次（前排右一）在区人武部调研武装工作。区人武部部长杨镇闻（前排左一）陪同

2018年2月28日，巴宜区人武部主持召开基层专武干部培训动员大会

律专题教育，严格落实双重组织生活制度，坚持每季度民主评议党员，增强核心在忠诚、关键看行动的政治自觉；一班人把学习《党章》《准则》作为律己课题，集中观看《铁纪强军》、严重违纪领导忏悔录，牢固树立知敬畏、存戒惧、守底线意识；召开党员大会贯彻落实军委党的建设会议精神，把学习重点放在思想交锋、内省自修上，监督重心放在发挥党内政治生活主阵地，强化对党员干部的教育警策、思想淬炼、提醒监督和组织管理；坚决纠治“理论学习多落实行动少、空泛表态多触及灵魂少”的现象，切实做到在杂音噪音面前敢于发声、在大是大非面前敢于亮剑、在歪风邪气面前敢于出手。

探索军地共建。先后7次组织官兵进社区、入企业，现地感受发展成果；围绕“领悟新思想、奋进新时代”与区委宣传部展开4次学习座谈交流，投入10.2万元参与军地合力打赢脱贫攻坚战，并邀请军地领导专题辅导授课5次，为党政机关专题开展军事日活动2次，军地合力凝聚“风景这边独好”的思想共识。深入开展“读习主席的书”活动。1—3月，安排专人进入社区敬老院为老人们通读精读《习近平谈治国理政》；7—9月，利用开展国防教育时机到西藏农牧学院与在校大学生展开群众性讨论。组织官兵精心撰写心得体会15篇，鼓励官兵向地方权威报刊寄出稿件10篇。结合巴宜区民兵调整改革编组，狠抓学史寻根“第一课”。3—7月，在民兵队伍中掀起“讲红色故事、读红色书籍”群众性活动，组织民兵入队宣誓、祭扫烈士陵园、参观分区军史馆；5月，会同区党政机关举办“赞成就、话使命、做贡献”演讲比赛1次，持续助推成果转化走深走实；8月，组织军事日活动，组织各级领导走进军营，接受国防教育。

【军事训练】 稳步提升训练水平。以军事训练为中心，巩固发展现有训练成果。2018年，区人武部严格按照军事训练新大纲，坚持党委议训、领导带头组训，分层次（军官、士官、民兵）施训、补训，注重打好基础，在提高官兵军事素质上力争新的突破。以能打仗、打胜仗为核心，突出抓实单兵训练全部课目训练、民兵专业技能部分课目训练。

以大项任务为牵引，切实提高应急处突能力。严格落实战备值班制度，对各类库室、物资严格按照“三分四定”要求进行统一规范。强化应急处突能力训练，进一步完善了抗震救灾、抗洪抢险、应急维稳等战备应急方案，坚持每季度进行一次民兵应急拉动，并根据战备任务，不断完善应急预案，确保各项工作准备充分。先后完成分区组织的人武部系统比武考核、基干民兵军事训练任务。

以体能训练为重点，夯实打牢官兵体能基础。积极开展比武竞赛，完善军事训练标兵榜，开展小比武、小竞赛，有效调动官兵训练热情。高度重视官兵基础训练，基本达到《大纲》要求，每季度按要求组织军事训练考评，并结合考核成绩对每名官兵进行大排名。

以履行使命任务为核心，加紧军事斗争后勤准备。着眼提高应对多种安全威胁、完成多样化军事任务后勤保障能力，狠抓后勤战备建设，修订完善军事行动后勤保障方（预）案15份。以民兵军事训练为契机，开展战时民兵后勤保障供给训练、通信保障、安全警戒、战（现）场救护、车辆隐蔽与伪装、道路抢修等适应性训练以及紧急出动等针对性演练。对各类战备库（室）进行认真清理、完善，并采取自制、采购等办法进行调整补充，确保战备物资齐装满员。

【国防动员】 扎实完成民兵调整改革整组。2018年，区国防动员委员会多次召开会议，专题筹划部署。提前调研摸底，提前调研摸准辖区内18—35岁公民底数，结合民兵调整改革后民兵编制数量和职能任务，认真拟制民兵调整改革实施方案，专题召开任务部署，细化任务分工。严把质量标准，突出政治条件，会同公安局、乡镇人武部和派出所逐个对拟编入民兵组织的公民现实表现进行考核，填写民兵政治考核表。各村组、社区普遍召开村民大会或村委会，集体研究民兵预备对象，乡镇、街道办严格组织身体检查；优先推选文化程度高、党员、退伍军人、有专业特长、户籍在本地或在本地有固定工作的公民编入民兵队伍；优先推选退伍军人、村“两委”班子成员以及有一定管理能力的基层干部、企业高管担任民兵干部骨干。

科学组织训练，坚持大纲牵引，突出条令法规学习，培养民兵令行禁止作风；突出专业基础训练，提高民兵基本军事技能。

【征兵工作】 2018年，区人武部根据年度工作计划，认真学习上级征兵领导小组指示精神和相关法规政策，自觉增强政治责任感，人人熟悉政策规定，个个掌握条件标准，并结合《廉洁征兵若干规定》和西藏军区征兵工作相关等规定，严格确保征兵期间廉洁征兵。1—6月，做好征兵准备相关工作，联合地方党委宣传部门，采取传统手段与新型传媒相结合，发挥报刊、广播、电视、网络、短信、微信、微博等媒体作用，大力开展征兵宣传；2月初，调整充实征兵工作领导小组和办公室成员；4月1日起，征兵办公室全面展开日常工作；6月20日前，完成辖区内兵役登记任务；7—9月，完成应征报名、体格检查、政治考核、复查复审、定兵、交接等各个阶段征兵工作。全年顺利完成征兵工作，未发生任何违规违纪行为。

（边　巴）

武警巴宜中队

【概　况】 2018年，武警巴宜中队紧紧围绕“争创标兵中队”的总体目标，狠抓领导班子建设和“两官”队伍能力素质提高，紧紧围绕中心工作大抓安全、管理、训练等各项工作，充分发挥思想政治和后勤的服务保障作用，部队正规化建设水平呈现出向上发展态势，各项任务完成圆满。

【思想政治建设】 2018年，武警巴宜中队紧紧围绕学习宣传贯彻中共十九大精神，重点围绕习近平系列重要讲话精神、全国“两会”、三级党委（扩大）会议精神、《纲要》等强化理论武装。采取集中学习和个人自学等方式进行学习。利用黑板报、宣传橱窗、电子显示屏等载体宣传会议精神，营造浓厚学习氛围。印发应知应会小册子，利用集合站队、课余间隙、政治教育等时机开展小提问、小记忆、小互助活动，强化官兵记忆理解，不断深化学习效果。扎实开展“传承红色基因，担当强军重任”及“不忘初心，牢记使命”主题教育。中队通过问卷调查，认真梳理需要重点解决的问题，科学制定教育方案。课后，干部深入班排参与讨论，及时进行教育引导，将讨论引向深入。不断深化学习效果，进一步坚定官兵的政治信念，强化职能使命意识和增强战斗精神。

【军事训练建设】 2018年，武警巴宜中队以新《军事训练大纲》为依据，严格按照上级指示精神，科学制定训练计划。以形势任务为牵引，结合2018年中队建设形势，扎实开展了执勤训练，进一步强化了官兵执勤能力，通过对各类方案的演练，官兵对情况处置程序掌握较好；结合中队官兵现状，以干部骨干带头，充分利用“五小练兵”等载体，强化官兵基础体能训练；立足本职工作，利用年初组织的教练员培训的时机，着力提高了干部骨干的组训水平；按照新《军事训练大纲》要求，严格标准，严格质量，努力营造“比、学、赶、帮、超”的良好氛围。

【后勤保障建设】 2018 年，武警巴宜中队按照《后勤工作管理规定》抓好后勤工作，严格落实财经纪律，两业生产发展势头较好。营产营具的管理上，对损坏的及时进行维修，保证了营产营具的正常使用；伙食调节上，对菜谱进行调整，在烹饪上也下功夫，官兵对伙食满意率达到 95% 以上。温室、猪圈的管理上，喂养架子猪 12 头，根据季节变化先后种植蔬菜 18 个品种，腌制各类小菜 7 种，进一步丰富官兵“菜盘子”，锻炼了官兵吃苦耐劳精神。

【党支部班子建设】 2018 年，武警巴宜中队党支部在区委、区政府和上级党委的坚强领导下，不断强化支部“三个能力”建设，充分发挥了战斗堡垒的作用。及时传达学习了上级指示精神，明确工作方向；通过开展争先创优活动，进一步提高了官兵的自身能力素质，党员履职尽责得到升华；通过开展密切内部关系教育活动，中队风气得到进一步纯正，内部更加和谐融洽。

【开展“六共”活动】 2018 年，武警巴宜中队按照干部 100 元、士官 50 元、义务兵 20 元的标准及时开展募捐活动，走访慰问林芝镇朗欧村贫困户，先后以价值 2000 元的物资慰问林芝镇朗欧村和百巴镇大坝村困难户。“学雷锋”活动日和三月期间，先后派出 50 余人清扫林芝镇街道，清理垃圾 2 吨，清扫街道 1000 余米。按照支部共建、党员互助、群众互学的思路，与林芝镇朗欧村党支部结成帮扶对子。

（祝树森）

人民团体

巴宜区总工会

【概　况】2018年，根据《中共西藏自治区委员会办公厅关于印发〈西藏自治区总工会改革方案〉等4个改革方案的通知》等文件精神，撤销巴宜区工青妇综合办公室，设立巴宜区总工会（以下简称“区总工会”），为巴宜区正科级群团工作部门，核定行政编制2名，其中科级领导职数2名（正科级1名、副科级1名）。原区工青妇总工会主任龚燕，女，7月退休。

为更好地维护职工权益，区总工会切实把工会组建和会员发展作为一项重点工作，按照“巩固提高国有企业，健全规范改制企业，稳步推进非公有企业，积极探索农民工建会模式，成熟一个组建一个”的建会工作思路，在抓好全区各单位、各乡镇的发展会员工作同时，重点抓好非公企业的工会组建工作。2018年，巴宜区工会系统有干部职工1953人（教师系统工会属市总工会统一管理，不属于巴宜区总工会，其余无异议），工会会员达1953人，入会率100%，基层工会委员会25个，基层工会小组12个，建会率达100%。新建农牧民合作工会组织13个，发展工会会员673人，其中建立便民警务站辅警工会委员1个，发展会员152人，开展全区公益性岗位工作人员加入工会组织1个，发展会员93人，农牧民合作社入会11家，发展会员428人。

2018年6月15日，巴宜区总工会组织干部职工在海南开展疗养活动

【慰问活动】2018年，区总工会在驻村工作点布久乡孜热村开展送温暖慰问活动，为孜热村五保户、贫困户、老党员、单亲母亲、劳模送上大米、面粉、菜籽油等生活用品价值3000元，与村民嘘寒问暖，了解他们的经济生活情况，并送上节日的祝福。1月25日，区总工会前往百巴镇大坝村慰问结对帮扶户，送去大米、面粉、菜籽油、糌粑、砖茶等生活用品价值1000元，让困难户真切感受到党和政府的关心关怀；在藏历年来临之际，区总工会先后走访慰问区内5名巴宜区劳动模范。在走访慰问中，与劳模们亲切交谈，感谢他们为国家建设做出的贡献，关切地询问他们的身体、生活和工作等情况，倾听他们对工会工作的意见和建议，向他们致以新春的祝福和亲切的问候，并为每名劳模送上工会慰问金1000元。

2018 年 6 月 15 日，巴宜区总工会组织干部职工在云南疗养时合影留念

【法制宣传活动】 2 月 18 日、6 月 16 日、3 月 21 日，区总工会在分别在帮纳村、厦门广场和牦牛广场（大原购物广场门前）开展《中华人民共和国工会法》《中华人民共和国劳动法》《中华人民共和国社会保险法》《西藏农民工实用手册》等法律、法规宣传活动，为前来参加法律咨询的干部职工、农民工和过往群众发放宣传册、宣传单 1000 余份，其中发放《中华人民共和国工会法》《中华人民共和国劳动法》《中华人民共和国社会保险法》《西藏农民工实用手册》各 500 册，受到干部职工、农民工和过往群众的普遍欢迎。

【文体活动】 2 月 24 日上午，在"三大节日"来临之际，巴宜区工青妇、文广局、体育局联合承办迎新文体比赛活动，活动分拔河比赛、4×100 米接力赛、6 人绑腿跑等项目；在"3·8"妇女节来临之际，开展由巴宜区工青妇主办的以"巾帼建功创伟业，和谐发展促巴宜"为主题的纪念活动；4 月下旬，巴宜区"健康杯"篮球赛激情开赛，15 支参赛队参与活动，比赛共设 4 个奖项，投入奖金 36963 元；10 月，开展干部职工"工间操"活动，投入资金 49200 元；6 月、12 月，分别组织巴宜区优秀干部职工 58 人到云南、海南疗养，投入资金 562000 元；5 月、8 月，分别组织干部职工到西安、浙江开展工会业务知识培训；10 月，参加林芝市总工会组织到浙江开展工会业务知识培训。2018 年，开展"金秋助学"帮扶活动，投入帮助资金 15040 元；开展大病救助工作，共救济 8 人，投入救济资金 47000 元。2018 年，拨付工会会员经费 1377467 元。

（卫建军）

共青团巴宜区委员会

【概　况】 根据《中共西藏自治区委员会办公厅关于印发〈西藏自治区总工会改革方案〉等 4 个改革方案的通知》等文件精神，撤销巴宜区工青妇综合办公室，设立共青团巴宜区委员会（以下简称"团区委"），为巴宜区正科级群团工作部门，核定行政编制 1 名，其中正科级领导职数 1 名。

巴宜区下辖 4 个镇、3 个乡和 2 个街道办，7—45 周岁的农牧民青（少）年有 5499 人，本级团区委团干专职 4 人，兼职 10 人，二级团总支 2 个，三级团支部 67 个，团员 918 人。按照相关文件规定，各村团支部书记都进入村"两委"班子；各学校有少先队大队 7 个、中队 73 个，少先队员 1618 人，大队辅导员 7 名，校外辅导员 1 名。

【网络建设】 2018 年，团区委在互联网上持续弘扬正能量，用文明语言和理性态度发表信息，宣

2018 年 8 月 20 日，巴宜区团代表参加自治区第十次团代会

传巴宜青年工作，营造理性、平和、有序的网络舆论氛围，自觉抵制负能量，传递青年好声音，不断扩大团组织的覆盖面及影响力。

【公益活动】 3月5日，在第55个学雷锋纪念日和第19个中国青年志愿者服务日到来之际，团区委组织志愿者在厦门广场组织开展“衣旧情深，助贫脱困”捐赠活动，捐赠衣物上千件，将回收的衣物捐赠给有需要的深度贫困县的困难群众；3月17日，积极响应第二季“造民族团结林 结民族团结情”建设林芝市民族团结青年林活动，团区委组织16名青年志愿者参加义务植树活动，在巴宜区附近的荒滩上种下绿色的希望；7月13日，团区委在党政大楼二楼接待室举办以“一次志愿行 一生巴宜情”为主题的巴宜区西部计划志愿者欢送座谈会，服务单位的8名主管领导以及8名大学生西部计划志愿者参加该次座谈会。

【青年联谊活动】 3月30日，团区委联合团市委组织“团区委有约·缘来是你”第六季——“相约桃花源”青年联谊活动在巴宜区嘎拉桃花村举行。活动吸引了巴宜区党政机关、企事业单位、驻军部队等各行各业的青年男女报名，60名单身青年男女参加活动，同时也吸引前来观看桃花的各地游客驻足观看、合影留念，受到一致好评。现场气氛活泼、热烈、欢快，共促成10对男女青年成功牵手；3月30日，组织巴宜区各乡镇新任村级“两委”班子，各单位党员代表、团员代表及西部计划志愿者共130名人员，在林芝市烈士陵园开展以“缅怀先烈精神 继承先烈遗志”为主题的清明节烈士陵园祭扫活动，该次活动为团员青年们上了一堂深刻的革命传统教育和爱国主义教育的实践课，使得他们在思想上受到一次革命的洗礼，增强了历史使命感和民族责任感。

【预防青少年犯罪】 2018年，在林芝市民宗局牵头下，团区委积极参加第28个民族团结月宣传活动，设立宣传咨询服务点，广泛对《青少年法律知识读本》《中小学生爱国主义教育手册》等进行宣传，营造了浓厚的社会氛围。1月15日，巴宜区预防青少年违法犯罪专项工作领导小组成员——巴宜区检察院，依法对已被刑事拘留的1名未成年作出不批准逮捕的决定，为防止该未成年人再次走上违法犯罪的道路，召开不批准逮捕训诫教育会，团区委参加会议；9月21日，以“青少年与网络安全”为主题，在巴宜区中学开展网络安全知识一百题竞答活动；11月29日、12月4日，区公安局刑侦大队对“11·24”未成年人盗窃案进行笔录，由团区委指派代表2名工作人员作为诉讼参与人到场，并行使法定代理人的诉讼权利。

【团建工作】 为深入贯彻中央党的群团工作会议精神和习近平“强化服务意识，提升服务能力，挖掘服务资源，坚持从群众的需要开展工作”等系列指示精神，进一步增强团组织吸引力、凝聚力，提高基层团干“围绕中心、服务大局、服务基层、服务群众”的综合能力，2018年，团区委团干多次到拉萨、广东、成都参与团干部培训，为今后更好地开展基层团建工作拓展思路。

【“青年文明号”评选】 2018年，团区委不断细化《巴宜区“青年文明号”管理办法》，试行“青年文明号”年度复核制度，进一步加强对“青年文明号”集体的规范化、制度化管理，对不符合“青年文明号”条件的单位坚决予以淘汰。积极拓展评选领域，争取更多青年集体能在创新创效、提高服务水平方面做出更大贡献。2018年，中国铁塔股份有限公司林芝市分公司和巴宜区检察院被评为林芝市青年文明号单位。

【团员青年大型活动】 4月20—27日，团区委参与举办的第三届“健康杯”篮球赛，历时7天，设立冠军、亚军、季军、组织奖等奖项。活动的开展加强了团队协作能力，为打造“和谐巴宜，健康巴宜”营造良好氛围；10月21日，为庆祝改革开放40周年，团区委在林芝市全民健身活动中心参与举办首届“巴宜杯”干部职工工间操

（广场舞）大赛，活动历时3个小时，共有32个节目，比赛队伍300余人，参与人数达500余人，集中展示了新时期团员青年干部“强魄体健、砥砺意志”的精神和健康向上的时代风采，不仅是对健身成效的一次集体展示和检阅，更是向改革开放40周年的一次献礼。

（永青措姆）

巴宜区妇女联合会

【概　况】 根据《中共西藏自治区委员会办公厅关于印发〈西藏自治区总工会改革方案〉等4个改革方案的通知》等文件精神，撤销巴宜区工青妇综合办公室，设立巴宜区妇女联合会（以下简称“区妇联”），为巴宜区正科级群团工作部门，核定行政编制1名，其中正科级领导职数1名。2018年，巴宜区有各级各类干部2045名，其中妇女干部1089名，占干部总数的53.3%。基层妇女之家80家，各级妇联组织妇联主席或妇代会主任80名。

【慰问活动】“三大节日”期间，区妇联分别对孜热村困难帮扶人员及妇联对口帮扶人员进行慰问，送去面粉、大米、菜籽油、砖茶等生活必需品价值1900元。8月2日，区妇联为嘎拉村单亲母亲家庭送去大米、食用油等慰问品价值1.7万元；12月28日，对7个乡镇的10名单亲母亲、贫困妇女、“两癌”患者开展慰问，发放慰问金1万元。

【“三八”妇女节庆祝活动】 为喜迎“三八”国际劳动妇女节108周年纪念日，在区政府大院举行以“巾帼建功创伟业，和谐发展促巴宜”为主题趣味比赛活动，集中展示了女职工们团结一致、昂扬向上的巾帼风采，体现了区直机关妇女自强不息、顽强拼搏的精神面貌。

【“两癌”患者救助活动】 1—6月，区妇联在全区7个乡镇开展贫困母亲“两癌”筛查工作，筛查出4名妇女患有子宫癌。根据筛查结果，区妇联向4名贫困母亲“两癌”患者发放4万元（每人1万元）的救助金。

2018年3月14日，西藏自治区强基工作巡视组组长、西藏自治区妇联党组成员、巡视员张莉蓉（前排左二）一行在巴宜区白玛岗社区检查指导驻居工作。巴宜区委常委、组织部部长陈绪全（前排左一）等陪同

【“会改联”试点工作】 2018年，区妇联本着“先易后难、循序渐进、试点先行、逐步铺开”的改革原则，开启党建带妇建、妇建促党建的妇联改革新模式，积极探索符合巴宜区实际的改革路子，在全区9个乡（镇）、71个村（居）开展妇联基层组织改革动员部署工作。2018年，完成1个乡镇——八一镇妇联组织区域化建设和13个行政村（八一镇11个行政村、更章乡久巴村、鲁朗镇北西岗村）“会改联”工作。

【创建活动】 2018年5月，区妇联联合林芝市妇联，以“情系教育　奉献爱心”为主题的儿童快乐家园书包发放仪式暨庆“六一”趣味活动在鲁朗镇完全小学举办，162人参与活动，发放爱心书包149个及价值3000元的小礼品；6月，组织医务人员到林芝镇吉日寺开展庆“七一”系列活动之“送医送药　免费义诊进寺庙”活动，为寺庙僧尼免费发放价值2500元的常规药品；7月，区妇联在连别村开展“美好生活·美丽煮妇”厨艺培训活动；11月，在百巴镇大坝村幼儿园举行“恒爱行动——百万家庭亲情一线牵”爱心毛衣发放仪式，为33名贫困儿童发放爱心毛衣及学习用具，价值2万元。

【“妇女儿童之家”建设】 2018年7月，区妇联深入鲁朗镇扎西岗村现场开展“妇女之家”“儿童快乐家园”整合组建工作，规范了“妇女儿童之家”的工作内涵，健全了工作机制，使“妇女儿童之家”最大化发挥组织战斗力，促进大人同孩子的情感交流。

【“妇女儿童维权岗”挂牌仪式】 8月17日，区妇联在林芝市第二小学便民警务站、财政局隔壁便民警务站、明珠大酒店对面便民警务站举行“妇女儿童维权岗”挂牌仪式，为巴宜区广大妇女儿童提供法律服务，切实维护妇女儿童合法权益。

【开展知识讲座】 8—11月，巴宜区妇联邀请市妇联预防艾滋专家红英和红英志愿者服务队到巴宜区政府机关、布久乡政府、布久乡简切村、布久乡朱曲登村、布久乡孜热村、八一镇唐地村，利用“妇女之家”开展以“关爱女性健康 幸福千万家庭”为主题的预防艾滋及女性健康知识讲座。讲座中，专家为机关妇女及广大农牧民妇女普及艾滋病的传播方式、发病状况、传播途径、防治措施等。宣讲活动结束后，为参加讲座的妇女干部职工发放价值4000余元的卫生用品。

（达娃卓玛）

巴宜区工商业联合会

【概　况】 2018年，巴宜区工商业联合会（以下简称“区工商联”）在区委、区政府的坚强领导和区委统战部的指导下，在区非公经济会员企业的关心支持下，区工商联以中共十九大及十九届二中、三中全会及自治区九届四次全会精神为指导，以创新会务工作、拓宽服务功能、引导会员参与精准扶贫为重点，进一步巩固和发展“五好”工商联建设成果，以建设“四好”商会为载体，进一步加强和完善基层商会组织。为促进巴宜区非公有制经济健康发展和非公有制经济人士健康成长做出积极贡献。

【党建工作】 2018年，区工商联积极引导非公组织学习中共十九大精神，并制定宣讲方案，深入会员单位宣传中共十九大精神；严格落实党建工作责任制，紧紧围绕区委、区政府的中心工作，认真开展非公经济组织党建工作；将“两学一做”学习教育列为非公经济党支部日常学习活动的必学内容；按照区委组织部要求，积极开展非公党员发展及非公优秀共产党员评选工作；按照区委“围绕发展抓党建，抓好党建促发展”的要求，将华庭房地产开发有限责任公司党支部打造成为非公企业先进党支部；先后3次深入辖区3家已成立党支部的非公企业进行调研，对非公企业党支部党员情况进行重新审核登记，对计划入党的和准备转正和转预备的党员进行登记。

【业务工作】 2018年3月28日，区工商联组织10余家非公企业100余人，在百巴镇章巴村藏家乐举办以“翻身不忘共产党、携手共圆中国梦”为主题的纪念活动。通过举行升国旗仪式，提高非公经济人士的爱国意识。通过开展新旧西藏对比讲故事活动，充分展示新旧西藏的巨大差距，从而让人们更加珍惜现在的美好生活。全年先后6次深入17家非公企业进行调研，重点调研农牧民专业合作社的发展现状、“两新”组织党支部

2018年3月28日，巴宜区工商联在章巴村藏家乐农牧民合作社组织非公企业开展“3·28”纪念百万农奴解放纪念日活动，林芝市工商联党组书记、副主席余水（右三），巴宜区工商联主席张七林（右四）出席活动

工作情况、已建非公企业党支部的非公企业党建工作开展情况。

【亮点工作】 2018年，设立“巴宜区工商联”微信公众号，并组织非公企业人士进行积极关注。通过在微信公众号上发布巴宜区工商联的工作动态、相关政策法规等，为服务非公企业发展提供平台。1月11日，区工商联引导2家会员企业资助布久乡简切村2名贫困大学生。林芝罗杰建筑建材有限公司负责人罗杰与贫困大学生拉某签订捐资助学协议书，资助其4年学费，以保证她顺利完成学业。同时，在得知拉某的爷爷生病住院后，罗杰主动提出前往医院看望并送上慰问金3000元；林芝牦牛鲜肉火锅店负责人陈壮川自愿出资1万元资助布久乡简切村1名贫困大学生。2月10日，在巴宜区委常委、副区长扎西朗杰的带领下，区工商联主席张七林，巴宜区政协委员、工商联兼职副主席、林芝雅鲁藏布园林绿化有限公司董事长尼玛次仁一行，对巴宜区福利院的71名老人及19名护工进行慰问，尼玛次仁作为非公经济人士代表为孤寡老人和护工送去30800元的慰问金；2月11日，区工商联主席张七林、党组书记扎西格桑、宗教办副主任达娃、林芝罗杰建筑建材有限公司负责人罗杰一行前往巴宜区消防大队看望慰问消防官兵，林芝罗杰建筑建材有限公司负责人罗杰为消防官兵送上牛奶、水果等慰问品及6000元慰问金，并代表非公经济人士向消防官兵致以节日的问候及祝福；6月初，林芝雅鲁藏布园林绿化有限责任公司董事长尼玛次仁为巴宜区足球队资助1万元助力巴宜区足球事业的发展；9月24日，林芝华庭房地产有限责任公司为布久乡简切村捐赠10万元。

【思想政治建设】 2月27日，区工商联召开专门会议，对2018年工作做出具体分工，并要求干部职工加强学习，提高自身素质及工作效率，克服“懒、涣、散”的现象，工作做到“马上办、办好、办成”。2018年，选派5个非公企业10余名非公经济人士代表先后到井冈山进行理想信念教育、到陕西开展法律培训、到四川大邑开展非公企业党建工作培训。

（杨亚凯）

经济管理

发展和改革

【概　况】 2018年，巴宜区发展和改革委员会（以下简称“区发改委”）在区委、区政府的坚强领导下，高举习近平新时代中国特色社会主义思想伟大旗帜，全面贯彻落实中共十九大、十九届二中、三中全会及中央第六次西藏工作座谈会、自治区第九次党代会、区党委九届三次全会以及市、区各项会议精神，牢固树立“四个意识”，紧紧围绕区委“2156”发展思路，坚持“五位一体”总体布局和“四个全面”战略布局，坚持党的治藏方略，奋力拼搏，真抓实干，以推进供给侧结构性改革为主线，突出民生改善，加快招商引资，巩固投资拉动，沿着区委、区政府制定的发展思路，奋力拼搏，真抓实干，保持了巴宜区经济社会发展的良好态势。2018年，区发改委有干部职工23名。机关内设8个职能科室，分别为办公室、工信局、粮食局、项目评审中心、项目办、物价所、能源办、乡村振兴办。

2018年10月19日，林芝市政府副秘书长兼市发改委党组副书记、副主任李连声（左三）在巴宜区布久乡调研布久乡小康示范镇项目建设情况。巴宜区委副书记、常务副区长、广东省第八批援藏工作队巴宜区工作组副组长陈涛（左二）陪同

【国民经济指标完成情况】 2018年，全区实现地区生产总值72.93亿元，同比增长9.3%；农村居民人均可支配收入达17757元，同比增长10.4%；社会消费品零售总额完成29.2亿元，同比增长15%；全区一般公共预算收入完成2.7亿元，同比增长10.1%。

【政府投资重点建设项目】 2018年，区发改委在积极争取国家投资的基础上，认真落实援藏投资，大力吸引民间投资，充分赢得银行信贷支持，更好地发挥重点项目支撑引领作用。巴宜区2018年政府投资重点建设项目98个，总投资16.82亿余元，计划完成投资11.88亿余元，实际完成投资约9.77亿余元。其中，续建项目31个，总投资4.89亿余元，计划完成投资4.89亿余元，已完工31个，实际完成投资4.62亿元；新建及计划开工项目67个，总投资11.93亿余元，计划完成投资约6.94亿元，已开工项目52个，实际完成投资5.15亿余元。

【固定资产投资节能登记审查】 2018年，根据《西藏自治区发展和改革委员会关于印发〈西藏自治区固定资产投资项目节能审查实施办法〉的

2018 年 11 月 22 日，巴宜区委书记米次（右三）在更章乡门仲村检查村公房建设情况

通知》要求，区发改委只对年耗能 1000 吨标准煤及 500 万千瓦时以上的项目办理节能登记审查。截至年底，办理固定资产投资节能登记审查项目 37 项，年耗能总量 1553.297 吨标准煤。

【投资项目在线审批】 2018 年，区发改委结合"西藏投资项目在线审批监管平台"做好巴宜区政府投资项目审批及企业投资项目备案工作，确保信息准确性及有效性。全年办理审批项目 22 个，项目投资 2.60 亿元；企业投资项目备案项目 40 个，项目总投资 30.72 亿元。

【重大项目建设推进】 2018 年，区发改委负责实施的八一镇周边 10 个村庄"美丽乡村·幸福家园"建设项目、巴宜区城乡接合部环境综合提升工程（306 省道农牧学院高架桥至永久村段）、巴宜区城乡接合部环境综合提升工程（318 国道至拉丁嘎村段、318 国道至唐地村段、318 国道至大柏树景区段）、林芝镇曲古村、真巴村、米瑞乡色果拉村、更章乡门仲村村级组织活动场所标准化建设项目，已全部竣工并通过验收。

【项目评审】 项目资金审核。2018 年，项目评审中心审核项目 292 个，报审总金额 15585.89 万元，核定总金额 14440.02 万元，审减总金额 1145.88 万元，审减率为 7.35%。项目概算审批。项目评审中心下达概算批复项目 161 个，投资总金额 97757.74 万元，核定投资总金额 91352.68 万元，审减金额为 6405.06 万元。项目可研审批。项目评审中心下达可研批复 28 个，计划总投资 42313.36 万元。项目方案审批。项目评审中心下达实施方案批复 10 个，投资总金额 1164.64 万元。

【援藏工作】 小康示范村建设项目。2018 年，巴宜区结合援藏"十三五"规划中建设 15 个小康示范村的计划，积极推进项目建设。2018 年，完成 4 个小康示范村建设项目，分别为八一镇多布村、鲁朗镇白木村、更章乡更章村、米瑞乡通麦村。计划外项目。巴宜区 10 个村级卫生室建设项目（八一镇唐地村、巴果绕村、林芝镇卡斯木村、布久乡嘎玛村、林芝镇真巴村、百巴镇强嘎村、米瑞乡通麦村、嘎萨村、鲁朗镇巴嘎村、东巴才村），总投资 410 万元。截至年底，均通过验收，并交付村委会管理使用。

【工信工作】 2018 年，区工信局严格按照《自治区春运工作小组关于做好 2018 年春运工作的通知》及《林芝市 2018 年春运实施方案》文件要求，全力以赴落实 2018 年度各项春运措施；认真贯彻落实《林芝市工业和信息化局关于做好我市 2018 年农牧民使用碘盐配送计划统计工作的通知》要求，结合巴宜区实际，积极开展 2018 年农牧民使用碘盐配送计划统计工作，深入推进盐业改革。2018 年，向 3 个镇、4 个乡农牧民碘盐配送 97.867 吨，巩固了碘盐推广成果；严格按照民爆行业管理条例和国家有关政策规定对巴宜区民爆销售、储存企业实施有效安全监管，在各大节日期间，采取随机抽查的方式，对辖区企业开展民爆物安全生产督导检查，全年联合区安监局和治安大队等相关部门督导检查民爆物 9 次，杜绝了安全生产事故的发生；进一步增强生产经营单位主体责任和安全隐患排查治理能力，确保安全生产工作落到实处；随时掌握市场动态，及时向企业提供市场信息，帮助企业捕捉市场良机，采取有效应对措施，努力克服困难，防止工业经济出现大起大落。结合《关于认真组织2018年度林芝市中小企业（非公有制企业）发展专项资金项目申报工作的通知》，积极开展2018年林芝市中小企业（非公有制企业）项目申报工作，申报了巴宜区布久乡嘎玛村琼果林宏达藏香猪养殖农牧民专业合作社等4个中小企业发展专项资金项目，建议资助额度190万元。

【物价工作】 2018年，按照自治区发改委《关于加强2018年中秋国庆节期间市场价格监管工作的通知》要求，区发改委物价所充分认识节日市场价格监管工作的重要性，积极配合市物价局开展相关物价监管工作，并结合实际，制定价格监管工作方案，成立工作领导小组，细化监管措施，完善应急机制，为节日市场价格监管工作的开展提供组织保障和制度保障。国庆、中秋期间，开展范围涵盖景区、农贸市场、大型超市、在售热销楼盘、房地产中介等多方面市场价格巡查，出动人员30人次、车辆8台次，发放宣传资料300余份、悬挂横幅7条，保障了正常市场价格秩序，营造了诚信经营的节日市场环境。同时，积极配合林芝市发改委（物价局）召集消费者代表召开关于严格执行电费、水费政府定价协调会和关于惠好超市前停车场停车费、林芝民航航站楼停车场停车费、米堆冰川游览观光车车票费用政府听证会，确定了以上停车场及景区收费价格。

2018年10月26日，巴宜区委副书记、常务副区长、广东省第八批援藏工作队巴宜区工作组副组长陈涛（中）带队验收真巴小康示范村建设项目

【驻村工作】 2018年，区发改委继续加大对拉格村的扶持力度，派驻工作队齐心协力，多措并举，先后为拉格村解决资金17万元用于维修改造拉格村集体经济产业——林下资源加工厂；解决5万元资金用于制作村委会宣传展板及相关规章制度展板；为拉格村村委会购买价值1.21万元的办公家具9套，完善村集体办公设施；积极争取项目建设，为拉格村藏香猪养殖合作社申请项目扩建资金50万元；帮助拉格村林下资源加工厂销售干松茸50余公斤，为拉格村村民产生直接经济收入15万余元。同时，协助驻村工作队认真对待每一名办事农牧民群众，不拖沓不推脱，积极帮助老百姓解决问题，切实为民办实事办好事。以各大节日为契机，开展对口帮扶百巴镇拉格村“千干扶千人”活动和慰问困难老党员、驻村工作队活动5次。

【党建工作】 2018年，区发改委党支部一直将开展的党建活动内容作为基层支部建设的重点，严格按照区委组织部要求，制定支部学习计划和相关制度，签订党建工作责任书。建立周五列会学习党的政治理论学习和开展思想教育宣传活动，召开组织生活会，落实“三会一课”制度和请销假等制度。积极开展庆祝建党96周年等系列活动，并定时汇报干部动态，使党支部工作逐步走向制度化、规范化、目标化、科学化的道路。

【工作亮点】 完成巴宜区城乡接合部环境综合整治提升工程。2018年，经巴宜区委、区政府研究同意开展巴宜区城乡接合部环境综合整治提升工程，由巴宜区发改委组织实施并积极争取各级资金开展相关工作。该项目作为“十三五”规划外项目，已被国家发改委列入“西部大开发重点项目”，同时项目作为“八一镇国家新型城镇化综合试点工作第二批项目”开展建设工作，项目概算投资19744万元。农牧学院段、318国道至大柏树景区、318 国道至唐地村段、306 省道农牧学院高架桥至永久村段、318 国道至拉丁嘎村段均已建设完成投入使用。截至年底，项目路段综合环境得到有效提升，群众生活、文化等环境有效改善。

完成“美丽乡村”项目建设工作。以八一镇获批国家级新型城镇化综合试点为契机，选取八一镇巴吉村、布久乡杰麦村等城区周边 10 个村庄开展环境美化、功能优化、道路硬化、设施强化的“四化”建设，旨在为突破城乡二元发展瓶颈、全面缩小城乡综合差距、改善城郊结合地带环境风貌、提高乡村居民生产居住水平。项目总投资约 1.35 亿元，工程于 2015 年正式开展改造建设工作，截至 2018 年年底，基本建设完成。项目建设地由原来的供水不稳定、污水无处排放、道路不通达、建筑样式杂乱转变成如今功能完善、和谐美丽的村庄。项目建成后，极大地改善了周边村民的生产生活条件，丰富了村民们的精神文化生活。同时，为进一步拓展项目建设成效，让更多居民分享社会发展红利，巴宜区积极筹措项目资金 2250 万余元谋划林芝镇立定村、布久乡卓木村的“美丽乡村 · 幸福家园”工程建设，项目均已建设完成。

积极创建产业融合发展示范园。根据《关于印发首批国家农村产业融合发展示范园创建名单的通知》文件精神及要求，巴宜区作为国家首批、西藏自治区三个县区之一开展示范园创建工作，由区发改委牵头，扶贫办、农牧局、林业局、产业办等相关单位相配合，经过 1 年的建设，巴宜区通过政府投入近 1.4 亿元、撬动社会投资 6.7 亿元用于示范园区“一带、一园、六基地”的建设。政府通过筹集各级渠道资金用于园区水电路网的建设，截至年底，更章核心园区已启动建设，道路已通达，构建产业园内部道路正在实施；布久乡、米瑞乡水果、蔬菜种植基地基础设施已完善；八一镇电商物流园正在完善基础设施；林芝镇、百巴镇藏猪基地均在建设中。园区企业通过与中国农科院郑州果树研究所、西藏农牧学院合作，生产技术得到有效保证。截至年底，巴宜区创建示范园自评报告已报自治区发改委审核，初步结果已报送至国家发改委。

2018 年 4 月 5 日，巴宜区发改委主任王胜（右三）带队在鲁朗镇白木村开展小康示范村人畜分离建设项目前期调研工作

提前半年完成负责的第八批援藏项目建设任务。计划内项目。2018 年，区发改委全力协助巴宜区广东省第八批援藏工作队，结合援藏“十三五”规划中建设 15 个小康示范村的计划，积极推进项目建设。2018 年计划完成的 4 个小康示范村建设项目，均提前半年完成建设。计划外项目。巴宜区 10 个村级卫生室建设项目，总投资 410 万元，均通过验收，并交付村委会管理使用。

评审时间缩短。随着“放管服”工作的推进，巴宜区项目量增大。为加快项目评审进度缩短下达概算批复的工作周期，科学合理安排时间，及时组织专家召开评审会，特殊项目组织专家现场评审，保证了设计的合理性及施工的必要性。下达概算批复的时间相对以前缩短 2—4 个工作日，项目审核意见自送审日起 3 个工作日完成。

多布水电站移民工作顺利移交。2013 年 6 月，林芝县人民政府成立多布水电站搬迁安置工作领导小组，领导小组下设办公室，办公室设在发改

2018年3月24日，区发改委主任科员斯郎玉珍（左二）带队在区人民医院施工现场检查施工情况

委能源办，为及时了解迁移人口意愿，有效解决迁移人口安置工作中出现的各种问题。区发改委先后抽调6人常驻更章乡开展移民工作，在实施过程中，克服多种困难，主动协调，解决了大量矛盾纠纷，顺利保障了多布水电站投产发电。历经5年，多布水电站移民安置工作已进入收尾阶段。根据巴宜区2018年第三次政府常务会议纪要精神，同意将发改委工作人员抽回，并将移民工作交接至更章乡人民政府。2018年7月5日，副区长尼玛次仁召集更章乡人民政府党委书记徐宝珠、乡长米珠措姆、人大主席梁柏松等相关人员，在其办公室主持召开多布水电站移民工作交接会议，相关移民工作正式交接至更章乡人民政府，移交内容包括11类移民档案资料共1800余份、印章1枚、固定资产122件、移动硬盘1个（电子档案备份）。

加强价格监管力度，全力维护市场物价的基本稳定。随着“放管服”工作的推荐，区发改委始终以关注民生、服务群众，解决群众最关心最直接的利益问题为着力点，加强价格监管力度，全力维护市场物价的基本稳定。2018年，区发改委物价所共出动296人次进行物品鉴定工作，鉴定涉案物品1889件，鉴定总金额160.98万元。出动96人次对巴宜区两大农贸市场重点商品进行物品监测，巴宜区两大农贸市场商品品种齐全，货源充足，能满足市场供应。全年出动10人次解决物价纠纷事件5起。

（王小玲）

统　计

【概　况】 2018年1月，巴宜区统计局（社会经济调查队）成立。年内，区统计局在区委、区政府的领导下，在上级业务部门的关心支持下，在各相关部门的密切配合下，认真贯彻落实中共中央、国务院，自治区党委、政府关于统计工作的重要决策部署，紧紧围绕年初工作目标任务，立足服务全区经济建设和社会发展大局，扎实推进各项工作，取得了较好的成效，为推进全区各项事业提供有力的数据保障。2018年，区统计局共有9名工作人员，其中局长1名、副局长2名、主任科员1名、副主任科员1名、科员3名、工人1名。

【党建工作】 2018年，区统计局有正式党员6名，无预备党员，全年共收党费2775.6元，党费收缴率达100%。全年党支部共开展37次学习。同时，党支部结合“三大节日”、“三八”妇女节、“七一”、“扶贫日”等重要节日，先后举办了“送温暖”“主题党日”等各类活动，全年共开展慰问活动5次，送去慰问金5000元。

【经济运行情况】 2018年，全区实现地区生产总

2018年4月26日，巴宜区统计局组织7个乡镇召开农业季报统计培训

值72.93亿元，同比增长9.3%。其中第一产业增加值1.59亿元，同比增长4.1%；第二产业增加值29.01亿元，同比增长16.7%；第三产业增加值42.33亿元，同比增长5.1%，三次产业结构比为2.2∶39.8∶58。实现农林牧业总产值240454万元，同比增长7.8%；巴宜区社会固定资产投资同比增长-21.3%；实现社会消费品零售总额29亿元，同比增长15%；全区一般公共预算收入完成27.5亿元，同比增长10.05%；农村居民人均可支配收入达17757元，同比增长10.4%；第四次经济普查工作开展有序。

（央金卓嘎）

国土资源

【概　况】 2018年是认真贯彻中共十九大精神的开局之年，在全区国土资源工作会议及全区党风廉政建设工作会议召开之后，巴宜区立即召开会议传达会议精神，立足“服务发展、保护资源、维护权益”三大职能定位，紧紧围绕区委、区政府工作，坚持保护与利用，不断提升土地管理水平，以安全有序为底线，提高资源保护的实效性；以服务民生为导向，提高资源开发的共享性；以改革创新为动力，提高资源服务的主动性，做到各项工作稳步推进，为巴宜区经济社会发展提供坚强用地保障。2018年，区国土局有干部职工21名，其中正科1名、主任科员1名、副科3名、科员10名、事业干部3名、工人3名，有党员17名。内设土地储备中心、执法监察大队、不动产登记中心，局内设施齐全，办公条件较好。

【建设用地审查】 2018年，全区办理建设项目用地预（初）审25宗，面积4730.5785亩，促进了土地的合理利用。

【土地登记办证】 2018年，全区办理并发放不动产证书199本。其中，国有建设用地使用权及房屋所有权首次登记20本，转移登记167本，变更登记12本，不动产权证明15本。农村宅基地（不动产权证书）25本，其中集体建设用地1宗、集体土地所有权1宗。农垦国有土地确权登记发证工作，2018年权籍调查工作已完成。测量面积。原土地证面积与实测面积相差大，已上会研究通过，需办理国有农用地规划用地许可证及签订划拨决定书。在办证过程中严格做到权属来源合法、界址清楚、面积准确、登记规范，实行节假日预约登记，极大方便群众办事。

【项目报批】 2018年，区国土局按照国家农用地转用和征用报批规定，上报自治区的农用地转建设用地报件7个，面积2854.09亩。1—10月，征地总面积4400余亩。

【严守耕地保护红线】 2018年，巴宜区严格按照与林芝市签订的责任书落实耕地保护工作，层层签订耕地保护责任书，明确耕地保护（基本农田）面积、保护责任人、保护范围、保护措施和责任。巴宜区政府与各乡镇签订巴宜区耕地保护（基本农田）责任书7份，各乡镇与各行政村签订责任书67份，各行政村与户也签订责任书，确保全区耕地保有量不低于7.5万亩，基本农田保护面积不低于4.5万亩；完成永久基本农田划定工作，由区国土局牵头，各相关部门、乡镇积极配合，全面完成全域永久基本农田设地块、明责

2018年5月2日，巴宜区委常委、副区长扎西朗杰（左二）带队开展鲁朗镇火车站选址工作

任、设标志与入图库工作；强化耕地保护宣传，充分利用“4·22”世界地球日、“6·25”全国土地日等活动节点通过政策宣讲、发放宣传资料，加大耕地保护宣传，切实提高群众的耕地保护意识。

【土地开发整理】 2018年，巴宜区国土局已上报自治区1450亩土地开发整理项目，其中开发总面积300亩、整理总面积1150亩；鲁朗镇整理300亩，林芝镇开发200亩，布久乡整理500亩，米瑞乡整理350亩、开发100亩，暂未审核通过。

【矿产资源规划】 2018年，区国土局根据《中华人民共和国矿产资源法》及其配套法规、《国务院关于加强地质工作的决定》，根据《国土资源部关于开展第三轮矿产资源规划编制工作的通知》、国土资源部关于印发《省级矿产资源总体规划编制技术指南》和《市、县及矿产资源总体规划编制指导意见》的通知以及西藏自治区国土资源厅关于开展矿产资源规划编制工作的通知的统一部署，区国土局于2017年已完成《西藏自治区林芝市巴宜区矿产资源总体规划（2016—2020年）》（以下简称“《规划》”）的编制工作。

《规划》以《西藏自治区矿产资源总体规划》和《林芝市矿产资源总体规划》为指导，根据巴宜区矿产资源的实际情况和特点及辖区内外矿产资源和矿业发展的形势，紧密结合巴宜区经济结合发展实际，对全区矿产资源资源调查评价、勘查、开发利用等方面进行统筹规划，提出巴宜区矿业经济结构与布局调整与优化、优势矿产资源开发方向、矿山生态环境保护与恢复治理目标。

2018年12月26日，巴宜区委常委、副区长次欧（一排右二）带队对中央环境督查存在违规的沥青搅拌站开展拆除工作

《规划》是《西藏自治区矿产资源总体规划》《林芝市矿产资源总体规划》的细化和分解，是指导巴宜区地质矿产工作的政策性文件，是以有效保护和合理开发利用矿产资源、保护矿山环境为目标、是矿产资源勘查、开发利用与保护的指导性文件，是国土资源行政主管部门依法审批和监督管理矿产资源勘查和开发利用的重要依据。

【地质灾害防治】 2018年，区国土局为将各项防灾工作、措施落到实处，进一步明确责任，按照上级要求，巴宜区人民政府与各乡（镇）人民政府年年签订地质灾害防治工作责任书，根据地质灾害严重程度、区域等因素，制定《巴宜区地质灾害应急预案》《巴宜区地质灾害防治方案》，明确工作任务和工作职责，做到有计划、有目标、有措施的开展工作；建立并实施隐患点巡查、灾情速报、汛期值班等制度；汛期期间开始定期与不定期组织专业技术人员进行巡查，做到每日一报并做好台账；向辖区内各乡（镇）隐患点村民发放“两卡”2000余份，并强调各乡（镇）要求隐患点村民熟练掌握“两卡”内容，以便险情发生时能够按照预警信号、人员转移路线等要求及时撤离；为查清巴宜区地质灾害隐患发育分布情况，做好地质灾害防治部署工作，2018年4月，邀请四川冶金地质勘查院1名水工环地质工程师协同区国土局工作人员开展地质灾害巡查工作，巡查核实地址灾害隐患点75处、取消4处，最终确认地质灾害隐患点71处，其中重点威胁村庄的37处，其余为交通沿线。所有隐患点中泥石流隐患32处、崩塌隐患16处、滑坡16处、不稳定斜坡7处；由巴宜区人民政府逐层逐级签订地质灾害防治责任书；完成2017年由市国土资源局统筹资金安排的东如村泥石流治理项目，项目于2018年3月27日启动，4月27日完工，4月28日进行初步验收，验收顺利通过。

【土地使用权出让】 2018年，根据《国土资源部办公厅关于发布〈国有建设用地使用权出让地评估技术规范（试行）〉的通知》规定，进一步健全国有建设用地使用权出让的定价程序，地价需经专业评估，底价应由集体决策。截至年底，巴宜区挂牌8宗土地，面积29.03万平方米，供地价款1.211亿元，均属商服用地；划拨土地2宗，面积1.72万平方米，供地价款50000元。截至年底，协议出让国有土地10宗，面积2224.83平方米，供地价款139.28万元，其中住宅用地495.54平方米、商服用地1330.39平方米、综合用地398.9平方米。

【土地确权】 2018年，巴宜区国土局完成巴宜区7个乡镇、64个村确权工作。个别村未确权原因：八一镇的加当嘎村、永久村、章麦村3个村因城市整体规划不适用于现行农村宅基地规定；唐地村因买卖较多，村委会一致建议后期确权；百巴镇的大坝村为政策性搬迁现有的集体土地无法满足村民生活需求；更章门巴民族乡门仲村涉及多布电站移民安置，房屋未达到该次确权的基本标准，后期确权。具体为布设控制点数58个，其中集体土地所有权合同任务127.93个，已完成完成数量145.43个，完成比例113.68%；农村宅基地使用权合同任务4105个，已完成数量3875个，完成比例94.40%；农房房屋所有权合同任务4616个，已完成数量5812个，完成比例126%；集体建设用地使用权完合同任务511个，已完成数量300个，完成比例58.71%。

巴宜区国土局完成63个村的土地确权公示工作（除八一镇3个村和百巴镇大坝村），宅基地和集体建设用地权籍表、宗地图、房产分户图已完成（截至年底，处于整改阶段），集体土地确权内业资料完成95%。

巴宜区农村集体土地确权登记发证工作顺利通过了县级互检、市级初检验收，完成了巴宜区农村集体土地确权不动产登记首发仪式，成为西藏自治区林芝市第一个完成农村集体土地确权不动产登记首发仪式的县（区），并于2018年3月25日完成自治区级验收。

【土地执法监察】 为有效制止巴宜区范围内违法占地、违章建筑、矿产资源违法开采等行为发生，保障城镇规划、建设和土地管理的正常秩序，进一步改善城乡、村（居）环境，2018年2月初，巴宜区紧紧围绕区内违法违规用地整治工作重点，科学制定《巴宜区违法违规用地专项整治行动工作方案》，进一步就领导责任和部门职责、工作步骤等进行明确，同时选派由区国土局、综合执法局、公安局及相关乡镇等9名业务骨干组成工作专班，脱离原工作岗位，负责专项整治行动的督办落实和综合协调工作。12月，违法违规用地整治办联合各乡镇及街道办等单位，通过上门讲解、集中宣讲、微信解读、组织村“两委”班子成员观摩学习等方式，教育引导群众自行拆除违章建筑，争取群众支持配合。自专项整治行动开展以来，巴宜区出动人员870余人次、车辆270台次，开展各类宣传67次，走访群众3000人次。

在区委、区政府的正确领导下，针对巴宜区乱修乱建、违法用地实际情况，全年巴宜区共查处超面积用地11宗，罚款金额2万元，补缴土地出让金20余万元。2018年，巴宜区人民政

2018年9月21日，八一镇加当嘎村违章用地拆除全景图

府共强制拆除违法违规用地1宗，面积1500平方米，罚款30600元，没收违法金额28万元。通过执法宣传自行拆除违法违规建筑2宗，面积2700平方米。特别是针对城区周边群众存在抵触情绪、2处违建面积较大的问题，在多次引导教育下，群众思想得到转变，自愿配合对违章建筑进行拆除，以实际行动架好了政府与群众的“连心桥”。在日常巡逻及法律宣传下，巴宜区2018年违章建筑快速增长的势头得到有效控制。

（曾　理）

安全生产监督管理

【概　况】 2018年，在自治区、市、区委、区政府的坚强领导下，在市安委会等部门具体指导下，巴宜区安全生产工作坚持以习近平新时代中国特色社会主义思想为指导，深入学习贯彻中共十九大和十九届二中、三中全会精神，大力弘扬生命至上、安全第一的思想，牢固树立安全发展理念。全年巴宜区区发生各类生产安全事故4起，死亡2人，受伤2人。与2017年同期相比，事故起数减少1起、下降20%；死亡人数减少2人、下降50%；受伤人数减少5人、下降71.4%，实现了围绕“两下降、一防范、一遏制”目标。至2018年5月，区安监局有干部职工10名，其中局长1名、副局长1名、主任科员1名、副主任科员1名、一般干部4名、工人2名，大专以上学历8名。

2018年11月16日，巴宜区安监局联合区其他单位在米瑞乡开展雅鲁藏布江干流林芝段河道治理工程联合安全培训会

【安全督导检查】 2018年，自治区派出1个督导检查组到巴宜区开展督导检查，发问题隐患3条。市安委会派出6个督导检查组在巴宜区开展专项检查，发现各类安全隐患585条。巴宜区在“三大节日”、三月敏感期及“藏博会暨雅江节”等重要时段、重大节假日时期，组织7个督导检查组，检查经营单位94家次，发现隐患182条，下达整改意见书42份。

2018年，全区开展非煤矿山领域检查29次，检查企业151家次；开展危化品领域检查139次，检查企业364家次；开展道路交通检查43次；开展建筑施工领域安全检查85次，检查建设单位138家次；组织消防安全检查112次，检查单位822次；开展食品卫生领域检查195次，检查单位2427家次；开展校园安全检查34次，检查学校117所次；开展森林防火检查91次，检查重点林区196次；开展旅游行业的检查92次，检查企业117家次。处罚罚款10.685万元。

【安全宣传】 2018年，巴宜区积极贯彻落实中央和自治区安监、宣传等部门《关于加强全社会安全生产宣传教育工作的实施意见》，开展安全生产宣传工作，组织“职业病防治宣传周”“安全生产宣传月”“安全生产法宣传周”宣传活动3次，参加其他各类宣传活动5次，发放《中华人民共和国安全生产法》《中华人民共和国道路交通安全法》《西藏自治区道路交通安全条例》《危险化学品安全管理条例》等法律法规及相关宣传画册8500余份。开展安全生产宣传教育“八进”活动2次，深入寺庙和企业开展安全生产宣传活动，组织参加防汛灾害演练3次，全面提高全民安全素质和避险逃生能力。

【企业应急管理】 2018年，区安监局严格按照《生产安全事故应急预案管理办法》，督促企业完善应急预案、加强应急演练。截至年底，完成91

2018 年 4 月 23 日，巴宜区安监局在厦门广场开展《中华人民共和国职业病防治法》宣传活动

家企业完成应急预案备案（其中旅游行业 3 家、建设施工行业 75 家、危化品行业 17 家、食品加工行业 2 家）。同时，区安监局、住建局、旅发委等部门结合实际，细化检查台账或检查工作日志，督促企业将落实主体责任工作纳入日常检查工作中。建筑施工、旅游、危化品等企业主体落实基本完成。

【危化品治理】 2018 年，区安监局印发《关于危化品企业执行“一书一签”要求的通知》，明确各企业应按照《涉及危险化学品安全风险的行业品种目录》中明确的 15 个门类 68 个大类 114 个行业类别，全面摸排危险化学品安全风险，摸清涉及的危险化学品品种和主要安全风险。17 家危化品企业结合各自实际制定四色分级风险管控图并公示。通过风险分析工作，进一步明确各企业安全生产风险源单位或部门谁主管、谁负责，有效解决了过去风险管控责任不清、甚至出现互相推诿的问题。

（于贝贝）

食品药品监督管理

【概　况】 巴宜区食品药品监督管理局（以下简称“区食药监局”）主要工作为“四品一械”，即食品、药品、化妆品、保健品、医疗器械的日常监管、行政许可、备案登记、抽样检测、执法办案、重大保障。2018 年，区食监局立足实际，坚持党和政府主导，坚决贯彻落实中央、自治区、林芝市和巴宜区有关食品安全工作决策部署，全面落实党政同责要求，实施“食品安全战略、让人民吃得放心”的方针，围绕重点工作，以习近平提出的“四个最严”为标尺，以“创建国家食品安全示范城市”为契机，巩固和发展了巴宜区食品药品安全稳定向好发展势头，全力保障辖区群众“舌尖上的安全”。2018 年，区食药监局有正科级干部 1 名、主任科员干部 1 名、副科级干部 2 名、副科主任科员 1 名、科员 5 名。

【监管对象】 2018 年，巴宜区有卫生院 7 所，卫生服务中心 1 家，私人诊所 8 家；生产企业 12 家；美容化妆品经营店 6 家；保健品经营店 2 家；食品经营单位有 2037 家，其中餐饮经营单位 1065 家（其中小作坊 48 家、机关食堂 32 家、火锅店 12 家），食品流通商户 972 家。巴宜区监管辖区为除八一大街、香港路、贡布映象外，其余城区均属于巴宜区监管（包括 4 镇、3 乡）。聘请城区、乡镇、村食品药品安全监督协管员、信息员 181 名。截至年底，各乡镇均设立了食药监管所，并分配了工作经费，形成了“城区、乡、村”三级监管网络。

【自身建设】 2018 年，区食药监局不断完善理论和业务知识学习计划，结合“三会一课”制度、“两学一做”学习教育、加强政治纪律教育提升、“四讲四爱”主题宣传等多种载体，加强对中共十九大精神、新《党章》、《习近平谈治国理政》等理论知识、政治纪律提升的学习，并适时开展业务、理论知识学习研讨、座谈、交流活动，巩固学习成果。积极申请外出学习机会，使“外出培训 + 自我提升 + 集中学习”的模式达到更好的效果。注重干部对各项法律法规、市场监管要点、执法文书下达、执法能力提升等方面的学习和掌握，进一步加强自身建设，提升

2018 年 4 月 25 日，巴宜区食药监局组织召开巴宜区 2018 年“智慧食安”电子监管系统培训会暨创建国家食品安全城市宣传会。区人大代表、政协代表、20 家安装“智慧食安”电子监管系统代表、30 家新区餐饮代表、巴宜区食药监局全体干部职工参会

监管能力、规范监管程序，更好地保障辖区人民群众饮食用药安全。

【党政同责】 2018 年，为建立广覆盖、高效率的食品安全监管体系，进一步落实食药安全党政同责，巴宜区乡镇、街道全部设立食品药品监管所，配备 2 名干部兼职开展工作。区食药监局积极协调，推进乡镇、街道食品药品监管所规范化建设，并签订《2018 年度食品药品安全工作责任书》和《2018 年创建国家食品安全示范城市工作责任书》，加强党政同责落实力度，推动“四有两责”在基层落地生根，使乡镇、街道、农村的食药安全监管根基筑牢。

【部门联动】 2018 年，区政府进一步调整充实了巴宜区食品安全委员会领导小组，以区委副书记、区长严世钦为食安委主任，区委副书记、常务副区长陈涛为食安委常务副主任，30 家成员单位组成的食安委领导小组。区政府常务会听取创城工作开展及食品安全工作的情况报告，区委副书记、区长严世钦在会上就食药安全工作和创城工作作了详细的安排部署。全年召开创城协调、推进会 3 次，区食安办召开工作专题会议 4 次，研究部署创建工作任务，解决创建工作难题，明确各部门职责，推动工作开展。同时，制定《巴宜区食品安全委员会督查工作机制》，各成员单位每周上报创建工作开展情况由食安办汇总，督促创建工作开展。

【重点领域监管】 2018 年，区食药监局以中小学校和幼儿园食堂、大中型餐饮单位、旅游景点餐饮单位等为重点，以食品添加剂、食用油、鲜肉和肉制品、调味品和集中消毒餐具等为重点品种，加大督查检查力度，对餐饮单位现场检查覆盖率达 100%。实行餐饮监管量化分级管理，持证餐饮单位量化分级率、公示率达 100%。加强餐饮服务单位餐厨废弃物管理，严控烤鸭油、潲水油和泔水流向，严防地沟油或其他不合格油品回流餐桌。截至年底，20 家大中型餐饮、火锅店已经和市局引进并符合资质的第三方签订餐厨废弃物回收协议。

【食药宣传】 2018 年，区食药监局依托各类宣传活动以及通过食品安全“五进”，向辖区群众宣传“四品一械”安全知识，利用悬挂、制作食品药品安全专栏、发放各类宣传资料和宣传物品等方式普及食药安全知识，“12331”食品药品投诉电话大力增强群众自我保护意识和维权意识。开辟了网络媒体、政府网站、微信公众号、LED 大型显示屏 4 个创建宣传阵地，及时更新“食安巴宜”和“创建国家食品安全示范城市”信息，为广大群众参与、了解创建工作提供良好的媒体平台。扩展户外宣传平台，利用超市、路牌等人流量较大的位置设置固定创建宣传栏、张贴宣传海报、悬挂宣传横幅，有 LED 显示屏经营企业滚动播放宣传标语，餐饮服务单位摆放“用餐温馨提示牌”桌牌方式扩大知晓率。深入学校、社区开展食品安全调查问卷，将学生、群众反映的问题纳入重点监管，逐渐提升了辖区食品安全满意度、创城知晓率，全面提高群众对辖区食品药品安全意识和消费信心，营造共建共治氛围。全年发放各类宣传单、宣传物品 36000 余份，悬挂横幅 300 余条，制作宣传展板“七进”100 版次，LED 显示屏滚动播放宣传片、宣传标语 300 余次，制作路牌、户外宣传画40版次，开展问卷调查1200余份，利用微信、政府网站发布各类信息40余条，积极营造氛围，扩大知晓率。

【农产品监管】 2018年，区食药监局开展农兽药及农资打假、生猪屠宰监管、“瘦肉精”检测等工作，严厉禁止高毒、高残农药用于农产品，规范使用农药、兽药。严格生猪检验检疫、大棚蔬菜抽样送检工作，与区农牧局签订《加强食用农产品质量安全全程监管合作协议》，明确双方职能边界，建立食用农产品质量安全监管、执法、检测、信息等资源共享与合作机制，共同加强源头治理，把好农产品市场准入准出，实施“田间到餐桌”无缝监管。2018年，在食安办的督促下，生猪屠宰厂安装网络，实现当天上市猪肉能及时提供当天的检疫票据，改变以往不能及时出具检疫票的现状。

2018年6月12日，巴宜区食药监局执法人员在中、小考期间对学校食堂开展食品安全保障工作。图为区委常委、副区长吴永帅（右二）现场指导工作

【阳光监管】 2018年，巴宜区“智慧食安”电子监管系统建成投入使用，20家大型餐饮、学校食堂已安装，并召开培训会，加强对该系统的使用和维护，以更直观的方式提高监管效率。按照“明厨亮灶”实施方案，2018年，辖区700余家餐饮均已达到“明厨亮灶”要求。为方便公众参与监管，对持证餐饮单位进行笑脸等级评定，将评定结果张贴各餐饮门店醒目位置，方便消费者寻找“笑脸”就餐，加速餐饮业的优胜劣汰、换档升级。

2018年7月17日，林芝市和巴宜区食安办、食药监局联合举办创建国家食品安全示范城市工作培训会，市区餐饮服务单位，大型销售企业共400余人参加会议。会议由巴宜区副区长、食安委副主任刘迎会主持，市食品药品监督局副党组副书记、副局长杨德忠就创建食品安全示范城市作重要讲话

【网格化监管】 2018年，全区食药监管对象2030余家，仅凭区食药局日常在岗4—5人的传统监管模式根本无法满足如此庞大的体量。通过城区、乡镇、村三级监管网络，并配齐城区食品药品安全协管员20人，乡镇、街道食品药品安全协管员27人，村食品药品安全信息员134人，通过实地指导、召开培训，提升各协管员“网格化”监管能力，缓解区食药监局“人少事多，有心无力”的监管窘境，使创城工作全面辐射。2018年，各协管员检查食品经营户达3000余家次，各协管员协同食药监局开展10余次专项整治，发现并整改问题230余处，下架、销毁过期食品价值1000余元，整改脏乱差厨房30余家，发放“四品一械”安全宣传单达4000余册，为保障巴宜区群众“舌尖安全”上的安全做出积极的贡献。

【科学抽样】 2018年，区食药监局严格实施事前监督检查和事中跟踪检查，做好重大活动、重要会议、各类考试期间的餐饮服务食品安全保障、抽样快检工作，全年参与30余次食品安全保障工作。加大资金保障，对巴宜区市场上“四品一械”，尤其是农副产品的进行抽样检测活动，全年抽检140余批次，合格率100%。

【严厉处罚】 2018年，区食药监局接到投诉举报12起，其中1起市局委托第三方抽样中的豆芽因违法添加禁止添加的4-氯苯氧乙酸钠，检测数据为0.18毫克/公斤，已按照相关法律法规进行立案审查。

（韩晓燕）

工商行政管理

【概　况】 2018年，巴宜区工商行政管理局（以下简称“区工商局”）在林芝市工商局和区委、区政府的正确领导下，强化“服务为先、依法行政”工作理念，以争先创优创新为手段，以服务人民群众满意为标准，以社会各界参与为基础，系统上下团结一心，开拓进取，狠抓政治理论学习，努力转变工作作风，强化党风廉政建设工作，创造性地开展工作，整体工作积极稳步推进，较好地完成了上级安排的各项工作任务。2018年，区工商局编制31名，实有30名。下设4个工商所，分别为鲁朗工商所、珠江路工商所、珠海路工商所、塔布路工商所。

【商事制度改革】 2018年，区工商局组织召开巴宜区推进商事制度改革会议，积极把商事制度改革作为推进简政放权、放管结合、优化服务改革的重要抓手，继续推行企业“多证合一、一照一码”和“先照后证”登记制度改革；与全国同步推进“证照分离改革”工作，对第一批106项涉企行政审批事项分别按照直接取消、审批改为备案、实行告知承诺、优化准入服务4种方式实施“证照分离”改革，切实解决市场主体的准入不准营问题；实施“互联网+政务”服务工作，探索创新企业登记全程电子化改革试点，逐步实现市场不出门网上办理工商登记；召集相关单位推行企业简易注销登记改革，提升企业注册登记便利性及市场退出效率；优化营商环境，促进市场快速增长。截至年底，辖区有各类市场主体7421户，注册资本（金）62.97亿元。2018年，新增各类市场主体1460户，注册资本（金）19.71亿元。

【事中事后监管】 2018年，巴宜区应年报市场主体6125户，完成年报市场主体6065户，完成率99.02%。加强市场监管工作，加大案件查处力度。截至2018年年底，区工商局开展各类检查活动120余次，检查市场主体5200户次，查办各类案件46件，案值16.35万元，罚没金额10.45万元。积极开展打击传销与规范直销工作。开展针对性的宣传活动，累计发放打传宣传资料340余份，加大对辖区内涉传人员进行清查，强化教育引导和重点监控。集中清理辖区内的房屋出租户、暂住人口、旅馆等可能让非法传销人员落脚的地方和场所，构建起立体监控与全面打击联动

2018年2月8日，巴宜区工商局举行党风廉政建设专题学习会

2018年3月15日，巴宜区工商局开展“3·15”消费者权益保护日及工商法律法规宣传活动

的工作网络，让传销无立足之地；开展无传销示范点复查和创建工作，对辖区已设立的9个无传销示范点进行复查，并新创建“无传销乡镇”1个。对重点领域重点环节开展专项整治。2018年，区工商局先后对旅游市场、广告市场、汽车汽配、土特产、住宿业等市场开展“双随机一公开”检查工作，对416户市场主体开展定向与不定向抽查，下发责令改正通知书15份，列入异常名录50户。对流通领域重要商品开展质量抽检。对珠宝首饰、移动电源、儿童玩具、化肥等11大类品种94批次的商品进行质量抽检。

【消费维权】 2018年，区工商局加强“12315”体系规范化建设工作，严格做好同全国“12315”互联网申诉举报平台和自治区“12315”指挥中心的对接工作，确保消费者申诉举报及时处理；以“品质消费”主题为重点，结合消费者的重点热点难点问题，利用“3·15”消费者权益保护日、“巴宜区综治宣传月”、“巴宜区安全生产宣传月”等各类宣传行动，加大宣传力度，引导消费者树立正确的消费观念，扩大消费维权工作影响力；加强“12315”消费维权联络站的工作指导，要求联络站每季度报送一次工作开展情况，切实发挥“12315”联络站的作用；加强“诉转案”工作机制，对于群众申诉举报中发现的违法行为予以坚决打击。截至年底，区工商局累计受理消费者申诉135件，争议金额达86.91万元，调节成功94件，挽回经济损失57.93万元。

【商标品牌战略】 2018年，区工商局创新工作思路，牵头履行实施商标战略工作职责，深入推进实施商标品牌战略，积极营造有利于商标品牌发展的市场环境、法治环境。开展自治区著名商标推荐工作，扩大巴宜区商标品牌知名度和市场竞争力，提高商标无形资产价值。

【党建工作】 强化党组织建设。2018年，区工商局按照基层党建工作要求，系统上下进一步健全党的基层组织，指导各基层支部配齐配强党支部负责人，强化党支部班子建设，健全组织机构设置，规范管理制度。先后对局党总支和3个非公党支部的班子和党建指导员进行加强充实。夯实党建基础工作。把落实党建工作基本保障措施作为强化党建工作的基础狠抓机构建设和硬件设施建设。

强化群团组织网络建设。以党建带群建，经报请区妇联同意成立区工商局妇女委员会。妇委会先后组织了“三八”妇女节打扫卫生、趣味比赛活动、清明节扫墓活动、五一劳动节文体活动等，有效维护妇女的合法权益，不断增强女干部职工的凝聚力和战斗力，积极引导女干部职工投身和谐、健康、幸福巴宜建设，更好地服务市场监管和行政执法工作。

党员教育活动做到经常化。各支部定期组织开展理论和业务学习，围绕如何发挥工商职能优势、实现“四个巴宜”的目标，组织开展大讨论，增强党员干部服务大局的发展意识。2018年，召开13次支委会议、8次党员大会、4次支部书记讲党课活动。

开展“百名党员帮百企”活动。根据党员帮扶的企业名单，要求每名党员主动与帮扶对象联系，了解企业的困难和需求，并结合自己的工作职责提出针对性的帮扶措施，真正把活动推向深入。

【思想政治建设】 2018年，根据区委组织部通知要求，召开局党支部“严守政治纪律　严明政治规矩”专题组织生活会，开展谈心谈话、广泛征求意见，全体党员干部认真撰写对照检查材料，开展批评和自我批评，针对提出、查找的问题制定整改措施，限期整改。集中组织干部职工和个体、私营经济人士代表学习中共十九大报告和党章，学习贯彻习近平新时代中国特色社会主义思想和中共十九大精神、学习政治纪律相关党内法规，在学懂、弄通、做实上下功夫。要求全体干部职工牢固树立马克思主义“五观两论”，坚定政治信念，增强“四个意识”，坚定“四个自信”，增强“两个维护”，带头坚决维护习近平在中共中央和全党的核心地位、维护中共中央权威和集中统一领导，自觉在思想上政治上行动上同以习近平为核心的中共中央保持高度一致，全力维护中央权威。带头严守党的政治纪律和政治规矩，严格执行廉洁自律准则。

【干部队伍建设】 2018年，根据《关于在全区工商系统开展“优作风　强纪律　敢担当”专项活动的实施方案》文件要求，区工商局积极开展“优作风　强纪律　敢担当”专项活动，深入查摆存在问题、认真制定整改措施，按照专项主题活动步骤逐步推进，工作有序开展。依托主要领导讲党课、组织观看警示教育片等多种有效载体，开展经常性的廉政警示主题教育，教育干部职工树立正确的人生坐标，时刻保持健康向上的积极心态，从内心深处牢筑思想阵线。局机关、3个工商所都开辟了廉政文化阵地，悬挂廉政文化宣传画40余幅。

（杨建辉）

教育　体育　旅游　文化

教育体育

【概　况】 2018年，巴宜区教育（体育）局（以下简称“区教体局”），在区委、区政府的坚强领导下，在市教体局的关心支持下，做好常规工作，深入开展“四讲四爱”群众实践教育活动，扎实开展教师“岗位大练兵”活动，教育教学教研教改工作扎实推进，安全稳定工作持续良好。2018年，区教体局机关编制14名，其中行政编制9名、事业编制4名、工人1名。

2018年，全区有初级中学1所、区小学1所、乡镇中心小学6所、区幼儿园1所、乡镇中心小学附属幼儿园4所、村级幼儿园3所。全区在校在园学生儿童3121名，其中初中在校生876名、小学在校生1651名、幼儿园在园儿童594名；全区适龄少年初中毛入学率为101.82%，适龄儿童小学入学率为100%，学前教育毛入学率达到92.38%。全区在编教职工289名，其中专任教师282名、工人7名；专任教师学历合格率为100%。全区各学校电教、实验、音体美室、图书室等教学功能室齐全，区中学有科技馆1所，各学校教学设施设备能满足教育教学需要。

2011年，巴宜区通过“两基”迎国检；2014年，通过义务教育均衡发展国家验收；2016年5月，通过素质教育（72.53分）国家验收，是西藏自治区通过的县（区）最高分。

【教研师资工作】 2018年，区教体局根据自治区教育厅和市教体局有关要求，制定《巴宜区关于开展中小学教师教学竞赛暨岗位大练兵活动实施方案》，多次深入学校督导检查。各学校明确岗位大练兵活动目的，努力钻研教学业务，全面提升专业能力。全员参与教学大赛和“一师一优课，一课一名师”活动。在林芝市小学教师教学大赛中，巴宜区5名教师参赛，其中荣获1个一等奖、2个二等奖，八一镇小学教师周梅以语文组第一的成绩获得自治区一等奖。同时，周梅在参加第三届全国基础教育信息化应用展示交流活动中，作为自治区唯一“一师一优课”部级优课案例代表进行展示与现场说课；2018年“一师一优课，一课一名师”活动中，获得县级优课51节。各校（园）以“信息技术环境下，构建有效课堂，提升实践能力”为主题，广泛开展有效的上课、说课、听课、评课活动，促进教师的专业成长。

按照局岗位大练兵实施方案，区教体局组织筛选评比，择优推荐35篇优秀文章参加市级组织的评选活动，获得市优18人。各校教研组成员在一起互相学习微视频制作方法，录制5—10分钟的微视频，互相打磨微课作品。区教体局向市教育局择优推荐35节优秀课例，获市优19人。教师的一般基本功主要包括两笔字、普通话、口头表达与书面表达、绘图绘画、教具制作等。各校（园）充分发挥名教师、骨干教师的辐射带头作

2018 年 4 月 19 日，巴宜区召开 2018 年度教育体育工作会。区委常委、常务副区长向军出席会议并讲话

用，广泛开展师徒结对活动，加强同伴交流，区中学还利用广东省“组团”援藏教师的优势进行结对活动。结对教师在互帮互学中，取长补短，共同促进，成效初显。按照《关于贯彻落实自治区第九次党代会精神，确保实现“五个 100%”教育目标的实施意见》要求，将“五个 100%”教育工作作为 2018 年重点工作加以推进落实。全面开设国家通用语言文字课程，推广国家通用语言文字，中小学课程设置科学，小学、初中汉语文周课时均已达到“不低于 6 课时”的要求，实现了中小学双语教学普及率 100%；小学课程设置合理，保证了各年级小学数学周课时不少于 6 节，同时安排有丰富的数学学科兴趣活动，实现小学教学课程开课率 100%；严格落实国家课程计划，开齐课程，合理安排学期课程教学计划，保障数理化生等学科教学课时，实现中学数理化课程计划完成率 100%；按照课程标准安排实验教学课时，培养提高学生实践能力和创新精神，实现中学理化生实验课程开出率 100%；区内没有职业技术学校。

【德育工作】 2018 年，区教体局教育引导广大青少年学生牢固树立“三个离不开”思想和共同团结奋斗、共同繁荣发展的理念，不断增强对中华民族和伟大祖国的认同感，不断坚定对中国特色社会主义的信念，自觉维护祖国统一和民族团结。结合西藏百万农奴解放纪念日、“六一”儿童节、学雷锋纪念日、禁毒日、国庆节、中国少先队建队日、法制宣传日及传统节日等为节点开展了一系列特色德育活动。全年开展主题鲜明活动 40 余场次。严格按照上级关于认真开展“四讲四爱”主题教育活动要求，不断采取行之有效的工作方式方法，创新工作载体，丰富活动内涵，细化措施，按时间开展好节点实践活动，同时结合实际开展多项有特色的活动，如组建宣讲团，利用国旗下讲话、德育课、班会课等课堂对青少年学生开展宣讲。2018 年，区教体系统有宣讲员 275 人，开展宣讲活动 165 场次，受众人数达 31667 人次。

【意识形态】 2018 年，区教体系统坚持党管意识形态原则，认真履行意识形态工作主体责任，及时调整充实领导小组，制定年度意识形态工作方案和计划，完善意识形态工作各项制度，与各学校签订《巴宜区教育系统意识形态工作目标责任书》，将意识形态工作纳入《2018 年区教体局党委理论中心组学习计划》；强化学习中共十九大精神、习近平新时代中国特色社会主义思想、全国宣传思想工作会议精神和习近平在会上的重要讲话精神等。印发《巴宜区教体系统 2018 年中小学校加强意识形态工作思路》，用主流价值观的载体强化校园环境建设，提升学生思想道德建设；加强教师意识形态工作能力建设，强化教师的政治意识和责任意识；强化教育引导，把社会主义核心价值观融入教育教学当中，引导广大师生自觉践行。加强对校报、校园广播、黑板报、手抄报、微信公众号等校园媒体的管理，牢牢把握意识形态工作的领导权、主动权、话语权。

【基础教育】 学前教育工作有序开展。2018 年，区教体局统计并制定各新建成幼儿园的开园计划工作。按目标，巴宜区 2018 年 9 月新开园 11 所幼儿园（其中 2 个乡镇级、9 个村级），统计了各新开幼儿园辐射村子的适龄儿童数、幼儿园开园班数，并完成师资（幼儿教师、保育员）的招聘工作，共招聘 37 人，其中 27 人为幼儿教师、

2018年7月1日，巴宜区教体局组织开展教育系统“四讲四爱”宣传思想骨干示范培训班

10人为幼儿保育人员。截至8月底，巴宜区2018年秋季计划开园11所（其中乡镇级2所、村级9所），已开园10所（其中乡镇级2所、村级8所），开园率90.91%。未开园原因是入园幼儿人数未达到开园标准。

小考、中考成绩优异。区教体局完善相关应急预案，成立工作机构，在各成员单位的配合下，顺利完成2018年内地西藏初中班招生考试工作。2018年小考中考成绩优异，在小考中，参考301人，参考率100%，内地班上线39人，上线率13%，录取24人，录取率8%；在中考中，参考303人，参考率100%，卷面平均分391分，居全市各县区第一名、自治区第十二名，内地班上线36人，上线率11.88%，录取31人，录取率10.23%。

【教育项目】 2018年，巴宜区教育系统在建项目、规划项目10个，其中在建项目5个、规划建设项目5个。林芝镇多功能广场建设项目，总投资263万元，于2018年8月竣工；区小学运动场改造项目，总投资166.67万元，已竣工验收，并交付使用；八一镇永久村村级幼儿园建设项目，总投资187.91万元，已竣工验收，并交付使用；布久乡小学绿化工程，总投资181.06万元，已竣工验收，并交付使用；百巴镇农牧民健身工程，总投资50万元，于2018年11月竣工；百巴镇小学新建学生宿舍项目，投资240余万元，截至年底，即将施工进场；八一镇小学新建学生宿舍项目，投资240余万元，截至年底，已完成基础部分建设；百巴镇小学集中供暖项目，投资313万余元，即将动工；更章乡小学集中供暖项目，计划投资161万元，即将动工；区中学整体提升工程计划投资3000万元，截至年底，处于招投标阶段。

学校项目前期工作、管理、施工、进度情况。9所学校共有项目9个，总投资3985.3万元。其中续建项目3个、新开工项目2个、未开工项目4个。未开工项目：巴宜区百巴镇小学集中供暖项目、更章乡小学集中供暖项目施工图审查中，即将施工进场；百巴镇小学改扩建学生宿舍项目，即将施工进场；巴宜区中学整体提升工程，正在招投标中。

【教育援藏】 2018年，区教体局结合区中学实际，并征求相关人员意见，制定了区中学教师需求表；主动与广东省教育厅沟通，请求广东省教育厅根据区中学需求选拔政治素质过硬、业务能力强的教师进行轮换，经多方协调努力，轮换人选基本落实；制定了区中学组团援藏教师考核办法，为援藏教师的教育教学管理科研等工作开展提供适合本地实际、有科学性、导向性的指引和评价，以确保援藏工作效果最大化。韶关学院39名支教大学生全部到位，分赴各校开展为期一学期的支教活动。

【体育工作】 2018年，区教体局认真落实《国务

2018年5月24日，八一镇小学举办“崇尚英雄精忠报国”主题班会

院办公厅关于强化学校体育促进学生身心健康全面发展的意见》精神，全面实施《学校体育工作条例》，落实体育经费，以素质教育为导向，大力转变体育教学模式，充分学习借鉴“组团式”体育教师先进教学理念，扎实开展体育工作。各校按照区教体局年度工作计划及教研室学年教研工作计划，制定该校体育教学工作计划，按照义务教育阶段课程设置标准，开齐开足体育课程，体育教师制定个人学期教学计划，局教研室、督导室按照相关计划，到各校认真开展督促检查，主要检查体育教师的备课、上课等情况，要求体育和其他科目教师一样，每学期上公开课、说课、赛课等。规范学校“三操”和阳光1小时体育活动，保证学生在校期间的体育活动时间。加强学生身体保健教育和相关体育锻炼活动开展，广泛开设足球、篮球等体育运动兴趣小组和第二课堂，鼓励学生报名参加各类兴趣小组，发掘、发挥学生特长，促进学生全面发展。严格制定合理的作息时间，保障学生的体育运动时间，加大监督和检查力度，健全问责机制，为学生健康成长保驾护航。5月7—8日，区中学成功召开了全市体育现场会，得到与会专家、教师和领导肯定。按照上级有关体育活动安排，严格执行局年度教育体育工作计划，在人力、物力、财力上给予大力支持，积极组织开展了林芝市第十三届“尼洋河杯”暨第四届“体彩杯”足球比赛。积极组织区中学参加市中学生运动会，并取得良好成绩。10月18日，组织召开2018年教育系统第五届“园丁杯”男子足球赛、第三届女子竞赛、拔河团体赛，运动会的召开促进了巴宜区教育系统体育建设。

【教师档案】 2018年，区教体局按照上级部门安排部署，为进一步加强和规范区教体系统教师档案管理，成立了局领导为组长的档案规范化整理工作领导小组，从各学校抽调9名具有一定档案整理业务能力的教师具体负责档案整理工作。自4月17日开展工作以来，各学校已经完成档案资料前期审核工作，列出具体缺失资料清单，并发放给个人，要求按照组织程序补充完善，对不熟悉组织程序的个人进行指导帮助。截至年底，完成占教师档案总数70%的“三龄两历一身份”认证工作。

【党建工作】 2018年，区教体局按照上级要求，及时上报党建、党风廉政建设各类材料、简报，每季度向第一纪检组报送党风廉政建设情况，上报党风廉政建设主体责任落实情况。根据市教体局党委关于《推进全市教育体育系统基层党组织标准化建设的实施方案》要求，区教体局党委及时制定了《巴宜区关于推进全区教育体育系统基层党组织标准化建设的实施方案》。5月28日，区教体局党委召开校长（书记）会议，对标准化建设进行动员部署，确保覆盖到每个党支部。2018年，召开理论中心组学习会12次，重点学习了中共十九大报告及各级重要文件，局机关党支部坚持每周至少开展1次集中学习，上级下发相关文件均及时组织学习。截至年底，开展书记讲党课4次。

根据《西藏自治区教育厅　西藏自治区财政厅关于“三包”及营养改善计划物资县级配送和财务集中核算的通知》精神及林芝市2018年财务工作安排，按照市教体局要求，为顺利开展好

2018年4月26日，巴宜区中学举办第二十一届田径运动会暨五四文化艺术节

巴宜区“三包”和营养改善财务集中核算工作，从区教育系统抽调“三包”经费核算中心财会人员，成立了校财办，加强了财务审计、管理和监督工作。

根据区纪委和区纪委派驻第一纪检组的相关要求，紧紧围绕“不作为、慢作为、乱作为”等问题及作风建设方面进行自查自纠，为确保自查自纠工作取得实效，局党委领导积极组织协调开展自查工作，要求局机关结合近期教育重点工作开展自查自纠，要求学校结合实际开展自查自纠，以“不作为、慢作为、乱作为”等问题自查为契机，提高工作效率，加强师德师风建设，加强机关作风建设，坚决杜绝和防止“不作为、慢作为、乱作为”问题出现，打造一支风清气正、廉洁高效的党员干部教职工队伍，做好教育工作。

（高怀璧）

巴宜区教育系统在职教职工一览表

表 1

姓名	性别	民族	出生年月	工作单位	现任职称及时间	
					职称	时间
巴姆措桑	女	藏	1973.3	巴宜区中学	高级教师	2015.12
白玛多吉	男	藏	1972.6	巴宜区中学	一级教师	2013.10
白玛拉珍	女	藏	1983.10	巴宜区中学	一级教师	2015.12
白玛卓玛	女	藏	1973.6	巴宜区中学	一级教师	2008.7
边巴次仁	男	藏	1985.9	巴宜区中学	二级教师	2015.12
卜海珍	女	汉	1985.6	巴宜区中学	一级教师	2016.11
布阿牛	男	藏	1984.7	巴宜区中学	二级教师	2010.12
陈狄	女	汉	1978.11	巴宜区中学	高级教师	2014.11
陈敏	女	土	1987.7	巴宜区中学	二级教师	2012.5
次旦扎西	男	藏	1983.5	巴宜区中学	二级教师	2009.1
次仁德吉	女	门巴	1984.2	巴宜区中学	一级教师	2015.11
次仁平措	男	藏	1975.8	巴宜区中学	高级教师	2015.12
次仁曲珍	女	藏	1974.7	巴宜区中学	一级教师	2010.8
次仁群培	男	藏	1970.7	巴宜区中学	一级教师	2005.3
次仁央吉	女	藏	1974.6	巴宜区中学	高级教师	2017.7
次仁玉卓	女	藏	1973.7	巴宜区中学	高级教师	2017.7
达娃拉姆	女	藏	1981.2	巴宜区中学	一级教师	2012.11
达娃央金	女	藏	1971.12	巴宜区中学	一级教师	2008.7
德吉卓嘎	女	藏	1981.12	巴宜区中学	一级教师	2012.11
邓鸿文	男	汉	1983.7	巴宜区中学	二级教师	2009.1
段海燕	男	汉	1982.10	巴宜区中学	一级教师	2014.11
高怀璧	男	汉	1984.4	巴宜区中学	一级教师	2014.11
格桑拉姆	女	藏	1973.8	巴宜区中学	一级教师	2013.10
格桑玉珍	女	藏	1983.7	巴宜区中学	一级教师	2018.7
格桑卓嘎	女	珞巴	1978.2	巴宜区中学	高级教师	2011.8
贡嘎	男	藏	1974.12	巴宜区中学	一级教师	2010.8
辜娜	女	汉	1983.11	巴宜区中学	二级教师	2013.7
古桂云	女	汉	1978.5	巴宜区中学	高级教师	2016.12
果果	女	藏	1964.9	巴宜区中学	高级工	2008.7
康遂贤	男	汉	1978.10	巴宜区中学	高级教师	2016.12
拉巴	男	藏	1973.3	巴宜区中学	一级教师	2005.1
拉巴次仁	男	藏	1969.10	巴宜区中学	高级工	2017.3
拉姆	女	藏	1985.11	巴宜区中学	二级教师	2015.1

续表 1

姓名	性别	民族	出生年月	工作单位	现任职称及时间	
					职称	时间
雷万蓉	女	藏	1972.11	巴宜区中学	一级教师	2008.7
李茂勋	男	汉	1981.3	巴宜区中学	一级教师	2016.8
李鹏	男	汉	1981.10	巴宜区中学	二级教师	2009.1
刘静	女	汉	1979.4	巴宜区中学	一级教师	2011.12
罗旦	男	藏	1976.5	巴宜区中学	高级教师	2018.6
吕秀丽	女	汉	1980.12	巴宜区中学	一级教师	2015.12
米玛	男	藏	1973.9	巴宜区中学	一级教师	2009.7
尼玛曲珍	女	藏	1982.10	巴宜区中学	二级教师	2011.6
尼珍	女	藏	1977.1	巴宜区中学	高级教师	2014.11
裴晓君	男	汉	1969.1	巴宜区中学	高级教师	2012.12
普巴	男	藏	1973.7	巴宜区中学	二级教师	2005.11
普巴卓玛	女	藏	1989.5	巴宜区中学	二级教师	2013.12
普布次旦	男	藏	1972.7	巴宜区中学	一级教师	2008.7
曲吉	女	藏	1983.3	巴宜区中学	二级教师	2009.3
曲吉	女	藏	1978.11	巴宜区中学	一级教师	2013.2
曲珍	女	藏	1975.3	巴宜区中学	一级教师	2007.5
仁增朗杰	男	藏	1973.10	巴宜区中学	高级教师	2015.12
茹秀英	女	汉	1983.6	巴宜区中学	一级教师	2017.5
桑杰次仁	男	藏	1982.1	巴宜区中学	一级教师	2013.12
石芳芳	女	汉	1986.11	巴宜区中学	二级教师	2014.11
四郎卓玛	女	藏	1978.7	巴宜区中学	高级教师	2016.12
索朗	女	藏	1971.11	巴宜区中学	一级教师	2008.7
索朗拉巴	男	藏	1980.12	巴宜区中学	一级教师	2013.12
索朗卓玛	女	藏	1989.10	巴宜区中学	二级教师	2012.10
唐晓红	女	汉	1981.12	巴宜区中学	一级教师	2011.4
田红莲	女	汉	1977.1	巴宜区中学	高级教师	2017.7
汪举恩	男	汉	1989.2	巴宜区中学	一级教师	2016.11
王彩莲	女	汉	1970.10	巴宜区中学	高级教师	2014.11
王彩云	女	汉	1988.3	巴宜区中学	医士	2010.11
王春芳	女	汉	1975.3	巴宜区中学	高级教师	2012.12
王峰	男	汉	1986.1	巴宜区中学	一级教师	2015.12
王梦玮	女	汉	1981.8	巴宜区中学	一级教师	2013.5
王鑫	男	汉	1978.11	巴宜区中学	高级教师	2014.11
旺杰	男	藏	1984.1	巴宜区中学	一级教师	2015.12
旺杰次仁	男	藏	1970.10	巴宜区中学	一级教师	2006.6
旺青	男	藏	1971.11	巴宜区中学	一级教师	2009.12
魏艳华	女	汉	1985.10	巴宜区中学	一级教师	2018.7
吴冰	女	汉	1989.12	巴宜区中学	二级教师	2016.8
西洛次仁	男	藏	1978.12	巴宜区中学	一级教师	2007.7
西洋	女	藏	1963.3	巴宜区中学	高级工、工人	2012.1
夏友明	男	汉	1980.3	巴宜区中学	高级教师	2014.11
薛秀琼	女	汉	1980.2	巴宜区中学	一级教师	2014.12
央金	女	藏	1984.6	巴宜区中学	一级教师	2017.5
央宗	女	藏	1982.6	巴宜区中学	一级教师	2016.1
杨辉	男	汉	1979.11	巴宜区中学	高级教师	2016.12
杨昆	男	汉	1987.4	巴宜区中学	一级教师	2016.11

续表 1

姓名	性别	民族	出生年月	工作单位	现任职称及时间	
					职称	时间
余坤垚	女	汉	1982.11	巴宜区中学	一级教师	2013.12
岳宝梁	男	汉	1982.6	巴宜区中学	一级教师	2015.12
岳辉	男	汉	1975.8	巴宜区中学	高级教师	2014.11
扎西	男	藏	1983.9	巴宜区中学	一级教师	2015.12
扎西才措	女	藏	1982.7	巴宜区中学	一级教师	2017.5
扎西次仁	男	藏	1978.8	巴宜区中学	一级教师	2009.12
张丹	女	汉	1985.9	巴宜区中学	一级教师	2016.11
张凤英	女	汉	1980.8	巴宜区中学	一级教师	2016.11
张姗	女	汉	1985.8	巴宜区中学	一级教师	2016.11
赵铭	女	汉	1982.12	巴宜区中学	一级教师	2013.12
朱亚民	女	汉	1978.3	巴宜区中学	高级教师	2014.11
卓	女	藏	1975.1	巴宜区中学	一级教师	2010.1
宗吉	女	藏	1977.8	巴宜区中学	一级教师	2013.2
宗吉	女	藏	1975.9	巴宜区中学	一级教师	2009.12
索朗卓玛	女	藏	1993.12	巴宜区中学	二级教师	2016.12
边巴卓玛	女	藏	1969.10	巴宜区小学	高级教师	2012.12
普布次仁	男	藏	1969.8	巴宜区小学	一级教师	2006.1
伟色	女	藏	1973.8	巴宜区小学	一级教师	2005.4
巴桑	女	藏	1973.10	巴宜区小学	一级教师	2009.12
晋美	男	藏	1974.1	巴宜区小学	高级教师	2018.6
乔宗巴	女	藏	1973.1	巴宜区小学	一级教师	2013.1
建锋	男	藏	1975.8	巴宜区小学	一级教师	2013.1
白玛顿珠	男	藏	1978.6	巴宜区小学	一级教师	2016.6
次仁仓决	女	藏	1980.7	巴宜区小学	一级教师	2018.7
白玛达瓦	男	藏	1983.5	巴宜区小学	二级教师	2012.10
央央	女	藏	1980.11	巴宜区小学	一级教师	2016.6
贾宝	男	藏	1980.7	巴宜区小学	一级教师	2015.11
马红梅	女	汉	1983.10	巴宜区小学	一级教师	2016.11
白玛格桑	男	藏	1980.7	巴宜区小学	一级教师	2015.11
普布拉珍	女	藏	1982.7	巴宜区小学	一级教师	2018.7
巴桑玉珍	女	藏	1984.5	巴宜区小学	一级教师	2016.6
尼玛	女	藏	1983.1	巴宜区小学	二级教师	2010.5
达珍	女	藏	1975.8	巴宜区小学	一级教师	2012.5
阿来乔嘎	男	藏	1988.10	巴宜区小学	二级教师	2015.12
尼玛次仁	男	藏	1983.7	巴宜区小学	二级教师	2011.4
次仁多吉	男	藏	1990.4	巴宜区小学	二级教师	2016.9
次仁伦珠	男	藏	1980.11	巴宜区小学	二级教师	2008.4
普布次仁	男	藏	1982.2	巴宜区小学	二级教师	2012.11
白央	女	藏	1977.7	巴宜区小学	一级教师	2014.12
唐中恒	男	汉	1980.9	巴宜区小学	一级教师	2010.10
阿措姆	女	藏	1988.6	巴宜区小学	二级教师	2013.10
滕小庆	女	汉	1985.10	巴宜区小学	一级教师	2015.12
四朗措姆	女	藏	1987.4	巴宜区小学	三级教师	2014.11
刘蕊果	男	汉	1986.9	巴宜区小学	一级教师	2016.11
朗珍益西	女	藏	1987.11	巴宜区小学	二级教师	2013.12
宗吉	女	藏	1985.8	巴宜区小学	三级教师	2016.8

续表 1

姓名	性别	民族	出生年月	工作单位	现任职称及时间	
					职称	时间
李彦平	女	汉	1987.11	巴宜区小学	二级教师	2014.12
扎西罗布	男	藏	1983.5	巴宜区小学	二级教师	2016.8
周衡	男	汉	1992.5	巴宜区小学	二级教师	2017.12
次仁	男	藏	1974.8	巴宜区小学	一级教师	2010.11
董云飞	男	汉	1995.4	巴宜区小学	未评	—
赵雪峰	女	汉	1989.2	巴宜区小学	二级教师	2016.6
尼玛乔	男	藏	1989.12	巴宜区小学	二级教师	2017.12
巴桑多吉	男	藏	1985.4	巴宜区布久乡小学	一级教师	2015.10
达瓦	男	藏	1973.10	巴宜区布久乡小学	一级教师	2004.12
洛折	男	藏	1973.12	巴宜区布久乡小学	一级教师	2009.12
巴鲁	女	藏	1971.6	巴宜区布久乡小学	一级教师	2008.8
次仁德吉	女	藏	1976.6	巴宜区布久乡小学	一级教师	2016.10
锋勇	男	藏	1974.3	巴宜区布久乡小学	一级教师	2013.3
德吉央宗	女	藏	1974.3	巴宜区布久乡小学	一级教师	2009.12
张新峰	男	汉	1965.2	巴宜区布久乡小学	高级教师	2016.12
妥俊才	男	藏	1973.4	巴宜区布久乡小学	一级教师	2014.12
其美央宗	女	藏	1977.12	巴宜区布久乡小学	一级教师	2012.4
索朗布次	女	藏	1983.7	巴宜区布久乡小学	二级教师	2012.10
阿依达	女	藏	1986.10	巴宜区布久乡小学	一级教师	2016.10
达娃扎西	男	藏	1981.4	巴宜区布久乡小学	一级教师	2013.3
其布	男	藏	1982.9	巴宜区布久乡小学	一级教师	2013.3
加永曲措	女	藏	1991.1	巴宜区布久乡小学	二级教师	2013.7
卓嘎	女	藏	1979.8	巴宜区布久乡小学	一级教师	2013.10
王文婷	女	汉	1988.8	巴宜区布久乡小学	二级教师	2015.11
央珍	女	藏	1989.1	巴宜区布久乡小学	二级教师	2016.12
刘余	男	汉	1987.3	巴宜区布久乡小学	二级教师	2013.12
陶鸿	女	汉	1987.9	巴宜区布久乡小学	二级教师	2018.12
朗嘎卓玛	女	藏	1987.12	巴宜区布久乡小学	二级教师	2016.12
索朗措姆	女	藏	1983.4	巴宜区布久乡小学	一级教师	2014.1
巴桑欧珠	男	藏	1975.4	巴宜区布久乡小学	一级教师	2015.12
阿旺多吉	男	藏	1985.1	巴宜区布久乡小学	一级教师	2017.12
央宗	女	藏	1985.9	巴宜区布久乡小学	二级教师	2016.1
桑巴顿珠	男	藏	1974.3	巴宜区鲁朗镇中心小学	一级教师	2008.11
多吉	男	藏	1975.10	巴宜区鲁朗镇中心小学	一级教师	2008.8
多杰次仁	男	藏	1979.7	巴宜区鲁朗镇中心小学	一级教师	2013.3
石东	男	藏	1978.11	巴宜区鲁朗镇中心小学	一级教师	2018.7
仁青罗布	男	藏	1982.5	巴宜区鲁朗镇中心小学	一级教师	2014.11
单增卓玛	女	藏	1982.12	巴宜区鲁朗镇中心小学	一级教师	2015.11
德吉尼珍	女	藏	1986.10	巴宜区鲁朗镇中心小学	二级教师	2013.12
扎西尼玛	男	藏	1972.4	巴宜区鲁朗镇中心小学	一级教师	2012.4
次真贡桑	男	藏	1977.11	巴宜区鲁朗镇中心小学	一级教师	2012.4
次仁多吉	男	藏	1985.8	巴宜区鲁朗镇中心小学	二级教师	2015.12
巴桑卓玛	女	珞巴	1988.5	巴宜区鲁朗镇中心小学	二级教师	2012.8
许伟	男	汉	1980.10	巴宜区鲁朗镇中心小学	高级教师	2016.12
白玛乔	女	藏	1989.11	巴宜区鲁朗镇中心小学	一级教师	2018.7
白玛央	女	藏	1983.8	巴宜区鲁朗镇中心小学	二级教师	2011.6

续表 1

姓名	性别	民族	出生年月	工作单位	现任职称及时间	
					职称	时间
王建	女	汉	1989.3	巴宜区鲁朗镇中心小学	二级教师	2017.12
卓嘎	女	藏	1988.4	巴宜区鲁朗镇中心小学	二级教师	2017.12
胡丹	女	汉	1991.5	巴宜区鲁朗镇中心小学	二级教师	2018.12
扎西次仁	男	藏	1983.6	巴宜区鲁朗镇中心小学	一级教师	2014.1
旦增赤列	男	藏	1985.9	巴宜区米瑞乡小学	一级教师	2015.11
贡桑次仁	男	藏	1973.7	巴宜区米瑞乡小学	高级教师	2017.7
拉巴欧珠	男	藏	1982.5	巴宜区米瑞乡小学	一级教师	2017.6
巴桑次仁	男	藏	1985.3	巴宜区米瑞乡小学	一级教师	2017.6
乔卓玛	女	藏	1974.11	巴宜区米瑞乡小学	高级教师	2017.7
边巴卓玛	女	藏	1975.8	巴宜区米瑞乡小学	一级教师	2012.4
毛华	女	汉	1989.12	巴宜区米瑞乡小学	二级教师	2016.12
白玛旺姆	女	门巴	1987.3	巴宜区米瑞乡小学	二级教师	2013.11
边巴次仁	男	藏	1985.12	巴宜区米瑞乡小学	一级教师	2018.7
尼玛次仁	男	藏	1980.2	巴宜区米瑞乡小学	一级教师	2012.5
央珍	女	藏	1978.3	巴宜区米瑞乡小学	一级教师	2010.5
拉巴国杰	男	藏	1970.5	巴宜区米瑞乡小学	一级教师	2008.7
聂东升	男	汉	1988.1	巴宜区米瑞乡小学	二级教师	2012.5
巴桑	女	藏	1983.7	巴宜区米瑞乡小学	二级教师	2011.10
索朗	男	藏	1961.11	巴宜区米瑞乡小学	一级教师	2008.7
达娃平措	男	藏	1983.12	巴宜区米瑞乡小学	二级教师	2010.10
桑杰群培	男	藏	1984.2	巴宜区米瑞乡小学	二级教师	2011.4
次仁旺堆	男	藏	1974.3	巴宜区米瑞乡小学	高级教师	2018.6
刚宗	女	藏	1982.3	巴宜区米瑞乡小学	一级教师	2015.7
仁青	女	藏	1977.11	巴宜区米瑞乡小学	一级教师	2012.4
贡桑	女	藏	1986.5	巴宜区米瑞乡小学	二级教师	2013.7
金宗	女	藏	1963.8	巴宜区米瑞乡小学	高级工、工人	2010.10
阿旺巴措	女	藏	1987.7	巴宜区米瑞乡小学	三级教师	2011.11
格桑	男	藏	1974.8	巴宜区八一镇小学	一级教师	2010.12
嘎嘎	女	藏	1983.9	巴宜区八一镇小学	一级教师	2017.6
桑措	男	藏	1971.11	巴宜区八一镇小学	高级教师	2015.12
向巴拉姆	女	藏	1974.5	巴宜区八一镇小学	一级教师	2013.2
卓嘎	女	藏	1971.12	巴宜区八一镇小学	一级教师	2009.12
卓	女	藏	1980.7	巴宜区八一镇小学	一级教师	2014.12
拉珍	女	藏	1972.8	巴宜区八一镇小学	高级教师	2013.9
格央	女	藏	1975.7	巴宜区八一镇小学	一级教师	2013.2
次俊英	女	藏	1976.11	巴宜区八一镇小学	一级教师	2007.7
周梅	女	汉	1983.8	巴宜区八一镇小学	一级教师	2014.12
群宗	女	藏	1987.4	巴宜区八一镇小学	一级教师	2018.7
刘宗蕙	女	藏	1986.11	巴宜区八一镇小学	一级教师	2015.12
曲桑	男	藏	1976.9	巴宜区八一镇小学	一级教师	2013.12
其布	男	藏	1983.3	巴宜区八一镇小学	一级教师	2018.7
拉巴	男	藏	1974.3	巴宜区八一镇小学	一级教师	2012.4
普布绕旦	男	藏	1979.12	巴宜区八一镇小学	一级教师	2014.11
旺杰	男	藏	1978.10	巴宜区八一镇小学	二级教师	2008.7
次仁杰布	男	藏	1985.6	巴宜区八一镇小学	一级教师	2017.6
德吉	女	藏	1970.9	巴宜区八一镇小学	一级教师	2008.7

续表 1

姓名	性别	民族	出生年月	工作单位	现任职称及时间	
					职称	时间
张青华	男	汉	1977.6	巴宜区八一镇小学	二级教师	2006.4
普布央金	女	藏	1982.10	巴宜区八一镇小学	一级教师	2017.6
曲罗布	男	门巴	1982.8	巴宜区八一镇小学	二级教师	2010.8
巴桑拉姆	女	藏	1985.11	巴宜区八一镇小学	二级教师	2013.7
庞雪梅	女	汉	1983.6	巴宜区八一镇小学	一级教师	2016.10
徐宏冬	女	汉	1988.12	巴宜区八一镇小学	二级教师	2015.12
杨晓艳	女	汉	1978.1	巴宜区八一镇小学	一级教师	2017.6
刘莉	女	门巴	1977.11	巴宜区八一镇小学	一级教师	2011.1
李佳俊	男	汉	1990.3	巴宜区八一镇小学	二级教师	2016.8
凌玲	女	汉	1985.5	巴宜区八一镇小学	一级教师	2013.12
次仁德吉	女	藏	1978.4	巴宜区八一镇小学	一级教师	2009.1
聪吉	女	藏	1980.7	巴宜区八一镇小学	一级教师	2014.12
连雪如	女	汉	1988.8	巴宜区八一镇小学	二级教师	2015.12
边巴卓玛	女	藏	1983.10	巴宜区八一镇小学	一级教师	2016.10
马明	男	汉	1975.12	巴宜区八一镇小学	二级教师	2010.12
次旦央宗	女	藏	1983.10	巴宜区八一镇小学	一级教师	2017.6
陈礼军	女	汉	1996.10	巴宜区八一镇小学	原级教师	2018.7
赵玉函	女	汉	1994.8	巴宜区八一镇小学	初级教师	2019.12
李学成	男	汉	1994.9	巴宜区八一镇小学	初级教师	2019.12
白珍	女	藏	1974.12	巴宜区百巴镇小学	一级教师	2011.1
巴桑罗布	男	藏	1976.11	巴宜区百巴镇小学	一级教师	2010.1
次仁达瓦	男	藏	1971.10	巴宜区百巴镇小学	一级教师	2006.6
云丹	男	藏	1969.5	巴宜区百巴镇小学	一级教师	2008.7
巴路	女	藏	1980.5	巴宜区百巴镇小学	一级教师	2012.5
次仁拉姆	女	藏	1971.10	巴宜区百巴镇小学	高级教师	2018.6
尼玛次仁	男	藏	1977.1	巴宜区百巴镇小学	高级教师	2017.7
白玛达杰	男	藏	1977.1	巴宜区百巴镇小学	一级教师	2013.5
金宗	女	藏	1979.7	巴宜区百巴镇小学	一级教师	2017.6
尼玛卓玛	女	藏	1982.4	巴宜区百巴镇小学	一级教师	2014.12
德吉	女	藏	1979.5	巴宜区百巴镇小学	一级教师	2013.10
卓	女	藏	1974.3	巴宜区百巴镇小学	一级教师	2007.7
布布	女	藏	1977.8	巴宜区百巴镇小学	一级教师	2011.1
扎西旺姆	女	藏	1979.7	巴宜区百巴镇小学	一级教师	2013.3
多吉	男	藏	1979.8	巴宜区百巴镇小学	二级教师	2010.6
卓嘎	女	藏	1974.9	巴宜区百巴镇小学	高级教师	2018.6
白玛次旦	男	藏	1976.10	巴宜区百巴镇小学	一级教师	2013.5
邓增曲珍	女	藏	1986.1	巴宜区百巴镇小学	二级教师	2018.12
边巴次仁	男	藏	1980.8	巴宜区百巴镇小学	一级教师	2017.6
邵园磊	男	汉	1988.6	巴宜区百巴镇小学	一级教师	2016.11
琼琼	女	藏	1976.11	巴宜区百巴镇小学	一级教师	2011.6
顿珠次仁	男	门巴	1979.7	巴宜区百巴镇小学	二级教师	2016.9
李梅	女	汉	1985.3	巴宜区百巴镇小学	二级教师	2018.12
杨杰	男	汉	1987.2	巴宜区百巴镇小学	二级教师	2012.7
尼玛卓玛	女	藏	1989.6	巴宜区百巴镇小学	二级教师	2016.12
达娃	男	藏	1982.1	巴宜区百巴镇小学	一级教师	2014.12
白玛仁增	男	藏	1987.8	巴宜区百巴镇小学	三级教师	2016.8

续表 1

姓名	性别	民族	出生年月	工作单位	现任职称及时间	
					职称	时间
旦增曲扎	男	藏	1980.12	巴宜区百巴镇小学	二级教师	2011.11
普布扎西	男	藏	1978.3	巴宜区百巴镇小学	一级教师	2013.1
罗增普赤	女	藏	1991.12	巴宜区百巴镇小学	二级教师	2018.12
张星	男	汉	1982.9	巴宜区百巴镇小学	一级教师	2013.8
白玛玉珍	女	藏	1985.7	巴宜区百巴镇小学	二级教师	2018.12
索朗次仁	男	藏	1989.7	巴宜区百巴镇小学	三级教师	2016.12
次仁拉姆	女	藏	1989.8	巴宜区百巴镇小学	二级教师	2016.12
卓玛曲措	女	藏	1989.2	巴宜区更章门巴民族乡完全小学	二级教师	2016.12
达瓦扎西	男	藏	1982.9	巴宜区更章门巴民族乡完全小学	一级教师	2015.12
次仁罗布	男	藏	1977.3	巴宜区更章门巴民族乡完全小学	一级教师	2012.5
尼玛卓玛	女	藏	1974.8	巴宜区更章门巴民族乡完全小学	高级教师	2014.11
央珍	女	门巴	1982.9	巴宜区更章门巴民族乡完全小学	二级教师	2016.8
才松	女	藏	1971.12	巴宜区更章门巴民族乡完全小学	一级教师	2011.1
拉姆普尺	女	藏	1974.10	巴宜区更章门巴民族乡完全小学	一级教师	2013.1
班登措姆	女	藏	1973.10	巴宜区更章门巴民族乡完全小学	一级教师	2006.6
旦增罗布	男	藏	1973.3	巴宜区更章门巴民族乡完全小学	高级教师	2013.1
多吉扎西	男	藏	1976.12	巴宜区更章门巴民族乡完全小学	一级教师	2014.12
尼玛	男	藏	1977.1	巴宜区更章门巴民族乡完全小学	一级教师	2013.12
次央	女	藏	1980.8	巴宜区更章门巴民族乡完全小学	一级教师	2014.12
张爱林	女	藏	1980.10	巴宜区更章门巴民族乡完全小学	一级教师	2017.6
达娃扎西	男	藏	1985.12	巴宜区更章门巴民族乡完全小学	一级教师	2017.6
蔡雨露	女	汉	1985.4	巴宜区更章门巴民族乡完全小学	二级教师	2010.12
牟利军	男	汉	1987.11	巴宜区更章门巴民族乡完全小学	一级教师	2018.7
次仁卓玛	女	藏	1980.11	巴宜区更章门巴民族乡完全小学	二级教师	2011.11
王绍明	男	汉	1989.7	巴宜区更章门巴民族乡完全小学	二级教师	2017.12
索朗曲珍	女	藏	1987.12	巴宜区更章门巴民族乡完全小学	二级教师	2016.12
刘思远	女	汉	1989.5	巴宜区更章门巴民族乡完全小学	二级教师	2015.12
闫聪	女	汉	1985.11	巴宜区更章门巴民族乡完全小学	二级教师	2016.12
伦珠	男	藏	1987.3	巴宜区更章门巴民族乡完全小学	二级教师	2016.12.28
聪吉	女	藏	1980.12	巴宜区幼儿园	二级教师	2010.11
措姆	女	藏	1978.3	巴宜区幼儿园	一级教师	2009.12
遵珠	男	藏	1982.1	巴宜区幼儿园	一级教师	2013.12
四朗拥宗	女	纳西	1982.6	巴宜区幼儿园	一级教师	2017.5
达娃玉珍	女	藏	1976.10	巴宜区幼儿园	一级教师	2013.2
俱永梅	女	汉	1975.12	巴宜区幼儿园	一级教师	2013.2
刘婷	女	汉	1984.6	巴宜区幼儿园	二级教师	2008.12
赵丽	女	汉	1983.5	巴宜区幼儿园	二级教师	2011.10
胡迪	女	汉	1987.7	巴宜区幼儿园	二级教师	2015.11
张晓庆	女	汉	1986.4	巴宜区幼儿园	一级教师	2018.7
齐杰	女	汉	1983.6	巴宜区幼儿园	一级教师	2014.12
杨英	女	汉	1985.11	巴宜区幼儿园	二级教师	2016.8
尹梅	女	汉	1989.7	巴宜区幼儿园	二级教师	2017.12
扎西措	女	藏	1986.9	巴宜区幼儿园	二级教师	2016.8
吴敢太	男	汉	1987.11	巴宜区幼儿园	二级教师	2014.12
贡桑玉珍	女	藏	1987.8	巴宜区幼儿园	二级教师	2014.11
强晓润	男	汉	1993.8	巴宜区幼儿园	未评	—

续表1

姓名	性别	民族	出生年月	工作单位	现任职称及时间	
					职称	时间
杨菲	女	汉	1993.12	巴宜区幼儿园	二级教师	2017.12
巩春蓉	女	汉	1994.5	巴宜区幼儿园	二级教师	2017.12
次仁拥宗	女	藏	1982.6	巴宜区幼儿园	一级教师	2012.6
大边巴	男	藏	1983.10	巴宜区幼儿园	一级教师	2015.12
斯朗拉姆	女	藏	1986.3	巴宜区幼儿园	二级教师	2018.12
四朗卓玛	女	藏	1987.4	巴宜区幼儿园	二级教师	2017.12
张嘉铃	女	汉	1994.2	巴宜区幼儿园	三级教师	2018.12
陕玉婷	女	回	1996.11	巴宜区幼儿园	未评	—
卓玛	女	藏	1976.7	巴宜区幼儿园	一级教师	2013.2
万秋霞	女	汉	1992.10	巴宜区幼儿园	未评	—
宋佳	女	汉	1994.2	巴宜区幼儿园	未评	—
格桑卓玛	女	藏	1991.7	巴宜区幼儿园	二级教师	2016.10

旅游发展

【概　况】 2018年，巴宜区旅游发展委员会（以下简称“区旅发委”）在区委、区政府的坚强领导和市旅发委的正确指导下，立足区情，紧紧围绕“生态巴宜、旅游巴宜、文化巴宜、宜居巴宜、幸福巴宜”的发展理念；牢固确立“一核两轴四镇”的旅游发展格局；充分发挥职能优势和资源优势，积极提升旅游品牌知名度，增强行业管理服务水平，进一步加快旅游项目建设步伐，努力打造“国际生态旅游区和全域旅游示范区”。2018年，区旅发委有干部职工18名，其中主任1名、主任科员1名、副主任2名、旅游执法大队副队长1名、副主任科员1名、科员10名、工人2名。

2018年6月15日，西藏自治区人大常委会副主任、林芝市委书记马升昌（右三）在八一镇调研大柏树景区情况。巴宜区委副书记、区长严世钦（左二）陪同

【旅游经济】 2018年，巴宜区接待游客251.2万人次，同比增长42.6%，实现旅游收入19.8224亿元，同比增长27.1%。

【旅游宣传】 2018年，区旅发委通过旅游微信公众号、微博和网站平台，大力宣传推广巴宜区丰富的旅游文化资源、优美的自然风光及淳朴的民风民俗。“林芝巴宜旅游”微信公众号发稿97篇，总阅读量37万人次，平均单篇阅读量3814人次，单篇最高阅读量8.7万人次，多次荣登西藏旅游文化旅行类政务微信排行榜前20名，其中3次为全区政务微信排行榜林芝市第一名；林芝市巴宜旅游官方网站累计发稿300条，网站总点击量16万人次，为巴宜区旅游起到良好的宣传推广作用。

完成《巴宜印象》宣传片摄制，在旅游卫视《文明中华行》栏目中播放，全片共4集，进一步拓宽了宣传途径。

3月、8月、10月、11月，区旅发委宣传推介人员到北京、重庆、广州、拉萨、西安、成都、上海、青岛、杭州参加林芝市旅发委组织的宣传推介6次；4月、9月，携手西藏旅游股份有限公司、卡定沟景区、措木及日景区、柏树王景区工作人员前往杭州、青岛两地进行自主旅游推介，发放宣传资料5000余册。

柏树王园林景区内最大一株柏树凭借3200多年的树龄，2018年已申报为“中国树龄最长的巨柏”；11月底，获得由上海大世界基尼斯总部颁发的“大世界基尼斯之最”的证书；同年，鲁朗被评为“国家旅游度假区”“中国最美户外小镇”。

打造“世界第三极”旅游品牌。积极响应自治区“冬游西藏·共享地球第三极”活动，巴宜区3个A级景区（鲁朗景区、卡定沟景区、公众村）均在免票名录中，其余景区一律“半价游”，让广大游客亲近旅游，享受旅游业发展带来的实惠，营造“全民游”的浓厚氛围。

【基建项目】 2018年，区旅发委积极争取项目资金，瞄准一批投产业带动性强的旅游综合体项目加以推进实施。大柏树景区升级改造项目，投资3361.71万元，截至年底，已完成并投入使用；嘎拉村农业综合体项目，投资1300万元，截至年底，已完成并投入使用；姆多村旅游示范村项目，投资300万元，截至年底，已开工建设；全域旅游标识标牌项目，投资77万元，截至年底，已做好开工准备工作；工布原乡景区游客服务中心旅游配套产业续建项目，前期投资4000万元，截至年底，正在办理相关手续。

【行业管理】 2018年，根据区委、区政府和区安委办的要求，区旅发委强化旅游企业法人作为“安全生产第一责任人”的意识，成立安全生产工作小组，并于1月与5家旅游企业、8家二星级宾馆饭店签订2018年度安全生产目标责任书。

安排部署全年工作。3月1日，区旅发委组织辖区内旅游企业召开“2018年旅游企业安全生产工作会议”，全面安排部署2018年安全生产工作，要求各旅游企业制定2018年安全生产工作方案，做好各类台账，定期开展隐患排查，不定期

2018年2月12日，巴宜区旅发委组织学习上级部门安全生产文件精神

对员工进行安全知识培训并开展相对应的应急演练。截至年底，各景区开展演练12次，提高了景区工作人员防控能力和突发事件应变能力。

抓好隐患排查治理。区旅发委积极应对全国“两会”、三月及法定节假日期间布置各项工作，对各旅游企业开展大排查、大整治，出动车辆88次、人员284人次，到108家景区（点）、宾馆酒店等开展安全生产隐患检查，针对检查中存在的各类安全隐患问题，下发整改通知书23份，发现隐患80余条，并全部完成整改；联合市旅发委执法支队、安监、消防等相关单位对各景区（点）、宾馆酒店进行联合检查36次，检查出隐患12条，下发整改通知书3份。

旅游市场整治。成立了巴宜区旅游购物市场集中清理整顿工作领导小组。组织相关部门召

2018年8月28日，藏博会林芝分会场暨西藏林芝雅鲁藏布生态文化旅游节新闻发布在成都举行。图为巴宜区旅发委推介人员正在向游客介绍巴宜区旅游资源及旅游产品

开旅游市场整治专题会议2次；联合9家执法单位检查辖区内购物店40次，出动车辆81次、执法人员213人次对导游进行检查，查处违规导游122个，暂扣122个导游证。

妥善处理旅游投诉。受理游客咨询电话130次，处理旅游投诉51起（含市旅发委执法支队转办10起、网民留言督办26起），出动车辆21次、人员51人次，为游客挽回经济损失23.7万元，配合市旅发委处理旅游投诉5起，出动人员18人次、车辆5次。

【行业服务】 积极参加培训，增强旅游工作者的业务能力。2018年，区旅发委积极参加由市旅发委组织的“旅游民俗服务从业人员创业+技能提升”“林芝市2018年家庭旅馆办法”“林芝市全域旅游发展与管理专题”培训、“全域旅游和乡村旅游发展”培训，巴宜区工会组织的“巴宜区基层工会干部”培训，自治区旅发委组织的“全区旅游执法、安全生产”培训、“文化和旅游融合发展”培训。

坚持生态文明理念，巩固旅游生态环保成果。深入推进旅游景区（点）环境综合治理，全面巩固深化旅游生态环境成果，确保中央环保督察过后不反弹。明确了旅游企业责任人、保护范围和措施，签订环保承诺书；定期督导检查各景区环保工作，完善相关制度并建立台账；重视生态文明，在“林芝巴宜旅游”微信公众平台上设立“生态文明”栏目，面向广大游客积极宣传教育旅游活动中要保护环境。

组织辖区内多家旅游企业到杭州考察学习智慧旅游，发展旅游信息化，助推巴宜区旅游业快速发展。组织家庭旅馆经营者参加市旅发委和市人社局举办的“林芝市2018年旅游服务职业技能大赛”，共参赛3个项目并全部获奖，其中中式铺床、中式烹饪2项为第一名。

【打造国家A级景区】 2018年，大柏树、卡定沟景区创建AAAA级景区已将规划提交自治区审批，待批复；措木及日景区创AAAA级景区，规划已提交市旅发委审批。

（袁海龙）

文　化

【概　况】 2018年，巴宜区文化局（新闻出版局、版权局、文物局）在区委、区政府的坚强领导下，全面贯彻落实中共十九大精神，以习近平新时代中国特色社会主义思想为指导，紧紧围绕统筹推进“五位一体”总体布局和协调推进“四个全面”战略布局，增强“四个意识”，坚定“四个自信”，贯彻新发展理念，按照高质量发展的要求、稳中求进的工作总基调，牢牢把握定位，不断满足新时代人民群众对高品质文化生活的新期待。区文化局下辖调频台、电视台、民间艺术团、活动中心、电影队、外线办、非遗文物办、“扫黄打非”办等。2018年，有干部职工40名，其中行政5名、事业干部18名、工人13名、公益性岗位4名，党员19名。民间艺术团演员20名。

【群众文化活动】 在春节、藏历年期间（大年初一至初五），区文化局组织巴宜区67个行政村、6000余人参加并开展升国旗仪式、文艺演出、十九大知识竞赛、响箭比赛、拔河比赛、篮球比赛、翻木桶比赛、猜谜语等活动，充分展现新时代巴宜人的良好精神风貌，为建设美丽生态和谐宜居巴宜蓄积精神动力；2月，深入更章门巴民族乡久巴村开展2018年文化科技卫生法律和爱国爱教宣传服务“五下乡”活动，为广大基层农牧民群众送上精彩纷呈的演出。

2月28日，与林芝市民族艺术团合作录制2018年林芝市春节藏历土狗新年《祥和林芝》电视综艺晚会，来自巴宜区民间艺术团的17名演员在晚会中表现优异，大放异彩；3月19日，在厦门广场开展西藏百万农牧解放纪念日主题文艺演

2018年4月4日，西藏自治区文物安全第一检查组组长、自治区民宗委副主任张文庆（左一）一行在巴宜区督导文物大排查大检查工作

出，既丰富了群众文化生活，又密切了党群干群关系；3月29日上午，参加了2018林芝第16届桃花旅游节文化开幕式演出，晚上在湿地公园组织举办了西藏林芝第十六届桃花旅游文化节系列活动之林芝“桃花韵”音乐晚会，参加活动人数达80000余人；全年深入26个行政村开展“送文艺”和“五下乡文艺进基层”文艺会演，观看总人数达6600余人，为基层驻村干部和农牧民群众送上丰富的视觉盛宴和精神食粮；精心组织藏博会林芝分会场暨雅江节活动。民间艺术团20名演员抽调到市艺术团排练，参加藏博会分会场的演出，精心组织150名演员展示“工布扎年”弹唱方队（西藏自治区非物质文化遗产）。参加各类文艺演出。如鲁朗工布牧歌节，市民宗局、巴宜区委宣传部联合组织的第28个民族团结活动，林芝市首届中国农民丰收节启动仪式，林芝市林芝印象和首届喜马拉雅骑行赛的文艺演出；民间艺术团20名演员按区委组织部要求前往各乡镇、单位指导培训工间操；10月24—28日，到更章乡、米瑞乡、百巴镇开展“送健康、送文艺”工布新年文艺演出；11月4日，同区文化局党支部活动一起到巴宜区敬老院开展“送文化、送温暖”活动。

【农家（寺庙）书屋】 2018年，巴宜区共有67家农家书屋和15家寺庙书屋，覆盖率达100%。在日常工作中，区文化局严格对照农家（寺庙）书屋建设标准进行实地勘查落实，确保每个农家（寺庙）书屋设备达标。同时，认真抓好农家书屋的督查、指导、管理工作，确保管理员素质更高、制度更健全、书屋更整洁、视听设备更齐全、开放更频繁、收效更明显，切实加强运行管理。

为做好农家书屋及寺庙书屋书籍补充及完善工作，按照上级部门工作开展要求，区文化局活动中心在综合文化活动中心广场举行“农家书屋、寺庙书屋（2017年度）图书补充更新发放仪式”。同时，多次对67个农家书屋、15个寺庙书屋、4个社区书屋书籍进行补充更新，统一发放图书7106册、音像制品426盘。

【提升服务效能】 2018年，新华书店免费开放以来，满足了群众文体需求，受到广泛好评。全年图书阅览室共对外借阅图书580册，电子图书借阅机提供下载图书20余册；健身房接待锻炼的群众每天平均达30人次以上。2018年2月，对新华书店进行整理和装修工作，截至6月13日，新华书店装修全部完工；为在全区营造“多读书、善读书、读好书”的文明风尚，举办了以“全民阅读·书香巴宜”为主题的烛光诗歌朗诵会，巴宜区及林芝市诗歌爱好者、读书爱好者、学生、群众等参加活动，社会反响较好，在西藏林芝网、《林芝报》相继刊登。

【“送电影下乡”活动】 充分发挥农村电影的前沿作用，开展“送电影下乡”活动，主要以播放爱国主义、和平解放等系列主题电影。2018年，区文化局电影管理站放映员深入学校、敬老院、“四镇三乡”内播放了《厉害了，我的国》《百团大战》《战狼2》等电影。场次达683场，观众人数达28709人次。

【保障广播电视覆盖率】 2018年，区文化局积极推进广播电视“村村通”“户户通”设备安装及调试工作任务，安装及调试率均达到100%。完成了卫星清流设备置换、卫星电视收转站发放安装、农家书屋卫星数字电视安装工作。全年外线下乡维护39次，涉及127户。

【非物质文化遗产保护】 2018年，区文化局整理各级非遗项目公布时间和批次，整理县级传承人补助发放证件号和卡号。下发《关于推荐申报巴宜区第八批非物质文化遗产代表性项目及代表性传承人的通知》等文件。加大非遗产保护工作的宣传力度。利用“千干扶千人，一帮一交朋友”、“五下乡”、“综治宣传日”、“3·28”西藏百万农奴解放纪念日、“6·9”非遗宣传日等活动，加大对《非物质文化遗产保护条例》以及非物质文化遗产普查工作的宣传力度，进一步提高对“非物质文化遗产”概念及普查工作的认识。全年发放宣传册370余份、非遗宣传礼品50套。提升非遗传承人文化素质。通过召开集中学习，加强对代表性传承人的业务培训，强化传承人的素养和阅历的提升，培养了年轻的传承人。促进非物质文化遗产可持续发展暨活态传承。在原有的非遗开发产品上继续设计开发延伸产品，并借助2018林芝第十六届桃花旅游文化节平台进行参展，让广大群众参与加入到保护非遗队伍中来。全年非遗专项资金累计投入34.1万元，其中自治区级非物质文化遗产保护专项——工布毕秀竞赛保护经费25万元，兑现自治区非物质文化遗产保护传承人补助经费2万元，本级非物质文化遗产保护传承人补助经费2.1万元；投入15万元用于修建自治区级非遗——工布毕秀竞赛米瑞乡传习点，投入10万元用于修建自治区级非遗——工布毕秀竞赛百巴镇传习点，从而推动非物质文化遗产保护工作，推广工布毕秀竞赛传承活动；2018年6月25日，自治区人民政府将“工布扎年弹唱”列入自治区级非遗代表性项目。积极申报林芝藏服饰传承人次巴郎加、米纳羌姆传承人桑吉次仁、工布毕秀竞赛传承人平措、工布扎年弹唱传承人布尼玛列入市级非遗代表性传承人；国家级非物质文化遗传代表性项目米纳羌姆补助费申报书已经完成，申报金额38.3万元。

2018年11月20日，巴宜区举行“县级文化产业示范基地”授牌仪式，巴宜区委常委、副区长吴永帅（左一）代表巴宜区人民政府将“县级文化产业示范基地”牌匾授予阿吉林特色经济发展农牧民创业合作社

【文物保护】 1月6—8日，区文化局对布久拉康、新华印刷厂旧址、毛纺厂、第穆摩崖石刻、德木寺、达则寺等自治区级文物保护单位进行野外文物看管人员在岗情况抽查，抽查情况良好在岗率达95%以上；2月12—13日，协同统战部、民宗局、消防支队等部门组织人员前往自治区级文物保护单位德木寺、达则寺、布久拉康等14个文物点，重点排查电气线路、消防器材、野外看管人员值班情况，投入17万元建立14个微型消防站；3月，区文化局同区消防大队组织人员深入文保单位，寺管会组织开展7次消防安全演练。先后深入德木寺、达则寺、布久拉康、林芝毛纺厂等自治区级文物保护单位开展文物安全大排查工作，根据文物点实际情况，向各级文物保护单位配备消防柜、消防服、消防桶等设施设备1532件；5月6日，区文化局提出的“野外文物看管人员10分制奖惩机制”被自治区进行全面推广；6月7日，完成对自治区级抢救性文物保护项目布久拉康进行初验；6月25日，完成该项目的终

2018年2月7日，2018年文化科技卫生法律和爱国爱教宣传服务“五下乡”活动启动仪式在巴宜区更章乡久巴村举行

验；投资7万元在自治区级文物保护单位——布久色吉拉康修建燃灯房，建设工程于8月25日开工建设；为确保文物保护工作顺利开展，制定了巴宜区《文物保护实施方案》和《文物安全应急预案》，对14处不可移动文物点（其中自治区级文物保护单位9处、县级文物保护单位5处）明确野外文物看管人员23名；兑现7个自治区级文物保护点14名野外看管人员每人每年15400元生活补助。

整理完成区保保护标志经费兑现相关资料；协助文化厅委派的摄制组完成喇嘛岭寺建筑风貌摄制工作；申报工布地穆撒摩崖石刻为第八批全国重点文物保护单位；积极配合《西藏自治区重点历史革命文物保护利用总体规划》编制工作，下乡检查测量林芝毛纺厂、新华印刷厂、地区烈士陵园、桑杰庄园、十八军军部旧址等。

【文化创意产业】 2018年，区文化局以“加大创意产品开发力度，提升文化创意产品开发水平”为目标，邀请专业设计人员设计了巴宜区文化专属logo。2018年4月，通过验收后在“微林芝”“网信巴宜”“巴宜旅游”等微信公众平台进行发布，并在林芝市第十六届桃花旅游文化节上进行展示，获得林芝当地群众和游客的一致好评，提高了巴宜区文化的影响力和认知度。

【文化企业扶持】 阿吉林合作社带动八一镇色定村24户农牧民，鲁朗镇、林芝镇康扎村12户农牧民加入合作社，积极参与巴宜区文化创意产品的开发。截至年底，开发创意文化旅游产品40余件，年销售额达280万余元。

林芝工布藏族服饰。林芝工布藏族服饰是国家级非物质文化遗产，传承人才巴郎加是自治区级非遗传承人。2018年，区文化局投入8.5万元对林芝工布藏族服饰合作社进行扶持，组织传承人才巴郎加到各省参观学习，提高其制作技艺。将他的合作社作为民族演出服饰制作定点，使其真正发挥传承保护发扬传统文化的作用，带出更多学徒，将林芝工布藏族服饰制作这一非物质文化遗产转换成文化产业，带动更多农牧民增加经济收入。

林芝镇卡斯木村氆氇加工坊。2018年，林芝镇卡斯木村氆氇加工坊带动26名卡斯木村妇女就业，主要制作藏族服饰、藏式围巾披肩、藏式沙发套、汽车坐垫、藏式挎包、藏式桌布等产品。为使该氆氇加工坊能早日形成规模，成为“文化+旅游”“文化+市场”“文化+产品”的产业模式，区文化局投入70多万元的手工作坊加层产品展示厅建设年底完成。

工布圣香专业合作社。合作社以制作民族纺织（氆氇），加工制造销售藏香、香水、香炉、民族特需品、土特产、农副产品为主。2018年，区文化局从文化产业资金中投入20万元对工布圣香的几类产品包装进行升级打造，使其文化产品提升档次，扩大市场。

【文化产业项目建设】 2018年，本着“保护、发扬、传承”的宗旨，区文化局投资96万余元对鲁朗花海牧场的鲁朗知青点旧址恢复原状，该项目被林芝市团委批为“林芝市青少年爱国主义教育基地”。2018年5月，被林芝市委宣传部命名为林芝市爱国主义（民族团结）教育基地，成为巴宜区重要红色文化教育基地，9月29日，正式挂牌。截至年底，已有87批工作组及学校师

2018 年 6 月 22 日，巴宜区民间艺术团在布久乡麦巴村开展“三送”活动。图为脱贫小品表演

生参观鲁朗知青点，社会反响较好。

2018 年 4 月，总投资 700 万元（国家投资）的巴宜区林芝工布藏族服饰保护利用传习所建设项目正式开工。该项目是集传承、展示、生产、销售为一体的林芝工布藏族服饰传习基地，建成后是近几年巴宜区最大的非物质文化遗产保护传承项目，由巴宜区非遗传承人现场教授技艺带动农牧民参与传承和销售。截至年底，该项目已全部完工。

【广电项目建设】 2018 年 9 月 21 日，巴宜区广播电视无线发射台站设施建设项目正式开工。该项目为巴宜区文化局 2018 年重点广播电视项目。总投资 200 万元（国家投资），建设内容及规模为改造广电维修站及机房、办公室、新建 159.04 平方米的广电设备仓库等。项目的建成将彻底解决巴宜区调频台电器线路老化、仓库房顶漏雨、设备管理受制约、环境简陋潮湿的状况，大大改善调频台工作人员的办公值机条件。

根据实施中央广播电视节目无线数字化覆盖工程要求，2018 年，区文化局投入 24.08 万元用于推进无线广播电视从模拟向数字转换工作。截至年底，该工程正在进行设备安装调试、配备通风系统、配电系统的建设。项目的建设加快了无线数字广播电视公共服务体系的提升，推进基本公共文化服务标准化、均等化。巴宜区广播电视从模拟转换成数字化，农牧民群众收看的广播电视节目频道更多、节目更清晰，提升了广播电视在巴宜区的传播能力和影响力。

【文化市场管理】 2018 年，为确保巴宜区文化阵地领域的绝对安全，区文化局“扫黄打非”办联合成员单位不定期对全区网吧、娱乐场所、出版物市场、音像经营户等单位进行文化市场安全专项行动检查，排查安全生产隐患，严厉打击非法违法生产经营行为。全年共出动执法检查人员 85 人次、车辆 36 台次，抽查网网吧 41 家（次）、歌舞娱乐场所 22 家（次）、音像制品 15 家（次）、打字复印店广告店 29 家（次）、印刷企业 6 家（次）、快递物流公司 12 家（次）。检查发现 42 个问题，现场整改 27 个，限期整改 15 个，收缴违规图书和音像制品 36 本（张）。

【舆论导向】 2018 年 1 月，按照国家相关文件精神撤销巴宜区电视台，经巴宜区研究决定暂时成立巴宜区记者站。因此，工作也从往年新闻的采编播出及专题节目的制作播出转向新闻的采访上送及区里大型专题片的制作和大型文艺演出的全程拍摄，其中根据林芝市电视台新闻采纳和播出的实际情况又将新闻采访的重点转向民生和基层工作。

2018 年，巴宜区记者站共接到新闻线索电话 271 条，按照新闻的重要性及记者在岗数共派出记者 200 人次，拍摄采访 180 条新闻，其中上送市台 80 条、采纳播出 58 条。同时，按照区委、区政

2018 年 11 月 4 日，巴宜区民间艺术团在林芝市敬老院开展孤寡老人“送温暖”活动

府各类大型活动全程拍摄的要求，派出记者42人次全程拍摄“桃花韵”音乐晚会、庆“七一”文艺演出、巴宜区鲁朗牧歌节及援藏项目工作推进会等大型活动6场次。其间，配合林芝市纪委采访、拍摄、制作大型纪实专题片《林芝清风》，拍摄制作《巴宜区突发公共卫生事件应急演练》等2部专题片，其中《林芝清风》7月5日在林芝市电视台首播后，受到市委、市政府领导的充分肯定，并通过刻录光盘发放至各县及上传市纪委微信公众平台供各单位统一学习等方式向全市推广。

（司玉婷）

社会生活

人力资源和社会保障

【概　况】 2018年，巴宜区人力资源和社会保障局（以下简称“区人社局”）内设6个科室（局办公室，社会保险办公室，就业办公室，劳动监察办公室，医疗、工伤、生育保险办公室，人力资源管理办公室）。截至年底，全局有行政编制23名（含1名借调）、事业编制5名、工人编制4名、公益性岗位5名。

【党建工作】 狠抓学风建设，提升党员干部综合素质。2018年，区人社局树立“学习先行”的理念，建立《周工作例会制度》，内容涵盖学习传达文件精神、观看人社业务讲座、交流探讨党内工作等，实现了工作例会常态化，全面提升了党员干部的业务水平；完善内部管理，深化党员干部工作效能。先后修订完善信息工作考核办法、考勤办法和车辆管理制度、财务管理制度，实行精细化管理。全局使用“钉钉”软件考勤打卡，建立“一周工作动态”机制，办公室对每月考勤情况及信息发布情况进行通报，使每名机关干部都能自找差距，严格遵守纪律，并不断加强学习，形成了“你追我赶、迎头赶超”的良好工作格局。丰富党内生活，营造支部良好发展氛围。召开一次大会，发挥榜样的作用；开展一次座谈，提高党性修养；组织一场宣讲，增强党员使命感；举行一次慰问，让温暖滋润心田；观看一场影片，感受辉煌成就。

2018年5月26日，巴宜区人社局开展“走进敬老院　温暖夕阳红”党员主题活动日

【党风廉政建设】 2018年，区人社局成立以局长为组长的党风廉政建设领导小组，制定《党风廉政建设责任工作实施方案》，认真学习贯彻《中国共产党党员领导干部廉洁从政若干准则》，积极开展警示教育活动。在单位设立反腐廉政走廊，以图片形式开展警示教育，提高反腐倡廉的自觉性，筑牢拒腐防变的思想道德防线。教育广大干部职工正确行使手中的权力，提高防腐能力，廉洁从政，公正执法。

【就业创业】 2018年，巴宜区高校毕业生426人，实现就业398人，就业率实现93.4%。就业创业示范街入驻商户大学生11人，解决就业29人；对入驻的巴宜区籍大学生补贴剩余年租金的50%，正常经营12个月，再对其奖励1万元；巴宜区本级财政出资设立社会实践岗位，专门拿出200万元资金建立社会实践岗，解决59名大学生就业。2018年，联系区民政局、藏医院、公安局等公开招录工作，已解决27人就业；实现城镇新增就业（包括年度公务员及机关事业单位工作人员招考人数）664人，城镇登记失业率控制在2.0%以内；开展农牧民技能培训13期，受教人数641人次，通过创业带动就业38人，培训采取送教下乡的方式；开展乡镇事业专技人员培训2期，受教人数116人次；实现就业再就业培训（公益性岗位、村级财务人员），受教人数200余人，培训合格率达100%；开展大学生岗前培训计算机操作1期，受教人数28人，培训合格率达100%。

【精准扶贫转移就业】 2018年，区人社局联合林业局开展建档立卡户林业管护员技能培训，受教人数44人；开展百巴镇一期藏餐培训，培训人数33人；米瑞乡汽车维修班，培训人数30人，培训采取送教下乡的方式；实现农牧区劳动力转移就业5500余人，转移就业9300人次，建档立卡贫困人口转移就业163人，转移就业创收1800万元；2018年，开发、收集就业岗位1251个；在全市内率先开展第一批扶贫政策专项培训，培训80人，邀请各牵头单位进行授课，并在培训前后对培训人员进行扶贫政策测试；培训对象为本乡（镇）的扶贫专干、村“两委”主要负责人、驻村工作队成员；基层平台12个（县级平台1个、乡镇平台7个、社区4个），每年平台运行经费2万元，就业、社保、劳动监察作用发挥明显。

【社会保险工作】 五险一金。2018年，区人社局完成机关事业单位、学校、公益性、辅警、企业（72个单位、2550余人，涉及资金7691.82万元）正常申报工作，并对调动人员132人进行补缴工作。工伤方面：完成私企（101个单位、2038人）征缴160.31万元。全民参保方面：实际采集完成人数53995人，完成目标任务的121.26%。城乡居民养老保险方面：完成60岁以上人员资格认证工作，完成7980人、111.17万元的征缴和缴费申

2018年9月8日，巴宜区举办高校毕业生报考对口援藏省市公职岗位暨就业创业政策宣讲活动

报，完成2287人、585.41万元每月待遇发放、申报、复合及财政补贴拨付工作。出纳方面：完成巴宜区企业单位劳动保证金227家、2200万元，退还38家、1946.05万元。会计方面：完成11个账户的审核入账，按财务规定整理账务。2018年，个体养老保险征缴98人、204万元，完成2018年报退休8人、批退8人。城乡居民医疗保险方面：完成2018年3799人、157740元的征缴城居医保工作。

【医疗保险报销】 2018年，巴宜区参加特殊门诊人数215人，干部职工医疗保险基金支出186.85万元，公务员补助基金支出43.24万元，居民医疗保险基金支出146.62万元，退休异地干部职工医保卡支现6.15万元，职工生育报销129.73万元。与市社保局医保中心联合查处骗保2起，涉及金额15271.19元，当事人已退回报销金额及2倍罚款，总计45813.57元。

【人力资源管理】 2018年，区人社局按照相关要求对巴宜区13名办事员未转科员的人员进行考察并做转正；巴宜区一般干部借调、跟班学习47人，申请调入巴宜区人员中已有28人办理完正式调动手续，申请调出12人；一般干部辞去公职4名，其中2名为“三支一扶”人员；巴宜区审批参公单位10个、共47人，均通过2018年行政机关事业单位参照公务员法管理的事业单位过渡考试；完成事业专技人员文化初级职称评审14人、

农牧系列中级1人、教育系统中级10人；申报正常退休8人。

【工资福利】 2018年，区人社局根据相关文件精神，完成2018年度全区1531人工资的正常晋升和职务调整，落实了新录用、调入、转业95人的工资、47名参公人员工资的审批和调整、13名退休人员工资的清算和信息采集；完成2010—2018年考录的427人录用审批表的补办，并移交给区委组织部装档；完成全区干部职工（除公安局）1304人工资的信息采集录入，并逐一核实档案；上报巴宜区2018年度各类工资统计报表，并顺利通过上级部门的审核；上报市人民医院2019年巴宜区2051人体检数据的统计，并与各单位逐一核对体检人员，确保不落一人。

【劳动监察】 2018年，区人社局开展法律法规宣传7次，现场接受农民工咨询800余人次，发放宣传资料3000余份，发放宣传品2000余个；设立举报投诉窗口，安排专人负责来电、来访举报投诉受理接待，解决农民工欠薪问题110起，涉及人数1055人，涉及金额780万余元，即时调解解决纠纷13起；联合公安、检察院、信访局开展专项联合检查4次，共检查用人单位238家，涉及劳动者2663人，其中建筑业1起、居民服务业2起，结案3起，期限内结案率100%；顺利完成自治区农民工工资支付交叉检查考核工作，得到上级部门的肯定。

（桑杰卓玛）

民　政

【概　况】 巴宜区民政局为巴宜区政府主管社会行政事务的职能部门。主要职能包括部分社会保障工作，部分社会行政事务管理和基层政权建设工作。区民政局包括办公室、老龄办、社救办、优抚办、救灾办、区残疾人联合会和婚姻登记处。辖巴宜区特困人员集中供养服务中心、居民家庭经济状况核对中心（民政救助站）2个事业单位。2018年，区民政局有干部职工（含福利院）30名，其中副科级以上9名。

【最低生活保障】 2018年，区民政局严格落实《西藏自治区财政厅　西藏自治区民政厅关于提高城乡居民最低生活保障补助标准的通知》和《西藏自治区民政厅　西藏自治区财政厅关于提高农村居民最低生活保障补助标准的通知》精神，从2018年1月1日起，城镇低保保障标准由每人每月700元提高到每人每月750元；从2018年7月1日起，农村居民最低生活保障标准由每人每年3840元提高到每人每年4450元。2018年，城镇低保114户282人，发放资金136.5万元；对农村低保对象90户289人（返贫及新申请低保22户75人、原低保68户214人）开展入户调查及核对工作，其中将符合条件的农村低保共16户56人及时纳入低保，发放低保金4.5万元。

【城乡医疗救助】 2018年，区民政局认真落实国家、自治区及市有关医疗救助政策规定，对医疗保障精准扶贫对象建立了分类档案，为医疗精准扶贫对象开通医疗就诊绿色通道，严格落实新农合、医疗保险、大病救助等政策和费用报销。全面开展基本医疗保险和大病保险支付后自付费用仍有困难贫困患者医疗救助，医疗救助政策得到有效落实。2018年，受理医疗救助对象238人（其

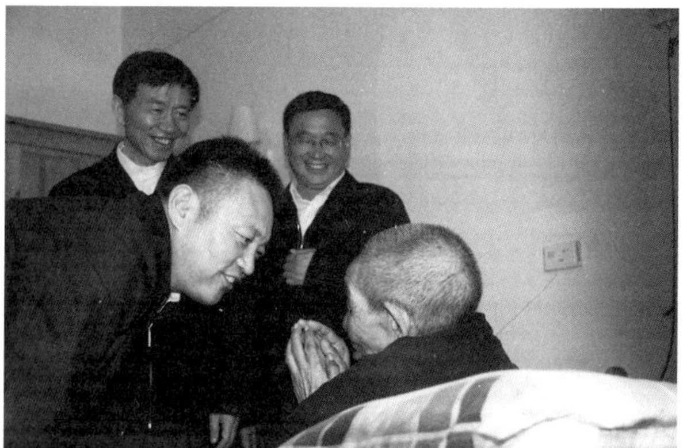

2018年7月20日，西藏自治区民政厅厅长嘎玛泽登（左一）在巴宜区社会福利院看望慰问寿星老人

中困难群众84人、建档立卡贫困户109人、城乡重点对象45人），发放医疗救助金227.94万元。按照每人20元的标准，为1374名“五种人”（低保户，特困人员，重点优抚对象，孤儿，残疾一、二级）上缴合作医疗补助约2.75万元。

【临时救助救急】 2018年，区民政局认真落实有关临时救助政策，公正有效实施临时救助，为61户困难群众落实救助资金52万元；救助流浪乞讨人员32人，发放资金27800元。

【困境和留守儿童摸排】 2018年，区民政局通过动态监管和摸底排查统计，巴宜区有困境儿童5户16名，无留守儿童。明确了监护人，并分别与监护人签订责任书，切实保障困境和留守儿童的基本生活、医疗和教育。

【防灾减灾】 2018年，巴宜区开展防灾减灾应急演练4次，参加演练1300人次，发放宣传资料4000余份，发放印有宣传标语的用品价值5000元；总投资246万元（123万元/个）实施更章乡、米瑞乡救灾物资储备建设项目，截至年底，已完工验收。同时，根据需求，积极向上级部门申报了八一镇、林芝镇2个镇救灾物资储备库建设项目。积极支援米林加拉抢险救灾工作。为灾区支援雨鞋150双、方便面100箱、矿泉水100箱、大米100袋、面粉100袋、压缩干粮50箱、午餐肉罐头50箱、棉被60床、棉垫210床等价值10万元的物资。同时，倡议全区党员干部为灾区人民献上爱心，筹集款6万余元。

【“双拥”工作】 2018年，区民政局为进一步巩固和发展军政、军民关系，营造改革、发展、稳定和军队建设的良好氛围，在2018年3月“双拥月”期间，积极开展宣传教育活动；在建军91周年及“三大节日”来临之际，由巴宜区四大班子领导带队，分别对驻地部队开展慰问，慰问金、慰问品及哈达共投入5.65万元。积极做好巴宜区2018年度新兵欢送各项工作，与军分区协调解决生活垃圾处理等问题。

【落实优待抚恤政策】 2018年，区民政局对1978年以来的退伍士兵信息档案整理工作；健全完善原有60岁以上退伍老兵的档案信息。根据《军人抚恤优待条例》相关规定，积极开展优抚保障工作。2018年，全区有优抚对象45名，其中伤残抚恤对象11名，发放伤残抚恤金21.88万元；烈士、军人病故因公牺牲遗属3名，发放抚恤金5.6万元；60岁以上农村籍退役士兵发放生活补助5.02万元。

【退伍安置接收】 2018年，巴宜区民政局为2017年符合享受一次性经济补助和家庭优待金的退役士兵发放资金186.2万元。

2018年11月8日，巴宜区社会福利院老人欢度工布新年

【婚姻登记】 2018年，巴宜区共办理婚姻登记手续853对。其中，结婚登记542对，离婚登记136对，补发结婚证166对，补发离婚证9对。

【特困供养】 2018年，区民政局积极开展城市特困人员摸底及保障工作，加大特困供养中心供养资金投入，配齐特困供养机构护理人员等工作，确保特困人员供养救助工作有序开展。截至年底，全区有特困人员171人，特困集中供养中心有老人71人，有意愿集中供养率达100%。根据《西藏自治区人民政府〈西藏自治区特困人员救助供养办法（试行）〉的通知》及《西藏自治区民政厅　西藏自治区财政厅关于提高农村居民最低生活保障补助标准的通知》精神，农村集中供

2018年3月8日，巴宜区民政局党员干部与区社会福利院老人欢度“三八”妇女节

养及城镇特困人员每人每年11700元、农村分散供养每人每年6675元。2018年，发放最低生活保障补助资金150.55万余元，并对其实行“衣、食、住、行、医”实行全额保障政策。

【孤儿救助】 2018年，巴宜区共有孤儿39人，根据“双集中”供养目标要求，积极动员20名孤儿入住林芝市儿童福利院，并与未入住福利院的10名孤儿的监护人签订寄养协议书。同时，对全区5户13人农村困境儿童开展入户调查，并落实相关资金兑现政策。

【老龄工作】 2018年，区民政局认真贯彻落实各级文件精神，做好2018年巴宜区老龄统计和健康补贴发放工作。截至年底，巴宜区有60岁以上老人2619人，其中高龄失能老人13人，发放健康补贴资金0.78万元；寿星老人中，80—89岁250人、90—99岁37人、100岁以上3人，按照每人300元、500元、800元的标准，为老人发放健康补贴资金9.59万元。

【农村社区建设试点】 2018年，根据《中共西藏自治区委员会办公厅　西藏自治区人民政府办公厅印发〈关于深入推进农村社区建设试点工作方案〉的通知》和《林芝市巴宜区深入推进农村社区建设试点工作方案》要求，按照巴宜区30%的比例，选定试点对象21个村，并统一制作公章。截至年底，正在积极推进衔牌的设计制作及挂牌工作。通过不断加强和创新巴宜区农村基层社会治理，提升农村社区公共服务水平、促进城乡一体化建设、夯实党在农牧区的执政根基。

【残联工作】 根据巴宜区残疾人基本服务状况和需求专项调查统计，2018年，巴宜区持第二代残疾人证1006人，其中农村残疾人669人、城镇残疾人337人。5月12日，巴宜区开展以“全面建成小康社会，残疾人一个也不能少”为主题的第二十八次“全国助残日”宣传活动，在和谐小区为小区居民讲解残疾预防相关知识及政策宣传；8月，在林芝市人民医院开展以“残疾预防，从我做起”为主题的座谈会，为37名脑瘫儿童发放认知玩具及爱心衣物；市、区两级残联齐心合力，多次与民生林芝物业公司沟通，解决5名巴宜区残疾人就业名额，月工资1650元。2018年，为671名残疾人发放残疾人两项补贴150.55万元，其中重度残疾人302人，按照每人每月200元标准发放护理补贴71.38万元；困难残疾人671人按照每人每月100元标准发放生活补贴79.17万元；按照每人每月200元标准，为23名重性精神障碍患者监护人发放监护补贴27600元。

（杨　芳）

农 业

林 业

【概 况】 2018年，巴宜区林业局在区委、区政府的正确领导和区人大的指导监督下，认真践行“三个代表”重要思想，切实树立科学发展观，认真贯彻中共十九大、十九届一中、二中、三中全会、自治区第九次党代会及自治区党委九届三次全会、市委一届七次会议及全国“两会”等重要会议精神，深入落实好自治区、林芝市、巴宜区各工作会议精神，牢牢把握中央对新时期林业工作“四个地位”“四大使命”的定位，牢固维护在以习近平为核心的中共中央周围，坚决维护习近平作为中共中央的核心、全党的核心地位。把思想和行动切实统一到中共十九大精神上来，把智慧和力量凝聚到落实中共十九大提出的各项任务上来。深入贯彻落实中央、自治区、林芝市、巴宜区各级党委政府的决策部署，深入学习实践习近平关于生态文明建设“绿水青山就是金山银山”的重要论述，各项工作取得了较好成绩。

区林业局设5个科室，分别为办公室（后勤）、林政股、营林科、森林公安局、雅尼湿地管理局。其中森林公安局下设百巴派出所、鲁朗派出所；林政股下设百巴检查站；营林科下设苗圃。2018年，全局有干部职工45名，其中干部25名，行政编制17名（森林公安8名）、事业编制8名，工人11名、公益性岗位6名、临时工3名。

【林业基本情况】 巴宜区地处念青唐古拉山与喜马拉雅山之间东部、雅鲁藏布江下游，境内气候温和干燥，日照充足，森林资源丰富，活力木蓄积量为8859万立方米；林地面积50万公顷，占全区总面积的58.69%，其中森林面积46万公顷、有林地面积32万公顷、疏林地面积1187公顷，散生木蓄积量33443立方米、四旁树蓄积量11863立方米、灌木林面积15万公顷；全区森林覆盖率为54.21%，林木绿化率为57.22%；境内有色季拉国家森林公园、比日神山国家森林公园、雅尼国家湿地公园、雅鲁藏布大峡谷国家级自然保护区、工布自治区级自然保护区、巴结巨柏自治区级自然保护区，全区7个乡镇林区都纳入森林生态效益管护范畴，管护面积670.2868万亩。

【森林防火】 2018年，在区、市两级森林防火工作会议结束后，区委、区政府高度重视，及时组

2018年7月13日，巴宜区人民法院审判自治区首例涉林公益诉讼案件，区林业局在职工作人员及森林公安局民警到庭进行旁听

织召开巴宜区森林防火工作会议。区政府与各乡镇层层签订责任书，并与各乡镇分管林业主要领导召开座谈会，共同研究和部署森防工作；组织人员每周3次（周一、周三、周五）进行宣传车藏、汉双语巡回宣传，采取电视滚动的方式播放森林防火宣传影片，通过手机通信平台向全区用户发送森林防火宣传短信，做到森防工作家喻户晓、人人皆知。截至年底，发放印有森林防火及林业法律法规的宣传单7500余份、扑克牌480余副、布袋180余个，向各界人士宣传森林防火法律法规等林业相关知识。

每年进入森防期时，区林业局积极组织森林公安、林政人员同各乡镇组织的护林员开展清山封山活动，对林区施工单位下发停工令。针对林区施工单位进行动态管理，截至10月15日，与21家施工单位签订森林防火责任书，办理入林证人员3000余人，收取森防保证金274万元；自10月15日巴宜区进入森林防火期后，积极组织各入林施工企业召开座谈会，并及时下达停工令，要求各施工企业重新办理相关手续。截至年底，已有6家企业办理相关手续，100余人办理了入林证。同时，区林业局与各乡镇都安排森防值班人员，确保24小时值班不间断，有事报事无事报平安。

【队伍建设】 加大监管力度，净化执法队伍，提高执法水平。2018年，区林业局规范和制定了《木材检查站冲卡应急预案》，严格按照《检查站工作制度》加强执法检查，清退了执法队伍中的临时工，调离个别不能胜任工作的人员；继续开展林业综合整治活动，不断加大执法力度，加强执法规范化建设，开展森林防火隐患大排查、清山、巡山、木材市场清理大整顿、春季严打整治行动等各类执法活动；加强巡逻强度，确保林市林区资源安全，组织林政与森林公安人员进行不间断的巡逻，在7个乡镇监测是否有盗伐、非法运输、非法加工、非法征占用林市的情况，特别是对重点沟口和重点林区严防死守。同时，组织人员对周边区域的消防、林政案件、沉积料等进行检查。2018年，开展森防巡逻排查隐患出动1400余人次、车辆520余台次；加强对征占用林市的管理工作，严格按照征占用林地管理办法和审核管理的程序，对征占用林地进行严格管理、受理和逐级呈报，对有关项目立项批准文件进行严格审核把关，对征占用林地的实际面积和林木数量收取林地补偿费和林木补偿费。

2018年11月1日，巴宜区林业局召集生态岗位成员单位召开迎接中央脱贫攻坚专项巡视工作安排部署会

【精准扶贫】 2018年，为进一步稳固精准扶贫工作成果，区林业局积极组织贫困群众参与森林管护，优先聘请有劳动能力和意愿的贫困群众为专职护林员或兼职护林员，增加贫困群众工资性收入。按照“盘活存量、用好增量、重点突破、雪中送炭”的原则及规范精准扶贫资金管理，切实有效发挥资金使用，促进精准扶贫工作。2018年，巴宜区生态补偿脱贫岗位人员3089个，全年兑现生态补偿资金1081.15万元。

【公益林管护】 专业管护人员上岗情况。2018年，巴宜区林政分管领导牵头到重点沟口、重点林区，按照专业管护员的“八防八抓职责”和生态护林员的“十防一监测”职责，加强人员管理，定时、不定时地检查管护员在岗情况、森防巡逻情况、乡村护林员日常巡查情况、排查登记情况等。2018年，兑现巴宜区专业管护人员全年工资 101.88 万元，其中站长 2000 元 / 月、副站长 1900 元 / 月、队员 1800 元 / 月，管护员人员工资按每年两次进行拨付，专业管护队覆盖巴宜区 7 个乡镇，既保护了巴宜区生态环境，又增加了当地农牧民的经济收入。

【涉林违法打击】 2018 年，区林业局森林公安局为有效维护林区社会治安和保护林区森林资源及野生动物，不断加强执法力度，查处各类涉林案件 12 起，其中刑事案件 6 起（破 2 起），逮捕 1 人，判决 3 人，涉案木料 19.05 立方米，下降木 185 根、坑道木 100 根；林业行政案件 6 起，行政拘留 2 人，没收木料 1.331 立方米，罚款 32500 元。破案率达到 66.7%。

【集体林权制度改革】 2018 年，根据《中共中央国务院关于全面推进集体林权制度改革的意见》文件提出的总体目标及《西藏自治区集体林权制度改革工作试点方案》，巴宜区迅速行动，在前期调研的基础上加大宣传力度，分级召开动员会议，明确林改任务目标（14073.6 亩）和实施方法，组织开展巴宜区集体林权制度改革动员大会及培训。通过全区上下不断的努力，截至年底，巴宜区林改总面积达 14276.89 亩（104 个地块），圆满完成了集体林权制度改革工作。6 月 18 日，根据《巴宜区农村土地（耕地）承包经营确权登记颁证工作验收》的通知，再次梳理林权重叠数据问题。同时，协助测绘单位开展第三次勘界确权梳理整改工作，经区林业局和林权作业单位共同确认后，共有 1168.57 亩的重叠，其中 896.03 亩确权为耕地、272.54 亩确权为林地。6 月 28 日，完成林权重叠数据相关问题整改及调整界线和林改内外作业完善工作。同时，根据问题导向，在进行自查的基础上，在市林业局林改办主任李华平的带队下，召集各乡（镇）要求对 22 项资料查漏补缺，对各乡镇集体林权制度改革资料进行整理归档（含数据纠错资料归档）工作，并将测量单位测出的初步数据移交至超图公司。

【林业项目】 巴宜区 2017 年度“两江四河”流域造林工程。工程总面积为 4977.3 亩，总投资为 1605 万元，其中百巴镇 271.8 亩、更章乡久巴村 42 亩、八一镇 80.7 亩、布久乡 1694.7 亩、林芝镇 716.1 亩、米瑞乡 2172 亩。项目涉及的苗木、设备（网围栏、柴油移动提灌设备、PE 水管）均由区政府采购并已送至项目涉及村，并于 2018 年 7 月中旬对所有苗木、设备进行验收，验收为合格。

巴宜区 2017 年防沙治沙项目（发改）。项目总面积为 5000 亩，总投资为 127 万元（资金设在市财政局）。项目位于林芝镇立定村，立定村 1 号小班 3451.7 亩、2 号小班 1548.3 亩。项目为封沙育林（草）结合人工补播草种，已完成补播。项目种子、设备（网围栏）均由区政府采购，并于 2018 年 7 月中旬对所有种子、设备（网围栏）进行验收，验收为合格。

巴宜区 2017 年防沙治沙项目（财政）。项目总面积为 400 亩，总投资 200 万元，造林树种为柳树，地点位于米瑞乡色果拉村。项目实施由米瑞乡色果拉村负责，苗木及设备采购已由巴宜区政府统一进行采购，截至 2018 年年底，项目已完成。

【自然保护区】 加强组织领导。2018 年，区林业局高度重视辖区自然保护地、林地保护工作，林政和森林公安工作人员日常定时与不定时在各类保护区及森林公园加强巡逻，结合 2017 年绿盾回头看工作及 2018 绿盾大检查方案，对检查中存在

2018 年 12 月 7 日，巴宜区林业局党支部组织全局干部职工，并邀请森警中队官兵进行协助，集中前往比日神山景区开展主题党员活动日活动

的问题立行立改，确立整改时限。同时，召集相关部门召开巴宜区自然保护地大检查工作专题会议，专门成立领导小组对下一步的检查工作进行安排部署，切实协调安排好各项清查、检查工作。

加强与相关部门协作。为全面深入开展保护地大检查工作，积极向区政府汇报保护地大检查工作内容，及时给区环保局、国土局、住建局等相关部门印发《区林业局关于印发〈巴宜区开展自然保护地大检查工作方案〉的通知》，形成由区林业局牵头、相关部门参与的自然保护地大检查联合组，积极开展自然保护地大检查，充分发挥各行业工作职责；为积极推进非法侵占林地清查工作，区林业局及时向区各直属单位、各乡镇及时下发通知，要求对各辖区（含保护区）在林区的建设项目进行清查，上报各建设项目名称、地点及占用林地相关手续办理情况，进行摸底调查。

全面深入开展清查行动。为切实做到底数清、情况明、整改有效，区林业局工作人员对2015年以来在区林业局办理保护区及占用林地手续的项目进行排查登记。同时，根据第一阶段摸底调查情况，区林业局、国土、环保等保护地大检查成员部门到各乡镇项目建设点，对2015年以来建设项目进行核查，对存在侵占保护区、非法侵占林地的建设点，当场提出整改意见和期限。2018年7月27日，区林业局召集相关部门召开巴宜区自然保护地大检查安排部署会，全面查找建设项目使用林地相关事宜中存在的薄弱环节，对存在的问题下达停工令及督办函要求补办林业相关手续。

加强宣传教育，提高政策知晓率。为提高巴宜区拟建项目用地在自然保护地内开工实施的项目及规范审核审批程序知晓率，2017年8月至2018年12月，多次向区直相关单位和各乡镇发函，告知生态敏感区内建设项目的审核程序，要求建设单位依法依规办理林业相关手续。用藏、汉双语制作了《林地、自然保护区、森林公园、湿地保护相关法律法规宣传册》及《林业相关法律法规及办事工作指南》，多次深入各乡镇进行宣传教育。截至年底，共宣传10余场，发放宣传册2000余份，受教育群众达1800人次。

2018年8月28日，巴宜区护林员结业合影

【**湿地保护**】 2018年，区林业局高度重视湿地公园的监督管理工作，特成立领导小组日常定时与不定时在湿地公园内加强巡逻，对检查中存在的问题立行立改，确立整改时限；针对自然保护地大检查，制定了《2018年区林业局“绿盾”专项行动方案》，确保清查、检查工作有序顺利推进；为有效保护公园内的自然资源、自然环境和基础设施，与涉及乡镇签订保护与发展森林资源目标管理责任书，明确管护责任（其中一项针对湿地公园的监督管理）；林芝镇、米瑞乡、布久乡生态护林员不间断在湿地公园沿线加强巡逻，并建立巡护日志，在巡逻中发现的问题及时制止，做到管护不留死角，如问题严重的（非法开垦湿地、取土、排放污水、非法侵占湿地等），及时上报巴宜区湿地公园管理局，提出整改意见和期限。

【**野生动物肇事统计和兑现**】 随着区生态建设和野生动物保护力度的加大，野生动物损毁作物、伤害人畜的问题日益突出，为切实加强野生动物保护工作，进一步降低野生动物肇事造成农牧民群众的损失，有效维护受灾群众的利益。2018年6月，巴宜区兑现2017年野生动物肇事资金33.6254万元，申报案件141户，核定案件141户，其中自治区承担部分资金20.1752万元、地（市）

承担部分资金10.0876万元、县（区）承担部分资金3.3625万元。

【党建工作】 2018年，区林业局吸收积极分子2名，预备党员转为正式党员1名。定期开展党支部活动，全年召开支部大会4次。

（扎西曲珍）

农 牧

【概 况】 2018年，巴宜区农牧局（以下简称“区农牧局”）以学习贯彻中共十九大精神和习近平新时代中国特色社会主义思想为主线，按照巴宜区“2156”发展思路，凝心聚力，开拓进取，团结全局各族干部职工，全力推进巴宜区农牧局平稳健康发展，为巴宜区社会的长治久安做出应有的贡献。2018年，全局有34名干部职工，正式党员22名，占在职在编人员的64.7%。

【农业基本情况】 2018年，巴宜区农作物总耕地面积4.1万亩，总播种面积4.3222万亩。其中，冬播面积1.841万亩，冬小麦种植面积13000亩、冬青稞5410亩；春播面积2.4812万亩，其中春青稞1920亩、油菜4300亩、蔬菜8200亩、玉米8244亩（青贮玉米2244亩）、其他作物2148亩。

【农用物资调运】 2018年，完成林芝市下达的计划内化肥指标744吨和农药指标26.233吨的调运任务，已全部分配各乡（镇）及各种植村。2018年，巴宜区提前从区内外调运良种113.074吨，其中从区外调运59.074吨、从区内调运54吨，已全部发放给各种植村。

【良种繁育】 2018年，巴宜区建立良种繁育基地4650亩，其中一级田350亩、二级田4300亩，冬播品种冬青18号3350亩（样板田2000亩）、山冬7号1000亩、春播品种春青稞（喜拉22号）300亩。繁育过程严格按照自治区农牧厅制定的《西藏粮食作物良种繁育基地建设实施管理办法》中规定的种子质量标准执行。巴宜区冬青18号良种繁育情况喜人，种子纯度高得到兄弟县的肯定，从巴宜区采购种子25.363万公斤，为农牧民创收152.17万元。

【农机购置补贴】 完成巴宜区2016年农机购置补贴资金385.7万元，其中国家补贴资金300万元，市、区配套85.7万元。2017年，农机购置补贴资金367.8万元，国家补贴286万元，市、区配套81.8万元。2018年，农机购置补贴资金1221.42万元，其中国家补贴650万元、自治区补贴300万元、林芝市和巴宜区配套271.42万元。农机深松整地作业。农机深松整地作业是改善耕地耕层结构，增强土壤的蓄水保墒能力、促进农业可持续发展和农牧民增收、增效的有效方法之一。2018年，巴宜区农机深松整地作业于9月13日开始全面启动，全部安排在百巴镇，推行连片作业、整乡整村推进，由区农牧局委托及指导工布农民运输专业合作社实施。完成农机深松整地作业面积5200亩，涉及5个村庄，受益农户320户，已通过市级验收。

【粮食作物增产目标落实】 2018年，顺利完成自治区、市为巴宜区安排的冬播（冬青18号）5000亩、春播品种喜拉22号1000亩、春播酒单4号玉米6000亩、青贮金岭377玉米2244亩，高产创建2.5万亩，测土配方施肥2.1万亩等任务。

2018年11月22日，巴宜区委书记米次（右二）带队在银丰藏猪养殖基地调研藏猪产业发展情况

2018年3月17日，巴宜区农牧局在各乡镇开展重大动物疫病防控部署工作，采用以会代训的方式对村级动物防疫员进行培训

【农产品质量安全】 根据上级相关文件精神，区农牧局切实加大农产品质量安全工作力度，全力推进农产品安全监管工作。先后制定2018年农产品质量安全年、田间农产品检测工作方案，并成立相应领导小组，向区政府申请10万元的田间农产品质量检测工作经费，购置了全新的农产品质量检测设备和配备了专职检测人员；协助区政府在米瑞乡建成巴宜区农产品质量安全检测室1个，于12月底投入使用；先后开展10次对巴宜区所有的种子、农药、兽药经营店的安全隐患大排查，并签订责任书。深入各乡镇、村进行放心农资下乡及农产品质量安全宣传培训15次，培训从业人员1500余人次，保障了全区农产品质量安全；加大行业行政执法力度，保障种植业、畜牧业生产规范运行，开展养殖场“瘦肉精”等违禁药物检测，屠宰加工企业实现检疫与“瘦肉精”同步检测，全年下达责令改正通知书5份，立案处理2起违法案例，罚款14585元。

【畜牧业生产】 2018年，巴宜区牲畜存栏量10.3814万头（牛4.459万头，羊0.2716万只，猪5.6508万头，其中藏猪38919头）；禽类9.027万羽，新生仔畜4.824万头，仔畜成活率94.5%，成畜死亡3226头；牲畜出栏数3.6368万头（其中牛0.572万头、羊0.156万只、猪2.9088万头）。畜禽产品产量3168.76吨（猪肉1745.28吨、牛肉772.2吨、羊肉27.3吨、鸡肉248.45吨、鸡蛋375.53吨），奶产量5120.74吨。

【春秋季重大动物疫病防控工作】 2018年，先后召开春秋季重大动物疫病部署会议，加强集中防疫力量进行防疫。按照“六不漏、七统一”开展集中免疫。截至年底，牛口蹄疫三价苗应免疫49071头，实际免疫45132头，免疫率92%；猪O型口蹄疫应免疫56680头，实际免疫55716头，免疫率98.3%；羊口蹄疫二价苗应免疫4980只，实际免疫4940只，免疫率99.2%；禽流感疫苗应免疫110400羽，实际免疫110400羽，免疫率100%；猪瘟疫苗应免疫56680头，实际免疫55234头，免疫率97.45%。

【渔业管理】 截至2018年9月，派出渔政执法人员30人次，出动执法车12台次，深入巴宜区农贸市场、尼洋河特有鱼类国家级水产种质资源保护区等主要流域开展渔政执法宣传工作，通过张贴禁渔期公告、发放告知书等形式，加强渔业管理。

【包虫病防治】 强化宣传培训，营造防治工作的良好氛围。采取集中宣传、展板展示、设点咨询等多种形式，结合“五下乡”等活动和重要节日进行多层次、全方体的宣传。2018年，累计发放包虫病宣传册1000余份、挂历1500余份、犬驱虫情况登记本120余本、犬粪处理情况登记本120余本；借春秋季防疫并以会带训的方式，对全区108名村级动物防疫员和乡镇农牧专干进行包虫病防治知识培训。活动的开展，农牧民防治知识知晓率达70%。突出重点环节，确保防治工作有序推进。按照“月月驱虫，犬犬投药”的原则，每月6日为犬驱虫日，同时对驱虫后6日内的犬粪进行焚烧或深埋处理，并发放吡喹酮药12箱。截至10月底，累计驱虫犬只达48040只。2018年，区兽防站与村兽医共接种8周龄至1岁以内新生羔羊、2017年已免疫新生羔羊共5648只，完成2岁以下家畜（羊）患病率不足15%、

2018 年 5 月，冬青 18 号抽穗长势情况

新生存栏羊免疫率达 80% 的指标。2018 年 8 月，区兽防站对监测点的羊进行抽样屠宰剖检，未发现有包虫病包囊。采集 90 份羊血清、590 份牛血清、150 份犬粪送检，监测点任务完成率达 80%。

【动物检疫】 区农牧局以《中华人民共和国动物防疫法》为依据，认真开展产地检疫。除对全区农贸市场、定点屠宰场、超市等交易地点进行有效检疫监管外，还积极做好运输动物产品的检疫工作，防止未经检疫及病死病害肉类上市。2018 年 6—12 月，实行 24 小时值班制，规范屠宰检疫管理，做到随宰随检、有宰必检，严把宰前、宰后检疫和无害化处理关，确保上市肉品全部检疫合格。同时，不断加强养殖场监督执法和养殖技术的指导，签订目标责任书，形成有效监管。截至 10 月 18 日，检疫屠宰生猪（长白猪）18608 头，检出病害猪 4 头；藏猪 152 头，检出病害猪（猪囊虫）5 头，全部按规定进行焚烧无害化处理；“瘦肉精”检测 600 头份，全部为阴性。2018 年，全区非洲猪瘟防控工作有序开展，出动执法人员 45 人次、车辆 15 台次，排查生猪定点屠宰场 1 个，检查养殖场、散养户 56 家次、大型超市 9 家次、农贸市场 6 次，另外排查规模养殖场 3 个，发放宣传册、挂图等宣传资料 100 余份，排查城区周边生猪 2 万余头，未发现异常情况。

【项目建设】 续建项目。2018 年，续建 2017 年项目 7 个，项目总资金 4067 万元，其中国家资金 2602 万元、企业配套 1465 万元。分别为：巴宜区无公害蔬菜示范基地建设项目，总投资 2000 万元，其中国家 600 万元、企业 1400 万元，建设完成达 95%，露地蔬菜已全部种植完成；巴宜区人工种草与天然草场改良项目，总投资 780 万元，截至年底，已经建设完成，并通过自验和市级验收；巴宜区 2017 年优质水果种植项目，总投资 415 万元，其中国家 350 万元、企业 65 万元，已经建设完成，并通过自验和市级验收；巴宜区重大动物疫情应急物资储备及冷链设施和巴宜区草原监理站建设项目，已经建设完成，正在申请政府采购相关设备；巴宜区草原防火站建设项目，总投资 426 万元，基础设施已经建设完成。

新建项目。新建项目 10 个，总资金 13866 万元，其中国家资金 3211 万元、自治区资金 1400 万元、林芝市资金 6000 万元、社会融资 3255 万元。截至年底，已有 9 个项目正式动工建设，另 1 个处在初步设计中。

【藏猪产业】 2018 年，由自治区和林芝市分别扶持 1400 万元和 6000 万元发展巴宜区藏猪产业，主要扶持村集体合作社 10 家，建设饲料加工厂 1 家，扶持企业 1 家，扶持养殖示范户 133 家。扶持的合作社已经建设完成 100%；饲料加工厂已完成基础设施建设，正在采购设备；养殖示范户已确定完成 85%。

【合作社发展】 截至 2018 年 10 月，巴宜区成立农牧民专业合作社共 265 家，在区农牧局登记备案的 189 家。其中，种植业 67 家，养殖业 138 家，农畜产品加工业 10 家，建筑建材业 8 家，旅游业 14 家，其他 28 家。合作社注册资金达 19455 万元，合作社成员 3557 户 14210 人，入社比例达 81%。固定资产达 28327.5 万元，流动资产达 8900 万元。2018 年，全区合作社总收入达 13255 万元，销售收入达 9000 万元，利润达 5500 万元，带动合作社成员户均增收 1.38 万元，人均增收达

2018 年 9 月，米瑞乡本仲村箭舍豌豆

2018 年 9 月，丰收的喜悦　　张瑞霞　摄

3550 元。基本形成“一村一社”或“一村多社”的发展格局。

【虫草采集管理】 2018 年，巴宜区各乡（镇）认真贯彻《西藏自治区冬虫夏草采集管理暂行办法》和巴宜区 2018 年虫草采集管理工作会议精神，大力开展虫草采集相关法律法规宣传活动，积极开展清山巡山工作。对外来人员和无证人员进行教育劝返，切实维护了巴宜区广大农牧民群众的切身利益，增加了群众收入，有力地维护了巴宜区虫草采集期间社会局势的稳定，巴宜区虫草采集秩序良好。2018 年，巴宜区设虫草采集点 15 个，出动设卡人员 73 人，开展清山巡山 7 次，出动清山人员 215 人，清理出外来人员及无证人员 24 人，办理采集证 1396 本。收取草原植被恢复费 15 万余元。2018 年，虫草产量 415 公斤（其中百巴镇 218 公斤、布久乡 75 公斤、鲁朗镇 41 公斤、八一镇 65 公斤、林芝镇 9 公斤、更章乡 7 公斤），虫草销售价平均 6 万元 / 公斤，促进农牧民创收 2490 万元。比 2017 年增长 10.7%，虫草采集管理工作经济效益和社会效益显著。

【产业扶贫项目】 2017 年产业扶贫项目开展情况。2017 年，实际开展实施项目 27 个，项目总投资 61053.43 万元。其中，政策性资金 2139.43 万元，社会资本 19338.90 万元，金融贷款资金 39575.10 万元。截至年底，9 个到户项目稳步推进，18 个信贷项目均已与金融部门对接，放款项目 9 个，已放款金额 5725 万元。完成投资达 45%，签订利益链接机制 14 个，项目区群众受益 269 万余元。项目辐射带动 1085 人受益，涵盖 33 户 107 人贫困户增收致富，实现 13 户 42 人如期脱贫。达到国家关于中西部地区贫困发生率控制在 3% 以下的要求。

2018 年产业扶贫项目开展情况。筛选审定通过 2018—2020 年产业项目 69 个，计划总投资 10.7 亿元，其中政策资金投入 9637.72 万元、社会资本 5.8 亿元、金融资金 3.93 亿元。项目涉及种植、养殖、加工、文化旅游、商贸流通、资源开发共 6 大类 69 子类；2018 年产业项目 38 个，计划总投资 7.02 亿元，其中政策资金投入 6373.2 万元、社会资本 2.96 亿元、金融资金 3.41 亿元。项目涉及种植、养殖、加工、文化旅游、商贸流通、资源开发共 6 大类 38 子类；2018 年“4+1”模式产业项目 8 个，项目总投资 478.5 万元，其中政策资金 300 万元、社会资本投入 178.5 万元。截至年底，2018 年产业项目及“4+1”模式产业项目已通过指挥部审定通过，已下达实施方案的批复；2018 年到户产业项目 8 个，总投资 60 万元，截至年底，已全面完工。

【党建工作】 2018 年，区农牧局党支部高度重视党建及党风廉政建设，先后制定《深入学习党的十九大报告计划》《两学一做常态化、制度化学习计划》《中心理论组学习计划》等学习计划，严格要求党员按学习计划进行学习和做好个人学习笔记，党员学习进一步得到加强，党性修养明显提高。2018年4月，党支部根据人员变动情况，及时进行党支部补选，增补3名支委成员，让党支部更有凝聚力和战斗力。支部严格按照上级党委的要求，区农牧局全体党员先后完成十九大报告学习心体会2篇、加强政治教育剖析材料和学习心得体会各1篇。定期开展主题党日和慰问贫困户活动，全体工作人员的工作积极性、主动性和能动性大大提高，助推了区农牧局各项工作顺利完成。

【土地（耕地）确权】 2018年，巴宜区土地（耕地）确权工作已完成各乡镇的资料公示，完成各级相关培训9次，培训人员509人次。全年调解矛盾排查54处，调处46期，调处率85%，除八一镇个别村外，其他矛盾纠纷都已调处成功。按照自治区《关于加强农村土地（耕地）承包经营权确权登记颁证信息安全保密工作的通知》，2017年7月，分别与作业单位及7个乡镇签订保密协议。2018年8月14日前，已向各级汇交了数据。2018年10月通过自治区验收，截至年底，准备进行颁证。

【农村集体产权制度改革】 2018年，按照农业农村部及西藏自治区农牧厅的部署要求，结合巴宜区实际，成立以区委书记任组长，区委副书记、区长、区委常务副书记任常务副组长，区政府分管领导为副组长，区直各相关部门、各乡镇党委书记、街道办党工委书记为成员的巴宜区农村集体产权制度改革领导小组。起草了《林芝市巴宜区农村集体产权制度改革整县推进试点工作论证报告》《林芝市巴宜区农村集体产权制度改革整县推进试点方案》《巴宜区农村集体产权制度改革工作实施方案》《巴宜区农村集体资产清产核资工作实施方案》，并得到自治区农牧厅批复。制作农村集体产权制度改革暨清产核资宣传横幅140条，印制宣传画册140套（每套6张），印制宣传单（《致农牧民朋友的一封信》）4000余份，制作农村集体产权制度改革百题问答140册、农村集体产权制度改革工作手册20本等。10月19日、21日、22日，分别开始在布久乡、八一镇举办农村集体产权制度改革暨清产核资专题培训会。同时，在布久简切村、八一镇巴吉村开展试点工作。

（王　强）

城乡建设　环境保护

住房和城乡建设

【概　况】 巴宜区住建局的职责是贯彻执行国家住房和城乡建设领域政策和法规；研究制订巴宜区建设规划，负责各乡镇、村总体规划的审查报批；协助有关部门指导监督有关设计、设施的招标投标活动；综合管理巴宜区工程监理工作，指导和规划建筑市场，负责工程勘察设计、建筑安装的行业管理，监督检查工程质量及房屋施工安全；负责房地产业的行业管理，指导房地产业开发经营，房屋商品化工作，规范房地产市场；指导城市供水节水、燃气、市政设施、园林、市容和环卫工作；指导规划区的绿化工作；指导城市市容环境治理和城建监察；承担推进住房制度改革的责任和建设任务，执行公租房、周转房、经济适用住房等保障性住房规划政策及建设；组织实施重大市政建设项目。2018年，区住建局有工作人员21名，其中科级领导干部7名、科员9名、工人5名。下设工程质量监督检查站、住房公积金管理中心2个部门。

【党建工作】 2018年，区住建局全面落实党建、党风廉政建设责任制和反腐败工作，主体责任是关键。始终坚持党支部统一领导、“一把手”负总责，分管领导各负其责，保证责任主体落实到位。及时改选新的党支部班子，并成立以区住建局党支部书记为组长的落实党风廉政建设责任制工作领导小组，把党风廉政建设列入重要议事日程，统一研究，统一部署，统一落实，严格落实“三会一课”，使党建及党风廉政建设和反腐败工作的各项任务真正落到实处。

【城乡规划】 林芝镇特色小城镇规划编制。2017年9月，根据《西藏自治区特色小城镇规划设计编制技术导则》，要求巴宜区委托第三方，于2017年12月编制完成《西藏自治区林芝市巴宜区林芝镇特色小城镇规划设计（2017—2035）》（以下简称“《规划》”），《规划》涵盖了总体规划、控制性详细规划、特色风貌设计。2018年年初，按照相关规定和程序，《西藏自治区林芝市巴宜区林芝镇特色小城镇规划设计（2017—2035）》先后经巴宜区政府常务会议、巴宜区第二届人民代表大会常务委员会议研究通过。于

2018年8月20日，第十三届全国政协委员、原广东省委常委、纪委书记黄先耀（右三）在巴宜区调研东莞援建项目——布久乡小康示范镇建设情况

2018年4月上报至林芝市城乡规划委员会；2018年5月，《规划》通过林芝市城乡规划委员会建筑风貌、土地利用等5个专业委员会审查。2018年12月29日，在林芝市城乡规划委员会第二次全体会议上审议通过。

巴宜区百巴镇、更章乡、布久乡、米瑞乡小集镇规划编制。因《巴宜区百巴镇小集镇建设规划（2016—2026）》《巴宜区更章乡小集镇建设规划（2016—2026）》《巴宜区布久乡小集镇建设规划（2016—2026）》《巴宜区米瑞乡小集镇建设规划（2016—2026）》已不能满足4个小集镇的发展需要，区住建局和规划编制单位多次协商沟通，对已有的规划作出重新调整。《巴宜区百巴镇小集镇建设规划（2018—2030）》《巴宜区更章乡小集镇建设规划（2018—2030）》《巴宜区布久乡小集镇建设规划（2018—2030）》《巴宜区米瑞乡小集镇建设规划（2018—2030）》已通过巴宜区4个小集镇规划评审委员会审议通过，待上报巴宜区城乡规划委员会审议。

巴宜区67个村庄规划编制。因鲁朗镇扎西岗村被列入中国第四批传统村落，由自治区住建厅组织编制了《西藏自治区林芝市巴宜区鲁朗镇扎西岗村传统村落保护与发展规划》，已编制完成，待下规划批复。由区住建局组织编制的剩余66个村庄规划，按照城乡规划法的相关规定和流程，已完成批前公示工作，待上报区政府常务会研究审议。

巴宜区多布西片区规划编制。《巴宜区多布西片区控制性详细规划》已经巴宜区2018年第九次政府常务会研究通过，并下达批复。

巴宜区百巴镇堆龙片区规划编制。《巴宜区百巴镇堆龙片区控制性详细规划》已通过巴宜区政府常务会审议通过。

鲁朗林海风景名胜区规划编制。《林芝市鲁朗林海风景名胜区总体规划（2018—2035）》已通过林芝市鲁朗林海风景名胜区规划委员会审议通过，待上报巴宜区城乡规划委员会批准实施。

巴宜区八一镇拉丁嘎东南片区规划编制。《巴宜区拉丁嘎东南片区控制性详细规划》已通过巴宜区八一镇拉丁嘎东南片区规划委员会审议通过，截至年底，正在开展批前公示。

巴宜区冬如片区规划编制。《巴宜区冬如片区控制性详细规划》已通过巴宜区冬如片区规划委员会审议通过，且已完成批前公示，待上报巴宜区政府常务会研究审议。

【续建项目】 2018年，巴宜区续建项目共6个，概算总投资17902.82万元，已完成投资17092.82万元，完成投资率100%。

布久乡市级新型城镇化建设项目。林芝市7个先行启动试点乡镇基础设施项目——巴宜区布久乡。按照《林芝市人民政府关于同意先行启动21个乡镇建设的批复》，布久乡确定为林芝市市级新型城镇。该项目分为两期开展，一期工程为布久乡立面改造38户和沿街招牌38个，项目概算总投资989.77万元，于2016年10月开工，于2017年9月完成竣工验收。二期工程为布久乡新型城镇化建设，建设内容主要为布久乡基础设施、市政基础设施建设，项目概算总投资3312.56万元，于2017年9月底开工建设，于2018年8月22日完成竣工验收。

2017年布久乡棚户区改造项目。概算总投资2800.15万元，建设内容为棚户区改造47户（在此基础上扩大到朵当、简却、卡达3个村的109户），主要包括屋面改造、房屋外立面改造、道路、围墙改造、窗户改造、停车场改造、排水排污及绿化等。于2018年12月18日完成竣工验收。

2017年更章乡棚户区改造项目。概算总投资5238.91万元，建设内容为棚户区改造80户，建筑面积6000平方米，主要包括318国道更章乡过境段836米改市政道路、门巴风格的外立面改造、窗户改造、屋面改造、檐口彩绘、给排水排污工

2018年6月1日，广东省东莞市委书记、市人大常委会主任梁维东（右一）在巴宜区考察东莞援建项目——布久乡小康示范镇建设情况。巴宜区委副书记、区长严世钦（左二），区委常务副书记、广东省第八批援藏工作队巴宜区工作组组长张立鹤（左一）陪同

程、人行道铺装及绿化等。于2018年11月7日完成竣工验收。

2017年更章乡棚户区改造项目——污水处理工程项目。项目概算总投资181.43万元，建设内容为新建设备管理用房49.7平方米，路面破除及修复、设备购置等。于2018年8月21日完成竣工验收。

巴宜区八一镇综合业务用房建设项目。项目概算总投资1060万元，建设内容为新建综合业务用房2610.04平方米、围墙67.30米，硬化地面625.51平方米，优化拆除480.28平方米及室外给排水，室外电气、设备购置等建设内容。于2018年12月18日完成竣工验收。

布久乡小康示范镇建设项目。该项目属于巴宜区第八批援藏项目。项目概算总投资4320万元，建设主要内容有大门1座、公厕2座、观景台3个、挡土墙232米、2.8公里道路两侧5米绿化及排水、村道改造10.8公里、玫瑰园配套工程等。于2019年1月11日完成竣工初验。

【新建项目】 2018年，巴宜区新建项目共10个，概算总投资16937.03万元，已完成投资15069.5万元，完成投资率89%。

巴宜区民房屋顶改造项目。项目完成投资5934.47万元，完成改造面积755405.36平方米，涉及居民2465户。项目于2018年6月30日竣工。于2018年11月7日完成第三方跟踪审计工作。

林芝市八一镇双拥路绿化景观改造工程。项目概算总投资374万元。建设内容为硬化、路面修补、塑木围栏、围墙、场地清理，拆除、绿化等。于2018年11月22日完成竣工验收。

巴宜区2018年新建公共租赁住房建设项目。项目概算总投资1620万元，建设内容为新建96套公共租赁住房，建筑面积4800平方米。截至年底，待基建领导小组会议研究确定施工单位第三方委托招标代理公司。

巴宜区村级组织活动场所标准化建设项目。由区住建局负责的42个村级组织活动场所标准化建设项目概算总投资5774.42万元，其中本级财政投资3912.7万元、援藏投资1861.7万元。由本级财政建设33个、援藏投资建设8个；其中新建12个，改扩建30个。截至年底，已完成总工程量的90%。

巴宜区2017年“11·18”地震严重受损房屋重建项目。项目概算总投资1038.17万元，其中群众自筹资金282.35万元、政府出资755.82万元。对33户因地震严重受损的房屋进行重建。项目于2018年1月9日完成竣工验收。

2018年巴宜区林芝镇特色小城镇棚户区改造项目——林芝镇双拥路改建项目。项目概算总投资

2018年5月14日，林芝市委副书记、市长旺堆在巴宜区督导检查布久小康镇援藏项目

1121.98 万元。建设内容为道路工程、照明工程、盖板沟工程、挡土墙工程、给排水工程、绿化工程等。截至年底，项目已完成总工程量的 30%。

巴宜区林芝镇特色小城镇派出所改扩建项目。项目概算总投资 721 万元，建设内容为新建办公楼、周转房、绿化、道路、围墙、挡土墙、给排水及电气，采购电动巡逻车 2 辆、警务车 1 辆。截至年底，项目已完成总工程量的 30%。

巴宜区百巴镇生活垃圾填埋场项目。按照自治区住房和城乡建设厅《关于对审计署设计组跟踪审计西藏自治区 2018 年第二季度贯彻落实国家重大政策措施发现问题整改的通知》要求及巴宜区 2018 年第九次政府常务会议纪要精神，2018 年 11 月 15 日，区住建局通过政府采购公开招标的形式确定了巴宜区百巴镇生活垃圾填埋场运营企业，中标单位为西藏米林志远环保科技有限公司，中标价为 58 万元。截至年底，项目已投入试运营。

巴宜区各乡镇（除鲁朗镇）垃圾清运项目。2018 年 11 月 19 日，区住建局通过政府采购公开招标的形式确定了巴宜区各乡镇（除鲁朗镇）垃圾清运企业为西藏林芝志远环保科技有限公司，中标价为 294.6 万元。截至年底，该项目运行正常。

【窗口业务】 2018 年，区住建局新办房产 10 宗，面积 35631.68 平方米；房产变更不动产 2 宗，面积 5669.9 平方米；面积变更 2 宗，面积 1875.45 平方米；房产买卖 7 宗，面积 6611.54 平方米，房产遗赠 1 宗，面积 358.51 平方米。注销他项权证 48 本。

项目前置手续办理。办理建设用地规划许可证 68 件、建设工程规划许可证 51 件、乡村建设规划许可证 41 件、项目选址意见书 38 件、施工许可证 41 件。

【保障房清查】 2018 年，巴宜区有保障性住房 580 套，其中公租房（周转房）560 套。为加强保障性住房管理，区住建局对巴宜区干部职工入住周转房和公租房进行全面清理，除需维修的 5 套

2018 年 11 月 9 日，由广东省第八批援藏工作组巴宜区工作组援建的巴宜区米瑞乡通麦村级组织活动场所竣工

外，其余的已全部安排入住。截至年底，已完成合同签订 420 余份，缴纳房屋保证金 126 万余元，追缴房租 103.44 万元，未签订合同 135 份，其中干部职工 99 套、志愿者 6 套、卫生院 14 套、民间艺术团 16 套。

【安全生产】 建筑领域安全施工检查。2018 年，区住建局对巴宜区行政管辖范围内的建筑工地开展联合安全生产检查 5 次，质安站对辖区内建筑工地安全质量生产检查 30 余次，查改问题 23 起，停工整改 3 起，行政处罚 2 起，处罚金 3 万元。燃气站安全监管工作。制定《燃气领域突发事故应急预案》《城镇燃气安全生产工作方案》。截至年底，完成燃气站安全生产检查 20 余次，其中联合执法 6 次，出动 36 人次，下发整改通知书 1 次，查处非法倒气 1 起。

【城市管理】 村镇垃圾清运。2018 年，区住建局与志远环保科技有限责任公司续签乡镇垃圾清运合同，清运范围涉及 6 个乡镇（除鲁朗）、65 个清运点。全年清运生活垃圾 6000 余吨，有效改善了农村环境卫生。

城区辖区内卫生管理工作。工布商业街坚持每周卫生清扫，对群众反映的关于环境卫生和下水道堵塞等问题及时整改。同时，购买巴宜区各乡镇、街道办大垃圾桶（660 升）600 余个、小垃圾桶（240 升）89 个，全年发放大垃圾桶 596 个、小垃圾桶 85 个。

建成区违法建设治理工作。为进一步推进八一镇建成区内违法建设治理工作，7月20日前区住建局已完成摸底排查工作。排查范围为306省道八一镇永久村至章麦村、318国道双拥南路至双拥北路段。查出196处违法建筑，其中八一镇永久村至章麦村79处、318国道双拥南路至双拥北路36处违法建筑、各社区辖区内81处违法建筑。截至年底，完成318国道部分违建拆除，拆除面积约300平方米。

（尼　次）

2018年8月28日，西南督察局副局长柏伦章（前排右二）、西藏自治区环保厅副厅长扎西顿珠（前排左一）、林芝市副市长肖鹤（前排右三）一行工作组在林芝市医疗废物处置中心督导检查工作

环境保护

【概　况】 2018年，巴宜区深入贯彻落实中共十九大对生态文明建设和环保工作的各项部署，牢固树立保护生态环境就是保护生产力、改善生态环境就是发展生产力的理念，始终坚持尊重自然、顺应自然、保护自然，坚持保护优先、建设并重，明确巴宜区“经济发展主力军、小康建设排头兵、宜居城乡首选地、生态文明示范区”的发展定位，将环境保护工作上升到战略层面。在新时期和新形势下，区环保局坚持以生态创建为载体，以环境保护考核为契机，以环境监测数据为依据，以严格的环境监管为手段，以强化环保队伍为保障，做好巴宜区生态环境保护和污染防治工作。2018年，巴宜区环保局有干部职工16名，其中正科级领导2名、副科级4名、科员7名、机关工人1名、公益性岗位1名、“三支一扶”1名。

【明确环境保护职责】 2018年，巴宜区环保工作实行目标责任制和领导责任制，先后研究制定《巴宜区环境保护网格化监管方案》《巴宜区城乡环境综合治理实施方案》《巴宜区突发环境事件应急预案》《巴宜区治理“白色污染”实施方案》以及《各乡镇集中式饮用水水源地保护方案》等制度措施，细化工作、相互协作，把各项工作落实到主管领导，落实到具体责任人，要求各级主要领导高度重视生态惠及民生，必须亲自研究部署生态环境保护工作，主抓制定并落实生态保护、环境整治、生态经济等各项工作方案及具体措施，做到全面安排、统筹部署、强化落实，将生态环境保护工作抓紧、抓牢、抓细、抓实；建立生态环境损害责任终身制，将环境保护纳入乡镇和县级主要部门及主要领导的政绩考核体系，建立环境保护实施成效的监督评估机制，加强统计、监测、标准、执法等领域监督检查，经常性开展生态环保工作检查考核，将检查评估结果作为制度调整和绩效考核的依据，奖惩分明。落实生态环境补偿机制，完善草原生态保护补助奖励机制和国家生态公益林维护补偿机制，将自然资源产权化，“按户承包，按人分山”将自然资源保护与群众利益挂钩，推进形成集体林地、草地良性发展，实现自然资源增长、农牧民群众增收的和谐目标。

【生态创建】 自2012年巴宜区启动国家级生态县（区）创建工作以来，巴宜区按照上级相关要求，积极组织实施国家级和自治区级生态村、生态乡（镇）和生态县（区）申报工作。经过5年坚持不懈的努力，巴宜区已有51个村居获“自治区级生态村”命名；6个乡（镇）获“自治区级生态乡镇”命名；2014年12月，获得“自治区级生态县（区）”命名；2017年9月，获得“国家生态文明建设示范区”命名。2018年，巴宜区全面实施主体功能区战略，以辖区内自然保护区红线图为基础，委托专业机构编制完成《西藏自治区林芝市巴宜区生态红线保护方案》，申报调整红线面积7734.72平方公里、可发展区域面积823.29平方公里，该方案已上报环境保护部审核。

【集中式饮用水水源地保护】 2018年，为确保全国居民饮用水水源安全，原环保部、水利部于2018年联合制定下发《全国集中式饮用水水源地环境保护专项行动方案》，要求各地方人民政府于2018年开展本辖区饮用水水源地环境违法问题的排查整治工作。区环保局针对第一自来水厂二级保护区内冰湖养殖合作社水源环境安全隐患问题，联合八一镇人民政府积极开展群众说服教育，提前完成合作社拆除工作，消除水源地环境安全隐患。

【生态环境保护宣传】 2018年，区环保局制定了2018年巴宜区委理论中心组学习计划表，学习、研究部署生态文明建设和环境保护决策部署，将国家、自治区、林芝市、巴宜区四级生态环境保护大会精神和环保相关法律法规资料以及第二次全国污染源普查指导工作和习近平生态文明思想应知应会精神制成藏、汉双语宣传册，结合“美丽中国，我是行动者”2018环境日宣传主题，采取形式多样、内容丰富、覆盖范围广的宣传方式，为群众宣传讲解了《中华人民共和国环境保护法》《中华人民共和国大气污染防治法》《环境环保知识宣传手册》等基本的环境保护法律法规，向群众发放环保宣传手册500余册、环保挂历500个、环保手袋1000余个，直接受教育人群7000余人，进一步提高公众参与环境保护的意识，形成人人参与环境保护的浓厚氛围。

2018年5月10日，西藏自治区环保厅环评处副处长陈路全（右二）、自治区农牧厅草原畜牧水产处副处长张国权（左一）一行在巴宜区布久乡实地查看禁养区划定工作

【污染防治】 2018年年初，区环保局制定《巴宜区环境质量监测方案》，实施包含空气、水及土壤的环境质量监测，委托第三方监测机构对辖区内尼洋河上游500米、下游1000米、林芝米瑞3处地表水断面，林芝镇嘎拉村、百巴镇色贡村、更章乡白玛店村等10处村级环境质量点和八一镇一水厂、二水厂2处集中式生活饮用水水源地进行监测，并依靠自动监测站对市环保局、市人民医院2处空气监测点位进行全面监测，监测报告显示巴宜区环境质量保持稳定态势，水、大气、土壤环境达标率均为100%。同时，巴宜区根据《国务院关于印发大气污染防治行动计划的通知》相关要求，完成主城区55家300平方米以上大中型餐饮经营服务场所油烟净化设施加装工作、5家私人加油站地下双层罐和油气回收设备改造工作、禁燃区内38家燃煤（薪）锅炉的改造工作。

【日常环境执法】 提升项目环评管理水平。2018年，区环保局按照国家环境保护相关法律、法规和市环保局下放的审批权限，结合巴宜区产业规划，严把环评准入门槛和环保竣工验收关，严令禁止“十五小”“新五小”项目以及“三高”企业和项目的落地实施，从源头上杜绝重污染、高排放的项目落地。自2017年西藏自治区建设项目环境影响评价登记表由审批制转变为网上填报备案制以来，2018年，根据权限审查通过建设项目环评登记表215项、撤销不符合要求的建设项目环评登记表33项。

延伸环境监管触角。进一步修订《林芝市巴宜区环境网格化监管方案》，将巴宜区划分为区、乡（镇）、行政村三级环境保护网格化监管体系，明确各级网格和政府各部门在环境保护监管工作中的实施主体和监管主体职责。在全区67个行政村和62个自然村配备环境保护监督员、环境保洁员、水源地保护员391名，7个乡（镇）配备小集镇清洁工14名，解决人员工资性补贴170.45万元，有效拓宽环境监管触角，确保环境监管不留死角、不留盲区、不留隐患的“三个不留”工作目标。

提高环境执法力度。突出重点，加强日常执法。以辖区内重点污染源企业和林拉公路、铁路等国家重点建设项目为重点，以中央环保督察和自治区环保督察为契机，加大环境执法力度，加强企业“三同时”制度落实和建设项目后期生态恢复情况的监管督查。区环境执法队伍持续保持环境监察高压态势，开展环境执法“双随机”抽查，逐步加强执法力度与频次。2018年，对辖区内重点企业和重点建设项目开展检查194次，出动人员405人次、车辆180次，制作现场检查勘察笔录65份，下达整改通知书23份。接到“12369”环保举报投诉63件，处理63件，处理率为100%。

【城乡环境综合整治】 2018年，区环保局为切实改善巴宜区城乡环境保护基础设施薄弱环节，提升城乡环境综合治理水平，建立完善“村、乡收集—区运输—市处理”的城乡生活垃圾收运处置体系，为各乡镇、行政村修建了生活垃圾收集站，委托第三方环保清洁公司负责城乡垃圾清运托管，切实做到生活垃圾日产日销；以“党员活动日”“四讲四爱”“两学一做”等活动为契机，积极组织引导广大干部群众对道路沿线、景区景点、村镇周边和城乡接合部等重点区域进行集中整治。2018年，投入经费350万余元用于环境卫生清理工作，出动车辆598台次，行驶98670公里，清运垃圾4600余吨，城乡环境面貌显著改善。

【节能减排管理】 2018年，巴宜区为落实节能减排计划，按照自治区关于主要污染物排放指标核定要求，严控污染物排放指标，辖区内8家重点排污单位已逐步落实核发排污许可证，并进一步签订节能减排目标责任书，要求各污染企业按季度向环保部门提交污染排放监测报告，以监测数据为准，结合监察大队定期不定期的监管督查，确保节能减排工作的有效开展。根据监测报告显示，2018年，辖区内林芝市环林污水处理有限公司（林芝市污水处理厂）、林芝市嘎玛养殖有限责任公司、西藏林芝富民农产品加工有限公司、西藏林芝新希望六和养殖场有限公司、西藏奇正藏药股份有限公司、西藏粤藏联合牧业有限公司、西藏国策环保科技股份有限公司林芝分公司（林芝市医疗废物处置中心）、西藏国策环保科技股份有限公司林芝分公司（巴宜区生活垃圾填埋场）污染物排放达标率均为100%。

巴宜区坚持把生态建设作为推动经济发展的重要基础，按照“经济生态化、生态经济化”发展理念，走生态、绿色、低碳的发展之路。依托境内多布电站、八及曲流域冰湖五级水电站等水电清洁能源开发，大力培育绿色经济、循环经济、低碳经济。同时，积极推动农牧户太阳能覆盖工程，促进“薪柴替代”，减少森林植被采伐，最大限度降低群众生产生活对生态环境的破坏。根据《林芝市人民政府关于划定禁止销售使用高

2018年12月3日，巴宜区委副书记、常务副区长、广东省第八批援藏工作队巴宜区工作组副组长陈涛（右二）带领区林业、环保等部门负责人查看八及曲流域生态恢复情况

污染燃料区域的通告》要求，巴宜区八一镇老城区、新区、觉木片区、永久片区、结麦片区、仲果片区被划为禁燃区。

【落实环保督察整改事项】 中央环保督察组和自治区环保督察整改工作。2018 年，中央环保督察组和自治区环保督察组反馈督察意见以来，巴宜区始终将整改工作作为重大政治任务，对照整改清单所列问题，照单全收。成立以党政主要领导牵头、16 名县级领导参与的环境保护督察整改领导小组，按照“一问题一方案”的原则，制定《贯彻落实中央第六环境保护督察组反馈意见问题整改措施清单》，明确责任分工，细化整改措施，坚持即知即改、立行立改、边督边改，多次召开会议研究部署反馈问题整改工作，定期调度整改工作进展，确保反馈问题在实际行动中落地生根。逐步强化区党委、区政府及职能部门对生态环境保护政策法规的学习研究和安排部署；初步完成《八及曲流域水电开发综合整治与生态恢复方案》的编制工作，待正式确定后将上报林芝市政府批准实施；完成巴宜区禁养区范围的划定工作，于 2018 年 7 月通过林芝市农牧局组织的验收，待通过自治区农牧厅验收后落地实施；督促工布苯日神山景区娘欧码头经营方新建化粪池和隔油池收集污水，并由第三方定期抽运污水，完成景区污水直排问题整改。截至年底，中央环保督察组反馈的 31 项 91 小项整改任务中 40 小项问题基本整改完成。

交办案件整改情况。巴宜区按照《西藏自治区 2018 年环境保护督察工作总体方案》部署，2018 年 7 月 15 日至 8 月 4 日，自治区党委常委、自治区常务副主席姜杰带队自治区第六环保督察组对林芝开展为期 20 天的自治区本级环保督察。其间，向巴宜区转办群众来电来信举报及督察组巡察发现问题案件 4 批次 7 件，各案件按时间节点全部完成办理，共处罚企业 5 家，罚款 8.18 万元。

生态环境部西南督察局在巴宜区检查工作。西南督察组一行重点针对中央环保督查反馈问题、中央环保督察组转办案件后期整改落实情况、污染防治基础设施运行情况等进行现场督查，重点查看了解林芝市医疗废物处置中心运行情况、管理情况；西藏林芝嘎玛养殖有限公司中央环保督查组转办案件第 10 批、第 17 批后期整改落实情况和污染防治措施落实情况；林芝市污水处理厂日常运行情况；中央环保督查组反馈的八及曲流域问题整改落实情况。

（黄斯琪）

2018 年 11 月 22—23 日，巴宜区环保局联合米瑞乡、林业局、国土局结合该部门法律法规和环境保护职责，在米瑞乡 12 个行政村开展多部门法律法规和生态环境保护知识宣讲活动，图为区环保局局长格桑扎西向村民宣讲

综合执法

【概　况】 巴宜区综合执法局于 2016 年 9 月正式成立，正科级建制，为巴宜区人民政府工作部门，核定行政编制 3 名，科级领导职数 3 名。2018 年，区综合执法局有干部职工 11 名，其中正科级领导 2 名、副科级 3 名、科员 2 名、机关工人 2 名、公益性岗位 2 名。主要负责巴宜区辖区内砂石黏土资源开采管理、城区环境卫生、市容市貌的督导检查及治理。

【环境卫生综合治理】 2018 年，区综合执法局坚持把环境卫生综合整治作为重点工作来抓，不断引导干部职工提高对环境卫生整治工作的重视，建立健全环境卫生整治工作领导责任制，实行局长总负责、副局长具体抓的工作制度。同时，进一步加大宣传力度，营造良好的舆论氛围。坚持每天派出执法人员对贡布商业街、拉丁嘎小区、农牧学院、永久村、城乡接合部等重点区域进行检查整改。全年共清理、整治各类广告牌 180 余处；拆除违章建筑 60 余处；严厉打击非法占道经营行为 30 余起；依法查处违法倾倒垃圾行为 5 起。

2018 年 5 月 11 日，西藏自治区人大常委会副主任、林芝市委书记马升昌（左一）一行在布久乡杰麦村砂石厂调研。巴宜区委书记米次（前排右三）等陪同

【砂石资源开采专项治理】 严格采砂规范化管理。2018 年，根据林芝市水利局《关于巴宜区 2018 年采砂计划报告的复函》，巴宜区 2018 年临时采挖点不得超过 3 个采砂区。为此，区综合执法局以河道疏浚方式划定临时采挖点 8 处。4 月 16 日，联合区水利、国土、农牧、林业等相关部门对各砂石合作社上报的申请材料进行实地审查，并出具意见。通过审查，8 处临时采挖点均核实通过。同时，严格要求各合作社必须严格落实相关采挖规定、严格遵循环境保护原则。截至 5 月底，全部停止采挖作业。

强化砂石开采加工扬尘治理。为有效提升城市环境、降低空气污染指数、保障人民群众身体健康，根据市委主要领导指示精神，结合巴宜区实际，5 月 11 日，区综合执法局制定下发了《巴宜区综合执法局关于强化砂石开采加工扬尘治理的紧急通知》，要求各加工企业严格按照该通知要求，立即开展相关整改工作。主要措施：运输砂石车辆出场加篷、加盖、扎紧、车身清扫干净；设专人负责监督砂石出场车辆关闭护盖、加盖篷布情况，防范车辆运输过程中可能出现的抛、洒、滴、漏等现象；采取植草、植树等方式进行绿化；加强场区内、外运输道路的防尘、降尘监管措施；砂石堆料加盖防尘网，不得裸露在外，弃料、废料严禁乱堆乱放；场地内通行道路和地面硬化；统一更换加工场地蓝色、红色厂房及附属设施颜色为灰色等。通过开展专项检查，各砂石厂已将各项整改要求落实到位，圆满完成上级交代的任务。同时，区综合执法局执法人员每天上路检查进城砂石运输车辆的覆盖情况，对达不到覆盖要求的一律严禁进城，极大改善了城区道路的干净、整洁。

加大综合执法力度，严厉打击乱采乱挖行为。汛期来临之际，下发《关于停止砂石采挖作业的通知》，要求各砂厂停止一切采挖作业，运砂车辆及作业设备一律撤离河道，固定设施及附属物、擅自在河道内修建的运砂便道（桥）等必须自行予以清理拆除，确保行洪畅通；在前期砂石专项整治的基础上，加大对各类违法采砂行为的处罚力度，与相关部门形成联合执法机制，严格按照法律程序，对无证开采、非法开采的砂石企业（单位）和个人进行严肃处罚。随着对砂石整治工作执法力度的不断加大，各类违法采挖现象已杜绝，砂石整治工作取得良好成效。

【拆除违法商砼站】 2018 年，为扎实推进巴宜区环境保护整治工作有序进行，根据相关部署要求，区综合执法局依法对西藏林芝尼洋商品混凝土有限公司商品混凝土搅拌站、西藏林芝腾鑫商品混凝土有限公司商品混凝土搅拌站、西藏林芝市巴宜区八一镇巴吉村混凝土搅拌站 3 家违法搅拌站内的违章建筑及附属设施进行拆除。

2018 年 11 月，区综合执法局联合区国土局、林业局、环保局等相关部门实地对 3 家商砼站非法占用土地一案进行调查，证实 3 家商砼站均属未批先建，且长期暴露作业，对周边环境造成极其恶劣的影响，极大地阻碍了巴宜区环境卫生整治工作的进度。为此，区综合执法局严格按照区委、区政府的工作部署，对发现的违法违规行为予以重拳打击，坚决贯彻落实生态保护制度，守住生态保护红线，为巴宜区经济可持续健康发展保驾护航。

【银器店整治】 2018 年，针对巴宜区部分银器市场管理混乱、扰乱正常市场秩序的现象，区综合执法局联合相关部门多次对百巴镇连别村、伍巴村、章巴村、色贡村，八一镇公众村、公众村加定自然村旅游卖场进行实地调查取证，核实 6 处旅游卖场均无用地手续及报建手续，加上部分银器店借村集体合作社名义，存在夸大藏银功效、虚假宣传等不良行为。为进一步规范巴宜区旅游市场秩序、改善旅游发展环境，按照“部门联动、齐抓共管、共同打击、坚决取缔”的原则，9 月 4 日，区综合执法局联合区旅发委、公安局、八一镇政府、百巴镇政府等相关部门依法对八一镇、百巴镇内 6 处旅游卖场银器店予以关停并张贴封条。

2018年11月19日，巴宜区副区长次欧（前排右二）带队开展违法商砼站拆除行动

【深入学习贯彻中共十九大】 学习贯彻中共十九大精神是当前和今后一个时期的重要政治任务。2018 年，区综合执法局党支部通过采取不同的学习方式，使中共十九大精神落地生根。通过干部职工大会、党支部会，借助工作微信群、宣传栏等载体发送中共十九大报告原文，让干部职工原原本本学、全面系统了解上级会议精神；班子成员先学悟通，以上带下力促引学；在学习中，开展互动式讨论学习，积极组织开展“新时代新使命新思想新征程”大讨论、“不忘初心、牢记使命”主题讨论活动、重温入党誓词，弘扬党员的先锋模范带头作用。同时，要求干部职工谈感想、谈体会，撰写学习心得，使思想火花在朴实的语言中迸发。

（梁玉光）

水利　供电

水　利

【概　况】 2018年，巴宜区水利局（以下简称“区水利局”）有干部职工18名，其中正科级1名、副科级3名、科员3名、参公干部6名、机关工人4名、公益性岗位1名、党员7名，大专及以上学历14名、水利相关专业12名。

【项目建设】 2018年，全区水利建设项目15个，总投资16195.41万元（其中2018年续建项目4个，总投资4988.22万元；2018年新建项目11个，总投资11207.19万元）。涉及农田灌溉、安全饮水工程、防洪工程等方面，开工率100%，复工率100%。

2018年5月14日，西藏自治区水利厅副厅长扎西平措（前排左二）带队检查巴宜区尼洋河干流二期治理工程、开朗沟治理工程和巴宜区汛前防汛工作准备情况。林芝市水利局副局长土登洛桑（前排右二）等陪同

2018年10月12日，林芝市副市长赵俊（右二）一行在鲁朗镇拉月河开展巡河工作

【续建项目】 2018年，全区续建项目4个，结转2017年投资3373.32万元。截至2018年年底，累计完成投资4988.22万元，占总投资的100%，其中2018年完成投资1614.9万元。巴宜区米瑞乡供排水工程，总投资1109.61万元，工程于2017年7月14日开工建设，2017年完成投资776.73万元，2018年已完工；巴宜区开朗沟河道治理工程，总投资2330.93万元，工程于2016年10月1日开工，2017年完成投资1048.91万元，2018年已完工并通过验收；巴宜区更章弄巴流域白玛店村段防洪工程，总投资969.35万元，工程于2017年1月5日开工，2018年已完工；巴宜区百巴镇供排水工程，总投资578.33万元，工程于2017年7月14日开工，2018年已完工

并通过验收。

【新建项目】 2018年，全区新建水利工程11项，总投资11207.19万元。截至2018年年底，已累计完成投资7301.35万元。2017年水利工程运行与维护项目（6项），总投资176.93万元，2018年3月开工，截至年底，已完工；巴宜区2018年各乡镇水毁修复工程，总投资170.81万元，2018年6月开工，截至年底，已完工；巴宜区林芝镇供水工程，总投资757.57万元，2018年4月15日开工，截至年底，已完工；尼洋河干流治理二期（哲巴等六个村庄护岸）工程，总投资5175.54万元，2018年3月15日开工，截至年底，已完成总工程量的65%；巴宜区米瑞乡嘎萨村水毁修复工程，总投资91.96万元，2018年5月5日开工，截至年底，已完工；巴宜区百巴镇堆龙沟治理工程，总投资192.99万元，2018年5月5日开工，截至年底，已完工；巴宜区八一镇色定村除险加固工程，总投资169.26万元，2018年5月5日开工，截至年底，已完工；巴宜区林芝镇巴弄河防洪堤水毁工程，总投资68.91万元，2018年5月5日开工，截至年底，已完工；巴宜区鲁朗镇东巴才村段水毁工程，总投资88.61万元，截至年底，已完工；尼洋河巴宜区百朗灌区工程，总投资4188.81万元，2018年8月6日开工，截至年底，已完成总工程量的50%。

【水利前期项目】 林芝市土地出让金用于2018年度水利建设项目，投入资金818.16万元，截至年底，批复和资金均已下达，待实施；尼洋河巴宜区重点河段治理工程，匡算投资12447万元，截至年底，已取得可行性研究报告的批复，初设审查工作完毕，待下初步设计概算批复；巴宜区克拉曲流域拉格村段治理工程，匡算投资3000万元，截至年底，审查工作完毕，正在修改可行性研究报告；巴宜区2018年农村饮水安全巩固提升工程，匡算投资580万元，截至年底，正在进行规划编制；“三岩”片区易地扶贫搬迁点水利配套设施建设项目，匡算投资4353万元，截至年底，审查工作完毕，正在修改可行性研究报告。

【河长制工作】 2018年，为进一步加强领导，全力推进河长制工作，巴宜区调整充实全面推行河长制工作领导小组成员、巴宜区级河长设置情况及河长制办公室组成人员，召开2018年河长制湖长制工作安排部署会，细化巴宜区2018年河长制湖长制工作各项工作。严格执行“区级总河长1年2巡、区级河长1年4巡、乡级河长1月1巡、村级河长15日1巡查”制度，全年开展区级河长巡河12人次、乡级河长巡河246次。在河长巡河中发现问题22个，所有问题均已在整改期限内完成。5月，自治区、林芝市两级河长制工作验收组到巴宜区实地验收河长制工作开展情况，通过全面检查工作，巴宜区顺利通过河长制工作验收。

为贯彻落实自治区于3月30日召开的河长制湖长制电视电话会议精神，全面建立巴宜区湖长制工作，巴宜区按照林芝市湖长制工作方案，结合实际，积极完善巴宜区湖泊名录，起草制定巴宜区湖长制工作方案，待上会研究；巴宜区14条区级河流“一河一策”方案，乡镇42条河流分片打包的7个方案完成初稿。开展河湖“清四乱”行动。根据《西藏自治区水利厅关于开展河湖“清四乱”专项行动》的通知要求，以“属地管理，分级负责，部门联动，全民参与”的工作原则，大力开展“清四乱”行动。

【防汛抗旱】 5月28—29日，区水利局组织开展巴宜区山洪灾害防治培训及山洪灾害防治应急预案演练，观看山洪灾害防治宣传片等，使广大群众了解山洪灾害成因及特点、山洪灾害监测预警系统和群策群防体系结构等，共110人参加了山洪灾害防治培训及演练；落实责任，层层传导压力，与各乡镇、在建项目施工单位签订2018年巴宜区防汛抗旱责任书，并及时启动24小时值班制度，安排人员24小时值班；实施投资728.97万元除险加固及水毁修复工程，其中除险加固及水毁修复项目投资608.09万元，主要包括2017年水毁修复项目176.93万元、林芝巴弄河防洪堤水毁工程68.91万元、八一镇色定段除险加固工程169.26万元、百巴镇堆龙沟治理工程192.99万元，已全部完工；更章乡娘萨村段水毁工程投资125.80万元维护护岸230米，采用钢筋骨架铅丝笼，截至年底，已完工并投入使用。积极落实物资储备工作。2018年，库存防汛物资情况为铁丝8.175吨（327卷）、铅丝笼106卷、编织袋2.5万条、救生衣34件、救生圈40个、救生绳加环加钩40套、救生绳加环加钩全套40捆。巴宜区防汛抗旱指挥部安排专人管理防汛物资，同时建立健全物资调运台账，确保可随时调运物资。积极开展抢险救灾工作。2018年，各乡镇发生灾情40次，房屋受损2处、桥墩受损4处、河堤坍塌4处、水坝冲毁122米、道路冲毁50米、牲畜被困1516头、死亡14头，草场被淹16914亩、耕地被淹895.5亩、经济林5318.4亩、打麦场2处，网围栏受损12400米，温室大棚受损26个，果树被淹80亩，受灾农田3665.5亩，农作物被淹306亩，供水取水口堵塞1处，经济损失达1216.4万元，无人员伤亡。区水利局在接到灾情后第一时间与相关部门前往实地察看灾情，并及时组织抢险救灾，确保无人员伤亡与重大经济损失。2018年，消耗物资为编织袋3.01万条、铅丝笼102卷、铁丝3.07吨、救生衣16件、救生圈10个。

【干部队伍建设】 2018年，区水利局将“两学一做”学习教育、“四讲四爱”群众教育实践活动、学习贯彻中共十九大精神及水利日常工作相结合，不断创新工作方法，丰富实践载体，在全局开展“找差距、转作风、抓落实”活动，集中力量，充分调动工作积极性，形成合力。同时，积极与上级部门沟通协调，将业务素质高、工作能力强的干部派出到广东、北京、拉萨等多地进行专业培训和学习，不断提高和巩固自身业务能力和工作水平。2018年，派出干部参加各类培训学习20次。

2018年4月20日，林芝市工信局工作组一行在巴宜区八一镇尼西沟调研水源地开发选址工作。巴宜区国土局、水利局、林业局、八一镇等单位负责人陪同

【驻村工作】 2018年，按区强基办要求，结合部门实际，区水利局选派2名党员入驻米瑞乡米瑞村开展治穷、治弱、治乱工作。积极落实“千干扶千人”帮扶措施，组织区水利党员干部定点包户、包人，先后结成帮扶对子6个，有效确保6户32人贫困人口全部脱贫摘帽。结合精准扶贫，积极开展节日慰问工作，“三大节日”期间，组织在家职工对结对帮扶7户困难户进行帮教，从帮扶贫困户解决实际问题、帮助贫困户算好收支账、帮助贫困户落实好政策3个方面进行帮扶；对百巴镇大坝村觉阿拉姆一家开展了节前进村入户慰问活动，发放了清油、大米、面粉、糌粑、砖茶等。

（王林涛）

供　电

【概　况】 2018年是“十三五”的开局之年，是公司代管后深化改革、加快发展的关键一年。在区委、区政府及国网林芝供电公司党组的坚强领导下，在各级领导的关心支持和帮助下，公司广大干部员工团结进取、认真贯彻农电代管精神、落实农电专业管理提升部署，扎实工作，为巴宜区经济发展提供有力的电力支撑，为保障农牧民生产生活用电做出积极贡献。

【**生产经营指标**】2018年，公司总收入1448万余元，其中售电收入1390万余元、其他业务收入1.46万元、营业外收入56.28万余元。营业成本1037万余元，其中网购电费226万余元、人工成本514万余元，固定资产折旧782万余元，其他支出219万余元，缴纳企业所得税37万余元，全年实现净利润374万余元。

2018年，公司供电量1882.53万千瓦时（同比下降0.1%），售电量1674.62万千瓦时（同比增长25.83%），综合线损率17.11%（同比下降12.54%），年度电费回收率100%。

2018年，公司发电量1202.56万千瓦时，同比增长9.3%；上网电量137.445万千瓦时；厂用电率1.21%，同比下降0.18%。

【**安全生产指标**】2018年，公司安全工器具效验合格率100%；设备消缺率100%；发变电事故（次数≤12台次/年）、35千伏输电线路（次数≤10次/年）、10千伏配电线路非计划停电（次数≤35次/年）均控制在年度计划指标之内。截至年底，35千伏输电线路和10千伏配电线路停电分别为0次/年和12次/年，10千伏配电线路非停电16次/年。

2018年，公司组织开展《安全生产法》和“9·19”消防演练活动。大力开展电力安全宣传，组织消防安全演练、防汛应急演习以及月度安全主题活动，取得良好效果。对所辖3座水电站、进水口、前池、压力钢管、水工设施、尾水渠道和3座35千伏变电站、输配电线路12条进行安全隐患排查治理，巡视设备检查12次，发现安全隐患6处，完成整治率100%。巡视输配电线路共6条次，发现安全隐患22处，并积极采取有效措施及时清除隐患点，完成整治率100%；消除树障安全隐患4处，消缺率100%；修剪线路廊道树木507株。全年安全隐患投入资金51万余元（重点出资40.8万元资金对林芝电站大坝

2018年10月9日，西藏自治区水利厅副厅长许德志（右三）带队由水利厅、环保厅、国网西藏公司、林芝市水利局、巴宜区水利局组成的农电生态环境检查组一行在巴宜区供电有限公司检查指导防汛工作

进水口存在的隐患进行临时补强加固修复，林导线、鲁月线紧急抢修投入资金11万元）。通过安全隐患整治，有效规避了杆塔倾斜可能引起的停电事故；有效提升了水工设施的使用效率，极大降低了因外力破坏引起的线路故障跳闸事件的发生。

公司每月召开安全生产分析会议、周生产例会，参会人数达252人次，参会人数100%，有效防范和杜绝了各类安全事故的发生。编制《2018年度防洪度汛工作实施方案》，针对管辖范围内输、配电线路大部分穿越林区和杆塔组立分布尼洋河河岸的具体情况，加强汛期巡视检查。防汛期间，开展巡视检查47次，派出人员119人次、车辆42台次。全年发现安全隐患7处，已整改落实7处。

2018年，公司安全生产形势总体保持平稳态势。未发生人身、电网、设备安全责任事件；未发生重大交通、火灾事件；未发生水电站溃坝、水淹厂房事件；未发生误操作和较大及以上设备损坏事件。公司连续实现安全生产天数1837天。

【**提高安全意识**】2018年，在国网林芝供电公司的帮助下，公司结合农电管理提升工作要求，从规范管理、转变工作作风为切入点，开展安全知识培训15次，参培人员85人次（包括现场消防演练、普及《中华人民共和国安全生产法》活动

等）。积极参加国网林芝公司组织季度《电力安全工作规程》普考及年度“三种人”（工作票签发人、工作票负责人、工作票许可人）考试，参考人员43人次，考试合格率100%；结合公司生产人员老龄化、安全基础知识不能适应安全生产工作的实际情况，公司专门组织人员对生产一线员工及相关人员开展《电力安全工作规程》培训和考试工作，参考人员236人次，考试合格率100%，各项专业素质和安全意识得到显著提升。

【营销服务】 2018年，公司强化营业厅服务职能，开展技能培训，转变服务理念，规范服务行为，提高优质服务水平。落实电费回收过程指标考核，电费回收率大幅提升。严格执行电价政策，电费抄核收有序开展，有效规避电费风险，同时加大陈欠电费的催收力度，取得良好效果。

2018年，完成“桃花节”“布久乡示范小康村”等重要活动保电任务，出动人员86人次、车辆22台次；完成“95598”抢修工单5张，用户报修34次；线路故障特巡26次；线路抢修工作39次。

【内部管控】 2018年，公司通过年度经费预控计划、办公用品实施计划、设备维护检修计划和车辆定点、定时维护等措施，有效减少重复开销、全年公司成本得到明显控制。根据《中华人民共和国劳动合同法》规定，完成11人工资调整审批。组织职工定期体检，按期发放冬季取暖补助和年休假补助。按规定定期采购劳保用品和办公用品。

2018年3月25日，林芝市巴宜区供电有限公司共产党服务队为林芝桃花旅游节保电

【上级检查指导】 2018年7月30日，国网西南分部安全技术与工程管理部综合处副处长范强一行在区、市公司安质部相关人员陪同下到巴宜区供电有限公司检查指导工作。范强一行参观公司水电站及相关部门，就公司生产、营销工作开展情况及工作困难与相关工作人员进行交流。2018年10月9日，由自治区水利厅副厅长许德志带队，由水利厅、环保厅、国网西藏公司、林芝市水利局、巴宜区水利局组成的农电生态环境检查组一行到巴宜区供电有限公司检查指导工作。公司经理达娃占堆分别向检查组汇报了公司经营、人员及生产现状。

（多吉次仁）

卫　生

卫生和计划生育

【概　况】 2018年，巴宜区卫生系统深入贯彻落实中央、区、市“卫生和健康大会”精神，以推进健康巴宜建设为主线，全面推进深化医药卫生体制改革工作，不断提高公共卫生服务和基本医疗服务质量水平，努力构建全方位、全周期维护群众健康的机制体系，不断推进创建健康巴宜工作。2018年，巴宜区卫计委有编制6名，实有工作人员16名。

【优生优育】 2018年，巴宜区农牧区“一孩、双女”困难家庭扶助对象572人，共发放扶助资金549120元。特殊子女家庭特别扶助对象48人，其中死亡扶助41人、伤残扶助7人，共发放扶助资金250800元。同时，通过市级、区级医院有效开展计划生育免费技术服务，有效开展窗口办证服务工作。截至年底，一胎生育证办理229本、二胎生育证办理222本、独生子女证补办18本。根据《国家卫生计生委办公厅关于印发流动人口卫生和计划生育基本公共服务均等化试点工作方案的通知》精神，2018年，区卫计委联合试点的白玛岗社区、双拥路社区开展以“关爱流动人口送医送药”为主题的宣传活动，发放宣传册2000余份、宣传本1000余本、宣传画册1100余份。为做好免费孕前优生健康检查工作，全区组织精干技术力量，搭建了免费孕前优生优育体检平台。组织专业人员以乡镇为单位，深入乡、村开展孕前优生优育免费检查宣传。在城区及各乡镇生殖健康服务站设立避孕药具免费发放点和药具知识咨询台，发放避孕药具和宣传单。根据人群分布情况，为人群分布比较集中的白玛岗、尼池、双拥路社区、大菜市场、新区农贸市场、汽车快修市场、觉木街道办、八一镇卫生院、农牧学院安装计生药具免费发放机，群众凭借身份证、微信扫码可免费刷取。截至年底，发放相关宣传单5000多份，发放计生药具6000多盒，大大提高了育龄人群对避孕药具的需求。

【巴宜区卫生服务中心】 巴宜区人民医院建设项目总投资17000.17万元，建筑面积35091.22平方

2018年10月17日，巴宜区卫计委召开援藏干部表彰会，受表彰第一排从左到右依次为钱扬会、顾潇磊、张礼民、黄飞、黄润成、钟树林、黎笑兰、尹东亮，第二排从右往左为夏卫中、高小杰、梁俊、许科明、晓红、黄兴建、陈剑锋

米。该项目于2015年10月30日立项，通过公开招投标的形式确定施工单位和监理单位，项目工期为730天，截至2018年年底，完成总工程量的85%。2018年，巴宜区卫生服务中心门诊人次9370人，急诊484人，住院人次757人，业务总收入851.3万元。其中，门诊收入105.17万元，住院收入494.79万元，医技收入143.156万元（医技收入已包含在住院和门诊收入中）。

【巴宜区疾控中心】 以疾病预防控制为重点，紧紧围绕健全疾病防控服务体系，开展慢性病综合防治，加强公众健康教育为核心工作。

【乡镇卫生院】 2018年，巴宜区有乡镇医院7家，村级卫生室38所，其中援藏标准化建设村级卫生室25所、小康示范村卫生室2所、村公房设村卫生室9所、家庭式2所。

巴宜区八一镇卫生院。新建八一镇卫生院位于林芝市城区所在地广州大道，新建面积930平方米，占地面积310平方米，由中央预算内总投资115万元，实际到位资金115万元，于2015年7月15日开工建设，2016年7月19日竣工验收，内设藏医诊室、优生优育、合作医疗、检验室等业务用房及附属设施，截至年底，已投入使用，赢得广大群众的好评。八一镇卫生院编制8名，实有人数为9名，其中护师1名、中级职称2名、初级职称4名、助理级2名，承担全镇11个行政村3599人的医疗卫生服务工作。主要开展农村各项基础公共卫生工作，负责计划生育、妇幼保健、疾病预防、医改各项政策及农牧区门诊医疗费用核销等具体业务的开展。2018年，卫生院诊疗8713人次，完成家庭医生签约853户3524人次。

2018年8月29日，林芝市人民医院与巴宜区卫生服务中心一体化医疗联合体建设揭牌仪式在区卫生中心举行

林芝镇卫生院。林芝镇卫生院建成于1970年，占地面积350平方米，业务用房面积300平方米。编制人数10名，实有人数7名，其中专业技术人员7名，承担着全镇5604人的医疗卫生服务。2018年，全院诊疗人次5975人，完成家庭医生签约609户2537人。

百巴镇卫生院。百巴镇卫生院成立于1975年，业务用房面积650平方米。编制人数13名，实有人数9名，中级职称1名，承担着全镇11个行政村3800名农牧民的医疗卫生服务。2018年，全院诊疗15823人次，完成家庭医生签约800户3627人。

更张门巴民族乡卫生院。更张乡卫生院始建于1975年，当年投资约50万元，有业务用房面积635平方米。编制人数为9名，实有人数7名，承担着全乡1340人的医疗卫生服务。2018年，全院诊疗720人次，完成家庭医生签约313户1334人。

鲁朗镇卫生院。鲁朗镇卫生院始建于1975年，新建卫生院位于鲁朗国际旅游小镇，于2016年12月完工并投入使用。卫生院编制10名，实有人数8名，包含3名公益性岗位，承担着全镇1399人及外来人口500余人的诊疗活动。2018年，全院诊疗人次7120人，完成家庭医生签约304户1399人。

米瑞乡卫生院。米瑞乡卫生院始建于1975年，业务用房面积500平方米。编制人数10名，实有人数9名，其中公益性岗位2名，承担着全乡2211人的医疗服务工作。2018年，全院诊疗人次8589人，完成家庭医生签约497户2212人。

布久乡卫生院。布久乡卫生院建于2004年，业务用房面积384平方米，住房面积320平方米。编制10名，实有人数7名，初级职称3名，承担着全乡10个行政村2676名农牧民的医疗卫生工作。2018年，全院诊疗人次9609人次，完成家庭医生签约612户2677人。

【健康教育】 2018年4月25日是第32个全国预防接种宣传日，主题是“预防接种　守护生命”。4月26日，区疾控中心联合市疾病预防控制中心在厦门广场开展儿童预防接种宣传活动。该次活动悬挂横幅9条，发放宣传资料1200余份、环保袋50个，受益人群1000余人。同日，联合市疾病预防控制中心在厦门广场开展“全国疟疾日”宣传活动，该次活动的主题是“消除疟疾　履行承诺消除疟疾　谨防境外输入”。该次活动发放宣传资料300余份，受益人群200余人。为有效加强巴宜区法定传染病的登记、报告、管理、控制等工作，切实提高各医疗机构疫情报告质量，及时、准确掌握实际发病病例数，5月28日至6月7日，组织专业人员对辖区内各医疗机构开展传染病漏报调查工作。该次共调查医疗机构18所，调查门诊及住院病历72659例。调查乙、丙类传染病6种、共44例（实际报告6种传染病例41例），总漏报率为6.82%。

【妇幼保健】 2018年，全区孕产妇总人数524例，产妇数482例，活产数481人，孕产妇死亡无。孕产妇保健。产妇进行孕产妇建卡482例，孕产妇建卡率为100%，系统管理442例，管理率为91.7%。高危住院分娩。筛查出高危孕产妇29例、高危管理28例，高危管理率为96.55%，高危产妇住院分娩率为96.55%。住院分娩率。全区产妇总数482例，其中住院分娩442例，住院分娩率98.34%。新生儿破伤风监测。无新生儿破伤风发生，新生儿破伤风发生率为0；无出生缺陷儿。新生儿总数479人（男252人、女227人），母乳喂养率99.8%。

三大公共卫生项目。2018年，预防艾滋病、梅毒和乙肝接受咨询人数3例，产前初次检查人数482例，住院分娩接受母婴三病人数420例，检查率达98.1%。其中发现乙肝表面抗原阳性产妇总84例，乙肝抗原表面阳性活产数3例，检查率达3.57%。梅毒感人产妇15例，检查率达3.57%。梅毒感然所生的活产数2例，检查率达13.3%。及时完成母婴传播信息数据网上直报。6—24个月龄儿童补充辅食营养1067例，应领取人数945例，新增人数215例，停止发放人数134例，随访260例。2018年，“两癌”检查项目已覆盖7个乡（镇）及辖区内农牧区妇女和城镇贫困妇女，利用体检时同整合开展宫颈癌、乳腺癌两项检查。截至年底，妇女体检人数6137例，“两癌”初筛人数91例，TCT异常7例，进一步做宫颈细胞学1例，确诊1例。农村孕产妇住院分娩补助和孕产妇商业保险赔付落实到位，资金运行安全。住院分娩兑现资金297250元，“两癌”筛查经费16488.3元。农村妇女增补叶酸的服用286例，服用率67.1%。对各乡镇卫生院基本公共卫生服务情况进行专项检查考核，产前检查、产后访视、产后42天检查、新生儿访视等妇幼服务项目均已开展。截至年底，巴宜区医院妇科门诊3725例，产检检查人数125例，住院分娩34例。儿保检查人数68例，轻度贫血3例。

【卫生监督检查】 2018年，区卫计委受理公共场所卫生许可27件、医疗机构执业许可8家，受理率、告知率达100%。巴宜区公共场所经营单位132家（其中住宿业99家、美容美发场所21家、娱乐场所2家、其他10家），持有效卫生许可证的132家，从业人员603人。结合巴宜区公共场所散而小等问题，区卫计委采取对区城及乡镇住宿、美容美发、KTV、洗浴场所等所有公共场所进行全覆盖的监督检查，出动95人次，完成对85家住宿业、美容美发等公共场所的监督检查；对65家私人场所开展执法检查，检查中制作现场笔录83份，下达监督意见书23份。

【合作医疗报销】 2018年，巴宜区农牧民大病统筹总报销2503人次，报销金额1660.55万元。截至年底，巴宜区动态管理对象28户28人，住院45人次，大病统筹报销109.82万元。

（谢文兵）

卫生服务

【概　况】 2018年，巴宜区卫生服务中心（以下简称“中心”）在区委、区政府的正确领导和高度重视下，在卫生计生部门的正确领导和海军总医院、东莞市人民医院派驻专家的指导和帮助下，抢抓机遇，锐意进取，全面超额完成了各项工作任务，并开展了多项新技术、新项目，取得了令人鼓舞的成绩，实现了中心持续健康发展。中心位于巴宜区八一镇新区福州大道东段60号，为一级甲等医院。占地面积5000平方米，建筑面积4500平方米。中心业务用房3800余平方米，设立床位30张。2018年，中心有干部职工54名，中级职称12名、初级职称18名。设有内科、儿科、妇产科、外科、口腔科、发热门诊、检验科、超声科、放射科、妇保站、住院部、康复科、内镜室、手术室等16个科室。

【行风建设】 严格医疗质量管理，保障医疗安全。2018年，中心严格落实医疗核心制度和各项诊疗常规，从诊疗流程、首诊负责制、医疗质量督查、减轻患者负担、降低患者药费、合理检查、合理用药等方面进行规范和落实。通过医院各种会议、业务培训、病案分析、总结等方式反复强化制度落实，自觉遵守诊疗常规，天天强调，月月考核，年年总结，力求将医疗核心制度和各项诊疗常规贯穿于医疗活动中，使医务人员将制度和常规内化于心、外化于行。

【党务工作】 2018年，中心积极推进党务公开工作，严格执行党费收缴的有关规定。培养发展对象4名。按照“三个培养”方案，培养技术骨干为党员1名，把3名党员培养为技术骨干，把1名党员技术骨干培养为中心后备干部。

【党风廉政建设】 2018年，中心加强党风廉政建设，积极贯彻落实《中共林芝市巴宜区委关于落实“三重一大”事项集体决策制度实施意见》通知精神，促进中心领导班子民主、科学和规范决策，结合中心实际，制定《林芝市巴宜区卫生服务中心“三重一大”制度实施意见》《中心领导班子议事规则》《党组议事规则》《卫生服务中心党组理论学习中心组学习制度》等，并下发至各科室进行学习。严格执行民主集中制。深入开展调研、领导班子谈心谈话及广泛征求意见建议活动。扎实开展“严守政治纪律、严明政治规矩”专题组织生活会及领导班子民主生活会。制定整改清单、明确整改时限，扎扎实实抓整改。全体党员严格执行共产党员不得信仰宗教的纪律，严禁党员干部参与赌博等。旗帜鲜明维护祖国统一与民族团结。

【开展系列活动】 组织开展“‘五四’青年节送医送药送温暖活动”。2018年，中心党支部以五四运动99周年、中国共青团成立96周年为契机，于5月4日组织团员和青年前往福利院开展“送医送药送温暖”主题活动。组织开展“庆七一主题系列活动”。为庆祝建党97周年，中心党支部组织开展了主题为“讴歌盛世、唱响和谐”文艺会演及慰问驻村点贫困党员等系列活动。开展“群策群力扶贫济困，同心同德共迈小康医疗救助扶贫下乡活动”。组建医疗卫生服务队深入各乡镇开展免费健康体检、送医送药送健康下乡活动。

【重点工作】 2018年，中心引进“PDCA”现代医院管理理念，建立完善18项核心制度，规范手术室、复苏室、麻醉科、胃肠镜、药房等科室管理。开展新项目，实现新突破。在原海军总医院、东莞市人民医院的大力支持和帮助下，引进新项目12项。建立完善总务科、护理部2个

2018年8月29日，解放军总医院第六医学中心（原海军总医院）医疗团队在巴宜区卫生服务中心考察指导工作

职能科室，建成2个重点科室（康复科、胃肠镜室）。9月18日，为首例患者成功进行胃肠镜检查。截至年底，已开展胃肠镜检查51例，为临床诊断和治疗提供更有力的证据。10月9日，“西藏超声远程会诊中心及培训基地揭牌仪式”在中心举行。10月19日，远程超声小机器人正式投入使用，截至年底，检查患者20人，检查超声机器人成功入驻巴宜区卫生服务中心，最大限度实现了优质医疗资源共享。林芝本地的广大患者们再也不用为寻名医四处奔波，科学智能化的医疗手段受到群众广泛赞誉。根据林芝市疾控中心和区卫计委对儿童窝沟封闭工作的安排部署，中心对辖区内的适龄儿童开展了窝沟封闭工作，检查学生382人、牙齿1210颗。按照项目要求完成了预期工作任务。

2018年，中心门诊人次9370人，住院人次757人，急诊484人。业务总收入851.30万元，其中门诊收入105.17万元、住院收入494.79万元、农牧民暨在编僧尼健康体检收入251.34万元。

【医院创建】 2018年，中心紧紧围绕落实《三级医院对口帮扶县（区）卫生服务中心工作的意见》精神，进一步理清三级医院对口帮扶受援医院工作思路、明确中心功能定位和发展目标，确定在2019年创建二级乙等医院工作目标。2018年4月20日召开动员部署会，全面启动等级创建工作。在等级医院创建工作中，成立以中心主任任组长，东莞市人民医院选派的常务副主任任常务副组长、中心副主任为副组长、各科室负责人为成员的领导小组，领导小组下设二级乙等综合医院创建办公室，由中心1名副主任兼任办公室主任。明确领导小组和创建办公室的具体职责和工作制度。创建办成立以来，先后召开15次创建等级医院工作推进会，安排部署创建二级医院的工作目标，系统学习二级乙等综合医院评审标准，分3批19人次前往波密、墨脱、东莞学习创等级经验和条款内容，全院将条款层层分解，做到人人头上有任务、个个肩上有压力。中心以等级医院创建为契机，狠抓医院质量和医疗安全管理，全面提升内涵建设，着力增强服务能力，进一步完善了科学化、精细化、规范化的管理制度。

【平安医院建设】 严格落实医疗核心制度。2018年，中心从诊疗流程、首诊负责制、医疗质量督查、合理检查、合理用药等方面进行规范和落实。通过医院各种会议、业务培训、案例分析总结等方式反复强化制度落实。加强院内感染安全管理。制定医院感染考核办法，定期对全中心临床、医技等科室的感控措施及落实情况进行考核评分。制定了《突发事件应急处置预案》，全面部署防控工作。规范全院抗菌药物的合理使用，有效降低抗菌药物的使用率。加强综治工作。将平安医院建设为抓手，不断提高治安安全、医疗安全。定期和不定期地对消防安全进行全面检查，对消防设施进行定期维护更换。严格落实科室安全责任制，做好安全隐患排查，发现问题立即整改，有力保障全中心各项工作的顺利开展。

【健康体检】 2018年，为进一步深化医药卫生体制改革，不断提高广大群众的健康水平，促进公共卫生均等化服务，中心根据《巴宜区人民政府办公室关于印发城乡居民暨在编僧尼免费健康体检工作方案的通知》精神以及自治区下发有关

"三病(肝炎、结核病、骨关节疾病)"筛查救治工作的要求开展各项工作。9—12月，中心选派9组工作队对全区7个乡镇、67个行政村、3581户20715人进行全面的健康体检工作(其中筛查出结核病阳性病例27例、病毒性肝炎353例、风湿性关节炎489例)，并对乡镇医师进行诊疗技术指导，提高乡镇卫生院服务水平。开展巡回医疗义诊下乡村、家庭医师签约下社区活动，完成出保健任务43次，免费为各警务站义诊2次，下乡义诊巡诊1次，为巴宜区纪委、区人社局进行心肺复苏技能培训各1次，派出人员参加各类业务学习31次。

【对口帮扶工作】 推动三级医院对口帮扶工作。2018年，中心以贯彻落实中共中央、国务院决策部署的思想高度来抓三级医院对口帮扶工作，围绕2020年前巴宜区卫生服务中心创建二级乙等综合医院目标研究帮扶措施，巴宜区卫生服务中心积极开展创建二级乙等综合医院动员部署会，并按照各项工作开展进度及时召开三级医院对口帮扶工作推进会。全年中心共开展二级乙等医院创建推进会11次，对中心等级创建工作起到有效推进作用。

签订帮扶协议。围绕把中心建设成重点专科优势突出、基本医疗卫生服务全面、现代医院管理理念基本确立、管理机制基本健全的综合医疗卫生服务中心的目标，及时与援藏专家签订"一对一带教协议"。明确带教老师有责任通过指定每日学习内容，规范学员重点专业发展方向，开展病历(案例)讨论教学模式等形式，全面提升帮扶科室和带教学生的管理意识和技术能力。

深入调查研究、明确发展规划。中心以创建二级乙等综合医院为目标，研究帮扶措施，明确重点发展科室——内科(消化科)、外科、妇产科、儿科、检验科、超声诊断科、眼科、口腔科的创建工作。中心也通过抢抓三级医院对口帮扶这个历史性机遇，依托对口帮扶单位优质医疗卫生资源，全面引进并树立现代化医院管理理念，最终将中心建设成管理高效、能力全面、勇于开拓、成绩突出、医德高尚、文化及团队意识鲜明的医疗和公共卫生服务主力。通过"请进来、走出去"的方式优化人才队伍，提高了中心的业务能力与服务能力。

2018年5月12日，巴宜区卫生服务中心庆祝"5·12"国际护士节

(杜宇飞)

疾病预防控制

【概　况】 2018年，在各级政府的正确领导下，在上级业务部门的大力支持和帮助下，区疾控中心认真贯彻落实上级部门会议及文件精神，全面深入、扎实开展各项工作，高质量完成上级部门交与的各项任务。区疾控中心主要协助卫生行政部门做好疾病防控规划和方案的制定、实施，提供业务指导和技术管理，内容涉及传染病监测预警、慢性病干预管理、健康危害因素监测、健康促进和教育等工作。

【慢性病防治】 规范高血压、糖尿病健康管理。2018年，巴宜区4个乡镇开展了区域卫生信息平台录入、随访工作。截至年底，管理高血压病人1270人、糖尿病病人76人，均按照规范开展健康管理工作。死因监测。2018年，巴宜区报告有效死亡个案213例，其中男性137例、女性76例。根据林芝市卫计委下发的2018年度死因漏报方案，9月，完成巴宜区全人群死因漏报调查工作，调查结果显示漏报率16.3%。

【流病计免】 传染病防治。2018年，巴宜区报告甲、乙、丙类传染病例647例，无甲类传染病。乙类传染病报告399例，包括肝炎183例，HIV6例，麻疹2例，细菌性痢疾22例，肺结核121例，梅毒65例。丙类传染病报告241例，包括流行性感冒1例、流行性腮腺炎64例、包虫病3例、其他感染性腹泻32例、手足口病141例。

免疫规划。2018年，巴宜区建证率100%，建卡率100%，预防接种卡和预防接种证信息相符率93.85%。卡介苗接种率100%，乙肝疫苗首针及时率86.15%，百白破第四针接种率83.08%，含麻疫苗接种率92.31%，A群流脑疫苗接种率98.46%，甲肝疫苗接种率93.85%。

【地方病防治】 碘缺乏病防治。3月，区疾控中心开展碘盐监测工作，检测300户居民盐样，非碘盐率0%，碘盐覆盖率100%，碘盐合格率99.67%，合格碘盐食用率99.67%；5月，区疾控中心对226名目标儿童进行碘缺乏病抽样调查，采集学生尿样226份，甲状腺B超检查226人，发现甲状腺肿大儿童1人。碘油投服工作。孕妇、哺乳期妇女、育龄妇女投服1028人；0—2岁儿童投服164人，共投服碘油丸1192人次。

包虫病防治。认真做好传染源家犬的管理、

2018年6月4日，巴宜区疾病预防控制中心在百巴镇举办包虫病、鼠疫、碘缺乏病等地方病综合防控知识培训

驱虫及挂牌工作。2018年，累计犬驱虫36698只。截至年底，家养犬登记挂牌2447只，累计管理及收养流浪犬6069只。截至年底，全程督导管理病人72例，其中手术治疗31例、药物治疗41例，累计督导病人90余次。

鼠疫防治。区疾控中心开展保护性灭獭面积8.52公顷，堵洞48个（活动洞10个、废弃洞38个），活动洞与废气洞比为0.27：1，投药720片，投药率100%；其次按照5步鼠夹法布夹40盘，未捕获小型啮齿类动物；再次对牧民进行问卷调查，共调查10人，知晓人数8人，知晓率80%。采集狗血清50份。

【性病与艾滋病防治】 区疾控中心对每例结核病确诊病人进行艾滋病病毒抗体检测工作。1—6月，共干预84人，检测82人，未发现HIV、梅毒抗体阳性感染者；VCT门诊共干预110人，检测110人，检出梅毒抗体阳性感染者26例，并转介21人，HIV阳性41例；对巴宜区娱乐会所高危人群进行艾滋病、性病监测工作，共干预60人，检测523人，检出梅毒抗体阳性感染者17例，并转介17例；区卫生服务中心对日常就诊、住院患者、健康体检人员均开展HIV、梅毒抗体检测，共干预472人，检测472人。

进一步完善和规范乡镇级性病、艾滋病自愿咨询检测点工作，督促完成150人份的检测份数；全年持续加强HIV和AIDS及配偶的管理随访、告知、追踪管理工作，防止二代传播，认真落实国家“四免一关怀”政策。

【公共卫生监测】 水质监测。2018年，区疾控中心卫生科采集城市、农村、学校水质39份，农村饮用水监测点覆盖85%以上。丰水期农村饮用水合格率为23.33%，城市饮用水合格率为100%，学校饮用水合格率为66.66%。枯水期农村饮用水合格率为16.66%，城市饮用水合格率为66.66%，学校饮用水合格率为66.66%。食品风险监测。2018年监测工作全部完成，共采样27份。合格率达96%。精神卫生。截至年底，巴宜区管理37例精神疾病患者，纳入国家重性精神疾病基本数据收集分析系统管理37例，管理率100%。环境监测。区疾控中心于5月完成环境监测采样工作，共采样20份，其中检出蛔虫卵阳性样品4份。更章乡白玛店村监测结果超标，pH酸碱度6.96、铅含量190.94。

【结核病防治】 病人管理。2018年，区疾控中心初诊病人登记218例，其中确诊为结核83例，初治涂阳肺结核病人15例，涂阴病人47例；结核性胸膜炎8例，肺外结核病人4例；复治涂阴病人7例，复治涂阳病人2例。痰检443人次，其中阳性片28张、阴性片943张，各乡镇及区医院疑似病人转诊58例。

结核筛查。2018年，共筛查1377人次，其中僧尼84人，有症状者9人；贫困户1621人，没有症状者；HIV感染者34人，无有症状者；65岁以上老年人1220人，有症状者4人，X光胸片检查人数24人；教职工317人，无有症状者；学生共筛查（PPD）2712人，做PPD2312人，小于5毫米的71人，大于等于10毫米小于15毫米的102人，大于15毫米的72人。

【健康教育】 2018年，区疾控中心认真组织开展相关宣传日活动，规范收集宣传日活动的相关资料，并按照要求及时整理、上报。分别在结核病日（3月24日）、计划免疫日（4月25日）、世界无烟日（5月31日）、全民健康生活方式日（9月1日）、全国爱牙日（9月20日）、全国高血压日（10月8日）等主题宣传日利用传单、义诊、讲座、展板、微信公众平台等形式，深入社区、学校、农村等开展健康教育和知识传播，并发放宣传资料、小礼品和健康支持工具。2018年，共发放各类宣传资料40000余套、宣传小礼品2270余份、宣传支持工具150余套，受教育累计9200余人次。开展各类疾病健康讲座10期，累计受教育3904人次。新印制健康教育宣传资料8种、4万余张，制作各类疾病宣传板画20余块，宣传横幅10余条。

（徐　燕）

巴宜区藏医院

【概　况】 巴宜区藏医院（以下简称“区藏医院”）位于林芝市巴宜区八一镇福州大道东段60号。2018年，区藏医院有工作人员16名，其中藏医副主任医师3名、藏医主治医师1名、西医主治医师1名、藏医执业医师4名、西医执业医师1名、藏医护士4名、后勤工人1名和公益性岗位1名。医疗技术人员均为注册医护人员，本科学历8名、大专学历5名、中专学历2名。

【行风建设】 2018年，区藏医院坚持以病人为中心，强化服务意识，加强医患沟通，严格执行“告知”制度，把病人利益、社会效益放在首位。继续加强“三好一满意”评比活动，严格按照要求执行，狠抓创建平安医院管理工作，与各科室签订安全生产责任书，责任落实到人。严格执行国家药品价格政策和区物价局医疗服务收费标准，狠抓医疗服务质量，努力减少医疗收费和医疗服务投诉，全年无滥检查、滥用药、乱收费、自立项目、分解收费等行为。坚持医德医风考评制度，对所有医务人员半年进行考核一次，并把考核结果存入个人医德医风档案。每季度不定时向病人发放30份以上的病人问卷，了解病人对医院的满意度，每月统计病人的满意度均在95%以上。

【工作亮点】 2018年，根据《关于组织申报2018年全国基层名老中医专家传承工作室建设项目的通知》要求，通过自治区藏医药管理局遴选推荐，区藏医院副院长布古被选为2018年全国基层名老藏医药专家传承工作室建设项目专家。通过建设名老藏医传承工作室，收集整理老藏医传承名老藏医专家学术经验，医案、处方、学习笔记论文等原始资料。采用临床跟师带教、指导典籍研读和理论学习等方式，免费培养6名以上继承人较好地掌握老藏医专家的临床经验，提高疗效。该次项目建设的实施将提高医院的知名度，传承和发扬名老藏医学术思想，培养基层藏医药人才，提升基层藏医院服务能力，满足人民群众对藏医药服务的需求。在名老藏医传承工作任务中，区藏医院通过多方面实地调研，与林芝镇曲古村民间著名老藏医扎巴后裔尼玛取得联系，并多次与其深入交流其父生前藏医技术，经过几次探讨交流，在无偿情况下赠送其父生前行医使用的珍贵藏药材（龙骨、虎皮、鸟头石）和藏医诊疗器械（火罐、放血刀、标记笔）等。

【药械和财务管理】 2018年，区藏医院成立院采购委员会，严格把关相关采购的程序，转变传统采购方式，采取网上议价购进的方式，大大提高采购的透明度和工作效率。大额财务开支均经过院领导集体讨论直至提交职代会讨论通过后方能实施。一切财务收支活动均纳入财务科统一管理，并且严格执行财务公开制度，不设外账和“小金库”，切实开展党风廉政建设反腐败“一把手”工程和“阳光工程”，加强财务管理。

【规范化管理建设】 2018年，区藏医院继续狠抓医疗服务质量，对院内的管理制度进行修订、补充、完善，组织各科室认真学习，并在临床实际工作中具体贯彻实施，真正使医院管理年工作落到实处。院质控科认真履行职责，定期、不定期进行质量检查并及时进行反馈、整改，努力提高医疗质量。医疗质量与科室和个人的经济、评优、职称晋升挂钩。在院内定期组织业务讲课并进行业务培训考试，选派医务人员参加各种学术会议、培训班等，切实提高医务人员专业理论和业务水平，也为提高医疗服务质量提供可靠保障。坚持医疗安全教育干部例会制度，对存在安全隐患或违反医疗安全制度的科室和个人进行通报批评，坚持执行各种投诉及医疗纠纷的登记、调查处理制度，一旦出现，均由职能部门认真查处。全年区藏医院无医疗纠纷事故发生。

【各类活动】 2018年，区藏医院为推进中共十九大会议精神的贯彻和落实，春节时分别为驻村点、大坝村帮扶对象、鲁朗镇驻村点东巴才村贫困党员送去节日的问候和生活用品；开展“五进”活动，分别在区敬老院、福利院、驻村点、寺庙、警务站、社区、学校开展送医送药和宣讲藏医健康知识等一系列惠民活动，免费发放药品价值5万余元，发放宣传册2000余册，使群众足不出户就能享受优质的医疗诊疗服务，让广大群众进一步了解国家的好政策；5月11日，为隆重纪念第107个国际护士节，倡导、继承和弘扬南丁格尔精神，展示白衣天使关爱患者、关注健康的人道主义风采，激励全体护士爱岗敬业、激发护理人员的工作热情，在全院范围内开展庆祝“5·12”国际护士节系列活动；6月19日，举办“讴歌盛世·唱响和谐”庆祝中国共产党成立90周年七一党旗迎风飘，党的恩情永难报文艺会演；为深入贯彻落实西藏自治区“学习宪法、尊崇宪法、遵守宪法、维护宪法、运用宪法”主题宣传教育活动；结合“四讲四爱”群众教育实践活动，8月17日，开展“为祖国点赞，同宪法合影”活动；举办首届藏医四部医典经典部分背诵比赛，大大提高医院的技术水平，为患者提供多

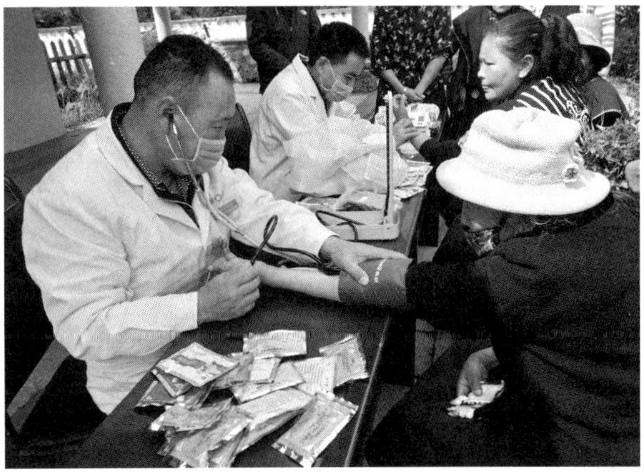

2018年9月29日，巴宜区藏医院践行“四讲四爱”“五进”活动之免费健康义诊服务

2018 年 6 月 29 日，巴宜区藏医院举办“讴歌盛世唱响和谐”庆祝中国共产党成立 90 周年文艺会演

方面的诊疗技术。

为弘扬藏药文化，推动藏药产业健康发展，进一步发挥巴宜区丰富的野生藏药材资源优势，全面加强乡镇医护人员对藏药材辨识，提高藏药制剂的质量，8 月 27 日至 9 月 1 日，区藏医院精心组织筹备开展为期 6 天的巴宜区第二届乡镇藏药材辨认培训班。

【医疗业务】 2018 年，区藏医院严控药品使用量，严防“大处方”、滥用药、开单提成、“吃回扣”等损害患者利益的不良现象出现，努力减少病人的负担，改善服务态度，提高病人对区藏医院的信任度，促进全院各项业务的开展，重要业务指标得到提高。同时加大对专业技术的拓宽，在 2017 年的外治技术基础上，2018 年新开展 26 项技术服务项目：陶罐疗法、牵引、姜疗、艾灸、涂擦（包括如意、白脉、沉香）盐疗、蜡疗、火针等，藏药浴特色疗法广受欢迎。在接受藏药浴疗法后，医师根据患者的病情，相继采用食疗、涂擦、烤电、按摩等疗法，使患者得到良好的治疗效果。外治技术的开展在很大程度上使巴宜区藏医药的发展得到巩固。全年医院门诊患者 13085 人次、住院患者 254 人次；业务总收入 2760226.6 元，其中门诊收入 1726917.9 元、住院收入 1033308.7 元。

（达　娃）

交通运输　商务

交通运输

【概　况】2018年，区交通局在上级业务部门的关心以及大力支持下，借助318国道和306省道贯穿全区的有利优势，以八一镇为主枢纽，大力加强连接至各乡（镇）、村和旅游景点的公路网进行建设。通过全区人民的共同努力，巴宜区的交通建设有了很大进步，在西藏自治区率先实现了乡乡通油路、村村通公路的目标。巴宜区通车里程1048.1公里，其中国道318线223公里，省道45公里，区境内县、乡、村道总里程694.186公里，境内67个行政村中，完成硬化通达的有63个行政村，行政村硬化率达94%，未硬化通畅的有4个行政村。2010年机构改革后，区交通运输局核定行政编制3名。2018年，全局有干部职工13名，公益性岗位1名。女职工3名、男职工10名。拥有1辆公共用车、1台装载机及1台翻斗车（为养护公路配备）。

【农村公路建设】2018年，318国道至更章乡娘萨村公路硬化工程，硬化里程6.57公里，四级公路标准，投资1405.1972万元，截至年底，工程已竣工（市交通局为业主）；318国道至鲁朗镇东巴才村公路硬化工程，硬化里程3.834公里，四级公路标准，投资615.0440万元，截至年底，工程已竣工（市交通局为业主）；米瑞乡曲尼贡嘎村至嘎萨村公路硬化工程，硬化里程2.619公里，四级公路标准，投资611.7363万元，截至年底，工程已竣工（市交通局为业主）；八一镇多布村恰巴自然村至牧场公路新建工程，硬化里程0.584公里，四级公路标准，投资94.1768万元，截至年底，工程进度达90%；八一镇杰不才村杰不才桥改建工程，全长0.485公里，投资530.6386万元，截至年底，工程已竣工（市交通局为业主）；八一镇加乃村大桥新建工程，跨度189米，投资1767.95万元，截至年底，工程进度达70%；鲁朗镇罗巴嘎村贡措牧场道路新建工程，砂石路面30.487公里，其中桥梁2座，总跨度68.08米，投资3102.6606万元，截至年底，工程已竣工（市交通局为业主）。

【公路养护】2018年，区交通局严格按照相关规

2018年10月17日，西藏自治区交通厅厅长永吉（左二）在米瑞公路调研“四好”农村公路建设情况。巴宜区委书记米次（前排右二）陪同

定专款专用，认真组织实施，同时报请区人民政府批准，委托区发改委项目评审中心对拨出的养护资金进行审核，养护资金没有发生挤占和挪用的现象，做到了专款专用。通过组织人员到各乡镇进行养护摸底考察，主要考察和统计各乡镇养护的公路需求，为全面推进“四好”农村公路建设铺砖垫瓦，科学合理规划、建设的同时充分管好、养好公路，巩固良好的基础，为乡村产业推动和经济发展保驾护航。

2018年，巴宜区养护工程7个，投入资金123.0135万元。养护项目有巴扎线百巴镇段小修维护工程，全长7.4公里，投资79320元，交由百巴镇人民政府负责实施；鲁朗镇白木村至洛木村道路小修维护工程，全长21公里，投资10万元，交由鲁朗镇人民政府负责实施；八一镇加当嘎加喇嘛自然村道路小修维护工程，全长1.8公里，投资10万元，交由八一镇人民政府负责实施；百巴镇汛期灾情修复工程，投资10万元，交由百巴镇人民政府负责实施；八一镇冬如自然村道路水毁工程，投资0.8万元，交由八一镇人民政府负责实施；百巴镇强嘎村道第一段小修养护工程，维修挡墙110立方米，投资26.11万元；百巴镇强嘎村道第二段小修养护工程，维修挡墙400立方米，投资22.61万元；百巴镇强嘎村养猪场道小修养护工程，全长2公里，投资22.61万元；八一镇巴果绕村道小修养护工程，全长1.5公里，投资12.95万元。

【农村公路管理制度】 2018年，区交通局贯彻“预防为主，防治结合”方针，提高农村公路抗灾害能力，减少事故发生，严格落实建设“四好”公路各项管理制度；明确养护人员的工作职责，加强定期、不定期地检查，确保辖区农村公路安全畅通；建立健全养护安全生产制度，做到“三不出”，在养护作业过程中确保车辆安全通行和养护人员自身安全；建立长效养护机制，实现农村公路养护管理规范化。与各乡（镇）签订农村公路管理养护目标责任书和安全生产目标责任书，确保公路畅通安全。

2018年3月6日，巴宜区交通运输局召开党员领导干部民主生活会

【运管工作】 2018年，巴宜区农村客运班线改革通过国有化经营模式，实现城乡客运一体化，全面覆盖辖区乡（镇），解决了农牧民群众出行困难问题。同时，实行客运班线科学管理化，构建产权清断、管理科学、经营规范、服务优质、健康可持续发展的班线客运管理体系，按照统筹城乡、区域一体、无缝对接、方便群众的要求，审慎稳妥推进班线客运改革。

【公路法律法规宣传】 2018年，区交通运输局不断提高宣传范围，丰富和创新宣传方式在各乡镇组织宣传以“爱路护路”为主题的宣传活动，发放《西藏自治区公路条例》《道路运输管理条例》《中华人民共和国交通部令》《路政管理条例》等宣传材料1300余册。通过宣传，辖区农牧民群众“爱路护路”意识、法律法规意识有了显著提高。

（普布扎西）

商　务

【概　况】 2018年，在区委、区政府的正确领导下，在上级业务主管部门的精心指导下，巴宜区商务局积极开展招商引资工作，扎实推进内贸各项工作，立足巴宜区实际，创新招商引资手段，拓展招商引资领域的总体思路，按照年初制定的工作计划，各方面工作取得较好成绩。2018年，区商务局有工作人员15名（1名公益性岗位）。

【成品油市场监管】 2018年，区商务局严格执行《成品油市场管理办法》文件精神，加强对巴宜区成品油市场监管工作，与各加油站签订安全生产承诺书、安全生产责任书，严格落实安全生产责任制，加强安全生产制度建设。制定《林芝市巴宜区商务局安全生产大检查行动工作方案》，通过自查和实地检查、整改相结合的方式，全年对辖区加油站进行安全生产检查40余次，对检查中发现的安全隐患及时提出整改意见，排除隐患10余起，并对整改情况进行跟踪督导。

【再生资源回收】 2018年，区商务局严格按照《再生资源回收管理办法》（商务部令2007年第8号）文件规定，加强再生资源回收行业监管，落实备案登记制度，规范市场行为，定期、不定期地开展行业日常检查，重点检查有无固定经营场所，是否办理相关备案登记；经营场所是否整洁，有无占用道路、绿地以及其他公共场地收购、整理废旧物资；是否有污染环境的现象存在，是否回收有毒有害、化学危险物品。

【生活必需品市场监测】 2018年，为满足居民日常基本生活需要，维护正常市场秩序，促进巴宜区市场经济持续稳定健康发展，区商务局严格按照《生活必需品市场供应应急管理办法》文件规定，在各节假日期间及敏感节点，指定专人负责对辖区超市、农贸市场的生活必需品库存状况进行监测，确保全区肉类、蔬菜、蛋品、奶制品、边销茶和卫生清洁用品等生活必需品市场供应充足，防止商品脱销、滞销的现象发生。

2018年6月2日，全国供销合作总社党组成员、理事会副主任邹天敬（右五）一行在巴宜区阿吉林农牧民合作社调研合作社综合改革工作

【家政服务业管理】 2018年，区商务局严格按照《家政服务业管理暂行办法》文件规定，对辖区内家政服务活动的企业进行排查，对开展家政服务、中介服务、保洁、搬家等业务的企业进行备案登记，对其经营规范性进行监督检查。

【单用途商业预付卡管理】 2018年，区商务局严格按照《单用途商业预付卡管理办法》文件规定，对辖区从事零售业、住宿和餐饮业、居民服务业的企业法人在巴宜区开展单用途商业预付卡业务进行随机抽查，对20余家相关企业的单用途商业预付卡业务和备案登记情况进行检查。对个别企业存在未备案现象，要求其限期备案整改。

【招商引资】 2018年，巴宜区招商引资目标任务15亿元，截至年底，已到位资金15.3126亿元，完成年度计划的102.089%。2018年6月11日召开政府常务会议，研究同意将现有的招商引资工作领导小组进行充实调整，相关成员设置与林芝市保持一致。每月召开一次招商引资领导小组会议，主要针对近期招商引资工作中存在的困难和问题进行梳理，强化研究分析，提出有效的解决办法，以招商引资项目任务分解表的形式严格督促项目的跟踪服务工作，形成限时办结机制。2018年，新推招商引资推介项目24个，其中重点推介项目6个，分别为多布湖景区开发项目、工布原乡文化旅游景区项目、更章现代农业产业园项目、巴宜区建筑构产业园、文旅商业综合体项目、林芝镇特色小镇商业街项目，总投资概算10.9亿元。

2018年，巴宜区组织参加招商引资活动6次，其中参与林芝市组织的招商引资活动4次、巴宜区自主招商活动2次。巴宜区利用第十六届桃花旅游文化节、广东招商引资推介会（东莞站）、第四节藏博会和林芝分会场活动，举办了巴宜区特色展销活动暨招商引资宣传活动，推介了巴宜区优势资源、投资环境、优惠政策等，吸引300余名企业家对林芝的关注。会上签约意向投资项目25个，投资概算资金达25.74亿元。

【质量兴区工作】 2018年，区商务局将质量兴区工作纳入巴宜区"十三五"经济和社会发展规划。为推进质量兴区工作目标的落实，制定下发了《巴宜区质量兴区工作实施方案》，明确了质量兴区工作的指导思想、政策措施，提出了质量兴区战略的主要目标和工作任务，明确了相关职能部门的工作职责。制定了《巴宜区质量兴区工作责任制》，实行行政领导责任制和部门分工负责制，将任务分解到部门、单位，责任落实到具体人。配合市质监部门就藏博会期间相关活动场所电梯、压力容器等特种设备开展安全监管工作。根据巴宜区产业发展实际，积极与市质监局沟通对接，了解地理标志产品保护程序，并向区农牧局、各乡镇发放《西藏自治区地理标志产品保护工作手册》，根据《林芝市创建全国质量强市示范城市工作规划》文件精神，以第四届藏博会、雅江节为契机，结合"质量月""3·15"保护消费者权益日等活动，开展质量宣传资料进乡镇、进街道，全面宣传质量精神。

【供销合作社】 2018年，区商务局按照中华全国供销合作总社与国家农发办联合印发的《中华全国供销合作总社农业综合开发土地托管项目指引（2018—2020年）》明确的扶持对象、扶持条件、立项条件等，申报了色果拉村养羊场及羊毛被加工厂升级改造项目和藏香厂升级改造项目。组织农牧民合作社参加各类特色产品展销活动，为农牧民合作社拓展了销售渠道，提升了品牌知名度。引导农牧民合作社通过各类网络平台和线下体验等多种方式，进一步完善销售服务体系。

2018年7月26日，广东招商引资推介会（东莞站）暨招商引资项目签约仪式在东莞市举行。图为巴宜区委副书记、常务副区长、广东省第八批援藏工作队巴宜区工作组副组长陈涛（右二）与部分参会人员合影留念

【打击侵权假冒工作】 2018年，区打击侵权假冒工作领导小组办公室进一步健全工作机制，建立会议、沟通和通报机制，召开2次打击侵权假冒工作领导小组联席会议。指派专人负责信息报送工作，建立《巴宜区打击侵权假冒工作信息报送制度》，规范信息采编、报送、统计工作，做到应公开尽公开。联合市打假工作领导小组开展侵权盗版打假专项督导检查。将打击侵权假冒违法犯罪活动纳入综治工作（平安建设）考核评价体系，牵头开展好林芝市打击侵犯知识产权和制售假冒伪劣商品综治治理考评工作。

【党建工作】 2018年，区商务局党支部制定党建工作计划、党员发展计划、党员干部教育培训计划，调整充实了党务专职工作者、党费收缴负责人。由于人事变动，增补选举了党支部副书记1名，有效推动党建工作顺利开展。党支部书记与全局党员签订党建工作责任书，制定党建工作分工清单，严格按照上级党委部署开展相关工作。严格执行民主集中制，局内重要事项均开会研究，并留存会议纪要相关材料，包括招商引资推介活动、加油站相关工作、人员调整安排等各方面。

【党风廉政建设】 2018年，区商务局制定了《巴宜区商务局2018年党风廉政建设工作计划》，全局党员签订了党风廉政建设责任书，切实将党风廉政建设工作落实到人，使全局干部职工始终保持清醒的头脑，与时俱进、恪尽职守、廉洁自律。安排专人负责加强政治纪律教育活动，按要求于每周四上报“加强政治纪律教育开展情况周报统计表”，认真仔细统计思想动员会、支部书记讲党课、党支部学习、专题讨论交流、简报信息等数据。

【工作亮点】 2018年，区商务局围绕农畜特色产品，积极支持优势企业、合作社健康发展，多次组织辖区企业、合作社参加桃花文化旅游节、第四届藏博会、雅江节、广东招商引资推介会（东莞站）等活动，持之以恒推推介巴宜区优势资源，为农牧民特色产品拓展销售渠道，搭建巴宜区经贸交流互通之桥。

招商引资项目落户事宜研究由政府常务会层面调整为招商引资领导小组会，方便了项目落户工作；项目申请备案与项目立项同步进行，工商、税务、银行开户、落户等程序从原有的2个月缩短为15个工作日，审批工作得到简化，受到了企业一致好评。

【重要活动】 3月29日，区商务局组织辖区农牧民专业合作社和各企业参加第十六届桃花节推介活动。农牧民专业合作社生产的林下资源产品，如米瑞德木村的水磨糌粑、更章乡的草莓合作社、色定村的西藏纯野花蜂蜜、加定村的工布藏香等；辖区各企业所生产的代表性产品，如工布乳业生产的林芝老酸奶系列、桃花村的桃花酒业、林芝东阳光基地生产的林下产品、藏好实业生产的牛肉系列产品等。

2018年11月21日，巴宜区委副书记、常务副区长、广东省第八批援藏工作队巴宜区工作组副组长陈涛在2018西藏林芝·广东招商引资推介会（东莞站）上推荐巴宜区重点项目

6月2日，全国供销合作总社党组成员、理事会副主任邹天敬率调研组一行5人到巴宜区就供销合作社综合改革工作进行调研。西藏自治区政府办公厅副巡视员顿珠，自治区商务厅党组书记李文革，区商务厅供销社主任龙大克，林芝市人大常委会副主任尼玛，市商务局党组书记乔次仁，市商务局党组成员、供销社主任刘勇强和巴宜区副区长刘迎会等陪同调研。

7月26日，巴宜区赴广东省东莞市招商引资推介洽谈会召开。东莞市政协副主席李光霞出席该次活动并致辞，广东省政府副秘书长、广东省第八批援藏工作队领队，林芝市委副书记、常务副市长许典辉致辞，东莞市发改局、东莞市商务局、东莞市工商局、东莞市质监局、东莞市经信局以及东莞市个私协会、质量协会、花卉协会等相关领导出席该次活动。推介会上还举行了林芝市巴宜区招商引资目项签约仪式，共签约项目21个，签约投资金额24.89亿元，涉及旅游、农牧、文化、基础设施等领域。

（曲　婷）

财政　税务　金融

财　政

【概　况】2018年，巴宜区财政局在区委、区政府的坚强领导下，依法组织财政收入，认真落实各项预算支出，坚持科学发展，积极保障和改善民生、统筹区域协调发展等重点工作，促进了巴宜区经济社会平稳健康发展。2018年，财政收入在高基数的基础上实现继续增长，完成财政收入2.75亿元，同比增长0.25亿元，同比增长10.05%。完成全年预算的212.04%，为“十三五”规划的承上启下打下坚实基础，为巴宜区经济发展提供必要的财力支撑。

【财政收入】2018年，巴宜区公共财政预算收入27500万元，增长10.05%。其中，税收收入20935万元，增长17.28%；非税收入6565万元，降低8.03%。

2018年，区基金预算收入12062万元，增长682.73%。其中，国有土地收益基金收入1220万元，增长423.61%；农业土地开发资金收入66万元，增长288.23%；国有土地使用权出让收入10776万元，增长734.7%。

2018年，区公共财政预算收入27500万元，上级税收返还收入9102万元、上级补助收入91415万元、动用预算稳定调节基金13889万元；政府性基金预算收入12062万元、政府性基金上级补助收入10281万元、政府性基金预算结余418万元。2018年，可支配财力164667万元。

【财政支出】2018年，巴宜区公共财政预算收入27500万元，对比年初的预算12969万元，实现超收14531万元。根据《中华人民共和国预算法》要求，财政预算超收部分不安排当年支出，已全部调入补充预算稳定调节基金，用以次年预算安排支出。

1.2018年区财政支出124179万元（详见表2）。

2.2018年基金预算支出18873万元。

3.2018年一般公共预算可支配财力141906万元，2018年一般公共预算支出124179万元，收支相抵，一般公共预算结余3196万元。

4.2018年政府性基金预算可支配财力22761万元，2018年一般公共预算支出合计18873万元，收支相抵，政府性基金预算结余3888万元。

2018年区本级支出完成情况表

表2

科目编码	科目名称	预算数（万元）	完成数（万元）	完成预算（%）
	合计	77613	124179	160
201	一般公共服务	26185	28805	110.01

续表 2

科目编码	科目名称	预算数（万元）	完成数（万元）	完成预算（%）
204	公共安全	10711	8965	83.70
205	教育	15404	16738	108.66
206	科学技术	0	107	—
207	文化体育与传媒	930	1471	158.17
208	社会保障和就业	2441	9944	407.37
210	医疗卫生	4722	4667	98.84
211	节能环保	1208	3163	261.84
212	城乡社区事务	2337	5664	242.36
213	农林水事务	11181	34412	307.77
214	交通运输	259	198	76.45
215	资源勘探电力信息等事务	278	3688	1326.62
216	商业服务业等事务	439	927	211.16
220	国土资源气象等事务	735	1051	142.99
221	住房保障	0	4050	—
227	预备费	783	0	—
232	债务付息	0	105	—
229	其他支出	0	224	—

【财政管理】 2018 年，区财政局不断完善财政预算体系，按照一般公共预算、政府性基金预算收支范围，实行中期财政规划管理，建立跨年度预算平衡机制，规范财政预算标准。针对重大改革、重要政策和重大项目实际，在地方财力有限的情况下，合理安排资金预算使用，特别是针对乡镇层面尚无财政收入，全部依靠县级财力保障的实际，区财政局将财政预算资金大部分安排至乡镇建设领域，确保地方各项事务有序开展。切实加强结转结余资金管理，存量资金盘活率达 90% 以上，统筹用于精准扶贫、义务教育、医疗卫生、生态环保等重点领域。同时，为着力构建“机构健全、制度完善、指挥畅顺、保障有力、有急能应”的财政体系，先后制定《巴宜区领导干部通讯费管理办法》《林芝市巴宜区党政机关工作用餐暂行管理规定》，旨在方便行政单位工作开展，厉行勤俭节约，反对铺张浪费。

预决算公开。2018 年，在巴宜区政府门户网站公开 53 家一级预算单位（除涉密信息外）2017 年决算和 2018 年预算信息，全面接受社会公开监督。

乡镇财务检查。依照区委、区政府指示，区财政局于 2018 年 2 月到各乡镇开展财政专项资金检查工作。根据检查情况，制定乡镇为民办实事资金分配方案，促进乡镇财务规范化管理。

涉农资金整合。为深入贯彻落实精准扶贫、精准脱贫基本方略，优化财政涉农资金供给机制，提高资金使用效益。编制了《2018 年度统筹整合使用财政涉农资金实施方案》，更好地服务于脱贫攻坚工作。

国库集中支付改革。巴宜区作为林芝市首个国库集中支付改革试点县（区），已成功运行上线运营 1 年。在新的资金支付模式下，财政资金通过代理银行实行第三方支付，直达最终收款人，实现财政资金支付从“逐级转”到“直通车”的重大突破，使预算单位“花钱不见钱”，

2018年2月2日，巴宜区财政局局长李菊霞（中间）主持召开春节、藏历新年前期部署会

有效提高预算执行效率和透明度。

降税减负。全面完成国务院取消、调整的部分政府性基金和行政事业性收费项目清理工作，并对地方性税收优惠政策进行梳理取消。

【风险防控】 2018年，为全面规范地方政府性债务行为，有效控制债务规模，确保风险总体可控。区财政局先后制定出台地方政府性债务管理暂行办法和地方政府性债务应急管理制度，严禁以虚假PPP合作项目和政府购买服务等方式变相融资，严禁违规使用债券资金，严禁违法违规担保、兜底和承诺行为，定时通报债务规模和风险情况，杜绝出现隐性债务。截至年底，巴宜区地方政府性债务总额3000万元，主要为自治区层面转贷债务，债务规模和杠杆率较低，风险总体可控。

（任俊成）

国家税务

【概　况】 2018年，国家税务总局林芝市巴宜区税务局（以下简称“巴宜区税务局”）在区委、区政府的正确领导下，围绕税收中心工作，继续加强党的组织建设、思想建设和作风建设，积极探索工作新思路，不断实践工作新途径，圆满完成了全年各项工作。2018年，巴宜区税务系统有行政人员14名（含1名脱产学习人员）。自7月国税、地税征管体制改革后，巴宜区税务局下设4个内部机构，分别为税源管理股、办公室、信息中心、纳税服务股。

【税收收入】 2018年，巴宜区税务局坚持依法征税，应收尽收，坚决不收过头税，坚决防止和制止越权减免税，通过科学征管、强化服务、深化管理，挖潜堵漏等措施，全力以赴做好组织收入工作。全年巴宜区税务局组织入库各项收入37900.94万元，同比减收8006.56万元，减少17.44%。

【强化税收征管】 加强风险识别和重点税源风险防控工作。2018年，巴宜区税务局加强风险识别和防控工作，针对不同的风险点采取了风险提醒、约谈、下户检查等措施，要求企业根据发现的风险点开展自查工作，并补缴相关税款。同时，税收管理员负责对发现的风险点和企业自查补税情况进项监督检查，确保各项风险防控措施收到实际成效。2018年，共推送各类风险纳税人181户，其中高风险纳税人0户、中风险纳税人5户、低风险纳税人176户，已完成风险管理全流程的纳税人181户，针对实际有问题的纳税人查补税款712.25万元。

加强税款核定和一般纳税人认定工作。通过比对“金税三期”系统与防伪税控系统开票数据情况及实际调查核实纳税人生产经营情况，

2018年1月30日，巴宜区国税局局长格桑罗布（右）在布久乡大坝村看望慰问结对贫困户

针对纳税人的实际经营状况进行税款核定调整，2018年，累计调整348户，特别是家具和建材零售行业纳税人营业额，每季度增加固定税款59.2万元。同时，对连续12个月销售额超过500万元、达到一般纳税人认定标准的个体和企业通过约谈等方式，要求其规范财务核算，按法律法规要求认定为增值税一般纳税人，规范其增值税专用发票的开具和取得，并加强增值税专用发票的监督检查。

积极落实税收优惠政策。积极贯彻落实国务院6项减税政策；小微企业应纳税所得小于100万元减半征收所得税政策；设备、器具扣除有关企业所得税政策以及印花税减半征收等，确保各项减税政策顺利落地实施。组织全体干部召开工作会，认真学习各项政策内容，扎实做好各项工作，确保减税措施落地落实，持续推动实体经济降成本、增后劲；加强宣传，利用办税大厅前台咨询、宣传栏、LED显示屏、税企QQ微信群、电视媒体、公开网站等媒介，积极向纳税人宣传相关税收政策；深入企业实地进行调查和宣传，让纳税人明白自身享有的优惠政策，并一对一、面对面的教其填写纳税申报表，真正将政策落实到位。

环境保护税征收工作。《中华人民共和国环境保护税法》于2018年1月1日起正式实施，多举措做好环境保护税的开征工作。宣传到位，群众知晓广。充分利用办税服务厅宣传、微信公众号、QQ群、手机短信、微信、放发纸质宣传资料等方式，全方位开展《中华人民共和国环境保护税法》政策宣传，使广大纳税人能够及时了解国家出台的环境保护税法政策。培训到位。组织全局干部职工学习《中华人民共和国环境保护税法》，使税务干部能正确掌握环境保护税法的适用对象、范围、享受条件和计算方法等，确保准确理解该次政策的政策内涵。服务到位，贯彻落实好。结合纳税服务工作要求，严格落实首问责任、一次性告知、导税服务等制度措施，强化环境保护税法现场辅导，做好政策解答和办税指引，确保宣传口径统一、政策执行统一、操作流程统一。

【优化纳税服务】 2018年，巴宜区税务局不断提升办税服务质量和效率，积极贯彻落实《纳税服务规范》，大力推行免填单服务，严格落实首问责任制、限时办结制度、预约办理制度、延时服务等制度。加强学习，细化纳税服务要求。针对上级要求，组织全体干部职工加强对纳税服务规范的学习和掌握，对各项工作进一步的细化分解，并明确各成员的职责要求；强化督查督办，对布置的各项工作任务加强工作提醒，对重要工作下发督办通知，并加强对纳税服务情况进行定期通报，加强考核结果的运用；完善配套措施，要求全体干部职工要增强效率意识，开展换位思考，健全工作台账，做好日志记录，跟踪各项工作的完成情况；按要求通过税务门户网站、微信和办税服务厅公告栏等载体公开纳税人等级名单和信用评价结果，通过办税服务厅为纳税人提供纳税信用评价结果自我查询和信息推送服务，建立健全纳税信用级别补评、复评和动态调整工作机制，确保纳税信用评价始终“走在路上”。强化纳税信用评价结果的应用，按照不同信用风险级别对纳税人实施分类服务和管理。

【机构改革】 国税、地税征管体制改革，是以习

2018年7月13日，林芝市巴宜区召开推进国税地税征管体制改革座谈会

近平为核心的中共中央从推进国家治理体系和治理能力现代化的高度做出的一项重大决策，涉及业务划转、机构调整、税收收入和干部队伍问题，一条线从上到下，改革时间紧、任务重、层次深，时间上一环扣一环。2018年，巴宜区税务局高度重视，坚决拥护、坚决服从、坚决全力做好改革工作，不断贯彻落实自治区党委、政府领导指示批示精神和座谈会精神，不断地加强组织领导，精心组织实施，加强协调统筹，全力推进国税地税征管体制改革工作的圆满完成。

【个人所得税改革】 2018年，中共中央、国务院作出关于个人所得税改革的决策部署，个人所得税免征额从3500元提高到5000元，而且增加了专项附加扣除；为切实提升个人所得税征管和服务质效，保障新税法过渡期政策顺利实施，巴宜区税务局成立个人所得税改革专项工作领导小组，制定工作方案，明确税改具体工作任务、时间表、路线图，确保各项任务有目标、有期限、有反馈、有结果，确保工作责任到人，并扎实有序推进。广泛开展政策宣传。通过网站、微信、微博等多渠道发布政策宣传视频和宣传稿，下发宣传手册，并且通过纳税人学堂、专题辅导等方式向扣缴义务人介绍税改政策，指导扣缴义务人学习扣缴客户端操作。确保个人所得税改革工作圆满落实。

【党建工作】 2018年，巴宜区税务局结合实际工作召开党员大会，厘清和明确了领导班子集体责任和班子成员具体责任以及专职纪检员监督责任，并将工作任务纳入年度绩效管理；同时，制定了2018年绩效考评台账，将党风廉政建设和反腐败工作细化分解，明确领导班子、领导干部及职能部门在党风廉政建设中的职责和任务分工，建立健全“横向到边、纵向到底”的党风廉政建设工作责任体系。严格执行“一岗双责”制度，党支部切实担负起单位党风廉政建设的主体责任，主要负责人坚持做到“四个亲自”（重要工作亲自部署、重大问题亲自过问、重点环节亲自协调、重要案件亲自督办），班子成员带头落实责任制的各项要求，并听取专职纪检员的党风廉政建设工作汇报，确保党风廉政建设工作落实到位，责任到人。

（段立颖）

中国农业银行股份有限公司林芝巴宜支行

【概　况】 2018年，农行巴宜支行（以下简称“巴宜支行”）深入贯彻落实中央赋予西藏的各项金融优惠政策，立足“三农”市场定位，履行社会责任，将金融扶贫作为农牧民增产增收和脱贫致富的一项历史使命和政治任务。经过多年来的探索创新，走出了一条具有巴宜区特点、符合农牧区和农行实际的信贷扶贫之路。截至年底，巴宜支行扶贫贷款余额2734万元，占涉农贷款的10.5%；直接发放给农牧户的到户贷款余额26322万元，较年初增长1987万元；产业扶贫贷款余额1775万元，较年初增加315万元；2018年，累计发放农牧民到户贷款16831万元，扶持农牧民2335户，农户贷款户均7.2万元。最大限度地为巴宜区农牧民脱贫致富提供资金保障，履行服务“三农”、支持与带动地方经济的光荣责任，倾力打造出巴宜最好、政府最满意、百姓最欢迎的金融服务机构。2018年，巴宜区政府授予农行巴宜支行服务地方经济“特殊贡献奖”。

【党建工作】 2018年，巴宜支行持续强化党建引领作用，充分发挥党委把方向、管大局、保落实作用，全面落实党建责任制，全力推进全面从严治党；严格落实“三重一大”集体决策制度，支行重大问题集体决策、重要干部人事选拔推荐、重大投资决策和大额财务支出召开支委会研究决定，必要时提交党员大会决定；进一步加强“三公”管理，对该行财务开支、公务用车、会议活动等进行严格管理，持续抓好案件警示和廉洁教育，推动从严治党，从严治行；人文关怀根植基层，结合“三线一网格”管理要求，按月开展减压活动。积极帮扶困难员工，全年慰问重病、特困员工、困难党员10名；帮扶退休老干部19人。

【网点服务】 创新提升银行营业网点主体零售业务竞争力。2018年，巴宜支行加大员工持证上岗率，提升网点服务水平。在销售步入互联网时代，巴宜支行的线下服务借助各类营销工具进行营销增效。2018年，首次推出“专业市场”“聚合码支付”等工具，更加有利于客户的开发和维护。以商圈形式建立营销模式，覆盖农行所有类金融产品，高效快捷地为客户提供优质服务。在建军91周年之际，巴宜支行负责人一行到林芝军分区部队开展迎八一进军营慰问活动，希望军银双方今后紧密合作、相互促进、实现共赢，营造了部队官兵不出军营就可办理业务的便捷金融服务环境。

【扶贫工作】 2018年4月29日，巴宜支行为章巴村藏家乐农牧民专业合作社发放首笔产业扶贫贷款315万元，实现产业扶贫贷款零的突破。

【互联网金融服务“三农”】 2018年，为确保做好较偏远艰苦村镇金融扶贫工作，建立“3+2”流动服务机制，巴宜支行在基层乡镇营业机构开展“三天坐班、两天走村入户”流动服务，建设6个掌上银行村、5个“钻石卡村”、67个村镇助

2018年6月19日，农行巴宜支行为四省藏区学生开展“金穗圆梦”爱心捐款活动

农取款点，发放钻石卡551张，贷款余额7144万元。截至年底，25%的三农金融服务点上线了聚合码支付，为贫困农牧民提供了便捷的线上化金融服务。

【金融服务渠道】 持续推进网络融资发展，拓展“惠农e贷”+“四卡”业务。2018年，巴宜区支行搭建“惠农e商”服务平台，为贫困农牧民产品购销提供专业化的服务渠道。截至年底，共设立助农取款点85个、信用村67个、信用乡（镇）7个，覆盖率均达100%。打通服务群众的“最后一公里”。为了更好地服务“三农”，巴宜支行在更章乡设立三农金融服务点，服务点的设立受到了人民银行及当地政府的高度关注及认可。2018年6月14日，中国人民银行总行领导到巴宜支行更章乡三农金融服务点检查指导工作，更章乡三农金融服务点作为巴宜支行宣传金融知识的“桥头堡”作用更加突出。

（刘　丽　多杰旺扎）

邮政　通信

邮　政

【概　况】 2018 年，巴宜区邮政分公司认真贯彻自治区邮政公司、市分公司年初经营服务工作会议精神，全力推进专业化经营改革，第一时间制定 2018 年具体工作措施办法和竞赛活动方案，以优化结构、提高效益、提升服务质量为目标，进一步明确发展重点、调整激励政策、优化资源配置、创新营销模式，确保各项业务又好又快发展。同时，在企业基础管理、企业文化、职工思想教育、职工小家建设等活动方面都取得明显成效。

【业务经营】 2018 年，巴宜区邮政分公司完成收入 190.15 万元，比 2017 年增长 36.35%。其中，储蓄业务收入 109.93 万元，汇兑收入 0.13 万元，保险收入 1.32 万元，函件收入 6.34 万元，集邮收入 3.48 万元，代理收入 14.47 万元，分销收入 16.37 万元，报刊收入 15.15 万元，普包收入 9.61 万元，速递收入 9.61 万元，快包收入 3.74 万元。

【集邮函件】 2018 年，巴宜区邮政分公司与巅峰旅游公司合作，制作措姆、日湖门票、苯日神山景区门票业务合计 53 万元；与巴宜区旅游服务中心签订大柏树旅游景区门票续签 30000 枚；鲁朗邮政所积极联系周边酒店，销售集邮明信片产品 1.9 万元；制作西藏农牧学院入学须知宣付手册，实现收入 4 万余元；开发社保账单寄递业务，实现收入 6.3 万元。

巴宜区区邮政分公司员工在部队收寄军包

【金融储蓄】 2018 年，巴宜区邮政公司开展了“真情服务、积分有礼”、“决胜收官战　喜迎开门红”、逢 8“客户节”、“幸福返乡路　邮政伴你行”、“反假币、反洗钱”等一系列活动，拉动储蓄余额增长。截至年底，巴宜区东山路储蓄余额突破 5000 万元大关、尼池路所突破 1000 万元大关。鲁朗镇邮政所 2018 年 8 月 31 日正式开展代理金融业务，仅 2 个月储蓄余额达 716 万余元。

【电子商务及分销业务】 2018 年，巴宜区邮政分公司积极培训员工及乡邮员，举办品鉴会，并结合巴宜区各种大型活动联系政府部门配送分销产品。全年 A4 纸、大米、清油、家用电器等实现收入 13 万余元，售出航空机票销 568 张，办理交警罚款 15221 笔，办理交警罚款短信 345 笔，2018 年，联系各乡镇学校实现教辅图书征订额近

15万元。

【温馨家园】2018年，巴宜区邮政分公司关心职工，认真倾听职工的意见和建议，制订各项发展业务的措施和办法，首先考虑职工是否拥护、是否能充分调动职工的积极性，重奖励、轻考核，努力提高职工福利待遇，让职工在企业经营效益提高中享受到实惠。同时，还建立了“职工小家”“职工菜棚”，饲养了小猪，还举办了每季度的“职工集体生日”，举办了各种类型的集体活动，丰富职工的业务生活和精神需求，增强了职工的凝聚力和向心力，职工对企业的归属感得到显著提高。

【基础管理】2018年，巴宜区邮政分公司通过开展“精细化管理”，加强网点内部管理，提升网点精细化管理水平。以提升员工队伍整体素质和水平为目标，促使公司向更规范化、标准化的方面发展。力求网服务标准不断改造优化、服务体系不断创新完善、服务内容和方式不断拓展、服务效率和质量不断提高。以争创全区邮政“星级网点”为目标。同时，更以新的管理理念和服务标准给广大客户提供更优质的用邮体验。认真执行各项规章制度，切实提高企业经营管理风险管控能力。进一步强化基础管理，安全生产、资金票款监管、内控制度等各项基础工作。各项规章制度得到认真贯彻落实，按照要求对所有储蓄临柜人员和相关人员全部进行强制轮换岗，没有发生过任何安全和资金票款案件。

（王金媛）

中国移动

【概　况】中国移动西藏公司林芝巴宜区移动分公司（以下简称“区移动分公司”）隶属于中国移动西藏公司林芝分公司，于2014年6月正式成立。2018年，公司有员工20名，下辖各营业厅、服务点31个。

【业务经营】2018年，区移动分公司的市场份额达53.2%，拥有客户4.4万户，完成运营收入7600万元，集团信息化收入250万元，家宽用户发展1万户。全年区移动分公司以“保底享家宽”“家庭群组低消送家宽”“高清电视免费看”等惠民形式，满足巴宜区移动客户对家宽的需求，提升家庭生活品质。

【业务服务】2018年，区移动分公司组织开展城市内地推服务260余次，走访、维系巴宜区集团160余家，组织开展农村驻点服务130余次，累计1.4万名客户享受到了现场办理业务，现场移动手机号新开户、现场办理家庭宽带等方便快捷的服务赢得了新老客户的一致好评与信赖。为加强管辖内31家营业网点服务工作，对各营业厅、营业网点每月不定期检查2次，对家宽装维队伍、营业员、手机销售人员进行各项培训24场，进行10余次技能考核，严格做到所有人员服务优、技能熟才能上岗。严格执行业务办理实名制、业务办理五条禁令、客户投诉48小时内处理等制度，增强客户服务能力，持续推进以客户为导向的服务机制和服务体系建设。

【党建工作】2018年，巴宜区移动分公司通过观看警示教育片、学习警示教育读本、观看关于电信诈骗的新闻、电视、电影，使员工认清腐败的严重性和危害性，以史为鉴、以案为例，严格自律、接受监督，提高拒腐防变能力和廉洁自律意识。同时，加强员工的党性党风和道德教育，组织员工学习习近平新时代中国特色社会主义思想、中共十九大等专题学习活动，学习笔记达34000余字。积极培养中青年积极分子入党，争做合格党员。2018年，2名员工通过考核成为入党积极分子。

（杨凤娇）

乡镇 街道

八一镇

【概 况】 八一镇隶属林芝市巴宜区，位于林芝市委、市政府、巴宜区委、区政府驻地腹心，是林芝市政治、文化、经济、交通中心。地处北纬29° 40′、东经94° 14′，东距成都市1170公里，西距拉萨市406公里。东与林芝镇毗邻，西与更章乡相连，南与布久乡相接。东西长约35公里，南北宽12公里，全镇面积1488.13平方公里，其中林地1196209.2亩、耕地5693.15亩，草场1030291.75亩。2018年，八一镇下辖11个行政村、28个自然村，14个党支部，正式党员474人，农村有853户3524人。全镇农村经济总收入14150.67万元；农牧民人均纯收入2.33万元，其中现金收入达1.75万元；粮油总产量124.45万公斤，肉类总产量22.5万公斤；牲畜总数3.21万头（匹、只）。

【基层党建】 强化班子建设。2018年，八一镇依托“村干部文化素质提升工程”，不断提高村“两委”班子文化素质；通过“两学一做”“四讲四爱”群众教育实践活动，不断强化村班子政治觉悟、党性意识和履职能力；严格执行“四议两公开”制定，使村“两委”班子处理村级事务更加规范化、科学化。2018年11月，八一镇党委根据《林芝市巴宜区村（居）干部业绩考核激励办法（试行）》规定，对村“两委”成员、监督委员会成员88人进行考核，推选出优秀村干部6人。

强化队伍建设。八一镇以提升基层党支部战斗堡垒作用为目标，坚持规范和落实“三会一课”制度，建立健全党组织生活制度，在14个党支部中重点培养有文化、有特长的创业青年和致富能手，不断增强基层党建活力。2018年6月，八一镇党委对各党支部上报的31名发展对象进行为期3天的培训考核，确定了16名预备党员，为基层党组织注入了新鲜血液。

强化政治教育。2018年，各村党支部组织党员学习中共十九大精神600余次，学习习近平新时代中国特色社会主义思想260余次，学习新修

2018年6月26日，巴宜区委副书记、区长严世钦（右一）在八一镇调研产业构建园项目进展情况。区委副书记、常务副区长、广东省第八批援藏工作队巴宜区工作组副组长陈涛（前排左一）陪同

订的《中国共产党纪律处分条例》30余次，支部书记上党课50余次。2018年11月，八一镇党委开设机关党员政治教育培训班，通过强化教育，不断强化广大党员政治意识、大局意识、核心意识、看齐意识。

打造特色亮点。2018年，八一镇唐地村党支部通过开展“五星党员”“十星农户”评选表彰活动，评选出“五星党员”12名、“十星农户”16名，兑现奖励资金8400元，让农牧民群众在争星创星中争荣誉、受教育、强素质、得实惠。八一镇章麦村注册了微信公众号“美丽章麦”，开办“村居简介”“工作动态”“学习路上”3个专题栏目，“四讲四爱”“好人好事”“十九大学习”等14个小专栏，供党员、群众学习交流。

【党风廉政建设】 落实主体责任，做好党风廉政建设工作。2018年，八一镇党委“一把手”坚持对重要工作亲自部署、重大问题亲自过问、重点环节亲自协调、重要案件亲自督办，坚持原则、真抓严管。其他班子成员认真履行“一岗双责”要求，对照责任清单，细化工作措施，推动工作落实，确保党风廉政建设各项任务落地生根。坚持教育为先、预防为主。把对党员干部的思想政治教育放在首位，结合工作实际开展党风廉政教育，不断提高广大党员干部责任意识和纪律意识。加强制度建设，完善廉政风险防控监督体制情况。制定并完善镇党委党风廉政建设、廉政风险防控体系建设、公务接待、公务用车和采购、

2018年7月1日，八一镇拉丁嘎村开展表彰优秀党员活动

结算等制度，做到阳光透明。规范财务制度，落实收支两条线管理，重大项目预算和财务管理制度。以财务公开为重点，规范“三务”公开和民主管理。以党务、政务、村务、“三重一大”等公开为支点，狠抓各项制度的落实，并以向党员公开和党外向群众公开两个层面，逐步实行党务政务村务公开。

【人大工作】 狠抓活动求实效。2018年，八一镇组织代表开展学习活动20余次，召开座谈会10余次，接待选民20余人次，开展代表视察8次，征求涉及经济社会发展全局及群众关心的热点难点问题的意见建议20余条。依法加强监督。依据2018年年初区人大例会上《政府工作报告》中提出的工作目标和任务，督促镇政府落实各项目标到责任部门、责任领导和具体责任人。同纪检部门一同下村检查村账管理情况，并完成对全镇环境卫生整治工作情况的专项督查，及时向镇政府提出针对性的建议。提升人大代表素质。通过开展各类调研视察、学习培训活动，提升人大代表履职意识和履职能力。

【森防工作】 年初，八一镇党委、镇政府与11个村签订森防目标责任书，并建立森林火患排查机制，每月排查1—2次。2018年，共排查20余次，有效防止森林火灾发生。截至6月，向761户农户兑现上半年公益林补贴金284.04万元，与区林业局、市林业局、国家林业局委托公司对八一镇辖区内2013—2018年林业项目进行验收，并对各村林业值班情况进行检查督导。为各村林业值班人员发放服装100套，同时国家林业局对各村现存活的古树进行登记造册，协助区林业局对各村存在的乱占、乱开采林地进行清查并及时上报有管部门。

【脱贫攻坚】 完善扶贫动态管理工作。2018年，八一镇新识别扶贫对象1户4人，全部进行建档立卡，整个申请审批过程都在“阳光”下进行。美化村居环境。2018年，八一镇从30万元扶贫

奖励资金中列支15万余元，为3户贫困户改善居住条件，年底已全部完工。落实好岗位扶持工作。2018年，八一镇共有林业管护员284名、环境保洁员69名、公路养户员31名、水管员28名、草原协管员43名，全年发放岗位工资1592500元。开展专项帮扶。2018年，八一镇针对“因学致贫”的69人按照标准发放补贴16.55万元，确保贫困户子女不因为贫困而辍学。全年为“定项补助”的69人发放资金17940元，对“因病致贫”的44人开展医疗救助，加大报销比例，大病统筹超支全部由本级财政承担，实现病有所医。开展结对帮扶。2018年，巴宜区检察院、公安局、政协、白马岗街道、林业局、宣传部、综合执法局、文广局、八一镇共159人，先后在八一镇对贫困户开展了生活用品及慰问金的发放。“三岩”片区搬迁与安置工作。2018年，加乃村“三岩”片区易地扶贫安置点工程项目开工建设，八一镇积极与上级部门沟通，编制了共448万元的3个“三岩”搬迁产业发展项目，包括总投资178万元的瓜果种植项目、总投资170万元的销售中心建设项目、总投资100万元的林卡建设项目。截至年底，所有项目已上报至区“三岩办”进行核准审批。

【社会事业】 民政工作。2018年，八一镇对未脱贫农村建档立卡贫困户及原农村低保户开展了入户调查以及核对工作，及时报送信息及更新，认真落实特困人员供养政策，建立健全特困人员供养台账，对24名特困人员进行排查摸底，并对其进行体检。同时，审核全镇2017—2018年涉及20户65人冬春受灾缺粮户粮食发放工作并进行公示。人社工作。2018年，八一镇共采集参保基本信息2254条，参保人数1750人，参保率100%，征缴养老保险金165100元。同时，八一镇组织各村农牧民积极参加由区人社局组织的分类培训，共69人参加培训，培训合格率100%。教育工作。2018年，八一镇小升初考上内地班9

2018年8月16—17日，八一镇召开第二届人民代表大会第四次会议第二次全体代表大会

名，按照年初制定的目标责任书，完成了100%入学率。

【文化宣传】 丰富文化活动形式。2018年10月，八一镇在永久村开展了“八一镇振兴乡村暨讲文明爱生活”文艺专场演出，受众人数达600余人。各村开展文艺会演11次、演讲比赛5次，各村节庆日群众文化广场活动率达100%。顺利完成《八一镇志》编撰工作。2018年，八一镇编纂完成了西藏自治区首部《中国名镇志·八一镇志》，全书共有13个篇目、68个章节，配有120张图片，翔实地记录了八一镇历史、政治、经济、文化，该书于2018年12月25日正式出版发行，并成功入选“中国名镇志文化工程”。

【特色产业】 2018年8月，巴吉村仓储物流建设项目——林芝巴吉物流产业园开工建设，产业园占地面积348亩，分成两期建设，预计总投资2.37亿元，所需资金由西藏人和实业有限公司投入，截至年底，已投入资金4000万元，建设基础填方38万立方米，13幢基础建筑已完成；公众村构建园区占地面积1550余亩，投资6亿余元，已有大型国有上市企业入驻。建设期间，八一镇积极参与选址工作，协调矛盾纠纷，助力推进项目落地。其他项目建设有序推进。2018年，八一镇对6个行政村公房、广场、围墙、卫生室、厨房、卫生间等进行新建或改扩建，投入资金695.4万元。

【经济发展】 特色农牧业稳步推进。2018年，

2018年11月5日，八一镇举办"振兴乡村暨讲文明爱生活"文艺专场演出活动

八一镇围绕特色果蔬、藏香猪、藏药材主导产业，着力发展加乃村苗圃产业、拉丁嘎村荞麦种植基地、章麦村藏药材种植基地、巴果绕村藏鸡养殖基地，夯实农牧业基础。截至年底，全镇特色果林种植面积达1200亩、苗圃产业260亩、藏药材种植800亩、蓝莓种植50亩。旅游业持续发展。2018年，八一镇辖区内的措木及日、大柏树、千年核桃树、卡定沟等旅游景区分红创收达100余万元。

【生态建设】 环境整治工作。年初，八一镇制定《八一镇环境卫生整治活动实施方案》，并与各村签订卫生整治工作目标责任书，要求辖区各村居制定符合各自身实际的《实施方案》，并纳入村规民约，全面推行门前三包责任制，按"双联户"分组实行网格化管理。积极配合上级迎接大型环境卫生督查检查4次，顺利完成国家级创建环境卫生城市环保复评工作。同时，协助上级完成以环保为主题的自行车极限挑战赛和藏博会林芝分会场相关赛事活动。活动期间，八一镇累计发动农牧民群众参与卫生清理人数达800余人次。组织干部职、农牧民群众开展综合卫生整治5000余次，动用机械800余次，清理垃圾100余吨。

水利工作。严格落实八一镇河长制工作，召开动员大会2次，在全镇辖区内10条主要河流、支流设置河长制推进公示牌，建立推进河长制工作实施方案并设立专项办公室，配置办公室人员。全年组织集中巡河1次、分散巡河30余次。

规范国土工作。年初，与各村签订基本农田保护目标责任书，聘请村支书或村主任为标识牌管护员，负责本村耕地、农田利用现状动态信息和日常管护工作，及时报告破坏耕地、违法占地的行为；利用"4·22"世界地球日、"6·25"全国土地日进行宣传，发送宣传资料500余份；并全力配合区国土局等部门对永久村、章麦等地进行征地工作，共征地50余亩。

（杨志宏）

林芝镇

【概　况】 林芝镇隶属于巴宜区，地处318国道沿线，距巴宜区政府所在地18公里，距米林机场30余公里，交通便利，属半农半牧镇。林芝镇前身为达则乡，于2002年改名为林芝镇。全镇平均海拔3000米，镇域面积1473平方公里，其中森林面积854平方公里、草场面积62234.9亩、耕地面积9085.5亩、国家公益林管护面积29万亩。下辖9个行政村、14个自然村。2018年，全镇有625户2547人，党员343人（其中农牧民党员294人）。

林芝镇自然资源丰富，自然风光和人文景观有嘎啦桃花村、色季拉森林国家公园、苯日神山、尼洋河风光带、千年古桑王和大峡谷娘欧码头等。境内有6座苯教寺庙、1座拉康以及2个寺管会，居民以藏族为主，此外还包括汉族、回族、门巴族等。2018年，全镇经济总收入6790.45万元，同比增长8.14%，其中第一产业4032.5万元、第二产业79.1万元、第三产业2678.85万元。农村经济纯收入4074.4万元，同比降低4.63%；人均纯收入17755.8元，同比增长15.75%。

【党建工作】 认真谋划，明确全年党建任务。年初，林芝镇严格按照各级党委关于2018年党建工作开展目标与任务的要求，立足林芝镇机关与各村实际，研究制定了林芝镇“1116”党建工作思路，即1个主线：以全面贯彻落实十九大精神和习近平新时代中国特色社会主义思想为主线；1个平台：依托“党员之家”党建示范引领为平台；1个目标：围绕“农牧兴镇、生态立镇、产业富镇”建设为目标；6项措施：着力细化“党建促经济、党建保稳定、党建促脱贫、党建惠民生、党建护生态、党建带团建”的措施。

完善机制建设，认真履行抓基层党建工作责任。全面落实党员领导干部双重组织生活会制度，定期召开党委会、党建工作例会、谈心谈话会，研究部署党建工作，明确各包村领导、党建专干、支部书记责任；抓严抓实班子建设，严格落实《党委中心组学习制度》《党委民主议事制度》，进一步增强基层党组织的凝聚力和战斗力；健全党群办公室功能，明确增加党建专干2名，及时调整12个支部包村领导、党建指导员，在各支部设立党建专干；转变督查指导方式，施行“减负增压”的月计划、月指导、季督查、季通报的党建工作模式，整合基层碎片化时间，勤沟通多问效，轻督查重指导，切实将党建工作做实做细做好。

2018年5月17日，西藏自治区人大常委会副主任、林芝市委书记马升昌（前排左三）一行在巴宜区林芝镇调研特色小镇建设情况。巴宜区委副书记、区长严世钦（前排左二）等陪同

加强各支部基础建设，助力标准化建设。2018年，镇党委以巴宜区“村级组织活动场所标准化建设”活动为契机，配合区委、组织部、标建办等各部门着力做好曲古村、立定村、达则村等各村村公房的新建、改扩建工作，完工后各村村公房将按照自治区统一标准配备办公用品与内部设计，真正成为农牧民群众“来了不想走”的集体活动场所；建立林芝镇各村村级干部后备库，着力选拔培养想干事、能干事、会干事的年轻人；6—12月，由于林芝镇机关党员工作调动较多，再次对机关支委委员进行调整，使机关支委配置更加优化。

认真贯彻落实党风廉政建设责任制，提高党员干部廉洁自律意识。林芝镇始终把党风廉政建设工作列入党委班子重要议事日程，结合2018年度工作实际制定工作计划，及时召开党风廉政建设专题会议，传达学习有关领导讲话和上级文件精神，对党风廉政建设工作进行全面安排部署，加强对纪委监督执纪的指导，做到任务明确，责任到人，形成主要领导亲自抓，上下合力共同抓；以加强学习为重要措施，组织干部职工认真学习中共十九大、十九届中央纪委二次全会、自治区纪委九届三次全会、林芝市纪委一届四次全会、巴宜区纪委二届二次全会精神，筑牢“廉政防火墙”。严肃党内政治生活，永葆党的生机与活力。1月下旬，召开2018年镇党政班子民主生活会；11月，召开专题组织生活会，通过健康的互相批评、红红脸、出出汗，达到相互提醒、相互监督的目的；认真开展党员政治纪律教育互动，严明党的政治纪律和政治规矩，坚定党员理想信念，提高党员政治站位和政治觉悟，保持党员队伍先进性和纯洁性。

加强党员学习与管理，提升全体党员素质。镇党委立足林芝镇实际，积极制定《林芝镇各项工作制度汇编》，坚持以制度管事、管人，着力

2018年5月17日，西藏自治区人大常委会副主任、林芝市委书记马升昌（右三）一行在林芝镇尼池村检查指导工作。巴宜区委副书记、区长严世钦（右二）陪同

营造风清气正、朝气蓬勃的工作氛围，并按照区委组织部要求，按季度定期上报镇机关干部职工动态，为区委、镇党委掌握干部职工日常工作提供依据。

坚持党员发展标准，保证党员发展质量。2018年，发展党员14名（镇机关1名、农牧民13名），积极分子15名（机关3名、农牧民12名），党员队伍不断发展壮大。

着力发挥党支部的“党建+”作用。镇党委在嘎拉桃花村“美丽乡村”建设的基础上，大力鼓励、支持该村发展村集体经济，研究决定在桃花源闲置空地发展党群示范采摘园，以“党支部+党员+双联户+农户”的模式，积极发挥党员的先锋模范示范作用，促进“双联户”进一步联户增收。截至年底，该采摘园已经完成建设。

【宣传工作】 2018年，镇党委坚持把习近平新时代中国特色社会主义思想和中共十九大精神等政治理论和业务知识作为“必修课”，制定中心组理论学习制度、学习型党组织建设实施方案，成立意识形态工作责任领导小组，强化镇党委主体责任。加强队伍建设，掌握舆论方向。以“三会一课”为抓手，以推进“两学一做”学习教育常态化制度化和基层党组织标准化建设为契机，坚持政治学习不松懈、警示教育经常化、党性教育有特色，不断创新学习方式方法，相继开展了中共十九大精神宣讲、新旧西藏对比等活动，营造了“全员学习、终身学习”的浓厚氛围。

【农牧工作】 2018年，全镇享受农机补贴金额96.612万元，受益群众达128户；为确保农作物产量，种植籽粒玉米及青贮玉米1410.5亩，并与各村签订2018年农产品（蔬菜、瓜果）质量安全生产承诺书；组织农业技术人员、兽医、科技特派员针对专业开展相关培训，提升农村发展人才短板问题。积极兑现各类补助。全镇草畜平衡面积130801.56亩，核定年末草畜平衡载畜量17773.28只（匹）。2018年年末，牲畜存栏数16942.86万绵羊单位，实现了草畜平衡，兑现草奖资金196202.34元。

2018年3月23日，林芝镇召开第二届人民代表大会第三次会议

【重点项目】 2018年，林芝镇稳步推进立定村鸿宇养殖开发有限公司建设工作，该项目总投资55万元，项目建成后受益达17户；真巴村采用村民集资的方式，在桃花园景区对面修建水果采摘园（拉珠种植采摘园）。2018年3月，聘请技术人员在采摘园种植6000多株樱桃树苗、梨树苗、桃花树苗以及苹果树苗，长势良好。屋面改造工作。镇屋面改造工程于4月动工，7月完工，涉及群众537户，改造面积18000平方米，改造范围包括主房、厨房、家庭旅馆。重建户4户，重建面积891平方米，屋面改造总投资217.89万元、政府投资112.02万元。

【脱贫攻坚】 2018年，在确保脱贫不返贫的基础上，镇党委、镇政府根据实际情况，对贫困户信息动态卡（包括人口自然增减情况、收入再一次核实、帮扶动态）进行审核，并及时上墙，实现脱贫后续工作有跟踪。同时，完善建档立卡贫困学生信息（全镇共有贫困学生69名，其中大学生19名），确保学生就读有保障。严格脱贫产业后续管理工作，将产业发展持续推进，完成朗欧村（野外）灵芝种植项目，新建简易大门2扇、三角铁立柱300根、网围栏2000米、购买灵芝菌种1000包，总投资20.67万元。康扎村到户犏奶牛养殖项目，该项目新建牛舍40平方米，购置犏奶牛4头，总投资5万元，保障了群众的有效收益。

【国土水利】 年初，林芝镇为实现耕地充分利用化，制定耕地保护领导小组，并与各村签订责任书，同时对各村耕地现状进行排查、归档。针对土地买卖现象，协同有关职能部门深入各村开展《中华人民共和国物权法》《中华人民共和国农村土地承包法》《中华人民共和国土地管理法》等法律法规宣传，并在各村建立土地巡逻台账，实现耕地合理开发利用。2018年，完成水毁项目2个（帮纳村1个、朗欧村1个），完成果若村河道疏浚项目1个。汛期成立镇级、村级巡防小组，做到24小时巡逻，汛期发放救灾物资编织袋3000袋、雨衣14件、雨鞋14双。2018年11月，雅鲁藏布江治理项目立定村段已经开工建设。

【社会事业】 社会保障。林芝镇始终坚持以人民为中心的发展思想，全力做好全民参保登记计划。组织专人入户走访，实地了解情况，积极开展参保工作。真正实现谋民生之利，解民生之忧，让群众拥有更多的获得感和幸福感。2018年，全镇农村人口2470人，适龄参保人数1708人，截至年底，已全部完成参保工作；落实最低生活保障制，为低保户3户10人、五保户16户18人上半年兑现保障金每户2880元；充分发挥民政救助作用，为地震水灾等原因房屋受灾重建的群众发放帐篷6顶，为水灾后耕地受损的群众发放糌粑50袋、大米50袋、面粉50袋。文化工作。林芝镇加强公共文化设施和基层文化网络建设，积极争取项目资金，加快公益性文化设施建设，不断改善村镇文化活动中心、农家书屋、寺庙书屋等场所的条件，努力扩大互联网覆盖面。

（徐海涛）

鲁朗镇

【概　况】 鲁朗镇位于巴宜区的东部约70公里处，北纬29.7°、东经94.7°，川藏公路横穿全境，向西经八一镇可达拉萨，向东经波密县可达四川。属高原温带半湿润季风气候，年日照时间2016小时，无霜期156天，年气温在10℃以上183天，年平均气温12℃，全镇总面积2516.9平方公里，属典型的高原山地草甸狭长地带，地形起伏大，森林覆盖面积达80%以上，林下资源丰富，畜牧业生产较为发达。

鲁朗镇旅游资源丰富，主要以冰川地貌、高山峡谷和动植物资源景观为主，境内有AAAA级自然景区色季拉国家森林公园、鲁朗林海等景区（点）等。景区内自然景观和人文景观交相辉映，鲁朗林海波澜起伏，蔚为壮观；鲁朗花海千姿百态，争奇斗艳。气候、地质多样化。主要以冰川地貌、高山峡谷和动植物资源景观为主，冰川、高山、峡谷、草甸、森林、河流、湖泊等各种景观并存。是全国影视指定拍摄景地、全国首批运动休闲特色小镇。2018年，获“森林文化小镇”“最美户外小镇”称号。

鲁朗镇下辖8个行政村、14个自然村。2018年，全镇有272户1408人，劳动力579人，党员286人（农牧民党员244人）。全镇农村经济总收入4896.63万元，同比增长3.1%，人均可支配

2018 年 9 月 20 日，林芝市副市长强巴央宗（右一）在鲁朗镇白木村检查指导藏猪产业发展情况

2018 年 3 月 5 日，巴宜区委常委、副区长吴永帅（左一）在鲁朗镇加油站检查指导工作

收入达 21112.5 元。

【党建工作】 2018 年，鲁朗镇打造党建亮点项目，开展“鲁朗镇农牧民党员量化考核”工作。“鲁朗镇农牧民党员量化考核”是通过对基层党员日常表现进行量化，采取以打分制定优秀的方式，实现对每个基层党员进行量化管理不断深化、细化和量化基层党组织建设的一种管理方法。鲁朗镇农牧民党员量化考核主要是村“两委”班子党员、驻村工作队中的党员、第一书记、农牧民党员、基层党组织预备党员。考核内容以《鲁朗镇农牧民党员量化考核手册》日常表现和工作表现为主，全镇 244 名农牧民党员及 19 名驻村工作队党员人手一册，并将考核结果与“双联户”考核、优秀党员评选等直接挂钩。考核方式采用村级一月一评选、镇级一季度一评选的方式。农牧民党员（预备党员）由村党支部组织评选，村“两委”主要党员领导、村第一书记、驻村工作队党员由镇党委组织评选。考核结果及时公示，并为量化考核排名靠前的党员发放“流动荣誉牌”和“先锋徽章”。对于连续不及格和严重违反党规党纪的党员则视情节严重程度及时向党组织汇报，给予诫勉谈话、警告处分、开除党籍等处分。党员量化考核工作开展 8 个月来，全镇每月评选 27 名先锋党员。在榜样的影响下，鲁朗镇好人好事不断涌现、集体活动争先恐后、致富带头效果明显，基层党组织的组织力进一步提升，组织、班子、队伍三大基本建设进一步强化，党员先锋带头作用进一步凸显。

【党风廉政建设】 2018 年，鲁朗镇不断完善各项工作制度，严格效能管理，强化作风整顿；结合第二十三个党风廉政建设宣传教育月活动，成立以党委书记为组长的反腐倡廉宣讲组；党建文化长廊已经成为干部职工、各级各类考察团党性教育和廉政教育的阵地。加强意识形态领域工作，切实增强“四个意识”，深入开展“四讲四爱”宣讲活动，发放相关资料 500 余份，受教育群众达 100%；创新方式方法，有动员、有部署、有计划地完成既定目标，通过各种活动载体，全面宣传社会主义核心价值观，开展新旧西藏对比宣传教育，深入开展精神文明创建工作，开展各类主题教育活动，坚持会前唱国歌，筑牢爱国主义思想。

【干部队伍建设】 2018 年，鲁朗镇纪委制定鲁朗镇干部职工作风日志，要求党员干部每日根据自身工作实情填写日志，日志填写情况作为年底评优指标。建立晨会点名汇报制度，每日上班首先集合点名，机关干部对自身当日工作情况作简要汇报，每月对机关干部考勤进行公布。坚持节前廉政考试，每逢节前组织镇机关干部进行廉政考试，提高干部廉洁意识，促进廉洁政府创建。镇党委、镇政府充分结合“两学一做”学习教育，利用各种会议、学习例会等机会有针对性地组织党员干部开展法律法规、政治理论、业务知识等学习，提升干部政治素质、理论素质，增强业务技能。借用每周学习例会，组织党员干部对自身工作情况进行交流，集思广益，互相借鉴，鼓励干部加强合作交流，共同进步。同时，要求党员干部职工充分利用业余时间，根据自身业务及实情，选择适合自身的载体进行针对性地自学。及时转发“网信巴宜”等微信公众号推文，供干部职工学习借鉴，不断提高自身工作能力。

【经济建设】 2018年，全镇第一产业收入2309.44万元，同比增长1.05%，第三产业收入3290.485万元，同比增长3.1%，全镇农村经济总收入4896.63万元，同比增长3.1%。人均可支配收入2.1万元。2018年，鲁朗镇有产业发展项目41个，项目总投资5864.78万元。鲁朗镇围绕旅游小镇发展蓝图，充分利用各村优势资源，打造“一村一品”发展模式。形成拉月村温泉养生—东久村竹编加工—洛木藏药材种植示范园—扎西岗村农牧民家庭旅馆合作社—白木村藏香猪养殖基地—罗布村旅游特色服务项目—东巴才村土特产销售—巴嘎村牦牛散户养殖。

【环境保护】 2018年，鲁朗镇以“建设美丽鲁朗、幸福鲁朗、生态文明、人文发展”的新格局为抓手，压实环境保护主体责任，把“党政同责”“一岗双责”落到实处。根据区委、区政府对环境综合治理的具体要求，除日常环境清扫外，全年开展大型清扫活动169次，出动人员3096人次、车辆和机械163台次，投入资金70万余元。

2018年5月4日，鲁朗镇举办五四青年趣味活动

【脱贫攻坚】 2018年，鲁朗镇贫困发生率从2016年年初的6.1%（34户86人）降至2018年的0，无错退、无漏评，进一步巩固鲁朗镇脱贫攻坚成果。

产业扶持。继续坚持旅游促脱贫路线，进一步加强、健全上年度精准扶贫项目相关机制，续签2018年度精准扶贫项目返利协议书。根据2017年度扶贫产业项目收益情况，鲁朗镇将效益较好的产业项目，继续按照2017年度的运营模式经营；针对效益较弱的项目，鲁朗镇扶贫专班和村“两委”、驻村工作队积极制定新的运营方案。

深化帮扶。结合镇党委、镇政府提出的庭院主题美化和家庭旅馆升级改造工作的总体要求，镇扶贫办一对一扶贫组进入田间帮助贫困户劳作6次，看望慰问巴宜区集中供养中心五保户5次；到林芝市人民医院看望住院的贫困户3次；党员干部积极开展“千干扶千人”活动，入户走访送温暖，党员干部帮助贫困户、边缘户整理庭院、堆放柴火、住院陪护等40次；鲁朗镇党员为贫困户、边缘户捐款5.6万元。东巴才村村“两委”与驻村工作队、党员、群众无偿投工投劳共同帮助精准贫困户伍金次仁修建房屋；全年开展100余次帮扶活动，支持和关心弱势群体。

督导检查。镇扶贫专班成员与镇纪检联合，定期到全镇8个行政村从扶贫政策知识学习和掌握、生态岗位管理、对该村建档立卡贫困户和边缘户了解程度、项目后续管理、日常扶贫信息上报等方面进行督导检查，并制定鲁朗镇督察检查台账。

培训巩固。鲁朗镇扶贫专班积极组织各行政村村“两委”、第一书记、驻村工作队进行培训，受训人数达33人。为进一步巩固脱贫成果，鲁朗镇扶贫专班成员经常深入2016年建档立卡贫困户家中走访，及时跟进、掌握34户脱贫户脱贫巩固情况，并组织专人进行思想教育，增强脱贫户自力更生的信心。

【文化事业】 2018年，鲁朗镇成功举办第二届工布牧歌文化旅游节，以旅游促发展，通过文化产业有效增加经济收入。依托国际旅游小镇的优势资源，大力挖掘鲁朗镇工布文化产业，继续加强以文化带动旅游的投入力度，全年投入文化资金60余万元，实现群众商演创收2万余元；工布牧歌节期间，鲁朗镇接待游客3万人次，旅游直接收入220万元。2018年6月25日，起源于鲁朗镇扎西岗村的扎年弹唱被列为自治区非物质文化遗产。

【卫生事业】 2018年，鲁朗镇新卫生院已投入使用。以合作医疗家庭账户相结合的医疗制度覆盖率达100%，集资人数1354人，巡回医疗送医送药4次，交通事故护送24次，全年门诊人数7314人次，农牧民健康体检率达86%。

【社会保障】 2018年，鲁朗镇积极推进全民参保工作，完成301户1354人次的登记录入，录入率100%；采取多种措施促进未就业大学生实现就业，以家访、召开座谈会等多种形式，转变大学生的就业观念，组织其参加各项实用技能培训，并鼓励其自主创业，全年解决13名大学生的就业问题；积极推进农牧民转移就业，有效发挥政府部门协调作用，强化与周边企业沟通，不断拓宽群众转移就业渠道；顺利完成社会保障一卡通信息采集工作，专门成立领导小组对8个行政村进行信息采集，对残疾人、老年人、婴儿等行动不便人群采取入户采集，同时入户宣讲社会保障一卡通相关政策，知晓率达100%，采集成功率达94%。扎实推进农牧民技能培训，不断提升群众生产生活技能水平。全年开展藏猪养殖培训8名、家庭旅馆服务培训52名、镇村财务培训人员18名，开展农牧民技能培训工作3期，培训农牧民群众100余人次；加强劳动纠纷调处，全年接到劳动争议案27件，结案22件，未办理5件，其中2件需上级部门协调解决、另3件正在协调，涉及劳动者823人，已解决农民工工资2000多万元，有效维护劳动者的合法权益。

2018年8月4日，以“聆听千年声音　寻根扎念文化”为主题的第二届鲁朗工布牧歌民俗文化旅游节在鲁朗国际旅游小镇开幕，图为开幕式文艺会演

【易地搬迁】 2018年，鲁朗镇以高度的政治责任感积极落实易地扶贫安置工作，为顺利完成易地扶贫搬迁任务，避免引发不必要的矛盾纠纷。镇党委、镇政府多次召开党政班子联席会议及村民大会，广泛听取村民意见，入村协调30余次，3次变更征地界限，最终确定征地事宜。截至年底，鲁朗镇明吉村易地扶贫搬迁安置点已完成总工程量的36%。

【灾后重建】 对于在2017年“11·18”地震中房屋严重受损的群众，镇党委高度重视，及时做好房屋重建申报、民政救灾物资发放、群众安抚等工作。全镇房屋重建群众11户，截至年底，房屋重建工作主体全部完成。

（王成林）

百巴镇

【概　况】 百巴镇位于巴宜区西部、尼洋河沿岸，距离巴宜区60公里，318国道从境而过，交通便利。平均海拔3260米，镇域面积1217.47平方公里，下辖11个行政村、28个自然村。2018年，

2018 年 4 月 28 日，西藏自治区人大常委会副主任、林芝市委书记马升昌（左三）一行在百巴镇章巴村苗圃基地调研。巴宜区委副书记、区长严世钦（左一）陪同

百巴镇有农户 803 户 3743 人，农村经济总收入达 6506.4 万元，人均纯收入达 14126 元，人均现金收入达 10354 元。2018 年，百巴镇在各级党委、政府的坚强领导下，获得国家级奖项 1 个、自治区级奖项 1 个、市级奖项 5 个、巴宜区级奖项 11 个。

【基层党建】 2018 年，百巴镇认真落实整改 2017 年全区基层党建述职评议会上区委书记米次提出的问题和基层党建考核发现的有关问题，制定《百巴镇基层党建存在的问题整改方案》，对开朗村、百巴村等存在突出问题的村落开列整改清单，并限期整改，督促落实；对软弱涣散党组织进行分类指导和帮扶，强化规范化管理，做到对症下药；根据自治区关于村级组织活动场所标准化建设要求，百巴镇新建改扩建 8 个村级组织活动场所建设已接近尾声。同时，打造一个党建品牌，即章巴村村级组织活动场所标准化建设示范点，其中林芝市、阿里地区、西藏电视台前来参观学习宣传 3 次，人数 100 余人；严格执行民主集中制，实行每个月“三重一大”会议不少于 2 次，涉及的事项由党政班子会集体讨论，并由班子会集体研究决定；对全镇 50 余名村干部和 300 余名党员进行专题培训，举办由村党员、村干部、大学生村干部、入党积极分子等参加的培训班，参学率达 98%；全年新吸收积极分子 37 人，预备党员转正式党员 13 人，积极分子转预备党员 12 人；采用“党员（党组织）+ 合作社 + 致富能手 + 建档立卡户”的模式，积极发展村集体经济和村集体产业。

【党风廉政建设】 2018 年，百巴镇及时组织召开 2018 年党风廉政建设工作会议，安排部署 2018 年党风廉政工作；与各村（居）签订党风廉政建设工作责任书 22 份；开展常规监督检查 3 次，发现问题 20 项，已完成整改；开展扶贫领域专项检查 3 次，发现问题 2 项，已完成整改；着力整饬“四风”，开展节日专项检查 5 次，未发现问题；加强执纪问责，自办案件 2 起，协助区纪委办案 3 起，开展约谈 6 人，组织处理违纪干部 2 人；开展加强政治纪律教育，组织党员干部学习《党章》《中国共产党纪律处分条例》《中华人民共和国宪法》《中华人民共和国监察法》等相关规章制度，并纂写学习笔记；组织党员干部开展关于加强政治纪律专题讨论 2 次，并纂写学习心得 30 余篇；10 月底，开展“加强政治纪律教育”专题组织生活会。

【强基惠民】 2018 年，百巴镇组织宣讲人员深入田间地头，进村入户面对面向群众宣讲一系列特殊优惠政策和国家对西藏各族群众的关心关怀等党的一系列强农惠农富农政策；在藏历新年、“七一”建党节等节假日期间，对困难群众及“三老”人员家庭进行慰问。发展壮大村集体经

2018 年 4 月 4 日，巴宜区委书记米次（左四）在百巴镇检查指导易地扶贫搬迁工作

济，以存量促增量增强造血功能。年初，百巴镇大坝村在区政府的支持下，投资71.16万元发展大坝村“党支部+产业发展”项目计划，区政府投入150万元资金发展大坝村藏香猪养殖业；以“双联户”为单位，成立村民联防巡逻队伍，建立常态化的维稳、森防巡逻值班制度；工作队高度重视宣传教育工作，积极采取有效措施，深入推进社会主义核心价值观宣传。

【意识形态】 宣传教育。年初，百巴镇与各村（居）党支部签订意识形态工作责任书22份，与镇班子成员签订意识形态工作责任书11份，并与全镇干部职工签订意识形态工作承诺书；9月13日，镇党委书记召集各村党支部书记、第一书记组织召开2018年意识形态工作半年总结会；贯彻落实“两学一做”学习教育常态化制度化，开展党委理论中心组学习16场次，每月组织干部开展2次集中学习；结合“四讲四爱”群众教育实践活动，镇党委书记亲自带头深入村（居）进行中共十九大精神、“四讲四爱”及各项惠民政策的示范宣讲；积极开展国防教育宣传日宣传活动，向过往群众和行人发放宣传手册100余册，并率先完成青年兵役登记工作；邀请区检察院工作人员在百巴镇开展法制宣传活动，邀请区司法局工作人员在百巴镇宣传法律法规知识。

“四讲四爱”群众教育实践活动。成立以镇党委书记为组长的中共十九大精神和“四讲四爱”群众教育实践活动宣讲团，深入各村（居）进行全覆盖宣讲；将“四讲四爱”群众教育实践活动与正在施工的藏香猪养殖场安全生产工作相结合，深入藏猪场进行“讲团结爱祖国”专题宣讲，教育引导企业职工树立安全意识和法律意识。与学生爱国教育相结合，开展以爱国故事、民族团结在身边大讲述活动，促进学生通过爱国事迹的真实感受，进而激发学生的爱国热情。与干部的学习教育工作相结合，开展“讲团结爱祖国”专题党课，引导干部职工加强思想政治学习，争做“四讲四爱”合格干部。挖掘典型效果明显。自“四讲四爱”活动开展以来，百巴镇共挖掘典型人物4人，其中增巴村普巴次仁“用孝道点亮阿玛拉的幸福晚年”的事迹被自治区采用，并在西藏新闻中播放。

【脱贫攻坚】 坚持主要领导亲自抓，健全扶贫工作体系。2018年，百巴镇按照“五级书记”抓扶贫工作机制，进一步完善党政一把手负总责的脱贫攻坚工作要求，并层层签订脱贫目标责任书。健全扶贫体系。调整充实镇级脱贫攻坚专班领导小组，镇党委主要领导担任组长和副组长。健全政策体系。根据巴宜区委关于脱贫攻坚决策部署，研究制定下发《巴宜区百巴镇脱贫攻坚巩固工作方案》。

实施产业项目，巩固脱贫成效。自脱贫攻坚工作开展以来，按照百巴镇贫困户发展愿望，结合“短平快与中长效”相结合的方式，2018年，百巴镇实施7个扶贫产业项目，总投资2600万元，其中精准扶贫项目3个（拉姆洗车场扩建项目、色贡村商店建设项目、巴宜区百巴镇百亚吉林藏家乐扩建项目），投资140万余元；“4+1”模式扶贫产业项目1个，投资50万元；贫困县脱贫攻坚整合资金项目3个（折巴村伍巴自然村苗圃基地建设项目、银丰农牧堆龙村有机肥厂配套建设项目、拉格村藏香猪养殖项目），投资2410万元。

开展助学帮扶。百巴镇按照巴宜区教育实施方案，对百巴镇95名建档立卡户学生实施教育帮扶，发放教育补助资金19.45万元。发放2017—2018学年区内外建档立卡大学生（自治区承担部分免费教育）补助资金6.23万元，资助12人。发放2017—2018学年林芝市承担部分8740元。

“转移就业”脱贫，输送新鲜血液。百巴镇需通过“转移就业”的贫困人口30人，经协调区人社局，制定落实培训方案及培训资金，解决就业难题。截至年底，章巴村9户贫困户15人已

2018年3月8日，百巴镇开展庆祝“三八”妇女节活动

经在章巴村藏家乐就业，人均月收入2750元；安排生态岗位733个，其中林管护员435个，水管护员90个，公路养护员30个，环境监督保洁员108个，旅游保洁员6个，护渔员、草场管护员63个，地质灾害管护员1个，全部岗位按照一人一岗的原则进行安排，并签订责任书，各村均已经建立相关台账。

落实结对帮扶。“四对一”帮扶工作基本情况较好，能够将感恩教育与物质帮助同步进行，贫困群众也深切感受到党和政府对他们的深切关怀；广东万江街道对口帮扶单位到百巴镇开展对帮扶工作，为百巴镇投入援助资金176万元。

落实医疗精准扶贫。2018年，百巴镇在已有的45名医疗精准扶贫的基础上，新增加11名医疗精准扶贫对象，其中对出现重大疾病的3名贫困户实施动态管理，同时享受与医疗精准扶贫同样的救助。

【产业发展】 2018年，百巴镇贯彻落实“三岩”片区易地扶贫搬迁事宜。“三岩”片区易地扶贫搬迁安置点占地面积1921.84亩，安置群众88户502人。大力发展藏香猪养殖业。投资1.84亿元的银丰农牧科技有限公司堆龙藏香猪生态养殖场在扎地村落地，年末藏香猪存量1120头。成功申报藏香猪养殖项目3个，争取区政府扶持资金900万元、强基惠民帮扶资金600万元。

【农牧工作】 2018年，百巴镇完成春秋两季重大动物疫病防治工作，发放农、兽药20箱，注射率完成达100%；虫草办证期间，百巴镇党政主要领导上山慰问虫草采集卡点工作人员，并发放帐篷、发电机等物资。虫草采集期间，无纠纷、无事故，顺利完成虫草采集工作；认真完成土地确权颁证工作，深入各村处理矛盾纠纷，严格按照区农牧局要求，积极配合土地确权验收等相关工作；完成草原生态补助奖励入户清点、数据录入、整理资料等相关工作，并通过自治区验收，同时完成各村草奖资金的兑现；组织村科技特派员参加区农牧局培训2次。

【教育事业】 2018年，百巴镇完成应届毕业生42名和往届毕业生129名的资助和奖励资金兑现工作；辖区内5所幼儿园学生人数104人，适龄儿童参学率达100%。

【民政工作】 2018年，百巴镇完成医疗救助21人，临时救助5人的入户调查工作已上报相关部门；完成民政仓库的装修及物资整理工作；组织干部职工、民兵骨干、学生等进行防灾救灾演练3场次，120余人次参加演练；完成“11·18”地震灾后重建6户、加固6户，救助一般受损户80户。

【医疗卫生】 2018年，百巴镇卫生院门诊病人数达6367人次，总药费40.48万元，大病统筹报销84.49万元，中医馆会报销293965.5元。全年百巴镇辖区产妇人数33人，产检率达100%，县以上住院分娩33人，住院分娩率达100%。农牧区合作医疗参加率达100%，筹集资金109740元。

【水利工作】 2018年，百巴镇为全面推行河长制湖长制工作，开展各级河长巡河20余次，查出问题6件，整改6件；积极参加市水利局、区水利局举办的河长制湖长制工作人员技能培训、山洪及地质灾害应急演练2次；召开3次防汛部署会，要求各村在汛期严格执行24小时值班带班制度，做到有事第一时间上报，无事报平安；汛期排查各类隐患20余次，发放铅丝笼10卷、编织袋500余个、铁丝3捆、雨鞋50余双等救灾物资。

【社会保障】 2018年，百巴镇劳动力录入系统录入1546人，录入率达100%；大学生就业创业系统录入24人并全部实现就业，录入率和就业率达100%；社保信息采集率达95%，部分人群因外地打工等原因无法录入；完成养老保险金系统的整理、录入工作；组织镇干部、农牧民群众参加市区两级培训2场次，其中财务人员培训42人、藏餐饮培训76人。

2018年5月14日，百巴镇召开银器店取缔工作动员会

【生态环保】 2018年，百巴镇与各村（居）签订目标责任书11份，组织村“两委”和环保员开展环保会议3场次。对城镇结合部及各村主干道路及村间街道集中清理整顿，出动人员1500余人次，整治垃圾20余吨；整治乱堆乱放乱占乱画63处，动用机械装载机挖掘机773小时，动用车辆（包括拖拉机）200余次，清运垃圾100余次；停业整顿砂石厂、预制厂5家。

【森林防火】 2018年，百巴镇建立健全森林火患排查机制和台账，签订2018年森防目标责任书。乡签到村、商户，村签到各户，确保责任到人、措施到位；将消防宣传“进村庄、进学校、进农户”工作纳入镇党委、镇政府重要议事日程，积极组织人员参与森防（消防）业务培训2次，保证消防队员熟悉消防流程、善用消防设备。全年发放林业补偿金3582144.52元。

【国土工作】 2018年，百巴镇完善耕地保护机制，建立镇、村两级责任监管机制，实行镇领导干部包片，驻村干部包村联村的三位一体耕地保护联动机制。与各村（居）签订耕地保护责任状、基本农田保护责任状、集体土地管理责任状，严格耕地保护年度绩效考核机制。加强动态巡查力度，严格落实一级巡查区域巡查每周不少于3次、二级巡查区域巡查每周不少于2次。全年查处各类土地违法15宗，相比2017年有明显下降。强化法律法规宣传，悬挂宣传横幅10余幅，张贴标语29张，出动宣传11次，发放宣传单600余份。健全群防群测网络，制作发放地质灾害防灾工作“明白卡”120余份。

（李晓仙）

米瑞乡

【概　况】 米瑞乡位于林芝市行政中心八一镇东南部、苯日神山脚下、雅鲁藏布江河畔，西与林芝镇相接，北与鲁朗镇相邻，南与米林县丹娘乡隔江相望；距区政府驻地53公里，行政区域面积1506平方公里，乡政府所在地海拔2960米。全乡下辖12个行政村、19个自然村，农村人口489户2211人，劳动力999人。全乡耕地面积5871亩，牲畜总数15653头（只、匹）。2018年，米瑞乡农村经济总收入6962.10万元，人均纯收入18987.55元，比2017年同比增长5.06%；人均现金收入13291.28元，比2017年同比增长5.06%。

【党建工作】 2018年，米瑞乡党委、乡政府坚持以习近平新时代中国特色社会主义思想为指导，坚决贯彻中共十九大和十九届二中、三中全会精神，深入贯彻落实区党委九届三次全会、市委一届六次全委会和区委二届一次全会精神，紧紧围绕市委“135”基层党建工作思路，以党的政治

2018年5月14日，林芝市委副书记、市长旺堆（右二）在米瑞乡调研水果蔬菜种植产业发展情况。巴宜区委副书记、区长严世钦（右三）等陪同

建设为统领，以提升基层党组织的组织力为重点，着眼提升基层党组织思想力、践行力、支撑力、带动力和凝聚力，打造学习型、服务型、创新型、引领型、战斗型“五型”基层党组织，为实现“建设经济强区、构建和谐巴宜”总目标提供坚强组织保证。

落实治党管党职责。完善党建工作责任体系。米瑞乡党委积极履行抓党建第一责任，全力做到党建工作与经济社会发展工作同安排、同部署，积极督导班子成员在分管领域范围内严格落实党建工作“一岗双责”职责。坚持深入开展支部书记、第一书记每季度抓党建学习交流活动，形成了党委书记整体抓、班子成员协作抓、支部书记具体抓的党建责任新格局；先后4次召开党委会议研究安排党建工作任务和目标，制定并下发《米瑞乡党建督导考核办法》以及党建督导清单，进一步明确督导重点内容，深入各支部开展督导30余次，下发整改通知14次。按时按质完成巡查整改任务。根据区委巡察组反馈的13类56条突出问题，米瑞乡及时制定整改方案，明确整改时限、整改内容、及时在限定时间内予以完成整改，进一步压实支部书记责任担子。

党员队伍建设。米瑞乡党委以《党章》为根本遵循，以严守政治纪律、严明政治规矩为抓手，积极开展党员政治教育、党员政治纪律教育，严格执行“三会一课”、固定党日、组织生活会等各项组织生活制度，通过设立党员先锋岗、过党员政治生日、观看党性教育纪录片等活动，进一步筑牢广大党员干部思想根基。2018年，全乡发展预备党员9名，转正7名，开展党员固定活动日168次，组织领导干部讲党课7次，各村班子讲党课24次。在党员政治教育中，党员政治教育达32课时，授课300余人，撰写思想汇报300余份。在后备干部培训方面，米瑞乡党委要求各行政村原则上培养后备干部不少于5名、正职不少于2名，着重在树立“四个意识”、坚定“四个自信”、做到“两个维护”、坚决与以十四世达赖为首的分裂势力划清界限上加强教育培训。在交流学习方面，为解决区委提出的“米瑞乡各村党建发展不平衡”的问题，米瑞乡积极组织沟里发展较弱村的村“两委”到米瑞乡发展较好的村和附近兄弟乡镇学习先进做法，转变思想观念，助推党建引领乡村振兴。2018年，开展3次外出参观学习，分别到巴宜区、工布江达县、米林县的7个乡、村参观学习。

组织建设。年初，为进一步加强村级党组织组织力提升，米瑞乡党委书记卢俊平带领乡党委负责党建工作人员，深入12个村与各村村“两委”就如何抓好党建工作进行交流座谈，为各村

2018年5月4日，巴宜区委常委、宣传部部长周必容（左一）在米瑞乡查看展销会举办情况

党支部书记理清党建工作思路，逐步把维护稳定、经济建设、化解矛盾纠纷等担子压在村“两委”身上。同时，要求各党村支部狠抓起党内组织生活，明确各党支部委员职责；支部书记负责审核每名党员撰写的《政治纪律教育学习思想汇报》，重点看是否学深、学透，是否入脑、入心，进一步树立共产党员的理想信念和宗旨意识，同时与每名党员签订党员不信仰宗教承诺书。在村级活动场所标准化建设方面，2018年，米瑞乡有10个改造提升的村级组织标准化活动场所，2个为新建、8个为改（扩）建,2018年年底均已竣工。

【思想政治建设】 加强传统思想阵地建设。2018年，米瑞乡进一步加强综合文化站建设，添置办公桌椅6套、新增图书200册、新建文化广场488平方米，全力打造林芝市“文化示范乡”。依托综合文化站，米瑞乡成功举办了春节、藏历新年、“三八”妇女节、“3·28”百万农奴解放纪念日、“五四”青年节、中国共产党成立97周年、国庆节、工布节等重大节日的庆祝活动及法制宣传教育、脱贫攻坚、改革开放40周年、“四讲四爱”群众教育实践活动等重要工作的专项培训，传统阵地的生命力、影响力显著增强。

加强网络思想阵地建设。2018年1月16日，“幸福米瑞”微信公众号正式开始运营，截至年底，通过微信公众号发送消息162条、图片765张，辐射全乡12个村2215人。为做好网络安全和信息化工作，米瑞乡建立网信工作微信群，先后转发巴宜区网信办信息400余条，跟帖150余条。在国家网络安全宣传周期间，米瑞乡滚动播放网络安全宣传标语10条，在全乡营造了守护网络安全、呵护精神家园的浓厚氛围。

深入开展“四讲四爱”群众教育实践活动。为实现受教育对象全覆盖，米瑞乡建立了乡、村、“双联户”三级宣传网格，乡包片领导、乡级宣传员包片宣讲，驻村工作队、村级宣讲员包村宣讲，“双联户”、村宣传委员包户宣讲。2018年，米瑞乡开展各类宣讲活动139场次，受众9696人次，确保活动内容入村、入户、入人心。

2018年5月4日，米瑞乡举办第三届吉祥米瑞文化旅游节——暨首届生态农副产品展销会

抓好乡党政班子成员学习。米瑞乡坚持以科学的理论武装人，突出学习重点，抓好“关键少数”，打造学习型党组织。2018年，米瑞乡开展理论中心组学习12次，内容涉及政治理论、党纪国法、典型案例、领导讲话、上级会议精神传达等。

【干部队伍建设】 2018年，在干部队伍建设中，米瑞乡党政班子坚持带头干，从自身做起，一级做给一级看，一级带着一级干，把各个方面的积极性充分调动起来。在干部教育培训方面，米瑞乡党委、乡政府积极引导和帮助干部开阔视野，进一步加强对党员队伍的教育和管理，引导党员充分发挥先锋模范作用，把更优秀人才吸引到党的组织中来。在从严管理转变作风方面，米瑞乡党委及时专题召开会议，安排部署党风廉政建设、纪律作风等工作，对干部考勤、请销假、坐班值班等方面全面安排部署，对因工作拖拉、工作作风漂浮的干部进行组织处理。通过定期不定的督查检查，切实转变了干部工作和生活作风。在完善干部关怀机制方面，米瑞乡进一步改善了乡镇机关办公生活条件，同时为村级配备办公设施，及时落实村干部报酬，组织乡、村干部参加健康体检，确保乡、村两级干部身心健康，激励乡、村两级干部以饱满的精神、健康的体魄投入到脱贫攻坚大局中。

【经济发展】 支持藏香猪养殖产业。2018年，米瑞乡在色果拉村、朗乃村、泽列村建设3个藏香猪养殖基地，总占地面积1815亩，总投资731.8万元（含区政府扶持资金600万元、群众自筹资金131.8万元）。全年3个养殖基地藏猪总数1363头，其中能繁母猪443头（其中色果拉村227头、朗乃村156头、泽列村60头），防疫头数1310头，购买玉米、小麦饲料385吨。

推广规模化无公害蔬菜基地种植。米瑞乡2018年建设的无公害蔬菜种植基地有3个，总占地面积1886亩（包含通麦村一期蔬菜基地500亩、通麦村二期蔬菜基地580亩、色果拉村蔬菜基地806亩）。蔬菜基地本着“以无公害为基础，向绿色靠拢，争取实现有机”的发展理念，在优化生态环境的同时促进经济发展。年末通麦村一期蔬菜基地已有4座温室开始投产，所生产的蔬菜主要销往巴宜区2个农贸市场，部分供应给酒店、超市、火锅店和乡政府食堂。智能大棚种植的1500吨蔬菜主要供应区内市场、350亩露天蔬菜种植的1500吨蔬菜主要供应区外市场。全年生产蔬菜达3000余吨，实现产值500余万元，年利润200余万元。项目实施后，将吸纳通麦村40名群众就业，每年临时用工2000人次，加上机械、运输、土地费等，每年可为当地群众增收120万元。2018年，通麦村一期蔬菜基地实现销售额70余万元。

【精准扶贫】 坚持以发展产业项目带动群众增收。2018年，姆多村政企协作新希望六和养猪场项目带动6户27人，增收2.96万元；姆多村玉米种植增收6万余元；色果拉村绵羊养殖项目带动4户15人，增收4.8万元，色果拉村800余亩无公害蔬菜基地项目，通过土地流转全村收益80余万元，每户贫困户收益2.3万余元（土地流转租金及蔬菜基地打工）；朗乃村产业项目带动4户17人，增收6万元；通麦村无公害蔬菜园建设以来，有效地带动了全村经济发展，群众通过在基地劳作，

2018年12月20日，巴宜区标准化建设领导小组在米瑞乡验收村集体活动场所标准化建设工作

每年可获得工资1万余元，每户平均按2人计算，可增收2万余元。2018年，全村机械在蔬菜基地工作费用达40余万元，项目每年可固定为通麦村村民带来土地租赁收入50万元。坚持以生态转移促进就业，带动增收。2018年，米瑞乡生态转移岗位415人，包含19名环保卫生监督员、21名村级保洁员、13名水资源管护员、12名村级水管员、13名农村水源地保护员、215名林业岗位、6名护渔员、32名草原监督员、39名农村公路养护员，兑现转移就业资金1098125元。转移就业有效地解决了贫困户就业问题，同时，通过设立生态岗位让贫困户靠自己的努力自力更生，获得收入。

【民生事业】 教育事业。2018年，米瑞乡小学阶段年辍学率控制在0%，初中阶段年辍学率控制在1.1%以内，低于上级要求的2%以内。全年兑现教育奖励资助40万元，兑现贫困大学生资助金24.19万元。对全乡19个自然村7岁以下的儿童进行摸底调查，米瑞乡学龄幼儿74人。对全乡0—23岁人口受教育情况进行调查填报。

卫生工作。2018年，米瑞乡卫生院接诊患者4138人次，农牧民合作医疗救助金额17768.38元，非农牧民合作医疗救助总金额46491.1元，入转院人数72人。米瑞乡确定37人为医疗救助对象并对其进行定期回访。为0—6岁儿童疫苗

接种人次114人，9种疫苗接种人次348人次，各种免疫疫苗接种率达98%。

食药工作。2018年，米瑞乡通过墙报标语、发传单资料等手段广泛宣传食品安全知识，科学引导正确的消费观、饮食观，提高人民群众自我保护能力。全年在乡小集镇各村显著位置共张贴标语280张、挂横幅13条，分发宣传资料2215份，形成了全社会重视食品药品安全的良好氛围，提高了群众的食品药品安全意识。销毁8种金额达8913.80元的过期药品，保障群众生命安全。

文化事业。2018年，米瑞乡加强文化市场管理和文化保护工作，成立文化市场管理办公室和文物保护办公室，定期做好集市出租和销售音像制品商店的检查和清理，对茶馆、朗玛厅等文娱场所加大监管力度。文化站在乡党委、乡政府以及公安部门的支持下，对全乡1个朗玛厅、2个响箭场、7个茶馆进行登记，纳入正常管理，使文化市场健康发展。

【村容村貌】 2018年，米瑞乡完成玉荣增村、通麦村、姆多村、色果拉村、米瑞村、增巴村6个村255户群众房屋的屋面改造项目，并对米瑞村、泽列村、嘎萨村、麦娘麦村、玉荣增村、朗乃村、吉定村村庄规划基础材料进行收集整理，并配合区住建局完成各村村庄规划工作，对以上各村未来几年的发展规划具有指导性的意义。2018年，米瑞乡动用挖掘机12台、铲车30台、皮卡车搬运垃圾48次，发动群众1500余人次对垃圾、柴草、沟渠、街道及路边小广告进行多次清理，同时为各村发放垃圾桶85个，大大提高了各村环境整治力度。

（曾德顺　曲欣欣）

布久乡

【概　况】 布久乡地处西藏自治区西南沿线、巴宜区南部、雅鲁藏布江与尼洋河交汇处。辖区总面积2100平方公里，海拔2940米，距巴宜区政府所在地29公里。全乡辖10个行政村（杰麦、仲果、孜热、麦巴、朵当、简切、珠曲登、嘎玛、仲莎巴、甲日卡），13个自然村（杰麦、仲果、孜热、麦巴、朵当、简切、珠曲登、嘎玛、仲莎巴、甲日卡、卓木、孜拉岗、马边）。

布久乡土地资源丰富，全乡森林面积2.84万公顷、草场面积435.7公顷，耕地土壤有机含量较高，偏酸性，适应多种农作物及经济作物生长，是巴宜区的主要产粮乡之一。主要作物有春小麦、冬小麦、青稞、油菜、豌豆、玉米等；主要树种有柏树、桑树、云杉、高山松等；药材资源有三七、虫草、红景天、贝母、党参等；食用菌资源有银耳、木耳、猴头菇、茯苓、灵芝等；动物资源有麝、黑熊、猴、豹、棕熊、白唇鹿等。畜禽饲养品种较多，林芝牦牛、林芝藏香猪、藏系绵羊、山羊、黄牛（包括犏牛）、马、驴、鸡、鸭、鹅等均有饲养。境内水资源丰富，主要河流有俄当曲、嘎玛曲、简切曲3条主干渠，总长42公里。布久乡境内水系发达，河网密布，湖泊众多，河网密度为0.80米/平方公里，水能蕴含量达100万千瓦，天然水能资源极为丰富。

2018年，布久乡农村有587户2785人，党员374人，其中农牧民党员284人，有劳动力1234人，耕地总面积9158.9亩。全年布久乡农村经济总收入8242.564万元，农村经济纯收入5357.67万元，农牧民人均纯收入1.92万元，人均现金收入1.44万元。

【产业发展】 藏香加工厂产业项目。建设规模为新建120平方米厂房1座，购置削刀机、粉碎机、风干机、打香机、机货柜货架等相关设备。主要经营线香、香包、圆香等。截至年底，营业收入达10余万元，带动6户贫困户实现每户分红3098元。

杰麦犏奶牛合作社养殖产业项目。该项目为

能人带动到户脱贫项目，项目建设规模为购买犏奶牛20头、新建26米长牛舍182平方米、改造24米长牛舍168平方米。项目带动3户贫困户进行分红，截至年底，实现每户分红3233元。

圣域水果基地建设与果品冷藏与深加工项目。圣域公司实行“公司+农户+基地”的模式，通过土地流转、农户分红入股等形式，在布久乡建立水果种植加工合作基地。为保证农户收入，前5年在没收益的情况下，通过支付土地租金形式为农户增收；后期通过土地入股分红形式，为农户实现分红增收。帮助周边贫困户建立小型果园，带动庭院经济发展。为进一步实现水果冷藏与深加工，乡政府根据实际需求申请上报圣域公司果品冷藏与深加工项目，修建1座5000吨的果品保鲜库、1座万吨果品加工厂，预期效益500万元/年。

“工布花谷”特色旅游产业园建设项目。该项目为2018年产业扶贫项目，采取“公司+农户”的模式，结合第一、二、三产业，通过土地流转、提供就业岗位、技术指导、电商产品销售等方式，带动21户82人年户均增收2.5万余元，能有效巩固脱贫成果，进一步增强布久乡造血能力和市场活力。项目建设规模为打造1座占地面积300亩的玫瑰生态旅游、种植、加工为一体的产业园区，新建占地面积20亩的玫瑰加工基地，其中修建8000平方米的生产厂房、1000平方米电子商务办公综合服务中心和2500平方米的产品展示及游客接待厅，配套园区绿化、景观、设施及相关设备。

电子商务基地项目。全面推动重点产业项目建设，不断催生新业态，推进特色产业、传统产业与新兴电子产业融合发展。依托林芝林卡旅游开发有限公司，全面打造巴宜区第一个电子商务基地，以拓展农牧特色产品销售渠道，带动贫困户就业等形式，不断增加农牧民群众收入。截至年底，电子商务基地已筹备建设完成。

2018年5月13日，东莞市委常委、常务副市长白涛（右二）在巴宜区布久乡考察东莞市援建项目——“工布花谷”蓝莓种植基地建设情况。巴宜区委常务副书记、广东省第八批援藏工作队巴宜区工作组组长张立鹤（右三）陪同

【基层党建】 2018年，布久乡成立以乡党委书记任组长的党建工作领导小组，实行班子领导联系指导，班子成员进行包片、包村联系指导工作；与各支部签订基层党建目标责任书，建立健全目标责任制；严格实行村干部量化管理工作、岗位目标责任制，一季度一考核，考核结果与绩效工资、评优选先相结合，严格兑现奖罚；每季度召集各党支部负责人进行党建工作“一季度一汇报”座谈会，及时对各支部党建工作开展情况进行了解，提出建议和意见；严格落实“三会一课”、民主生活会、组织生活会、固定党日活动、党费收缴等各项制度；严格落实上级关于加强政治纪律教育和党员政治教育培训工作，制定《布久乡党员政治教育培训三年工作规划》《布久乡党员政治教育培训2018年工作计划》；严把质量关做好党员发展工作，2018年，布久乡吸收积极分子30名，吸收预备党员14名，13名预备党员如期转正；在“三大节日”期间，开展慰问59人次，投入资金3.35万元；“七一”表彰优秀党员16人，表彰优秀基层党组织1个，慰问老党员、困难党员10人，慰问金额1.4万元。

【党风廉政建设】 年初，布久乡党委认真落实党风廉政建设责任制，用好朵当村、珠曲登村廉政

2018 年 1 月 15 日，巴宜区委书记米次（左四），区委副书记、人大常委会主任达瓦（左三）一行在布久乡朵当村调研基层工作

教育基地，及时组织村干部在廉政教育基地进行学习，全年进行党风廉政相关培训 6 次，并于 11 月 29 日组织乡机关干部职工进行廉政考试，增强村干部的廉政意识。组织全乡党员干部观看影片 3 次，学习典型案例 18 次，使全乡党员干部从反面教材中汲取教训，增强自身免疫力，并撰写心得体会 58 份。

【“两学一做”学习教育】 2018 年，布久乡成立了十九大宣讲团和十九大督导检查组，深入 10 个行政村、小学、小集镇开展宣讲，确保中共十九大精神和习近平新时代中国特色社会主义思想深入人心，累计宣讲 42 次，覆盖 1600 余人次；利用每周三主题党日活动和每月底的中心理论组学习契机，通过观看视频、召开座谈会、进行知识问答、集体学习等形式学习传达各项会议精神、文件精神。全年布久乡开展主题党日活动 24 次、中心理论学习 10 次，切实推进“两学一做”学习教育常态化制度化。

【人大、政协工作】 2018 年，布久乡人大和政协工作紧紧围绕乡党委工作部署，从加强自身建设着手，制定年度工作、学习计划，建立健全乡人大主席团和政协工作制度，人大和政协工作逐步实现规范化、制度化。积极征求人大代表和政协委员意见建议，及时与相关部门负责人交办和督办乡人大代表和政协委员提出的意见建议。合理利用“人大之家”，积极组织乡人大代表学习相关法律法规、上级文件及会议精神，全年开展人大代表和政协委员学习 8 次，参加人数达 200 余人次。

【农村经济】 2018 年，布久乡党委、乡政府把粮食生产作为政治任务提到重要议程，全面做好春季农作物的播种和化肥的发放工作；做好全乡牲畜防疫工作，与各村签订重大动物疫情防控目标责任书，成立重大动物疫情防控工作领导小组，先后组织村医对牲畜点进行消毒整理并完成牲畜疫苗的发放注射工作；在拓宽致富渠道上求突破，制定完善了“三个中心”（即俄当片以优质水果种植产业为发展中心、朵当片以旅游产业为发展中心、嘎玛片以种养殖产业为发展中心）产业布局为抓手，全面推进两大优势产业（即特色优质水果种植业和生态旅游业）的发展总思路。

【社会事业】 2018 年，布久乡小学、初中、高中入学率达 100%，考上内地西藏班学生 1 名，乡小学三年级一班被评为“全国优秀中队”。兑现建档立卡贫困户在校生教育补助资金 81 人，兑现金额 16.35 万元；组织开展大型食品安全知识讲座，发放宣传册 318 份，建立基层宣传队伍，为各村发放《食品安全》宣传小册子 500 份。同时，开展节日期间食品安全检查和校园食品安全专项检查；持续做好包虫病筛查及“一孩、双女”资金兑现工作。加强低保规范化建设。2018 年，布久乡有五保户 23 户，其中集中供养 15 户。认真落实特困人员供养政策、建立健全特困人员供养台账。落实寿星老人补贴发放，对 17 名农牧民进行医疗救助报销。

【脱贫攻坚】 2018 年，布久乡党委、乡政府细化扶贫工作职责，建立健全体制机制，结合实际研究制定相关项目的后续管理办法，实行每月登记管理制度和项目跟进汇报制度，实时掌握各产业项目的经营状况和效益发挥情况。根据摸底调查情况，结合布久乡实际和新增、返贫贫困户不

2018 年 3 月 7 日，布久乡第二届人民代表大会第三次会议第一次全体会议召开

同的致贫原因及自身意愿，上报到户犏奶牛养殖项目。利用重大节日点，在春节、藏历新年节日期间，各驻村结对帮扶单位责任人分别对布久乡贫困户进行节日慰问。在“3·28”西藏百万农牧解放纪念日期间，组织 10 个行政村、13 个自然村贫困户进行“升国旗，感党恩”系列教育活动，加强贫困户思想教育，向贫困户宣讲精准扶贫相关政策知识，激发贫困户群众的内生动力，以达到“扶贫先扶志”的效果，使贫困户彻底摆脱“等、靠、要”的思想。根据上级有关部门要求，制定“第一书记、工作队、乡干部”结对帮扶统计表，并进行公示，让贫困户知道自己的帮扶责任人，帮扶责任人知道自己所帮扶贫困户，做到了“双向明白”。

【招商引资】 2018 年，布久乡全面推动重点产业项目建设，不断催生新业态，推进特色产业、传统产业与新兴电子产业融合发展。依托林芝林卡旅游开发有限公司，打造巴宜区第一个电子商务基地，以拓展农牧特色产品销售渠道，不断增加农牧民群众收入。截至年底，卡达村玫瑰种植基地已建成集花卉种植观赏、休闲度假、摄影于一体的新型生态观光园区。该项目与布久乡朵当、简切、珠曲登旅游环线建设项目相辅相成，对丰富旅游环线资源、进一步打造旅游环线、提高群众收入、发展生态旅游业具有重要建设性意义。

【“美丽乡村”建设】 2018 年，乡党委、乡政府与村“两委”、驻村工作队、村民一起紧紧围绕“科学规划布局美、村容整洁环境美、创业增收生活美、乡风文明身心美”和“宜居、宜业、宜游”的目标要求，积极申报争取了杰麦村、马边村、卓木村“美丽乡村”建设项目和杰麦村文化室、党员活动室建设项目。截至年底，杰麦村、卓木村“美丽乡村”建设基本完工。并协助上级有关部门开展小集镇外立面改造和自来水建设工程。

【生态保护】 2018 年，布久乡积极响应上级环境整治工作相关指示精神，统筹安排，包片领导、包村干部协同驻村工作队和村“两委”下村蹲点对各村存在的环境问题进行整改，对公路沿线、景区景点等进行清除打扫，不断加大对全乡境内百姓生态保护思想意识的宣传讲解。建立健全责任督查机制，完善制定布久乡环境卫生整治的长效机制，积极组织村民定期不定期地开展环境综合整治工作，在巩固前期整治成果的基础上，将环境整治作为常态性工作来抓。乡政府安排每个月不少于 4 次的森林防火巡逻，各村森林防火突击队、生态岗位人员每天开展巡逻检查，确保森林防火安全。

（石　歌）

2018 年 10 月 13 日，布久乡首届工布原乡旅游文化节开幕

更章门巴民族乡

【概　况】 2018年，巴宜区更章门巴民族乡（以下简称“更章乡”）以学习贯彻中共十九大精神和习近平新时代中国特色社会主义思想为主线，凝心聚力，开拓进取，团结带领全乡各族干部群众，全力推进更章乡经济的平稳健康发展和社会的长治久安。农村经济总收入、农牧民人均纯收入和现金收入增长10%以上，荣获了“全国一村一品示范村镇”“自治区级文明村镇”“林芝市先进双联户创建评选先进集体”“巴宜区维稳安保先进集体”等国家级、自治区级、市级、区级荣誉10余项。全乡下辖6个行政村，有318户1372人，辖区面积619平方公里，草场面积27.03万亩、林地面积108.23万亩。2018年，全乡农村经济总收入3545.23万元，农牧民人均现金纯收入（可支配收入）2778.3元，人均纯收入17730元。

【党建工作】 健全组织机制。2018年，更章乡始终坚持贯彻民主集中制，认真遵守党委议事规则，用书记办公会、党委会、政府办公会、党政班子联席会等一系列议事制度统筹解决“三重一大”事项，确保决策科学化、民主化。保障到位。投入经费30余万元对久巴村公房进行改造升级和调整设置，使其成为巴宜区村级组织活动场所标准化建设的一面旗帜；投资700余万元新建的门仲村、更章村、娘萨村村级组织场所建设项目顺利完工；投资200余万元的扎曲村、白玛店村村级组织活动场所改造升级项目年底已完工，全乡村级组织活动场所标准化建设实现全覆盖。树牢意识，通过“三会一课”、组织生活会等，进一步规范党员组织生活。及时制定《2018至2020年党员政治教育培训工作规划》，通过理论学习中心组、干部职工例会、各村党员大会，将政治教育作为树牢“四个意识”、坚定“四个自信”、做到“两个维护”的主要抓手。

凝心聚力强队伍。每月10日开展党员固定活动日工作实现全覆盖，党员的先锋模范作用不断显现，全年参加活动日的党员达1260人次。严把入党关，对全乡入党积极分子进行专题培训，8名通过培训的学员发展为预备党员，7名预备党员按期转正。扎实开展党员结对帮扶活动，组织帮扶慰问10余次，解决群众实际困难26件，基层党组织为民服务能力进一步提升。依托老排龙门巴民族村寨项目租金收益和水果产业链接机制，实现6个村集体经济每年增加收入不少于3万元，进一步确保村里有钱办事，增强了基层党组织的凝聚力和向心力。

强化驻村工作。各驻村工作队紧紧围绕“七项任务”，走村入户、融入群众、深入田间地头，察民情、知民意，全面掌握所驻村的村情民情，全年开展为群众办实事、解难事105件，帮助所驻村谋划理清发展路子14条，开展各类主题教育活动30场次，把影响农牧区社会稳定的10余件矛盾纠纷解决在萌芽状态。

【意识形态工作】 2018年，更章乡依托群众主题文化活动和党员固定日活动，深入学习宣传习近平新时代中国特色社会主义思想，在全乡范围内筑牢“四个意识”、坚定“四个自信”，做到“两个维护”。依托LED显示屏、微信、展板、固定标语等平台，深入宣传中共中央关于西藏工作的重大决策部署。通过中央电视台西班牙语频道、西藏卫视、旅游卫视、《西藏日报》和林芝电视台等多家媒体10余次的宣传报道，集中展示改革开放40年来更章乡发生的巨大变化。及时划拨10余万元专项经费，通过大型广告牌、永久性标语、宣传横幅等形式，实现宣传标语、宣传视频和音频全覆盖，为“四讲四爱”群众教育实践活动营造浓厚氛围。积极开展迎“十一”国旗飘起来·国歌唱起来、“恩从何来、恩向谁报”等活动20场次，农牧民群众主动更换自家国旗率达100%。将“四讲四爱”内容纳入村规民约，真正让“四讲四爱”内容入耳、入脑、入心。依托便民服务大厅，让前来办事的群众在等待期间填写藏、汉双语版的“四讲四爱”相关知识问卷，以此检验并提高群众知晓率及掌握情况。

【脱贫攻坚】 改善教育医疗条件。2018年，更章乡始终把教育放在优先发展的地位，乡级幼儿园顺利完工并招生，保障了农牧民子女能在幼期接受教育、提高素质。全乡中小学生入学率、巩固率均达到100%。积极发挥乡卫生院的作用，实现农牧民健康档案全覆盖。全乡群众医疗参保率和养老保险参保率达100%和98%。

开展救灾工作。紧紧围绕“科学防灾、依法应对”这一主题，积极开展防灾减灾知识宣传活动。2018年，开工建设民政救灾仓库和农牧物资储备仓库，最大限度提高防灾减灾能力。全额落实“11・18”地震受损房屋维修资金，大力实施防汛抗旱应急救灾演练，全面战胜7月山洪灾害和尼洋河积涝灾害，确保了318国道畅通和人民生命财产安全。

全心全意为群众谋福祉。继续加大脱贫攻坚工作力度，以老排龙门巴民族村寨项目、水果种植项目、犏奶牛养殖项目、藏鸡养殖项目、藏香猪养殖项目和政策性补贴为依托，以思想教育为基础，巩固脱贫攻坚成果，实现了不发生一起返贫现象的目标。投资1100余万元的“三岩”片区安置工程已达到入住条件。

2018年8月11日，西藏自治区人大常委会副主任、林芝市委书记马升昌（前排右三）在久巴村调研基层组织标准化建设工作

【农牧工作】 2018年，更章乡与巴宜区农牧局土地（耕地）确权办签订责任书，与各村签订责任书，制定实施方案，登记承包方调查表和发包方调查表，入户调查率达100%，登记率达86.2%，发放宣传册312册、挂图108张，悬挂横幅12条；发放草奖补助40.55万元；完成猪1405头、牛1415头牲畜疫苗注射，注射率分别达94.1%、99%，各村注射情况都达到注射要求；顺利发放春播农药复合肥20吨，并走村入户对化肥、农药的使用及补贴政策进行宣讲。

2018年2月7日，林芝市委常委、宣传部部长张海波（右四）在更章乡门仲村调研门巴特色民族村建设工作

【民政工作】 2018年，更章乡14名未就业大学生已就业13人、1人等待面试。争取民政临时救助4万元为身患重大疾病和因病去世导致家庭困难的6名干部群众送去温暖。

【文化旅游】 2018年，更章乡以扎曲村被提名“全区文明村镇”为契机，充分挖掘和发展贡布、门巴、珞巴等特色民族文化资源，配套门巴民族演出服饰，完善文化活动站和农家书屋设施，建设完成具有门巴特色的小集镇、老排龙旅游村寨和门仲村村寨，争取资金301万元建设完成门巴民俗演艺中心，全面推进公共文化体系建设。积极争取社会资金600余万元着力提升老排龙温泉项目、绿化项目和基础设施，全力打造318国道沿线旅游特色站点。

【产业发展】 2018年，更章乡续建项目和新建项目41个，总投资3.09亿元，截至年底，完成投资1.59亿元。其中，门巴特色小集镇改造提升工程已全部完工并投入使用，千亩产业园区建设项目顺利签约并开工建设，精准扶贫现代农业观光信息中心建设项目已完成立项。围绕打造距八一镇半小时水果产业园建设，种植草莓、苹果、樱桃200余亩，引进企业种植石榴等特色水果400余亩。创新特色产业发展，千亩产业园区现代化无土栽培和水肥一体化种植项目于12月开工建设，力争打造成全自治区首个现代化农业示范基地；羊肚菌反季节试种试产取得圆满成功，亩产效益达3万余元，为农牧民增收致富拓宽渠道；新建草莓育苗大棚10座，填补林芝地区草莓育苗领域空白；规模达6000头的藏香猪养殖基地项目建设完成并投产，养殖规模达1700余头。

【环境治理】 2018年，更章乡投入资金100余万元对破旧经幡、白色垃圾等集中进行清理整治，达到了国道沿线和村庄周边环境优美的效果；结合土地确权取得的初步成效，对圈地占地、私搭乱建等加大打击力度，清理圈地占地行为100余起，拆除房屋50余套，牛棚、柴棚30余处；进一步完善林业管护工作制度，顺利完成排龙片区植树造林项目、门仲村环境治理造林项目和生态屏障造林项目，消除无树户工作实现全覆盖。

【党风廉政建设】 2018年，更章乡始终把党风廉政建设纳入全乡整体发展规划，研究制定《领导干部岗位廉政风险点及防控措施》，不断加强对纪委工作的支持、指导和监督力度。先后2次听取纪委关于党风廉政建设工作专题汇报，3次就党风廉政建设工作召开专题会议，有效地促进了齐抓共管的领导机制和工作责任制。投入专项资金33万余元建成廉政教育基地和谈心谈话室，提升了纪委办公场所和档案室等基础设施质量。

始终把监督检查贯穿于责任制实施的全过程，由乡纪委牵头成立专项检查工作组，采取个别谈话、查看资料、走访调研等方式，对各村党

2018年12月，新建成的更章乡特色小集镇

支部落实主体责任和村务监督委员会落实监督责任进行督查10次，对精准扶贫项目资金使用拨付情况、政策落实情况、和干部作风建设情况开展专项督导检查22次，就党风廉政建设责任制以及落实中央八项规定和区党委“约法十章”“九项要求”进行专项检查7次，并对工作作风不严、不遵守工作纪律的1名工作人员进行约谈。

利用廉政教育基地，先后组织5批次150余名党员干部在教育基地接受教育。认真学习贯彻《关于新形势下党内政治生活的若干准则》《中国共产党廉洁自律准则》和新修订的《中国共产党纪律处分条例》等，严格执行中央八项规定，弛而不息整治“四风”问题，努力构建不敢腐、不能腐、不想腐的有效机制，营造了风清气正的政治生态。

（曾　维）

白玛岗街道

【概　况】 巴宜区白玛岗街道办事处成立于2012年9月，科级建制。2015年6月，林芝县撤县设区，林芝县城区街道办事处筹备组正式更名为林芝市巴宜区城区街道办事处。2017年1月，更名为林芝市巴宜区白玛岗街道办事处。2018年，下属白玛岗、尼池2个居民委员会，总面积11.14平方公里；下辖白玛岗机关党支部、新城区派出

所党支部、白玛岗社区党支部、尼池社区党支部4个党支部，正式党员130人，预备党员6人，积极分子11人。2018年年末，辖区住户9916户26786人，其中流动人员3131户8892人；“双联户”户长660个、联户单位660个，总户数5382户；低保28户70人，残疾人数129人，寿星老人80—89岁14人、90—99岁1人；商铺1173家。街道、社区工作人员39名（行政编制24名、事业编制12名、工人3名）、网格员13名。

【党建工作】 开展“党员进网格”活动。2018年，社区党支部在开展“网格化”管理及“双联户”工作的基础上，结合各社区的实际情况创新开展“党员进网格”活动。通过将辖区内的居民、在职干部、流动党员等纳入网格党小组，构建起了以社区党支部为核心、社区党员为主体、网格党小组为基础的新型组织体系，实现了网格党小组的全覆盖。网格党小组自成立以来，积极配合社区网格员开展网格化服务管理工作，在收集民情、便捷反映民意诉求等方面发挥了很大的作用。10—12月，通过网格党小组收集信息40余条，其中有37条民情问题通过网格党小组得到了解决。

严格执行党建联系点制度。深入开展“领导干部一星期一天下社区办公”活动，着力解决联系服务群众“最后一公里”问题；层层签订基层党建工作目标责任书，对党支部、党小组和党员实行三级分解，做到层层有目标，人人有责任。形成了“班子过硬、队伍得力、设施齐全、载体丰富、服务到位”的社区党建格局。

开展“在职党员进社区”服务活动。在职党员进社区报到服务活动开展以来，各社区立足各自辖区情况，按照“居民下单、支部接单、党员买单”的原则，积极做好在职党员报到、服务、反馈工作，帮助居民群众解决实际问题和困难，进一步增强机关和社区党组织的创造力、凝聚力和战斗力。2018年，街道办积极协调落实资金90万元用于水利小区等3个小区的下水管道改造。

2018年3月17日，西藏自治区人大常委会副主任、林芝市委书记马升昌（左一）在巴宜区白玛岗街道办检查网格工作开展情况

深入开展党员结对认亲帮扶活动。积极开展“党员干部进村入户，结对认亲交朋友”活动，街道办认真组织实施，建立帮扶联系卡，做到每名党员均有帮扶对象。通过实地走访困难户，询问帮扶对象在工作、生活方面的困难，根据实际情况对特殊困难户给予一定的经费帮助。全年各党支部开展帮扶困难群众13次，帮扶人数93人，投入资金6700元。

【党风廉政建设】 加强领导，提供组织保障。年初，街道党工委高度重视党风廉政建设工作，成立了以党工委书记格桑旺堆为组长的党风廉政建设和反腐败工作领导小组，实行主要领导亲自抓、分管领导具体抓的工作格局。分解目标，落实工作责任。街道办将党风廉政建设和反腐败工作任务进行逐项分解，印发《2018年度中共林芝市巴宜区白玛岗街道党工委落实党风廉政建设和反腐败工作计划》，明确年度反腐倡廉工作任务和重点，明确党风廉政建设各项工作责任科室和责任人。同时签订党风廉政建设目标责任书，层层落实责任，形成了齐抓共管、层层负责的良好局面。采取组织干部参观街道廉政文化墙和巴宜区廉政教育基地、开展党风廉政建设和反腐败知识竞赛等形式，进一步深化干部廉政认识，使干部自觉遵守党的政治纪律、组织纪律，自觉做到依法从政、廉洁从政。

【“四讲四爱”群众教育实践活动】 2018年，为切实开展好“四讲四爱”群众教育实践活动，街道办结合工作实际运用新兴网络灵活、智能、快捷、互动性强等优势，通过在微信公众号开设“十九大”专栏，以图文并茂的方式及时传达中共十九大会议精神；通过在手机架、指甲刀、洗漱包、扇子、笔筒、收纳包、小夜灯等物品上印制“四讲四爱”“5个巴宜”等标语及街道微信公众号二维码等方式，全面宣传社会主义核心价值观，开展新旧西藏对比宣传教育，深入开展精神文明创建工作，结合“四讲四爱”群众教育实践活动组织各驻居工作队、各社区人员、党员干部及辖区居民开展宣传活动，以上率下、以身作则、带头学习、带头宣传，确保“四讲四爱”群众教育实践活动意义及精神全民知晓、全民参与、全民领会。全年开展宣讲13次，上报简报29篇，其中自治区级媒体采用5条、市级媒体采用2条、县级媒体采用11条。结合街道工作实际，开展群众喜闻乐见的各项活动，参观红色主题教育基地1次，组织群体性专题文艺演出1次。

【群众文化生活】 为进一步传播先进文化，活跃居民生活，增强街道及社区凝聚力，2018年6月30日，街道办在青年广场举办了“颂党恩 跟党走”庆祝中国共产党成立97周年暨践行“四讲四爱”群众教育实践活动为主题的文艺会演活动。活动丰富了辖区居民的业余文化生活，受到群众的热烈欢迎，在开展活动的同时也拉近了同居民群众的距离，增强了街道干部、社区居民的凝聚力、向心力，激发大家争先创优的热情。

【卫生、社保工作】 2018年，街道办组织开展健康教育讲座，普及居民健康素养和预防传染病、多发病基本知识技能，联合巴宜区卫生服务中心到白玛岗社区开展家庭医生“一对一”签约服务，同时家庭医生到各患者家中进行就诊；配合巴宜区人社局对未就业高校毕业生进行统计，通过开展实名登记、粘贴公布栏进行通知，进一步拓展就业渠道。深入城镇低保户家中逐一对所有低保户进行入户调查，切实地了解辖区内城镇低保户的实际情况。

2018年3月16日，白玛岗街道办举行家庭医生“一对一”签约仪式

【就业扶贫】 2018年，街道办做好失业登记、求职登记，建立各类下岗失业人员台账登记，严格低保资格审批和取消程序，确保低保工作公平公正。对低保申请人的各项基本情况进行详细审查，保证符合低保标准的困难群众及时获得低保资格；做好对低保户跟踪调查，督促和帮助有劳动能力的低保户通过再就业培训等形式提升自己的生存能力，尽快靠自己摆脱贫困；对于已经脱离贫困、超出低保资格的低保户，及时进行说服教育，在不引发矛盾的基础上取消其低保资格。

【社会矛盾纠纷排查】 2018年，街道办坚持每月一排查，对在节假日、敏感节点期间输入型隐患进行重点排查，紧紧围绕全街道的中心工作和目标任务，重点做好纠纷等方面的矛盾化解工作，努力做到“小事不出社区、大事不出街道”。全年排查安全隐患19次，排查矛盾纠纷31次，收集社区民意17条，排查重点人员14人，开展宣传27次，发放宣传资料5625份，环境卫生整治

117 次，登记出租房屋 2064 间。

【社区“禁毒戒毒”服务】 2018 年，按照林芝市禁毒委和巴宜区禁毒办关于社区禁毒工作的具体部署和戒毒康复的具体要求，街道办社区戒毒康复站在社区范围内全面开展戒毒（康复）工作，并建成尼池社区戒毒（康复）康复站。建立了社区涉毒人员花名册和吸毒人员登记表，将社区所有涉毒人员登记入册；对吸毒人员全部建立个人档案，设置“会议记录”“工作记录”“谈话记录”3 个工作记录簿，全面记录戒毒康复工作的开展情况。

【社区矫正】 2018 年，街道办落实帮教措施队伍，对社区矫正对象实行制度化管理，及时掌握思想动态，及时帮助矫正错误，并实行一人一档，有针对性地采取矫正措施，预防和减少重新犯罪。2018 年，辖区内有矫正人员 7 人，建立了社区负责人、辖区网格员组成的“两位一体”帮教小组，包员到人，层层落实责任，定期开展多种内容的帮教工作，想方设法从工作上、生活上关心照顾，帮助其解决实际困难。

（游　田）

2018 年 6 月 30 日，白玛岗街道办在青年广场举办以“颂党恩　跟党走”庆祝中国共产党成立 97 周年暨践行“四讲四爱”群众教育实践活动为主题的文艺会演活动

觉木街道

【概　况】 觉木街道办事处成立于 2018 年 1 月，位于双拥路北段 31 号，辖区范围为东至种蓄场退休区、西至 115 退休区、南至八一二桥与永久交会处，处于林芝市老城区政治、经济、文化中心地段，辖区下辖双拥路社区、沿河社区 2 个基层组织，划分为 8 个网格，配备网格员 8 名、“双联户”户长 533 名，有机关、企事业单位 44 个，居民小区 47 个，部队 2 个，医院 8 个，中小学校 7 所，各类商铺 1791 个，总人口 4610 户 11491 人（其中双拥路社区 3150 户 7911 人、沿河社区 1460 户 3580 人）。辖区内由街道党工委管理的基层党组织 5 个，党员 108 名，包括双拥路社区党支部（党员 32 名）、沿河社区党支部（党员 14 名）、街道办事处机关党支部（党员 19 名）、纺织路派出所党支部（党员 25 名）、学院路派出所党支部（党员 18 名），辖区内流动党员 41 名。

根据巴宜区编办有关文件要求，街道办事处下设 5 个职能部门，分别为党群办、政务办、综治办、社会事务办、财政所。财务所由于未配备专职人员，暂由 2 名干部兼任具体工作。

【干部队伍】 机关干部队伍。2018 年，街道办事处在编干部 34 名，其中领导班子成员 8 名（书记 1 名，党工委副书记、街道办事处主任 1 名，人大工委主任 1 名，专职副书记 1 名，纪工委书记 1 名，组织宣传委员 1 名，政法统战委员 1 名，副主任 1 名）；内设事业机构副科级领导 1 名；科级非领导职务干部 4 名（主任科员 3 名、副主任科员 1 名）；科员 10 名；事业干部 11 名。

社区干部队伍。双拥路社区“三委”班子成员 12 名，其中社区党支部、社区居委会 9 人，监委会成员 3 名。沿河社区“三委”班子成员 14 名，其中社区党支部、社区居委会 11 名，监委会成员 3 名。

【党建工作】 把准街道社区重点工作，明确职能定位。明确工作思路。2018 年，觉木街道办突出街道新成立这一特点，认真领会把握区委、区政府中心工作要求，明确建设“文明和谐、宜居舒适”社区目标任务，为街道工作指明方向。把准工作重点。结合林芝市城市实际，突出提高街道社区综合管理水平，健全完善社会服务保障体系，强化辖区综合治理和安全稳定等工作重点。理顺工作关系。对街道和社区关系进行明确定位，全面厘清街道行政职能，认真遵循对社区指导、帮助、支持原则，充分发挥社区组织作用，努力实现社区居民自治。

强化干部队伍主责意识，明确职责定位。明确职责分工。按照干部工作经历、个性特点、岗位职务进行合理工作分工，明确工作职责，确保班子成员与一般干部人人有位、人人有为。强化职责意识。结合干部队伍自身情况，制定个性化及创新性工作责任清单和年度任务清单，签订岗位目标责任书，有效强化干部责任担当意识。深化思想教育。以周工作例会为载体，通过观看典型人物视频、定期听取干部工作汇报，实时进行工作点评，努力营造干部干事创业氛围，让街道全体上下牢固树立“一盘棋”思想。

创建辖区“大党建”格局，明确党建定位。依托机关党员进社区活动实现辖区单位共驻格局。对辖区12个党组织重新进行整编对接，确保每个党组织都能单线对接居民小区开展服务工作。截至年底，有215名党员分别到两个社区报到。依托社区党委制和联席会议制度实现辖区单位共建格局。截至11月底，与12个市区单位党组织商定签订共建协议。依托市区单位服务资源实现辖区单位共享格局。充分利用市区单位场地资源开展教育培训、社区服务、文艺演出等活动，2018年，先后在八一中学、市一中、离退休老干部3个支部开展居民活动。

2018年4月12日，巴宜区委副书记、区长严世钦（右一）一行在沿河社区新办公场所指导工作

创新干部考核机制。本着“突出重点、重在实效、易于操作”的原则，制定《觉木街道干部考核评分细则》，进一步明确细化奖惩措施。将日常行为规范、具体工作任务等工作纳入考核范围，实行月检查评比、季考核讲评制度，把月检查作为发现问题、解决矛盾、狠抓落实的日常性手段，把季讲评作为展现成绩、曝光问题的平台，切实做到“千斤重担大家挑，人人头上有指标，个个肩上有压力，项项工作有落实”。

创新队伍建设载体。推行街道社区党员干部联社区、联网格、联家庭制度，将街道社区党员干部全部调配充实到两个社区进行挂点联系，并参与到一个网格开展管理工作，由党员联系1—2户重点家庭开展结对帮扶。制度的执行有效加强干部与辖区居民的亲密联系，畅通了解社情民意渠道，为每一名党员干部解决复杂问题，独立完成工作任务提供平台，让党员干部在基层一线锤炼党性，强化品质，改进作风，提升能力。

创新党建服务模式。积极探索社区活动场所凝聚人心、服务群众的基本功能，结合社区实际，在双拥路社区党支部试点开展“暖心服务站”创建工作，通过实施“微心愿圆梦暖心”“服务台便民暖心”“文艺队文化暖心”“志愿队关爱暖心”“大讲堂健康暖心”等活动，为辖区居民多方位提供服务帮助，使党员队伍服务群众意识得到增强，党组织领导核心作用得到发挥，居民对社区的认同感和归属感得到提升。

【党风廉政建设】 2018年，觉木街道办坚持把“两准则四条例”同学习中共十九大精神、《习近平谈治国理政》等内容进行同等安排，全年开展学习46场次，其中理论中心组学习18场次，举办3期专题研讨，开展2次知识问答测试，观看6部廉政警示教育片，开展党员政治教育13场次，让党员干部牢固树立“四个意识”、坚定“四个自信”、做到“两个维护”；在管理上，从严落实“党组织生活七项制度”，从规范党课开始，制定全年党课教育计划，由街道班子成员轮流进行党课授课；明确组织生活会注意事项，将批评与自我批评意见“味道辣不辣”“建议实不实”作为评判标准，让红脸出汗成为日常；在行动上，认真履行“一岗双责”，健全完善党工委议事规则、“三重一大”事项决策，并突出干部队伍作风建设，制定《觉木街道制度汇编》，从行政管理、机关效能建设、具体业务规范3个部分，让党员干部严明政治纪律、严守政治规矩。

【强基惠民】 在加强政治引领中提升组织力。2018年，觉木街道办全面引领群众深入学习中共十九大精神，用通俗易懂的文字告知居民中国乃至具体到西藏林芝的昨天、今天和明天，让十九大根植在群众心田，主动参与到社区今后的发展建设上来。在强化班子能力中提升组织力。指导社区组织班子成员牢固树立居民自治意识，帮助居民小区选举业主委员会，制定居民公约，让广大居民充分认识自己的民主权利，从而带动班子提升服务群众能力。在团结服务群众中提升组织力。带领班子成员主动深入社区了解社情民意，

2018年4月，巴宜区觉木街道办召开干部大会暨2018年工作安排部署会议

及时解决居民诉求，始终把居民的衣食住行、生老病死、安居乐业挂心间，努力提升党组织凝聚力，引领居民听党话、跟党走、感党恩。

【“四讲四爱”活动】 2018年，觉木街道办充分结合意识形态工作同“四讲四爱”群众教育实践活动思想上的共性要求，坚持工作同部署同安排，把意识形态工作穿插到“四讲四爱”活动中，让广大党员干部、居民群众认识到什么该做、什么不该做，准确辨别什么是好、什么是不好，在潜移默化中成为“四讲四爱”的践行者。通过组建宣讲队，分类对企业、常住居民、外来务工人员、个体工商户进行宣讲，同时采用开通街道微信公众号、建立微信群等措施主动提升居民思想认识。丰富主题活动，引领居民共同参与。在完成规定动作的同时，结合社区实际，创新开展“手绘国旗”“为寿星过生日”“共庆中秋佳节”“我为母亲洗脚”等一系列体现爱国之情、弘扬爱心、孝心的丰富活动，形成居民“口口相传、相互勉励”的良好局面。2018年，街道社区开展宣讲82次，发放文明行为宣传单12000余份，开展各类主题活动20场。

【安全生产】 2018年，觉木街道办致力于强化企业安全生产责任、提升居民安全生产思想认识，充分利用“安全生产月”“安全生产宣传周”“消防日”以及国庆节、工布新年等重大节日节点，对辖区220家企业、5所学校、47个居民小区展开安全生产宣传教育，发放安全生产法律法规、安全常识、应急逃生等宣传手册1100余份，悬挂横幅标语158条，大力营造安全生产氛围。同时，坚持“预防为先”原则，开展各类安全生产专项检查整治活动63次，检查企业和单位163家，现场整改各类隐患62处，责令限期整改12家，配合食药监管部门对67家餐厅、饭馆进行食品安全检查，为辖区居民安居乐业提供基础保障。

【社会事业】 就业服务稳步提升。2018年，觉木街道办建立就业服务大数据资料库，向辖区居

民公开岗位需求、就业需求、家政服务人员等信息，全面提供岗位服务。2—11月，向259人推介工作岗位，实现就业安置128人，147名应届高校毕业生中实现就业137人，就业率达93.2%。

医疗卫生服务不断健全。积极推进“家庭医生”进驻社区活动，为9名老人提供免费诊断服务；协商同济、健民等医院开通居民就医绿色通道2处，为居民提供就医便利；邀请知名医疗专家举办8期健康知识讲座，让辖区居民共享健康生活方式。

2018年，多渠道筹集爱心资金，为132户特困人员发放救助资金13万元，为6名困难大学生提供学杂费用救助47260元，并确定6名帮扶爱心人士。

城市环境不断改善。持续加大城乡接合部卫生综合整治力度，组织动员小区党员、居民300余人次共同参与环境卫生整治，清理34处卫生死角、4处建筑废墟，发放500余份宣传单，督促65家餐饮业和3家机关事业单位食堂安装油烟净化器。

（荆乐乐）

附　录

2018年区级领导机构负责人名录

中共巴宜区委员会

区委书记：米　次（藏族）

区委副书记、区长：严世钦

区委副书记、人大常委会主任：

达　瓦（藏族）

区委常务副书记：张立鹤（援藏）

区委副书记、常务副区长：

陈　涛（援藏）

区委常委、政法委书记、公安局局长、督察长：

旺　青（藏族）

区委常委、常务副区长：向　军

区委常委、组织部部长：陈昌茂

区委常委、纪委书记：米　军（藏族）

区委常委、统战部部长：益西江措（藏族）

区委常委、宣传部部长：周必容（女）

区委常委、副区长：吴永帅　扎西朗杰（藏族）

巴宜区人民代表大会常务委员会

区委副书记、区人大常委会主任：

达　瓦（藏族）

区人大常委会副主任：

德吉尼玛（女，藏族）　吕　宏

乔德吉（女，藏族）　苏晓峰

达　娃（女，藏族，10月退休）

区人大财经城建农牧环保委员会主任委员（人选）：白玛次旦（藏族，1月任）

区人大财经城建农牧环保委员会副主任委员（人选）：刘　萍（女，5月任）

巴宜区人民政府

区委副书记、区长：严世钦

区委副书记、常务副区长：陈　涛（援藏）

区委常委、常务副区长：向　军

区委常委、副区长：吴永帅

扎西朗杰（藏族）

副区长：次　欧（藏族）　尼玛次仁（藏族）

刘迎会（女）　格桑明久（藏族）

普布它确（藏族）

副区长、八一镇党委书记：赵政权

中国人民政治协商会议巴宜区委员会

政协党组书记、主席：戴　平（藏族）

政协党组副书记、副主席：

张潇文（女，蒙古族，10月任政协党组副书记）

白玛赤烈（门巴族，党外主席）

政协党组成员、副主席：吴建学

次仁多吉（藏族）

先进集体与先进个人名录

区（县）级以上表彰的先进集体一览表

表 3

获奖单位	获奖名称	表彰时间	授予单位
巴宜区人民检察院	最高人民检察院侦查监督工作联系点	2018 年 1 月	最高人民检察院
巴宜区人民检察院	2017 年度全国检察文化建设示范院	2018 年 3 月	最高人民检察院
巴宜区人民检察院	第三批案件管理工作联系点	2018 年 7 月	最高人民检察院
鲁朗镇扎西岗村	国家级生态文明村镇	2018 年 5 月	国家文明委
百巴镇小学三（1）中队	动感中队活动	2018 年	全国少工委办公室
百巴镇小学三（1）中队	积极开展动感中队活动，增强少先队员光荣感和组织归属感，表现突出	2018 年 6 月	全国少工委办公室
布久乡小学四（1）中队	积极开展动感中队活动，增强少先队员光荣感和组织归属感，表现突出	2018 年 6 月	全国少工委办公室
鲁朗镇小学五（1）中队	积极开展动感中队活动，增强少先队员光荣感和组织归属感，表现突出	2018 年 6 月	全国少工委办公室
巴宜区卫计委	全国流动人口动态监测调查优秀单位	2018 年	国家卫生和计划生育委员会
八一镇小学	2018 年全国中小学德育工作典型经验名单	2018 年 10 月	教育部办公厅
顿珠	2018 年第 5 期教育厅局长教育信息化专题培训班中表现优异，所在团队荣获“优秀团队”荣誉称号	2018 年 8 月	教育部科学技术司
巴宜区教体局	2018 年国家义务教育质量监测实施优秀组织单位	2018 年 10 月	教育部基础教育质量监测中心
巴宜区教体局	藏粤两省区“互联网 + 优课”教研展示活动中荣获优秀组织奖	2018 年 9 月	中国教育技术协会、西藏自治区电化教育馆、广东省教育技术中心
八一镇	中国名镇志文化工程	2018 年 12 月	中国地方志指导小组办公室、中国名镇志编纂委员会
鲁朗镇人民政府	中国最美村镇 50 强	2017 年 12 月	第一财经等广电媒体
鲁朗镇人民政府	中国最美户外小镇	2018 年 10 月	《中国国家地理》杂志
巴宜区强基办	2018 年度自治区创先争优强基础惠民生活动先进单位	2018 年 12 月	自治区党委、自治区人民政府
巴宜区中学	全区民族团结进步模范集体	2018 年 11 月	自治区党委、自治区人民政府
巴宜区农牧（科技）局	自治区创先争优强基础惠民生活动优秀组织单位	2018 年 12 月	自治区党委、自治区人民政府
巴宜区民宗局	2018 年西藏自治区民族团结进步模范集体	2018 年 9 月	自治区党委、自治区人民政府
巴宜区政府办驻百巴镇大坝村工作队	自治区创先争优强基础惠民生活动先进驻村（居）工作队	2018 年	自治区人民政府
鲁朗镇人民政府	自治区级发达镇	2018 年 11 月	自治区党委组织部
巴宜区委宣传部	全国网站平台知识技能竞赛西藏自治区选拔赛第一名	2018 年 8 月	自治区党委网信办
巴宜区消防大队	先进基层单位	2019 年	西藏消防总队
巴宜区公安局	2018 年春运“最美交警”活动先进集体	2018 年	自治区公安厅
巴宜区人民检察院	2018 年度全区检察机关公益诉讼工作先进集体	2019 年 2 月	自治区人民检察院
巴宜区人民检察院	2018 年度全区检察机关新闻宣传工作先进集体	2019 年 2 月	自治区人民检察院
巴宜区人民法院	西藏自治区文明单位	2018 年 12 月	自治区精神文明建设指导委员会
巴宜区环境保护局	西藏自治区文明单位	2018 年 12 月	自治区精神文明建设指导委员会
八一镇双拥路社区	西藏自治区文明单位	2018 年 12 月	自治区精神文明建设指导委员会
林芝镇	西藏自治区文明村镇	2018 年 12 月	自治区精神文明建设指导委员会
百巴镇	西藏自治区文明村镇	2018 年	自治区精神文明建设指导委员会
巴宜区更章乡扎曲村	西藏自治区文明村镇	2018 年 12 月	自治区精神文明建设指导委员会

续表 3

获奖单位	获奖名称	表彰时间	授予单位
鲁朗镇小学	2017 年西藏自治区民族团结宿舍	2018 年 1 月	自治区教育厅、自治区民族宗教事务委员会
巴宜区农牧（科技）局	自治区农产品质量安全县	2018 年 8 月	自治区农牧厅
鲁朗镇小学	民族团结宿舍	2018 年 8 月	自治区教育厅、民宗局
巴宜区中学	西藏自治区毒品预防教育示范学校	2018 年 6 月	自治区禁毒委员会办公室
巴宜区移动分公司	2017 年度先进集体	2018 年 1 月	中国移动通信集团西藏有限公司林芝分公司
巴宜区邮政分公司	2018 年度全区邮政县（支）局进位争先“十强支局”	2018 年	西藏自治区邮政分公司
巴宜区邮政分公司	2018 年度全区邮政县（支）局“进位争先”竞赛活动金融组“争先”奖	2018 年	西藏自治区邮政分公司
百巴镇人民政府	藏博会林芝分会场 2018 年西藏林芝雅鲁藏布文化旅游节响箭比赛团体第二名	2018 年	藏博会林芝分会场 2018 年西藏林芝雅鲁藏布文化旅游节委员会
巴宜区	“西藏林芝市巴宜区柏树王园林”获得大世界基尼斯之最　中国树龄最长的巨柏称号	2018 年 11 月	上海大世界基尼斯总部
巴宜区人民政府	2018 年度林芝市创先争优强基础惠民生活动优秀组织单位	2018 年 12 月	中共林芝市委员会、林芝市人民政府
区委组织部	林芝市创先争优强基础惠民生活动优秀组织单位	2018 年	中共林芝市委员会、林芝市人民政府
中共巴宜区委政法委	“先进双联户”创建评选工作先进集体	2018 年	中共林芝市委员会、林芝市人民政府
中共巴宜区委政法委	社会治安综合治理第二名	2018 年	中共林芝市委员会、林芝市人民政府
巴宜区发改委	2018 年度林芝市创先争优强基础惠民生活动优秀组织单位	2018 年 12 月	中共林芝市委员会、林芝市人民政府
鲁朗镇小学	林芝市级平安校园	2018 年 1 月	中共林芝市委员会、林芝市人民政府
巴宜区国土局	2018 年度林芝市级平安单位	2018 年 12 月	中共林芝市委员会、林芝市人民政府
八一镇巴吉村	2018 年度林芝市级平安村居	2018 年 1 月	中共林芝市委员会、林芝市人民政府
林芝镇	2018 年林芝市巴宜区民族团结进步模范集体	2018 年 12 月	中共林芝市委员会、林芝市人民政府
百巴镇人民政府	平安乡（镇）	2018 年	中共林芝市委员会、林芝市人民政府
百巴镇章巴村	平安村（居）	2018 年	中共林芝市委员会、林芝市人民政府
米瑞乡色果拉村	2017 年度林芝市民族团结进步模范集体	2018 年 1 月	中共林芝市委员会、林芝市人民政府
米瑞乡色果拉村	助力脱贫攻坚·我为乡村振兴做贡献先进集体	2018 年 7 月	中共林芝市委员会、林芝市人民政府
白玛岗街道办事处	林芝市“先进双联户”创建评选工作先进乡（镇）	2018 年 1 月	中共林芝市委员会、林芝市人民政府
白玛岗街道办事处	林芝市“先进双联户”创建评选工作先进村（居）	2018 年 1 月	中共林芝市委员会、林芝市人民政府
百巴镇人民政府	2018 年度“四讲四爱”群众教育实践活动先进集体	2019 年 1 月	中共林芝市委员会、林芝市“四讲四爱”群众教育实践活动领导小组
巴宜区政协	《林芝区域文化丛书》编撰工作先进集体二等奖	2018 年 9 月	中共林芝市委员会
巴宜区人民政府	2017 年度林芝市安全生产工作先进区	2018 年 3 月	林芝市人民政府
巴宜区公安局	林芝市民族团结模范集体	2018 年	林芝市人民政府
巴宜区人民政府	2017 年度政务信息报送工作先进集体	2018 年 3 月	林芝市人民政府办公室
巴宜区人民政府	2017 年度政府系统督查工作先进集体	2018 年 3 月	林芝市人民政府办公室
米瑞乡人大	巴宜区米瑞乡创建“人大代表之家”先进单位	2018 年 1 月	林芝市人大常委会
巴宜区政协	提案工作先进单位	2018 年 2 月	林芝市政协
巴宜区委宣传部	民族团结一家亲·共谱林芝新篇章主题征文活动优秀组织奖	2018 年 3 月	中共林芝市委宣传部
巴宜区委宣传部	林芝市宣传思想文化工作先进单位	2019 年 2 月	中共林芝市委宣传部
巴宜区委宣传部	歌咏比赛优秀组织奖	2018 年	中共林芝市委宣传部

续表 3

获奖单位	获奖名称	表彰时间	授予单位
巴宜区委宣传部	网信办获得林芝市宣传思想文化工作先进单位	2019 年 2 月	中共林芝市委宣传部
鲁朗镇小学	全国少先队员先锋	2018 年 6 月	共青团林芝市委员会
巴宜区公安局	2018 年度全市公安工作先进集体	2018 年	林芝市公安局
巴宜区公安局	2018 年度全市公安工作集体三等功	2018 年	林芝市公安局
巴宜区公安局	2018 年度信息报送工作第一名	2018 年	林芝市公安局
巴宜区人民检察院	林芝市检察机关 2017 年度检察工作目标考核第一名	2018 年 4 月	林芝市人民检察院
巴宜区人民法院	巴宜区人民法院民事审判第二庭先进集体	2018 年 2 月	林芝市中级人民法院
巴宜区妇联	2018 年度林芝市妇联系统信息及新媒体工作二等奖	2019 年 4 月	林芝市妇联
巴宜区妇联	2018 年度林芝市妇联系统工作目标责任制考核二等奖	2019 年 4 月	林芝市妇联
团区委	林芝市 2018 年度五四先进集体	2018 年 5 月	共青团林芝市委员会
巴宜区教体局	林芝市教研工作先进单位	2018 年 9 月	林芝市教育体育局
巴宜区教体局	林芝市教育系统第四届“园丁杯”球类比赛体育道德风尚奖	2018 年 9 月	林芝市教育体育局
巴宜区教体局	林芝市教育系统第四届“园丁杯”球类比赛女子篮球第三名	2018 年 9 月	林芝市教育体育局
巴宜区幼儿园	2018 年林芝市教育体育系统民族团结进步创建活动模范学校	2018 年 10 月	林芝市教育体育局
巴宜区幼儿园	2018 年林芝市第四届青少年舞蹈大赛荣获优秀组织奖	2018 年 10 月	林芝市教育体育局
巴宜区中学	2018 年林芝市第四届青少年舞蹈大赛荣获铜奖	2018 年 10 月	林芝市教育体育局
巴宜区中学	2018 年林芝市第二届中小学（幼儿园）微课制作比赛优秀组织奖	2018 年 6 月	林芝市教育体育局、林芝市教育学会
更章乡小学	2018 年度林芝市教体系统先进基层党组织	2018 年 7 月	林芝市教育体育局委员会
八一镇小学	八一镇小学 103 班女生宿舍荣获 2018 年林芝市教育体育系统民族团结进步创建活动模范宿舍	2018 年 10 月	林芝市教育体育局
巴宜区人力资源和社会保障局	2018 年度人力资源和社会保障工作先进集体	2019 年 3 月	林芝市人力资源和社会保障局
巴宜区人力资源和社会保障局	第三届“中国创翼”创业创新林芝赛区选拔赛暨 2018 年林芝创业新大赛　优秀组织奖	2018 年 6 月	林芝市人力资源和社会会保障局、共青团林芝市委员会
巴宜区文化局	2017 年度林芝市文物保护工作先进集体	2018 年 5 月	林芝市文化局
巴宜区文旅局	林芝市 2018 年度非物质文化遗产传承工作先进集体	2019 年 4 月	林芝市文化广播电视局
巴宜区农牧（科技）局	林芝市生猪屠宰技能大赛集体一等奖	2018 年 10 月	林芝市农牧局
巴宜区安监局	林芝市“安全生产月”活动暨安全生产法律法规知识竞赛三等奖	2018 年 7 月	林芝市安全生产委员会办公室
巴宜区食药监局	2017 年度食品安全考核优秀县（区）	2018 年 3 月	林芝市食品安全委员会
百巴镇人民政府	2018 年林芝市第 16 届桃花旅游文化节响箭比赛第二名	2018 年	林芝市教育体育局
巴宜区邮政分公司	安全生产单位三等奖	2018 年	林芝市邮政分公司
巴宜区委宣传部	林芝市创先争优强基础惠民生活动优秀组织单位	2019 年 1 月	林芝市创先争优强基础惠民生活动领导小组办公室
巴宜区人民政府	2017 年度重点项目建设工作先进集体	2018 年 3 月	林芝市重点项目建设协调领导小组
巴宜区人民政府	林芝市践行“四讲四爱”“提升全民素质共建美丽八一”主题宣传实践活动先进集体	2018 年 1 月	林芝市践行“四讲四爱”“提升全民素质共建美丽八一”主题宣传实践活动领导小组
巴宜区人民政府	2018 年首届跨喜马拉雅自行车极限赛组织奖	2018 年 10 月	跨喜马拉雅自行车极限赛组委会

续表 3

获奖单位	获奖名称	表彰时间	授予单位
巴宜区人民政府	2018 年度林芝市巴宜区 2018 年度社会治安综合治理工作先进集体	2019 年 1 月	中共巴宜区委员会、巴宜区人民政府
巴宜区纪委监委	2018 年度综合考评先进单位	2019 年 1 月	中共巴宜区委员会、巴宜区人民政府
区委组织部	巴宜区 2018 年度综合考评先进单位	2018 年	中共巴宜区委员会、巴宜区人民政府
区委组织部	巴宜区 2018 年度社会治安综合治理工作先进集体	2018 年	中共巴宜区委员会、巴宜区人民政府
巴宜区委宣传部	2018 年度综治考评先进单位	2019 年 1 月	中共巴宜区委员会、巴宜区人民政府
巴宜区委统战部	2018 年度社会治安综合治理工作先进集体	2019 年 1 月	中共巴宜区委员会、巴宜区人民政府
巴宜区委统战部	2018 年林芝市巴宜区民族团结进步模范集体	2018 年 12	中共巴宜区委员会、巴宜区人民政府
巴宜区民宗局	2018 年度社会治安综合治理工作先进集体	2019 年 1 月	中共巴宜区委员会、巴宜区人民政府
巴宜区公安局	2018 年度综合考评先进单位	2018 年	中共巴宜区委员会、巴宜区人民政府
巴宜区公安局	2018 年度社会综合治理工作先进集体	2018 年	中共巴宜区委员会、巴宜区人民政府
巴宜区公安局	2018 年度安全生产工作先进单位	2018 年	中共巴宜区委员会、巴宜区人民政府
巴宜区公安局	2018 年度保护与发展森林资源先进集体	2018 年	中共巴宜区委员会、巴宜区人民政府
巴宜区公安局	巴宜区创先争优强基础惠民生活动优秀组织单位	2018 年	中共巴宜区委员会、巴宜区人民政府
巴宜区人民检察院	“学习贯彻党的十九大精神　坚定不移谋发展保稳定”主题知识竞赛一等奖	2018 年 7 月	中共巴宜区委员会、巴宜区人民政府
巴宜区人民检察院	2018 年民族团结进步模范集体	2019 年 1 月	中共巴宜区委员会、巴宜区人民政府
巴宜区人民检察院	2018 年综治工作先进集体	2019 年 1 月	中共巴宜区委员会、巴宜区人民政府
巴宜区人民检察院	创先争优强基惠民活动 2018 年度“优秀组织单位”	2018 年 12 月	中共巴宜区委员会、巴宜区人民政府
巴宜区人民检察院派驻唐地村工作队	先进驻村工作队	2018 年 12 月	中共巴宜区委员会、巴宜区人民政府
巴宜区司法局	巴宜区创先争优强基础惠民生活动优秀组织单位	2018 年	中共巴宜区委员会、巴宜区人民政府
巴宜区发改委	2018 年度综合考评先进单位	2019 年 1 月	中共巴宜区委员会、巴宜区人民政府
巴宜区教体局	首届“巴宜杯”干部职工工间操（广场舞）大赛一等奖	2018 年 10 月	中共巴宜区委员会、巴宜区人民政府
巴宜区人力资源和社会保障局	2018 年度社会治安综合治理工作先进集体	2019 年 1 月	中共巴宜区委员会、巴宜区人民政府
巴宜区人力资源和社会保障局	2018 年度综合考评先进单位	2019 年 1 月	中共巴宜区委员会、巴宜区人民政府
巴宜区旅发委	2018 年度综合考评先进单位	2019 年 1 月	中共巴宜区委员会、巴宜区人民政府
巴宜区旅发委	2018 年度巴宜区创先争优强基础惠民生活动优秀组织单位	2018 年 12 月	中共巴宜区委员会、巴宜区人民政府
巴宜区民政局	2018 年度保护与发展森林资源先进集体	2018 年 12 月	中共巴宜区委员会、巴宜区人民政府
巴宜区民政局	2018 年度巴宜区民族团结进步模范集体	2019 年 1 月	中共巴宜区委员会、巴宜区人民政府
巴宜区住建局	2018 年度社会治安综合治理先进集体	2018 年	中共巴宜区委员会、巴宜区人民政府
巴宜区国土局	2018 年度综合考评先进单位	2019 年 1 月	中共巴宜区委员会、巴宜区人民政府
巴宜区卫计委	2018 年度综合考评先进单位	2019 年	中共巴宜区委员会、巴宜区人民政府
巴宜区卫计委	林芝市巴宜区 2018 年度社会治安综合治理工作先进集体	2018 年	中共巴宜区委员会、巴宜区人民政府
巴宜区卫计委	庆祝改革开放 40 周年暨巴宜区首届“巴宜杯”干部职工工间操（广场舞）大赛三等奖	2018 年	中共巴宜区委员会、巴宜区人民政府
巴宜区商务局	2107 年度综合考评先进单位	2018 年 2 月	中共巴宜区委员会、巴宜区人民政府
巴宜区扶贫办	2018 年度林芝市巴宜区民族团结进步模范集体	2018 年 12 月	中共巴宜区委员会、巴宜区人民政府

续表 3

获奖单位	获奖名称	表彰时间	授予单位
巴宜区安监局	巴宜区 2018 年度社会治安综合治理工作先进集体	2019 年 1 月	中共巴宜区委员会、巴宜区人民政府
国家税务总局林芝市巴宜区税务局	2018 年度地方经济发展特殊贡献奖	2019 年 1 月	中共巴宜区委员会、巴宜区人民政府
巴宜区工商局	平安单位	2019 年 1 月	中共巴宜区委员会、巴宜区人民政府
八一镇	学习党的十九大知识竞赛二等奖	2018 年 7 月	中共巴宜区委员会、巴宜区人民政府
八一镇	庆祝改革开放四十周年巴宜区首届干部职工工间操（广场舞）大赛二等奖	2018 年 10 月	中共巴宜区委员会、巴宜区人民政府
林芝镇	林芝市巴宜区“学习贯彻党的十九大精神　坚定不移谋发展保稳定”主题知识竞赛二等奖	2018 年 7 月	中共巴宜区委员会、巴宜区人民政府
林芝镇	巴宜区首届“巴宜杯”干部职工工间操（广场舞）大赛	2018 年 10 月	中共巴宜区委员会、巴宜区人民政府
林芝镇	2018 年乡镇综合考评三等奖	2019 年 1 月	中共巴宜区委员会、巴宜区人民政府
百巴镇人民政府	十九大知识竞赛组织奖	2018 年	中共巴宜区委员会、巴宜区人民政府
百巴镇人民政府	“巴宜杯”干部职工工间操比赛	2018 年	中共巴宜区委员会、巴宜区人民政府
巴宜区民政局驻百巴镇扎地村工作队	巴宜区创先争优强基惠民生活动先进驻村（居）工作队	2018 年	中共巴宜区委员会、巴宜区人民政府
百巴镇大坝村驻村工作队	2018 年度民族团结进步模范集体	2019 年 1 月	中共巴宜区委员会、巴宜区人民政府
米瑞乡德木寺	巴宜区 2018 年上半年巴宜区先进寺管会	2018 年 6 月	中共巴宜区委员会、巴宜区人民政府
米瑞乡德木寺	巴宜区 2018 年上半年和谐模范寺庙	2018 年 6 月	中共巴宜区委员会、巴宜区人民政府
米瑞乡人民政府	庆祝改革开放 40 周年暨巴宜区首届“巴宜杯”干部职工工间操（广场舞）大赛优秀组织奖	2018 年 1 月	中共巴宜区委员会、巴宜区人民政府
巴宜区纪委驻布久乡珠曲登村工作队	巴宜区强基惠民活动第七批驻村先进驻村（居）工作队	2018 年 12 月	中共巴宜区委员会、巴宜区人民政府
巴宜区更章乡	2018 年度保护与发展森林资源先进集体	2018 年 12 月	中共巴宜区委员会、巴宜区人民政府
巴宜区更章乡	2018 年度乡镇综合考评第一名	2019 年 1 月	中共巴宜区委员会、巴宜区人民政府
巴宜区更章乡	2018 年度社会综合治理暨平安建设工作先进集体	2019 年 1 月	中共巴宜区委员会、巴宜区人民政府
巴宜区更章乡	2018 年度社会治安综合治理第一名	2019 年 1 月	中共巴宜区委员会、巴宜区人民政府
更章村驻村工作队	2018 年度巴宜区“四讲四爱”主题教育实践活动先进集体	2019 年 1 月	中共巴宜区委员会、巴宜区人民政府
白玛岗街道办事处	巴宜区党的十九大期间维稳安保工作先进集体	2018 年 3 月	中共巴宜区委员会、巴宜区人民政府
白玛岗街道办事处	2018 年度巴宜区“四讲四爱”群众教育实践活动先进集体	2019 年 1 月	中共巴宜区委员会、巴宜区人民政府
巴宜区觉木街道办事处	林芝市巴宜区“学习贯彻党的十九大精神　坚定不移谋发展保稳定”主题知识竞赛	2018 年 5 月	中共巴宜区委员会、巴宜区人民政府
巴宜区觉木街道办事处	林芝市巴宜区平安乡（镇）	2019 年 1 月	中共巴宜区委员会、巴宜区人民政府
觉木街道沿河社区居委会	林芝市巴宜区“先进双联户”创建评选工作先进村居	2019 年 1 月	中共巴宜区委员会、巴宜区人民政府
林芝镇	2018 年度巴宜区“四讲四爱”群众教育实践活动先进集体	2019 年 1 月	中共巴宜区委员会
鲁朗镇人民政府	庆祝改革开放 40 周年暨巴宜区首届“巴宜杯”干部职工工间操二等奖	2018 年 10 月	中共巴宜区委员会
鲁朗镇白木村	2018 年度巴宜区创先争优强基础惠民生活动优秀驻村（居）工作队	2018 年 12 月	中共巴宜区委员会
白玛岗街道办事处	2018 年度民族团结进步模范集体	2018 年 2 月	中共巴宜区委员会

续表 3

获奖单位	获奖名称	表彰时间	授予单位
巴宜区委宣传部	2018 年度巴宜区“四讲四爱”群众教育实践活动先进集体	2019 年 1 月	中共巴宜区委员会、巴宜区“四讲四爱”群众教育实践活动领导小组
布久乡	2018 年度巴宜区“四讲四爱”群众教育实践活动先进集体	2019 年 1 月	中共巴宜区委员会、巴宜区四讲四爱群众教育实践活动领导小组
百巴镇大坝村	2018 年度巴宜区“四讲四爱”群众教育实践活动先进集体	2019 年 1 月	中共巴宜区委员会、巴宜区“四讲四爱”群众教育实践活动领导小组
巴宜区纪委监委	2018 年度保护与发展森林资源工作先进集体	2018 年 12 月	巴宜区人民政府
巴宜区人民检察院	2018 年度保护与发展森林资源工作先进集体	2018 年 12 月	巴宜区人民政府
巴宜区人民法院	2018 年度保护与发展森林资源工作先进集体	2018 年 12 月	巴宜区人民政府
巴宜区发改委	2018 年度保护与发展森林资源先进集体	2018 年 12 月	巴宜区人民政府
巴宜区人力资源和社会保障局	2018 年度保护与发展森林资源工作	2018 年 12 月	巴宜区人民政府
巴宜区文化局	首届“巴宜杯”干部职工工间操（广场舞）大赛优秀组织奖	2018 年 10 月	巴宜区人民政府
巴宜区文化局	2018 年度保护与发展森林资源工作先进集体	2018 年 12 月	巴宜区人民政府
巴宜区住建局	2018 年度保护与发展森林资源先进集体	2018 年	巴宜区人民政府
巴宜区环境保护局	2018 年度保护与发展森林资源先进集体	2018 年 12 月	巴宜区人民政府
巴宜区食药监局	2017 年度巴宜区安全生产工作先进单位	2018 年 4 月	巴宜区人民政府
农行巴宜区支行	2018 年度服务地方经济特殊贡献奖	2019 年	巴宜区人民政府
八一镇	2018 年度安全生产先进单位	2018 年 4 月	巴宜区人民政府
巴宜区更章乡	2018 年度民族团结进步模范集体	2019 年 1 月	巴宜区人民政府
巴宜区林业局	2018 年度森林防火工作先进单位	2018 年 12 月	巴宜区人民政府、巴宜区森林防火指挥部

区（县）级以上表彰的先进个人一览表

表 4

姓名	性别	民族	工作单位	获奖名称	表彰时间	授予单位
杨海波	女	汉	巴宜区人民法院	全国办案标兵	2018 年 6 月	最高人民法院
格桑罗布	男	藏	林芝市巴宜区税务局	全国“百佳办税服务厅主任”2018 年度先进工作者	2018 年 1 月	国家税务总局
格桑达瓦	男	藏	巴宜区林业局森林公安局	2018 年度个人二等功	2018 年	国家林业局森林公安局
李小荣	女	汉	巴宜区白玛岗街道办	全国流动人口动态监测调查优秀个人	2018 年 9 月	国家卫生和计划生育委员会
向秋曲西	女	藏	巴宜区白玛岗街道办	全国流动人口动态监测调查优秀个人	2018 年 9 月	国家卫生和计划生育委员会
央青	女	藏	巴宜区白玛岗街道办	全国流动人口动态监测调查优秀个人	2018 年 9 月	国家卫生和计划生育委员会
曲珍	女	藏	巴宜区白玛岗街道办	全国流动人口动态监测调查优秀个人	2018 年 9 月	国家卫生和计划生育委员会
扎西旺姆	女	藏	巴宜区白玛岗街道办	全国流动人口动态监测调查优秀个人	2018 年 9 月	国家卫生和计划生育委员会
曹萍	女	汉	巴宜区卫计委	全国流动人口动态监测调查优秀个人	2018 年	国家卫生和计划生育委员会
吴洋	男	汉	巴宜区公安局	全国流动人口动态监测调查优秀个人	2018 年	国家卫生健康委员会
李波	男	汉	巴宜区公安局	全国青少年优秀校外辅导员	2018 年	国家禁毒委
钱玮	男	汉	巴宜区公安局	全国青少年优秀校外辅导员	2018 年	国家禁毒委
江源园	男	汉	巴宜区公安局	全国青少年优秀校外辅导员	2018 年	国家禁毒委
廖爱玲	女	汉	巴宜区强基办	2018 年度自治区创先争优强基础惠民生活动先进工作者	2018 年 12 月	自治区党委、自治区人民政府

续表 4

姓名	性别	民族	工作单位	获奖名称	表彰时间	授予单位
王旭	男	蒙古	巴宜区司法局	优秀村党组织第一书记	2018 年	自治区党委、自治区人民政府
米玛次仁	男	藏	巴宜区人力资源和社会保障局	2018 年度优秀第一支部书记	2018 年 12 月	自治区党委、自治区人民政府
易高辉	男	汉	巴宜区食药监局	2017 年度自治区创先争优强基础惠民生活动优秀驻村（居）工作队员	2018 年 1 月	自治区党委、自治区人民政府
胡猛	男	汉	巴宜区旅发委	2018 年度自治区创先争优强基础惠民生活动先进驻村（居）工作队员	2018 年 12 月	自治区党委、自治区人民政府
顿珠江村	男	藏	巴宜区食药监局	2017 年度自治区创先争优强基础惠民生活动优秀驻村（居）工作队员	2018 年 1 月	自治区党委、自治区人民政府
何金鹏	男	汉	更章乡人民政府	自治区创先争优强基础惠民生活动先进驻村（居）工作队员	2018 年 12 月	自治区党委、自治区人民政府
张珍杰	男	汉	巴宜区政府办	2017 年度自治区创先争优强基础惠民生活动队先进个人	2018 年 1 月	自治区党委
尼玛顿珠	男	藏	鲁朗镇人民政府	优秀第一书记	2018 年 12 月	自治区党委
次仁顿珠	男	藏	百巴镇人民政府	“四讲四爱”群众教育实践活动宣讲员称号	2018 年	自治区党委
陈波	男	汉	巴宜区米瑞乡人民政府	自治区级优秀第一支部书记	2018 年 12 月	自治区党委
戴平	男	藏	巴宜区政协	关于加强和改进人民政协工作的重要思想理论文章研讨会优秀文章	2018 年	自治区政协
戴平	男	藏	巴宜区政协	“习近平总书记关于加强和改进人民政协工作重要思想”理论研讨会论文二等奖	2018 年 7 月	自治区政协
达娃卓玛	女	藏	巴宜区妇联	自治区三八红旗手	2018 年 3 月	自治区妇联
仁青巴珍	女	藏	巴宜区米瑞乡人民政府	我健康我快乐我幸福一庆改革开放四十周年喜迎西藏妇女十大幸福生活随手拍第二名	2018 年 9 月	自治区妇联
张华刚	男	汉	巴宜区米瑞乡人民政府	2018 年度自治区创先争优强基础惠民生活动优秀工作队队员	2018 年 12 月	自治区强基办
扎西次旦	男	藏	巴宜区消防大队	三等功	2019 年	西藏消防总队
吕元龙	男	汉	巴宜区消防大队	三等功	2019 年	西藏消防总队
徐威	男	汉	武警巴宜中队	三等功	2018 年	武警西藏总队
周梅	女	汉	八一镇小学	2018 年度社会综合治理工作先进个人	2018 年 6 月	自治区教育厅
辜娜	女	汉	区中学	西藏自治区中小学教师教学大赛中学组二等奖	2018 年 6 月	自治区教育厅
陈敏	女	汉	区中学	西藏自治区中小学教师教学大赛中学组三等奖	2018 年 6 月	自治区教育厅
次卓嘎	女	藏	巴宜区人力资源和社会保障局	2018 年度人社服务标兵	2018 年 12 月	自治区人社厅
德吉央宗	女	藏	巴宜区文化局	2017 年度全区文物工作先进个人	2018 年 4 月	自治区文物局
彭延年	男	汉	巴宜区农牧（科技）局	自治区生猪屠宰技能大赛个人第一名	2018 年 10 月	自治区农牧厅
周林明	女	汉	巴宜区邮政分公司	全区邮政 2018 年度“营销创优”劳动竞赛优秀营销员	2018 年	西藏自治区邮政分公司
周必容	女	汉	巴宜区委宣传部	2017 年全区扫黄打非先进个人	2018 年 2 月	自治区扫黄打非工作领导小组
次仁旦珍	女	藏	巴宜区纪委监委	《林芝区域文化丛书》编撰工作先进个人“一等奖”	2018 年 9 月	中共林芝市委员会、林芝市人民政府

续表 4

姓名	性别	民族	工作单位	获奖名称	表彰时间	授予单位
高展	男	汉	巴宜区发改委	2018 年度林芝市创先争优强基础惠民生活动先进驻村（居）工作队员	2018 年 12 月	中共林芝市委员会、林芝市人民政府
白玛央金	女	藏	巴宜区人民检察院	林芝市先进驻村工作队员	2018 年 12 月	中共林芝市委员会、林芝市人民政府
姜文涛	男	汉	巴宜区林业局	2018 年度市级驻村先进个人	2018 年 12 月	中共林芝市委员会、林芝市人民政府
姜文涛	男	汉	巴宜区林业局	2018 年度市级驻村先进个人	2018 年 12 月	中共林芝市委员会、林芝市人民政府
次仁	男	藏	巴宜区藏医院	医德医风先进个人	2018 年	中共林芝市委员会、林芝市人民政府
曲列	男	藏	巴宜区藏医院	医德医风先进个人	2018 年	中共林芝市委员会、林芝市人民政府
朗杰卓嘎	女	藏	巴宜区藏医院	白衣天使先进模范	2018 年	中共林芝市委员会、林芝市人民政府
扎西仓决	女	藏	鲁朗镇人民政府	2018 年度林芝市创先争优强基础惠民生活动先进驻村（居）工作队员	2018 年 12 月	中共林芝市委员会、林芝市人民政府
尼玛顿珠	男	藏	鲁朗镇人民政府	2018 年度林芝市创先争优强基础惠民生活动先进驻村（居）工作队员	2018 年 12 月	中共林芝市委员会、林芝市人民政府
旺堆	男	藏	久巴村党支部副书记、村委会主任	2018 年度“四讲四爱”主题教育实践活动优秀宣讲员	2018 年 12 月	中共林芝市委员会、林芝市人民政府
王玉	女	汉	布久乡政府	林芝市创先争优强基惠民生活动先进驻村（居）工作队员	2018 年 12 月	中共林芝市委员会、林芝市人民政府
央金	女	藏	布久乡政府	林芝市创先争优强基惠民生活动先进驻村（居）工作队员	2018 年 12 月	中共林芝市委员会、林芝市人民政府
曲珍	女	藏	更章乡人民政府	林芝市创先争优强基础惠民生活动先进驻村（居）工作队员	2018 年 12 月	中共林芝市委员会、林芝市人民政府
白玛赤烈	男	藏	巴宜区政协	遵循四条标准个人先进	2018 年 12 月	中共林芝市委员会
王婷	女	汉	巴宜区人民检察院	2018 年度优秀公务员	2019 年 1 月	中共林芝市委员会
彭爽	男	汉	鲁朗镇人民政府	林芝市“四讲四爱”群众教育实践活动先进个人	2019 年 1 月	中共林芝市委员会
尼玛曲珍	女	藏	百巴镇人民政府	2018 年度“四讲四爱”群众教育实践活动优秀宣讲员	2018 年	中共林芝市委员会
胡小波	男	汉	巴宜区白玛岗街道办	林芝市创先争优强基础惠民生活动先进驻居队员	2018 年 12 月	中共林芝市委员会
旺青	男	藏	巴宜区公安局	林芝市民族团结模范个人	2018 年	林芝市人民政府
戴平	男	藏	巴宜区政协	《关于打造巴宜区尼洋河两岸风情环线绿色健身专用道的提案》荣获林芝市政协优秀提案	2018 年 2 月	林芝市政协
陈龙辉	男	汉	布久乡政府	林芝市青年人才论坛优秀主讲员	2018 年 9 月	中共林芝市委组织部、市委党校、共青团林芝市委员会
次仁旺久	男	藏	巴宜区委宣传部	2018 年度林芝市宣传思想工作先进工作者	2019 年 2 月	中共林芝市委宣传部
张珍杰	男	汉	巴宜区政府办	2018 年度林芝市党校中青二班学习培训获得优秀学员	2018 年 8 月	中共林芝市委党校
张剑	男	汉	巴宜区公安局	2018 年中青年干部培训优秀学员	2018 年	中共林芝市委党校
陈林杰	汉	男	巴宜区觉木街道办事处	林芝市创先争优强基惠民活动第七批市级先进驻村（居）工作队员	2018 年 12 月	林芝市强基惠民活动办公室

续表 4

姓名	性别	民族	工作单位	获奖名称	表彰时间	授予单位
四朗旺姆	藏	女	巴宜区觉木街道办事处	林芝市创先争优强基础惠民生活动活动第七批巴宜区级先进驻村（居）工作队员	2018 年 12 月	林芝市创先争优强基础惠民生活动领导小组办公室
仁青巴珍	女	藏	巴宜区米瑞乡人民政府	2018 年度林芝市创先争优强基础惠民生活动优秀驻村（居）工作队员	2018 年 12 月	林芝市创先争优强基础惠民生活动领导小组办公室
陈波	男	汉	巴宜区米瑞乡人民政府	2018 年度林芝市创先争优强基础惠民生活动工作先进个人	2018 年 11 月	林芝市创先争优强基础惠民生活动领导小组办公室
胡小波	男	汉	巴宜区白玛岗街道办	林芝市强基惠民讲述身边的驻村故事演讲比赛二等奖	2018 年 9 月	林芝市创先争优强基础惠民生活动领导小组办公室
李玉领	男	汉	巴宜区委宣传部	林芝市 2018 年“党恩沐华夏奋进新时代”庆祝改革开放 40 周年征文摄影活动中荣获征文组优秀奖	2018 年 12 月	共青团林芝市委员会
米玛次仁	男	藏	巴宜区林业局	2018 年“党恩沐华夏奋进新时代”征文摄影最佳主题奖	2018 年 12 月	共青团林芝市委员会
尼玛央珍	女	藏	八一镇人民政府	林芝市优秀共青团干部	2018 年 5 月	共青团林芝市委员会
刘卫杰	男	汉	布久乡政府	林芝市 2018 年“党恩沐华夏奋进新时代”庆改革开放四十周年征文摄影活动图片组“最佳单幅奖”	2018 年 12 月	共青团林芝市委员会
韩宇晨	男	汉	巴宜区消防大队	爱国守法模范	2018 年	林芝市文明委
皮林楠	男	汉	巴宜区公安局	2018 年度全市优秀人民警察（三等功）	2018 年	林芝市公安局
杨新帅	男	汉	巴宜区公安局	2018 年度全市优秀人民警察（三等功）	2018 年	林芝市公安局
吾金次仁	男	藏	巴宜区公安局	“7・24”专案个人三等功	2018 年	林芝市公安局
王晨浩	男	汉	巴宜区公安局	“7・24”专案个人三等功	2018 年	林芝市公安局
董海	男	苗	巴宜区公安局	2018 年度全市公安工作先进个人（个人嘉奖）	2018 年	林芝市公安局
次仁卓玛	女	藏	巴宜区公安局	2018 年度全市公安工作先进个人（个人嘉奖）	2018 年	林芝市公安局
刘聪	男	汉	巴宜区公安局	2018 年度全市公安工作先进个人（个人嘉奖）	2018 年	林芝市公安局
洛珠尼玛	男	藏	巴宜区公安局	2018 年度重大案件先进个人（三等功）	2018 年	林芝市公安局
蔡小琳	男	汉	巴宜区公安局	2018 年度重大案件优秀个人（个人嘉奖）	2018 年	林芝市公安局
扎西顿珠	男	藏	巴宜区公安局	2018 年度重大案件优秀个人（个人嘉奖）	2018 年	林芝市公安局
梁浩	男	汉	巴宜区公安局	2018 年度重大安保优秀个人（个人嘉奖）	2018 年	林芝市公安局
马韬	男	汉	巴宜区公安局	2018 年度重大安保优秀个人（个人嘉奖）	2018 年	林芝市公安局
达瓦桑布	男	藏	巴宜区公安局	2018 年度二级优秀警务辅助人员	2018 年	林芝市公安局
琼达次仁	男	藏	巴宜区公安局	2018 年度二级优秀警务辅助人员	2018 年	林芝市公安局
胡超	男	汉	巴宜区公安局	2018 年度三级优秀警务辅助人员	2018 年	林芝市公安局
赵梦阳	男	汉	巴宜区公安局	2018 年度三级优秀警务辅助人员	2018 年	林芝市公安局
白玛多杰	男	藏	巴宜区公安局	2018 年度三级优秀警务辅助人员	2018 年	林芝市公安局

续表 4

姓名	性别	民族	工作单位	获奖名称	表彰时间	授予单位
刘江蓉	女	汉	巴宜区公安局	第二届“不忘初心牢记使命讲好警察故事”活动一等奖	2018 年	林芝市公安局
陈剑峰	男	汉	巴宜区卫生服务中心	2018 年度医德医风模范	2018 年	林芝市卫计委
孙莉	女	汉	巴宜区卫生服务中心	2018 年度医德医风模范	2018 年	林芝市卫计委
群丹罗布	男	藏	巴宜区卫生服务中心	2018 年度医德医风先进奖	2018 年	林芝市卫计委
王鑫	男	汉	巴宜区卫生服务中心	2018 年度医德医风先进奖	2018 年	林芝市卫计委
焦标	男	汉	巴宜区卫生服务中心	2018 年度医德医风先进奖	2018 年	林芝市卫计委
张玉琴	女	汉	巴宜区卫生服务中心	2018 年度白衣天使模范奖	2018 年	林芝市卫计委
达娃	女	藏	巴宜区卫生服务中心	2018 年度白衣天使先进奖	2018 年	林芝市卫计委
边巴卓玛	女	藏	巴宜区卫生服务中心	2018 年度白衣天使先进奖	2018 年	林芝市卫计委
徐光军	男	汉	巴宜区住建局	林芝市 2018 年脱贫攻坚“十佳援藏扶贫干部”	2018 年	林芝市脱贫攻坚指挥部
王金媛	女	满	巴宜区邮政分公司	2018 年度先进管理者	2018 年	林芝市邮政分公司
格格	女	藏	巴宜区邮政分公司	2018 年度先进工作者	2018 年	林芝市邮政分公司
何兰	女	汉	巴宜区人大常委会办公室	2018 年度优秀驻村工作队员	2018 年 12 月	中共巴宜区委员会、巴宜区人民政府
刘远久	男	汉	巴宜区人大常委会办公室	2018 年度民族团结进步“模范个人”	2019 年 3 月	中共巴宜区委员会、巴宜区人民政府
旺庆格列	男	藏	巴宜区人大常委会办公室	2018 年度先进工作者	2019 年 1 月	中共巴宜区委员会、巴宜区人民政府
田小元	男	藏	巴宜区政府办	2018 年度优秀公务员	2019 年 3 月	中共巴宜区委员会、巴宜区人民政府
刘宗磊	男	汉	巴宜区政府办	2018 年度优秀公务员	2019 年 3 月	中共巴宜区委员会、巴宜区人民政府
贡觉云旦	男	藏	巴宜区政府办	2018 年度优秀公务员	2019 年 3 月	中共巴宜区委员会、巴宜区人民政府
德庆	女	藏	巴宜区政府办	2018 年度先进工作者	2019 年 3 月	中共巴宜区委员会、巴宜区人民政府
马婉玲	女	汉	巴宜区政府办	2018 年度社会治安综合治理工作先进个人	2019 年 1 月	中共巴宜区委员会、巴宜区人民政府
王允	女	汉	巴宜区政府办	2018 年度优秀公务员	2019 年 3 月	中共巴宜区委员会、巴宜区人民政府
张珍杰	男	汉	巴宜区政府办	2018 年度优秀公务员	2019 年 3 月	中共巴宜区委员会、巴宜区人民政府
李亚超	男	汉	巴宜区政府办	2018 年度优秀公务员	2019 年 3 月	中共巴宜区委员会、巴宜区人民政府
李涛	男	汉	巴宜区政府办	2018 年度优秀工作者	2019 年 3 月	中共巴宜区委员会、巴宜区人民政府
郑举	男	汉	巴宜区政府办	2018 年度优秀工作者	2019 年 3 月	中共巴宜区委员会、巴宜区人民政府
李锦	男	汉	巴宜区纪委监委	2018 年度林芝市巴宜区社会治安综合治理工作先进个人	2018 年 12 月	中共巴宜区委员会、巴宜区人民政府
李彩花	女	藏	区委组织部	2018 年度巴宜区先进工作者	2018 年	中共巴宜区委员会、巴宜区人民政府
牟乃军	男	汉	巴宜区委统战部	个人三等功	2018 年 3 月	中共巴宜区委员会、巴宜区人民政府

续表 4

姓名	性别	民族	工作单位	获奖名称	表彰时间	授予单位
土旦益西	男	藏	巴宜区委统战部	2018 年度先进工作者	2018 年 12 月	中共巴宜区委员会、巴宜区人民政府
嘎卓玛	女	藏	巴宜区委统战部	2018 年度先进工作者	2018 年 12 月	中共巴宜区委员会、巴宜区人民政府
蒋金佐	男	汉	巴宜区委统战部	2018 年度优秀公务员	2019 年 1 月	中共巴宜区委员会、巴宜区人民政府
蒋金佐	男	汉	巴宜区委统战部	2018 年度“四讲四爱”主题教育实践活动先进个人	2019 年 1 月	中共巴宜区委员会、巴宜区人民政府
扎西白毛	女	藏	巴宜区强基办	2018 年度社会治安综合治理工作先进个人	2018 年 12 月	中共巴宜区委员会、巴宜区人民政府
刘同	男	汉	巴宜区强基办	2018 年度创先争优强基础惠民生活动先进工作者	2018 年 12 月	中共巴宜区委员会、巴宜区人民政府
达娃	女	藏	巴宜区委政法委	2018 年度优秀公务员	2018 年	中共巴宜区委员会、巴宜区人民政府
刘婷	女	汉	巴宜区委政法委	2018 年度综治工作先进个人	2018 年	中共巴宜区委员会、巴宜区人民政府
曾飞	男	汉	巴宜区委政法委	2018 年度优秀公务员	2018 年	中共巴宜区委员会、巴宜区人民政府
松吉卓玛	女	藏	巴宜区委政法委	2018 年度先进工作者	2018 年	中共巴宜区委员会、巴宜区人民政府
同建英	女	汉	巴宜区委政法委	2018 年度综治工作先进个人	2018 年	中共巴宜区委员会、巴宜区人民政府
强珍	女	藏	巴宜区公安局	2018 年度综治工作先进个人	2018 年	中共巴宜区委员会、巴宜区人民政府
罗拯	男	汉	巴宜区公安局	2018 年度综治工作先进个人	2018 年	中共巴宜区委员会、巴宜区人民政府
牟静	男	汉	巴宜区公安局	2018 年度先进工作者	2018 年	中共巴宜区委员会、巴宜区人民政府
周博	男	汉	巴宜区公安局	2018 年度先进工作者	2018 年	中共巴宜区委员会、巴宜区人民政府
旦增	男	藏	巴宜区公安局	2018 年度先进工作者	2018 年	中共巴宜区委员会、巴宜区人民政府
杨清	男	汉	巴宜区公安局	2018 年度先进工作者	2018 年	中共巴宜区委员会、巴宜区人民政府
周路路	男	汉	巴宜区公安局	2018 年度先进工作者	2018 年	中共巴宜区委员会、巴宜区人民政府
严洁	女	汉	巴宜区公安局	2018 年度优秀公务员	2018 年	中共巴宜区委员会、巴宜区人民政府
黎远宏	男	汉	巴宜区公安局	2018 年度优秀公务员	2018 年	中共巴宜区委员会、巴宜区人民政府
罗拯	男	汉	巴宜区公安局	2018 年度优秀公务员	2018 年	中共巴宜区委员会、巴宜区人民政府
拉巴卓玛	女	藏	巴宜区公安局	2018 年度优秀公务员	2018 年	中共巴宜区委员会、巴宜区人民政府
白玛群措	女	藏	巴宜区公安局	2018 年度优秀公务员	2018 年	中共巴宜区委员会、巴宜区人民政府

续表 4

姓名	性别	民族	工作单位	获奖名称	表彰时间	授予单位
次仁卓嘎	女	藏	巴宜区公安局	2018 年度优秀公务员	2018 年	中共巴宜区委员会、巴宜区人民政府
彭丽璇	女	汉	巴宜区公安局	2018 年度优秀公务员	2018 年	中共巴宜区委员会、巴宜区人民政府
熊明利	男	汉	巴宜区公安局	2018 年度优秀公务员	2018 年	中共巴宜区委员会、巴宜区人民政府
沈勇强	男	汉	巴宜区公安局	2018 年度优秀公务员	2018 年	中共巴宜区委员会、巴宜区人民政府
韩晓杰	女	汉	巴宜区公安局	2018 年度优秀公务员	2018 年	中共巴宜区委员会、巴宜区人民政府
国庆	男	藏	巴宜区公安局	2018 年度优秀公务员	2018 年	中共巴宜区委员会、巴宜区人民政府
白珍	女	藏	巴宜区公安局	2018 年度优秀公务员	2018 年	中共巴宜区委员会、巴宜区人民政府
白玛	女	藏	巴宜区公安局	2018 年度优秀公务员	2018 年	中共巴宜区委员会、巴宜区人民政府
杨光	男	汉	巴宜区公安局	2018 年度优秀公务员	2018 年	中共巴宜区委员会、巴宜区人民政府
赵浩宇	男	汉	巴宜区公安局	2018 年度优秀公务员	2018 年	中共巴宜区委员会、巴宜区人民政府
谭川	男	汉	巴宜区公安局	2018 年度优秀公务员	2018 年	中共巴宜区委员会、巴宜区人民政府
白玛占堆	男	藏	巴宜区公安局	2018 年度优秀公务员	2018 年	中共巴宜区委员会、巴宜区人民政府
李豪	男	汉	巴宜区公安局	2018 年度优秀公务员	2018 年	中共巴宜区委员会、巴宜区人民政府
杨雪	女	汉	巴宜区公安局	2018 年度优秀公务员	2018 年	中共巴宜区委员会、巴宜区人民政府
多杰次仁	男	藏	巴宜区公安局	2018 年度优秀公务员	2018 年	中共巴宜区委员会、巴宜区人民政府
蒋良	男	汉	巴宜区公安局	2018 年度优秀公务员	2018 年	中共巴宜区委员会、巴宜区人民政府
达娃诺布	男	藏	巴宜区公安局	2018 年度优秀公务员	2018 年	中共巴宜区委员会、巴宜区人民政府
余央金	女	藏	巴宜区公安局	2018 年度优秀公务员	2018 年	中共巴宜区委员会、巴宜区人民政府
土邓尼玛	男	藏	巴宜区公安局	2018 年度优秀公务员	2018 年	中共巴宜区委员会、巴宜区人民政府
杜鹏磊	男	汉	巴宜区公安局	2018 年度优秀公务员	2018 年	中共巴宜区委员会、巴宜区人民政府
次仁旺堆	男	藏	巴宜区公安局	2018 年度优秀公务员	2018 年	中共巴宜区委员会、巴宜区人民政府
其布	男	藏	巴宜区公安局	2018 年度优秀公务员	2018 年	中共巴宜区委员会、巴宜区人民政府
马韬	男	汉	巴宜区公安局	2018 年度优秀公务员	2018 年	中共巴宜区委员会、巴宜区人民政府

续表 4

姓名	性别	民族	工作单位	获奖名称	表彰时间	授予单位
龚原	男	汉	巴宜区公安局	2018 年度优秀公务员	2018 年	中共巴宜区委员会、巴宜区人民政府
白玛旦增	男	藏	巴宜区公安局	2018 年度优秀公务员	2018 年	中共巴宜区委员会、巴宜区人民政府
胡雯丽	女	汉	巴宜区公安局	2018 年度优秀公务员	2018 年	中共巴宜区委员会、巴宜区人民政府
马辉明	男	回	巴宜区公安局	2018 年度优秀公务员	2018 年	中共巴宜区委员会、巴宜区人民政府
程军	男	藏	巴宜区公安局	2018 年度优秀公务员	2018 年	中共巴宜区委员会、巴宜区人民政府
索朗旺久	男	藏	巴宜区公安局	2018 年度优秀公务员	2018 年	中共巴宜区委员会、巴宜区人民政府
杨汕明	男	汉	巴宜区公安局	2018 年度优秀公务员	2018 年	中共巴宜区委员会、巴宜区人民政府
次仁罗布	男	藏	巴宜区公安局	2018 年度优秀公务员	2018 年	中共巴宜区委员会、巴宜区人民政府
王平	男	汉	巴宜区公安局	2018 年度优秀公务员	2018 年	中共巴宜区委员会、巴宜区人民政府
春花	女	藏	巴宜区公安局	2018 年度优秀公务员	2018 年	中共巴宜区委员会、巴宜区人民政府
格列	男	藏	巴宜区公安局	2018 年度优秀公务员	2018 年	中共巴宜区委员会、巴宜区人民政府
王素姣	女	汉	巴宜区公安局	2018 年度优秀公务员	2018 年	中共巴宜区委员会、巴宜区人民政府
德青平措	男	藏	巴宜区公安局	2018 年度优秀公务员	2018 年	中共巴宜区委员会、巴宜区人民政府
尹天琪	男	汉	巴宜区公安局	2018 年度优秀公务员	2018 年	中共巴宜区委员会、巴宜区人民政府
文超	男	汉	巴宜区公安局	2018 年度优秀公务员	2018 年	中共巴宜区委员会、巴宜区人民政府
谢志伟	男	汉	巴宜区公安局	2018 年度优秀公务员	2018 年	中共巴宜区委员会、巴宜区人民政府
郑鸿文	男	汉	巴宜区公安局	2018 年度优秀公务员	2018 年	中共巴宜区委员会、巴宜区人民政府
郭克琳	女	藏	巴宜区公安局	2018 年度优秀公务员	2018 年	中共巴宜区委员会、巴宜区人民政府
李文军	男	汉	巴宜区公安局	2018 年度优秀公务员	2018 年	中共巴宜区委员会、巴宜区人民政府
巴桑次仁	男	藏	巴宜区公安局	2018 年度优秀公务员	2018 年	中共巴宜区委员会、巴宜区人民政府
马玉明	男	汉	巴宜区公安局	2018 年度优秀公务员	2018 年	中共巴宜区委员会、巴宜区人民政府
黄静	男	汉	巴宜区公安局	2018 年度优秀公务员	2018 年	中共巴宜区委员会、巴宜区人民政府
张北	男	汉	巴宜区公安局	2018 年度优秀公务员	2018 年	中共巴宜区委员会、巴宜区人民政府

续表 4

姓名	性别	民族	工作单位	获奖名称	表彰时间	授予单位
廖洋	男	汉	巴宜区公安局	2018 年度优秀公务员	2018 年	中共巴宜区委员会、巴宜区人民政府
王超	男	汉	巴宜区公安局	2018 年度优秀公务员	2018 年	中共巴宜区委员会、巴宜区人民政府
蒋文	男	汉	巴宜区公安局	2018 年度优秀公务员	2018 年	中共巴宜区委员会、巴宜区人民政府
其米多吉	男	藏	巴宜区公安局	2018 年度优秀公务员	2018 年	中共巴宜区委员会、巴宜区人民政府
益西多杰	男	藏	巴宜区公安局	2018 年度优秀公务员	2018 年	中共巴宜区委员会、巴宜区人民政府
柏自强	男	汉	巴宜区公安局	2018 年度优秀公务员	2018 年	中共巴宜区委员会、巴宜区人民政府
李宗育	男	汉	巴宜区公安局	2018 年度优秀公务员	2018 年	中共巴宜区委员会、巴宜区人民政府
杨超	男	汉	巴宜区公安局	2018 年度优秀公务员	2018 年	中共巴宜区委员会、巴宜区人民政府
白玛朗加	男	藏	巴宜区公安局	2018 年度优秀公务员	2018 年	中共巴宜区委员会、巴宜区人民政府
曲志荣	男	藏	巴宜区公安局	2018 年度优秀公务员	2018 年	中共巴宜区委员会、巴宜区人民政府
洛布多杰	男	藏	巴宜区公安局	2018 年度优秀公务员	2018 年	中共巴宜区委员会、巴宜区人民政府
张磊	男	汉	巴宜区公安局	2018 年度优秀公务员	2018 年	中共巴宜区委员会、巴宜区人民政府
扎西朗加	男	藏	巴宜区公安局	2018 年度优秀公务员	2018 年	中共巴宜区委员会、巴宜区人民政府
马春力	男	藏	巴宜区公安局	2018 年度优秀公务员	2018 年	中共巴宜区委员会、巴宜区人民政府
唐剑波	男	汉	巴宜区公安局	2018 年度优秀公务员	2018 年	中共巴宜区委员会、巴宜区人民政府
塔巴多杰	男	藏	巴宜区公安局	2018 年度优秀公务员	2018 年	中共巴宜区委员会、巴宜区人民政府
次久卓玛	女	藏	巴宜区公安局	2018 年度优秀工作人员	2018 年	中共巴宜区委员会、巴宜区人民政府
扎西平措	男	藏	巴宜区公安局	2018 年度优秀工作人员	2018 年	中共巴宜区委员会、巴宜区人民政府
王晨	男	汉	巴宜区公安局	2018 年上半年和谐模范寺庙和爱国守法先进僧尼暨先进寺庙管理委员会和优秀驻寺干部	2018 年	中共巴宜区委员会、巴宜区人民政府
王晨	男	汉	巴宜区公安局	2018 年下半年“遵行四条标准争做先进僧尼”教育实践活动模范寺庙、先进寺管会干部	2018 年	中共巴宜区委员会、巴宜区人民政府
蒋仁兵	男	汉	巴宜区公安局	2018 年上半年和谐模范寺庙和爱国守法先进僧尼暨先进寺庙管理委员会和优秀驻寺干部	2018 年	中共巴宜区委员会、巴宜区人民政府

续表 4

姓名	性别	民族	工作单位	获奖名称	表彰时间	授予单位
蒋仁兵	男	汉	巴宜区公安局	2018 年下半年“遵行四条标准争做先进僧尼”教育实践活动模范寺庙、先进寺管会干部	2018 年	中共巴宜区委员会、巴宜区人民政府
母祥军	男	藏	巴宜区公安局	2018 年下半年“遵行四条标准争做先进僧尼”教育实践活动模范寺庙、先进寺管会干部	2018 年	中共巴宜区委员会、巴宜区人民政府
多吉次仁	男	藏	巴宜区公安局	2018 年度巴宜区创先争优强基础惠民生活动优秀驻村（居）工作队员	2018 年	中共巴宜区委员会、巴宜区人民政府
董婷	女	汉	巴宜区人民检察院	“学习贯彻党的十九大精神坚定不移谋发展保稳定”主题知识竞赛最佳选手	2018 年 7 月	中共巴宜区委员会、巴宜区人民政府
田成	女	汉	巴宜区人民检察院	2018 年度巴宜区创先争优强基础惠民生活动先进驻村（居）工作队员	2018 年 12 月	中共巴宜区委员会、巴宜区人民政府
徐婷	女	汉	巴宜区人民检察院	2018 年度优秀公务员	2019 年 1 月	中共巴宜区委员会、巴宜区人民政府
袁野	男	汉	巴宜区人民检察院	2018 年度优秀公务员	2019 年 1 月	中共巴宜区委员会、巴宜区人民政府
阿旺曲宗	女	藏	巴宜区人民检察院	2018 年度优秀公务员	2019 年 1 月	中共巴宜区委员会、巴宜区人民政府
次仁曲加	男	藏	巴宜区人民检察院	2018 年度优秀公务员	2019 年 1 月	中共巴宜区委员会、巴宜区人民政府
李京川	女	汉	巴宜区人民检察院	2018 年度优秀公务员	2019 年 1 月	中共巴宜区委员会、巴宜区人民政府
格桑卓玛	女	汉	巴宜区人民检察院	2018 年度优秀公务员	2019 年 1 月	中共巴宜区委员会、巴宜区人民政府
陈越	男	汉	巴宜区人民法院	2018 年度先进工作者	2019 年 2 月	中共巴宜区委员会、巴宜区人民政府
舒琳	女	汉	巴宜区人民法院	社会综合治理工作先进个人	2019 年 1 月	中共巴宜区委员会、巴宜区人民政府
旺久	男	藏	巴宜区人民法院	民族团结进步模范个人	2019 年 1 月	中共巴宜区委员会、巴宜区人民政府
黄庆海	男	汉	巴宜区人民法院	2018 年度巴宜区创先争优强基础惠民生活动先进驻村（居）工作队员	2018 年 12 月	中共巴宜区委员会、巴宜区人民政府
杨惠雁	女	汉	巴宜区人民法院	2018 年度巴宜区创先争优强基础惠民生活动先进驻村（居）工作队员	2018 年 12 月	中共巴宜区委员会、巴宜区人民政府
达瓦次仁	男	藏	巴宜区人民法院	2018 年度巴宜区创先争优强基础惠民生活动先进驻村（居）工作队员	2018 年 12 月	中共巴宜区委员会、巴宜区人民政府
黄庆海	男	汉	巴宜区人民法院	巴宜区民族团结先进个人	2018 年 12 月	中共巴宜区委员会、巴宜区人民政府
陈金连	女	汉	巴宜区人民法院	三等功	2019 年 2 月	中共巴宜区委员会、巴宜区人民政府
索朗德吉	女	藏	巴宜区人民法院	三等功	2019 年 2 月	中共巴宜区委员会、巴宜区人民政府
小其加	男	藏	巴宜区人民法院	2018 年度优秀公务员	2019 年 2 月	中共巴宜区委员会、巴宜区人民政府
达瓦多吉	男	藏	巴宜区人民法院	2018 年度优秀公务员	2019 年 2 月	中共巴宜区委员会、巴宜区人民政府

续表 4

姓名	性别	民族	工作单位	获奖名称	表彰时间	授予单位
杨惠雁	女	汉	巴宜区人民法院	2018 年度优秀公务员	2019 年 2 月	中共巴宜区委员会、巴宜区人民政府
陈金连	女	汉	巴宜区人民法院	2018 年度优秀公务员	2019 年 2 月	中共巴宜区委员会、巴宜区人民政府
索朗德吉	女	藏	巴宜区人民法院	2018 年度优秀公务员	2019 年 2 月	中共巴宜区委员会、巴宜区人民政府
卓玛	女	藏	巴宜区人民法院	2018 年度优秀公务员	2019 年 2 月	中共巴宜区委员会、巴宜区人民政府
格桑卓玛	女	藏	巴宜区人民法院	2018 年度优秀公务员	2019 年 2 月	中共巴宜区委员会、巴宜区人民政府
益西索朗	男	藏	巴宜区人民法院	2018 年度优秀公务员	2019 年 2 月	中共巴宜区委员会、巴宜区人民政府
大其加	男	藏	巴宜区人民法院	2018 年度优秀公务员	2019 年 2 月	中共巴宜区委员会、巴宜区人民政府
杨雪梅	女	藏	巴宜区司法局	2018 年度优秀公务员	2018 年	中共巴宜区委员会、巴宜区人民政府
次珍	女	藏	巴宜区司法局	2018 年度优秀公务员	2018 年	中共巴宜区委员会、巴宜区人民政府
高冲	男	汉	巴宜区司法局	2018 年度优秀公务员	2018 年	中共巴宜区委员会、巴宜区人民政府
琼达	女	藏	巴宜区司法局	2018 年度先进工作者	2018 年	中共巴宜区委员会、巴宜区人民政府
次仁巴姆	女	藏	巴宜区司法局	维稳综治先进个人	2018 年	中共巴宜区委员会、巴宜区人民政府
永青措姆	女	藏	团区委	2018 年度先进工作者	2019 年 1 月	中共巴宜区委员会、巴宜区人民政府
次仁曲吉	女	藏	巴宜区工青妇	2018 年度巴宜区优秀公务员	2019 年	中共巴宜区委员会、巴宜区人民政府
王胜	男	汉	巴宜区发改委	2018 年度优秀公务员	2019 年 3 月	中共巴宜区委员会、巴宜区人民政府
莫巧星	男	汉	巴宜区发改委	2018 年度优秀公务员	2019 年 3 月	中共巴宜区委员会、巴宜区人民政府
孙艳	女	汉	巴宜区发改委	2018 年度优秀公务员	2019 年 3 月	中共巴宜区委员会、巴宜区人民政府
王小玲	女	汉	巴宜区发改委	2018 年度优秀公务员	2019 年 3 月	中共巴宜区委员会、巴宜区人民政府
李艳丽	女	汉	巴宜区发改委	2018 年度优秀公务员	2019 年 3 月	中共巴宜区委员会、巴宜区人民政府
色珍	女	藏	巴宜区发改委	2018 年度先进工作者	2019 年 3 月	中共巴宜区委员会、巴宜区人民政府
噶玛扎西顿珠	男	藏	巴宜区发改委	2018 年度优秀干部	2019 年 3 月	中共巴宜区委员会、巴宜区人民政府
吴敌	男	汉	巴宜区财政局	2018 年度先进工作者	2018 年	中共巴宜区委员会、巴宜区人民政府
王苏云	女	汉	巴宜区财政局	2018 年度社会综合治理工作先进个人	2018 年	中共巴宜区委员会、巴宜区人民政府

续表 4

姓名	性别	民族	工作单位	获奖名称	表彰时间	授予单位
张琨琳	女	汉	巴宜区人力资源和社会保障局	2018 年度优秀公务员	2019 年 3 月	中共巴宜区委员会、巴宜区人民政府
张琨琳	女	汉	巴宜区人力资源和社会保障局	个人三等功	2019 年 3 月	中共巴宜区委员会、巴宜区人民政府
次卓嘎	女	藏	巴宜区人力资源和社会保障局	2018 年度优秀公务员	2019 年 3 月	中共巴宜区委员会、巴宜区人民政府
米玛次仁	男	藏	巴宜区人力资源和社会保障局	2018 年度巴宜区创先争优强基础惠民生活动先进驻村（居）工作队员	2018 年 12 月	中共巴宜区委员会、巴宜区人民政府
米玛次仁	男	藏	巴宜区人力资源和社会保障局	2018 年度“四讲四爱”优秀宣讲员	2019 年 3 月	中共巴宜区委员会、巴宜区人民政府
王远方	男	藏	巴宜区人力资源和社会保障局	2018 年度优秀公务员	2019 年 3 月	中共巴宜区委员会、巴宜区人民政府
唐青雯	女	汉	巴宜区人力资源和社会保障局	2018 年度优秀公务员	2019 年 3 月	中共巴宜区委员会、巴宜区人民政府
桑杰卓玛	女	门巴	巴宜区人力资源和社会保障局	2018 年度先进工作者	2019 年 3 月	中共巴宜区委员会、巴宜区人民政府
张强	男	汉	巴宜区人力资源和社会保障局	2018 年度先进工作者	2019 年 3 月	中共巴宜区委员会、巴宜区人民政府
次仁德吉	女	藏	巴宜区人力资源和社会保障局	2018 年度优秀公务员	2019 年 3 月	中共巴宜区委员会、巴宜区人民政府
次仁德吉	女	藏	巴宜区人力资源和社会保障局	2018 年度民族团结先进个人	2018 年 12 月	中共巴宜区委员会、巴宜区人民政府
张瑞霞	女	汉	巴宜区旅发委	2018 年度巴宜区创先争优强基础惠民生活动先进驻村（居）工作队员	2018 年 12 月	中共巴宜区委员会、巴宜区人民政府
敬长霖	男	汉	巴宜区文化局	2018 年度先进工作者	2018 年 12 月	中共巴宜区委员会、巴宜区人民政府
洛桑多吉	女	藏	巴宜区文化局	庆祝改革开放 40 周年巴宜区首届“巴宜杯”干部职工工间操（广场舞）大赛“最佳编导奖”	2018 年 10 月	中共巴宜区委员会、巴宜区人民政府
宗吉	女	藏	巴宜区文化局	庆祝改革开放 41 周年巴宜区首届“巴宜杯”干部职工工间操（广场舞）大赛“最佳创意奖”	2018 年 10 月	中共巴宜区委员会、巴宜区人民政府
其美拉姆	女	藏	巴宜区文化局	庆祝改革开放 42 周年巴宜区首届“巴宜杯”干部职工工间操（广场舞）大赛“最佳创意奖”	2018 年 10 月	中共巴宜区委员会、巴宜区人民政府
次拥拉姆	女	藏	巴宜区文化局	庆祝改革开放 40 周年巴宜区首届“巴宜杯”干部职工工间操（广场舞）大赛“最佳编导奖”	2018 年 10 月	中共巴宜区委员会、巴宜区人民政府
尼玛仓	女	藏	巴宜区民政局	2018 年度优秀公务员	2019 年 3 月	中共巴宜区委员会、巴宜区人民政府
晓梅	女	珞巴	巴宜区民政局	2018 年度优秀公务员	2019 年 3 月	中共巴宜区委员会、巴宜区人民政府
普布扎西	男	藏	巴宜区民政局	2018 年度民族团结进步模范个人	2019 年 3 月	中共巴宜区委员会、巴宜区人民政府
边布迟	女	藏	巴宜区民政局	2018 年度先进个人	2019 年 2 月	中共巴宜区委员会、巴宜区人民政府

续表 4

姓名	性别	民族	工作单位	获奖名称	表彰时间	授予单位
李咪咪	女	汉	巴宜区民政局	2018 年度社会综合治理工作先进个人	2018 年 12 月	中共巴宜区委员会、巴宜区人民政府
边巴卓玛	女	藏	巴宜区民政局	2018 年度优秀公务员	2019 年 3 月	中共巴宜区委员会、巴宜区人民政府
杨芳	女	汉	巴宜区民政局	2018 年度优秀公务员	2019 年 3 月	中共巴宜区委员会、巴宜区人民政府
陈佩君	女	汉	巴宜区住建局	2018 年度先进驻村工作队员	2018 年	中共巴宜区委员会、巴宜区人民政府
王菊梅	女	汉	巴宜区农牧（科技）局	巴宜区创先争优强基惠民生活先进驻村（居）工作队员	2018 年 12 月	中共巴宜区委员会、巴宜区人民政府
罗布扎西	男	藏	巴宜区水利局	2018 年度先进个人	2019 年 3 月	中共巴宜区委员会、巴宜区人民政府
晋美多吉	男	藏	巴宜区水利局	2018 年度优秀公务员	2019 年 3 月	中共巴宜区委员会、巴宜区人民政府
王林涛	男	白	巴宜区水利局	2018 年度优秀公务员	2019 年 3 月	中共巴宜区委员会、巴宜区人民政府
索朗次仁	男	藏	巴宜区水利局	2018 年度优秀工作人员	2019 年 3 月	中共巴宜区委员会、巴宜区人民政府
巴桑央宗	女	藏	巴宜区卫计委	2018 年度脱贫攻坚先进工作者	2018 年	中共巴宜区委员会、巴宜区人民政府
措吉	女	藏	巴宜区卫计委	2018 年度先进工作者	2018 年	中共巴宜区委员会、巴宜区人民政府
尼玛仓决	女	藏	巴宜区商务局	2018 年度优秀公务员	2019 年 3 月	中共巴宜区委员会、巴宜区人民政府
林园园	女	汉	巴宜区商务局	2018 年度优秀公务员	2019 年 3 月	中共巴宜区委员会、巴宜区人民政府
金花	女	藏	巴宜区商务局	2018 年度先进工作者	2018 年	中共巴宜区委员会、巴宜区人民政府
西洛	女	藏	巴宜区综合执法局	2018 年度先进工作者	2019 年	中共巴宜区委员会、巴宜区人民政府
朱毅	男	汉	巴宜区民宗局	2018 年度优秀公务员	2018 年	中共巴宜区委员会、巴宜区人民政府
次仁卓嘎	女	藏	巴宜区民宗局	2018 年度优秀公务员	2018 年	中共巴宜区委员会、巴宜区人民政府
次仁卓嘎	女	藏	巴宜区民宗局	2018 年度“四讲四爱”主题教育实践活动优秀宣讲员	2019 年	中共巴宜区委员会、巴宜区人民政府
益西拉珍	女	藏	巴宜区民宗局	2018 年度先进个人	2018 年	中共巴宜区委员会、巴宜区人民政府
梁超君	男	汉	巴宜区扶贫办	2018 年度先进工作者	2019 年 2 月	中共巴宜区委员会、巴宜区人民政府
李玮	女	汉	巴宜区安监局	2018 年度先进工作者	2019 年 2 月	中共巴宜区委员会、巴宜区人民政府
徐燕	女	汉	巴宜区疾控中心	2018 年度先进工作者	2019 年 1 月	中共巴宜区委员会、巴宜区人民政府
韩晓燕	女	汉	巴宜区食药监局	2017 年度先进工作者	2018 年 2 月	中共巴宜区委员会、巴宜区人民政府

续表 4

姓名	性别	民族	工作单位	获奖名称	表彰时间	授予单位
索朗卓嘎	女	藏	巴宜区食药监局	2017 年度优秀公务员	2018 年 2 月	中共巴宜区委员会、巴宜区人民政府
普巴乔	女	藏	巴宜区藏医院	先进工作者	2018 年	中共巴宜区委员会、巴宜区人民政府
格桑罗布	男	藏	林芝市巴宜区税务局	全国“百佳办税服务厅主任”2018 年度先进工作者	2019 年 1 月	中共巴宜区委员会、巴宜区人民政府
边巴	男	藏	鲁朗镇人民政府	2018 年度优秀公务员	2019 年 1 月	中共巴宜区委员会、巴宜区人民政府
刘可疆	男	汉	鲁朗镇人民政府	2018 年度优秀公务员	2019 年 1 月	中共巴宜区委员会、巴宜区人民政府
谭金松	男	土家	鲁朗镇人民政府	2018 年度优秀公务员	2019 年 1 月	中共巴宜区委员会、巴宜区人民政府
石成	男	汉	鲁朗镇人民政府	2018 年度优秀公务员	2019 年 1 月	中共巴宜区委员会、巴宜区人民政府
赵培莎	女	藏	鲁朗镇人民政府	2018 年度优秀公务员	2019 年 1 月	中共巴宜区委员会、巴宜区人民政府
许芳燕	女	汉	鲁朗镇人民政府	2018 年度优秀公务员	2019 年 1 月	中共巴宜区委员会、巴宜区人民政府
索朗德吉	女	藏	鲁朗镇人民政府	2018 年度优秀公务员	2019 年 1 月	中共巴宜区委员会、巴宜区人民政府
陈俊波	男	汉	鲁朗镇人民政府	2018 年度优秀公务员	2019 年 1 月	中共巴宜区委员会、巴宜区人民政府
乔峰川	男	汉	鲁朗镇人民政府	2018 年度优秀公务员	2019 年 1 月	中共巴宜区委员会、巴宜区人民政府
尼玛顿珠	男	藏	鲁朗镇人民政府	“讲述身边的驻村故事”演讲二等奖	2018 年 9 月	中共巴宜区委员会、巴宜区人民政府
宗吉	女	藏	鲁朗镇人民政府	2018 年度优秀公务员	2019 年 1 月	中共巴宜区委员会、巴宜区人民政府
任莉	女	汉	鲁朗镇人民政府	2018 年度优秀公务员	2019 年 1 月	中共巴宜区委员会、巴宜区人民政府
普巴次仁	男	藏	鲁朗镇人民政府	2018 年度优秀公务员	2019 年 1 月	中共巴宜区委员会、巴宜区人民政府
卢俊平	男	汉	巴宜区米瑞乡人民政府	2018 年度优秀公务员	2019 年 1 月	中共巴宜区委员会、巴宜区人民政府
普巴	男	藏	巴宜区米瑞乡人民政府	2018 年度优秀公务员	2019 年 1 月	中共巴宜区委员会、巴宜区人民政府
刘辉	男	汉	巴宜区米瑞乡人民政府	2018 年度优秀公务员	2019 年 1 月	中共巴宜区委员会、巴宜区人民政府
格桑措姆	女	藏	巴宜区米瑞乡人民政府	2018 年度优秀公务员	2019 年 1 月	中共巴宜区委员会、巴宜区人民政府
余星	女	汉	巴宜区米瑞乡人民政府	2018 年度优秀公务员	2019 年 1 月	中共巴宜区委员会、巴宜区人民政府
张琪	男	汉	巴宜区米瑞乡人民政府	2018 年度优秀公务员	2019 年 1 月	中共巴宜区委员会、巴宜区人民政府
达娃卓玛	女	藏	巴宜区米瑞乡人民政府	2018 年度优秀公务员	2019 年 3 月	中共巴宜区委员会、巴宜区人民政府

续表 4

姓名	性别	民族	工作单位	获奖名称	表彰时间	授予单位
白珍	女	藏	巴宜区米瑞乡人民政府	2018 年度优秀工作人员	2019 年 1 月	中共巴宜区委员会、巴宜区人民政府
张媛萍	女	汉	巴宜区米瑞乡人民政府	2018 年度优秀工作人员	2019 年 1 月	中共巴宜区委员会、巴宜区人民政府
次旦	女	藏	巴宜区米瑞乡人民政府	2018 年度优秀工作人员	2019 年 1 月	中共巴宜区委员会、巴宜区人民政府
尼玛拉姆	女	藏	巴宜区米瑞乡人民政府	2018 年度优秀工作人员	2019 年 1 月	中共巴宜区委员会、巴宜区人民政府
达珍	女	藏	巴宜区米瑞乡人民政府	2017 年度优秀公务员	2018 年 1 月	中共巴宜区委员会、巴宜区人民政府
旦增卓嘎	女	藏	布久乡政府	巴宜区创先争优强基惠民生活动先进驻村工作队员荣誉称号	2018 年 12 月	中共巴宜区委员会、巴宜区人民政府
徐洁	女	汉	布久乡政府	2018 年度强基先进个人	2018 年 12 月	中共巴宜区委员会、巴宜区人民政府
刘卫杰	男	汉	布久乡政府	巴宜区 2018 年度先进工作者	2019 年 1 月	中共巴宜区委员会、巴宜区人民政府
平措卓玛	女	藏	布久乡政府	巴宜区 2018 年度先进工作者	2019 年 1 月	中共巴宜区委员会、巴宜区人民政府
普巴央金	女	藏	布久乡政府	巴宜区创先争优强基惠民生活动先进驻村（居）工作队员	2018 年 12 月	中共巴宜区委员会、巴宜区人民政府
罗布白珍	女	藏	布久乡政府	巴宜区创先争优强基惠民生活动先进驻村（居）工作队员	2018 年 12 月	中共巴宜区委员会、巴宜区人民政府
母昌雷	男	汉	布久乡政府	巴宜区创先争优强基惠民生活动先进驻村（居）工作队员	2018 年 12 月	中共巴宜区委员会、巴宜区人民政府
扎西拉珍	女	藏	布久乡政府	巴宜区创先争优强基惠民生活动先进驻村（居）工作队员	2018 年 12 月	中共巴宜区委员会、巴宜区人民政府
普布卓玛	女	藏	布久乡政府	巴宜区创先争优强基惠民生活动先进驻村（居）工作队员	2018 年 12 月	中共巴宜区委员会、巴宜区人民政府
白玛多吉	男	藏	白玛店村党支部委员	2018 年度“四讲四爱”主题教育实践活动优秀宣讲员	2019 年 1 月	中共巴宜区委员会、巴宜区人民政府
央珍	女	藏	更章乡人民政府	2018 年度“四讲四爱”主题教育实践活动先进个人	2019 年 1 月	中共巴宜区委员会、巴宜区人民政府
央珍	女	藏	更章乡人民政府	2018 年度先进工作者	2019 年 1 月	中共巴宜区委员会、巴宜区人民政府
多布杰	男	藏	更章乡人民政府	巴宜区创先争优强基础惠民生活动先进驻村（居）工作先进工作队员	2018 年 12 月	中共巴宜区委员会、巴宜区人民政府
曾维	男	汉	更章乡人民政府	2018 年度先进工作者	2019 年 1 月	中共巴宜区委员会、巴宜区人民政府
胡小波	男	汉	巴宜区白玛岗街道办	2017 年工作先进工作者	2018 年 1 月	中共巴宜区委员会、巴宜区人民政府
米玛曲珍	女	藏	巴宜区白玛岗街道办	2017 年工作先进工作者	2018 年 1 月	中共巴宜区委员会、巴宜区人民政府
格桑旺堆	男	藏	巴宜区白玛岗街道办	巴宜区 2018 年度社会治安综合治理工作先进个人	2019 年 1 月	中共巴宜区委员会、巴宜区人民政府
洛桑次仁	男	门巴	巴宜区白玛岗街道办	2018 年巴宜区“四讲四爱”最美人物	2019 年 1 月	中共巴宜区委员会、巴宜区人民政府

续表 4

姓名	性别	民族	工作单位	获奖名称	表彰时间	授予单位
李晓磊	男	汉	巴宜区白玛岗街道办	2018 年度“四讲四爱”群众教育实践活动先进个人	2019 年 1 月	中共巴宜区委员会、巴宜区人民政府
支章	男	藏	巴宜区白玛岗街道办	2018 年度“四讲四爱”群众教育实践活动优秀宣讲员	2019 年 1 月	中共巴宜区委员会、巴宜区人民政府
罗婷	女	藏	巴宜区白玛岗街道办	巴宜区 2018 年度先进工作者	2019 年 1 月	中共巴宜区委员会、巴宜区人民政府
杜姗姗	女	汉	巴宜区白玛岗街道办	巴宜区 2018 年度先进工作者	2019 年 1 月	中共巴宜区委员会、巴宜区人民政府
央金卓嘎	女	藏	巴宜区统计局（社会经济调查队）	2018 年度优秀公务员	2018 年	中共巴宜区委员会、巴宜区人民政府
贡觉卓玛	女	藏	巴宜区统计局（社会经济调查队）	2018 年度先进工作者	2018 年	中共巴宜区委员会、巴宜区人民政府
曲佳	女	藏	巴宜区统计局（社会经济调查队）	2018 年度优秀公务员	2018 年	中共巴宜区委员会、巴宜区人民政府
达瓦次仁	男	藏	巴宜区人大常委会办公室	2018 年度优秀公务员	2019 年 3 月	中共巴宜区委员会
胡开琼	女	汉	巴宜区人大常委会办公室	2018 年度优秀公务员	2019 年 3 月	中共巴宜区委员会
龙四艳	女	汉	巴宜区人大常委会办公室	2018 年度优秀公务员	2019 年 3 月	中共巴宜区委员会
白玛赤烈	男	藏	巴宜区政协	遵循四条标准个人先进	2018 年 7 月	中共巴宜区委员会
白玛赤烈	男	藏	巴宜区政协	先进爱国人士	2018 年 7 月	中共巴宜区委员会
白玛赤烈	男	门巴	巴宜区政协	优秀宣讲员	2018 年	中共巴宜区委员会
罗布西洛	男	藏	巴宜区政府办	2018 年度“四讲四爱”主题教育实践活动优秀宣讲员	2019 年 1 月	中共巴宜区委员会
罗布西洛	男	藏	巴宜区政府办	2018 年度民族团结进步先进个人	2019 年 1 月	中共巴宜区委员会
罗布西洛	男	藏	巴宜区政府办	2018 年度社会治安综合治理工作先进个人	2019 年 1 月	中共巴宜区委员会
王宁	男	汉	巴宜区政府办	2018 年度先进个人	2019 年 3 月	中共巴宜区委员会
扎西多吉	男	藏	巴宜区政府办	2018 年度优秀公务员	2019 年 3 月	中共巴宜区委员会
扎西多杰	男	藏	巴宜区政府办	2018 年度先进工作者	2019 年 3 月	中共巴宜区委员会
杨绍新	男	汉	巴宜区纪委监委	2018 年度优秀公务员	2019 年 3 月	中共巴宜区委员会
程翀	女	汉	巴宜区纪委监委	2018 年度优秀公务员	2019 年 3 月	中共巴宜区委员会
阿旺罗布	男	藏	巴宜区纪委监委	2018 年度优秀公务员	2019 年 3 月	中共巴宜区委员会
丁增桑姆	女	藏	巴宜区纪委监委	2018 年度巴宜区先进个人	2018 年 12 月	中共巴宜区委员会
德吉白珍	女	藏	巴宜区纪委监委	2018 年度优秀公务员	2019 年 3 月	中共巴宜区委员会
覃浩	男	汉	巴宜区纪委监委	2018 年度优秀公务员	2019 年 3 月	中共巴宜区委员会
王荟茗	女	汉	巴宜区纪委监委	2018 年度优秀公务员	2019 年 3 月	中共巴宜区委员会
安宗	女	藏	巴宜区委巡察二组	2018 年度优秀公务员	2019 年 3 月	中共巴宜区委员会
郭小岚	女	汉	巴宜区委巡察二组	2018 年度优秀公务员	2019 年 3 月	中共巴宜区委员会
陈昌茂	男	汉	区委组织部	2018 年度优秀公务员	2018 年	中共林芝市委员会
朱艺珍	女	汉	区委组织部	巴宜区优秀公务员	2018 年	中共巴宜区委员会
扎西群培	男	藏	区委组织部	巴宜区优秀公务员	2018 年	中共巴宜区委员会
陈善彬	男	汉	区委组织部	巴宜区优秀公务员	2018 年	中共巴宜区委员会
王晨曦	男	汉	区委组织部	巴宜区优秀公务员	2018 年	中共巴宜区委员会
拉巴仓决	女	汉	区委组织部	优秀驻村工作队员	2018 年	中共林芝市委员会

续表 4

姓名	性别	民族	工作单位	获奖名称	表彰时间	授予单位
格桑卓玛	女	藏	区委组织部	巴宜区优秀公务员	2018 年	中共巴宜区委员会
汤春林	男	汉	区委组织部	巴宜区优秀公务员	2018 年	中共巴宜区委员会
孙凡伟	女	汉	区委组织部	巴宜区优秀公务员	2018 年	中共巴宜区委员会
晋美	男	藏	区委组织部	巴宜区优秀工作人员	2018 年	中共巴宜区委员会
达永	女	藏	区委组织部	巴宜区优秀驻村工作队员	2018 年	中共巴宜区委员会
次仁旺久	男	藏	巴宜区委宣传部	2018 年度优秀公务员	2019 年 3 月	中共巴宜区委员会
刘欢	女	汉	巴宜区委宣传部	2018 年度优秀公务员	2018 年	中共巴宜区委员会
仁青措姆	女	藏	巴宜区委宣传部	2018 年度优秀公务员	2018 年	中共巴宜区委员会
薛琳	女	汉	巴宜区委宣传部	2018 年度先进工作者	2018 年 12 月	中共巴宜区委员会
黄玲子	女	汉	巴宜区委统战部	2018 年度“四讲四爱”主题教育实践活动先进个人	2018 年 9 月	中共巴宜区委员会
蔡福	男	汉	巴宜区强基办	2018 年度优秀工作人员	2018 年 12 月	中共巴宜区委员会
杨亚凯	男	汉	巴宜区工商联	2018 年度先进工作者	2019 年 1 月	中共巴宜区委员会
晋美拉姆	女	藏	巴宜区工商联	2018 年度优秀公务员	2019 年 1 月	中共巴宜区委员会
王锐奇	男	汉	巴宜区旅发委	2018 年度优秀公务员	2019 年 3 月	中共巴宜区委员会
杨丹丹	女	汉	巴宜区旅发委	2018 年度先进工作者	2019 年 1 月	中共巴宜区委员会
袁海龙	男	汉	巴宜区旅发委	2018 年度优秀公务员	2019 年 3 月	中共巴宜区委员会
李茂林	男	汉	巴宜区旅发委	2018 年度优秀公务员	2019 年 3 月	中共巴宜区委员会
旦增多吉	男	藏	巴宜区旅发委	2018 年度优秀公务员	2019 年 3 月	中共巴宜区委员会
康珠桑吉	女	藏	巴宜区旅发委	2018 年度优秀工作人员	2019 年 3 月	中共巴宜区委员会
德吉央宗	女	藏	巴宜区文化局	2018 年度优秀公务员	2018 年 12 月	中共巴宜区委员会
旺前	男	藏	巴宜区文化局	2018 年度优秀工作人员	2018 年 12 月	中共巴宜区委员会
白玛旺庆	男	藏	巴宜区文化局	2018 年度优秀工作人员	2018 年 12 月	中共巴宜区委员会
程才良	女	汉	巴宜区文化局	2018 年度优秀工作人员	2018 年 12 月	中共巴宜区委员会
达娃	男	藏	巴宜区文化局	2018 年度优秀工作人员	2018 年 12 月	中共巴宜区委员会
司玉婷	女	汉	巴宜区文化局	2018 年度优秀工作人员	2018 年 12 月	中共巴宜区委员会
白珍	女	藏	巴宜区林业局	2018 年度优秀公务员	2019 年 3 月	中共巴宜区委员会
格桑旺堆	男	藏	巴宜区林业局	2018 年度先进工作者	2019 年 3 月	中共巴宜区委员会
明久	男	藏	巴宜区住建局	2018 年度优秀公务员	2018 年	中共巴宜区委员会
徐光军	男	汉	巴宜区住建局	2018 年度优秀公务员	2018 年	中共巴宜区委员会
王宝宝	男	汉	巴宜区住建局	2018 年度优秀公务员	2018 年	中共巴宜区委员会
张睿	男	汉	巴宜区住建局	2018 年度优秀公务员	2018 年	中共巴宜区委员会
陈佩君	女	汉	巴宜区住建局	2018 年度优秀公务员	2018 年	中共巴宜区委员会
唐坚	男	汉	巴宜区住建局	2018 年度优秀公务员	2018 年	中共巴宜区委员会
杨继成	男	汉	巴宜区住建局	2018 年度先进工作者	2018 年	中共巴宜区委员会
巴桑多吉	男	藏	巴宜区住建局	2018 年度优秀工作人员	2018 年	中共巴宜区委员会
何北文	男	汉	巴宜区国土局	2018 年度优秀先进工作者	2018 年 12 月	中共巴宜区委员会
曾理	男	藏	巴宜区国土局	2018 年度优秀公务员	2019 年 3 月	中共巴宜区委员会
庞利	女	汉	巴宜区国土局	2018 年度优秀公务员	2019 年 3 月	中共巴宜区委员会
王丹	女	汉	巴宜区国土局	2018 年度优秀公务员	2019 年 3 月	中共巴宜区委员会
达珍	女	藏	巴宜区国土局	2018 年度优秀公务员	2019 年 3 月	中共巴宜区委员会
曹萍	女	汉	巴宜区卫计委	2018 年度优秀公务员	2018 年	中共巴宜区委员会

续表 4

姓名	性别	民族	工作单位	获奖名称	表彰时间	授予单位
胡晓峰	男	汉	巴宜区卫计委	2018 年度优秀公务员	2018 年	中共巴宜区委员会
扎西热杰	男	藏	巴宜区卫计委	2018 年度优秀公务员	2018 年	中共巴宜区委员会
泽仁翁姆	女	藏	巴宜区环境保护局	2018 年度优秀公务员	2018 年	中共巴宜区委员会
温荃	男	汉	巴宜区环境保护局	2018 年度优秀公务员	2018 年	中共巴宜区委员会
德吉央拉	女	汉	巴宜区环境保护局	2018 年度优秀公务员	2018 年	中共巴宜区委员会
黄子舰	男	汉	巴宜区环境保护局	2018 年度先进工作者	2018 年	中共巴宜区委员会
央珍	女	藏	巴宜区林业局森林公安局	2018 年度优秀公务员	2019 年 3 月	中共巴宜区委员会
扎西曲珍	女	藏	巴宜区林业局	2018 年度优秀公务员	2019 年 3 月	中共巴宜区委员会
赵正权	男	汉	巴宜区林业局	2018 年度优秀公务员	2019 年 3 月	中共巴宜区委员会
胡桐	男	汉	巴宜区林业局	2018 年度优秀公务员	2019 年 3 月	中共巴宜区委员会
米玛吉布	女	藏	巴宜区林业局	2018 年度优秀公务员	2019 年 3 月	中共巴宜区委员会
次仁平措	男	藏	巴宜区交通局	2018 年度优秀公务员	2018 年	中共巴宜区委员会
江白次旦	男	藏	巴宜区交通局	2018 年度优秀公务员	2018 年	中共巴宜区委员会
何浏阳	男	汉	巴宜区交通局	2018 年度先进工作者	2018 年	中共巴宜区委员会
索朗边觉	男	藏	巴宜区综合执法局	2018 年度优秀公务员	2019 年	中共巴宜区委员会
梁玉光	男	汉	巴宜区综合执法局	2018 年度优秀公务员	2019 年	中共巴宜区委员会
谭兵	男	汉	巴宜区扶贫办	2018 年度优秀公务员	2019 年 2 月	中共巴宜区委员会
白玛卓玛	女	藏	巴宜区扶贫办	2018 年度优秀公务员	2019 年 2 月	中共巴宜区委员会
于贝贝	女	汉	巴宜区安监局	2018 年度优秀公务员	2019 年 3 月	中共巴宜区委员会
赵敏财	男	汉	巴宜区安监局	2018 年度优秀公务员	2019 年 3 月	中共巴宜区委员会
李月琴	女	汉	巴宜区卫生服务中心	2018 年度优秀工作者	2018 年	中共巴宜区委员会
胥艳林	女	汉	巴宜区卫生服务中心	2018 年度优秀工作者	2018 年	中共巴宜区委员会
群丹罗布	男	藏	巴宜区卫生服务中心	2018 年度优秀工作者	2018 年	中共巴宜区委员会
王鑫	男	汉	巴宜区卫生服务中心	2018 年度优秀工作者	2018 年	中共巴宜区委员会
白曲	女	藏	巴宜区卫生服务中心	2018 年度优秀工作者	2018 年	中共巴宜区委员会
边巴卓玛	女	藏	巴宜区卫生服务中心	2018 年度优秀工作者	2018 年	中共巴宜区委员会
次吉	女	藏	巴宜区卫生服务中心	2018 年度优秀工作者	2018 年	中共巴宜区委员会
央珍	女	藏	巴宜区卫生服务中心	2018 年度优秀工作者	2018 年	中共巴宜区委员会
德吉玉珍	女	藏	巴宜区卫生服务中心	2018 年度先进工作者	2018 年	中共巴宜区委员会
达瓦平措	男	藏	巴宜区藏医院	优秀工作人员	2018 年	中共巴宜区委员会
尼玛曲珍	女	藏	巴宜区藏医院	优秀工作人员	2018 年	中共巴宜区委员会
柯梦	女	汉	八一镇人民政府	2018 年度优秀公务员	2019 年 3 月	中共巴宜区委员会
黄麒	男	藏	八一镇人民政府	2018 年度优秀公务员	2019 年 3 月	中共巴宜区委员会
邢薇	女	汉	八一镇人民政府	巴宜区创先争优强基惠民生活动优秀驻村（居）工作队员	2018 年 12 月	中共巴宜区委员会
索朗达杰	男	藏	八一镇人民政府	巴宜区创先争优强基惠民生活动优秀驻村（居）工作队员	2018 年 12 月	中共巴宜区委员会
王慧琦	女	汉	八一镇人民政府	巴宜区创先争优强基惠民生活动优秀驻村（居）工作队员	2018 年 12 月	中共巴宜区委员会
尼玛平措	男	藏	八一镇人民政府	2018 年度优秀公务员	2019 年 3 月	中共巴宜区委员会
温怀清	男	汉	八一镇人民政府	2018 年度优秀公务员	2019 年 3 月	中共巴宜区委员会
白玛旺青	男	藏	八一镇人民政府	2018 年度优秀公务员	2019 年 3 月	中共巴宜区委员会

续表 4

姓名	性别	民族	工作单位	获奖名称	表彰时间	授予单位
唐豪	男	汉	八一镇人民政府	2018 年度优秀工作人员	2019 年 3 月	中共巴宜区委员会
闫晓蔚	女	汉	八一镇人民政府	2018 年度优秀公务员	2019 年 3 月	中共巴宜区委员会
益西曲珍	女	藏	八一镇人民政府	2018 年度优秀公务员	2019 年 3 月	中共巴宜区委员会
普布卓玛	女	藏	八一镇人民政府	2018 年度优秀公务员	2019 年 3 月	中共巴宜区委员会
姜辉	男	汉	林芝镇	2018 年度优秀公务员	2018 年	中共巴宜区委员会
索朗仁青	男	藏	林芝镇	2018 年度优秀公务员	2018 年	中共巴宜区委员会
袁海翔	男	汉	林芝镇	2018 年度优秀公务员	2018 年	中共巴宜区委员会
康珠益西	女	藏	林芝镇	2018 年度优秀公务员	2018 年	中共巴宜区委员会
旦增	男	藏	林芝镇	2018 年度优秀公务员	2018 年	中共巴宜区委员会
张霞	女	汉	林芝镇	2018 年度优秀公务员	2018 年	中共巴宜区委员会
次尼拉姆	女	藏	林芝镇	2018 年度优秀公务员	2018 年	中共巴宜区委员会
拉拥	女	藏	林芝镇	2018 年度优秀公务员	2018 年	中共巴宜区委员会
张轩源	男	汉	林芝镇	2018 年度优秀公务员	2018 年	中共巴宜区委员会
佐罗	男	藏	林芝镇	2018 年度优秀公务员	2018 年	中共巴宜区委员会
王茜	女	汉	林芝镇	2018 年度优秀工作人员	2018 年	中共巴宜区委员会
次仁卓玛	女	藏	林芝镇	2018 年度优秀工作人员	2018 年	中共巴宜区委员会
次央	女	藏	林芝镇	2018 年度优秀工作人员	2018 年	中共巴宜区委员会
张勇	男	汉	林芝镇	2018 年度优秀工作人员	2018 年	中共巴宜区委员会
扎西旺堆	男	僜人	百巴镇人民政府	2018 年度优秀公务员	2018 年	中共巴宜区委员会
扎西旺堆	男	僜人	百巴镇人民政府	2018 年度民族团结进步模范个人	2018 年	中共巴宜区委员会
李晓仙	女	汉	百巴镇人民政府	2018 年度优秀公务员	2018 年	中共巴宜区委员会
岗吉	女	藏	百巴镇人民政府	2018 年度优秀公务员	2018 年	中共巴宜区委员会
朱相冬	男	汉	百巴镇人民政府	2018 年度优秀公务员	2018 年	中共巴宜区委员会
拉巴尼玛	女	藏	百巴镇人民政府	2018 年度优秀公务员	2018 年	中共巴宜区委员会
罗布卓玛	女	藏	百巴镇人民政府	2018 年度优秀公务员	2018 年	中共巴宜区委员会
钟玉容	女	汉	百巴镇人民政府	2018 年度优秀公务员	2018 年	中共巴宜区委员会
荆微	男	汉	百巴镇人民政府	2018 年度优秀工作人员	2018 年	中共巴宜区委员会
董建英	女	汉	百巴镇人民政府	2018 年度优秀工作人员	2018 年	中共巴宜区委员会
达娃次仁	男	藏	百巴镇人民政府	2018 年度优秀工作人员	2018 年	中共巴宜区委员会
德青永宗	女	藏	百巴镇人民政府	2018 年度优秀工作人员	2018 年	中共巴宜区委员会
么传法	男	汉	百巴镇人民政府	2018 年度先进工作者	2018 年	中共巴宜区委员会
盛笛	女	汉	百巴镇人民政府	2018 年度先进工作者	2018 年	中共巴宜区委员会
桑珠	男	藏	百巴镇人民政府	2018 年度优秀工作人员	2018 年	中共巴宜区委员会
王会斌	男	汉	百巴镇人民政府	2018 年度社会综合治理暨平安建设工作先进个人	2019 年 1 月	中共巴宜区委员会
盛笛	女	汉	百巴镇人民政府	“四讲四爱”主题教育实践活动先进个人	2018 年	中共巴宜区委员会
布乔	男	藏	百巴镇拉格村	巴宜区“四讲四爱”最美人物	2018 年	中共巴宜区委员会
次仁顿珠	男	藏	百巴镇人民政府	“四讲四爱”主题教育实践活动优秀宣讲员	2018 年	中共巴宜区委员会
达娃次仁	男	藏	百巴镇人民政府	巴宜区创先争优强基惠民生活动第七批先进驻村（居）工作队队员	2018 年	中共巴宜区委员会

续表 4

姓名	性别	民族	工作单位	获奖名称	表彰时间	授予单位
平措旺堆	男	藏	百巴镇人民政府	巴宜区创先争优强基惠民生活动第七批先进驻村（居）工作队员	2018 年	中共巴宜区委员会
夏淳清	男	汉	百巴镇人民政府	巴宜区创先争优强基惠民生活动第七批先进驻村（居）工作队员	2018 年	中共巴宜区委员会
旦增央吉	女	藏	百巴镇人民政府	巴宜区创先争优强基惠民生活动第七批先进驻村（居）工作队员	2018 年	中共巴宜区委员会
索朗多布杰	男	藏	百巴镇章巴村	优秀共产党员	2018 年	中共巴宜区委员会
群旦	男	藏	百巴镇章巴村	优秀共产党员	2018 年	中共巴宜区委员会
尼玛	男	藏	百巴镇折巴村	优秀共产党员	2018 年	中共巴宜区委员会
丁久	男	藏	百巴镇扎地村	优秀共产党员	2018 年	中共巴宜区委员会
曲吉	女	藏	百巴镇扎地村	优秀共产党员	2018 年	中共巴宜区委员会
白玛次仁	男	藏	百巴镇增巴村	优秀共产党员	2018 年	中共巴宜区委员会
普布次仁	男	藏	百巴镇色贡村	优秀共产党员	2018 年	中共巴宜区委员会
扎西罗布	男	藏	百巴镇色贡村	优秀共产党员	2018 年	中共巴宜区委员会
普布扎西	男	藏	百巴镇色贡村	优秀共产党员	2018 年	中共巴宜区委员会
宗吉	女	藏	百巴镇色贡村	优秀共产党员	2018 年	中共巴宜区委员会
索朗	男	藏	百巴镇强嘎村	优秀共产党员	2018 年	中共巴宜区委员会
布珠嘎	男	藏	百巴镇连别村	优秀共产党员	2018 年	中共巴宜区委员会
旺久	男	藏	百巴镇拉格村	优秀共产党员	2018 年	中共巴宜区委员会
白玛赤列	男	藏	百巴镇拉格村	优秀共产党员	2018 年	中共巴宜区委员会
次旺多吉	男	藏	百巴镇连别村	优秀共产党员	2018 年	中共巴宜区委员会
布仁	男	藏	百巴镇大坝村	优秀共产党员	2018 年	中共巴宜区委员会
达瓦尼玛	男	藏	布久乡政府	2018 年度优秀公务员	2019 年 3 月	中共巴宜区委员会
陈龙辉	男	汉	布久乡政府	2018 年度优秀公务员	2019 年 3 月	中共巴宜区委员会
徐洁	女	汉	布久乡政府	2018 年度先进工作人员	2019 年 3 月	中共巴宜区委员会
德吉拉姆	女	藏	布久乡政府	2018 年度优秀公务员	2019 年 3 月	中共巴宜区委员会
尼玛平措	男	藏	布久乡政府	2018 年度优秀公务员	2019 年 3 月	中共巴宜区委员会
德钦	女	藏	布久乡政府	2018 年度优秀公务员	2019 年 3 月	中共巴宜区委员会
四朗措姆	女	藏	布久乡卫生院	2018 年度优秀工作者	2018 年 12 月	中共巴宜区委员会
次珍维色	男	藏	布久乡政府	2018 年度优秀工作者	2019 年 3 月	中共巴宜区委员会
米珠措姆	女	门巴	更章乡人民政府	2018 年度优秀公务员	2019 年 1 月	中共巴宜区委员会
元旦扎巴	男	藏	更章乡人民政府	2018 年度优秀公务员	2019 年 1 月	中共巴宜区委员会
元旦扎巴	男	藏	更章乡人民政府	巴宜区三等功	2019 年 1 月	中共巴宜区委员会
马雷钧	男	汉	更章乡人民政府	2018 年度优秀公务员	2019 年 1 月	中共巴宜区委员会
格桑	女	藏	更章乡人民政府	2018 年度优秀公务员	2019 年 1 月	中共巴宜区委员会
洛松曲登	男	藏	更章乡人民政府	2018 年度优秀公务员	2019 年 1 月	中共巴宜区委员会
黄海芬	女	汉	更章乡人民政府	2018 年度优秀公务员	2019 年 1 月	中共巴宜区委员会
索朗旺姆	女	藏	更章乡人民政府	2018 年度优秀工作人员	2019 年 1 月	中共巴宜区委员会
德庆拉姆	女	藏	更章乡人民政府	2018 年度优秀工作人员	2019 年 1 月	中共巴宜区委员会
陈晓斌	女	汉	更章乡人民政府	2018 年度优秀工作人员	2019 年 1 月	中共巴宜区委员会
张婧	女	汉	更章乡人民政府	2018 年度优秀工作人员	2019 年 1 月	中共巴宜区委员会
尼玛曲珍	女	藏	更章乡人民政府	2018 年度优秀工作人员	2019 年 1 月	中共巴宜区委员会

续表 4

姓名	性别	民族	工作单位	获奖名称	表彰时间	授予单位
达娃扎西	男	藏	更章乡小学	2018 年度优秀工作人员	2019 年 1 月	中共巴宜区委员会
张爱林	女	汉	更章乡小学	2018 年度优秀工作人员	2019 年 1 月	中共巴宜区委员会
卓玛曲措	女	汉	更章乡小学	2018 年度优秀工作人员	2019 年 1 月	中共巴宜区委员会
旦增白姆	女	藏	更章乡卫生院	2018 年度优秀工作人员	2019 年 1 月	中共巴宜区委员会
扎西次仁	男	藏	巴宜区白玛岗街道办	2017 年度优秀公务员	2018 年 3 月	中共巴宜区委员会
华中良	男	汉	巴宜区白玛岗街道办	2017 年度优秀公务员	2018 年 3 月	中共巴宜区委员会
谢丹	女	汉	巴宜区白玛岗街道办	2017 年度优秀公务员	2018 年 3 月	中共巴宜区委员会
旺庆格列	男	藏	巴宜区白玛岗街道办	2017 年度优秀公务员	2018 年 3 月	中共巴宜区委员会
达娃央宗	女	藏	巴宜区白玛岗街道办	2017 年度优秀公务员	2018 年 3 月	中共巴宜区委员会
格桑拉姆	女	藏	巴宜区白玛岗街道办	2017 年度优秀公务员	2018 年 3 月	中共巴宜区委员会
四朗旺姆	女	藏	巴宜区白玛岗街道办	2017 年度优秀公务员	2018 年 3 月	中共巴宜区委员会
杜熔熔	女	汉	巴宜区白玛岗街道办	2017 年度优秀公务员	2018 年 3 月	中共巴宜区委员会
张钰	女	汉	巴宜区白玛岗街道办	2017 年度优秀公务员	2018 年 3 月	中共巴宜区委员会
陈林杰	男	汉	巴宜区白玛岗街道办	2017 年度优秀公务员	2018 年 3 月	中共巴宜区委员会
徐红梅	女	珞巴	巴宜区白玛岗街道办	2018 年度优秀公务员	2019 年 2 月	中共巴宜区委员会
李骁磊	男	汉	巴宜区白玛岗街道办	2018 年度优秀公务员	2019 年 2 月	中共巴宜区委员会
成帅荣	男	汉	巴宜区白玛岗街道办	2018 年度优秀公务员	2019 年 2 月	中共巴宜区委员会
谢丹	女	汉	巴宜区白玛岗街道办	2018 年度优秀公务员	2019 年 2 月	中共巴宜区委员会
达娃央宗	女	藏	巴宜区白玛岗街道办	2018 年度优秀公务员	2019 年 2 月	中共巴宜区委员会
张钰	女	汉	巴宜区白玛岗街道办	2018 年度优秀工作人员	2019 年 2 月	中共巴宜区委员会
李固华	男	汉	巴宜区白玛岗街道办	2018 年度优秀工作人员	2019 年 2 月	中共巴宜区委员会
魏晓新	汉	男	巴宜区觉木街道办事处	2018 年度优秀公务员	2019 年 3 月	中共巴宜区委员会
荆乐乐	汉	女	巴宜区觉木街道办事处	2018 年度优秀公务员	2019 年 3 月	中共巴宜区委员会
贾玮	汉	男	巴宜区觉木街道办事处	2018 年度优秀工作人员	2019 年 3 月	中共巴宜区委员会
扎西次仁	藏	男	巴宜区觉木街道办事处	2018 年度优秀公务员	2019 年 3 月	中共巴宜区委员会
陈鸿	汉	女	巴宜区觉木街道办事处	2018 年度优秀公务员	2019 年 3 月	中共巴宜区委员会
陈林杰	汉	男	巴宜区觉木街道办事处	2018 年度优秀工作人员	2019 年 3 月	中共巴宜区委员会
边巴卓玛	藏	女	巴宜区觉木街道办事处	2018 年度优秀公务员	2019 年 3 月	中共巴宜区委员会
索朗玉珍	藏	女	巴宜区觉木街道办事处	2018 年度先进工作者	2019 年 1 月	中共巴宜区委员会
李艳	汉	女	巴宜区觉木街道办事处	2018 年度先进工作者	2019 年 1 月	中共巴宜区委员会
米玛曲珍	藏	女	巴宜区觉木街道办事处	2018 年度“四讲四爱”主题教育实践活动优秀宣讲员	2019 年 2 月	中共巴宜区委员会、巴宜区“四讲四爱”群众教育实践活动领导小组
杨尧	男	汉	巴宜区消防大队	先进个人	2018 年	巴宜区人民政府
米玛次仁	男	藏	巴宜区林业局	2018 年度保护与发展森林资源先进个人	2018 年 12 月	巴宜区人民政府
阳翔	男	汉	巴宜区林业局	2018 年度保护与发展森林资源先进个人	2018 年 12 月	巴宜区人民政府
次仁卓嘎	女	藏	巴宜区林业局森林公安局	2018 年度保护与发展森林资源先进个人	2018 年 12 月	巴宜区人民政府
乔多吉	男	藏	巴宜区林业局	2018 年度保护与发展森林资源先进个人	2018 年 12 月	巴宜区人民政府
扎西	男	藏	巴宜区林业局	2018 年度保护与发展森林资源先进个人	2018 年 12 月	巴宜区人民政府
王金媛	女	满	巴宜区邮政分公司	2018 年度先进工作者	2018 年	巴宜区人民政府
洛松曲登	男	藏	更章乡人民政府	保护与发展森林资源先进个人	2018 年 12 月	巴宜区人民政府

说明：由于各单位资料提供不全，可能有遗漏

资料文献

锐意进取　奋发有为
全力开创新时代生态文明建设新局面

——在全区生态环境保护大会上的讲话

（2018年8月23日）

巴宜区委书记　米　次

一、提高政治站位，强化思想武装，深入贯彻落实好习近平生态文明思想

党的十九大明确把生态文明建设上升到国家意志战略高度，形成了习近平生态文明思想理论，开启了生态文明建设伟大实践。特别是习近平总书记在全国生态环境保护大会上的重要讲话，深刻阐述了这一思想体系，为新时代全面加强生态文明建设提供了根本遵循、思想引领和实践指南。自治区党委始终把加强生态环境保护、建设美丽西藏，作为全区的“三件大事”来抓。8月3日吴英杰书记在全区生态环境保护大会上发表重要讲话，明确提出新时代推进生态文明建设必须坚持的重要原则，从五个方面明确了全区生态文明建设、解决生态环境问题的线路图和时间表，为我们环境保护指明了方向。自治区党委提出正确处理好“十三对”关系中，明确指出要处理好保护生态和富民利民的关系。以马升昌书记为班长的市委以处理好“十三对”关系为抓手，坚持把高质量绿色发展作为经济社会发展的必由之路，在全市环境保护大会上强调要着力将林芝打造成为西藏生态文明的高低，这充分彰显了以马升昌书记为班长的市委加快推进美丽林芝建设的坚强意志和坚定决心，必将开启林芝生态文明建设新时代。

近年来，区委、区政府在自治区党委和市委的坚强领导下，团结带领全区各族人民，始终坚持把生态环境保护摆在更加重要的战略位置，科学谋划、全面部署、强力推动，生态巴宜建设取得新突破新进展。一是绿化稳步扩大，深入实施“两江四河”流域造林绿化工程和国土绿化行动，近年来，全区累计退耕还林达8907亩，建设防护林4.52万亩，防沙治沙造林7.22万亩，建设重要区域生态公益林3.29万亩。二是管理稳步强化，河湖管理不断加强，我们每年预算安排河长制工作经费240万元，设立了公示牌127个，建立了区、乡镇、村三级河流管理机制，河长制工作顺利通过自治区级验收。三是投入稳步增大，2018年起，我们还创新地提出了在统筹政府资金的基础上，将上年度本级财政收入的2%作为国土绿化专项资金。四是生态格局稳步构筑，全面实施主体功能区战略，以辖区内自然保护区红线图为基础，编制完成《西藏自治区林芝市巴宜区生态红线保护方案》，申报调整红线面积7734.72平方公里、可发展区域面积823.29平方公里。在大家共同努力下，巴宜区完成了国家级生态文明示范区创建。在此，我代表区委、区政府，向全区各族干部群众、特别是长期奋战在生态环保战线上的同志们表示衷心的感谢！

总结回顾我区近年来生态文明建设工作，虽然取得了一定的成绩，但仍存在一些问题和不足：一是职责认识不清。部分职能部门对本行业本部门环境保护职责不清，未能严格按照相关规定履行环保职责，“党委领导、政府负责、环保部门统一监管、部门分工协作”的环境保护工作机制尚未形成；二是缺乏有效沟通。建设项目未批先建行为没有得到有效的遏制，部门间在项目建设上缺乏有效的沟通，职能部门排查管理不到位，导致在中央、自治区两级环境保护督察过程中连续被查出辉煌石材加工厂、林芝亮洁等8家洗涤厂、鲁朗五寨游客接待中心等项目的未批先建行为；三是大气环境堪忧。随着气候变化和城市发展，我区环境空气质量受夏季日照增强和秋冬季施工扬尘影响易出现可吸入颗粒物（PM_{10}）和臭氧（O_3）污染指标上升。对比2014年以来环境空气质量监测数据，巴宜区环境空气优质天数比例呈明显下降趋势；四是对自然保护区管理宽松软。区域内涉及有六大自然保护区，保护区的监督管理仍待规范，部分保护区仍然存在违法违规建筑、人类活动迹象和垃圾乱堆的现象；五是基础环保设施建设薄弱。由于早期乡村建设规划不健全，大部分乡镇、行政村、城乡接合部未规划建设污水集中收集和处置设施，生活污水直排现象普遍存在。基层规划不合理，早期乡村建设规划不健全，部分乡村存在无污水管网收集和处理设施情况。

上述问题，我们必须高度重视，坚持以习近平新时代中国特色社会主义思想和生态文明思想为指导，深刻领会“绿水青山是金山银山、冰天雪地也是金山银山”的绿色发展理念，尊重自然、顺应自然、保护自然，切实增强做好生态环境保护工作的责任感和使命感，主动担当作为，全力开创巴宜区生态文明建设新局面。

二、把握工作重点，持续聚焦发力，坚决打赢打好污染防治攻坚战

实现巴宜区高质量绿色发展，必须牢固树立生态优先、绿色发展的思想理念，加快形成绿色生产方式，坚决打赢打好污染防治攻坚战。

（一）要坚持人民为主，促进生态富民利民。生态文明建设的落脚点是让人民得到实惠，必须牢固树立以人民为中心的发展思想。以乡村振兴为抓手，打造宜居生活环境。坚持把保护生态与大力实施以“神圣国土守护者、幸福家园建设者”为主题的乡村振兴战略结合起来，认真落实农牧区人居环境整治三年行动计划，在巩固扩展城乡环境综合治理活动成效基础上，深入开展农村生活垃圾污水治理，积极推进“厕所革命”和薪柴替代，努力实现农业生产清洁化、城乡环卫一体化、农村发展生态化，建设生态宜居乡村。以脱贫攻坚巩固为契机，不断扩大生态效益。积极探索市场化、多元化生态补偿机制，完善耕地、森林、湿地、水生生物等生态补偿政策，继续实施森林生态效益补偿机制和草原生态保护补助奖励政策，逐步建立水生态保护补助奖励机制，让保护生态环境的群众不吃亏、有收益。实行生态保护扶贫，按照定岗定员、定员定责、定责定酬的要求，精准落实好生态保护专职岗位，引导群众参与生态保护和建设，努力加大生态补偿力度、扩大生态补偿范围，提供更多生态公益性岗位，让贫困人口在保护生态环境中受益，实现增收致富。以特色生态文化为基础，构建群众绿色生活。依托美丽乡村建设和城乡环境整治契机，广泛开展节约型机关、绿色家庭、绿色学校、绿色社区、绿色乡村创建活动，大力弘扬和挖掘优秀传统生态文化，积极倡导简约适度、绿色低碳、文明健康的生活方式，把生态文明观、生态价值观融入社会各个领域，逐步构建起崇尚生态文明、保护生态环境的良好绿色生活方式。

（二）要坚持绿色发展，构建生态经济体系。坚定不移走绿色低碳循环发展的道路，积极探索将绿水青山、冰天雪地转变为金山银山的有效途径。坚持以生态旅游业为引领，紧紧围绕“一核两轴四镇”生态旅游发展格局，以建设“入藏第一站”为目标，持续巩固提升旅游业支柱产业地位，着重抓好生态旅游重点项目建设，把节约资源、保护生态要求体现在旅游规划、开发、经营等各环节，全力打造全域旅游示范工程。坚持以特色农牧业为支撑，围绕“一带一园六基地”产业布局，突出“生态+”发展模式，加快推进水果、蔬菜、藏猪、生态苗木等产业发展，合理调整农畜林产品层次结构，着力在扩大规模、提升品质上下功夫，探索实施种养业循环一体化工程，推动生态建设与农牧特色产业发展深度融合，不断提升生态在经济发展中所占比重。坚持以生态安全屏障建设为保障，持续推进国土绿化工程，大力实施全民造林，加大城镇绿化力度，实施天然林保护和退耕还林还草工程，加大沿湖、沿山体、沿路、沿河道绿化力度，大力实施次生天然林、重要生态公益林保护、退耕还林和防沙治沙等重点工程，全面推进森林抚育工作，不断提高我区绿化覆盖率和绿地率。

（三）要坚持强化管理，厚植生态文明根基。充分把握我区国家生态文明示范区命名的有利契机，坚决打赢打好生态环境保护战役，不断提升生态文明建设能力和水平。突显环保审批制度，严格执行规划和建设项目环境影响评价制度，严厉查处“批建不符”、环保“三同时”不落实、违法排污等行为。要突出生态优先理念，把牢把严生态关口，严禁“三高”企业和项目进入巴宜。全面推行河长制工作，以保护水资源、防治水污染、改善水环境、修复水生态、严格执法监管等为主要任务，积极开展集中式饮用水水源地环境保护专项行动，着力构建起责任明确、协调有序、监管严格、保护有力的河湖管理保护机制，为维护河湖健康生命和实现河湖功能永续利用提供制度保障。加强统计监测工作，加快推进对矿产资源、水、大气、森林、湿地和水土流失、土壤环境等的统计监测能力建设，健全覆盖所有资源环境要素的监测网络体系。深化生态文明体制改革，以深化机构改革为契机，适时组建生态环境部门和生态环境保护综合执法队伍。不断推进投入体制改革，坚持资金投入同污染防治攻坚任务相匹配，逐步建立常态化、稳定的财政资金投入机制。实行生态补偿等制度，强化生态环境损害赔偿和责任追究，构建生态文明建设长效机制。

三、健全长效机制，狠抓责任落实，确保生态工作取得实实在在的成效

打好污染防治攻坚战时间紧、任务重、难度大，全区上下要将打赢污染防治攻坚战作为必须完成的重大政治任务，坚决贯彻落实好中央和自治区党委、市委的决策部署。

（一）严格落实责任。各乡镇、区直各单位要全面贯彻《中共中央　国务院关于全面加强生态保护　坚决打好污染防治攻坚战的意见》，严格落实环境保护“党政同责、一岗双责”，主动作为，坚决扛起生态环保政治责任。区环保局要在加强环境监管、做好环境监测、严厉打击环境违法的基础上，尽快调整完善部门生态环境保护责任清单，明确部门责任，着力构建形成以环保为主导，农牧、发改、林业、国土、住建、旅游等部门为依托的环保新格局，真正做到齐抓共管。区人大及其常委会要坚持依法履职，持续开展环境保护执法检查和工作监督，以法律武器、法治力量助推生态文明建设。

（二）强化督察考核。要构建督查制度，加快建立本级生态环保督察制度，开展经常性督促检查，及时查找和解决存在的不足和薄弱环节，进一步强化责任落实、推动工作开展。要强化考核激励，提高环境保护工作在年度考核中的权重，考核分值不得低于10%，并将考核结果作为领导班子和领导干部奖惩任免的重要依据。要加强责任追究，对落实生态环保工作部署不力的，将约谈单位主要负责人，同时责成向区委、区政府作出深刻检查。对盲目决策、违法违规审批开发利用规划和建设项目的，造成生态环境质量恶化的，将依纪依法严肃问责、终身追责。

（三）加大宣传引导。持续深入开展“争当生态战士・共建生态家园”活动，结合“七五”普法，将环境保护法律法规宣传教育纳入全民法制宣传教育重要内容，以“法律八进”为载体，大力宣传环境保护的重要性紧迫性，大力普及生态环境保护的各项法律法规，让文明的理念走进群众心坎里、融入群众日常生活中，形成全区共创共建共管生态巴宜的强大合力。

在全区农村集体产权制度改革暨农村集体资产清产核资工作动员部署会上的讲话

（2018 年 9 月 12 日）

巴宜区委书记　米　次

一、提高认识，切实增强做好农村集体产权制度改革工作的责任感和紧迫感

稳步推进农村集体产权制度改革，是继农村土地“三权分置”重大创新之后，中央部署的又一项管全局、管长远、管根本的重大改革，对于促进农业发展、农民增收和农村稳定具有重要意义。

（一）深刻认识改革的重要性。深化农村集体产权制度改革，是当前深化农村改革的一项重点任务，是实施乡村振兴战略的重要制度支撑。习近平总书记高度重视，多次强调，这是中央推出的一项重要改革，对推动农村发展、完善农村治理、保障农民权益，对探索形成农村集体经济新的实现形式和运行机制，都具有十分重要的意义。自治区党委、政府坚决贯彻执行中央决策部署，吴英杰书记作出重要批示“要结合我区实际，注重群众思想工作，以点带面，积极稳慎。各地市、县、乡书记要亲自管”。市委、市政府也高度重视，全面安排部署了农村集体产权制度改革工作，全区上下一定要抓好各级决策部署，按照树牢“四个意识”、落实“四个服从”、推进“四个全面”的政治纪律和政治任务的要求，稳步推进我区农村集体产权制度改革工作。

（二）深刻认识改革的紧迫性。农村集体经济是社会主义公有制经济的重要形式，是我国农村基本经营制度的灵魂。农村集体资产是农村集体经济组织成员的主要财产，是农业农村发展的重要物质基础。深化农村集体产权制度改革是巩固社会主义公有制、完善农村基本经营制度的必然要求，是维护农民合法权益、增加农民财产性收入的重大举措，是实现固边稳藏、巩固党在农牧区执政基础的紧迫需要。全区上下要进一步认清形势，提高认识，增强责任感、紧迫感，切实把思想和行动统一到中央和自治区、市、区的决策部署上来，推动改革工作提速提效。

（三）深刻认识改革的艰巨性。此次改革工作涉及我区 4 镇、3 乡、2 街道、71 个村（居），涉及面较广。特别是今年要完成全区清产核资主体工程，工作实施要求高、时间节点紧，对各乡镇（街道）、各部门的协同工作能力和人员素质提出了更高要求。同时，各村之间农村人口结构、资产结构、产业结构和经济发展水平情况不一，群众利益诉求越来越多样化，在推进改革过程中面临着情况杂、难点多、敏感度高等一系列问题，而改革涉及广大农民群众的切身利益，处理不当容易引发不稳定因素。

二、把握关键，扎实推动农村集体产权制度改革各项工作取得实效

农村产权制度改革是一项政策性、时间性、操作性很强的工作。各乡镇（街道）、各部门要高度重视，突出重点，迅速行动，全面铺开，确保按期完成任务目标。

（一）明确工作思路，坚持改革正确方向。推进我区农村集体产权制度改革，全区上下必须要高举习近平新时代中国特色社会主义思想伟大

旗帜，贯彻落实习近平总书记治边稳藏重要战略思想，大力实施“神圣国土守护者、幸福家园建设者”重要指示和乡村振兴战略，按照中央和自治区、市农村工作会议的部署要求，推进各项改革工作。必须要根据自治区和市统一安排，聚焦工作重点，明确时间节点，确保2018年11月底前全面完成全区清产核资主体工程；2019年6月底前全面完成成员界定和股份量化工作；2019年10月底前完成整改和建档建制相关工作。必须要把实现好、维护好、发展好广大农牧民民群众的根本利益作为改革的出发点和落脚点，严格按照中央和自治区、市里的改革总体要求，扎实推进农村产权制度改革，坚守法律政策底线，坚持富民增收，坚持尊重农牧民意愿，坚持因地制宜有序推进，始终坚持党的领导，确保改革始终沿着正确的方向前进。

（二）明确工作任务，把握重点关键环节。推进我区农村集体产权制度改革，一定要做到立足当前、着眼长远、总体把握。全区上下要把握重点，在把清产核资这项基础工作做得细而又细、实而又实的前提下，推进农村集体经营性资产股份合作制改革，确保集体资产保值增值，让农牧群众切切实实感受到改革带来的红利，增加财产性收入。要守住底线，坚持农牧民集体所有不动摇，不能把集体经济改弱了、改小了、改垮了，防止集体资产流失。坚持农牧民权利不受损，不能把农牧民的财产权利改虚了、改少了、改没了，防止内部少数人控制和外部资本侵占。要尊重意愿，把选择权交给农牧民，确保农牧民的知情权、参与权、表达权、监督权，真正让农牧民成为改革的参与者和受益者，保障农牧民的财产权益。要因地制宜，按照总体部署、重点推进、先行试点、全面展开的改革路径，紧密结合我区实际，因地制宜、分类施策，实行“一村一策”，不搞齐步走、不搞一刀切，根据集体资产的不同类型和特点确定改革任务，保持历史耐心、稳中求进，试点先行、分类推进，积累经验、稳步推开。

（三）明确工作方法，科学严谨规范操作。推进我区农村集体产权制度改革，全区上下要自觉把改革各项工作抓紧抓牢、抓出成效。要制定方案，各乡镇（街道）要结合《林芝市巴宜区农村集体产权制度改革工作实施方案》，蹄急步稳制定切合自身实际的清产核资工作方案，方案既要科学严密，又要简洁可行，明确每一个阶段干什么，达到什么标准要求，做到该走的程序一步不少，该做的环节一个不漏，该有的证据一份不缺。要大兴调研，各级干部必须全力以赴完成好此次改革任务，下基层、到一线，身体力行勘察、测绘、整理、发证。在开展现场指界、实地测绘、矛盾纠纷排查调处等工作时，要充分发挥村（居）“两委”、驻村（居）工作队和“双联户”户长作用。要强化队伍，各乡镇（街道）、各部门要加大业务培训力度，配备必要设备，招聘专业人员，组建一支专业化的工作队伍。要归档到位，区档案局要指导好各乡镇（街道）、各部门抓好改革资料归档工作，尽快提出具体的指导意见，什么材料需要归档、归档文件要达到什么标准等一系列问题都要明确到位，确保最后归档的文件资料全面、系统。

三、强化保障，全力确保农村集体产权制度改革各项工作落到实处

深入推进农村产权制度改革，时间紧、任务重，难度大、标准高。各乡镇、各有关部门务必要高度重视，精心组织，切实把工作抓紧、抓实、抓出成效。

（一）强化组织领导。各乡镇（街道）、各部门要将改革作为首要任务，纳入重要日程。真正做到情况要明、底数要清、基础工作要实、准备工作要细，有序启动和扎实推进农村产权制度改革。目前，区里已经成立了农村产权制度改革领导小组，各乡镇（街道）也要成立相应机构，主要领导要亲自挂帅，分管领导要具体主抓，实行领导包片、干部包户工作机制，层层分解任务，确保每个环节、每项任务都有人抓、有人管。各参与单位既要各司其职、各负其责，又要上下一心、通力协作，最大限度凝聚工作合力。

（二）强化氛围营造。将宣传工作作为启动农村产权制度改革的切入点，深入村庄、深入农户、深入田间地头，广泛开展宣传思想工作，真正把农村产权制度改革的相关法律法规和政策要求，向群众讲清楚、说明白，让广大群众真正了解改革的目的和重要意义，以及改革给群众带来的实实在在的好处，使他们自觉自愿地参与到改革之中。要充分利用公开信、标语、微信平台等各种有效载体，加大政策宣传力度，特别是改革所带来的积极变化，要及时扩大宣传，努力唱响改革“好声音”，不断营造全区拥护改革、支持改革、参与改革浓厚氛围。

（三）强化稳定意识。此次改革工作政策性强、涉及面宽、关注度高、问题纷繁复杂，很容易引起和激化矛盾，产生不安定因素。因此各级各部门务必要有风险防范意识，随时注意改革过程中风险点排查，认真评估改革工作可能引发的负面效应。对苗头性、萌芽性问题要早预防、早发现、早纠正，妥善解决矛盾，牢牢把握工作主动权。同时，在工作中对群众提出的各类问题，要认真组织复查复核，及时进行反馈并进一步征求意见。

（四）强化督查问责。严格落实责任追究制度，坚决防止农村集体产权制度改革工作走过场、搞形式，对工作进度慢、效果差的，要及时督导、限期整改。对工作中隐瞒真实情况，随意确认成员资格、设置股权等行为，要认真查处、坚决纠正。纪委监委要主动介入，全程监督，对借改革之机谋取私利，侵害农民利益的，一经发现，要依据法律法规和党纪党规严肃追究相关责任人的责任，决不姑息迁就。

坚持党的领导　依法行使职权
全力开创新形势下地方人大工作新局面

——在区委人大工作会议上的讲话

（2018 年 9 月 28 日）

巴宜区委书记　米　次

近年来，区人大及其常委会紧紧围绕区委工作中心，把加强社会主义民主法治建设作为根本任务，认真履行宪法和法律赋予的职权，为推动全区经济社会又好又快发展做出了积极贡献。一是始终站在讲政治的高度，认真贯彻区委的工作部署，在区委的领导下创造性地开展各项人大工作，表现出了高度的政治责任感，积累了许多科学合理的监督经验，促进了全区的和谐稳定和民主政治建设。二是坚持以经济建设为中心，围绕全区的改革和发展，尤其是政府工作的年度重点目标任务和人民群众普遍关注的热点难点问题，创新保障方式，加大支持力度，提升服务质效，为全区经济社会的稳步发展做出了突出贡献。三是切实增强自身履职能力，针对司法、行政执法和重大民生问题开展审议、视察、调研和执法检查，依法解决了一批人民群众反映强烈的问题，人大工作成为党委政府了解民情、反映民意、化解民怨的重要渠道，有效推动了司法和行政执法环境的改善。四是大力加强思想政治建设，培养锻炼了一支高素质的人大干部队伍，人大常委会机关始终保持积极、规范的工作态势，对人大地位作用的认识不断增强，人大工作大有可为、大有作为的思想日益深入人心。总的来看，我区人大工作是卓有成效的，区委对人大的工作是满意的，对人大取得的成绩是肯定的。在此，我代表区委，向全区各级人大代表、广大人大工作者，表示崇高的敬意和衷心的感谢！

刚才，达瓦同志代表区人大作了一个全面的报告，全面总结了前八个月工作开展情况，安排部署了下一步人大工作，我都同意，大家一定要抓好落实。

下面，就做好全区人大工作，我讲三点意见。

一、提高认识，坚定信心，切实增强做好新时期人大工作的责任感和使命感

当前，随着民主法制建设的不断深入，人大的地位越来越突出，加强区乡人大工作，更好发挥区乡人大在社会主义民主政治建设中的重要作用，对于健全人民当家做主制度体系，发展社会主义民主政治具有十分重要的意义。

（一）加强人大工作是贯彻落实习近平新时代中国特色社会主义思想的内在要求。党的十九大报告指出，人民代表大会制度是坚持党的领导、人民当家做主、依法治国有机统一的根本政治制度安排，必须长期坚持、不断完善。习近平总书记强调，人民代表大会制度是中国特色社会主义制度的重要组成部分，是支撑国家治理体系和治理能力的根本政治制度。这些重要思想和科学论断，为做好人大工作指明了方向，我们要认真学习、深刻领会，进一步增强了做好区乡人大工作的责任感和使命感。

（二）加强人大工作是推进国家治理体系和治理能力现代化的重要基础。区乡人大处在我国政权组织体系的最基层，是国家政权组织体系的法理基础和组织基础。加强区乡人大工作，强化区乡人大职能，切实加强对“一府一委两院”工作的监督，有利于形成区乡国家机关在同级党委的领导下既合理分工又协调一致开展工作的有效机制，完善治理结构，提升治理能力。

（三）加强人大工作是推进依法治区的有力抓手。近年来，我们大力推进法治巴宜建设，着力强化依法治区举措，各项工作法治化水平得到明显提升。区乡人大处在民主法治建设的第一线，肩负着加快建设法治巴宜的重大责任，要按照中央全面推进依法治国的整体部署，贯彻落实法治西藏建设的各项要求，加强对法律法规贯彻实施情况的监督检查，保证宪法和法律法规的有效实施，推动“一府一委两院”依法行政、公正司法，确保宪法和法律规定成为全社会共同遵循的行为规范。

（四）加强人大工作是密切联系群众的现实需要。区乡两级人大直接面对基层、面对群众，区乡两级人大代表均由选民直接选举产生，生活在群众之中，与群众接触最广泛，与人民群众有着天然的、密切的联系。只有加强区乡两级人大工作，保障人大依法有效履职，才能保证党和国家方针政策的有效贯彻落实，才能更加密切人大代表同人民群众的联系，畅通社情民意表达和反映渠道，更好地动员全区人民奋力追赶超越，决胜全面建成小康社会。

二、围绕大局，主动作为，不断开创人大工作新局面

人大作为地方国家权力机关，承担着宪法和法律赋予的重要职责，必须紧紧围绕全区工作大局，找准工作定位，把握工作规律，依法履行职责，努力把人大工作提高到一个新的水平。

（一）在坚持正确的政治方向上要有新境界。增强树牢党性观念，自觉坚持在党委的领导下开展工作，这是人大行使职权、开展工作的基本前提和根本保证。全区各级人大要旗帜鲜明讲政治，认真学习、深刻领会习近平总书记关于社会主义民主政治建设的重要论述，准确把握党的十九大关于人民代表大会制度建设的部署要求，切实增强“四个意识”，不断坚定“四个自信”。要坚决维护宪法权威，积极学习贯彻十九届二中全会提出、十三届全国人大一次会议通过的《宪法修正案》，加深对宪法精神的学习和理解，坚持做到忠于宪法、遵守宪法、维护宪法权威，履行宪法使命，保证宪法实施，为新时代党和国家事业发展提供坚强的宪法保障。要自觉坚持党的领导，把党的领导贯穿人大工作始终，坚决贯彻执行党委意图，坚持定期向同级党委汇报人大工作制度。积极落实重大事项及时向区委请示报告制度，真正做到一切重要工作、重要事项都围绕全区工作大局开展，在区委领导下进行，始终保持与区委同心同向、同频共振。

（二）在服务发展大局上要有新建树。全区各级人大要围绕中心、服务大局，谋发展、惠民生、促和谐，努力使人大工作与经济社会发展相适应、相协调、相促进。在推动巴宜科学发展上，要主动围绕“2156”发展思路，每季度组织1次专题调研，多谋划一些具有全局性、根本性、长远性的重大课题，为全区经济社会发展建言献策。在保障和改善民生上，要加强对民生相关问题的集中视察，推动财政加大对民生事业的投入，促进各项惠民措施和重大民生工程取得成效，尤其要抓住教育、医疗、住房、出行等涉及群众切身利益的重点民生问题，强化跟踪监督，督促有关部门严格依法依规办事。在推动重点工作落实上，要找准人大履行职能与中心工作的结合点和切入点，抓好牵头负责的重大项目、重点工作，在推进工作中发挥人大干部的能力和水平，体现人大工作的新作为。在促进社会和谐上，要深入基层调查研究，把群众的呼声和要求反映上来，使党委、政府的决策更加完善。要把符合民情民意的决策部署督导落实下去，畅通人民群众表达意愿的渠道。

（三）在推进依法治区上要有新成效。各级人大要积极运用法治思维和法治方式，深化改革、推动发展、化解矛盾、维护稳定，全面推进依法治区进程。要从严从实监督履职，各级人大要以维护社会公平正义为核心，强化《监督法》的学习运用，加大重点领域工作的监督，采用视察调研、执法检查、听取审议报告等多种形式和手段，积极推动解决人民群众关心关注的热点难点问题，努力实现人民群众对美好生活的需要。要依法科学决定重大事项，按照“党委决策、人大决定、政府执行”的法定权力运行机制，科学行使重大事项决定权，健全“一府一委两院”及相关职能部门重大决策事项报告制度，完善讨论决定重大事项程序机制，不断提高讨论决定重大事项的科学化、法治化水平，切实加大决议决定贯彻实施情况跟踪监督力度，全力推动决议决定有效贯彻落实。要依法规范人事任免工作，坚持党管干部与人大依法选举任免相结合，完善人事任免工作办法，不断强化人事任免工作程序性和权威性。持续开展述职评议及满意度测评，确保本届人大任期内对所有区政府组成部门负责人和“一委两院”班子成员全部实施任后监督，促使“一府一委两院”始终把人民放在心中最高位置，牢固树立人大意识，自觉接受人大监督。

（四）在发挥代表主体作用上要有新突破。人大代表扎根群众，代表各个阶层，是党和政府联系群众的桥梁和纽带，充分发挥人大代表作用是人大工作的重要职责。要进一步发挥好代表联系群众机制，发挥好人大代表联系群众的桥梁纽带作用，通过他们倾听群众的呼声和批评，广泛了解各方面群众的要求，反映人民群众的意愿。要进一步密切同代表的联系，引导代表增强履职的主动性和全局观念，更多地从发展大局和群众视角看问题、出主意，为全区发展贡献力量。要进一步规范代表在闭会期间的活动，发挥代表小组作用，经常组织代表开展视察、调研、评议等活动，增强代表活动的实效。要进一步建立代表学习培训制度，建立完善人大代表培训体系，切实加强代表培训力度，不断提高代表履职能力，争取在本届任期内完成所有人大代表培训工作。

三、加强领导，改进方式，为人大依法履职提供坚强保障

人大工作是党的工作重要组成部分，一个地方人大工作开展得如何，作用发挥得怎样，直接体现党委执政水平的高低。各级党委要按照总揽全局、协调各方的原则，加强和改进对人大工作的领导，支持人大及其常委会依法履行职责。

（一）要更加自觉地把人大工作摆上重要议事日程。各级党委要把人大工作纳入总体工作布局，统一谋划、统一部署，向人大出题目、交任务、提要求。党委要定期听取人大工作专题汇报，及时研究解决有关重大问题。要坚持人大列席党委会制度，党委和政府召开涉及全局工作的重要会议、重大活动应安排人大负责人参加，有关工作会议应安排人大工作机构负责人参加。党委作出重大决策和重要工作部署时，应听取人大的意见和建议。

（二）要更加积极支持人大及其常委会依法行使职权。要支持人大及其常委会依法行使监督权，加强对“一府一委两院”的监督，促进依法行政和公正司法。要支持人大及其常委会依法行使重大事项决定权，应当由人大及其常委会讨论决定的重大事项，都要主动提交人大审议和决定。要支持人大及其常委会依法行使人事任免权，使党委意图与人大及其常委会依法选任相统一。要引导“一府一委两院”自觉接受人大及其常委会的监督，努力形成团结和谐的政治氛围。

（三）要更加有效推动人大加强自身建设。人大要围绕政治坚定、业务精通、开拓创新、勤政廉洁的要求，加强自身建设。要切实加强思想政治建设，坚持用习近平新时代中国特色社会主义思想武装头脑，以政治纪律教育为契机，不断推进“两学一做”常态化制度化和“不忘初心牢记使命”主题教育，打牢理论基础，坚定理想信念。要切实加强作风建设，严格执行中央八项规定，自觉践行党的宗旨，坚决克服不作为、慢作为的问题，推进作风建设常态化制度化。要切实加强能力建设，建立完善集体学习制度，突出学习法律法规和人大业务知识，做到学用结合、学以致用，推动自身能力的不断提升。

（四）要更加主动为人大开展工作创造良好环境。宣传部门要加大对人大制度和人大工作的宣传力度，利用微信平台开设宣传人大制度和民主法制工作的专版、专栏，让人民代表大会制度更加深入人心。要把宪法和人民代表大会制度的基本理论知识，作为干部培训的重要内容，增强党员干部特别是各级领导干部的人大意识和民主法制观念。要保障人大工作必要的经费支出，改善人大机关的办公条件，为人大开展工作创造条件。

高举习近平新时代中国特色社会主义思想伟大旗帜 不忘初心，牢记使命，全面开启改革发展稳定新征程

（2018 年 1 月 5 日）

巴宜区委副书记、区长　严世钦

新思想引领新时代，新时代开启新征程。党的十九大是在全面建成小康社会决胜阶段、中国特色社会主义进入新时代的关键时期召开的一次十分重要的大会，必将以其极富开创性的新思想、新论断、新目标、新要求永载党和国家发展史册。认真学习宣传贯彻党的十九大精神，是当前和今后一段时期的首要政治任务。

一、学习领会党的十九大精神内涵

党的十九大，回顾和总结了党的十八大以来党和国家事业的历史性变革和历史性成就，作出中国特色社会主义进入了新时代、我国社会主要矛盾发生转化等重大政治判断，深刻阐述新时代中国共产党的历史使命，确定新时代的奋斗目标和战略安排，对新时代推进中国特色社会主义伟大事业和党的建设伟大工程作出了全面部署。学习贯彻十九大精神，要重点领会以下几个方面的内容。

（一）深刻领会党的十九大的鲜明主题。十九大的主题是：不忘初心，牢记使命，高举中国特色社会主义伟大旗帜，决胜全面建成小康社会，夺取新时代中国特色社会主义伟大胜利，为实现中华民族伟大复兴的中国梦不懈奋斗。这 6 句话 68 个字提纲挈领地明确了新时代我们要高举的旗帜、前进的方向、肩负的使命、奋斗的目标等重大问题。

回顾过去，正是因为一代代的共产党人始终牢记作为共产党员的初心和使命，脚踏实地，披荆斩棘，才攻克了一个又一个看似不可攻克的难关，解决了许多长期想解决而没有解决的难题，办成了许多过去想办而没有办成的大事。现在，随着党和国家事业发展进入了新的时期，巴宜区改革发展稳定各项事业也迎来了历史上最好的发展机遇，虽然面临着各种各样的难题和挑战，但只要我们永不背离初心和使命，切实将十九大主题融入巴宜区新时代改革发展稳定的全过程，贯穿到各个环节、各个方面，不畏艰难困苦、不断攻坚克难、不懈奋斗进取，就一定能够保持经济长足发展和社会长治久安良好形势，就一定能够朝着建设全自治区一流经济强区的目标顺利迈进，就一定能够如期实现全面建成小康社会的宏伟目标。

（二）深刻领会中国特色社会主义进入新时代的重大论断。十九大鲜明指出“中国特色社会主义进入了新时代，这是我国发展新的历史方位”，并用“三个意味着”深刻阐述了新时代对中华民族、对中国特色社会主义、对世界广大发展中国家的深远影响，用“五个时代”深刻阐述了新时代的丰富内涵，用“两个具有重大意义”定位了新时代的重大意义。中国特色社会主义进入新时代，这是以习近平同志为核心的党中央立足历史发展新成就，展望时代发展新趋势，在全面决胜全面建成小康社会，全面建设社会主义现代化强国关键阶段做出的关系全局发展的新历史方位判断，更是中国共产党举旗定向的政治宣言。

站在全自治区乃至全国的范围来看，巴宜区正处于“千年未有之大变局”，改革发展稳定取得了巨大成就，但又处在一个发展任务日益艰巨、发展压力不断增大，发展矛盾集中凸显的特殊时期，下一步朝哪里走，怎样排除阻力干扰、凝聚各方共识、迎着各种难题“爬坡过坎”，实现新的发展和跨越，任务异常复杂、繁重而艰巨。我们必须要立足新时代新起点，在党的坚强

领导下，团结全区各族干部群众不断奋进，凝聚起同心共筑中国梦巴宜篇章的磅礴力量，在新的历史起点上以新的精神状态和奋斗姿态把改革发展稳定各项事业推向前进。

（三）深刻领会我国社会主要矛盾变化的重大判断。十九大报告提出了一个关系全局的、根本性的重大判断：中国特色社会主义进入新时代，我国社会主要矛盾已经转化为人民日益增长的美好生活需要和不平衡不充分的发展之间的矛盾。社会主要矛盾的转化，集中体现为“需求侧”和“供给侧”两个方面的内涵都发生了深刻变化：从“需求侧”来讲，随着人民生活从“温饱”到“总体小康”再到“全面小康”，新时代人民生活需要从“物质文化需要”变成“美好生活需要”；从“供给侧”来讲，“落后的社会生产”转化成“不平衡不充分的发展”，无法满足人民对美好生活需要的实际，由此构成了社会发展面临的主要矛盾。

纵观巴宜区历年来取得成绩，人民群众的生活质量不断提升，群众对美好生活向往的愿望日益增强，但同时我们也面临各种矛盾难题，既有各乡镇之间发展不协调、群众收入不平衡的问题，又有内生发展动力不足、发展质量和效益不高的问题。我们要深刻认识社会主要矛盾的变化是关系全局的历史性变化，必须把解决这一矛盾作为推动改革发展稳定的根本任务，根据破解新时代社会主要矛盾变化提出的新要求，在继续推动经济社会健康发展的基础上，着力解决好发展不平衡不充分问题，用新的思路、新的战略、新的举措推进改革发展稳定各项工作，更好满足各族人民在经济、政治、文化、社会、安全、生态等方面日益增长的需要，更好推动人的全面发展、社会全面进步。

（四）深刻领会习近平新时代中国特色社会主义思想的精神实质。党的十九大的一个重大历史贡献是：习近平同志作的党的十九大报告把十八大以来党的理论创新成果概括为新时代中国特色社会主义思想，党的十九大通过的党章修正案把习近平新时代中国特色社会主义思想确立为我们党的行动指南，这一重要思想，立足新的历史方位，深刻透视我国社会主要矛盾发生转化，深刻把握中国特色社会主义发展阶段性新特征，深刻揭示新时代中国特色社会主义的发展特点规律，形成了一系列开创性、标志性的重大思想观点和理论创新成果。

学习贯彻党的十九大精神，最根本的任务就是要学习贯彻习近平新时代中国特色社会主义思想，深刻领会这一重要思想的精神内涵，充分认识党的十九大把习近平新时代中国特色社会主义思想确立为党必须长期坚持的指导思想的重大政治意义、理论意义、实践意义和深远历史意义。我认为，最为核心的就是要牢牢把握“八个明确”的主要内容，深刻领会贯穿其中的坚定信仰信念、鲜明人民立场、强烈历史担当、勇于创新精神、科学方法论，作为完成新时代党的历史使命的根本引领，作为推进新时代各项事业发展的根本遵循，切实做到真学、真懂、真信、真用，理直气壮、旗帜鲜明、大张旗鼓、一以贯之地长期坚持。

（五）深刻领会新时代坚持和发展中国特色社会主义的基本方略。十九大明确指出，“全党同志必须全面贯彻党的基本理论、基本路线、基本方略，更好引领党和人民事业发展”，并用“十四个坚持”明确了新时代坚持和发展中国特色社会主义的基本方略，涵盖了改革发展稳定、内政外交国防、治党治国治军等方方面面，这既是习近平新时代中国特色社会主义思想“八个明确”的丰富展开，又是这一思想向实践领域的延伸拓展，我们要牢固树立“四个意识”，全面贯彻党的基本理论、基本路线、基本方略，把新时代坚持和发展中国特色社会主义基本方略作为指导改革发展稳定各项工作行动纲领，更好地引领全区各项事业发展。

（六）深刻领会分两步走全面建设社会主义现代化国家的新目标。全面建成小康社会、实现社会主义现代化，是中国共产党接续奋斗的伟大梦想和追求，党的十九大强调，从党的十九大到党的二十大，是“两个一百年”奋斗目标的历史交汇期。同时，围绕决胜全面建成小康社会和建成社会主义现代化强国，十九大对未来一个时期党和国家事业发展作出了全方位新的战略部署，明确提出到21世纪中叶“两步走”新的战略安排，提出到2035年基本实现现代化，到2050年实现全面现代化，绘制了现代化建设的时间表、路线图，充分体现了党中央推进实现“两个一百年”奋斗目标的前瞻性、战略性和连续性。同时，为实现宏伟奋斗目标，十九大对全面建成小康社会决胜期各项事业发展作出了全面战略部署，这既有重大创新性战略举措，又着力回答人民群众最关注、最需解决的重点难点问题，既目标高远、鼓舞人心，又精准具体、切实可行。

过去，我们讲发展是硬道理。进入新时代，平衡和充分的发展才是硬道理、硬任务。改革开放以来，在党中央的英明领导下，在自治区党委、林芝市委的正确带领下，我们不断深化改革开放，破除发展障壁，化解发展难题，稳步进入全面建成小康社会的冲刺阶段，但是依旧面临着经济发展总量偏低、城乡区域发展不平衡不充分、创新发展能力不足、防范风险能力不足、脱贫攻坚任重道远等等问题，这些都对我们全面建成小康社会、推动社会主义现代化建设带来了诸多不稳定因素。因此，我们必须要按照决胜全面建成小康社会的部署要求，严格对照时间表和路线图，把人民对美好生活的向往作为奋斗目标的根本要求，突出抓重点、补短板、强弱项，不断满足人民多样化多层次多方面需求，不断提升人民的获得感和幸福感，使全面建成小康社会得到人民认可，经得起历史检验，为推进现代化建设夯实基础。

（七）深刻领会坚定不移推进全面从严治党的新要求新部署。十九大报告指出，伟大斗争，伟大工程，伟大事业，伟大梦想，紧密联系、相互贯通、相互作用，其中起决定性作用的是党的建设新的伟大工程。党的十九大围绕坚定不移全面从严治党，不断提高党的执政能力和领导水平，明确提出新时代党的建设总要求和八个重大举措。

我们要进一步增强全面从严管党治党的自觉性，牢固树立政治意识、大局意识、核心意识、看齐意识，严格遵守政治纪律和政治规矩，在政治立场、政治方向、政治原则、政治道路上同以习近平同志为核心的党中央保持高度一致，坚决维护习近平总书记作为党中央的核心、全党的核心的权威。要坚持党对一切工作的领导，以党的旗帜为旗帜，以党的方向为方向，以党的意志为意志，切实在推动政治建设、经济建设、文化建设、社会建设、生态文明建设等方面找思路、找方法、找路径，凝聚改革发展稳定的强大力量。要坚持以上率下，以身作则，自觉贯彻落实中央八项规定精神和区党委“约法十章”“九项要求”，坚持不懈改作风转作风，为全区广大党员干部做出表率。要强化监督执纪问责，持之以恒正风肃纪，坚决夺取反腐败斗争的决定性胜利，营造风清气正的政治生态。

二、准确把握经济社会发展新形势

十九大提出，中国特色社会主义进入了新时代，我国经济已由高速增长阶段转向高质量发展阶段，正处在转变发展方式、优化经济结构、转换增长动力的攻关期，建设现代化经济体系是跨越关口的迫切要求和我国发展的战略目标。

发展是党执政兴国的第一要务，坚持以经济建设为中心不动摇，是改革开放以来几十年实践经验的深刻总结，十九大报告围绕建设现代化经济体系，从战略意义、指导理念、基本要求、重点任务、战略支撑和制度保障六大方面做了系统阐释。具体来看，战略意义是实现“两个一百年”奋斗目标、实现中华民族伟大复兴的中国梦，不断提高人民生活水平，所以必须坚定不移把发展作为党执政兴国的第一要务，坚持解放和发展社会生产力，坚持社会主义市场经济改革方向，推动经济持续健康发展；指导理念是创新、协调、绿色、开放、共享的新发展理念，深入贯彻新发展理念才能应对发展挑战、破解发展难题、增强发展动力、厚植发展优势；基本要求是必须坚持质量第一、效益优先；重点任务是深化供给侧结构性改革，以实体经济发展作为发展经济的着力点；战略支撑是实施创新驱动发展战略，加快建设创新型国家；制度保障是加快完善社会主义市场经济体制，进一步使市场在资源配置中起决定性作用和更好发挥政府作用。

党的十八大以来，我区综合实力显著增强，从2012年到2017年，全区国内生产总值由36.23亿元增长到64.25亿元，增长77.3%；固定资产投资由35亿元增长到85.53亿元，增长144.4%；财政收入由7930万元增长到2.5亿元，增长215%，财政收入在全市率先突破2亿元大关；社会消费品零售总额由13.23亿元增长到25.89亿元，增长95.7%；农村居民人均可支配收入由8875元增长到16134元，增长81.8%。全区经济呈现增长快、效益好、发展稳的良好局面。同时，我们在产业发展、脱贫攻坚、城乡融合、生态建设、公共服务等方面均取得了显著成效，产业对经济发展和群众增收的支撑能力不断增强，新型城镇和美丽乡村、小康示范村覆盖面不断扩大，教育、卫生、社会保障等基本公共服务水平不断提升，在全自治区率先实现脱贫“摘帽”，获得了“国家生态文明建设示范区”命名，各族群众的获得感和幸福感不断提高。这些成绩的取得，是以习近平为核心的党中央坚强领导和亲切关怀的结果，是全区各族干部群众共同努力的结果。

随着国家整体经济进入新的发展阶段，我区经济社会发展也相应进入了新时期，机遇与挑战并存，我们要全面贯彻落实党的十九大精神，以习近平新时代中国特色社会主义思想为指导，坚持把党对经济工作的领导、稳中求进工作总基调和新发展理念贯穿于经济工作的始终，坚持新发展理念，紧扣社会主要矛盾变化，按照高质量发展的要求，统筹推进“五位一体”总体布局和协调推进“四个全面”战略布局，坚持以供给侧结构性改革为主线，持续促进有效投资，着力发展特色优势产业，全面推进城乡融合发展，切实提高民生保障水平，全面巩固脱贫攻坚成效，加快推进美丽巴宜建设，大力推进改革开放，促进经济 持续健康发展。

三、切实用十九大精神指导经济社会发展

十九大指出，中国特色社会主义进入新时代，我们党一定要有新气象新作为。习近平总书记强调，面对改革发展稳定的艰巨繁重任务，各级领导班子和领导干部一定要按照中央要求，牢记“空谈误国，实干兴邦”，积极进取，奋发有为，做出经得起实践、人民、历史检验的实绩。新时期，我们要以习近平新时代中国特色社会主义伟大思想武装头脑，指导实践，坚持以人民为中心的发展理念，坚持稳中求进、进中求好、补齐短板的工作总基调，主动适应经济发展新常态，驰而不息推进产业发展、城乡融合、生态保护、民生改善、和谐稳定、改革创新、自身建设“七大工程”，以钉钉子的精神，坚持在创新中探索、在实干中前行，勇于变革创新、永不僵化，以脚踏实地、真抓实干的行动坚守初心和使命。

（一）突出抓好经济工作，加快经济发展步伐。十九大报告首次提出“建设现代化经济体系”，强调“坚持质量第一、效益优先”。我们要深入贯彻新发展理念，将产业发展作为促进经济社会发展的主动力，不断提升经济发展质量和效益。一是要重点发展生态旅游业。始终把旅游业作为龙头产业和主导产业来抓，坚持“全域、全时”旅游发展理念，创新“旅游+”发展思路，以旅游业为核心，促进旅游与文化、商贸、农业等融合发展，在观光农业、库区旅游、文化旅游、藏药养生等方面做文章，推动各种产业内部优势要素向旅游业聚集，充分激发各产业对旅游业的支撑和助推作用，着力打造“一核两轴四镇”的旅游发展格局，全面打响“藏域江南·唯美巴宜”文化旅游战略品牌，逐步把巴宜打造为“全国知名、藏区著名”的旅游目的地。二是要大力发展现代农牧业。以建设全市稳定的蔬菜供应基地、水果供应基地、禽蛋肉供应基地、花卉苗木供应基地、藏香猪种猪及猪仔供应基地等“五个基地”为目标，推行“政府+企业+科研机构”的合作模式，加大对农牧企业的信贷支持力度，扶持建立一批“产供销”一体化的特色农牧龙头企业，加快转变农牧业发展方式，促进农牧特色产业规范化、规模化、品牌化，提升产品附加值，大力推进“农业大区”向“农业强区”的战略转移。三是要促进多产业协同发展。充分发挥综合交通服务能力，积极谋划商贸服务和物流运输产业。加快城市综合体项目建设，不断完善商品市场服务功能。加快电商载体和平台建设，提升产品服务综合保障能力，促进现代物流业和商贸服务业的深度融合。

（二）突出抓好城乡建设，持续推进乡村振兴。十九大报告中提出了“实施乡村振兴战略，建立健全城乡融合发展体制机制和政策体系，加快推进农业农村现代化”等要求，为城乡发展指明了方向，我们必须深刻领会、准确把握、抓好贯彻落实，开创巴宜区城乡建设事业新局面、新境界。一是要推动城乡融合发展。坚持“统筹规划、合理布局、完善功能、体现特色”原则，按照“试点先行、以点带面”的原则，促进资源要素向特色功能区和特色业态集聚，逐步建设“中心城区—特色小镇—美丽乡村”三级城镇化体系。加快推进八一镇、鲁朗镇国家级新型城镇化试点，林芝镇自治区级特色小城镇，布久乡市级新型小城镇和小康示范镇建设，提升小城镇综合承载能力。多渠道争取、全方位整合资金，加快推进百巴镇、米瑞乡、更章乡小集镇建设，补齐小集镇发展短板。发挥援藏资金优势，全面统筹本级财力，加快推进小康示范村和“美丽乡村”建设，实现村庄建设与产业发展相衔接，加快打造一批有影响力的特色乡村。二是完善基础设施建设。加快城乡接合部道路、绿化、亮化建设和城乡供排水网络设施、污水处理设施、城区供暖工程、棚户区改造等项目建设，实现城乡道路、供电、环境等基础设施与农村共建共享。强化对偏远乡镇、偏远村庄特别是偏远自然村农村道路建设。加大农田灌溉水利设施投入，不断提高水资源利用水平和保障能力。依托经济开发区、产业园区、林芝火车站建设和觉木片区及八一镇至布久乡沿线开发，配套建设一批功能完善的基础设施，带动周边村庄同步协调发展。三是要全面推动乡村振兴。按照产业兴旺、生态宜居、乡风文明、治理有效、生活富裕的总要求，加大乡村建设投入力度，有序推进乡村环境提升工程建设，加快“宽带下村”试点，逐步提升农村信息化程度，鼓励发展多种形式适度规模经营，培育新型农业经营主体，实现群众增收。加快推进农村土地确权登记颁证工作，建立规范高效的农村土地所有权、承包权、经营权运行机制，加快农村土地流转经营。加大基层政权基础投入力度，实施村级活动场所标准化建设，不断强化乡村管理和综合执法，逐步推进乡村管理法制化。

（三）突出抓好民生改善，顺应人民美好生活需求。党的十九大报告通篇贯穿了坚持以人民为中心的发展思想，提出了系列温暖人心的民生实事。我们要按照十九大要求，持续保障和改善民生。一是要坚决打赢脱贫攻坚战，把脱贫攻坚作为重大政治任务和第一要务，发挥财政资金杠杆作用，强化金融资金撬动作用，鼓励引导社会资本参与脱贫攻坚，健全完善产业项目带动贫困群众增收的利益联结机制，发挥长期扶持带动作用，全面巩固脱贫攻坚成果，确保在全面小康的路上不落一人。二是要坚持教育优先发展，大力实施“教育强区”战略，优化教育资源配资，努力补齐教育短板，落实“五个100%”目标，持续推进义务教育标准化建设和均衡发展。特别是要加大对区中学基础设施、师资力量、教育管理等方面的投入力度，逐步将巴宜区中学打造成为全市一流初级中学。三是要深化医疗卫生体制改革，落实各类医疗惠民政策，全力推进巴宜区人民医院建设项目，改善乡镇医疗机构服务环境，逐步推进村级卫生室标准化覆盖，建立完善区、乡、村（社区）三级医疗卫生服务网络，全面提升医疗保障和医疗服务水平。同时，要加强食品药品安全监管，全面构筑食品安全监管防线，保障群众“舌尖上的安全”。四是要落实更加积极的就业政策，多渠道开发就业岗位，加大农牧民技术技能培训力度，加促进富余劳动力转移就业。健全劳动关系协商协调机制，完善劳动争议处理机制，加强劳动执法，保障劳动者合法权益。五是完善覆盖城乡居民的社会保障体系，完成全民参保登记，维持基本社会保险制度对适用人群的全覆盖，逐步提高基本医疗保障制度筹资标准和保障水平。深化城乡社会救助服务体系建设，做好“双拥”优抚安置工作，发展壮大社会福利事业，拓展社会福利的保障范围。六是要健全完善公共文化服务体系，深入实施文化惠民工程，丰富群众性文化活动，为满足人民过上美好生活的新期待，提供丰富的精神食粮。

（四）突出抓好改革深化，增强社会发展活力。十九大报告明确提出，全面深化改革总目标是完善和发展中国特色社会主义制度、推进国家治理体系和治理能力现代化。我们要认真贯彻落实全面深化改革的重大决策部署，围绕重点领域、紧扣关键环节，精准发力，全面增强社会发展活力。一是要落实行政体制改革。加大政府购买公共服务力度，完善服务类集中采购目录，扩大政府购买公共服务范围。深入推进行政审批制度改革，实行权责清单动态管理，切实把“放管服”改革推向深入。继续推进商事制度改革，巩固扩大“多证合一”“一照一码”改革成果。二是要深化经济体制改革。正确处理国家投资和社会投资的关系，改革市场准入制度，推行政府和社会资本合作模式，鼓励社会和民间资本进入金融服务、公共事业、基础设施建设等领域。健全完善国有资产管理制度，加强国有资产集中统一监管，有效盘活国有资产，引导其向转型发展、民生改善、生态保护等领域投入。发展普惠金融，加大对中小微企业、“三农”及贫困村镇金融服务的支持力度。三是要加快社会体制改革。深化基本公共服务体制改革，积极探索和推进户籍制度改革，稳步推进义务教育、就业服务、基本养老、基本医疗卫生、住房保障等城镇基本公共服务覆盖流动人口。

（五）突出抓好环境保护，持续推进绿色发展。十九大报告就生态环境保护、建设美丽中国提出了很多可操作的具体要求，我们要牢固树立绿水青山就是金山银山、冰天雪地也是金山银山的理念，坚持见缝插绿，宜草则草、宜林则林，主动作为，积极配合上级部门做好生态红线划定工作，深入开展国土绿化行动，推进荒漠化、水土流失综合治理，扎实推进“两江四河”流域造林绿化工程，加快推进生态苗木经济，引导群众走生态路、吃生态饭。持续推进河长制，加强河湖保护巡察、管理、考核力度，确保水生态质量持续稳定。继续执行最严格的耕地保护制度，强化基本农田保护，确保耕地质量和保有量不降低。加强城乡土地节约集约利用，依法依规清理回收闲置土地。加大自然资源资产管理，坚决惩处破坏生态环境行为，深入推进环境综合治理，全面巩固深化国家卫生城市和国家生态文明示范区创建成果，更好地满足人民日益增长的优美环境需要。

（六）突出抓好安全稳定，确保社会长治久安。十九大报告在加强和创新社会治理领域和实施区域协调发展战略领域，分别提出要建立共建共治共享的社会治理格局，加快边疆发展，确保边疆巩固、边境安全。我们要继续牢固树立稳定压倒一切的思想，切实把维护稳定作为硬任务和第一责任。一是要巩固民族团结大好局面。紧紧围绕“加强民族团结，建设美丽西藏”要求，切实用中央关于民族工作的重大方针统一思想、认识和行动，全面落实党的民族宗教政策，把握“各民族共同团结奋斗、共同繁荣发展”主题，深入持久开展民族团结宣传教育，积极引导各族干部群众牢固树立“五个认同”“三个离不开”思想，全面推动民族团结进步事业向前发展。二是要加强安全生产管理。大力推进安全生产和公共安全管理体制机制改革创新，落实“党政同责、一岗双责、失职追责、齐抓共管”安全生产责任体系，强化企业安全生产主体责任，落实行业部门监管责任，强化安全生产日常检查和监督，切实提高安全管理水平和救援能力。强化道路和水上交通、消防、危险化学品、建筑工地、工矿企业、景区景点、水电油气设施、林区和公共密集场所等领域的安全监管，坚持督导检查、隐患整治、责任追究常态化的机制，大力推进标本兼治、综合治理，坚决杜绝较大以上事故。三是要注重社会管理创新。严格贯彻落实各级各项维护稳定的决策部署，强化维稳措施，实现维稳工作常态化、科学化、法制化。继续深化“双联户”服务管理工作，充分发挥社区、村组等基层组织的协同作用，筑牢维稳基础。深入实施平安创建、“先进双联户”创建，推行城乡网格化管理，巩固和发展政通人和、和谐稳定的社会局面。积极支持配合国防建设，努力壮大民兵组织，为社会综合治理增添新力量。

（七）突出政府自身建设，着力提升执政能力。党的十九大报告提出了新时代党的建设的总目标，充分体现了党中央坚定不移推进全面从严治党的坚强决心和历史担当。我们要充分认识全面从严治党的重大意义，坚持把政治建设摆在首位，强化思想建设，开展好“不忘初心、牢记使命”主题教育，用习近平新时代中国特色社会主义思想武装头脑，继续发扬“老西藏精神”和“两路精神”，艰苦奋斗，开拓创新，奋勇争先，以敢于“碰钉子”的勇气，以踏石留印、抓铁有痕的力度抓好工作落实。要全力推进法治政府建设，规范使用行政权力，始终做到依法决策、科学决策、民主决策、依规办事、依律履职，做到法无授权不可为、法定职责必须为，确保政府工作经得起法律、历史和群众的检验。严格规范公正文明执法，提高依法行政能力和水平，探索建立市场监管综合执法机制，加强环保、安全生产、食品药品等重点领域联合执法，强化事中事后监管。要全面加强政府系统廉政建设，始终把纪律和规矩挺在前面，认真贯彻落实《中共中央政治局贯彻落实中央八项规定的实施细则》，区党委“约法十章”“九项要求”，强化制度刚性约束，坚持用制度管权、管事、管人，强化财政预算管理、财务监管，严控工程造价和行政开支，降低公务成本，切实把有限财力和资源用在发展经济和改善民生上。严肃查处各类违纪违法案件，重点打击在民生、扶贫、项目等领域贪占截留、骗取侵吞、虚报冒领等“蚊蝇腐败”问题。坚决纠正不作为、乱作为等损害群众利益“最后一公里”问题。

新时代的号角已经吹响，我们必须把思想和行动统一到党的十九大精神上来，紧密团结在以习近平同志为核心的党中央，肩负起时代赋予的重任，敢于吃苦，勤于实践，善于开拓，争当先锋，切实推动巴宜区经济社会向纵深发展。

在林芝市巴宜区2018年政府第一次全体会议上的讲话

（2018年5月16日）

巴宜区委副书记、区长 严世钦

一、全力推进重点工作落实，确保年度目标顺利实现

前段时间，区政府就今年需要重点落实的31项工作任务进行了梳理分解，并逐项明确了责任领导和责任单位，作为全年重点督导的对象，也相应提出了督查安排和工作要求。这些工作基本上都是年初政府工作报告确定的重点任务，是立足我区现阶段发展实际，经过反复深入讨论形成的，是出于“打基础、校起点、压责任”的客观需要，关系到全年政府工作各项预期目标是否能够顺利实现。大家要按照既定任务分工认真落实。

（一）细化量化工作任务。各位政府班子成员和各部门负责人要切实强化政治意识和大局意识，在目标上加码，责任上加压，工作上加力，要把工作目标定位在“争当全市第一”的层次上，按照区政府的总体要求，对各自承担的重点工作任务要再细化、再量化，把各项目标任务放到全年的各个时间段去均衡、去分解、去落实，尤其是对一些重点工作的形象进度，要定责任、定时限、定要求，在抓落实中体现工作能力，在求突破中体现工作水平。

（二）加强部门沟通衔接。各乡镇（街道）、各部门要牢固树立“一盘棋”的思想，做好上下左右的沟通、衔接和配合，做到区乡联手、部门联动。尤其是对一些需要协同作战的工作，要相互支持、相互配合，绝不能推诿扯皮，要凝心聚力干大事、通力协作谋发展，要雷厉风行，急事急办，特事特办，能快则快，能超则超。特别是对一些推进任务重的工作，一定要开动脑筋，多想办法，不等不靠，不推不拖，坚决做到定了的事要条条算数，要干的事必须件件落实。

（三）强化实地督导检查。会议结束后，各位副区长要召开分管部门会议对各项重点工作进行部署，然后集中时间和精力深入施工现场和工作一线，大力推行现场办公和调研督查，下移工作重心，盯住责任抓督查、抓调度，及时研究解决工作中存在落实不力、不到位的问题，把各项重点工作、重大项目建设的主动权牢牢抓在手上，在坚持进度服从质量的前提下，确保上半年实现“时间过半、任务过半”。

二、全力推进产业项目建设，提升经济发展内在动力

随着全自治区经济形势的不断变化，巴宜区也面临转型升级和追赶跨越的“双重任务”、发展动力转换和要素瓶颈破解的“双重课题”，纵观近几年整体发展态势，林芝市各县发展逐步提速，特别是工布江达、米林县与我区的发展差距正在逐步缩小，反之我区与拉萨市周边部分县区发展还存在一定差距，可谓“前有标兵，后有追兵”，我们必须要树立“危机意识”，深刻认识产业发展对加快推进经济社会发展的重要意义，始终将产业发展作为提升经济发展内生动力的首要位置，深刻把握高质量发展要求，践行新发展理念，以推进产业健康快速发展为主抓手，全面促进产业发展提质增效。

（一）补齐短板。从发展层面看，现阶段还存在：产业规模小、布局分散，尚未形成系统完善的产业体系；支撑产业发展的资源、土地、资金等要素保障不强，区域内交通、水利、环境等配套设施承载能力较弱；能够带动产业发展的龙头企业数量少、实力弱；产业融合差，没有形成相互促进、共同发展合力，特别是作为核心产业的旅游产业与其他产业的融合度低等问题，我们必须要从薄弱环节入手，找准症结所在，努力破除发展瓶颈制约，特别是要强化财政资金的统筹整合，加大产业发展的资金支撑；从管理层面看，最大的短板是管理不到位，表现在管理缺位、管理粗放、管理不实、管理滞后、管理失灵等方方面面，我们要正视现实，从高设标，持续用力，切实加强事前事中事后管理力度，特别是要加强对产业项目后续效益的监测分析，确保所有项目均能够发挥预期的经济效益和社会效益，绝对不能出现“一年建、二年有、三年看不见”的问题。

（二）延伸长板。我区相较于其他县区具有独特的区位优势，发展的基础已经基本稳固，市场经济发展环境日趋良好，特别是随着自治区、林芝市系列产业政策措施的出台，给我们带来了难得的发展机遇，我们要“借风使力”，统筹谋划、合理布局，强化支撑，对已经形成一定发展规模的产业要“扶上马、送一程”，努力将其打造成为全区产业发展的亮点工程和品牌工程，切实把长板优势转化为经济优势、发展优势。

（三）突出重点。我们在补短板延长板的过程中，必须牢固把握近期产业发展的重点，确保各项工作稳步推进。区旅发委、国资委要指导督促旅游开发公司尽快完成旅游资源整合，完善公司内部经营运转机制，借鉴区内外成功经验，结合巴宜区实际，探索旅游产业发展新模式。区产业办、扶贫办要尽快推进建筑构件产业园基础设施建设，为入园企业提供有力保障，引导相关企业尽快入园规范经营。区农牧局主要尽快完善藏猪产业扶持实施方案，明确扶持方式、养殖规模等内容，确保年底藏猪养殖规模达到预期目标。

三、全力推进河流管理工作，加大生态环境保护力度

全面推行河长制是中央部署的一项重大改革，是水治理体制和生态环境制度的重大创新，是推进生态文明建设的重大举措，此项工作开展以来，我们切实按照各级党委、政府的要求，全面推行河长制工作，建立健全领导机构，明确河流管理责任，制定完善各项机制，切实增强经费保障，全面开展区域河流调查整治行动，取得了阶段性成效。但我们也要清醒地看到，当前我区流域水环境的保护和管理工作还存在许多困难和问题：群众保护流域水环境的意识还不强，如往河里乱倒垃圾、乱排污水、侵占河道、破坏护岸等问题依然存在；部分乡镇、部门对污染源的掌握不清，对污染问题的制止不到位，个别企业污水直排问题屡禁不止，在建工程造成的水环境破坏也没有得到彻底遏制；各有关部门在水环境的保护和管理工作上各自为战，出现问题后被动管理，未形成长效管理机制。因此，大家务必要提高政治站位，深入贯彻落实党中央关于加快生态文明体制改革、建设美丽中国决策部署，牢固树立新发展理念和社会主义生态文明观，紧紧围绕“五个巴宜”建设，准确把握各级关于河长制的总体要求，全面确保我区水生态、水环境持续明显改善。

（一）突出源头治理。各级河长要切实把自己管辖的小河流治理干净、治理彻底，只有把小河流治理好，才能治理好大河流。要坚持严格执法，坚决查处违规排放现象，彻底打消违规经营户的侥幸心理。要坚持标本兼治，从岸上找原因，减少垃圾、面源污染、违法建设造成的生态压力。要坚持科学治水，采用生态的方法治理水污染，立足提升生态系统的质量和稳定性，利用自然方法，考虑物种的共生和多样性规律，积极稳妥地推进污水治理工作。

（二）突出过程治理。全面推进河长制工作，绝不是“明确一个责任人、竖立一个公示牌”就算万事大吉。各级河长要定期对所管辖河段、洪道进行巡查检查，及时发现和协调解决破坏水生态环境的突出问题，将监管责任落到实处。要抓好专项整治，各级河长要紧盯薄弱环节，牵头对生活污水、生产废水、弃土弃渣、倾倒垃圾、采砂采石、侵占河流等问题开展专项整治，严格管控破坏水生态环境行为。要强化督促检查，区河长办公室要加大日常督查力度，定期向各责任河长通报各自河流管理情况，切实做到心中有数、情况清楚。

（三）突出行政执法。解决复杂的水问题，必须牢固树立法治思维和理念，综合运用法治手段，做到依法治理。环保、水利、公安等部门要严格履行行政执法职能，全力推进流域综合执法，严厉打击乱占乱建、乱排乱倒、乱采乱挖、乱围乱堵等“四乱”行为，依法治理环境违法案件。要坚决落实最严格的水资源管理制度，严守水资源开发利用控制、用水效率控制、水功能区限制纳污“三条红线”。要积极开展群防群治，大力推进村规民约等制度建设，不断增强广大群众环保意识，构建治水管水护水长效机制。

四、全力推进安全生产监管，构建平安稳定社会秩序

当前，我区已进入旅游高峰期，各重大项目也相继开工，人流、物流、车流量急剧增加，加之即将进入雨季，地质灾害防治任务繁重，各领域安全生产工作形势极为严峻。大家务必要统一思想，结合各自工作职责，坚决严格贯彻落实各级党委、政府关于做好安全生产的指示精神，切实提高思想认识，深刻吸取往年安全生产事故的经验教训，始终牢固树立安全生产“红线”意识，始终坚持“管行业必须管安全、管业务必须管安全、管生产必须管安全”的原则，切实履行工作职责，克服麻痹大意思想，对重点区域、重点地段要盯死看牢、群策群防群治，坚决防范和遏制安全生产事故发生。

（一）加强自然灾害防治。水利部门要组织各乡镇对辖区的巡查排查，消除防范盲区，对可能发生山洪、泥石流、塌方等部位的监测。对存在安全隐患的河道河堤要立即进行疏浚和加固，对短时间难以修复且存在较大安全隐患的区域，要及时组织群众进行转移疏散安置，避免突发性灾害造成人员伤亡；国土部门要采取有效措施，对城乡道路沿线、村镇周边等地质灾害易发多发区进行全时监控监测，制定应急处置预案，落实处置措施，组织群众进行科学防御，切实保护人民群众的生命财产安全；防汛指挥部要密切关注天气变化和各乡镇灾害情况，提前做好防汛抗灾物资储备，最大限度地预防和减少灾害造成的损失。

（二）加强道路交通管理。要切实做好道路交通运输安全监管工作，严格落实道路交通安全各项措施，加大对道路安全监管整治力度，杜绝客车超员、货车超载超限、行车超速、疲劳驾驶、酒后驾驶、报废车辆上路和违章载客等违法行为；要加强对辖区内城乡道路状况进行排查，特别是要加强对国道318、省道306、色季拉山、米瑞公路等事故多发易发路段进行全面检查，协调相关部门对水毁路段进行及时抢修，并在地质灾害多发区、连续下坡、急弯陡坡、临水临崖、路面塌方、软路基等事故多发区密集设立交通警示牌，提高过往人员的安全警觉性。

（三）加强旅游景区监管。要对各景区景点基础设施、安全防范措施进行全面检查，督促景区运营企业切实履行安全生产主体责任，全面消除各类安全隐患。对安全隐患整改落实不到位的，要依法依规进行关停整治；公安、交通、旅游部门要联合对旅游景区景点运营车辆和驾驶员行使、运营资质进行全面彻底的审核，对不符合运营资质车辆立即责令停运，坚决杜绝无照无牌、车检不合格车辆上路和非法无证驾驶，规范旅游客运车辆市场秩序。

（四）加强建筑领域监管。要加大项目建设场地的监管，督促企业严格执行建筑企业安全评价、安全生产许可制度，加强对建筑施工单位“三级”安全教育和防范落实，加大对施工现场相关标识、起重设备、脚手架搭建等检查力度，坚决消除各类隐患。特别是夏季雷雨天气较多，要督促企业做好建筑工地值班工作，严禁雷雨天气进行施工。同时，要针对部分建筑施工场地距离河道较近的问题，责令施工企业完善灾害防治预案，并提前做好防范措施，如遇紧急情况必须无条件撤出施工场地，严防建筑工程领域安全生产事故发生。

（五）加强消防安全监管。强化火灾防控措施监管，严格按照“五查五看五确保”的要求，重点加强人员密集场所、易燃易爆场所、复杂敏感场所等“三类场所”安全隐患排查整治力度，督促企业商户积极落实消防安全责任制，坚决预防和遏制火灾事故发生；林业部门要严格执行火险监测，加强林区施工用火、群众野外用火管理，避免森林火灾，切实维护生态安全。

五、全力推进党风廉政建设，营造风清气正政务环境

管党治党责任是最根本的政治责任，政府系统党组（党支部）及其负责人都是责任主体，在座的大家要切实担负起全面从严治党、推进党风廉政建设的主体责任，层层压实责任、传导压力，推动各级领导干部知责明责、守责担责，把党风廉政建设各项决策部署落到实处。

（一）履行管党治党责任。政府系统各级党组织书记要切实履行好第一责任人的职责，班子的其他成员要按照“一岗双责”要求，担负好职责范围内的管党治党职责，以党章为根本遵循，把党的政治建设摆在首位，思想建党和制度治党同向发力，统筹推进党的各项建设，抓住“关键少数”，坚持“三严三实”“两学一做”，坚持民主集中制，严肃党内政治生活，严明党的纪律，强化党内监督，发展积极健康的党内政治文化，全面净化党内政治生态，不断增强党组织的创造力、凝聚力、战斗力；政府班子各位成员和乡镇（街道）、部门负责人要牢固树立“抓党风廉政建设是本职、不抓党风廉政建设是失职、抓不好党风廉政建设是渎职”的理念，准确把握中央和区党委、市委、区委加强党风廉政建设的重要举措，聚焦党风廉政建设的新目标、新任务、新要求，切实承担好全面从严治党、推进党风廉政建设责任，特别是在项目建设、资金使用等方面，务必要加大监管力度，绝对不能出现违反廉政规定的问题。同时，大家互相之间要多拉拉衣角，对于人情、国法、原则怎么处理到位、怎么把握好度，互相之间都要提醒，确保不当的行为和思想能够得到及时的修正。

（二）切实加强作风建设。纠正“四风”不能止步，作风建设永远在路上。去年年底，习近平总书记对新华社一篇《形式主义、官僚主义新表现值得警惕》的文章作出指示，强调文章反映的情况，看似新表现，实则老问题，指出了“四风”问题的顽固性，也指出了纠正“四风”问题的迫切性。我们要严格对照检查，切实把务实重行的作风立起来，年初政府确定的各项工作完成的进度怎么样？完成的质量高不高？大家要做深入的自查自检，切实增强时间观念和效率意识，发扬“说干就干，干就干好”的精神，对于一些推进相对缓慢的事项，要抓紧制定攻坚计划、细化分解阶段目标，确保各项攻坚任务序时推进，按照既定的时间点完成。要大兴调研之风，把功夫下在察实情、出实招、办实事、求实效上，加强对重大经济、产业、民生问题的调查研究，真正沉下去找准短板弱项、摸清问题实质、精准施策解决，特别是领导干部要身体力行，当好表率，不能当甩手掌柜，既要研究“做什么”，还要研究“如何做”。要深入贯彻精文减会要求，前段时间，我们专门就精文简会下发了文件，今天的会议其实也是落实文件精神的具体实践，希望大家严格抓好落实，继续精简会议和文件，尽量少发文、发管用的文，取消不必要的会，开短会和管用的会，跳出文山会海抓落实，腾出精力抓落实。

（三）切实发扬担当精神。李克强总理在今年全国“两会”上强调，“中国改革发展的一切成就，都是干出来的”，长期以来，“多干多错”谬传已久，个别单位和个人不愿为、不敢为、不作为问题依然存在。我们作为政府系统关键少数，任何时候都要把责任化为使命担当，神深刻认识不愿为、不敢为、不作为也是变相腐败的行为，放开手脚大胆闯大胆试，或许在大家任期内，某些重大改革发展事项不会很快见到实效，但是大家要始终树立“届有任期、事有周期、绩有潜期”的理念，以“功成不必在我，功成必定有我”的担当，立足推动我区长远发展实际，谋大事、干实事，打基础，不遗余力地为巴宜发展奉献自己智慧和汗水。同时，我区正处在发展变革的关键时期，改革发展稳定的难点、痛点、堵点很多，尤其是内生发展、土地管理、脱贫攻坚、环境保护等方面还面临很多阻力，大家必须始终坚持责任在心、担当在肩，主动啃硬骨头、挑重担子、动“烫手山芋”，争当主攻手，做具体矛盾的“终结者”，绝不能在思想和行动上出现软弱无力的问题。

最后，我再次向大家强调，今天会议部署的几项工作都是十分重要，大家务必要按照会议提出的要求立即落实推进，区政府办要全力做好督促检查工作，落实情况要及时向区政府进行报告反馈，对于在实际工作中推诿扯皮、搪塞应付、出工不出力，造成工作被动的单位和个人，特别是造成严重后果的，一经发现，区政府将严肃进行问责，绝不姑息，请大家务必引起重视。

在巴宜区第二届纪律检查委员会第二次全体会议上的讲话

（2018 年 3 月 6 日）

巴宜区委常务副书记、广东省第八批援藏工作队巴宜区工作组组长　张立鹤

今天，我们在这里召开巴宜区第二届纪委第二次全体会议，主要任务是深入学习贯彻党的十九大、十九届中央二中、三中全会和十九届中央纪委二次全会精神、特别是习近平总书记重要讲话精神，学习贯彻区党委九届三次全会、区纪委九届三次全会和市委一届六次全会、市纪委一届四次全会精神，总结 2017 年纪检监察工作，安排部署 2018 年工作任务。

过去一年，我们紧紧围绕改革发展稳定大局，认真落实党委主体责任、充分发挥纪委监督职能，推动党风廉政建设和反腐败斗争工作取得新成效。一是“两个责任”落实到位，区委与各单位党委（党组、党支部）逐一签订党风廉政建设主体责任书，明确各级党组织领导班子和主要负责人职责，层层传导压力，层层落实责任。二是执纪问责力度加大，各级纪检监察机关认真履行全面从严治党监督责任，强化监督执纪问责，紧盯年节关键节点和关键少数，针对违反中

央八项规定精神和存在的“四风”问题，大力开展“三公”经费管理使用、公车私用、公款吃喝等监督检查。2017年，共受理问题线索34件，立案13件，党纪处分17人，政纪处分3人，函询15件，诫勉谈话5人，问题约谈8人，批评教育1人。三是巡察工作开展有力，区委巡察办和两个区委巡察组完成首轮工作，对布久乡和喇嘛岭寺管会开展常规巡察工作。通过“12+N”种方式方法深巡细查，共发现突出问题55个，重点人问题线索7条，向区直有关单位提出意见建议13条，向被巡察党组织提出整改要求64条。四是改革试点稳步推进，2018年1月11日成立巴宜区监察委员会，推动实施监委机构调整、人员转隶、班子组建、融合磨合等各项工作，为全力打造“生态巴宜、旅游巴宜、文化巴宜、宜居巴宜、幸福巴宜”发挥了重要作用。这些成绩的取得得益于全区党员干部的共同奋斗，更加离不开广大纪检监察干部的无私奉献和辛勤付出。在此，我谨代表区委向全区广大纪检监察干部表示衷心的感谢，并致以崇高敬意！

2018年，是全面贯彻落实党的十九大精神的开局之年，是我国改革开放40周年，也是决胜全面建成小康社会、实施“十三五”规划承上启下的关键一年。深入推进全面从严治党，必须高举习近平新时代中国特色社会主义思想伟大旗帜，全面贯彻党的十九大、十九届二中、三中全会、十九届中央纪委二次全会精神，深入贯彻落实习近平总书记治边稳藏重要战略思想，按照自治区九届三次全会、区纪委九届三次全会、市委一届六次全会及市纪委一届四次全会决策部署，紧紧围绕维护习近平总书记核心地位、维护党中央权威和集中统一领导，全面推进党的政治建设、思想建设、组织建设、作风建设、纪律建设，着力营造风清气正的良好政治生态，着力建设忠诚干净担当的干部队伍，以永远在路上的执着推动全面从严治党走在前列，为决胜全面建成小康社会提供坚强保证。下面，我就贯彻落实上级精神，深入推进全面从严治党向纵深发展，讲七点要求：

一要维护核心强意识。全面从严治党，必须牢固树立核心意识，增强维护习近平总书记全党的核心、党中央的核心地位的思想自觉和行动自觉，坚决维护党中央权威和集中统一领导。坚决在思想上高度认同核心，各级党委（党组、党支部）要认真贯彻学习习近平新时代中国特色社会主义思想，切实增强学习自主性，紧密联系实际，深刻理解精神实质，准确把握核心要义，汲取理论营养，真正把思想统一到习近平新时代中国特色社会主义思想上来。坚决在政治上绝对维护核心，牢牢把握政治建设这个根本，把维护核心作为明确的政治准则和根本的政治要求，牢固树立“四个意识”，坚定维护习近平总书记在党中央和全党核心地位，始终在政治立场、政治方向、政治原则、政治道路上同以习近平同志为核心的党中央保持高度一致。坚决在组织上自觉服从核心，严守党的政治纪律和政治规矩，组织上自觉服从核心，做到忠诚于组织，任何时候都与党同心同德、同向同行，坚决做到“四个服从”，决不做“两面人”、要“两面派”。坚决在行动上紧紧跟随核心，在思想上和工作上时常对标核心，认真贯彻执行上级各项决策部署，提高政治站位，切实做到令行禁止，决不允许搞上有政策、下有对策，决不允许有令不行、有禁不止，决不允许在贯彻执行上级和区委、区政府决策部署上打折扣、做选择、搞变通。

二要改进作风增效能。作风建设永远在路上。各级干部要横下一条心，踩着不变的步伐，以“抓铁有痕，踏石留印”的劲头，善始善终，善作善成，持续抓好党风廉政建设和反腐败斗争。要弛而不息纠治“四风”，各单位各部门要从巡察督导反馈的廉政方面突出问题发力，从群众反映强烈的突出问题抓起，有针对性地开展集中整治，紧紧围绕为官不为、奢靡

浪费、中梗塞阻、吃拿卡要、顶风违纪等问题，坚决清障排阻、严查快办，持续释放高压态势。要继续推进专项整治，各单位各部门要将转变工作作风作为推动各项工作的切入点，不断深化作风专项整治，各级党员领导干部要带头调查研究、带头定期接访、带头改进作风，在抓常、抓细、抓实上下功夫，切实做好去年作风整治成果的巩固工作，为今年作风专项整治的深入开展提供有力抓手。要建立健全长效机制，纪检监察部门要紧盯“四风”隐身变异新动向，深入开展明察暗访、监督检查和警示提醒、公开曝光等活动，做到露头就打，形成持续震慑。同时进一步畅通监督渠道，充分发挥媒体监督、舆论监督、群众监督作用，织密“四风”监督网，让“四风”问题无处遁形。

三要严明纪律抓管理。各单位各部门要牢固树立纪律意识、规矩意识，认真抓好自治区党委巡视、市委巡察、区委巡察反馈问题整改工作，切实做到令行禁止、步调一致。要严守政治纪律，各单位各部门要坚决执行和自觉维护党的政治纪律、遵守党的政治规矩，坚持党的领导，自觉地贯彻执行上级和区委的决策部署，坚决执行中央八项规定精神和自治区党委“约法十章”“九项要求”，严守纪律底线。要严守组织纪律，进一步强化责任意识，不断增强遵守组织纪律的自觉性，充分认识到党的纪律是铁的纪律，组织纪律是碰不得的高压线。广大党员干部特别是主要领导干部要自觉做遵守纪律的表率，既在工作内严守纪律，也在工作外严守纪律，自觉摒弃从众、侥幸、麻痹心理，心存敬畏、守住底线，不越雷池半步，真正做到不踩“黄线”、不越“红线”、不碰“高压线”。要严守反分裂斗争纪律，加强反分裂斗争纪律教育，充分认识同达赖集团的斗争不是民族问题、宗教问题、人权问题，而是一场捍卫政权、捍卫旗帜、捍卫道路的严肃政治斗争。坚决贯彻中央对达赖集团的斗争方针，下好先手棋、打好主动仗，牢牢掌握斗争主动权。要严肃党内政治生活，引导党员干部刀刃向内，勇于自我解剖，敢于思想交锋，进一步纯洁党内关系，坚决克服好人主义这个顽疾。严格执行民主集中制，认真落实“三重一大”集体决策、末位表态等制度，既要防止发扬民主不够，又要防止正确集中不足。把提高党内政治生活的原则性和战斗性作为重点，认真落实“三会一课”、民主生活会、民主评议党员等“防身治病”制度，切实把党内政治生活严起来、实起来。要严格选人用人，坚持正确选人用人导向，选拔任用干部必须坚持德才兼备、以德为先，坚持五湖四海、任人唯贤，坚持“20字”好干部标准，持续抓好选人用人不正之风专项整治，坚决防止“带病提拔”、突击提拔、违规破格提拔等问题出现，着力为尽职尽责、踏实干事的干部构建良好的成长平台。

四要抓好责任强落实。区委党风廉政建设宣传教育、纠治四风、开展监督检查、履职尽责督促检查等是今年从严治党的重要抓手，各单位各部门要以高度的责任感，落实从严治党主体责任，抓牢、抓实、抓出成效。要层层传导压力，各单位各部门负责人要按照主体责任要求，做坚决服从党的领导、管党治党的书记，带头履行好主体责任和第一责任，把责任传导到所有班子成员，传导到下级党组织书记，增强工作合力。认真履行管党治党的各项责任，认真落实“一岗双责”，深入推进党风廉政建设和反腐败斗争。综合运用签字背书、公开承诺、调研督导、谈心谈话、问责追责、点名通报等方式，层层传导压力，强化监督震慑。要健全监督机制，建立健全落实主体责任的监督检查、考核评价等工作机制，严格落实日常检查、半年抽查和年底考核等制度，坚持区领导带队调研督导制度，推动主体责任“落地生根”。坚持和完善台账管理，推行负面清单和问题清单制度，强化主体责任落实的日常监管，切实解决好责任虚化、挂名的问题。要加大追责力度，加大对政令不通，主体责任缺位，为官不为，“四风”和腐败问题突出，巡视（巡察）整改不落实等违纪违规行为的问责追究力度，既要追究主体责任、监管责任，又要追究领导责任、党组织责任，让“一案双查”、失责必问成为常态。要发挥好巡察“利剑”作用，用好巡察这把“利剑”，突出政治巡察，重点监督检查学习贯彻习近平新时代中国特色社会主义思想是否自觉、执行党章是否到位、贯彻党的十九大精神是否坚决、开展党内政治生活是否严肃、“关键少数”政治立场是否坚定，并狠抓问题整改落实，让巡察工作成为常态。

五要惩治腐败零容忍。开展党风廉政和反腐败工作，必须做到惩治和预防并重，努力形成不敢腐的惩戒机制、不能腐的防范机制、不易腐的保障机制。要加强教育筑牢防线，把党风廉政宣传教育活动作为巩固防线的重要举措，深入开展理想信念教育、宗旨教育和廉政法规教育，重点抓好岗位廉政教育和警示教育，拓展教育内容，改进教育方式，扩大教育范围，增强反腐倡廉教育的感染力，着力营造全民参与、支持、监督党风廉政建设的良好局面。要严肃查处腐败案件，坚持无禁区、全覆盖、零容忍，有腐必反、有贪必肃，力度不减、节奏不变，进一步减少腐败存量，重点遏制增量，始终保持反腐败高压态势。重点审查不收敛不收手，问题线索反映集中、群众反映强烈，现在重要岗位且可能还要提拔使用的领导干部，对发生在各领域的违纪违法案件，不管涉及什么人，不论权力大小、职务高低，一经发现严肃查处，绝不姑息、绝不手软。着力抓好基层反腐，严查严办基层“微腐败”，切实维护好农牧民群众的切身利益。要健全制度正本清源，加大财务监督、行政监察、政务公开工作的力度，加强对重点领域、重点环节、重点岗位的日常监督，做到早预防、早发现、早提醒。严格执行政策性住房、办公用房、公车使用、领导干部报告个人有关事项等廉洁从政各项规定，严禁违反规定干预和插手市场经济活动，严肃查处利用职权和职务影响为配偶、子女及其他亲属经商办企业提供便利条件的行为和个人。

六要深化改革构体系。我区监察委已经正式成立，要严格按照中央和区党委、市委、区委要求，全力推进监察体制改革试点工作。纪委监委要做好工作磨合，确保实现“进一家门、成一家人、说一家话、办一家事”，充分考虑后续工作开展需要，积极推动思想融合、工作融合、感情融和，努力打造团结和谐、同心协力、能打胜仗的监察干部队伍。要加强思想引领，切实做好转隶人员思想教育工作，加强党章党规党纪教育，加大对宪法法律知识的培训力度，补齐短板、发挥优势，有效提升综合素质和履职能力。要探索构建内部机制，把深化转职能、转方式、转作风贯穿试点工作始终，探索创新体制机制，调整内部机构设置，实现工作各个环节相互配合、相互制约。要畅通监督渠道，进一步畅通群众监督渠道，用好互联网等新渠道新平台，及时回应群众关切，有效发挥群众监督、舆论监督作用。

七要加强领导严落实。全区各级党组织要树牢抓不好党建是渎职的主业意识，全面落实从严治党理念，坚持真管真严、敢管敢严、长管长严，使管党治党真正从宽松软走向严紧硬，不断开创我区党风廉政建设和反腐败工作新局面。抓牢主体责任这个核心，各级党委（党组、党支部）要切实履行好主体责任，牢固树立“抓好党风廉政建设是本职、不抓党风廉政建设是失职、抓不好党风廉政建设是渎职”的意识，把主体责任牢牢记在心上、扛在肩上、抓在手上，及时听取党风廉政建设和反腐败斗争汇报，研究解决存在问题，指导重点案件查办、有效预防廉政风险，守好自己的“责任田”。党委（党组、党支部）书记必须切实履行好党风廉政建设第一责任人的责任，对重要工作亲自部署、重大问题亲自过问、重点环节亲自协调、重要案件亲自督办、重要信访亲自批办，亲力亲为推动各项工作落到实处。严格执行定期报告制度，及时向上级党委和纪委报告履行主体责任情况。其他班子成员要严格履行“一岗双责”，既管业务又管思想作风，不予余力地抓好分管部门的管党治党工作。抓紧监督责任这个关键，各级纪检监察部门要认真学习和严格执行《中国共产党纪律检查机关监督执纪工作规则（试行）》，进一步明确职责定位，协助党委加强党风廉政建设和组织协调反腐败斗争，督促检查相关部门落实惩治和预防腐败工作任务，严格执行党的纪律检查工作双重领导体制，充分发挥好党内监督专门机关作用。抓住执纪队伍这个基础，各级党委（党组、党支部）要重视和加强基层纪检监察机关建设，对敢于监督、敢于执纪、敢于碰硬的纪检监察干部，从政治上、工作上、生活上多关心爱护，为他们开展工作提供支撑。各级纪检监察机关要牢固树立“抓好监督是本职、抓不好监督是失职”的理念，坚决把执纪监督贯彻于全面从严治党全过程，确保监督责任有效落实。要选准用好干部，严把入口，按照纪检监察工作特点选拔任用纪检干部，真正把政治素质高、业务能力强的干部选拔到纪检干部队伍中来，对个别不敢抓、不敢管、监督缺位的纪检干部要及时撤换调整。各级纪检监察干部要树立“正人必先正己”思想，以身作则、严于律己，努力做严守纪律的表率、改进作风的表率、拒腐防变的表率，决不能以信任代替监督，不断完善自我监督机制，健全内控措施，自觉接受党内和群众监督，严防“灯下黑”，用铁的纪律打造一支让党放心、人民信赖的纪检监察队伍。

同志们，推进全面从严治党、深化党风廉政建设和反腐败斗争，使命光荣，任务艰巨，让我们在以习近平同志为核心的党中央坚强领导下，不忘初心，继续前进，推进全面从严治党向纵深发展，努力开创全区党风廉政建设和反腐败工作新局面，努力实现巴宜政治生态持久的风清气正，为推动巴宜经济社会发展提供坚强保障。

把党员身份摆进去高效务实推进援藏工作

（2018 年）

巴宜区委常务副书记、广东省第八批援藏工作队巴宜区工作组组长　张立鹤

对口支援工作是以习近平同志为核心的党中央作出的重大战略性决策。做好援藏工作，不只是援藏干部人才增长才干和丰富阅历的自身职责，更是完成中央和广东省人民的神圣使命的责任担当，关系着民族团结和中华民族伟大复兴。结合“四讲四爱”群众教育实践活动，落实广东省纪委“把四个摆进去”（把党员身份、职责使命、家风家教、缺点不足摆进去），要求我们要牢固树立执政为民、廉政援藏的理念，高效务实完成各项援建工作任务。下面，我代表巴宜区工作组围绕“把党员身份摆进去”的主题，作交流汇报如下：

一、把党员身份摆进去，做一名严格自律的援藏干部

“领导干部必须加强自律、慎独慎微，经常对照党章检查自己的言行，加强党性修养，陶冶道德情操，永葆共产党人政治本色。”这是习近平总书记在一次专题研讨班中对领导干部提出的

明确要求。援藏干部人才是贯彻落实的国家战略的践行者和执行人，其工作完成得好不好，不仅关系到个人的自身形象，更代表了我们派出地的整体形象。而且我们在工作期间远离原单位和自己的家庭，身份特殊，更需要自省自律，时刻保持慎独。

援藏干部人才把党员身份摆进去，就是要把绝对忠诚作为工作的首要原则，牢记共产党员身份，树牢“四个意识”，坚定“四个自信”，坚决维护以习近平同志为核心的党中央权威和集中统一领导，始终在思想上政治上行动上同以习近平同志为核心的党中央保持高度一致；就是要切实加强自我管理，不断加强党性锻炼和党性修养，处处明于自察，事事严于律己，确保在政治、纪律、工作和生活各方面不出问题，真正树立起一名援藏干部人才应有的表率形象，永葆共产党人清正廉洁的政治本色。

二、把党员身份摆进去，带一支团结合作的援藏队伍

团结就是力量，团结既是党和国家民族工作的关键所在，也是高效推进援藏工作的关键所在。援藏工作，不是单凭某一个人或某一个组的力量就可以完成的事情。从大的层面来说，这是党中央和对口省份统一安排部署、统一推进实施的系统性工程；从地方层面来说，这是以一个工作队或工作组为单位，并涉及产业、民生、智力、教育、医疗等多个方面。

要摆进党员身份，就是要强化党员身份意识，促进援藏干部人才队伍内部的团结。以我们工作组为例，大家来自不同的单位和系统，但在工作中作为一个整体共同代表着我们所在的派出市。一方面，我们确定了“12345”援藏工作思路，用统一的思路、目标来提升团队凝聚力和方向感。(“12345”援藏工作思路是：围绕一条主线——保障和改善民生，增强受援地自我发展能力；做好两个“动作”——“规定动作”高效完成、“自选动作”创新开展；依靠三个抓手——民生援藏为龙头、产业援藏与智力援藏相结合；坚持四项原则——“贴近实际，科学谋划”“注重交流，真情援藏”“多方参与，凝聚人心”“巴宜所需，东莞所能”；实现五项目标——建成一批高质量援建项目精品工程、提高受援地“造血”能力和“软实力”、提升受援地干部群众获得感、促进交流合作增进民族情感、打造务实高效廉洁援藏干部人才队伍)。另一方面，我们坚持制度和人文相结合，注重内部交流沟通，在组内实现科学分工、高效合作，做到团结互助、相互鼓励、苦中有乐，打造了一支求真务实、廉洁高效、团结和谐的工作团队。

要摆进党员身份，就是要强化党员身份意识，促进受援地各民族交流交往交融。工作组深入走访调研，熟悉区情乡情，认真参与受援单位值班值守工作，开展扶贫慰问和结对帮扶活动，全员参与环保公益行和义务植树等活动，促进援藏干部人才与本地各民族群众交往交流交融，巩固深化“三个离不开”和“四个认同”观念。

三、把党员身份摆进去，建一批凝聚人心的援藏项目

结合援藏工作实际，工作组注重发挥“党建”引领作用，充分发挥党员带头作用，提升当地“造血”能力和“软实力”，争取计划外资金累计3000万元，主动设计“自选项目”，以提升群众“幸福感”为落脚点，实施一批民生工程，引领当地农牧民脱贫致富。

（一）援建村级组织活动场所。争取东莞市委、市政府支持1960万元资金，援建7个村级组织活动标准化场所，为当地把基层党组织建设成为听党话、跟党走，善团结、会发展，能致富、保稳定的坚强战斗堡垒打下坚实基础。

（二）打造“党建促脱贫示范点”。结合精准扶贫工作，在八一镇工布圣香藏香厂打造“党建促脱贫示范点”，以党员带动合作社成员、带动贫困户的方式，帮助该厂于 2017 年实现 22 万元营业收入，入股 11 户社员和 2 户贫困户每户年收入 1.8 万元。

（三）评选“一村一品”项目。由工作组牵头联合当地多个部门，按照优中选优、特色带动的原则，在各乡镇的村党支部中评选“一村一品”特色产业项目，并支持援藏资金 50 万元作为奖励，打造“抓党建促发展”品牌，激发基层党组织和党员干事创业的热情。

（四）整合资源优势带动脱贫。通过援建八一镇唐地村唐卡传承艺术学校，由林芝市唯一的唐卡绘画传承人传授、带领群众和困难家庭学生唐卡绘画技术，实现保护传承文化和促进精准扶贫双赢的目标；在鲁朗镇东巴才村、百巴镇连别村等地，援建农牧民手工艺品加工厂，所在村带来就业岗位，实现农牧民增收。

（五）改善生活居住条件。投入计划内资金 210 万元，完成社会福利院职工住房建设项目，实现拎包入住，提高干部职工住宿条件。争取东莞市委、市政府、市监局支持 443 万元计划外资金，援建 12 个标准化村级卫生室，争取近 100 万元计划外资金，为巴宜区 5 个寺庙改造厕所，改善僧侣生活居住条件。引导农牧民群众和广大僧侣牢记党的恩情，牢记领袖的恩情，发自内心珍惜党中央关怀支持下带来的今天幸福生活。

总之，我们将继续践行广东省第八批援藏工作队精神，用高效、务实的作风确保完成各项任务目标，用心铸造广东对口支援的“东莞品牌”。

表 格

巴宜区 2017 年、2018 年主要经济指标完成情况表

表 5

内容	单位	2017 年	2018 年	同比增长 %
一、人口				
常住人口	人	63113	64416	2.06
城镇人口	人	46583	47635	3.5
农村人口	人	16530	16781	1.5
二、地区生产总值				
地区生产总值（当年价格）	亿元	65.28	72.93	11.7
第一产业	亿元	1.52	1.59	4.6
第二产业	亿元	25.17	29.01	15.3
第三产业	亿元	38.59	42.33	9.7
第一产业占地区生产总值比重	%	2.33	2.18	-6.4
第二产业占地区生产总值比重	%	38.56	39.78	3.2
第三产业占地区生产总值比重	%	59.11	58.04	-1.8
三、固定资产投资				
固定资产投资总额	万元	1042000	299972	-11.6
四、财政				
一般公共财政预算收入	万元	24988	27500	10.1
五、居民收入				
农村居民人均可支配收入	元	16082	17757	10.4
六、国内贸易				
社会消费品零售总额	亿元	25.22	29	15.0
七、旅游				
旅游总人数	人次	1362764	2479400	81.9
旅游总收入	亿元	16.2	20.9	29.0

巴宜区 2018 年主要经济指标完成情况表

表 6

内容	单位	2018 年	内容	单位	2018 年
农林牧渔业总产值	万元	24121.02	粮食总产量	吨	13838.59
农业	万元	11107.42	青稞	吨	2590.1
林业	万元	303.77	小麦	吨	6839.43
牧业	万元	12382.84	油菜籽	吨	865.91
渔业	万元	80	蔬菜	吨	5174.44
农林牧渔服务业	万元	247	年末牲畜存栏	头	121499
农林牧渔业增加值	万元	17680.24	牛年末存栏	头	61631
农业	万元	7926.98	羊年末存栏	只	2756
林业	万元	144.73	猪年末存栏	头	53149
牧业	万元	9372.52	牛年末出栏	头	4265
渔业	万元	69	羊年末出栏	只	384
农林牧渔服务业	万元	167	猪年末出栏	头	19050
农作物播种面积	公顷	4271.16	家禽出栏	只	160622
粮食作物	公顷	2489.11	肉类总产量	吨	2077.45
青稞	公顷	647.55	猪牛羊肉产量	吨	1836.64
小麦	公顷	1336.47	猪肉	吨	1183.2
油料	公顷	496.59	牛肉	吨	632.3
蔬菜	公顷	686.41	羊肉	吨	21.14
			奶类产量	吨	4621.48

《巴宜年鉴（2018）》勘误表

表 7

页码	位置	误	正
40 页	副标题	索朗加措	次　仁